HISTOIRE

DE

MONSEIGNEUR OLIVIER.

Paris.—Imp. Preve et Cie, r. J.-J.-Rousseau, 15.

HISTOIRE

DE

MONSEIGNEUR OLIVIER

ÉVÊQUE D'ÉVREUX

PAR

ADOLPHE DE BOUCLON

Prêtre du diocèse d'Evreux

D'après des documents originaux et des autographes très considérables.

EVREUX,

CHEZ M. DAMAME, LIBRAIRE-ÉDITEUR,

rue Chartraine,

ET CHEZ TOUS LES PRINCIPAUX LIBRAIRES DE FRANCE.

1855.

« En résumé, quel est M. Olivier? L'homme de France
» dont on parle le plus, et le moins connu : le moins
» connu et le plus méconnu. Sur lui, les choses en sont à
» ce point : presque tout ce qu'on en a dit est faux ; pres·
» que tout ce qu'on n'a pas dit est vrai. »

(Biographie du Clergé contemporain, par un
Solitaire, t. I, p. 66. Paris, 1841.)

« Un gentilhomme s'étant un jour trouvé dans une
» nombreuse assemblée de curés du diocèse d'Evreux, la
» conversation devint des plus vives, et, tel qui dans un
» prône aurait parlé de l'enfer d'un ton froid à glacer, se
» trouva plein de feu quand il fallut parler d'un homme
» absent et innocent. Tout y allait donc de bon train, lors-
» que le gentilhomme dérouta un peu la pieuse conférence.
» *Messieurs, dit-il d'une voix très sérieuse, je ne l'ai jamais*
» *vu ; j'en ai seulement entendu parler. Souffrez que je vous*
» *demande comment il se peut faire qu'il soit tel que vous*
» *me le dépeignez, puisqu'une infinité de gens d'honneur et*
» *d'une vie irréprochable en disent tout le bien possible.*
» *Vous en faites un diable : ne serait··ce point parce qu'il*
» *veut vous faire des anges ?* »

(Vie de M. Bourdon, par Collet, p. 99. Paris, 1762,
nouvelle édition, et tome I, page 206 de la 1re édition.)

PRÉFACE.

En publiant cette histoire, l'auteur n'a en vue que l'honneur de l'épiscopat, la gloire particulière du diocèse d'Évreux, l'édification de l'Église et des fidèles. La vie de Mgr Olivier est pleine de bonnes œuvres et toute remplie des monuments de son zèle. Tout est pour la consolation de la piété, et rien pour le scandale.

De la part de l'auteur, cette histoire est une œuvre de reconnaissance et de piété filiale ; c'est aussi le legs d'un père à son fils qu'il est trop heureux de pouvoir exécuter.

J'ose penser que cette *Histoire de Monseigneur Olivier* porte un tel cachet de bonne foi et de vérité ; j'ai été si parfaitement et si sûrement renseigné sur les faits que je raconte, dont j'ai été souvent le témoin oculaire, ou que j'ai recueillis de la bouche même du prélat en les notant le soir même qu'ils m'étaient racontés ; j'ai eu sous les yeux un si grand nombre de pièces autographes (plus de mille), que je la crois irréfutable. Je n'ai point mis à la fin du volume de pièces justificatives ; chacun a son plan : j'ai mieux aimé les fondre dans le récit même, afin que le lecteur saisit immédiatement, et d'un seul coup d'œil, le fait et la preuve.

Le seul reproche que je puisse peut-être mériter, c'est de trop admirer mon héros : mais est-ce ma faute, après tout, s'il était si admirable? Je ne l'admire pas seul, et ses ennemis sont des panégyristes encore plus croyables que moi-même. S'il eût été un homme médiocre, ordinaire; s'il eût eu moins de zèle, moins de talent, moins de vertu et moins d'éloquence, il n'aurait pas eu d'ennemis : l'envie ne s'attache qu'à la gloire. S'il eût été moins admirable, je ne lui aurais pas consacré ni mes veilles, ni mes tranquilles loisirs, ni affronté je ne sais, en vérité, quelles persécutions que mes meilleurs amis m'ont fait entrevoir. Je ne blesse personne ; je ne nomme aucun ennemi caché de M. Olivier, je ne fais aucune révélation nouvelle. Quelques faits douloureux que j'aurais voulu pouvoir passer sous silence, ce n'est pas moi qui les mets au jour, je les ai trouvés racontés dans les organes d'une trop bruyante publicité. Quoi! il aurait été permis de le décrier, et l'on a pu impunément publier et signer des libelles contre lui, et moi je serais un grand criminel pour honorer sa mémoire, la mémoire de mon évêque et de mon père, la mémoire de celui qui m'a imposé les mains et a daigné m'aimer!!! On lui a reproché ses torts, et il m'aurait été défendu de rappeler ses bienfaits et de tracer le tableau de ses vertus! Allons donc! Arrière la vengeance! arrière la pusillanimité!

Mais il est un autre reproche dont je ne puis me défendre. Oui, il aurait fallu, je le sens, que l'*Histoire de Monseigneur Olivier* fût un monument littéraire pour être digne d'un si grand évêque. Hélas ! comment avoir osé mouler avec de l'argile ce qui aurait dû être d'airain, d'or et de marbre ! Comment suis-je resté dans les ténèbres, sous une si vive lumière ? terre à terre, tandis qu'il planait dans les cieux? si faible de langage, si pauvre de style, si malheureux dans le choix de mes expressions, en écrivant la vie de celui qui fut l'un de ces hommes rares qui parlèrent dans toute sa pureté et avec toutes ses grâces cette belle langue française qui se perd et s'oublie tous les jours? Mon style est sans art et sans apprêt, et j'écris tout simplement les mots comme ils tombent de ma plume. Toute mon excuse sera dans ma bonne volonté et mes bonnes intentions mon seul droit à l'indulgence. La seule chose qui me rassure est qu'il parlera si souvent lui-même, qu'il fera oublier son malheureux historien. Je me consolerai en contemplant dans notre belle cathédrale d'Évreux le monument qu'une souscription glorieuse par les noms qu'elle porte, et la reconnaissance publique consacrent à sa mémoire.

Un homme très honorable me serrait hier les mains et me disait, les larmes aux yeux, que cette publication était un acte de courage. En vérité, je ne comprends ni son émotion ni un éloge que je ne puis accepter. Car, pour qu'il y ait du courage, où est le péril? où est-il?

Quand bien même cette histoire aurait dû m'attirer des chagrins, ces chagrins, je me sens assez fort pour les supporter à cause d'un souvenir d'enfance.

Nous étions un soir cinq enfants, et nous aurions pu être sept, réunis autour du foyer domestique. Moi, le plus jeune, je m'avisai de demander à mon père, qui avait quelque peu lu Plutarque, quel était mon premier ancêtre? Ton ancêtre! reprit mon père. Écoute, je vais te l'apprendre pour que tu sois toujours brave.

Des Gaulois de notre pays s'en allèrent porter

leur vie aventureuse jusqu'aux bouches du Danube. Alexandre-le-Grand, fils de Philippe, roi de Macédoine, faisait alors trembler le monde. Après un rude combat, la plupart furent tués, et deux de leurs chefs, chargés de chaînes, furent amenés devant l'invincible conquérant. Alexandre, qui se croyait le seul être redoutable dans l'univers, leur demanda brusquement ce qu'ils craignaient le plus dans le monde. Il s'imaginait qu'ils allaient répondre : Alexandre. Point du tout.

— Et quelle fut donc leur réponse ?

— Nous ne craignons, dirent-ils, qu'une seule chose : c'est que le ciel ne nous tombe sur la tête. Alexandre, plein d'admiration, les renvoya libres.

Mon fils, tu es le descendant direct de ces Gaulois-là.

Sacquenville, 20 avril 1855.

HISTOIRE DE MONSEIGNEUR OLIVIER.

LIVRE I.

CHAPITRE PREMIER.

L'enfance.

I.

A quoi tiennent souvent les plus grandes destinées? A une action très simple, petite en apparence, indifférente aux yeux des hommes, mais précieuse aux regards de celui qui sonde les reins et les cœurs. Dieu mesure ses grandes largesses, les dons ineffables de la grâce et de la nature aux dispositions secrètes et cachées qu'il découvre au fond des âmes.

Un rude soldat rencontre aux portes d'Amiens un pauvre transi de froid. Avec le tranchant de son épée, il partage son manteau pour réchauffer les membres glacés du mendiant. Et la nuit suivante, Jésus se montre à ses anges revêtu d'une moitié de manteau : « Martin, leur dit-il, qui n'est encore que catéchu- » mène, m'a couvert de ce manteau. » L'ardente et naïve charité du néophyte reçut en récompense un glorieux apostolat.

En 1804, un vieux prêtre, le respectable abbé Maheu, montait péniblement dans Paris la rue Croix-des-Petits-Champs. Le pavé était boueux et glissant, et une pluie glaciale, lui fouettant le visage, ruisselait de son large chapeau sur ses épaules. Un petit enfant de six ans s'émeut à ce spectacle. Il sait déjà qu'honorer un ministre de Dieu sur la terre, c'est rendre gloire à Dieu qui est dans le ciel.

Mais comment venir au secours de ce bon vieil abbé qui trébuchait sous les raffales de la pluie et du vent? Un petit enfant bien sage ne doit point s'échapper dans la rue sans permission, et ne peut disposer de rien que par obéissance.

« Bonne maman, dit l'enfant à sa mère, voilà là-bas un prêtre que l'eau mouille : veux-tu que je lui porte ce parapluie?... — Va! » Et l'enfant vole : « Monsieur, mettez-vous, je vous prie, à l'abri sous ce parapluie. » Le prêtre refuse. L'enfant, consterné de voir qu'il résistait à l'élan de son cœur, insiste et supplie : « De grâce, disait-il, prenez-le; maman l'a permis! »

Le lendemain, l'abbé Maheu racontait son aventure de la veille dans la sacristie de Saint-Merri. Il avait oublié de demander à l'enfant son nom et le numéro de la rue qu'il habitait, et s'informait à qui il pouvait rendre le parapluie hospitalier. Au portrait qu'il fait des grâces, de l'air vif et dégagé de l'enfant, tout le monde lui dit qu'il ne peut être autre que le petit Olivier. L'enfant était très connu à Saint-Merri. Il accompagnait très souvent à l'église sa mère, qui était l'une des dames de charité de la paroisse, et l'on était ravi de son air angélique quand il joignait ses petites mains pour prier à côté d'elle. Il était l'idole de tout le quartier par ses gentillesses et l'à-propos de ses réparties enfantines.

Le vieux prêtre, donc, se crut obligé de faire une visite de politesse à Mme Olivier. Il combla de caresses le petit enfant, et fut frappé des heureuses dispositions qu'il manifestait dans un âge si tendre. Ce mot : « Maman l'a permis !... » lui avait déjà révélé que, chez lui, la docilité accompagnait la grâce de son esprit précoce. Il le prit dès lors en affection, et demanda à sa mère la permission de donner ses soins à une fleur qui ne demandait qu'à s'épanouir. C'est ainsi que, dès ses plus tendres années, le petit Olivier fut confié aux soins d'un respectable prêtre. Telle fut la première origine de sa vocation, et il aimait à raconter plus tard, dans ses moments de gaieté, que c'était à un parapluie qu'il avait dû d'être prêtre et évêque.

II.

Il n'est pas besoin de chercher d'ancêtres à ceux qui portent en eux-mêmes la noblesse personnelle. Ceux qui sont nés d'eux-mêmes et fils de leurs œuvres n'ont point de titres à montrer. Quelle est l'âme tant soit peu élevée qui n'échangerait volontiers ses parchemins, si illustres que les ait rendus la gloire des ancêtres, contre le talent, le génie et la vertu? Cela importe-t-il beaucoup à la gloire et à la sainteté de l'Eglise que saint Paul ait grandi dans la boutique d'un corroyeur, saint Augustin dans la métairie d'un père africain, si le père de Tertullien est inconnu, si Bossuet, Bourdaloue, Fléchier et Massillon naquirent dans la roture? Quelle autre illustration faut-il chercher aux hommes qui honorent leur époque, qui sont la gloire de leur patrie, que celle de leurs œuvres et de leur nom? Au poids de la conscience et de la vérité, quelle est la plus grande valeur, de celui qui perce la foule par son propre mérite et doit à ses œuvres d'occuper les premiers rangs de la société, ou de celui qui s'y trouve déjà élevé, sans aucun effort de sa part, par cela seul qu'il s'est donné la peine de naître aux rayons d'une gloire qu'un autre a conquise pour lui?

Nous sommes loin, cependant, de regarder l'illustration du sang comme un préjugé; noblesse oblige; c'est la récompense à des services rendus qu'il y aurait injustice à dénier, et défaut de patriotisme à ne pas honorer. Qu'est-ce, en effet, que la noblesse dans un pays, si ce n'est le reflet des gloires nationales?

Toutefois, nous sommes entrés, avec l'abbé Maheu, dans une maison anoblie par une probité sévère, par le travail, l'économie, par la pratique austère des vertus chrétiennes à une époque où l'impiété était encore frémissante, où il fallait une certaine force de caractère pour oser se montrer religieux, où le culte chrétien avait à peine secoué la poussière des nouvelles catacombes. Claude Olivier tenait un magasin de cristaux et de faïence, et sa capacité pour le commerce, son travail, son esprit d'ordre, lui avaient déjà acquis une honnête aisance. Il était né à Étampes, en 1757, de Jean-Pierre Olivier, qui lui-même était originaire de Boissy-sous-Saint-Yon. Nos ancêtres ne voyageaient pas beaucoup et ne connaissaient pas cette dévorante inquiétude, cette fiévreuse agitation qui arrache aux foyers paternels un si grand nombre d'enfants perdus. Le village qui avait vu naître le père était aussi le berceau des ancêtres, et le fils continuait tout simplement l'état du père. La vannerie était héréditaire dans la famille patriarcale des Olivier, et il avait fallu une révolution pour que l'un de ses membres allât tenter dans le gouffre de Paris les chances du commerce.

Au moment des folies révolutionnaires de 93, Claude Olivier était premier commis dans la maison qu'il géra ensuite pour son propre compte. Il était trop honnête, trop rangé dans sa conduite et dans ses mœurs pour n'être pas déclaré suspect de probité et poussé comme tel, par de bons patriotes, jusque dans les prisons de la Conciergerie. Mais à peine écroué sur le registre fatal, il posa le lendemain matin au magistrat, avec un calme imperturbable, une question dont l'étrangeté et la bonhomie firent sans doute le succès : « Mon maître, lui dit-il, ne peut se passer de » son premier commis ; moi seul ai la clef de ses af- » faires et de son commerce. Dans son intérêt, je de- » mande à aller travailler toute la journée chez lui. » N'ayez pas peur que je vous échappe, je reviendrai » coucher ce soir à la prison. » Le magistrat étonné le laissa partir. C'était sans doute un prisonnier perdu ; mais un de plus, un de moins, il n'y tenait pas beau- coup. La terreur révolutionnaire lui fauchait bien assez de victimes. Aussi le soir il ne pensait plus à Claude Olivier, quand celui-ci revint frapper à la porte de la prison. Or, le concierge ne voulait pas le laisser entrer : « Regardez bien, lui dit Claude Olivier ; je » suis écroué sur vos registres. » Les jours suivants, il obtint la même permission, et, pendant trois mois, il sortit tous les jours pour aller travailler dans son magasin, et la même fidélité le ramena tous les soirs dans la terrible prison d'où l'on ne sortait guère que pour monter à l'échafaud.

Il y avait alors, entassés dans les prisons de la Conciergerie, des riches, des nobles, des magistrats et des prêtres, tous ceux qu'une illustration quelconque, soit dans les charges éminentes comme Malherbe, soit dans les lettres comme André Chénier, soit dans les sciences comme Lavoisier, soit même dans les services rendus à l'humanité comme l'abbé de l'Epée, avait marquée d'avance pour subir l'égalité du niveau révolutionnaire. Claude Olivier, par les avis secrets qu'il portait et rapportait tous les jours, sauva un bon nombre de victimes déjà dévouées aux hécatombes de la Terreur ; il en empêcha d'autres de venir remplir les vides faits chaque jour par la mort. Quand il portait ainsi ses précieux avis, il était souvent accueilli comme un fourbe, comme un agent secret de la Terreur, et jeté à la porte. On ne connaissait ni le nom qui l'avait fait ouvrir, ni l'écriture furtive tracée à la lueur d'un soupirail. Mais il n'était pas dupe de ces dehors affectés, de ces brutalités commandées par la terreur. Il savait que l'avis était bon, et l'on ne manquait jamais d'en profiter. Il ne fallait pourtant qu'une seule délation, qu'une imprudence, une intelligence surprise, pour envoyer lui-même à la mort l'héroïque messager. Il n'en continuait pas moins tous les jours, avec calme, avec simplicité, avec confiance en la protection divine, à rendre à ses compagnons de captivité tous les services possibles et à rentrer tous les soirs auprès d'eux, sans s'arrêter une seule fois à la pensée d'une fuite si facile. Il était lié par sa parole ; il ne voulait pas abuser de la confiance même de ses geoliers, pas plus qu'il n'était capable de tromper celle de son patron. A la fin, la permission de sortir lui fut refusée, et il allait payer de sa tête sa noble fidélité et son dévouement, lorsque la chute de Robespierre le rendit heureusement à la libèrté.

Jean-Pierre Olivier, son père, vivait encore et s'acheminait paisiblement vers ses cent ans. Les bons habitants d'Etampes vénéraient ses cheveux blancs. C'était un vieillard encore bien vert, d'une vertu et d'une probité austères ; aussi, le 18 juin 1789, la *Société philanthropique d'Etampes* lui avait décerné une médaille d'argent portant cette inscription : *Prix du bon citoyen accordé à Jean-Pierre Olivier.* Cette relique est aujourd'hui entre les mains de l'abbé Dominique Olivier, son petit-fils. Telle était la race, fortement trempée, qui devait donner à Paris un de ses plus admirables curés, et à l'Eglise de France un de ses plus grands évêques.

III.

Cependant, la France se consolait de ses déchirements intérieurs par l'éclat de sa gloire militaire. Les victoires d'Arcole et de Rivoli lui montraient de loin au delà des Alpes, le retour de l'ordre sous une main ferme et un sauveur. C'est au milieu de ces espérances de paix et de tranquillité que Claude Olivier épousa Jeanne Boucheseiche, originaire de ce bon pays de Lorraine, terre de loyauté et de foi naïve, qui nous a donné Jeanne d'Arc, dont elle portait le doux nom, Elle était née à Coeffy (Haute-Marne), et fille de Nicolas Boucheseiche et de Marguerite Laguarigue. C'était une femme d'un cœur excellent, d'un esprit pénétrant, et élevée dans les sentiments de la piété la plus sincère. Dieu bénit ce mariage, et, le 28 avril 1798, il donna aux deux vertueux époux un fils qui, dès le surlendemain de sa naissance, fut porté au baptême dans l'église de Saint-Eustache, et reçut les noms de Nicolas-Théodore. Ils eurent ensuite un second fils, père de la nièce et des deux neveux de l'évêque.

IV.

Jeanne, heureuse d'avoir un fils, comme une autre Anna, mère de Samuel, et à l'exemple de sainte Nonne, mère de saint Grégoire de Nazianze, le consacra dans son cœur à Dieu, pour le service de ses autels alors déserts et en ruines. Dès lors, avec la tendre sollicitude du cœur d'une mère, avec l'intelligence de la foi la plus vive et l'œil d'une sainte, elle s'appliqua à former ce cœur naissant comme l'on pare un sanctuaire où Dieu doit reposer. Il connut les noms de Jésus et de Marie en même temps que ceux de son père et de sa mère. Les vœux de la pieuse chrétienne étaient exaucés : l'enfant montrait les plus heureuses dispositions à la piété. Dans les joies naïves de cet âge, il n'éprouvait point de plus grand bonheur que celui de prier avec sa mère, surtout de l'accompagner à l'église.

Partout où vous trouverez un grand cœur, soyez sûrs que vous trouverez aussi une admirable mère. Les sentiments du cœur, les premiers germes de la vertu ne croissent et ne se développent bien qu'à la chaleur vivifiante du souffle maternel. Le cœur de l'enfant est un vase que le cœur et l'amour d'une mère savent seuls bien remplir. La femme chrétienne a reçu de Dieu une mission de vérité et de lumière. En nous donnant le lait qui nourrit notre enfance, c'est à elle aussi de faire couler dans les âmes le miel et le lait des vérités évangéliques. En effet, un invincible attrait attache l'enfant aux idées, aux instincts, aux sentiments que lui transmet sa mère. Il croit, par une pente en quelque sorte irrésistible, ce qu'elle veut lui faire croire. Ce petit être, toujours incliné à une imitation aveugle de celle dont le sein maternel est son lit de repos, n'a point de peine à croire dans sa bouche les vérités qu'il ne comprend pas. Il écoute avec son cœur, et à mesure que sa mère lui nomme les choses de la nature et celles de la grâce, le naïf petit enfant, image gracieuse de sa mère, charmant écho de sa voix, répète et redit ce qu'elle lui a appris. Sa mère est pour lui le premier, le plus aimable, le plus croyable apôtre des vérités célestes. L'onction de suavité, le parfum de grâce qui coule de ses lèvres ont une merveilleuse puissance pour façonner l'âme et le cœur de son enfant au joug des lois de l'Évangile. Le prêtre catholique prêchera seul les vérités du salut du haut de la chaire sacrée; mais le sanctuaire de la famille est un temple où la mère chrétienne donne à son enfant les premiers rudiments de ces divines vérités. A l'éducation physique de son enfant succède chaque jour son éducation morale et divine. O douce joie pour son cœur! Occupation pleine de charmes! Légitime sujet d'orgueil! En formant l'âme de son enfant, elle est mère une seconde fois, elle engendre à la lumière de la vérité, à la science de l'amour divin l'enfant qui est sorti de son sein.

Cette bouche enfantine profère maintenant autre chose que des cris confus ; il en sort une voix. Il y a autre chose que des sourires aimables sur ses lèvres : il y résonne des pensées. Les yeux du corps seulement étaient ouverts et voyaient la création sans la comprendre. Les yeux de l'intelligence s'ouvrent : il apprend qu'une grande puissance est l'auteur de toutes les merveilles qui frappent ses regards, qu'il y a un Dieu qui remplit les espaces infinis qui sont devant lui. Voilà la grande lumière que la mère verse rayon à rayon dans l'âme de son enfant à mesure qu'elle fait pénétrer un mot nouveau dans son intelligence : elle est chaque jour le bienfaisant soleil qui éclaire la nuit de son âme.

O merveille! l'enfant ne répète plus seulement les mots qu'il a entendus, les choses qu'il a apprises : il formule lui-même des pensées qu'il a conçues ; il se souvient de ce qu'il a vu, et il le raconte ; de ce qu'il a observé, et il le dit ; de ce qu'il a senti, et il l'exprime. Comme le cœur d'un père et d'une mère palpitent au son de cette voix qui commence à servir de véhicule à une jeune pensée ! La parole de leur enfant est à leurs oreilles la plus délicieuse des musiques.

Mᵐᵉ Olivier était une de ces mères admirables qui

comprennent, avec l'instinct de leur cœur, avec la clairvoyance que la lumière d'en haut donne, tous les devoirs que la maternité leur impose. Son premier acte de mère avait été d'offrir à Dieu l'enfant qu'il lui avait donné. Dans ce doux trésor de son cœur, elle envisageait surtout une âme créée à l'image de Dieu, le prix de son sang ! Elle respectait en lui le sceau de l'alliance divine imprimé dans le baptême, et son innocence mise sous la garde des anges. Elle était saintement jalouse qu'aucune impression profane ne devançât dans son âme pure les impressions de la foi. Avant toute autre idée, elle y imprimait profondément l'image auguste de Dieu, de ce témoin redoutable de ses actions, dont les regards percent les ténèbres les plus épaisses, de ce juge puissant et infaillible dont le bras atteint tôt ou tard le coupable ; elle ne se lassait pas de le lui représenter surtout sous les traits de la bonté, de la miséricorde, de son amour et de son inépuisable bienfaisance.

Si le petit Olivier se présentait à elle le matin pour lui donner, avec le premier salut, le baiser de la piété filiale : « Mon enfant, lui disait-elle, as-tu prié Dieu ? » Tu as un père invisible qui est dans les cieux : avant » ton père et ta mère, c'est à lui qu'appartient le » premier hommage de ton cœur. C'est lui qui répand » la lumière du jour qui t'éclaire. A genoux, mon en- » fant, et prie Dieu. » Elle ne souffrait point qu'il prît ses repas qu'il n'eût auparavant élevé son cœur à Dieu pour le remercier de ses bienfaits. Elle lui enseignait que le pain venait du bon Dieu, qu'en créant la terre il l'avait couverte en même temps de plantes, d'arbres, de fruits, de moissons et de vendanges pour la subsistance de l'homme. Entendait-elle sonner la cloche à midi, elle lui expliquait que ce son sacré venait interrompre le travail des hommes pour leur rappeler le souvenir du plus grand événement qui se soit jamais accompli dans ce monde, qu'un ange descendit du ciel et annonça à Marie qu'elle serait mère de Dieu. Le soir, au pied de son petit lit, elle l'entretenait de son ange gardien, ce prince invisible du paradis que Dieu envoyait auprès de sa couche pour veiller sur son sommeil. Elle lui inspirait la plus grande horreur pour toute action mauvaise, et lui répétait, comme la mère de saint Louis, qu'elle aimerait mieux le savoir mort que coupable d'un seul péché. Quand il avait été sage, docile, poli et sincère, elle lui témoignait une grande joie, elle lui disait que Dieu avait été le témoin invisible de sa bonne conduite, qu'il la récompenserait un jour, qu'il avait réjoui son bon ange dans l'assemblée de ses frères célestes.

Elle ne confia point à d'autres qu'à elle-même le soin de lui apprendre à lire; doué d'une mémoire heureuse et d'un esprit prompt à concevoir, l'enfant eut bientôt fait de rapides progrès dans les premiers éléments du langage, et fut bientôt en état de faire ses lectures favorites dans la Bible de Royaumont. Les histoires de Joseph, de Samuel et de Tobie lui causaient un ravissement extrême. A l'église, il était singulièrement frappé de l'ordre et de la beauté des cérémonies du culte, et rêvait déjà les magnificences du temple de Salomon. Il regardait surtout d'un œil d'envie les enfants de chœur rangés autour de l'autel avec leurs blanches aubes et leurs ceintures rouges, et demandait à sa mère si elle lui ferait bientôt une robe de fin lin comme à Samuel. Aussi plus tard, en racontant ces premières leçons reçues des lèvres maternelles,

avec une grâce que notre récit n'a fait qu'affaiblir,
M. Olivier disait : « Je dois tout ce que je suis à ma
» mère. »

V.

C'est ainsi que, dès le berceau, le jeune Olivier recevait les exemples de la religion et de la vertu, au
sein d'une modeste et pieuse famille, engagée dans le
commerce, et qui savait allier ses devoirs religieux au
travail, au soin et au tracas des affaires.

Dévoré d'activité et ne pouvant déjà supporter l'oisiveté, il ne pouvait être témoin du travail de ses parents sans vouloir y prendre part. Il n'avait encore
que quatre ans.

Il y avait un jour, au haut d'un escalier, un panier
plein de bouteilles. Le petit Olivier demande la permission de le descendre. « Mais tu n'es pas assez fort,
» lui dit le père. — Vous verrez bien que si, ré-
» pond l'enfant. » Mais il avait trop présumé, en effet,
de ses forces, et le voilà qui roule jusqu'au pied de
l'escalier avec le panier de bouteilles. « — Oh! mon
» Dieu! s'écrie le père, tu t'es blessé!... » Mais l'enfant de répartir : « Il n'y en a pas une seule de cas-
» sée! » N'avons-nous pas vu, tout dernièrement, un
soldat qui portait des vivres à ses camarades travaillant aux tranchées de Sébastopol, mais atteint par
les éclats d'une bombe, répondre à son officier : « Ras-
» surez-vous, mon major, la soupe n'a pas été ren-
» versée! — Va te faire panser à l'ambulance! — Et
» les camarades qui attendent la soupe! J'irai après.»

CHAPITRE II.

Saint-Merri.

I.

Après les leçons de sa mère, le jeune Olivier reçut celles du vieux et respectable prêtre auquel il avait prêté un parapluie, l'abbé Maheu. Ce bon prêtre, qui avait confessé la foi sous la Terreur, lui inspira, avec l'enseignement des vérités fondamentales de la religion, le plus tendre amour pour l'Eglise, et la dévotion au sacrement de l'autel. L'enfant fut au comble de ses vœux quand on lui permit de figurer dans la troupe des enfants de chœur de Saint-Merri, et il se faisait remarquer entre tous par sa modestie et son recueillement. Il aimait surtout à répondre les messes, et c'était à qui, des prêtres de la paroisse, l'aurait pour assistant. Ils avouaient que le respect dont il était pénétré pour l'autel, que l'air angélique avec lequel il remplissait ses modestes fonctions, augmentaient encore leur ferveur pendant la célébration des saints mystères.

Les jours de grandes fêtes, il n'avait point de plus grand bonheur que de visiter avec son père les principales églises de Paris, et se montrait toujours avide de jouir du spectacle des pompes du culte catholique. En visitant Saint-Roch, en face de l'autel de la Vierge, l'enfant dit à son père : « Je voudrais que l'on

» me fit tout de suite curé de cette grande église. »
— *Tu le seras un jour*, lui répondit M. Olivier avec une prévision vraiment prophétique.

La vocation du jeune Olivier n'était plus dès lors l'objet d'un doute.

II.

Le Souverain Pontife Pie VII était alors à Paris, et, après les cérémonies du sacre de Napoléon, il visitait les paroisses de la capitale où les fidèles, qui l'accueillaient comme un messie, lui faisaient les réceptions les plus brillantes. Qu'était donc devenue cette capitale impie qui saccageait naguère ses églises et massacrait ses prêtres? Elle priait à genoux aux pieds d'un pape.

Lorsque le Saint-Père vint visiter l'église de Saint-Merri, Mme Olivier se ressouvint de ses lectures bibliques avec son petit Samuel. Il y avait là plus qu'Héli : les pontifes hébreux n'étaient qu'une figure du sacerdoce plus auguste de la loi nouvelle. En sa qualité de dame de charité de la paroisse, elle avait pu obtenir une place convenable. Elle saisit donc un moment favorable et présenta au Saint-Père Pie VII le jeune Olivier, en lui disant : « Je destine cet enfant » au service des autels. » Le bon pape prit l'enfant dans ses bras, le considéra quelque temps en souriant, et lui donna trois bénédictions, en lui disant : « Je te » bénis, mon enfant, comme un autre Samuel... » Bien des années après, au déclin de sa vie, Olivier se rappelait encore parfaitement les traits du vénérable pontife, la douceur de ses yeux, la sérénité de son visage, le ton de sa voix. Cette scène se retraçait à son esprit dans toute sa fraîcheur.

III.

Le petit Olivier fut un enfant très facile à élever. Son père racontait, comme une chose extraordinaire, que jamais il ne l'avait vu pleurer, ni bouder, ni de mauvaise humeur, ni contrarié. Il était toujours riant, toujours gai, toujours content.

Mme Olivier ne cessait de développer dans l'âme ardente de son enfant les germes de l'heureuse vocation dont elle la voyait éprise pour la maison de Dieu. Elle savait qu'un prêtre est le père des pauvres et la bienfaisance en action. Dame de charité, elle l'initiait à toutes ses bonnes œuvres; elle le conduisait auprès des malades et des pauvres les plus abandonnés pour l'accoutumer au spectacle des misères de notre pauvre humanité, et à y compatir. Elle lui apprenait, par son exemple, combien il est doux de donner aux malheureux pour l'amour de Dieu. Car la famille Olivier faisait de larges aumônes. Leur économie était le fruit de l'ordre, et non une avarice. Dans les bénéfices nets de leur négoce, M. Olivier mettait toujours de côté la part des pauvres. A l'exemple de ses parents, au lieu d'acheter des friandises, le jeune Olivier distribuait tout l'argent qu'il avait aux petits malheureux qu'il rencontrait. Souvent il leur donnait son déjeuner, en disant à sa mère : « Je puis bien me passer de manger ce matin, moi; mais ce pauvre petit qui n'a pas de pain chez lui !...

L'instruction religieuse du jeune Olivier avait devancé son âge. On l'admit aussi de bonne heure à la première communion, et il la fit avec une ferveur, avec les sentiments d'une foi si vive, que ce fut un spectacle qui arracha des larmes à tous ceux qui en furent les heureux témoins.

IV.

Pour comble de bonheur, des mains du vénérable abbé Maheu, il passa dans celles de M. Boucher, curé de Saint-Merri, dont son reconnaissant élève a tracé plus tard le portrait dans une note de son *Panégyrique de M. l'abbé Desjardins* (Paris 1834, page 22) :

» C'était un prêtre d'une érudition vaste, d'une
» piété fervente, d'une exactitude exemplaire, d'une
» pureté de mœurs irréprochable; il a vécu jusqu'à
» l'âge de quatre-vingts ans; à sa mort, on ne trouva
» pas chez lui l'argent nécessaire pour payer les frais
» de son enterrement. Il est l'auteur d'un *Exposé* très
» précieux *des exercices spirituels de saint Ignace*,
» d'une *Vie de la bienheureuse Marie de l'Incarnation*,
» fondatrice des Carmélites en France. Le plus es-
» timé de ses ouvrages est la *Vie de sainte Thérèse*,
» en deux volumes. Il est mort curé de Saint-Merri,
» en 1827. »

Le coup d'œil de cet éminent ecclésiastique discerna tout d'abord, dans le jeune Olivier, les plus heureuses dispositions, et le germe des qualités brillantes dont le développement ne se fit pas attendre. Il le plaça dans la petite communauté des clercs de sa paroisse, plus tard le Petit-Séminaire de Saint-Merri, et lui donna des soins auxquels l'élève répondit par de rapides progrès. L'abbé Hubault de Malmaison, aujourd'hui encore curé de Saint-Louis-en-l'Ile, était alors vicaire de Saint-Merri et directeur des clercs de cette paroisse. Lui aussi prit une part très active à l'éducation du jeune Olivier.

Le croirait-on, si ce fait n'était attesté par ses condisciples qui vivent encore? Les premiers soins de ses maîtres furent de délier la langue à leur nouvel élève. Soit vivacité extrême et précipitation, soit défaut de l'organe, il éprouvait la plus grande difficulté à prononcer les mots et une sorte de bégayement très gênant. Il fallut employer le moyen qui réussit si bien à Démosthènes, en le faisant parler la bouche remplie de petits cailloux.

A Saint-Merri, Olivier fut absolument un bon écolier, comme le prouvent ses cahiers qu'il avait conservés, et où se remarque le travail d'un élève soigneux et laborieux, ordonnant et classant ses idées dans un ordre admirable. Il est curieux d'y suivre les développements de son esprit et la tournure qu'il savait déjà donner aux phrases latines et françaises, et aux vers latins. Les sentiments de reconnaissance qu'il éprouvait pour ses maîtres éclatent dans plusieurs petits compliments de fête qui attestent les progrès de son éloquence naissante. Nous n'en citons qu'un seul qui fera juger des autres :

« Respectable pasteur, chaque jour apporte à vos
» enfants de nouveaux motifs à leur reconnaissance
» sans leur donner le moyen d'y satisfaire. Plus même
» nous avons besoin d'exprimer la vivacité de nos
» vœux, plus nos langues restent muettes. Le silence

» et l'admiration, voilà notre langage. Comment ren-
» dre, en effet, tant de bonté, de soins, d'indulgence?
» Comment chanter des vertus, des talents, dont je
» suis l'heureux témoin, mais que votre modestie, ô
» notre bon Père, nous empêche de faire connaître à
» ceux qui sont confiés à votre gouvernement. Il ne
» nous reste qu'un moyen de payer dignement vos
» bienfaits, c'est de savoir en profiter désormais, c'est
» de tâcher de suivre, du moins de loin, vos traces
» dans le sentier des vertus; c'est de faire des progrès
» sensibles dans la science et dans la piété... »

V.

Cependant le jeune Olivier nourrissait toujours un
goût très vif pour les cérémonies d'éclat, et en 1810
elles ne manquaient pas à Paris : Napoléon épousait
Marie-Louise, la fille des Césars. Comment un tout
jeune homme pourrait-il pénétrer jusque dans cette
chapelle des Tuileries, jusqu'au pied de l'autel où le
vainqueur d'Austerlitz et de Wagram allait venir s'a-
genouiller? Tant de grands personnages étaient refu-
sés! Et cependant, Olivier était saisi d'une envie irrésistible d'assister à l'auguste cérémonie qui ne
comptait guère que des têtes couronnées pour assistants. Il imagine alors un stratagème. Revêtu d'un
magnifique costume d'enfant de chœur, ceinture de
soie rouge flottante au vent, des burettes d'or à la
main, il se présente hardiment à l'entrée si bien gar-
dée des Tuileries, et aux portes de la chapelle mieux
gardées encore. Il est accueilli par le mot tradition-

nel de la consigne : « — On ne passe pas! — Il faut
» pourtant bien que je passe. Comment dira-t-on la
» messe sans moi : voilà les burettes! » Et il fend la
foule dorée, coudoie les maréchaux et les princes,
avise derrière les tapisseries une place qui lui convient, et, entr'ouvrant les tapisseries, contemple tout
à son aise et la pompe des cérémonies et les traits du
héros qui voyait l'Europe à ses pieds.

VI.

Cependant l'intelligence, la raison précoce, et surtout la piété du jeune Olivier, permirent à M. l'abbé
Boucher de lui confier, quand il n'avait encore que
quatorze ans, l'enseignement des petits enfants aux
catéchismes de Saint-Merri. Ainsi, dans l'âge où d'ordinaire on s'assied encore sur les bancs de l'église pour
y recevoir l'instruction religieuse, Olivier était en état
de la distribuer aux autres. Dans ces fonctions, souvent pénibles, et qui ne trouvent leur récompense que
dans la satisfaction que l'on éprouve à moraliser son
semblable, à lui découvrir les trésors de la grâce, il
déploya dès lors cette facilité d'élocution, cette force
de logique qui sont les conditions premières des instructions et des prônes. L'enfant s'acquittait miracu-
leusement de cet emploi difficile de catéchiste et
s'essayait au genre des instructions familières et des
prônes, où il devint plus tard incomparable. Pendant
qu'il *préchottait* ainsi de son mieux, pour nous servir
de son expression, sa réputation ne tarda pas à franchir les murs de l'église et à s'étendre même hors de

l'enceinte de la paroisse. Très souvent on vit son auditoire enfantin se grossir d'une foule de fidèles, curieux de recueillir, d'une bouche aussi jeune, les
grandes vérités de la foi. De toutes parts on accourait
écouter les conférences du jeune et savant catéchiste,
qui jetait ainsi les bases de sa renommée de prédicateur à un âge qui n'est ordinairement que celui des
études préparatoires.

Dans cet auditoire, il y avait une femme dont les
yeux s'humectaient de douces larmes : c'était la bonne
et pieuse Jeanne, c'était sa mère heureuse, qui gardait toutes ses paroles dans son cœur, qui comparait
en secret son bonheur à celui de Marie elle-même,
quand elle trouva le petit Jésus enseignant les docteurs
dans le temple de Jérusalem.

Dans les démonstrations vigoureuses de la divinité
de notre religion, dans la réfutation des objections
voltairiennes, il se montrait toujours énergique, serré,
concis à un tel point, que le cardinal Maury, ce glorieux rival de Mirabeau, ayant entendu parler de lui,
voulut le voir, l'entendre pour croire les merveilles
qu'on lui racontait de sa précoce éloquence. Il le combla de félicitations et d'encouragements, et lui donna
ses conseils. On imagine aisément quelles devaient être
ces leçons dans la bouche du fameux auteur de l'*Essai
sur l'éloquence de la chaire*. « Comment se fait-il, dit
« le cardinal à l'abbé Boucher, en le quittant, qu'un
« enfant de quatorze ans ait deviné un art que je ne
« me flatte pas de posséder après toutes les études de
« ma vie ? Et que faut-il le plus admirer ou de l'élève
« ou du maître qui a formé un tel élève ? »

Pendant son cours de rhétorique, le jeune Olivier
laissa percer quelques traits de cette puissance d'élo-

cution dont il était doué. Quelques sujets, comme le sacrifice d'Abraham, la vengeance de Samson, le discours d'Aman après sa disgrâce, la description d'une sécheresse, le parallèle entre un prince conquérant et un prince pacifique, étincellent déjà de beautés de premier ordre.

A seize ans, sous la direction de M. Boucher et de M. Hubault de Malmaison, les humanités du jeune Olivier étaient terminées. Elles furent signalées par les succès les plus brillants. Chaque année, il remportait les premiers prix, qui formèrent plus tard une partie notable de sa bibliothèque et que le prélat montrait avec un juste orgueil. Il dînait tous les jours à la table de M. Boucher, qui lui faisait lire, par forme de récréation, les plus beaux morceaux de littérature, et étudier les auteurs les plus renommés. Il lui confia alors, malgré son extrême jeunesse, la direction de la petite communauté de Saint-Merri, qui a fourni plus de vingt prêtres au diocèse de Paris, deux évêques, plusieurs curés de Paris, et vicaires de grandes paroisses de la capitale. Elle se composait d'environ trente élèves. Un prêtre distingué de notre diocèse, l'abbé Lahr, chanoine honoraire, ancien économe du séminaire, était, à Saint-Merri, le condisciple de M. Olivier.

VII.

Ces études pacifiques se faisaient au milieu de l'invasion des armées étrangères, au bruit d'un canon que la France n'aurait jamais dû entendre. Pendant que le chef d'une nouvelle dynastie voguait vers l'île d'Elbe, l'héritier de l'ancienne, après tant d'orages, rentrait dans sa capitale, et reprenait la route des Tuileries en descendant la rue Saint-Denis. Louis XVIII devant passer devant l'église Saint-Merri, M. l'abbé Boucher avait cru devoir haranguer Sa Majesté Royale. La procession de la paroisse se disposait à sortir, mais déjà le cortége défilait devant le portail. Alors le jeune Olivier saisit vivement le compliment des mains de M. Boucher, et arrête les chevaux de la voiture de Louis XVIII, en disant : « On doit ici haranguer le « Roi : que Sa Majesté daigne s'arrêter un instant. » La portière s'ouvre, et le Roi répond : « Nous n'avons « pas le temps d'attendre. » Alors Olivier jette le compliment dans la voiture, sur les genoux de Louis XVIII : « Si Votre Majesté, dit-il, n'a pas le temps d'attendre, « elle trouvera bien sans doute celui de lire. » Et le bon abbé Boucher se consolait de ce mécompte par la joyeuseté de l'aventure. Le lendemain, une largesse royale en faveur de ses pauvres, et pour la décoration de son Eglise, lui prouvait que Sa Majesté avait trouvé, en effet, le temps de lire.

VIII.

Cette même année 1814, le jeune Olivier harangua les habitants de Boissy-la-Rivière, réunis en assemblée communale à l'effet de pourvoir à l'entretien d'un pasteur par une cotisation annuelle. Le jeune orateur de seize ans commenta la lettre de Mgr l'évêque de Versailles, s'associa à la joie des habitants de voir l'Eglise abandonnée du village rendue aux splendeurs du culte, et s'étendit sur la douce influence qu'un bon prêtre exerce dans une commune pour maintenir la paix et l'union entre tous, pour corriger les mœurs publiques par ses enseignements divins, pour former des chrétiens fervents, des fils respectueux, des époux fidèles, des pères tendres, des mères dévouées. Il dessinait déjà à grands traits l'idée qu'il se formait d'un bon curé, et de l'éducation chrétienne des enfants dans la famille.

« Nous lisons, disait-il, dans les Saintes Ecritures, « qui doivent être la règle de nos mœurs et le fond « où nous puisons notre instruction, tout ce que le « père doit enseigner à son fils, la mère à sa fille, Le « père mettra sous les yeux de son fils l'obéissance « d'Isaac, la chasteté de Joseph, la piété de Samuel, « le respect de Tobie pour les auteurs de ses jours, « enfin le modèle adorable de Jésus notre sauveur, et la « mère sous les yeux de sa fille l'ingénuité de Rebecca, « la vertu de Rachel, la modestie d'Esther, la force « de Judith, et le concours admirable des vertus de « Marie. C'est ainsi que l'honnête homme apprendra « à régler sa conduite sur la religion ; car il n'est pas « d'honnête homme sans religion. » Puis il concluait de l'exemple des tribus d'Israël, nourrissant celles de Lévi, qu'il était juste que les chrétiens pourvussent à l'entretien de leurs prêtres, consacrés aux services de leurs autels. Il eut ensuite des paroles flatteuses pour le maire, pour l'adjoint, pour toutes les autorités de la commune.

Le jeune orateur fut écouté avec ravissement, et la petite paroisse de Boissy-la-Rivière eut bientôt son propre pasteur nourri et entretenu par elle au moyen de la cotisation annuelle.

M. Claude Olivier était intéressé à cette restauration du culte. Il venait de se retirer du commerce avec un revenu de sept à huit mille francs, et d'acheter le château de Bierville, hameau dépendant de Boissy-la-Rivière, avec ses terres et dépendances. La santé de madame Olivier l'avait obligé à songer à la retraite. Elle était habituellement très souffrante ; mais elle était soutenue dans ses infirmités par la ferveur de son angélique piété.

IX.

En attendant l'âge où Olivier pourrait entrer au séminaire, il restait un intervalle de trois ans. Ces trois précieuses années furent employées par lui à professer des classes et à diriger la communauté des clercs de Saint-Merri. Toujours sous les yeux de M. Boucher, il s'appliqua à un travail sérieux avec une ardeur extrême, à l'étude de la philosophie, de la théologie, des plus fameuses questions qui s'agitaient à cette époque, le gallicanisme, le jansénisme, le quiétisme et l'usure. Bossuet surtout était son auteur favori : il le lisait, l'annotait, le commentait, l'analysait, et à force de se pénétrer de sa substance, il le savait presque par cœur. Pendant les vacances qu'il passait chez son père, au château de Bierville, vous l'eussiez surpris, au bord d'une rivière, sur la lisière d'un bois, la tête penchée sur Bossuet. Quand il donnait le bras à sa mère pour guider sa marche chancelante, si vous eussiez eu le secret de leurs entretiens les plus intimes, vous auriez vu qu'ils roulaient presque tous sur la sainteté du ministère ecclésiastique, sur les vertus nécessaires au prêtre, sur les préparations nécessaires à un si auguste ministère. Le fils avait pour la mère l'affection la plus tendre et une confiance sans bornes dans les lumières que Dieu lui avait données. Elle était pour lui une providence visible, et elle, de son côté, ne se lassait point de développer dans son âme, avec une admirable sollicitude, ses inclinations natives et toujours croissantes pour le ministère évangélique.

Jamais enfant, jamais jeune homme ne fut plus soumis à ses parents que le jeune Olivier, et son père a pu dire de lui, quand il était évêque, ces belles paroles qu'on a recueillies de sa bouche : « Mon fils ne m'a « pas désobéi une seule fois pendant toute sa vie, et « il ne lui est pas arrivé une seule fois de me faire « de la peine, même quand il était enfant. »

Tant sont vraies les paroles du sage !

« *Élevez bien votre fils, et il vous consolera, et il deviendra les délices de votre âme.* » (Proverbes XXIX, 17.) « ... *Celui qui honore sa mère est comme un homme qui amasse un trésor.* (Ecclésiastique III, 5.)

CHAPITRE III.

Le séminaire.

I.

Au mois d'octobre 1817, Nicolas-Théodore Olivier, à dix-neuf ans, entra au séminaire Saint-Sulpice, cette illustre maison dont Fénelon disait qu'il ne connaissait rien de plus vénérable en France, pour y faire sa philosophie et sa théologie, et s'y préparer aux fonctions du ministère sacerdotal, vers lequel un penchant irrésistible l'attirait si fortement depuis l'enfance.

Là il commence sa vie de séminaire par une bonne retraite, qui est prêchée par MM. Carbon, Garnier, le célèbre conférencier Boyer, Legris, Gosselin, Duval et Morel, directeurs du séminaire. Tous les sermons qu'il entendit sont soigneusement annotés et analysés. Il en fut de même de tous les sujets d'oraison qui furent donnés dans le cours de l'année. Il apporte dans ses études une méthode admirable, un plan régulier, et se fait une loi de suivre de point en point toutes les recommandations de ses professeurs. L'emploi de toutes ses heures est réglé. De sept à huit heures du matin, après les exercices de piété, il fait une lecture pieuse, et apprend par cœur un morceau d'éloquence pour cultiver et exercer sa mémoire. Pendant le déjeuner, il lit un livre intéressant, Virgile, Horace ou Sénèque, en continue la lecture en gravissant les escaliers, mais le ferme soigneusement en entrant dans sa cellule. De huit heures un quart à neuf heures et demie, il prépare les matières de la classe, consulte les auteurs conseillés, prend des notes, et ne quitte point son auteur qu'il ne se soit rendu un compte parfait de sa doctrine. Il ne se met toutefois à l'étude qu'après avoir invoqué les lumières du Saint-Esprit et le secours de la sainte Vierge. Pendant la classe, il ne parle à aucun de ses voisins, et chasse toutes les distractions qui l'empêcheraient de profiter des leçons du professeur. Après la classe, il entre dans la chapelle du séminaire, et adore quelques instants Jésus-Christ vivant et présent dans l'Eucharistie. C'est à ses pieds qu'il se délasse de l'attention soutenue qu'il a donnée aux maîtres chargés de l'instruire. Jusqu'au dîner, il repasse toutes les matières enseignées en classe, et rédige ses cahiers ; c'est là le point essentiel des fortes et solides études. Laissons-le nous dire lui-même, dans son règlement de vie, comment il passait les récréations avec ses condisciples :

« Je tâcherai, écrit-il, pendant les récréations de
« me trouver avec plaisir dans la compagnie de tous
« mes frères, sans distinction, et de vaincre tout sen-
« timent d'antipathie naturelle. Je prendrai garde à
« parler peu, jamais de moi, rarement des autres, et
« toujours en bien. Rentré dans ma chambre, j'exa-
« minerai comment s'est passée ma récréation. »

Depuis la récréation jusqu'à deux heures un quart, il étudie le *Spectacle de la nature*, par le bon abbé Pluche, et c'est dans cette lecture sans doute qu'il a puisé ce riche fond de comparaisons gracieuses, empruntées à l'histoire naturelle, qui lui devinrent familières dans la chaire. Il préparait ensuite sa classe, puis visitait le Saint-Sacrement, et repassait comme le matin tout l'enseignement donné. A cinq heures, il étudiait l'Écriture Sainte, puis la philosophie, ou repassait quelque traité déjà étudié.

Les dimanches et les fêtes, il faisait une revue de la semaine. Après vêpres et la récréation, il allait adorer le Saint-Sacrement, faisait une lecture amusante, et reprenait ensuite l'étude de l'Écriture Sainte et de la philosophie. Il conférait avec le directeur du séminaire toutes les trois semaines, et faisait une petite retraite spirituelle tous les troisièmes dimanches du mois. Ce jour-là il remplaçait la lecture intéressante du soir par une lecture de piété.

Le jour ne lui suffisait pas pour étudier. Comme il était doué d'une santé et d'un tempérament de fer, il avait obtenu de son directeur la permission de prolonger ses veilles studieuses jusqu'à minuit : ce qui ne l'empêchait pas de se lever tous les matins à cinq heures avec ses autres condisciples.

Vers la fin de son cours de philosophie, à l'ordination de la Trinité 1818, le jeune Olivier reçut la tonsure cléricale.

II

L'année suivante, en 1818, il commença son cours de théologie, et eut pour principal professeur M. Affre, depuis archevêque de Paris, dont il fut l'élève chéri. Pour n'être pas dérangé dans ses études par des visites importunes, il quitta la maison de Saint-Sulpice pour celle d'Issy, succursale du séminaire, à dix kilomètres de Paris, où il y avait alors un second cours de théologie, qui était le principal et comptait les élèves les plus nombreux. Il trouvait dans cette seconde maison plus de silence, plus de solitude et de recueillement.

L'année scolaire s'ouvrit par la retraite ordinaire ; elle fut prêchée par les directeurs et professeurs de Saint-Sulpice : MM. Carrières, Boyer, Roux, Morel, Garnier, Molvaut. L'abbé Olivier analysa soigneusement tous les sermons de cette retraite, que termina un discours de M. Boyer sur la dévotion à Marie, et sur lequel on lit cette note dans ses cahiers de séminaire :

« Je gâterais tout le mérite des phrases éloquentes
« qui remplissaient ce délicieux discours, si je voulais
« l'analyser en entier. Qu'il me suffise de conjurer
« cette Reine des anges de remplir mon âme de son
« amour et de confiance en sa puissante protection,
« de me donner d'imiter, autant que ma faiblesse me
« le permet, les admirables vertus dont elle m'a donné
« l'exemple, vertus essentielles à un prêtre, et enfin
« qu'elle daigne me servir de mère sur la terre et me
« conduire dans le ciel pour y contempler à jamais la
« majesté infinie de Dieu, et rendre à cette tendre
« protectrice les hommages de ma reconnaissance et
« de mon fidèle attachement. Ici finit cette retraite.
« Fasse le Tout-Puissant que je n'en perde pas les
« fruits et que je persévère dans les résolutions que la
« grâce de Dieu m'a suggérées pour sortir de l'état
« de tiédeur dans lequel je suis plongé. Amen ! En
« 1818. »

Avant la fête de Noël de cette année, il y eut encore, selon la règle sulpicienne, une petite retraite, dans laquelle M. Boyer prêcha son fameux discours sur l'exemple des prêtres. Le jeune abbé écrivit dans ses notes que ce discours était de la plus grande beauté et que les développements en étaient admirables. Le célèbre conférencier y discutait la question de savoir si une piété éminente, jointe à une science suffisante, était préférable à une science éminente jointe à une piété ordinaire. La question est encore controversée. Le prêtre très pieux, mais peu instruit, est bon pour lui-même, mais sujet aux préjugés, et moins utile aux autres ; le prêtre très savant, mais d'une piété ordinaire, a moins de mérite devant Dieu, mais il est plus utile à ses frères et à l'Église.

L'abbé Olivier continuait à travailler une partie des nuits à l'étude de l'Écriture Sainte, de la théologie et de la controverse. Son ardeur à s'instruire était telle, qu'il lui arrivait d'oublier les heures et de rester des journées entières dans la bibliothèque du séminaire, où il s'enfermait pour mieux travailler. Les nombreux cahiers de cette époque, tout chargés de notes et d'analyses d'auteurs, attestent quelle était sa puissance de travail et sa persévérance dans l'étude. Ses compendiums des divers traités de théologie sont rédigés avec tant de soin, de méthode et de clarté, qu'ils formeraient à eux seuls un traité complet de théologie fort curieux et de la plus grande utilité.

Il n'est pas étonnant qu'avec les facultés naturelles, soutenues par un travail si opiniâtre, il devint, de l'aveu de tous ses condisciples, le cardinal Mathieu et Mgr l'évêque de Séez doivent s'en souvenir, l'élève le plus brillant et le plus fort de tout son cours. Il annonçait déjà ce qu'il devait être un jour, un des plus fermes appuis de la foi, une des plus éclatantes lumières de l'Église, en même temps qu'un ouvrier évangélique, puissant en œuvres et en parole.

L'étudiant de théologie dévorait son Tournély et son Billuart, comme autrefois son Virgile et son Démosthènes. À peine avait-il paru sur les bancs, que déjà nul ne prétendait l'égaler. Ses anciens condisciples se rappellent encore avec un indicible plaisir les thèses qu'il soutint en diverses occasions, et les discussions où il guerroya contre ses maîtres aux applaudissements de tous. On ne le tenait déjà plus comme *un escolier*, comme dit un ancien biographe, mais pour *enseigneur*. Tous l'aimaient, tous admiraient cette facilité prodigieuse, cette vivacité d'esprit presque sans exemple, dont ses maîtres eux-mêmes étaient presque effrayés. Ce qui était surtout remarquable chez le jeune théologien, c'était une pureté de langage irréprochable, non-seulement dans ses écrits, mais aussi dans ses paroles, soit qu'il argumentât, soit qu'il se livrât aux innocents plaisirs de la conversation ; il avait, dès lors, un sentiment parfait des convenances, et jamais, même au milieu de la conversation la plus vive, la plus chaleureuse, il n'enfreignait les lois de la politesse la plus exquise.

Sa gaieté était aimable en conversation, sa conversation toujours intéressante. On se rappelle qu'il s'était fait une loi de ne jamais parler de lui, rarement des autres, et toujours en bien. Il était l'âme et le président de petites et studieuses académies, formées entre les élèves, où l'on s'occupait de questions sérieuses, instructives et variées, tantôt sur un point de littérature, tantôt sur un sujet d'histoire, tantôt sur les sciences, les arts, la philosophie, la théologie, la controverse, la liturgie, l'archéologie.

Le *Solitaire*, un de ses biographes, lui reproche alors de la brusquerie, de l'arrogance et une excentricité dangereuse. Il dit, page 42, que *M. Émery en était effrayé, le vénérable et saint prêtre!* Mais M. Émery était mort depuis plus de cinq ans, et il n'a jamais connu le jeune Olivier. Cette assertion est démentie d'ailleurs par tous les témoignages. Sa régularité était si exemplaire, qu'on ne l'a jamais rencontré causant aux portes des cellules de ses camarades. Son obéissance était si grande, qu'il ne faisait jamais rien, n'entreprenait aucune étude, aucune lecture, sans l'avis de ses directeurs et de ses professeurs; son respect pour l'autorité si admirable, qu'on ne surprit jamais sur ses lèvres ni une plainte, ni un murmure contre ses supérieurs. Sa piété surtout était exemplaire, et avait pour caractère particulier un grand amour pour Jésus-Christ présent dans l'Eucharistie, et une tendre dévotion envers la sainte Vierge. Aussi le séjour du séminaire lui était si agréable, qu'il a souvent regretté depuis, qu'il regrettait toujours le temps qu'il y avait passé.

III.

La compagnie de Saint-Sulpice professait alors les doctrines ultramontaines, comme étant seules catholiques ou à peu près, comme elle avait professé auparavant et comme elle professa depuis le gallicanisme. C'était une petite concession au vent de la politique et de l'opinion qui soufflait alors. Il n'entre pas dans les habitudes de modération de cette illustre société de se passionner pour des opinions. Au fond de toutes les controverses, elle se contente d'enseigner les définitions catholiques, laissant chacun, dans les opinions libres, prendre le parti qui lui convient. Quoiqu'il en soit, on faisait alors grand bruit avec les questions ultramontaines, questions fort dangereuses, et qui semblent prédestinées à précéder tous les orages politiques et toutes les commotions religieuses. L'abbé Olivier aimait à discuter ces controverses et à pourfendre de ses arguments les doctrines ultramontaines. Il était gallican, non comme un président à mortier, comme l'a écrit le *Solitaire*, mais comme Bossuet et Fleury, ses deux guides et ses deux modèles. M. Affre, son professeur, encourageait son digne élève et jouissait de ses succès. Les arguments que déterrait l'abbé Olivier n'ont pas sans doute été depuis inutiles à ce superbe antagoniste des prérogatives papales. A force de recherches, après deux jours et deux nuits passés dans la bibliothèque du séminaire, l'élève triomphant apporta à son maître la preuve d'une fraude ultramontaine commise dans les éditions de l'historien Sozomène ; on lisait, à propos de la juridiction des papes sur le temporel des rois, qu'elle s'exerçait dans toute l'Église, *in totâ Ecclesiâ ;* mais le texte primitif était, dans toute l'Italie, *in totâ Italiâ.* Quelle différence et quelle découverte !

Au commencement de l'année 1819, la retraite du séminaire fut prêchée par MM. Gosselin, Molvaut, Legris, Boyer, Garnier et Câtel. Le jeudi de la retraite, un de ces messieurs fit défaut, et, à la place du prédicateur, l'abbé Olivier lut le sermon de Bourdaloue sur le jugement particulier. La plupart des sermons de cette retraite avaient déjà été donnés en 1817, et l'abbé Olivier en fait la remarque dans ses analyses. Il trouve un sermon de M. Molvaut, sur le Calvaire, de la plus grande beauté, M. Boyer admirable dans le combat des passions et dans la comparaison de la mer en furie, et M. Garnier sublime dans son discours sur l'imitation de Notre-Seigneur Jésus-Christ.

« Seigneur, mon Dieu, s'écrie l'abbé Olivier, dai-
« gnez graver dans mon cœur mes devoirs et me rap-
« peler mes promesses (les promesses cléricales). Ah !
« que je n'abuse pas davantage de vos dons, et que
« cette retraite enfin me convertisse ! *Confirma hoc*
« *Deus. Amen.* »

A l'ordination de Noël 1819, l'abbé Olivier fut appelé aux quatre ordres mineurs. M. Gosselin y expliqua le pontifical, et le retraitant recueillit toutes ses belles explications avec beaucoup d'ordre et de suite. La retraite de l'ordination fut prêchée par MM. Boyer, Molvaut et Péala. M. Molvaut fit un beau discours sur l'obéissance due aux évêques, et fondée, selon l'orateur, sur trois motifs inébranlables : la parole de Dieu, l'autorité de la tradition et les promesses de l'ordination. Son jeune auditeur se pénétra profondément de cette doctrine incontestable, qu'il n'est pas possible d'être bon prêtre sans une parfaite soumission à l'autorité épiscopale. M. Boyer revint encore sur la fameuse question : lequel l'emporte du prêtre pieux ou du prêtre savant ?

« A la suite du beau sermon de M. Boyer, écrit
« l'abbé Olivier, je me suis dit à moi-même : tu dis
« que tu veux être savant pour rendre service aux
« âmes et être utile à la gloire de Dieu. Eh bien ! on
« t'a montré que la piété l'emportait sur la science :
« travaille donc à l'acquérir comme tu travailles à

« t'instruire ! Et j'ai pris pour résolution de commen-
« cer en veillant davantage sur mes sens. Je me pré-
« pare aux ordres mineurs, et le *portier* doit avoir
« deux vertus : la vigilance et l'humilité. Où en suis-
« je ? »

A l'ordination de la Trinité, 1820, l'abbé Olivier ac-
complit son sacrifice à l'Église, en se liant à jamais
à elle par les vœux du sous-diaconat. M. Boyer prêcha
la retraite, et M. Molvaut expliqua le pontifical, et ses
instructions, dans les cahiers de l'ordinand, se trouvent sur une colonne parallèle à celles où il avait déjà
recueilli celles de M. Gosselin. L'abbé Olivier nous
raconte lui-même de quels sentiments il fut pénétré
dans cet acte si important de sa vie :

« C'est dans cette retraite que Dieu, dans sa misé-
« ricorde infinie, a bien voulu agréer l'hommage de
« mon dévouement éternel à sa gloire et au salut des
« âmes. Quand je considère cette grâce et mon indi-
« gnité, quel sujet de trembler ! Mais quand je consi-
« dère ses bontés, quel sujet de joie et d'allégresse !
« Les obligations sont graves, mais son joug est léger.
« Il ordonne des choses difficiles, mais il donne la grâce
« de les remplir.

« O mon Dieu, daignez continuer le cours de vos
« miséricordes sur moi. Conservez en moi ce que vous
« avez fait. Donnez-moi l'humilité, la ferveur et la
« modestie. Faites que je pense souvent et tous les
« jours que je suis sous-diacre. Je voudrais, avec vo-
« tre grâce, je ne veux vivre que pour vous. Guidez-
« moi vous-même : sans vous, je ne puis rien ; avec
« vous, je puis tout. *Pars mea Deus in æternum.* Dieu
« est ma part pour l'éternité. »

IV.

Le travail immodéré des nuits sans sommeil avait fini par altérer une santé si robuste. Pendant les vacances qui suivirent la réception de son diaconat, Olivier fit une maladie mortelle au château de Bierville. Les médecins l'avaient condamné et averti de se préparer à la mort. Dans cette épreuve, il fut soutenu par la douce compagnie et par les prières de sa mère qu'il vénérait comme une sainte. Sous son inspiration, il fit un vœu à la Sainte-Vierge, et, contre tout espoir, il se rétablit. A la fin de ces tristes vacances, bien que souffrant encore, mais toujours courageux contre lui-même et ne s'écoutant jamais, il voulut quitter les douceurs du foyer paternel pour assister à la retraite du commencement de l'année. Au moment des adieux du départ, sa mère lui dit avec l'accent d'une prévision surhumaine :

« — Mon fils, quand je te reverrai, tu seras prê-
« tre !

« — Ma mère, cela n'est pas possible, je ne suis
« encore que sous-diacre. Quand bien même je serais
« diacre à l'ordination de Noël, comme je n'aurai en-
« core que vingt-trois ans à la Trinité suivante, et que
« les Sulpiciens ont pour principe inviolable de ne ja-
« mais demander de dispense d'âge, je ne puis être
« ordonné prêtre que dans deux ans.

« — Mon fils, je t'assure que je ne dois te revoir
« que prêtre ; oui, tu seras prêtre quand tu reviendras

« dans un an prier à côté de ta mère, prêtre et déjà
« missionnaire et apôtre. »

L'abbé Olivier reçut le diaconat en 1820, à l'ordination de Noël. La retraite fut prêchée par MM. Ru-
bens, Hamon et Boyer , qui donna pour la troisième
fois son sermon où il fait le parallèle du prêtre savant
et du prêtre pieux, sermon « d'une beauté ravissante,
« écrit M. Olivier, mais mal soutenu dans la deuxième
« partie, où il oublie qu'il ne parle que d'un prêtre très
« savant, mais pieux; car il le confond avec le prêtre
« mondain et bel esprit. »

Olivier, une fois diacre, continua ses études chéries
avec une nouvelle ardeur, prenant toujours sur ses
nuits le temps qu'il trouvait trop court pendant le
jour. A cause de son âge, et malgré les paroles de sa
mère, entre le diaconat et la prêtrise, il voyait avec
joie un intervalle de dix-huit mois, qui lui donnerait
tout le temps nécessaire de se préparer davantage
aux fonctions du saint ministère , d'étudier à fond les
Pères, l'antiquité ecclésiastique, la constitution de l'É-
glise, la doctrine des temps apostoliques, matières qui
lui étaient déjà familières, et l'objet constant de ses
recherches et de ses saintes méditations. L'époque de
l'ordination approchait, et les directeurs de Saint-
Sulpice ni lui-même n'avaient demandé à Rome aucune dispense d'âge : à la Trinité 1821, l'abbé Olivier,
diacre, n'était âgé que de vingt-trois ans. Le biographe qui a esquissé le livre des *Orateurs sacrés contemporains* (2e édition, Paris, 1840 , page 65), s'est très
certainement trompé, quand il dit que « dans l'em-
« pressement que l'abbé Olivier éprouvait de prendre
« rang parmi les défenseurs de la religion, il consentit

« à ce qu'une demande fût faite à Rome pour que
« l'époque de ses vœux fût avancée. »

Le cardinal Alexandre-Angel de Talleyrand-Péri-
gord, oncle du fameux diplomate, était archevêque de
Paris depuis 1817, et avait Mgr Hyacinthe de Quélen
pour coadjuteur. La réputation du jeune catéchiste
de Saint-Merri, du brillant élève de Saint-Sulpice
était parvenue jusqu'à lui.

Cependant, à l'approche de la Trinité 1821 , l'abbé
Olivier ne songeait donc nullement à se préparer à la
prêtrise, lorsque , contre toute apparence , M. l'abbé
Legris, maître des cérémonies, vint dire à l'abbé Olivier : « Le cardinal me charge de vous avertir qu'il
« faut vous préparer au sacerdoce pour l'ordination
« prochaine ! »

L'abbé Olivier n'avait jamais vu le cardinal ! Comment pouvait-il être connu de lui ? Et la dispense d'âge,
qui l'avait sollicitée ? Il se refuse donc à croire cette
annonce. Il va trouver le supérieur du séminaire, qui lui
affirme qu'il n'est aucunement question de lui pour l'ordination. M. Gosselin, un des directeurs du séminaire, traite cette nouvelle d'absurdité; il taxe même
le jeune théologien de présomption , et lui demande
pourquoi l'on ferait en sa faveur une exception que
l'on n'accorde à personne. « Je ne vois certes, répond
« l'abbé Olivier , aucune raison de faire un privilége
« pour moi, mais aussi je n'en demande aucun. »

Il retourne à sa cellule de travail avec joie et avec
une tranquillité parfaite. Il forme de vastes projets
pour analyser les Saints-Pères, et se penche avec bonheur sur la *Somme de saint Thomas* et sur saint Augustin. L'appel aux ordres se fait comme à l'ordinaire, et

son nom ne se trouve point sur la liste des ordinands.
Il tombe même assez gravement malade.

Or, la veille de l'examen pour les ordinands, M. l'abbé
Legris vient de nouveau lui annoncer que le cardinal
veut absolument l'ordonner prêtre, et que le prélat a
de lui-même sollicité à Rome, et obtenu du Souverain
Pontife la dispense d'âge nécessaire. — « Mais je suis
« malade ; je ne puis pas même me lever. » — « N'im-
« porte, le cardinal le veut. — Alors je n'ai plus qu'à
« obéir à mon supérieur. »

M. Gosselin, chargé de l'examen, interroge le malade dans son lit , et le laisse débiter tout au long la
thèse de la présence réelle, et développer les propositions les plus ardues du traité de la grâce. L'inter-
rogation dura plus d'une heure. Aussi un redoublement de fièvre saisit l'abbé Olivier, et il ne put assister
aux premiers exercices de la retraite de l'ordination.

Confiant dans la force de son tempérament et contre
l'avis des médecins, qui lui prédirent de plus violents
accès de fièvre par la suite, l'abbé Olivier coupe cette
fièvre opiniâtre et inopportune par une forte dose de
quinquina, et se rend aux exercices des ordinands. Il
entend M. Boyer prêchant sur le soin des pauvres, la
visite des malades, et sur la récitation du bréviaire,
fonction la plus honorable, la plus importante, la plus
utile du ministère. « Elle doit être exercée, écrit-il ,
« avec attention , piété et persévérance. Ce sermon
« était ravissant. »

« Etant malade, je n'ai pu faire que bien imparfai-
« tement cette importante retraite. Sous les yeux de
« Dieu j'y ai pris la ferme résolution :

« 1º De ne jamais manquer mon oraison, et pour

« cela, la résolution de me lever tous les jours à cinq
« heures ;

« 2° D'aimer à confesser les pauvres et de ne les re-
« buter jamais ;

« 3° De visiter exactement , promptement, assidu-
« ment les malades ;

« 4° Surtout de m'examiner le plus souvent possi-
« ble pour voir si j'agis pour Dieu, et non pour la va-
« nité, et pour les hommes ;

« 5° Tous les mois, je ferai une revue sur moi, sur
« mon bréviaire, sur mes fréquentations, sur les de-
« voirs de ma place, sur la messe surtout.

« 6° Mon Dieu, faites que je ne parle jamais de moi
« sans raison suffisante devant vous !

« A mon impuissance à prier , j'apporterai deux
« pensées : premièrement celle d'une toile, et je prie-
« rai Dieu d'y tracer les vertus ; secondement , celle
« d'une statue qui honore le prince en restant sans
« sentiment dans son antichambre.

« J'ai pris la ferme résolution (*Dieu aidant*), *adju-*
« *vante Deo* ; de ne jamais , quelque ordre qui me
« presse, dire mon bréviaire sans préparation : pré-
« sence de Dieu, confusion, députation, renoncement
« aux distractions, intention. Jamais la messe sans
« préparation. *Adjuvet Deus !* (*Que Dieu me soit en*
« *aide !*)

« J'ai à prendre garde :

« 1° A la facilité de mon caractère ;

« 2° A une crainte de désobliger, qui m'empêche-
« rait de renvoyer une visite qui me ferait perdre du
« temps ;

« 3° A mon penchant pour les choses extérieures ;

« 4° A mon amour pour le faste ;

« 5° A ma langue : je parle trop ;

« 6° A mon épanchement : il faut savoir ne pas se
« communiquer à tout le monde ;

« 7° Il faut me borner dans l'étude, me raidir contre
« les difficultés. ;

« 8° Châtier mon style. . . . . , . .

« J'ai bien pris la résolution de ne jamais commen-
« cer le bréviaire sans les préparations nécessaires
« pour en faire un vrai exercice de piété. »

Voilà l'abbé Olivier tel qu'il se voyait sous les yeux de
Dieu, la veille de son ordination, et tel aussi qu'il se
montrera aux yeux des hommes dans sa vie de prêtre
et d'évêque. Aucune exagération, rien de mystique et
de maniéré, nulle ostentation dans sa piété, mais les
vertus solides, les vertus réelles, les vertus pratiques
du prêtre ; l'humilité sans pharisaïsme, la défiance
de soi-même jointe à une grande confiance en Dieu,
l'esprit de prière, la pureté de l'intention, la vigilance, le bon emploi du temps, l'amour du bréviaire
et le plus profond recueillement dans la célébration
des saints mystères. Il faut y joindre la tendre dévotion dont nous l'avons déjà vu animé envers la
Sainte-Vierge, le soutien et le plus parfait modèle du
prêtre.

Cependant l'abbé Olivier se présente à l'ordination de
la prêtrise avec les sentiments de la foi la plus vive, tout
pâle, tout chancelant, tout défait, comme une victime
qui va s'immoler sur l'autel. La sollicitude toute paternelle de Mgr de Quélen, son consécrateur, veille
sur lui, et le force à s'asseoir pendant toute l'auguste
cérémonie. Après l'ordination, le coadjuteur l'envoie
prendre un déjeuner que le cardinal avait eu l'attention délicate et vraiment extraordinaire de lui faire

préparer lui-même. Aussi le jeune prêtre demeure confondu de tant de prévenance et de bonté.

Une piété vive et ardente, sucée avec le lait de l'enfance, une intelligence précoce soutenue et développée par le travail le plus constant et le plus opiniâtre, une jeunesse tout entière passée au pied des sanctuaires, entre les mains de saints prêtres et dans les séminaires, la fuite de toutes les fêtes mondaines, de toutes les joies du siècle, des humanités brillantes, un professorat de trois années, des lectures immenses, la science du saint ministère et de la théologie acquise sous les plus habiles maîtres connus, une vie et une conduite exemplaires avaient préparé le jeune athlète aux combats du Seigneur. Cicéron craignait l'homme d'un seul livre, *timeo virum unius libri* : l'abbé Olivier est l'homme d'une seule science ; toute l'ardeur de son âme, de son activité, de ses passions naissantes, toutes les forces de son intelligence se sont concentrées sur un seul point : l'étude de la religion. Il n'a pas étudié, il ne sait pas autre chose, mais aussi il possède tout ce qui se rattache, de près ou de loin, dans l'histoire profane ou dans la philosophie, à cette science divine. Il connaît tous les détails de l'histoire de l'Eglise, les conciles, les grandes assemblées du clergé et leurs décisions, la doctrine des Pères et de la tradition, tous les enseignements de la plus exacte théologie. Il a fait aussi une étude approfondie de la théologie mystique, et s'est principalement attaché à sainte Thérèse et à saint François de Sales, deux auteurs qu'il possède comme saint Augustin et Bossuet. Si l'on en excepte le gallicanisme, et encore n'en a-t-il embrassé les maximes que parce qu'il y voit les doctrines mêmes de l'Eglise primitive et la tradition, il n'appartient spécialement à aucune école, à aucune opinion théologique : il s'en tient purement et simplement aux décisions de l'Eglise, à la doctrine publique et définie de l'Eglise, il embrasse comme certain ce qui est certain, et abandonne les doutes à la liberté des esprits. Par dessus tout, il a en horreur toute nouveauté, toute expression de doctrine qui ne serait pas conforme à l'antiquité et à la tradition.

Il s'est formé, il a nourri en lui-même un idéal du prêtre, et il l'a composé de saint Paul, de saint Augustin, de Bossuet, de Vincent de Paul, en y joignant la grâce, la douceur et l'aménité de saint François de Sales. Il sent leur esprit et leur génie brûler en lui-même : il sent aussi du Brydaine frémir au fond de son cœur. Il s'est dit encore que prêtre, il voudrait agir, penser et parler comme Jésus-Christ lui-même, comme le maître qu'il représente. Il veut éclairer les hommes avec la lumière qui vient de Jésus-Christ, il veut les aimer avec le cœur de Jésus-Christ. Il se sent prêt à souffrir pour eux comme Jésus-Christ lui-même a souffert.

La gloire de Dieu, le salut des âmes, voilà ce qui dévore le cœur du jeune prêtre. Il est calme, cependant, car chez lui une imagination bouillante et fougueuse est tempérée par un jugement sûr, par une raison sévère et froide. L'heure après laquelle il soupire depuis si longtemps vient de sonner, la carrière est ouverte devant l'athlète impatient de s'y élancer. Mais où va-t-il d'abord porter ses pas?

Il songe sérieusement à se consacrer aux missions, à se faire apôtre parmi les sauvages. Son courage est à la hauteur des périls.

Mais d'un autre côté, les Sulpiciens, ses maîtres, témoins de ses rapides succès, qui l'aimaient d'ailleurs tendrement, et appréciaient l'excellente méthode qu'il avait apportée dans ses études, son jugement fort, sa raison mûrie déjà par la science, voulurent le fixer au sein de leur illustre compagnie, en lui donnant une chaire de théologie à Saint-Sulpice. Ses goûts l'y portaient aussi, à un âge où les esprits les mieux faits n'ont encore qu'une conscience imparfaite de leur vocation.

Se sentant également porté à embrasser l'une de ces deux carrières, l'apostolat ou l'enseignement, l'abbé Olivier craignit d'aller contre la volonté de Dieu et de se mettre en dehors des voies de la divine Providence s'il faisait un choix de lui-même. L'obéissance lui paraissait un chemin plus sûr, et il s'en rapporta entièrement au choix de ses maîtres et de ses directeurs.

Mais Dieu lui préparait une autre mission. Une voix plus puissante que celle de ses directeurs se fit entendre. Mgr de Quélen lui imposa les fonctions du ministère des paroisses, en le nommant second vicaire de Saint-Denis en France, et lui accorda en même temps deux semaines pour rétablir entièrement sa santé. L'abbé Olivier obéit aussitôt. Il renonce à l'espoir du martyre dans les missions parmi les infidèles, il quitte ses études chéries et les discussions théologiques. La Providence ne l'avait pas seulement doué des qualités de l'intelligence propres à l'enseignement sacré, elle lui avait fait le don le plus rare de tout ce qui prédestine un homme au gouvernement ecclésiastique. Elle lui avait donné la douceur avec la force, le zèle avec la prudence, l'inflexibilité des principes pour les choses avec la tolérance pour les hommes, la fermeté avec l'indulgence, tout ce qu'il faut, enfin, pour ramener les pécheurs, pour soutenir les justes, relever les lâches et les imparfaits : eux tous avaient besoin de l'abbé Olivier, et Dieu le leur envoyait.

Grâces soient rendues aux Sulpiciens d'en avoir agi sagement avec lui ! D'autres, en comprimant son intelligence au lieu de la laisser librement se développer, en lui créant des obstacles, en voulant plier son âme aux exigences aveugles de petites pratiques méticuleuses au lieu de la nourrir d'une piété forte et solide, auraient pu briser les puissants ressorts de son caractère. En lui laissant une liberté innocente, ils formèrent, selon une expression du *Solitaire*, un grand ouvrier de conversion.

LIVRE II.

—

OLIVIER PRÊTRE.

—

CHAPITRE PREMIER

Vicariat de Saint-Denis.

I.

Comme l'abbé Olivier se rendait au château de
Bierville auprès de ses parents pour rétablir sa santé,
il rencontre le curé de Boissy-la-Rivière, qui lui demande les prémices de son sacerdoce pour prêcher
une mission dans sa paroisse, et lui remet une lettre
de l'évêque de Versailles, qui lui confère tous les pouvoirs spirituels nécessaires pour l'exercice de son zèle.

Sa bonne mère pleure de joie en l'embrassant et en lui demandant sa première bénédiction sacerdotale : « Eh bien ! mon fils, dit-elle, je te revois donc prêtre « et missionnaire ! » Contre toutes les apparences, la prophétie de la sainte femme était littéralement accomplie.

Dès le lendemain, le jeune prêtre était en chaire, charmait et touchait ses auditeurs, dont l'affluence croissait chaque jour. C'était sous les yeux de sa mère ravie, et soutenu par ses prières si puissantes auprès de Dieu, que le nouveau Samuel, devenu homme, commençait à régir et à ramener dans les voies du Seigneur le peuple d'Israël. Il annonçait tous les jours, et plusieurs fois le jour, la parole de Dieu avec toute la virginité de sa foi et de son zèle. Il ne descendait de la chaire que pour entrer au confessionnal, où il restait souvent bien avant dans la nuit. Mais la fièvre, le quinquina, les menaces des médecins sur les effets du quinquina ? Il n'en était plus question : la force du tempérament avait repris le dessus, l'abbé Olivier était complétement rétabli.

La mission eut un succès complet. Tentative heureuse qui donna au jeune lévite l'ineffable consolation du retour de bien des âmes éloignées depuis longtemps des pratiques de la religion ! Les conversions se comptaient par centaines. Un monument du passage du nouvel apôtre est élevé dans le village ; une croix est plantée, et cette croix fut portée par des hommes qui portaient les insignes de la Vierge et le chapelet en sautoir.

II.

La paroisse de Saint-Denis, qui ne s'était pas encore installée dans la magnifique collégiale, mais qui occupait une pauvre et chétive église de couvent, était alors gouvernée par un saint prêtre, l'abbé Caillon, depuis chanoine de la métropole de Paris. Honneur et bénédiction à sa mémoire! Il ne fut pas jaloux, lui, des talents et des succès de son nouveau vicaire. Il soutint et encouragea ses premiers pas, aplanit devant lui les premières difficultés du ministère. Il l'aima bientôt comme un fils, quand il eut connu tout ce que valait son cœur. Pourvu que le bien se fasse et que le troupeau soit sauvé, la joie du bon prêtre est toujours parfaite. Il reconnut bientôt que, chez l'abbé Olivier, la modestie égalait la supériorité du mérite. Puis il était si pieux, si exact à tous ses devoirs, si ponctuel à tous les offices de la paroisse, si recueilli dans la prière, si profondément pénétré de respect à l'autel et devant le Saint-Sacrement, et par dessus tout si respectueux et si soumis, ne faisant jamais rien sans consulter son curé et sans lui rendre compte de tous ses actes dans l'exercice du ministère! A sa table, et il la partageait dans les premiers temps, rien n'égalait la bonne humeur, la gaieté, la prévenance, l'amabilité et les saillies du premier vicaire de Saint-Denis. Dès qu'il avait paru dans la chaire, il avait enlevé tous les suffrages. Les bons paroissiens de Saint-Denis accouraient en foule pour l'entendre et amenaient leurs amis au pied de sa chaire. Le bon curé lui-même était émerveillé comme ses ouailles : il était fier de son vicaire et n'en parlait que comme d'une merveille. Les catéchismes étaient faits avec le plus grand soin, les enfants de chœur disciplinés, le plus bel ordre établi dans les cérémonies, des congrégations de femmes et de jeunes filles créées pour le soutien de la piété et comme moyen de persévérance. En dehors des catéchismes pour les premières communions, des conférences réunissaient tous les dimanches les jeunes garçons et les jeunes filles à l'église. Les pauvres et les malades étaient visités tous les jours. L'activité du vicaire avait tout rempli de vie, de mouvement et d'entrain. La face de la paroisse, après seulement un an, se trouvait renouvelée et changée à ne pas la reconnaître. Le vicaire ne s'attribuait rien de tout le bien qui s'opérait : il rapportait tout au pasteur, et n'agissait jamais que par ses ordres et en son nom. Celui-ci, déjà âgé et infirme, voyant que tout allait bien, que les allures étaient franches, laissait faire son vicaire, et, loin d'arrêter l'élan de son zèle, il lui avait, selon une de ses expressions, *lâché la bride sur le cou.*

III.

Après une année de séjour à Saint-Denis, l'abbé Olivier devint premier vicaire de la paroisse. Quand ses fonctions ne l'appelaient pas à l'église, il restait enfermé chez lui pour composer des discours, des conférences, des sermons et des homélies, selon les besoins de la prédication de chaque jour. « L'époque de « ma vie où j'ai le plus travaillé, me disait-il un jour « — et j'ai consigné ses propres paroles dans mes notes comme toutes celles que je rapporterai par la « suite — c'est quand j'étais vicaire de Saint-Denis. « Pendant tout le temps que j'y ai passé, je ne suis « pas monté une seule fois en chaire sans avoir écrit

« et appris soigneusement de mémoire les instruc-
« tions que je devais donner. » Aussi, quand il entendait plus tard de jeunes prêtres se vanter de leurs
prétendues improvisations, il haussait les épaules de pitié. Sa maxime était que l'improvisation ne pouvait appartenir à ceux qui débutent ; qu'elle devait être pré-
cédée par de fortes et constantes études, par des compositions soignées, qu'il fallait remplir jusqu'aux bords
les trésors de l'esprit et de la mémoire avant d'y puiser, qu'autrement on s'exposait à ne couvrir que de
grands mots de bien grandes pauvretés. Seulement,
disait-il, si l'inspiration vient se substituer en chaire
à la parole écrite, il y aurait mauvaise grâce à la repousser : on peut alors s'abandonner sans trop de
danger à l'esprit qui souffle. Avant tout, il faut creu-
ser la matière, la méditer, il faut couler la mine au
creuset avant de la mettre en œuvre. L'improvisation
est un fruit mûr et la récompense du travail, le produit d'une longue pratique.

Cette ardeur pour le travail, qui dévorait l'abbé
Olivier au séminaire, ne fit encore qu'augmenter dans
l'exercice du ministère. Comme le jour était souvent
rempli par ses diverses fonctions, il passait une partie des nuits à l'étude et à la composition : ce travail
de la nuit devint l'habitude constante de toute sa vie.
Quand nous n'en parlerons plus, il faudra toujours le
supposer. Peu d'heures, avec sa riche constitution,
suffisaient à son sommeil. Les forces que ne lui rendaient pas un sommeil insuffisant, il les reprenait
dans le bain dont il faisait un usage fréquent et presque quotidien. Il y trouvait une grande économie de
temps, car il évaluait une demi-heure de bain à deux
heures de repos et de sommeil.

4

Le zèle de l'abbé Olivier ne se bornait pas à la paroisse de Saint-Denis. Il évangélisait encore les paroisses des environs, et l'on accourait en foule à ses instructions.

IV

Tous les ans, l'abbé Olivier allait prendre ses vacances à Bierville. Mais son repos n'était, pour son activité incessante, qu'un changement d'exercice. Il employait presque tout le temps de ses vacances à donner des missions dans les villages de la Beauce qui environnent Etampes, et, grâce à l'action puissante de son zèle et au succès de ses prédications, l'évêque de Versailles vit avec surprise et avec bonheur la religion et la piété refleurir dans cette partie si désolée de son diocèse. Il ranima la ferveur et rétablit la régularité dans deux maisons religieuses d'Etampes, où il prêcha plusieurs retraites, et l'évêque de Versailles lui confia la direction des religieuses. Quelques-unes de ses pénitentes de Saint-Denis vinrent y chercher un aliment à leur zèle et y consommer l'œuvre de leur conversion. L'une d'elle, la sœur Théodose, devint une supérieure remarquable, et y opéra très heureusement l'œuvre de la régénération et de la réforme de sa maison. L'une de ces religieuses lui écrivait, pour citer un seul témoignage, le 25 août 1823 :

« .... Je ne pensais pas au bonheur qui m'at-
« tendait, mais un instant avant la communion un
« tremblement subit me saisit, je commençais à pleu-
« rer. Je ne pouvais me soutenir en allant à la sainte
« table , mais quand je fus revenue à notre place, ah !

« mon père, non, je ne pouvais contenir mes soupirs
« et mes sanglots. Quel bonheur j'éprouvais ! Je res-
« tai à peu près trois quarts d'heure dans cet état.
« Jamais de ma vie je n'ai éprouvé une telle félicité.
« Vous me l'aviez annoncée, mais je ne m'en faisais
« pas une idée. C'est à vous que je suis redevable de
« cette faveur. Vous avez achevé à l'autel ce que vous
« aviez commencé au tribunal de la pénitence. »

En chaire, l'abbé Olivier ne démontrait pas seulement la vérité et la divinité de la religion, il la montrait surtout aimable, accessible à tous, et faisant le
bonheur de l'homme dès cette vie. Il dédaignait souvent les grandes considérations, les aperçus sublimes
qui peuvent exciter l'admiration pour descendre aux
vérités pratiques, pour insister fortement sur la manière dont la religion doit diriger et régler nos actions
ordinaires et tout le détail de notre vie. Aussi, une
foule de personnes graves et bien placées dans la société se mettaient déjà sous sa direction. Tout jeune
encore, il était *prêtre*, c'est-à-dire *vieillard*, dans toute
la force du mot. Que l'on juge de sa maturité précoce
par cette lettre de direction écrite à une illustre chrétienne, le 28 décembre 1822 :

« L'état de souffrance où je vous ai vue le jour de
« Noël, avant votre départ de Saint-Denis, et le temps
« qui s'écoulera jusqu'au moment où je pourrai aller
« vous voir, me font un devoir de vous écrire aujour-
« d'hui quelques paroles de consolation de la part du
« bon Maître, qui a daigné, après si peu d'épreuves,
« vous donner, le jour anniversaire de sa naissance,
« la plus grande marque de sa bonté.

« Le premier avis qu'il me semble nécessaire de
« vous donner, est de vous prier de goûter votre bon-

« heur et de bénir sans cesse le Seigneur d'avoir brisé
« les liens qui vous tenaient éloignés de sa sainte loi.
« Je vous conjure donc de bannir de votre esprit toute
« pensée de trouble et de tristesse, et de répéter sou-
« vent dans la joie de votre cœur cette délicieuse pa-
« role : O mon Dieu, que vous êtes bon pour vos créa-
« tures ! Combien j'étais indigne de vos bontés !

« Ne vous inquiétez pas sur les difficultés que vous
« pouvez entrevoir à servir toujours le Seigneur. *A
« chaque jour suffit son mal*, a-t-il dit lui-même. Il
« vous donnera chaque jour la force qui vous sera né-
« cessaire, si vous êtes fidèle à mettre votre confiance
« en lui, et à compter sur ses inépuisables miséri-
« cordes. Il suffit pour cela que vous vous rappeliez
« cette parole de Bossuet : *Une âme qui aime Dieu ne
« trouve rien de léger dans ce qui l'offense.*

« Alors vous éviterez toutes les fautes volontaires,
« l'humeur, l'impatience. Vous ne compreniez pas le
« jour de Noël comment vous pourriez vous réjouir,
« ni comment la gaieté pouvait être dans les autres.
« Laissez-vous conduire tranquillement par le Saint-
« Esprit. Calmez votre imagination ardente, présent
« précieux que vous a fait le ciel, et vous sentirez un
« fleuve de paix inonder votre âme.

« Ménagez votre santé. Lisez peu à la fois. Réflé-
« chissez sans effort. Il vous faut au moins sept heures
« de sommeil : ne craignez pas d'en prendre huit. Une
« prière, suivie d'une petite lecture réfléchie, com-
« mencera toujours votre journée. Ensuite les devoirs
« de votre famille. La messe quand vous le pourrez :
« je parle ici du jour de la semaine. Un retour vers
« Dieu à l'heure de midi, si vos occupations ne les
« empêchent pas. De la gaieté. Pas de lecture après

« vos repas. Un examen de conscience tous les soirs
« avant de vous livrer au sommeil. Ne pas rester long-
« temps à genoux.

« Soyez pleine de complaisance, de condescendance
« pour votre mari. Il faut qu'il vous trouve toujours
« calme, que vous ne sacrifiez rien au respect humain.
« Souvenez-vous que vous faites votre salut en rem-
« plissant vos devoirs d'épouse et de mère.

« Ne perdez pas de vue la présence de Dieu pen-
« dant la journée. Tout est fait pour vous y rappeler,
« et cette pensée est le plus fort préservatif contre la
« dissipation, surtout dans ces temps de visite où vous
« serez forcée de respirer l'air du monde si insipide
« pour l'âme qui a bien compris ce que c'est que Dieu
« et sa conscience.

« Une pratique que je vous recommande beaucoup,
« c'est l'exercice de la communion spirituelle, c'est-
« à-dire la coutume de penser tous les jours à la Sainte
« Eucharistie, au bonheur qu'il y a de s'en nourrir, et
« d'en exciter le désir dans votre cœur en vous en re-
« connaissant indigne.

« Quand vos occupations, votre santé, votre mari
« ne vous en empêcheront pas, ce sera une pratique
« excellente d'entendre tous les jours une messe
« basse. L'église de Saint-Michel est moins froide que
« les autres églises qui vous environnent. Lisez bien
« votre saint François de Sales. Si vous avez quelque
« peine, quand vous aurez quelque inquiétude, ne
« craignez pas de m'écrire, Ne parlez pas de ce que je
« fais pour vous avec cette épithète : *complaisance*.
« Je ne fais que mon devoir, et je suis l'obligé. »

Je sais bien qu'il est un genre de dévotion chagrine
qui se scandalisera de voir l'abbé Olivier recomman-

der à la piété d'être gaie. Mon rôle d'historien se borne à raconter. Mais est-ce donc un si grand crime, après tout, de vouloir que la piété soit aimable et de bonne compagnie ? Jésus-Christ ne recommandait-il pas aussi à ses disciples de prendre garde à n'être pas tristes comme les hypocrites, et de parfumer leur tête quand ils jeûnaient.

V.

Il y avait alors à Saint-Denis une nombreuse garnison de la garde royale de Louis XVIII. L'abbé Olivier, dont le zèle embrassait tout, fut ému de voir tous ces soldats privés des consolations de la religion et éloignés de toute pratique religieuse. Il aborde sans hésiter soldats et officiers ; il a l'air si engageant, si *bon enfant*, comme on dit dans la langue militaire, qu'il est bien accueilli, et qu'on ne refuse pas de l'entendre. Il trouve des paroles qui vont droit au cœur du soldat, et le voilà qui établit des conférences pour les soldats de la garnison. Saint-Denis est tout étonné de voir tous les dimanches, à certaines heures, plus de quatre cents soldats environner la chaire de son premier vicaire. Mais ces conférences particulières ne suffisent pas encore à ces braves militaires. Toutes les fois que l'abbé Olivier prêche ou officie, l'église paroissiale se remplit de soldats. Plusieurs sont braves en religion comme au feu, et communient publiquement à Pâques, officiers et fantassins confondus dans la foule.

VI.

L'abbé Olivier, après une seule année de ministère, s'était de prime abord emparé de l'opinion
publique, et jouissait déjà d'une grande réputation
comme orateur et comme administrateur. A ceux
qui seraient tentés de taxer d'exagération et d'hyper-
bole ce que nous racontons de ses premiers succès,
nous opposons un illustre témoignage, celui d'un vénérable prélat, qui le demanda dès cette époque auprès de lui pour en faire un vicaire général honoraire,
et le principal administrateur de son diocèse, tant il
avait déjà une haute idée de sa capacité et de ses
lumières.

Monseigneur Jean Brumauld de Beauregard, le 1er
mai 1823, s'était laissé sacrer évêque d'Orléans. Il
commençait une carrière épineuse à l'âge où d'autres
demandent leur retraite. Il avait soixante-quatorze
ans, étant né à Poitiers le 1er décembre 1749. Le 9
juin 1823, il écrivit d'Orléans à M. l'abbé Olivier,
vicaire de Saint-Denis en France, la lettre suivante,
que nous copions, comme toutes celles que nous citerons par la suite sur l'autographe même :

« Vous serez surpris, monsieur le vicaire, de rece-
« voir une lettre de moi, puisque je vous suis si peu
« connu. Vous le serez encore plus de la demande que
« je vais vous faire.

« Vous remplissez un ministère utile à la gloire de
« Dieu et au salut des âmes; mais la Providence vous

« a donné des moyens qui peuvent être utiles pour
« remplir d'autres devoirs.

« Nous voyons s'éteindre les anciens qui s'adon-
« naient à l'administration des diocèses : c'est une
« science particulière à laquelle peu d'ecclésiastiques
« se livrent, parce que le ministère absorbe tout, et
« que les prêtres sont rares.

« Je sais que vous êtes jeune, mais que vous avez
« beaucoup de prudence. Je sais encore que vous avez
« de la facilité pour le travail. Je vous offre de venir
« auprès de moi pour vous y attacher aux affaires de
« mon diocèse. Je ne vous offre point une place subal-
« terne de secrétaire, j'en ai un sous la main, ni la place
« de secrétaire général de l'évêché, j'en suis bien
« pourvu quant à présent ; je ne vous offre pas non
« plus de loger dans ma maison de peur de gêner
« votre liberté ; mais je vous offre un canonicat, et je
« vous demande de venir ici vous emparer peu à peu
« des affaires du diocèse. Vous les verrez passer sous
« vos yeux, vous les étudierez, vous répondrez aux
« lettres d'administration, vous rédigerez des mé-
« moires, vous travaillerez avec moi aux instructions,
« aux avis, aux mandements, etc. Vous prendrez con-
« naissance des paperasses, des sujets, et vous ferez
« des visites avec moi.

« Je connais les objections que vous pourrez me
« faire. La première est la dépendance de monsei-
« gneur l'archevêque. Je lui ai demandé son consen-
« tement. Il vous regrettera ; mais il consent à ce que
« je vous appelle. Vous objecterez vos propriétés ; mais
« elles sont aussi à Orléans qu'à Paris. Je sais que
« vous regretterez le ministère : je ne vous empêcherai
« pas de vous y livrer autant que votre zèle vous y

« portera ; vous confesserez, vous prêcherez autant que
« vous le pourrez.

« Pesez bien cette lettre. C'est un vieil évêque qui
« vous demande ; son cœur est bon, et vous serez heu-
« reux auprès de lui. Le canonicat que je vous offre
« est vacant ; c'est par le roi que je vous y ferai nom-
« mer. Consultez Dieu, consultez votre conscience ;
« mais gardez bien le secret sur cette démarche. Votre
« avenir peut devenir plus beau et bien plus utile.

« Quant à moi, si vous répondez à mes espérances,
« je ferai tout ce que je pourrai pour votre avance-
« ment et pour votre bonheur. Mais comme en vous
« préférant à beaucoup d'anciens amis et même à des
« ecclésiastiques que j'aime, je ne cherche que la
« gloire de Dieu, n'ayez d'autre motif de votre accep-
« tation que ce noble sentiment. Répondez-moi bien-
« tôt, pour que je puisse faire les démarches néces-
« saires. Je vous assure d'avance de tout mon atta-
« chement et de mon estime sincère.

« Votre serviteur,

« † JEAN, Évêque d'Orléans. »

On ne peut certes lire une lettre plus engageante,
plus touchanté et plus honorable pour celui qui en est
l'objet. Mais le bon vieillard ne s'en tient pas à cette
lettre. Dans son impatience de posséder l'abbé Olivier,
il écrit immédiatement à Louis XVIII et au grand aumônier de France, le prince de Croï, archevêque de
Rouen, qui tenait la feuille des bénéfices, et propose
l'abbé Olivier pour le canonicat vacant au chapitre
d'Orléans. Mais les deux lettres parties, il s'avise qu'il
ne sait pas les prénoms de son futur grand vicaire et

chanoine, et que par conséquent sa nomination ne pourra être libellée au ministère. Il ajoute donc le *post-scriptum* suivant à la lettre précédente :

« Réflexion faite, monsieur, je vous fais nommer
« par le roi, et j'en fais la demande sans savoir votre
« nom de baptême. Les canonicats valent 1,800 fr. Si
« vous prenez votre ménage, soyez prudent dans le
« choix de la personne qui le tiendra. Peut-être pour-
« rai-je vous loger chez moi : vous le verrez. Dieu
« vous demande ici. Venez-y. Gardez le silence, et,
« dans tous les cas, tenez-vous pour chanoine d'Or-
« léans. J'écris ce même jour à son altesse monsei-
« gneur le grand aumônier pour vous faire nommer.
« J'attends votre réponse, et elle me sera favorable.
« Ne m'exposez pas à perdre ce canonicat vacant de-
« puis plusieurs mois. Si vous refusez le poste que la
« Providence vous offre avec le consentement de
« monseigneur l'archevêque, vous serez tenu de pas-
« ser à la grande aumônerie ; car votre nomination y
« est demandée de ce jour. »

« † JEAN, évêque d'Orléans. »

Il y a sur terre des hommes bien tristement orga-
nisés, et qui ne peuvent juger les autres qu'à travers
eux-mêmes. Tout les offusque, tout les chagrine. Les
épaisses ténèbres de l'envie qui obnubilent leur esprit
les empêchent toujours de voir, dans toute sa beauté,
l'éclat d'une vertu réelle. Ainsi, l'abbé Olivier ne
manquait pas déjà de détracteurs qui ne voulaient
apercevoir dans les œuvres de son zèle rien autre
chose qu'une ambition démesurée et l'envie de parve-

nir. Voyons donc, dans cette circonstance délicate, comment va se conduire ce jeune abbé ambitieux, dont la vanité est le mobile. Pour son grand mérite et son talent incontestable, il occupait un bien petit poste, au jugement de M. l'abbé Affre, depuis archevêque de Paris, qui dès le 31 janvier 1822, lui avait écrit de Luçon la lettre suivante :

« Vous êtes bien excusable, mon cher ami, d'a-
« voir oublié un chevalier errant qui est toujours par
« voies et par chemins, tantôt en Auvergne, tantôt à
« Paris, et enfin dans la Vendée. Je ne vous impose
« d'autre pénitence, pour expier ce coupable oubli,
« que de vous souvenir quelquefois de celui que vous
« avez si longtemps oublié. *Six mois sont, en effet,*
« *bien longs pour des amis!* J'aurais été vous voir,
« avant mon départ, si vous aviez été à Paris, mais
« j'ai appris, à mon grand étonnement, que vous étiez
« à Saint-Denis. J'espère qu'on vous rappellera bien-
« tôt dans le sein de la capitale. J'aurais bien voulu
« n'être pas si loin d'un pays où j'ai laissé de si bons
« amis. *J'espère que la Providence me rappellera un*
« *jour au milieu d'eux.* » (Quel pressentiment et quelle
prophétie!) « Je sais, malgré tous les agréments que
« j'ai ici, que je n'y prendrai pas racine. Recevez l'as-
« surance bien sincère de mille et une amitiés qui sont
« bien mieux dans mon cœur que dans une lettre.
« Adieu, mon cher ami

           « Tout à vous,

                « Affre, vicaire général. »

Malgré le grand étonnement de M. Affre, on ne so.-

geait pas à rappeler à Paris l'abbé Olivier, et M. Duclaux, supérieur du séminaire de Saint-Sulpice et vicaire-général de Paris, lui avait écrit le 25 juin 1822 :

« J'ai été très édifié, mon très cher en Notre Sei-
« gneur, des sentiments que vous exprimez et que je
« crois bien dans votre cœur. L'abandon entier aux
» ordres de la Providence est le moyen d'obtenir des
« succès pour sa gloire. Les motifs humains doivent
« nous être étrangers. *Il n'y a aucune apparence de
« changement pour vous.* Vous aurez bientôt le rem-
« plaçant de votre collègue, et je suis convaincu que
« vous en serez content. Il est d'un très bon carac-
« tère. J'espère que vous aurez la bonté de lui tracer
« la marche qu'il doit suivre pour réussir. Il vous
« écoutera, et je lui parlerai en particulier de l'avan-
« tage qu'il doit retirer de votre société. Je vous re-
« nouvelle avec satisfaction l'assurance de mon atta-
« chement en Notre Seigneur.

« DUCLAUX. »

Que va donc faire l'abbé Olivier, qui n'aurait fait de
la chaire, où il paraissait déjà avec tant de succès,
qu'un marche-pied pour monter aux honneurs? Il préfère son poste obscur de Saint-Denis aux séduisantes
perspectives d'un brillant avenir qui lui sont offertes.
Il court à Paris pour arrêter sa nomination au canonicat d'Orléans, qui était entre les mains du grand
aumônier de Louis XVIII !
Le bon évêque d'Orléans éprouva une grande douleur de ses refus. La plaie fut bien longtemps à se ci-
catriser, puisque, sept ans après, il n'était pas encore

consolé, et lui écrivait, le 4 janvier 1829, à St-Étienne-du-Mont :

« Monsieur le curé, je vous remercie d'avoir pensé
« à moi dans vos cogitations d'amitié. Pour moi, je ne
« pense à vous qu'avec douleur. Si vous eussiez moins
« aimé le sacré ministère, vous m'auriez aidé à porter
« un lourd fardeau que je traîne avec labeur et dou-
« leur. Que le Bon Dieu vous le pardonne ! et je vous
« assure qu'il y a dans mes regrets pas le moindre
« fiel. Cependant j'entrevois dans l'avenir (quelle heu-
« reuse prophétie pour Évreux !) que Dieu vous des-
» tine une couronne, *l'apicem sacerdotii* (la mître
« d'évêque). Puisse cet objet de bien des ambitions
« vous trouver soumis à l'autorité plus que vous ne
« l'avez été aux insinuations de l'amitié.

« J'ai l'honneur, etc.

« † JEAN, Évêque d'Orléans. »

L'abbé Olivier continua ses travaux apostoliques à
Saint-Denis avec un nouveau zèle et une nouvelle
ferveur. Le nombre des convertis grossissait tous les
jours, et il ne se donnait aucun repos au point de
compromettre sa santé. Le bon abbé Caillon, son curé,
l'envoyait alors à Bierville, auprès de ses parents,
respirer quelque temps. Mais en vain ; il donnait aussitôt des missions et des retraites dans les villages de
la Beauce et à Étampes. On était obligé de lui écrire :

« N'allez pas, je vous conjure, au-devant de nou-
« velles fatigues. Voilà la source de vos souffrances :
« sans des grâces toutes particulières que Dieu vous
« accorde, certainement vous ne pourriez pas résister
« à toutes les fatigues que ce malheureux Saint-Denis
« vous suscite. Quand y reviendrez-vous ? Votre ab-

« sence est un deuil pour la paroisse. Combien on
« vous y aime ! Nos âmes volent au-devant de leur
« sauveur. »

Bierville cependant, bâti sur la Juisne, petite rivière
qui se jette dans l'Essonne, lui offrait une douce retraite : un château à deux étages flanqué de trois tourelles dans une vallée étroite, entre deux collines boisées, des prairies, une garenne, une fontaine d'eau
minérale, trois petites îles baignées par la Juisne.

VII.

Au milieu des travaux du ministère, l'abbé Olivier
suivait avec anxiété le mouvement qui s'opérait, au
sein même du clergé, à la voix trop éloquente d'un
homme doué d'un véritable génie, l'abbé de Lamennais, le plus grand écrivain de notre siècle. Ce trop
libre penseur prêchait une nouvelle philosophie, et
affectait un mépris suprême pour les anciennes écoles
de théologie. Qu'allait donc devenir, au souffle puissant de ce nouveau prophète, le bon esprit du clergé
français, si attaché aux saines doctrines, qui avait ses
traditions de gloire, de sagesse et de maturité ? Le jeune
clergé se remplissait d'un dangereux enthousiasme,
et les têtes les plus solides tournaient. L'abbé Olivier
ne se laissa pas un instant éblouir, même par la gloire
du génie et le prestige d'une réputation qui montait à
son apogée. Du premier coup-d'œil, il vit le danger,
le signala, et prédit toutes les conséquences de ce fatal
engouement des esprits. Il sonnait l'alarme. Nuit et
jour, il écrivait lettres sur lettres à ses anciens condisciples, à ses amis, pour les préserver de l'entraîne-

ment universel. Les cercles et les réunions trouvaient en lui un intrépide joûteur, qui se prenait corps à corps avec le géant, et ne laissait pas subsister un seul argument de tous ses sophismes. Des amis et des admirateurs de Lamennais engagèrent celui-ci à se défendre lui-même contre les argumentations philosophiques du jeune vicaire. Il y eut donc une entrevue. L'abbé Olivier, avec une grâce parfaite, paya au grand écrivain, au glorieux apologiste de la religion, à l'auteur du premier volume de l'*Essai sur l'Indifférence*, le tribut d'hommage et d'admiration qui lui étaient dus. Mais à peine se fut-il engagé sur le terrain brûlant de la raison individuelle, de l'évidence, du sens commun, et comme il commençait déjà à tirer du nouveau système des conséquences qui ruinaient nécessairement tout l'enseignement catholique, et à démontrer que son auteur renversait d'une main ce qu'il avait si glorieusement édifié de l'autre, que l'abbé de Lamennais porta machinalement la main à ses yeux comme s'il eût été ébloui, et rompit tout à coup l'entretien philosophique, en disant *qu'il était un homme de plume et non un homme de discussion*. Hélas ! que n'a-t-il mieux écouté les objections du jeune vicaire de Saint-Denis, et que ne s'en est-il mieux rendu compte ! Il aurait épargné bien des larmes à l'Église ; et les gloires de ce mâle génie, animé du souffle des prophètes, eussent toujours été les nôtres !

VIII.

L'abbé Olivier, au sujet du système Lamennaisien, eut une correspondance assez suivie avec l'abbé Rousselet, jeune sulpicien, depuis évêque de Séez, qui, dans une lettre écrite de Saint-Amand (Cher), le 4 août 1824, s'excusait vivement de ne pas appartenir à l'école du trop fameux novateur, et se justifiait auprès de son ami de la curiosité qui l'avait porté à parcourir ses livres.

« Pour moi, disait-il, je suis constamment livré à « l'étude de l'ancienne doctrine. La philosophie de « Descartes, suivie par Bossuet et tant d'autres grands « hommes, et celle de Leibnitz, m'ont occupé presque « continuellement. J'ai à peine pris le temps de con- « naître les ouvrages des nouveaux philosophes. Je « me livrerai, à l'avenir, à l'étude de la théologie, à « l'exclusion de tout autre science. Le dogme et la « morale, qui se sont bien passés pendant dix-huit « siècles de nouveautés philosophiques, s'en pas- « seront bien encore. Les opinions humaines me fati- « guent. J'aime mieux lire Saint-Jean-de-la-Croix que « tous les systèmes nouveaux. »

A cette époque, l'abbé Olivier s'occupait, avec l'abbé Pététot, de fonder, pour le diocèse de Paris, une maison de missionnaires sous le nom de *Prêtres de Saint-Hyacinthe*. Ce projet n'eut pas de suite alors, et l'abbé Pététot l'a réalisé depuis sous un autre nom, et sur les bases arrêtées jadis entre lui et l'abbé Olivier.

IX.

Cependant Louis XVIII donnait à l'Europe un spectacle devenu bien trop rare en France depuis son aïeul Louis XV : il parvenait, à force de sagesse, à mourir tranquillement en roi aux Tuileries. L'abbé Olivier, qui était alors en villégiature au fond de la Beauce, ne se doutait certainement pas que ce petit événement pût le regarder en quelque chose, et l'arracher brusquement aux douceurs de Bierville pour revenir immédiatement habiter le n° 3 de la rue Saint-Marcel, qu'il occupait à Saint-Denis. L'abbé Caillon, curé de Saint-Denis, lui écrit de se rendre à son poste aussitôt sa lettre reçue. « Nous avons deux grandes cérémo- « nies, dit-il, pour lesquelles votre présence m'est « absolument nécessaire : le transport du feu roi et « le service pour le repos de son âme. L'abbé Court « succombe à la fatigue. Pour moi, je suis attaqué « d'une dyssenterie, et je garde la chambre. En pas- « sant, prenez langue à l'Archevêché... »

C'est donc sur les épaules du pauvre abbé Olivier qu'allait crever l'orage qui s'était élevé entre son Altesse le prince de Croï, grand aumônier de France, archevêque de Rouen et primat de Normandie, et Mgr de Quélen, archevêque de Paris. On était au plus fort du conflit de juridiction qui se débattait entre les deux prélats. L'un, en sa qualité de grand aumônier, arguait d'une exemption papale qui lui donnait pouvoir sur la collégiale de Saint-Denis; l'autre opposait les droits de l'Ordinaire sur tout son diocèse et le concordat qui avait aboli en France toute exemption de la juridiction de l'Ordinaire. Le prince de Croï était tout puissant à la cour, et Mgr de Quélen n'y paraissait déjà plus. Une aventure très délicate, arrivée à une de ses proches parentes, religieuse dans un couvent de Paris, et dont Sa Majesté avait fait des gorches chaudes à la cour, venait d'ailleurs de brouiller le monarque et l'archevêque. La circonstance des obsèques de

Louis XVIII donnait alors au conflit une importance extrême, et Mgr de Quélen, voyant que ses droits seraient méconnus, avait résolu de n'y figurer personnellement en aucune manière, mais de soutenir énergiquement les prérogatives de son siége. Le chapitre de Saint-Denis favorisait les prétentions du grand aumônier contre les droits de l'archevêque de Paris.

L'abbé Olivier vint donc, suivant l'expression de son curé, *prendre langue à l'archevêché.* Mgr de Quélen lui ordonna de prendre, en toute circonstance, dans la cérémonie, la place qui convenait à celui qu'il constituait son représentant, et d'occuper toujours son rang avant le chapitre royal de Saint-Denis. Le curé étant malade, il lui recommanda expressément de revêtir l'étole pastorale, ce signe non équivoque de juridiction.

L'abbé Olivier observa cependant à Mgr l'archevêque de Paris qu'il allait compromettre son ministère à Saint-Denis et s'attirer des ennemis. Mgr de Quélen lui répondit vivement : « Et ne comptez-vous pour « rien, monsieur l'abbé, l'éclatante protection dont « vous couvrira votre archevêque. S'il la dòit déjà à « votre mérite, combien plus encore à votre fermeté, « à votre énergie et à votre obéissance? » L'abbé Olivier s'inclina.

Au fond, la commission dont il était revêtu était en parfaite harmonie avec ses opinions gallicanes : le clergé de Paris tout entier ne comptait point de plus intrépide défenseur des prérogatives épiscopales.

Le refus de l'archevêque de Paris d'assister aux funérailles de Louis XVIII devint bientôt public, et excita les rumeurs les plus passionnées : il était représenté par la presse ministérielle comme un grand scandale, comme un outrage à la mémoire du bon roi, comme une ingratitude révoltante. On se demandait quelle allait être l'issue de cette lutte, et nul ne savait les mesures arrêtées par Mgr de Quélen.

Donc, l'an mil huit cent vingt-quatre, le vingt-trois septembre, vers deux heures de l'après-midi, lorsque le cortége royal et funèbre se montra sur les hauteurs de Saint-Denis, M. l'abbé Nicolas-Théodore Olivier, premier vicaire de Saint-Denis, revêtu de l'étole pastorale en l'absence de M. le curé, retenu par indisposition, précédé de la croix paroissiale, de l'eau bénite et de l'encens, de tout le clergé de la paroisse, de M. l'abbé Court, second vicaire de Saint-Denis, et aujourd'hui curé de Nanterre, de M. l'abbé Ausous, curé de Pierrefitte, de M. l'abbé Barde, curé de Stains, et aujourd'hui curé de Saint-Denis, de M. Nock, chapelain de l'Hôtel-Dieu de la ville, de MM. les sous-préfet, maire, adjoints et membres du conseil municipal de Saint-Denis, vint à la porte de la ville pour la cérémonie du transport du corps de très haut, très puissant et très excellent prince Sa Majesté Louis dix-huitième du nom, roi de France et de Navarre. A l'arrivée du royal convoi, pendant le chant du *De profundis*, en faux-bourdon, l'abbé Olivier jeta l'eau bénite, encensa le corps du roi à son passage, en disant d'une voix forte et accentuée : « C'est au nom, « lieu et place de Mgr l'archevêque de Paris. » Mgr le Grand aumônier de France, qui croyait présider aux obsèques royales, ne s'attendait à rien de pareil : Son Alteste Sérénissime était stupéfaite. Mais l'abbé Olivier, précédé de la croix paroissiale et suivi du clergé, avait déjà pris place derrière le corps du roi, et avait donné le signal d'avancer, auquel on obéit machinalement. C'est dans cet ordre, et en la qualité qu'il avait prise, qu'il entra dans la basilique du chapitre royal de Saint-Denis.

A l'entrée de l'église, il prit place près du corps placé entre Mgr le grand aumônier et M. le curé de Saint-Germain-l'Auxerrois, curé du roi défunt, la croix de l'église paroissiale placée à la droite et près de celle du chapitre.

Après la présentation du corps et pendant le chant des vêpres, l'abbé Olivier prit place sur une banquette, à gauche, au bas des degrés du sanctuaire, puis il alla, avec M. le curé de Saint-Germain-l'Auxerrois, se placer dans la chapelle ardente, aux pieds du feu roi et près de Mgr le Grand aumônier, et il revint ensuite processionnellement dans l'église paroissiale.

Procès - verbal de la cérémonie ainsi faite fut rédigé et signé par l'abbé Olivier et par MM. Court, Barde, Ausous, avec titres et qualités, en exécution des ordres de Mgr l'illustrissime et révérendissime père en Dieu, archevêque de Paris, pour être inscrit tant sur les registres de la paroisse de Saint-Denis que sur celui des délibérations de la fabrique.

Ainsi fut sauvegardé intact et sauf le droit de l'archevêque de Paris aux funérailles de Louis XVIII.

X.

A la fin de cette année, M. Claude Olivier vint visiter son fils à Saint-Denis. Autant il fut édifié de l'ordre et de la beauté des cérémonies de la paroisse, et de la piété des fidèles, autant il fut scandalisé de la gêne où se trouvait le clergé paroissial, qui n'occupait pas encore la basilique pour célébrer les offices divins. « Pour une ville riche comme Saint-Denis, disait-il, « c'est une véritable dérision ; car peut-on dire que « c'est un temple très catholique, quand il n'y a pas « même de cloches ? »

Mais si M. Claude Olivier avait les mêmes goûts et les mêmes idées que son fils pour la majesté du culte, il ne partageait plus ses mêmes goûts et ses mêmes idées pour son intérieur. Il trouvait son fils trop richement meublé ; l'élégance de son salon le choquait. Ce qui paraissait à l'un une simple convenance, semblait à l'autre du faste. Ce fut bien pis lorsqu'étant de retour à Bierville, le père reçut de son fils une lettre qui lui demandait de l'argent pour solder quelques dettes ! L'excellent père se crut obligé de remplir le devoir d'une correction paternelle, et le 18 décembre 1824, il écrivit d'une main ferme :

« Mon bon ami, j'ai bien reçu ta lettre par laquelle « tu me demandes des fonds pour payer tes dettes « que j'ai peine à accorder avec les principes que tu « professes. *Je ne puis pas concevoir qu'un homme qui* « *pense fasse des dettes !*

« Mon but n'est point de t'affliger, mais bien de te « dire que tu manques de raison. Des repas inutiles, « des déménagements sans nécessité, des décorations « d'appartements trop coûteuses pour un prêtre de ta « classe : et tu n'y penses pas ! Je mets ci-inclus un « billet de la Banque de France de cinq cents francs. »

Qui n'aurait aimé une telle leçon accompagnée d'une conclusion si agréable, et faite avec tant de bonhomie ?

XI.

Cependant les prévisions de l'abbé Olivier, sur les colères que susciterait sa conduite ferme et énergique dans l'affaire des funérailles de Louis XVIII, se réalisaient. Son ministère commençait à être en butte à des détractions, à des insinuations perfides. L'abbé Olivier fréquentait le monde sans en être ami cependant plus qu'il ne le devait. Il le fréquentait, parce qu'il lui importait d'étudier le cœur humain, afin de mieux combattre les maux qu'y font naître les passions.

Dans le monde, il avait de l'aisance, de la grâce et de la facilité. Il ne ressemblait point en tout aux autres prêtres : il était aimable et d'une politesse exquise. Son caractère original, à quelques égards, avait des singularités qui contrastaient particulièrement avec cette constante gravité et cette tenue toujours sévère qui semblent l'apanage du clergé français. Exact à tous ses devoirs, toujours en action, se préparant chaque jour à célébrer la sainte messe par une aumône abondante aux pauvres, il se contentait d'être un bon prêtre et d'être saint, sans se soucier le moins du monde de donner à son extérieur les dehors convenus dans un genre de sainteté toute particulière. Il se montrait lui-même tel que la nature l'avait fait, franc, ouvert, loyal, généreux, prévenant, gai et aimable, comme un homme qui se sent une bonne conscience ; il ne songeait nullement à se fondre dans le moule d'un type de convention. Ainsi l'homme le plus grave, le plus appliqué, le plus sérieux, au fond, semblait-il quelquefois léger et inconséquent quand il débandait l'arc trop longtemps tendu et qu'il s'abandonnait à sa verve et à sa bonne humeur naturelle. Il eût certainement joué avec la perdrix de saint Jean, au risque de scandaliser aussi les premiers disciples des apôtres. L'homme redevenait parfois petit enfant. Il n'en était que plus intéressant et plus aimable auprès des personnes dont l'œil n'est pas mauvais, mais il découvrait aussi aux yeux des autres le défaut de la cuirasse où le dénigrement et l'envie venaient impunément enfoncer leurs traits empoisonnés.

Puis nul n'a impunément un mérite supérieur; il semble que Dieu, par une compensation providentielle et mystérieuse, mesure le talent aux souffrances, les succès aux persécutions, les gloires de la renommée aux dénigrements de l'envie, le bien que l'on fait au mal que l'on endure. La médiocrité qui se sent écrasée ne porte pas ses coups aux nobles têtes qu'elle ne peut égaler, mais elle déchire par derrière, et l'envie, fille du serpent infernal, mord toujours au talon.

Quoiqu'il en soit de ces réflexions que l'on trouvera peut-être hasardées, mais que nous savons être la clef de toutes les persécutions que Nicolas-Théodore Olivier souffrit pendant tout le cours de sa vie, c'est dans la dernière année qu'il passa à Saint-Denis qu'il ressentit leurs premières pointes de l'envie. Il se consola auprès de sa pieuse et sainte mère, qui était vraiment une femme admirable. Elle lui dit que s'il pensait faire le bien sans avoir à souffrir, sauver les âmes sans exciter les fureurs de Satan, il était dans une

grande erreur. « Toi qui connais l'histoire, disait-elle,
« cite-moi un seul homme d'élite qui n'ait eu ses enne-
« mis, un seul saint qui n'ait été persécuté ! Mais qu'ai-
« je besoin de l'histoire ? Ouvre l'Évangile , et vois
« comment ton maître a été traité par la secte des
« pharisiens. Sache-le bien, mon fils, tu seras traité
« comme ton maître l'a été. Les pharisiens ne meu-
« rent pas , puisqu'ils ont pour pères les démons
« immortels. Jésus ne leur disait - il pas en pro-
« pres termes : *Vous, vous êtes nés du diable, votre*
« *père*. Tu ne peux ressembler à Jésus , ton modèle,
« qu'à la condition d'être calomnié et persécuté comme
« lui. Il faut en prendre son parti, et toi, qui prêches
« si bien les autres, il serait vraiment curieux que ce
« fut moi qui fusses obligée de t'enseigner les lois et
« les principes de la résignation chrétienne. Je te le
« répète, si on te laisse tranquille, c'est que tu devien-
« dras un mauvais prêtre : tous les bons prêtres sont
« persécutés. Encore une fois il faut en prendre ton
« parti, et te réjouir de ressembler au divin Maître,
« qui te consolera secrètement plus encore que les
« autres ne t'affligeront. »

Voilà les leçons que cette femme forte donnait à son
fils. A défaut des eaux du Styx, pour le rendre invulnérable, elle le trempait dans les maximes évangéliques; elle le revêtait du casque du salut et de la cuirasse de la foi. C'est donc avec raison que le *Solitaire*
a écrit d'elle : « Madame Olivier soutint son fils bien
« efficacement dans les difficultés qu'il rencontra dès
« l'abord dans le ministère évangélique. »

L'abbé Olivier avait une trempe de caractère faite
pour profiter de fortes maximes de la vie chrétienne
qu'il recevait de la bouche vénérée de sa mère. Elles

avaient fait sur lui une si forte impression, que nous
l'entendrons s'écrier encore à sa dernière heure, qu'il
se sentait invulnérable avec le casque de la foi.

XII.

Une dénonciation fut donc portée auprès de Mgr l'archevêque de Paris contre l'abbé Olivier, qui lui en écrivit en ces termes le 13 janvier 1825 :

« Monseigneur,

« Grâce au Seigneur, ma conscience est tranquille
« par rapport aux calomnies que l'on a portées jus-
« qu'aux pieds de Votre Grandeur, et je me sens
« assez de courage pour supporter les persécutions
« qui pourraient en être la conséquence.

« Cependant, M. le curé m'oblige d'informer Votre
« Grandeur du but de la visite que M. X..... doit
« vous rendre, sous le prétexte de mettre sous vos
« yeux ma pleine et entière justification ; il n'a pas
« d'autre dessein que de décrier mon ministère de-
« vant vous : il a été assez maladroit pour me le lais-
« ser voir dans une entrevue d'une heure que nous
« avons eue ensemble. Il paraît indigné de la conduite
« tenue à mon égard ; mais au fond, il craint le *non li-*
« *cet*, et veut noircir adroitement celui qu'il croirait
« capable de le lui annoncer.

« Je conjure Votre Grandeur de croire que je n'ai
« fait que céder à l'obéissance en l'interrompant à
« mon sujet. J'y répugnais, parce qu'il me semble
« qu'un prêtre doit se réjouir des humiliations que lui

« suscite son ministère. D'un autre côté, Monseigneur,
« je devais aux bontés, dont vous m'avez toujours
« donné de si précieux témoignages, de me justifier à
« vos yeux, laissant à Dieu et à Votre Grandeur de
« prononcer. »

La conduite de l'abbé Olivier, aux funérailles de
Louis XVIII, était aussi représentée à Mgr l'archevêque par des accusateurs bien maladroits comme une
preuve de son orgueil et de son extrême outrecuidance
à vouloir déjà faire l'évêque : accusation banale qui le
suivra à Saint-Etienne et à Saint-Roch jusqu'à ce
qu'enfin la divine Providence le fasse pour tout de bon
évêque ! A-t-on jamais vu une chose pareille, répé-
tait-on sans cesse? Un petit vicaire se haussant sur
les pieds et marchant déjà l'égal d'une altesse et d'un
grand aumônier de France ! L'abbé Olivier enfin
n'ayant aucun souci d'effacer sa petite personne devant les graves et vénérables chanoines de Saint-
Denis, mais prenant au contraire le pas sur eux, et se
plaçant avant eux, au-dessus d'eux ! Il tranche tout,
il bouleverse tout, il est partout. Il laisse dans l'ombre son pauvre curé, et se met, lui, toujours en évidence. On faisait à Mgr l'archevêque l'honneur de
croire qu'il blâmait et désapprouvait une pareille conduite.

Mais Mgr de Quélen répondit qu'il l'approuvait hautement, au contraire, et qu'il n'attendait plus qu'une
bonne occasion pour placer l'abbé Olivier, malgré sa
jeunesse, au premier poste de l'une des plus grandes
paroisses de Paris.

XIII.

En effet, le prélat fit passer au premier vicaire de Saint-Denis l'avis secret qu'il lui destinait le premier vicariat de Saint-Etienne-du-Mont qui allait incessamment devenir vacant.

L'abbé Olivier n'éprouva aucune joie de ce rapide avancement. Il était sincèrement attaché à son poste de Saint-Denis : il n'y avait pas encore fait tout le bien qui était dans son cœur. Il n'avait trouvé que deux cents personnes qui faisaient leurs pâques, il en laissait plus de douze cents ! Mais combien d'autres brebis encore devaient rentrer au bercail ! Puis il avait le secret pressentiment des tribulations et des jalousies qui l'attendaient à Paris ! Lui si bienveillant pour tous, lui si aimant, il avait peur de n'être pas payé de retour, il avait peur de n'être pas assez bien compris ! Il épancha sa douleur dans le sein d'un ami, qui lui répondit d'Etampes, le 11 mars 1825 :

« Je n'ai pu lire votre lettre sans pleurer. Vous êtes
« dans la peine : ah ! que ne puis-je la partager ou
« au moins l'adoucir. Je le pensais bien que lorsqu'il
« vous faudrait quitter votre cher troupeau, votre
« cœur paternel souffrirait. Mais votre parfaite sou-
« mission à la volonté de Dieu l'emportera

« Ce Dieu de bonté a de grands desseins sur vous.
« Votre cœur est entre ses mains. Il veut que vous
« fassiez pour les âmes de Paris ce que vous avez fait
« pour celles de Saint-Denis. Le bien que vous avez
« établi subsistera. Vous ne serez pas assez loin pour
« n'y plus veiller.

« Vous vous attendez à de grandes peines : c'est le
« partage des amis de Dieu. Vous êtes de ce nombre.
« J'aime à croire que vous vous serez trompé. Mais
« comme c'est par la volonté de Dieu que vous quit-
« tez votre poste, il sera toujours avec vous : que
« pouvez-vous craindre?

« On ne vous reprochera pas votre ambition : je ré-
« pondrais bien que vous n'en avez pas d'autre que
« celle de jouir de la présence du bon Dieu pendant
« toute l'éternité avec les âmes qui vous sont confiées.
« Je ne trouve pas de plus grand bonheur dans ce
« monde que celui de trouver un guide tel que vous,
« mon cher père. Vous n'êtes pas choisi entre mille,
« mais entre dix mille.

« Si le bon Dieu vous réserve des peines, partout
« où il vous conduira vous serez chéri et aimé. On
« saura bien rendre justice à la pureté de vos inten-
« tions. »

Les cœurs droits, oui; les méchants, jamais. Il n'y a
que Dieu seul qui puisse efficacement dire : « Cou-
« rage, bon et fidèle serviteur, je serai avec toi, et
« moi-même je serai ta récompense. Entre dans la
« joie de ton maître. » C'est cette confiance dans l'infaillibilité des promesses divines qui soutient dans la
vie jusqu'au tombeau les vrais serviteurs de Dieu.

Enfin, le 8 avril 1825, M. l'abbé Philibert, curé de
Saint-Etienne-du-Mont, vicaire général de Paris, écrivit à M. Olivier :

« Monsieur le vicaire,

« Achevez avec succès pour la gloire de Dieu et le
« salut des âmes votre carrière apostolique à Saint-
« Denis. Venez en commencer une nouvelle sur un

« plus vaste territoire. Les prémices seront accompa-
« gnées de quelques épines, mais les fleurs ne se fe-
« ront pas longtemps attendre, et des fruits abon-
« dants vous réjouiront, vous et moi. La confiance,
« d'ailleurs, du chef, qui sait être votre ami, vous dé-
« dommagera de bien des froideurs.

« Vous étiez si occupé à Saint-Denis que, pendant
« les premiers mois, votre nouveau poste vous sem-
« blera un lieu de repos. Vous ne tarderez pas à être
« accrédité, et vous obtiendrez promptement l'estime
« et l'attachement de vos collègues. Vous les visiterez
« tous ; j'espère qu'ils vous recevront honorablement.
« Car, au fond, ils sont de bons prêtres que j'aime et
« que j'estime. Toute mon ambition est que pour la
« gloire de Dieu, vous et moi, nous soyons payés de
« retour.

« Quand on est envoyé par le premier pasteur, (et
« quel prélat !) et qu'on est reçu à bras ouverts par
« le chef du troupeau, on est assuré de faire l'œuvre
« de Dieu, et les contradictions qui signalent les dé-
« buts sont une garantie du succès.

« Votre départ fait couler les larmes des enfants de
« l'Apôtre des Gaules ; votre arrivée au milieu de nous
« réjouira, tôt ou tard, les disciples du prince des
« martyrs. Après avoir pleuré avec ceux qui pleu-
« rent, vous bénirez le nom du Seigneur avec ceux
« qui auront sujet de le bénir. »

Voilà certes une bonne et délicieuse lettre, la lettre
d'un bon curé. Le vénérable prêtre qui l'a écrite a été
depuis évêque de Grenoble, et il est aujourd'hui chanoine de Saint-Denis. Les sentiments qu'il exprime
pour l'abbé Olivier, il les a conservés toute sa vie, et

tout vieux qu'il est, il a pleuré amèrement sa mort prématurée.

Mais quelles sont ces épines dont il parle, ces froideurs qui l'attendent à Saint-Etienne-du-Mont, ces contradictions qui signaleront ses débuts ! Misère et douleur ! C'est un pitoyable calcul de l'amour-propre, c'est la crainte d'être éclipsé par les succès d'un autre, et cela dans le cœur de ceux qui ont dû faire entièrement abnégation d'eux-mêmes pour être les dignes ministres de Jésus-Christ ! Disons-le une bonne fois, avec des larmes de sang, pour n'y plus revenir : cette jalousie des prêtres entre eux est peut-être la plus grande plaie de l'Église, la plus honteuse, la plus détestable. Saint Paul, si peu de temps après Jésus-Christ ! exhalait déjà à ce sujet un cri de suprême douleur !

XIV.

Le départ de l'abbé Olivier de Saint-Denis fut comme un deuil public. Mais nul ne le pleura plus amèrement que le bon abbé Caillon, son curé, qui en fut véritablement inconsolable.

L'abbé Olivier, par un sentiment de profonde délicatesse, ne voulut faire ni recevoir d'adieux. Le receveur particulier des finances lui écrivit à ce sujet :

« Je dois respecter la résolution qu'a prise M. Oli-
« vier de ne point faire d'adieux aux personnes que
« son départ afflige ; je suis de ce nombre. Tous les
« vœux l'accompagnent dans sa nouvelle mission.
« Qu'il jouisse de tout le bonheur qu'il mérite !..

« Félix LAJARD. »

Mais l'abbé Olivier eut beau se retrancher dans ses appartements pour échapper aux témoignages de la reconnaissance publique; il n'y a point de citadelle inexpugnable pour des soldats français, et ceux qu'il évangélisait à Saint-Denis envahirent d'assaut sa maison pour lui dire bravement que leurs cœurs sympathiseraient toujours avec le sien. L'un d'eux en descendant l'escalier et maugréant contre lui-même en essuyant une larme, dit à ses camarades : « Voilà la « première fois de ma vie que je pleure, et c'est pour « un prêtre. »

Cela l'étonnait, le brave! Rien n'est pourtant plus naturel. Le cœur du prêtre et celui du soldat sont pétris de la même pâte de dévouement, de sacrifice au devoir et de sublime abnégation de soi-même toutes les fois qu'il s'agit pour l'un et pour l'autre de répondre au péril qui sonne l'appel : nous voici.

Recueillons encore, dans la bouche d'un soldat, l'irrécusable témoignage de tout le bien que l'abbé Olivier fit aux militaires de Saint-Denis pendant son séjour :

« ... Oui, Monsieur, hier, lorsque je voulus vous « faire entendre, en tremblant, ma voix reconnais-« sante (je dis en tremblant, car je sais que tous les « fidèles serviteurs de Dieu n'aiment pas les louan-« ges, c'est pourquoi je craignais de vous offenser), « vous me parlâtes de la peine que vous firent mes « camarades à l'occasion de la même démarche. Mais « j'étais sûr, Monsieur, que ma reconnaissance se « trouverait en retard, et avait été devancée par celle « de mes amis.

« Oui, vous nous avez appelés vos enfants, et nous « osons vous appeler du doux nom de père. Je vous

« parle, Monsieur, par la bouche de tous vos enfants,
« qui ne cessent de s'entretenir de votre excessive
« bonté à leur égard.

« Combien les âmes pieuses et sensibles vont per-
« dre en vous perdant, elles qui avaient eu tant de
« fois le bonheur d'entendre vos instructions, de re-
« cevoir vos avis, et d'apprécier vos mérites ! Oh ! si
« elles voyaient ces deux lignes tracées à leur adresse,
« combien leur douleur serait grande ! On verrait
« leurs yeux s'humecter de larmes, et leurs sanglots
« étouffer leurs paroles !

« Je ne suis pas habile en apologie, aussi n'ai-je
« pas cherché à faire la vôtre. J'ai voulu faire parler
« la reconnaissance que sent mon cœur, et quand le
« cœur parle, c'est, selon moi, la plus belle élo-
« quence.

« Votre serviteur et enfant,

« Charles DODY, grenadier.

« Saint-Denis, 10 avril 1825. »

CHAPITRE II.

Vicariat de Saint-Étienne-du-Mont.

I.

A Saint-Étienne-du-Mont, l'abbé Olivier déploie, comme à Saint-Denis, la plus grande activité, et son zèle embrasse toutes les parties de l'administration de cette vaste paroisse. La confiance la plus intime s'établit, dans leurs rapports mutuels, entre le curé et son premier vicaire. L'abbé Olivier a pour lui le respect d'un fils pour son père, la soumission d'un séminariste pour son supérieur : il ne fait rien sans prendre ses avis, et lui rend un compte exact de tous les actes de son ministère. L'un et l'autre ne respirent qu'une seule chose, la gloire de Dieu ; n'ont qu'un seul but, la conversion des pécheurs, le progrès spirituel des âmes dans la vertu et dans les voies de la perfection. Dans tout le bien qui est fait, dans toutes les améliorations qui sont tentées, il est impossible de distinguer ce qui vient de la propre pensée du curé, ou de l'initiative de son premier vicaire ; car tout se fait au nom du pasteur, et toute la gloire du bien qui s'opère chaque jour lui est rapportée.

En chaire, la grâce de son langage charme les auditeurs du nouveau vicaire, et une foule avide se presse autour de lui pour l'entendre. Tantôt gracieux et facile, tantôt nerveux et énergique, toujours spirituel, n'affectant jamais aucune prétention à l'éloquence, ne se laissant jamais emporter à aucune fougue d'imagination, fuyant toutes les nouveautés, il se borne à la simple exposition de la doctrine chrétienne avec la précision d'un théologien consommé ; il brille par la sagesse de son plan et la modération de ses pensées. Vif, ardent, d'une implacable logique dans l'exposition des preuves de la religion, il apporte dans la discussion cet enchaînement rapide des arguments, cette clarté, cette lucidité de dialectique qui émeuvent, entraînent et persuadent.

L'auditoire de Saint-Étienne se grossit tous les jours, et la réputation de l'abbé Olivier s'étend dans toute la capitale. L'abbé Philibert est ravi des succès de son vicaire : il multiplie les instructions et les conférences dans sa paroisse pour donner libre carrière à son zèle. Il renonce presque lui-même à la chaire, et se fait constamment remplacer par son vicaire. Celui-ci implore le pardon de ses auditeurs, contrariés sans doute de ne pas entendre leur pasteur, absorbé par d'autres soins ; mais c'est en son nom qu'il parle, ce sont ses propres pensées, les inspirations de son cœur qu'il apporte dans la chaire. S'il y a pour lui témérité à le suppléer, il ne le fait que par obéissance, et il espère que sa soumission trouvera sa récompense dans l'indulgence de ceux qui l'écoutent. Quand il arrive que des prédicateurs annoncés manquent, il est toujours prêt à les remplacer. Il parle, et tout coule de source ; les idées s'enchaînent, les développements ne font pas défaut, le sujet se creuse, les grands coups d'éloquence éclatent. Tous peuvent croire que c'est là un discours qui a été soigneusement et longuement médité dans le cabinet ; mais le curé, qui joint à l'admiration des autres un prodigieux étonnement, a seul le secret que c'est au pied de la chaire que l'abbé Olivier a été averti de prendre la parole. Nous ne dirons pas, nous, qu'il parle sans préparation, prétention absurde et presque sacrilége, si l'on songe à la sainteté du ministère divin de la parole : nous nous rappellerons que ses études, que ses veilles, que sa vie tout entière, a été une préparation à la chaire. Il puise dans le trésor qu'il a amassé ; le fleuve de son éloquence coule à pleins bords, parce que le fleuve descend de sources abondamment fournies. Maïs cette onction qui pénètre les cœurs, qui amollit les âmes, à tel point qu'aucun pécheur endurci ne peut l'entendre impunément et sans sentir au moins en lui le désir de devenir meilleur, d'où lui vient-elle ? De la vie intérieure, humble devant Dieu, toujours chaste et toujours pure ; son enfance et sa jeunesse, sous le souffle de la piété la plus tendre et la plus sincère, ont fleuri et se sont épanouies au pied des autels.

II.

Un des premiers succès de conversion de l'abbé Olivier à Saint-Étienne, fut le retour au sein de l'Église d'un grand nombre de jansénistes, qui subsistaient encore sur cette paroisse, et la conversion d'un seul janséniste a toujours compté parmi les œuvres les plus difficiles et les plus rares du ministère sacerdotal.

Le 26 juillet 1825, il reçut, à ce sujet, d'un vieillard

très instruit et très docte, une lettre remarquable, où se trouve la défense du jansénisme la plus forte, la plus chaleureuse, la plus serrée qu'il soit possible de lire, et une apologie très touchante du fameux livre du père Quesnel. Le vieillard se plaignait amèrement de ne pouvoir regarder ce livre comme mauvais sans condamner en même temps la sainteté et la science, sans renier l'Evangile et la doctrine de saint Paul et de saint Augustin. A la force et à l'enchaînement des raisons, on devine à chaque ligne l'élève de l'école de Port-Royal. Le vieillard est si convaincu, sa bonne foi est si évidente, que sa douleur émeut, et il supplie l'abbé Olivier d'éclairer son esprit comme il a déjà touché son cœur. M. Olivier fut assez heureux pour rendre la paix à son âme en lui persuadant qu'il n'y avait de repos pour l'esprit que dans une parfaite soumission à l'Eglise. La conversion de la femme de cet illustre vieillard, dont le nom a été célèbre dans la librairie par les publications de son fils, avait précédé la sienne. Les termes dont il se sert pour exprimer sa reconnaissance au jeune vicaire de Saint-Etienne, justifient pleinement l'idée que nous donnons de lui à cette époque de sa vie :

« Ma femme est d'autant mieux entre vos mains,
« lui écrivait le docte et sévère vieillard, que vous
« avez en partage la droiture et la candeur unies à un
« grand zèle. Ceux qui vous entendent, parlant dans
« le particulier ou dans la chaire, voient bien que vous
« le faites avec une force de conviction et une vivacité
« de sentiment qui vous est naturelle, et que franche-
« ment vous cherchez à faire passer dans l'âme de
« celui qui vous écoute tout le feu dont vous êtes pé-
« nétré vous-même. Il est donc tout simple que, sans

« que vous vous en doutiez, vous attiriez à vous la
« confiance. »

III.

Mais ce n'était pas seulement avec le jansénisme
expirant que l'abbé Olivier avait à rompre les lances
de la discussion : la paroisse de Saint-Etienne était
remplie par une foule de jeunes étudiants imbue de
l'incrédulité du voltairianisme fraîchement ressuscité,
et des principes d'une nouvelle école de philosophie.
On lui enseignait publiquement dans les chaires pro-
fessorales de la Sorbonne que le christianisme était un
fait humain qui avait fait son temps, et elle poursuivait
la recherche de l'idée nouvelle qui devait remplacer
la religion. Le sort de ces intéressantes générations,
espoir de l'avenir, l'émeut profondément. A la vue du
danger, son zèle s'enflamme. Il ouvre, pour toute cette
jeunesse des écoles, des conférences particulières, où
il discute, avec un rare bonheur, les preuves fondamentales des vérités religieuses. Il permettait à ses
jeunes auditeurs de lui proposer des difficultés; il
les exposait en chaire dans toute leur force et leur
donnait ensuite des solutions avec une puissance
de logique irrésistible. La plupart de ces jeunes
gens occupent aujourd'hui de hautes positions
dans la magistrature et le barreau, dans les hautes
charges de l'Etat, et ils avouent que c'est aux conférences dogmatiques de Saint-Etienne, faites par l'abbé
Olivier, qu'ils ont dû de conserver la foi, ou de l'em=
brasser de nouveau après l'avoir perdue.

Plusieurs lettres nous dévoilent quelle était la nature et l'objet de ces conférences :

« Ayant appris d'un de mes condisciples que vous
« êtes un prêtre tolérant et ami de la discussion, qui,
« loin de repousser les objections que l'on peut vous
« faire contre la religion, les provoquez même, et avez
« promis de les accueillir avec bienveillance, je me
« hasarde à vous faire part de mes libres sentiments
« sur cette matière. Dévoué, comme vous paraissez
« l'être, par une vocation toute spéciale à l'instruction
« de la jeunesse, vous ne saurez recevoir avec indiffé-
« rence cette communication d'un de vos jeunes audi-
« teurs qui, en se proposant de vous soumettre l'im-
« pression que font sur lui vos discours, et en se cons-
« tituant l'organe du parti que vous attaquez, se charge
« de vous dévoiler, et même de vous développer, dans
« une série de lettres en réponse à vos sermons,
« tout ce qu'il connaît de ressources de la cause dont
« il est avec bonne foi et conviction le prologiste. Je
« suis sceptique et non incrédule : sceptique, c'est-à-
« dire examinateur. Il faut savoir douter ; la raison
« conseille de ne rien admettre sans examen. Ainsi le
« doute me paraît être l'état le plus naturel de la jeu-
« nesse. »

Un autre lui écrivait : « Je ne vois pas le besoin
« qu'il y ait d'une autre religion que la religion natu-
« relle pour nous engager à être vertueux. Pourquoi
« une religion positive ? Cette question n'a d'autre
« importance que celle qu'on y attache. Le mani-
« chéisme, le jansénisme, le molinisme ont eu beau-
« coup d'importance dans leur temps, importance
« qu'ils ont perdue dès qu'on a cessé de s'en occuper.
« Il commence déjà à en être à peu près de même du

« catholicisme et du protestantisme, du moins pour la
« grande masse de la société occupée d'intérêts plus
« positifs. Néanmoins, comme il y a des jeunes gens
« que ces questions agitent vivement, il n'est pas
« inutile de les étudier, surtout depuis que la politi-
« que les a remises à l'ordre du jour. Je suis donc prêt
« à me livrer avec vous à un examen impartial. »

Et il concluait bravement, avec l'adorable suffisance de son âge : « Malgré votre état de prêtre, vous
« paraissez de si bonne foi, que je ne puis m'empê-
« cher de vous donner l'assurance de *mon estime !* »

« — La précipitation est une chose purement relative,
« reprenait un autre contradicteur imberbe. On peut
« agir avec précipitation après vingt ans comme après
« une heure de réflexion. Et d'ailleurs, est-il beau-
« coup de jeunes gens qui, avant l'âge de vingt ans,
« aient donné une bonne heure à l'examen impartial
« des différentes religions, et cependant par tout pays
« on se décide ! Et pour peu qu'on ait quelques petits
« arguments dans la tête, on est imperturbable ! Et il
« n'y a qu'un demi-siècle, depuis le règne de la phi-
« losophie, qu'en France seulement et dans la sage
« Angleterre, on s'est aperçu qu'il y avait à cela quel-
« que folie ! En Espagne, il y a encore quelques ca-
« tholiques qui brûlent ceux qui ne pensent pas comme
« eux. Le beau triomphe pour un théologien de for-
« mer des orthodoxes de cette force-là, et de ra-
« mener la France raisonnable et libre du dix-neu-
« vième siècle à l'esprit servile et fanatique du moyen-
« âge, de la Saint-Barthélemy, de la révocation de
« l'édit de Nantes ! *Tel est le but de la sequelle ultra-*
« *montaine qui rend le catholicisme si odieux à la jeu-*
« *nesse française.* Tel n'est pas le vôtre, je le sais. Et

« voilà pourquoi la jeunesse vous écoute avec plaisir,
« admire votre talent , aime votre caractère, et que
« votre nom est devenu populaire dans l'Ecole poly-
« technique. »

Un autre écrivait encore :

« J'ai pris la Bible, j'ai ouvert la Genèse, j'en ai re-
« cueilli avec soin toutes les preuves de vérité que
« j'ai pu y rencontrer. Je l'avoue, je serais bien porté
« à regarder le livre comme divin. Mais durant. ma
« lecture, plusieurs objections se sont présentées à
« mon esprit, et, bien que j'en aie désiré la solution,
« jusqu'à présent je n'ai pu y réussir. Je suis flottant
« entre la vérité et l'erreur. Je suis de bonne foi : je
« n'ose marcher dans les ténèbres. J'ai besoin d'une
« colonne de feu pour me conduire; mais aussi dès
« qu'elle aura commencé à briller à mes yeux, je veux
« la suivre avec ardeur. La science donne un démenti
« formel aux récits bibliques. Comment accorder ce
« que raconte Moïse de la création avec les faits géo-
« logiques ! etc. »

Comme ce sont bien là les idées de l'époque, un fidèle écho des chaires de la Sorbonne et du collége de
France ! L'abbé Olivier était vraiment l'homme sus-
cité par la divine Providence pour opposer à ces dé-
bordements du scepticisme et de l'incrédulité une di-
gue puissante, la raison au délire, la vérité à l'erreur,
la théologie divine à la philosophie humaine, Dieu à
Satan. Du haut de sa montagne Sainte-Geneviève, à
l'ombre du tombeau de la vierge de Nanterre, et sous
la protection du plus éloquent des sept premiers diacres, il vengeait l'éternelle vérité devant les mêmes

auditeurs qui avaient encore les oreilles pleines des attaques dirigées contre elle, à quelques pas de là, sur les flancs du Parnasse moderne; il plaçait la sublimité des dogmes révélés à une hauteur que ne pouvaient atteindre les traits de l'impiété philosophique; il versait des torrents de lumière sur les systèmes nuageux dont on voulait infatuer la jeunesse. Les tribunes de la Sorbonne avaient dans la chaire de Saint-Etienne un puissant contradicteur, armé de toutes pièces et prêt à toutes les ripostes. La tribune philosophique et la chaire chrétienne, par l'intermédiaire de cette jeunesse ardente, avide et curieuse, échangeaient entre elles un perpétuel dialogue qui passionnait les cœurs brûlants, mais où le triomphe devait rester à la fin à la vérité, qui ne devient jamais plus ferme que lorsqu'elle est le plus ébranlée. La philosophie crut à sa victoire après les secousses de 1830 et de 1831 ; mais on sait l'irrésistible réaction qui se fit immédiatement contre l'influence contraire, et on connaît la main bénie de l'heureux semeur qui avait répandu le bon grain dans les esprits. Les conférences de Saint-Etienne à la jeunesse des écoles, commencées par l'abbé Olivier comme vicaire, interrompues quelque temps, mais bientôt reprises comme curé, sont peut-être la plus belle page de sa vie, comme elles sont l'un des services les plus signalés qu'il ait rendus à l'Eglise.

A Saint-Etienne, l'abbé Olivier tenait le cœur de la jeunesse dans ses mains; et la preuve en est dans l'histoire d'une souscription qui fut faite à cette époque entre les étudiants, et l'on va voir jusqu'à quel point s'étendait son influence sur eux. Rien ne parle plus éloquemment qu'un fait.

L'enthousiasme d'alors (car la France a toujours un enthousiasme, hier la liberté, aujourd'hui l'absolutisme, après la licence l'ordre, les Turcs après les Grecs), avait pour objet l'émancipation de la Grèce, si profondément oubliée depuis. La politique, — devant quoi ne tremble-t-elle pas? — crut apercevoir dans cette cotisation écolière une manifestation dangereuse qu'elle réprima aussitôt. Que faire alors? Grande question qui donne à réfléchir à toute la diplomatie imberbe du quartier latin au moins autant qu'à un congrès de Vienne. « Mais nous avons notre bon génie, s'écrie un nou- « veau bachelier. Consultons l'abbé Olivier. » Cette solution pacifique d'une bien vive agitation, fait aussitôt rentrer le calme dans les cœurs émus, et la rédaction du manifeste suivant est couverte aussitôt d'applaudissements unanimes :

« Monsieur l'abbé,

« Nous suivons, externes, les cours du collége « Henri IV, et nous faisons partie des pensions qui « vont chaque dimanche s'instruire à vos intéres- « santes conférences. Avant de vous écrire, nous nous « sommes longtemps consultés. Enfin, admirateurs « de votre beau talent autant que de la sollicitude « toute particulière que vous nous témoignez, c'est à « vous, Monsieur, que nous nous adressons pour dis- « siper quelques légers doutes sur une matière grave « en elle-même.

« Il s'agit de la destination de 710 fr., collecte faite « entre eux pour les Grecs, et qui est blâmée. Elle est « encore entre nos mains, et nous attendons, Mon- « sieur, que vous vouliez bien demain nous indiquer « une plus noble et plus charitable destination à la

« somme que nous avons formée. Les Grecs ne sont
« pas de notre religion, c'est vrai ; mais il nous sem-
« ble qu'il nous suffit qu'ils fussent malheureux, tout
« motif politique à part, pour exciter notre pitié. »

D'autres collectes du même genre se réunissent entre les mains du même dispensateur, et du haut de la chaire, devant une foule palpitante et émue, l'abbé Olivier put prononcer ces paroles :

« Vous souvient-il, Messieurs, de ce petit enfant
« que le divin Sauveur plaça devant lui et qu'il bénit
« devant ses disciples, et de ces touchantes paroles
« qu'il ajouta à sa bénédiction : *En vérité, je vous le*
« *dis, tout ce que vous faites à l'un de ces petits, vous*
« *le faites à moi-même.* Jeunes gens des écoles, réjouis-
« sez-vous. Les enfants pauvres de cette paroisse
« étaient nus et grelottaient sous la tuile de leurs
« mansardes. La vue de leur misère et de leurs hail-
« lons n'offenseront plus vos yeux. Vous les avez re-
« vêtus d'habits chauds pour l'hiver, vous avez apaisé
« leur faim. Mais que dis-je? Est-ce que moi aussi
« j'oublie l'Evangile? Vous avez réchauffé les petits
« membres glacés de Jésus enfant ; sa sainte mère et
« les Anges gardiens de ces petits vous bénissent. Je
« ne vous remercie pas en leur nom, je ne vous loue
« pas. Car vous avez reçu votre récompense dans la
« joie qui suit une bonne action, dans les saints désirs
« que Dieu vous inspire d'en faire de nouvelles. Vous
« avez eu le triple mérite d'un élan d'abord généreux,
« d'une réflexion de sagesse, et la gloire d'une sou-
« mission exemplaire. »

IV.

Pendant ses vacances, l'abbé Olivier se reposait des prédications de Saint-Etienne par des missions qu'il continuait à prêcher dans les environs d'Etampes, par des retraites qu'il donnait dans les communautés religieuses. Les sœurs de l'Hôtel-Dieu d'Etampes aspiraient au bonheur de l'entendre, et M. l'abbé Lagrolé, vicaire général de Versailles, lui écrivait pour le supplier de répondre à leurs vifs et saints désirs. A peine cette retraite était-elle terminée à Etampes qu'il courait à Dourdan en recommencer une autre. Puis il rentrait dans une maison de Carmélites, le 15 octobre 1825, pour y prononcer son beau panégyrique de sainte Thérèse, un de ses chefs-d'œuvre, qu'il faut lire tout entier dans ses *OEuvres* qui ne peuvent manquer d'être publiées tôt ou tard.

Quelques jours après, le 19 octobre suivant, la supérieure des Carmélites le remerciait en ces termes :

« Je ne puis vous dire le plaisir que nous a fait votre
« excellent panégyrique qui est plein de science, de
« piété et d'amabilité. Il peint aussi bien votre carac-
« tère que celui de sainte Thérèse, qui vous obtien-
« dra, je l'espère, bien des grâces et des bénédictions
« pour l'intérêt que vous prenez à sa gloire, ainsi que
« ses filles qui sont bien reconnaissantes. Toutes celles
« qui avaient l'honneur de vous connaître vous ont vu
« avec bien de la satisfaction, jouissant d'une santé
« florissante, et aussi gros et gras que vous l'étiez à
« dix-huit ans.

« Vous voulez, mon cher abbé, que je vous dise ce

« que je pense. Votre débit est agréable et intéres-
« sant, beaucoup plus calme que je ne l'attendais.
« Mais on perd fréquemment la fin de vos phrases,
« trop brèves et trop précipitées, surtout quand vous
« êtes plus animé!

« J'ai oublié de vous prier de nous prêcher la bien-
« heureuse sœur Marie de Lins, le 18 avril qui sera le
« mardi de la troisième semaine après Pâques. Son
« panégyrique vous serait facile par la connaissance
« que vous avez d'elle et de notre ordre. »

<h2 style="text-align:center">V.</h2>

Cependant, le curé de Saint-Etienne et son vicaire,
si étroitement unis et marchant toujours de concert,
devaient bientôt être séparés. Nommé évêque de Grenoble par ordonnance royale du 28 décembre 1825,
préconisé à Rome le 3 juillet 1826, M. Philibert de
Bruillard reçut la consécration épiscopale dans son
église de Saint-Etienne-du-Mont, et alla prendre possession de son siége le 18 août suivant. Le nouvel
évêque, qui avait apprécié les talents de l'abbé Olivier et les qualités de son cœur qui surpassaient encore ses talents, lui écrivit de Grenoble le 18 septembre 1826 :

« Mon cher ami, si vous pensez autant à l'évêque
« que l'ancien pasteur pense à son bon vicaire, je
« connais deux êtres qui sont bien occupés l'un de
« l'autre. Venez nous donner une retraite de dix
« jours, ou même de quinze, pendant notre jubilé, et
« vous aurez quatre mille auditeurs... Il serait bien
« contraire à mes sentiments d'être oublié auprès de

« tant de personnes qui m'ont été chères, et surtout
« de mes pénitentes qui sont devenues les vôtres. Et
« ne dites pas de mal des cloches de la cathédrale :
« non-seulement nous en avons quatre, mais notre
« plus grosse est un vrai bourdon d'onze à douze mil-
« liers... »

Mgr Philibert eut pour successeur un curé du diocèse de Tours, M. l'abbé Charpentier, qui prit possession de la cure de Saint-Etienne-du-Mont dans les
premiers jours de septembre. L'abbé Olivier adminis-
tra la cure vacante avec le titre de desservant de
Saint-Etienne.

Il continua son ministère apostolique, comme par
le passé, et les conférences pour la jeunesse des écoles. Que l'on juge des plaies qu'il avait à guérir, et
du bien qu'il faisait, par les deux lettres suivantes :

« Monsieur le vicaire, le tendre intérêt que vous
« prenez aux jeunes gens en général, et surtout aux
« écoliers, me fait espérer que vous daignerez me re-
« cevoir avec un jeune homme que j'aime de tout mon
« cœur, que j'ai élevé jusqu'à l'âge de quatorze ans,
« et à qui j'avais eu le bonheur, tout indigne que j'en
« suis, d'enseigner les premiers principes de la reli-
« gion, principes que je croyais profondément gravés
« dans son cœur. Mais hélas ! l'aveugle indulgence de
« ses parents, la lecture continuelle des livres ordu-
« riers dont on empoisonne l'enfance, en un mot, tous
« les venins à l'ordre du jour, véritables fléaux de la
« religion et de la saine morale, colportés jusque dans
« nos paisibles retraites, l'ont entièrement, sinon cor-
« rompu, du moins conduit à grands pas vers sa
« perte.

« Si ce jeune homme n'était pas doué de la plus

« grande sensibilité, d'un cœur reconnaissant et d'un
« certain mérite, je désespérerais de lui ; mais il a un
« esprit assez cultivé. Il est gai, confiant, laborieux,
« intelligent et bon ami, d'où je conclus qu'il peut
« être ramené par la raison à des sentiments raison-
« nables, et je sais, par expérience, que vous possé-
« dez ce don à un haut degré.

« Monsieur, j'éprouve une trop vive impression
« pour vous rappeler les termes pitoyables dont se
« sert ce pauvre enfant pour exprimer son incrédu-
« lité. Sachez seulement qu'il ne considère l'Évangile
« que comme un traité de morale, l'Ancien et le
« Nouveau-Testament comme un conte, puis vous de-
« vinerez facilement le reste.

« Je vous avouerai, monsieur, que j'ai eu le mal-
« heur de donner dans de grands travers ; cependant,
« je n'ai pu entendre sans frémir un enfant de dix-
« sept ans avancer qu'il n'y avait de véritable reli-
« gion que le déisme.

« Ah ! monsieur, ne repoussez pas encore mon mal-
« heureux petit ami ! Il a pâli en prononçant ce blas-
« phême horrible, et voyant la douleur amère de
« mon épouse, qui a pour lui la tendresse d'une
« mère, il m'a promis de venir vous voir si vous vou-
« lez bien le recevoir. Le jeune homme étudie *en*
« *philosophie* au collége Henri IV ! »

Entre les mains de l'abbé Olivier, ce jeune voltai-
rien devint bientôt un fervent chrétien. M. Olivier
habitait alors le n° 30 de la rue Clovis, en face de l'É-
cole polytechnique.

Ecoutons maintenant l'expression de la reconnaissance d'une mère écrivant de Rouen :

« .... La correspondance de mon fils Adolphe

« me donne tout lieu de croire qu'il n'est pas changé,
« et que l'air contagieux de la capitale ne lui a pas
« encore été funeste, grâces à vous et à vos bons con-
« seils, car je sais que vous possédez sa confiance, et
« qu'il ne cesse de se féliciter du bonheur qu'il a de
« vous connaître.

« — Je sais, lui écrivait en même temps le vénérable
« abbé Guillon, depuis évêque de Maroc, combien vous
« êtes laborieusement et utilement occupé ; mais j'ai
« une si grande confiance en vous, que je ne puis con-
« fier à d'autres que vous l'enfant que je vous recom-
« mande et dont une respectable famille m'avait con-
« fié la dévotion. »

L'abbé Olivier était alors, en effet, comme accablé par la multiplicité de ses occupations, de sa correspondance, qui s'augmentait tous les jours, et par le nombre de pénitents qui se mettaient sous sa direction.

VI.

Le nom de M. l'abbé Olivier et la réputation de son habileté se répandaient au loin, et il entrait en relations intimes avec les personnages les plus élevés. L'abbé Clausel de Coussergues, frère de Mgr Claude-Hyppolite Clausel de Montals, évêque de Chartres depuis le 22 août 1824, membre du conseil royal de l'instruction publique, et occupant une haute fonction au ministère des affaires ecclésiastiques, lui écrivait en ces termes, le 16 octobre 1826 :

« Vos réflexions, monsieur, sont aussi justes que
« les miennes, et j'aimerais à être fécondé par un es-

« prit et un caractère tels que votre lettre m'a fait
« juger que vous en étiez pourvu. Je pousserais les
« conséquences de mes principes aussi loin que vous
« le voudriez, si j'en avais le pouvoir. Une certaine
« vigueur que vous avez remarquée dans mon style ne
« serait pas démentie par celle de mon âme. Je gou-
« vernerais comme je parle; mais je ne gouverne
« rien, heureux seulement de faire écouter quelquefois
« d'utiles conseils.

« C'est avec une vraie reconnaissance que je vous
« remercie de la marque d'estime que vous avez bien
« voulu me donner en m'écrivant à cœur ouvert.
« Comptez sur ma discrétion. J'ai pourtant dit en
« substance au ministre le contenu d'une lettre qui
« ne pouvait que vous honorer à ses yeux...

« L'abbé CLAUSEL DE COUSSERGUES. »

Cette liaison de l'abbé Clausel avec l'abbé Olivier
faillit arracher celui-ci au ministère paroissial, et fut
l'origine d'une correspondance très curieuse qui met
en relief la modestie et la parfaite obéissance du jeune
prêtre. Certes, si jamais épreuve fut délicate, c'est
celle que nous allons raconter.

Le récit que nous allons faire est bien différent de
celui que nous avons entendu plusieurs fois sur des
lèvres qui ne s'ouvraient que pour décrier tous les
actes de la vie de M. Olivier. On nous disait donc
qu'autrefois Mgr l'évêque de Chartres s'était laissé
tromper sur son compte, qu'il l'avait nommé son grand
vicaire, mais qu'il s'était hâté aussitôt de lui retirer
ses pouvoirs, et que l'abbé Olivier avait éprouvé là
encore un affreux déboire. C'était la preuve que le
vénérable prélat l'avait connu dès lors tel que les pas-

sions et les frénésies de la jalousie ont voulu le dépeindre depuis. Voilà les insinuations de la haine : voici maintenant la vérité. Nous racontons les faits, d'après les lettres autographes elles-mêmes que nous allons relater.

Informé du mérite extraordinaire de l'abbé Olivier, et sans s'arrêter à la considération de sa grande jeunesse,... il n'avait alors que vingt-huit ans !... Mgr l'évêque de Chartres voulut l'appeler auprès de lui pour en faire son principal grand vicaire. L'abbé Olivier ne songeait à rien autre chose qu'à bien remplir ses modestes fonctions de vicaire. Quel ne fut donc pas son étonnement, le 2 décembre 1826, de recevoir de Chartres la lettre suivante :

« Monsieur,

« L'estime particulière qu'on m'a inspirée pour vous
« m'engage à vous faire une proposition qui se trou-
« vera peut-être conforme à vos vues, et à laquelle je
« souhaite bien que vous puissiez adhérer.

« Depuis près de deux ans, je n'ai qu'un seul grand
« vicaire en titre. L'autre, qui était M. l'abbé Gualy,
« me fut enlevé peu de temps après mon arrivée ici
« par monsieur son oncle, nommé à l'évêché de Car-
« cassonne. La privation de ce secours essentiel a
« beaucoup ajouté au fardeau de mon administration,
« et je m'aperçois qu'il commence à excéder mes for-
« ces ! Je suis très bien secondé par mon grand vicaire
« unique, M. Evette ; mais il est sourd, et cette infir-
« mité ne peut que diminuer les fruits de la coopéra-
« tion que je trouve en lui. M. le supérieur du sémi-
« naire est aussi un homme d'un grand mérite ; mais
« ses facultés et son temps sont entièrement absorbés

« par les soins qu'il donne au plus important de nos
« établissements ecclésiastiques. Je reste donc chargé,
« en très grande partie, du courant des affaires, et le
« bien de la religion demande que j'appelle à mon
« aide un nouveau collaborateur.

« C'est sur vous, monsieur, que j'ai jeté les yeux.
« Digne élève de cette congrégation de Saint-Sulpice,
« qui m'est si chère, et où l'on puise à une source si
« pure l'esprit sacerdotal, de plus, *connu très avanta-*
« *geusement dans ce pays-ci par les instructions que*
« *vous avez données à une partie des habitants de la*
« *Beauce,* votre ministère ne pourra qu'y être accom-
« pagné des succès et des consolations les plus mar-
« quées.

« Réfléchissez, monsieur, et veuillez m'instruire le
« plus tôt qu'il vous sera possible de votre détermina-
« tion.

« Je dois vous dire un mot des conditions. Elles sont
« bien simples. Outre votre traitement de deux mille
« francs, vous serez logé et nourri chez moi. Il m'est
« permis, je crois, d'ajouter que l'intérieur de ma
« maison n'est pas sans quelque douceur pour la
« liberté honnête et la paix inaltérable qui y règnent.

« Recevez, etc.

« ☩ CLAUDE-HIPPOLYTE, évêque de Chartres. »

L'abbé Olivier, le 4 décembre 1826, répondit à cette
lettre si honorable pour lui :

« Monseigneur,

« Je me croirais coupable si je tardais à vous pré-
« senter l'hommage de ma bien vive reconnaissance
« sur l'honneur que Votre Grandeur daigne me faire,

« en se proposant de m'associer, malgré mon indi-
« gnité, à ses glorieux travaux.

   « Oui, monseigneur, je sens tout le bonheur qu'il y
« aurait pour moi à vivre dans l'intimité et à travailler
« sous l'influence immédiate d'un dès plus dignes pré-
« lats de notre église gallicane, et les secours im-
« menses que j'aurais droit d'attendre d'un pontife
« qui a déjà si bien mérité de la religion me feraient
« presque oublier mon insuffisance.

   « Cependant l'affaire est pour moi d'une si haute
« importance, que je prie Votre Grandeur de m'accor-
« der au moins huit jours pour consulter.

   « Deux motifs m'arrêtent et occupent toute ma
« pensée : le succès que Dieu a bien voulu accorder à
« mon ministère à Paris et la crainte d'attrister Mgr
« l'archevêque qui m'a toujours comblé de la bonté
« la plus touchante.

   « Oserais-je quitter le diocèse où je suis né et où
« Dieu a bien voulu bénir mon ministère sans le con-
« sentement de mon évêque ! Je crains de sortir de la
« voie de Dieu, si j'attriste le pontife qui m'a imposé
« les mains. Cette considération fait sur moi, monsei-
« gneur, l'impression la plus vive. Je vous montre mon
« âme tout entière. *Elle a toujours trouvé le bonheur*
« *dans l'obéissance.*

   « J'espère que vous voudrez bien, monseigneur,
« agréer les motifs de mon délai ainsi que l'expres-
« sion, etc.

« OLIVIER. »

L'abbé Olivier consulta, et les solutions qu'il reçut
d'abord favorisaient les vues que Mgr de Chartres
avait sur lui. La réponse de M. Affre, dont l'autorité
est si grande en matière de jurisprudence ecclésiasti-

que, bien qu'elle soit parvenue à M. Olivier lorsque l'affaire était déjà terminée, est trop importante pour n'être pas rapportée ici :

« Amiens, le 18 décembre 1826.

« Monsieur et bien cher ami,

« Je pense que dans la position délicate où vous « vous trouvez, il faut montrer à Mgr l'archevêque de « Paris tous les égards qui lui sont dus, mais aussi « qu'il ne faut pas renoncer à une place où vous « pourrez faire beaucoup de bien à tout un diocèse. « Vous vous en ferez aussi à vous-même par les con- « naissances qu'il vous sera facile d'acquérir avec « l'aptitude et l'amour pour l'étude que je vous con- « nais.

« Je crois 1º que, d'après les usages de l'Eglise de « France, Monseigneur ne peut vous donner un ordre « de refuser; 2º que le mieux serait que Mgr l'évêque « de Chartres se chargeât de tous les procédés que « vous devez observer en pareil cas.

« Je vous conseille de voir mon oncle, M. Boyer, et « de le consulter.

« AFFRE, vicaire général d'Amiens. »

M. l'abbé Olivier répondit, après bien des hésitations et des perplexités, que si l'évêque de Chartres n'était pas trop effrayé de son insuffisance, il était dès ce moment à ses ordres; mais que plus la séparation était cruelle, plus il désirait en abréger l'épreuve. Il lui demandait en même temps s'il verrait avec plaisir qu'il retînt à son service son domestique, homme fidèle et chrétien, âgé de trente-six ans, et qui serait d'ailleurs toujours aux ordres de Sa Grandeur; car M. Olivier n'eut jamais à son service ce que, par un étrange abus de mots, la plupart des curés appellent *une bonne*. Il avait pris au séminaire la résolution de se faire servir toujours par un homme.

En recevant l'acceptation du premier vicaire de Saint-Etienne, Mgr de Chartres éprouva une grande joie, et ce qui montre bien l'impatience qu'il avait de le posséder auprès de lui, c'est la réponse que le vénérable prélat lui fit sur le champ, le 10 décembre 1826 :

« Monsieur,

« Je ne puis que vous dire ce que saint Paul mar« quait à Timothée : *Festiva venire cito* (Hâtez-vous « de venir de suite). Je n'ai qu'un seul collaborateur « qui me laisse presque accablé sous le fardeau : *Lu« cas est mecum solus* (Luc est seul avec moi). Votre « présence m'est donc très nécessaire, et vos secours « seront donc également précieux pour la religion et « pour moi-même.

« Je vous conseille de partir sur-le-champ, et de « rompre brusquement les liens qu'il faudra toujours « briser. Vous pourrez, dans quelque temps, faire un « voyage à Paris, où vous reverrez vos amis sans un « mélange de sentiments pénibles.

« Le secrétaire de mon évêché, étant chargé en « même temps de desservir une église du voisinage, « est allé faire l'office dans cette paroisse de campa« gne. Je ne puis donc à l'instant vous faire expédier « vos provisions ; mais cette formalité est fort inutile, « et j'aurai soin de les faire dater d'aujourd'hui « même.

« Venez donc, monsieur, vous serez reçu avec cor« dialité et avec joie.

« † CLAUDE-HIPPOLYTE, évêque de Chartres. »

Mais si l'homme propose, dit un proverbe, Dieu dispose, et, selon un autre proverbe, Mgr l'archevêque de Paris jugea que ce qui était bon à prendre pour les autres était bon à garder pour lui-même. On conçoit parfaitement qu'il ne pouvait pas consentir à priver son diocèse de l'action de M. Olivier, qui était déjà si puissante dans la capitale. Appréciant à leur juste valeur ses talents, son zèle, ses lumières, il voyait en lui tout un avenir de gloire pour la religion, de rénovation pour son diocèse, de succès pour le salut des âmes et des conversions innombrables. Il lui écrivit donc d'une main ferme :

« Je ne puis bénir, ni votre résolution, ni votre dé-
« part, mon cher Olivier. Je les désapprouve et m'y
« oppose de toutes mes forces, et de toute l'autorité
« de l'amitié, et de toute la puissance de l'évêque.

« J'ignore quels sont ceux que vous avez consultés ;
« mais, s'ils ont été bien instruits, je doute qu'ils aient
« pu prendre une décision qui m'appartient à tant de
« titres. Si vous quittez le diocèse, ce sera contre
« mon gré et contre ma volonté formelle ; je croyais
« que je pourrais ajouter que ce serait contre la jus-
« tice aussi bien que contre vos propres intérêts. Si vous
« demeurez, comme j'aime encore à l'espérer, vous
« ferez excuse à mon cœur de l'avoir un instant con-
« tristé.

« Vous connaissez mon attachement pour vous ; ne
« le changez pas en un trop grand déplaisir.

« † HYACINTHE, archevêque de Paris.
« Paris, ce 12 décembre 1826. »

Le vénérable abbé Desjardins, un véritable saint, vicaire général, écrivait en même temps à l'abbé Olivier :

« Vous avez reçu de Dieu le don d'exercer avanta-
« geusement le ministère pastoral. En nous quittant,
« vous renoncez à faire valoir le talent que vous avez
« reçu.

« La décision de Mgr l'archevêque, votre conseil
« comme votre supérieur immédiat dans l'ordre de la
« Providence, si elle est intéressée, se trouve l'être
« dans l'intérêt général, la gloire de Dieu, l'honneur
« du ministère et le salut du prochain. La décision
« des autres conseils, quels qu'ils soient, n'est d'ac-
« cord qu'avec un intérêt particulier.

« Le silence de M. Boudot (autre vicaire général),
« me semble, en y réfléchissant, non une sorte de
« consentement, mais l'expression de l'affliction d'un
« père, le *numquid et tu vis abire* (est-ce que toi aussi
« tu veux t'en aller ?)

« L'Ecole polytechnique ne vous rendait pas étran-
« ger à l'œuvre à laquelle Dieu semble vous avoir
« appelé. Le ministère qu'on vous presse d'accepter,
« est-il celui où il vous veut ? Avez-vous des données
« pour le penser, comme vous en avez tant pour vous
« croire dans la voie où il vous appelle ?

« J'espère tout pour vous, monsieur, de votre cha-
« rité, de la droiture de vos intentions, et pour nous
« du soin qu'il prendra de ses pauvres. »

Aussitôt que Mgr l'archevêque de Paris eut prononcé, l'abbé Olivier n'hésita pas un seul instant. Il
n'attendit même pas la réponse de M. Affre. Il savait
que l'obéissance, pour être parfaite et agréable à
Dieu, doit être prompte et dégagée de toute considération humaine et personnelle. Il écrivit sur-le-champ
à Mgr Clausel de Montals :

« Monseigneur,

« Comment vous exprimerai-je toute ma recon-
« naissance et tous mes regrets?

« Sans doute Mgr l'archevêque a répondu à la lettre
« que Votre Grandeur lui avait écrite. Du moins, il
« me l'avait promis; je l'en avais supplié afin que
« vous fussiez bien persuadé, monseigneur, que j'é-
« tais devenu passif dans une affaire à laquelle j'atta-
« chais la plus grande importance, puisque je voyais
« dans le bonheur, qui m'était proposé par Votre Gran-
« deur, l'assurance de la facilité que je rencontrerais
« d'acquérir sous vos auspices la science ecclésiastique
« dont je ne possède que les premiers éléments, et de
« m'avancer un peu dans les vertus sacerdotales, for-
« tifié par les exemples d'un pontife qui les possède
« à un si haut degré.

« La Providence ne l'a pas permis. Elle me retient
« dans un ministère où tous mes moments sont abso-
« lument aux autres, et où je verse sans cesse d'une
« plénitude qui me manque absolument.

« Vous me permettrez d'ajouter, monseigneur, que
« l'attachement que je savais que Votre Grandeur
« avait conservé pour les traditions et la doctrine de
« notre église gallicane, était encore un motif qui
« m'attachait bien fortement à votre personne. Enfin,
« permettez-moi de le dire, je vous aimais déjà comme
« un père. Vous m'aviez appelé Timothée, vous étiez
« pour moi un autre saint Paul.

« Les considérations humaines n'étaient entrées
« pour rien dans mon acceptation. Les biens de ma
« famille, situés en Beauce, la facilité plus grande que
« j'avais de voir mes parents, ne m'avaient pas
« frappé.

« Les bontés de Mgr l'archevêque ont moins ébranlé
« ma résolution que son autorité paternelle. M'eus-
« siez-vous reçu avec joie auprès de vous, moi qui
« serais arrivé comme un enfant déshérité par son
« père ! Privé même de la bénédiction qu'Isaac ne re-
« fusa pas à Esaü, je n'osais plus me présenter devant
« vous ! Je ne paraissais plus qu'un ambitieux qui,
« malgré la voix de l'évêque, allait chercher des obli-
« gations où Dieu l'abandonnerait à lui-même, et
« ainsi se trouvaient renversés les motifs qui, après
« l'avis des sages que j'avais consultés, m'avaient dé-
« terminé à accepter l'honneur que vous me propo-
« siez. »

La belle conduite de l'abbé Olivier recevait aussitôt
une douce récompense. Mgr de Quélen appelait auprès
de lui son cher fils pour le bénir. Il lui écrivait :

« Il me tarde de vous voir, mon cher Olivier, de
« vous embrasser et de vous bénir. *Secundum multi-*
« *tudinem dolorum meorum in corde meo, consolationes*
« *tuæ lætificaverunt ammam meam.* (Plus mes dou-
« leurs se sont multipliées dans mon cœur, plus
« vos consolations ont répandu de joie dans mon âme.)
« Je regrette toutefois d'avoir fait partir ce matin une
« lettre un peu sèche pour l'évêque de Chartres, où
« je me plaignais de la chose et de la manière. Si vous
« avez besoin de repos, mon cher ami, vous en trou-
« verez ici, auprès de moi-même. Quant à la justice,
« vos services paieront avec usure ce que le diocèse a
« droit d'attendre et d'exiger. Dites à votre curé de
« venir avec vous me demander à dîner demain ou
« après-demain, en me faisant prévenir le matin ou la
« veille. Mais venez plutôt pour que nous effacions
« le passé d'une seule rature. J'espère que cette oc-

« casion vous montrera de plus en plus combien je
« vous suis attaché.

« † Hyacinthe, archevêque de Paris.

« Ce 13 décembre 1826. »

La lettre *un peu sèche* que l'archevêque de Paris reprochait d'avoir écrite à l'évêque de Chartres se croisa
en route avec celle que ce prélat écrivait à l'abbé Olivier :

« Vous n'avez voulu que connaître et suivre la vo-
« lonté de Dieu. Il est bien certain que je ne me suis
« pas proposé autre chose. Cette volonté n'est pas en-
« core clairement manifestée. Je viens de répondre à
« M. l'archevêque; attendez. Je ne veux pas vous ar-
« racher d'entre ses bras, mais vous obtenir de lui.
« Ne revenez pas sur une résolution si bien mûrie, du
« moment que vous recevrez, je ne dis pas l'*ordre*,
« mais le consentement de M. l'archevêque. Je suis
« touché de vos sentiments, monsieur, et ils augmen-
« tent le désir que j'ai que la Providence vous mar-
« que votre place auprès de moi. Je vous renou-
« velle, etc.

« † Claude-Hippolyte, évêque de Chartres.

« Chartres, 14 décembre 1826. »

Mais la volonté de Mgr l'archevêque de Paris était
irrévocable, et l'affaire était terminée quand l'abbé
Olivier reçut cette lettre si pressante. Cette négociation, de part et d'autre, avait été menée avec une telle
décision et une telle rapidité, que l'abbé Clausel de
Coussergues, habitué par sa position aux lenteurs di-
plomatiques, et vivement ému de la douleur que son
frère éprouvait du refus de l'abbé Olivier, crut avoir
droit de se plaindre :

« Trouvant dans mon cœur, écrit-il au premier vicaire
« de Saint-Etienne, tous les sentiments dont vous êtes
« pénétré pour Mgr l'archevêque, je conçois parfaite-
« ment la respectueuse et parfaite déférence dont
« vous venez de lui donner une preuve, que la déli-
« catesse seule vous prescrivait indépendamment de
« votre devoir.

« C'est par ce motif que je vous avais conseillé de
« prendre quinze jours plutôt que huit pour fixer vo-
« tre détermination à l'égard de mon frère. Je vous
« avais aussi recommandé de ne rien omettre de con-
« venable et de rigoureusement nécessaire à l'arche-
« vêché. Je pensais, d'après ce que vous m'aviez dit,
» que Monseigneur et MM. les grands vicaires vous
« avaient autorisé à continuer votre correspondance
« avec M. l'évêque de Chartres, qui sans doute se ré-
« servait, après ces démarches de votre côté, de
« demander lui-même à Mgr. l'archevêque son con-
« sentement.

« Je suis un peu surpris de votre prompte décision,
« et j'ai appris avec plus de surprise encore que vous
« aviez reçu les lettres de grand-vicaire avant que
« M. l'évêque de Chartres n'ait obtenu l'agrément de
« Mgr l'archevêque de Paris.

« Tout cela ne peut maintenant que causer à mon
« frère une peine d'autant plus sensible, que, trompé
« dans l'espoir d'avoir près de lui un sujet tel que
« vous, il se trouve compromis auprès de Mgr l'arche-
« vêque, pour lequel il est rempli de vénération et
« d'attachement.

« Mon frère, monsieur, est bien à plaindre, man-
« quant de coopérateur, et étant réduit à tout faire
« par lui-même. Les personnes qui connaissent sa po-

« sition , sous ce rapport, n'auraient pas facilement
« condamné l'empressement qu'il a mis dans cette af-
« faire. Il est cependant blâmé par ses amis mêmes
« de vous avoir envoyé si précipitamment les lettres
« de vicaire général.

  « Je suis aussi ardent que lui dans mes désirs, et je
« dois être ici plus porté que qui que ce soit à l'ex-
« cuser; mais encore une fois, j'ai vu avec peine que
« tout allait trop vite dans sa correspondance avec
« vous. Espérons que la paix et l'union entre deux
« prélats qui s'estiment n'en seront pas altérées. Re-
« cevez, etc.

« L'abbé Clausel de Coussergues.

« Paris, 16 décembre 1826. »

La justification de l'abbé Olivier était facile.

Mais l'évêque de Chartres se chargea lui-même de
lui mettre en main l'apologie de sa conduite contre les
récriminations de son frère :

« A Monsieur l'abbé Olivier, premier vicaire de Saint-
Etienne-du-Mont.

    « Monsieur,

  « Votre conduite a été parfaite dans le cours de cette
« négociation, qui s'est terminée à mon désavantage.
« Je n'ai qu'à me louer de vous, et puisque vous êtes
« assez prévenu en ma faveur pour attacher un prix
« particulier à mes sentiments, je veux que vous sa-
« chiez, monsieur, qu'ils vous sont entièrement acquis.

  « Je voudrais bien que vous vinssiez vous-même
« me rapporter les lettres de grand-vicaire. Notre ju-
« bilé se termine le dimanche 31 décembre : ne pour-
« riez-vous pas venir passer ce jour-là avec moi?
« Vous nous prêcheriez, après Vêpres, sur la clôture.

« Tout de suite, après le sermon, dîner; puis vous
« partiriez pour Paris, où vous arriveriez avant le
« jour. Messe. Repos de quelques heures. Vous pour-
« riez ensuite faire et recevoir fort aisément vos visi-
« tes de bonne année. Marquez-moi, poste pour poste,
« s'il y a possibilité. Il me semble que, dans tous les
« cas, ce voyage doit être tenu secret. Recevez, etc.»

« † CLAUDE-HIPPOLYTE, évêque de Chartres.

« Chartres, 12 décembre 1826. »

L'abbé Clausel de Coussergues, pleinement revenu
de l'impression fâcheuse qu'il avait d'abord reçue, saisit, en vrai gentilhomme, la première occasion pour
témoigner à l'abbé Olivier le désir qu'il avait de lui
être agréable, et fit donner de l'avancement à une
personne que celui-ci lui avait recommandée. Car déjà
l'abbé Olivier n'usait de son crédit naissant que pour
obliger les autres, mais jamais pour lui-même. L'abbé
Clausel de Coussergues, après lui avoir annoncé le
succès de ses démarches, ajoute aussitôt :

« Comme je l'avais prévu, la tentative infructueuse
« de mon frère pour vous avoir près de lui a entraîné
« quelques suites fâcheuses; mais le combat dont
« vous avez été l'objet n'a fait que mieux fixer l'opi-
« nion, que de part et d'autre on avait déjà de votre
« mérite.

« Jamais mon frère ne pourra se flatter de trouver
« quelqu'un qui le dédommage d'un pareil mécompte.

« Cependant ce n'est pas à vous qu'il adressera ses
« reproches, et il ne gardera de ressentiment contre
« personne.

« Vous voudrez bien aussi oublier les regrets un
« peu trop vifs que je vous ai exprimés en voyant si

« tôt évanouir l'espoir que j'avais fondé sur vous, et
« en voyant la peine qu'en éprouverait l'évêque de
« Chartres.

« Croyez, Monsieur, que j'ai jugé tout ce que votre
« position avait de difficile, et que dans toutes les cir-
« constances vous me trouverez le même à votre
« égard, c'est-à-dire plein d'estime et de dévoue-
« ment.

        « L'abbé CLAUSEL DE COUSSERGUES.

« Ministère des affaires ecclésiastiques, ce 28 dé-
« cembre 1826. »

L'abbé Olivier s'empressa de répondre à l'invitation
si honorable qu'il avait reçue de Mgr l'évêque de
Chartres. Il reçut à l'hôtel du *Grand Monarque* où il
était descendu , le billet suivant :

« Je suis ravi, Monsieur, de votre arrivée. Reposez-
« vous. Allez dire la messe, et puis venez déjeuner
« à onze heures. Vous vous arrangerez à l'Evêché,
« vous y coucherez.

    « Recevez, etc.

      « † CLAUDE-HIPPOLYTE, évêque de Chartres. »

Le bon évêque de Chartres fut ravi de l'esprit et de
la grâce de l'abbé Olivier qu'il ne connaissait encore
que de réputation. Mais lorsqu'il l'eut entendu le soir
même de son arrivée, prononcer un discours, et le lendemain faire le prône et prêcher la clôture du Jubilé :
« Monsieur l'abbé, lui dit-il, vous surpassez encore
« l'idée que je m'étais formée de votre mérite. Je m'at-
« tendais à de l'éloquence ; mais votre grande instruc-
« tion théologique vous a placé au-dessus de l'élo-
« quence, vous la dédaignez, vous semblez la mépriser
« même pour ne parler que le langage de la doctrine

« chrétienne. Vous, au moins, vous prêchez la reli-
« gion. Je m'explique maintenant vos succès. »

VII.

Voilà donc la grande mortification que l'abbé Olivier éprouva de la part du très auguste et très vénérable évêque de Chartres, étant vicaire de Saint-
Etienne-du-Mont! Voilà cette circonstance de sa vie
de vicaire dont il n'osait jamais parler, tânt elle l'a-
vait couvert de honte!

Il n'en parlait jamais, en effet, parce que, au fond,
sa modestie était réelle. L'amour qu'il accusait lui-
même en lui-même pour les choses extérieures, pour
la pompe et l'éclat, faisaient croire aux inspirations
de la vanité. C'était, pour nous servir de l'expression
profonde de l'un de ses biographes, l'homme de France
qui allait être *le plus connu et le plus méconnu. Tout
ce qu'on en a dit est faux; presque tout ce qu'on n'a pas
dit est vrai.*

La position du premier vicaire de Saint-Etienne-du-
Mont avait cela de vraiment singulier, qu'à la même
époque quatre évêques se le disputaient entre eux.
Mgr de Quélen le retenait dans ses bras à Paris; l'é-
vêque de Chartres lui présentait des lettres de grand-
vicaire, et avait préparé ses appartements et son logement dans son évêché; le vieil évêque d'Orléans ne
voulait rien moins que l'obtenir pour coadjuteur, et
l'évêque de Grenoble lui écrivait :

« C'est avec bien du plaisir, mon excellent vicaire,
« que j'ai reçu de vos nouvelles par nos voyageuses
« qui sont arrivées en bonne santé. Elles m'ont appris

« qu'un de mes honorables collègues vous avait fait
« des propositions, et, moi aussi, j'en eusse fait, si
« j'avais trouvé la place attaquable. Ce jourd'hui
« même je vous offre la première cure de mon diocèse
« dans la superbe basilique de la métropole de Vienne,
« où il peut tenir dix-huit ou vingt mille hommes.
« J'environnerais votre acceptation de tout ce qui
« pourrait vous la rendre agréable. Quant au bien que
« vous feriez, il serait immense. Vous n'en iriez pas
« moins voir, tous les ans ou tous les deux ans, vos
« chers parents. Vienne n'est qu'à six lieues de Lyon,
« auquel touche mon diocèse. Je vous demande le se-
« cret, si j'ai la douleur d'être refusé. Mais je désire
« vivement d'avoir ce nouveau sujet d'actions de
« grâces à tout ce que le Seigneur a déjà fait pour
« nous....

« Remerciez le bon Dieu de ce que par la vente
« d'un immeuble, j'ai déjà pu concourir efficacement
« à l'avantage de mes établissements. Dieu m'est té-
« moin que je ne possède que pour les autres, et que
« je répands à mesure que je reçois.

« † PHILIBERT, évêque de Grenoble.

« Grenoble, le 12 janvier 1827. »

Quelle correspondance que celle que nous avons
mise sous les yeux de nos lecteurs! Quelle dignité
dans les témoignages d'estime mutuelle! Quelle ur-
banité vraiment française! Comme c'est bien là le
langage de bons prêtres en qui respirent le véritable
esprit sacerdotal, l'amour de Jésus-Christ et de son
Eglise, le zèle pour la gloire de Dieu et le salut des
âmes!

LIVRE III.

—

CHAPITRE PREMIER

M. Olivier, curé de Chaillot.

I.

Au commencement de l'année 1827, la cure de Saint-Pierre de Chaillot vint à vaquer par la mort de son titulaire, « vieillard, écrivait à cette époque un magis-« trat, dont l'âge et les infirmités paralysaient le zèle « et les bonnes intentions. »

Cette paroisse, l'une des plus pauvres de la capitale, était dans le plus triste état. L'église était si nue et si déserte, même les jours de grandes fêtes, les cérémonies du culte, faute d'officiers, s'y célébraient avec si peu de convenance, que les rares fidèles qui y restaient encore allaient chercher ailleurs les consolations de leur piété. Elle était si discréditée, que Mgr de Quélen, bien qu'elle fut érigée encore avec titre inamovible, songeait à en demander au gouvernement la suppression. Il fallait donc, pour régénérer cette paroisse, plus qu'un curé ordinaire, il lui fallait un apôtre : Mgr l'archevêque de Paris jeta les yeux sur le premier vicaire de Saint-Etienne-du-Mont. Les règlements de l'administration du diocèse de Paris, et les principes invariablement suivis jusqu'alors, ne permettaient pas de conférer un titre inamovible à un ecclésiastique qui n'aurait pas atteint l'âge de trente ans. Mais Mgr de Quélen passa outre pour mettre le zèle et le mérite de l'abbé Olivier à une nouvelle épreuve. « Je vous nomme à une cure, lui dit-il, et pourtant je « ne vous donne pas de paroisse. Car l'église de Chail- « lot ne peut s'appeler une paroisse; elle n'existe que « de nom, elle est à créer. Si vous ne réussissez pas à « en faire une de Chaillot, vous êtes le dernier curé « que j'y nomme. »

II.

Jusqu'ici, nous avons vu l'abbé Olivier dans une position subalterne et subordonnée. La puissance d'organisation qu'il sentait en lui-même, il devait la comprimer, il n'était qu'un auxiliaire. « Ses passions, « quelles qu'elles fussent, prudemment et fortement « dirigées vers des voies austères d'obéissance, et « n'ayant du reste qu'une énergie passive, avaient « cheminé sans efforts comme sans répugnances. Elles « vont maintenant s'individualiser et se constituer, « devenir actives, se demander compte d'elles-mêmes « à elles-mêmes, discuter les mobiles et les obstacles :

« le caractère naît, l'homme se fait.» (*Biographie du Clergé contemporain*, par un *Solitaire*, tome I, p. 41.)

L'installation du nouveau curé fut fixée au 25 mars 1827, fête de l'Annonciation et de l'Incarnation de Notre-Seigneur. Pour se mettre immédiatement en rapport direct avec ses paroissiens, l'abbé Olivier invite à cette cérémonie toutes les autorités et toutes les personnes notables de Chaillot. Il n'oublie pas le commissaire de police du quartier des Champs-Élysées et de Chaillot, M. Durios. Cet honorable magistrat lui répond : « ..... Je vous rappellerai, monsieur, que j'ai « eu l'honneur de me réunir à vous chez le respectable « curé de Saint-Denis, lorsque j'étais commissaire de « police de cette ville. C'est assez vous dire que je n'i- « gnore pas tout le bien que vous y avez fait. Il est « pour nous un gage assuré de celui que vos instruc- « tions produiront à Chaillot, que vous allez trouver « dans la plus déplorable situation sous le rapport re- « ligieux. Je n'ai pas besoin de vous offrir ma partici- « pation à ce que vous jugerez à propos de faire pour « ramener au bercail vos brebis qui, je l'espère, ne » sont qu'égarées. Il n'est que trop vrai que c'est dans « l'absence des principes religieux qu'on doit recher- » cher la cause des crimes si nombreux aujourd'hui , « et des désordres si affligeants pour la morale. »

L'abbé Olivier tombait en plein carême dans sa paroisse. Sur le champ, il organise un plan et un système d'instructions pour toutes les conditions et tous les âges. A six heures, il fait une première instruction pour les pauvres et pour les ouvriers ; à neuf heures, il convoque les personnes aisées et fait précéder sa messe d'une pieuse méditation ; à trois heures de l'après-midi, il monte en chaire pour faire des homélies sur l'Evangile, et le soir, il donne pour tous une conférence sur les grandes vérités de la religion. Il fait précéder les pâques d'une retraite préparatoire, et de nombreuses conversions viennent couronner les premiers efforts de son zèle. Une communion générale édifie toute sa paroisse.

En même temps il établit une congrégation de jeunes filles sous l'invocation de la Vierge, et choisit parmi celles qui ont de plus belles voix un chœur de chanteuses. Il recrute de tous côtés des chantres, des enfants de chœur, les habille à ses frais, et les exerce lui-même aux cérémonies et au chant; il n'est pas jusqu'aux bedeaux et aux suisses auxquels il n'apprenne à marcher dans les processions, car rien ne lui paraît petit dans le service de Dieu.

Il attache un si grand prix à leur recueillement, à leur piété dans leurs fonctions, qu'il les réunit en particulier et fait des instructions exprès pour eux. Il leur persuade que c'est de l'édification du clergé qui l'entoure que dépend le salut de la paroisse, qu'ils doivent être plus parfaits que les autres, plus respectueux parce qu'ils ont l'honneur d'approcher Dieu de plus près, et d'être ses serviteurs. Ces soins pour le bas clergé des paroisses, est un des traits les plus caractéristiques de sa vie de curé.

Tout ce qui concerne de plus près l'autel attire son attention la plus sérieuse, car sa dévotion particulière a pour objet le culte de Jésus-Christ dans l'Eucharistie, à tel point qu'il croit avoir reçu de Dieu une vocation spéciale pour le faire honorer dans le sacrement de son amour. Il répétait souvent que la présence de Jésus-Christ sur la terre était un fait si extraordinaire et si divin, qu'il devrait être toujours présent à la pensée des hommes, que l'on ne saurait trop s'abîmer d'adoration devant l'Eucharistie où il se tient caché pour recevoir nos hommages et se communiquer à nous. Il se plaignait de la froideur des chrétiens qui veulent le luxe et la splendeur autour d'eux, et souffrent la nudité et la pauvreté sur les autels de leur Dieu. Il se demandait alors où était leur foi, et s'ils croyaient vraiment à la présence de leur Dieu dans leurs temples. Jamais il n'était plus éloquent, plus persuasif, plus entraînant que lorsqu'il cherchait à inspirer aux autres le zèle pour la dévotion du sanctuaire.

III.

Le jeune curé parlait à des cœurs bien disposés ; il fut entendu et compris. Il y avait sur la paroisse de Chaillot plusieurs nobles familles de la plus grande illustration qui lui prêtèrent un admirable concours. On brodait dans les salons des riches des aubes pour les enfants de chœur, des nappes pour l'autel, on y raccommodait même le linge pour l'église. Par l'entremise de l'illustre famille de Chabannes et de Talleyrand de Périgord et du duc de la Rochefoucauld, il obtenait de la cour un magnifique tapis pour l'autel. Il n'y avait pas de cloches dans la tour muette de l'église ; il en fit fondre une, et il écrivit à la duchesse d'Angoulême :

« Madame la Dauphine,

« Le jeune curé de la plus pauvre paroisse de Paris « a craint longtemps d'augmenter le nombre de tant « d'infortunes qui assiégent votre Altesse Royale. Mais

« enfin, ayant à présenter le titre d'une fondation
« royale en faveur de son église, et celui d'une telle
« détresse qu'elle a frappé votre Altesse Royale elle-
« même à la visite du Jubilé, il a osé vous conjurer,
« madame, de venir à son aide en daignant lui faire
« l'honneur d'être la marraine d'une cloche qui lui
« aidera à appeler aux offices une nombreuse popula-
« tion, mais depuis longtemps plongée dans l'oubli de
« tous les devoirs religieux et monarchiques. Daigne
« votre Altesse Royale être favorable à ses vœux, et
« croire au respect profond, etc... »

La fille de Louis XVI accepta, et fit don, à cette
occasion, de riches ornements pour l'église de Chaillot.

IV.

Les pauvres n'étaient pas oubliés. M. Olivier avait
sur leur assistance ses idées particulières qu'il commença dès lors à mettre en pratique. Il regardait la
mendicité comme la plaie la plus honteuse pour la
société, et les mendiants en particulier comme les voleurs des véritables pauvres. L'aumône faite à la mendicité lui paraissait une prime d'encouragement donnée à la fainéantise et au vice. « La vraie charité,
« disait-il, ne doit pas attendre qu'on la sollicite, elle
« doit prévenir la misère ; elle doit s'étudier à con-
« naître les besoins des pauvres, et les assister chez
« eux. Elle double ainsi le prix de la bienfaisance, et
« est plus méritoire devant Dieu. »

La principale préoccupation de M. Olivier pour parvenir à soulager efficacement les pauvres, était d'or-

ganiser, en quelque sorte la charité. Isolée, elle ne soulage qu'un petit nombre de nécessiteux, et laisse le plus grand nombre dans l'abandon : collective, elle devient toute puissante contre le fléau de la misère. Si elle est la dette sacrée de tout homme devant son semblable qui souffre, elle est surtout la dette imprescriptible de la société qui doit se réunir et concerter tous ses efforts pour ne laisser aucun pauvre sans secours.

En conséquence, le nouveau curé de Chaillot fit appel aux riches ; les plus nobles dames se firent sœurs de charité et se chargèrent de porter elles-mêmes à domicile les secours communs. Elles se relevaient à tour de rôle, et il les appelait gaîment ses vicaires. Car il aimait à répandre l'aumône, mais par les mains des autres, trouvant trop d'inconvénients à le faire par lui-même, et le mot vicaire avait donc ici sa juste application. Pour se créer des ressources, il multipliait, autant que possible, les sermons, les assemblées et les quêtes de charité ; il sollicitait des secours partout où il pouvait en espérer, auprès de la grande aumônerie du duc de Bordeaux, de Mme de Cayla, qui depuis la mort du roi Louis XVIII donnait l'exemple de la plus édifiante piété, et qui était la bienfaisance en action, et de madame Louise de la Rochejacquelin.

Les pauvres bénissaient donc leur nouveau curé. Leurs femmes en couches étaient assistées ; elles recevaient des mains de dames vêtues de soie et de velours, des layettes qu'elles avaient confectionnées elles-mêmes, et ces pauvres mères qui ne connaissaient la maternité que par ses douleurs et ses désespoirs, sentaient leurs yeux s'humecter de larmes de joie et d'attendrissement. Leurs enfants plus âgés échangeaient leurs misérables haillons contre des habits neufs et chauds, ils étaient réunis dans les écoles et dans les catéchismes, et renonçaient aux habitudes de vagabondage pour prendre des habitudes d'ordre, de travail et de propreté. Quand il était question d'eux, le curé de Chaillot ne craignait point de se montrer un infatigable solliciteur. Il n'assistait par lui-même directement que les pauvres honteux qu'il était ingénieux à découvrir.

C'est ainsi que dans cette pauvre paroisse de Chaillot, il démontrait la religion par ses effets et révélait sa puissance et sa divinité par les miracles de charité et de bienfaisance dont elle était la source.

V.

Dans ses études l'abbé Olivier avait été l'homme d'une seule science; dans le ministère ecclésiastique, il était l'homme d'une seule action, le soin de sa paroisse, et par conséquent un homme aussi puissant en œuvres qu'en paroles.

La parole toutefois était son grand moyen d'agir sur les esprits et sur les cœurs. Ce n'est pas qu'il dit des choses extraordinaires, ni qu'il recherchât l'éloquence. Il était éloquent, pour ainsi dire, sans le vouloir : il se contentait d'exposer simplement et avec intérêt la doctrine chrétienne. Sans chercher à s'élever à de grandes considérations, à présenter la religion sous des points de vue nouveaux, manie qui commençait à tourmenter les orateurs de la chaire sacrée, il puisait dans les thèses mêmes d'une saine théologie ses prônes et ses instructions qui ravissaient ses auditeurs, car il ne trouvait pas de plus belle matière à exposer en chaire que la vérité catholique elle-même, rien que la vérité catholique pure, primitive, telle que l'avaient comprise et enseignée les disciples des apôtres et les premiers Pères, et dégagée de tout système et de toute exagération. Aussi éloigné des faux adoucissements d'une morale relâchée que de l'implacable rigueur d'un pharisaïsme hypocrite, il se défendait surtout de ces tendances nouvelles d'une prétendue piété qui semble mettre les petites pratiques avant les œuvres mêmes, qui ne fréquente les sacrements que pour les sacrements eux-mêmes, tandis que les sacrements ne sont institués qu'en vue du progrès moral et spirituel de l'homme. Avant toutes les œuvres de surérogation, il mettait le culte public de l'église, la réforme du caractère, la répression des passions, l'accomplissement des devoirs essentiels de la vie publique et de la vie de famille. Une dévotion pleine de pratiques de piété, mais qui laissait subsister tous les défauts de l'humeur et du caractère, aussi chagrine pour elle-même qu'insupportable aux autres, qui courait à l'église quand un devoir rigoureux n'y appelait pas, en laissant le mari et les enfants à la maison, en négligeant l'ordre, la paix et l'harmonie du ménage ; riche en belles paroles d'édification, mais pauvre en œuvres ; orgueilleuse et grondeuse, trouvant tout à reprendre dans les autres et peu de chose en soi-même ; au fond paresseuse et désœuvrée, lui paraissait une fausse dévotion, et il la stigmatisait avec une rare énergie, en même temps qu'il enseignait la véritable.

Par suite de la révolution des temps et surtout d'une ignorance trop générale en matière de religion, il était neuf en ne disant rien de nouveau, et ses plus grandes témérités en chaire n'étaient rien autre chose que le texte pur des Pères, des canons et des décisions de l'Église. Aux yeux des bons juges, il paraissait d'autant plus remarquable, qu'il ne disait rien d'extraordinaire. Le charme de sa parole était tout simplement la séduction et le parfum de la vérité elle-même. On disait souvent en sortant de ses prônes et de ses homélies : « Si Jésus eût parlé à sa place, aurait-il dit « autre chose que ce que nous avons entendu ! » C'est qu'il ne se proposait pas, en effet, d'enseigner autre chose que la parole de Jésus lui-même. Cette parole, il l'avait profondément méditée et puisée aux sources pures de la tradition. Les plus belles et plus solides expositions des Pères et des interprètes les plus consommés venaient comme d'elles-mêmes se placer sur ses lèvres. Ambroise, Chrysostôme, Augustin, Jérôme Bernard, Thomas d'Aquin et Bonaventure parlaient par sa bouche.

VI.

Cette église naguère si déserte, se remplissait chaque jour d'une foule plus serrée, toujours avide d'entendre le pasteur chéri. On négligeait des affaires, des parties de plaisir et des voyages pour ne pas perdre une seule de ses instructions. Le 18 juin 1827, une noble dame, Louis de la R... lui écrivait d'Yvetot : « Que je regrette ici les prières que je perds, mes « heures d'adoration que j'aurais eues pendant l'Oc- « tave de la Fête-Dieu, et je ne me console pas de ne

« pas travailler aux habits des pauvres de la première
« communion. »

La même écrivait encore : « Non, je ne puis me
« consoler de ne plus entendre votre parole. Je suis
« chez les miens, mais je ne suis plus à Chaillot, et je
« me considère comme exilée. »

De l'un des plus illustres châteaux du département
de l'Eure partaient aussi ces mots expressifs : « Je
« soupire après l'église de Chaillot comme après ma
« patrie ! »

Edouard Alletz, depuis l'un de nos plus remarquables publicistes, et consul dans plusieurs Etats de l'Europe, inscrivait et terminait ainsi une de ses lettres :
« Au plus éloquent et au plus zélé des pasteurs,
« trois fois salut !... Que vous êtes heureux', que de
« grâces le Seigneur vous a accordées ! »

Et une autre noble dame : « Oh ! quel sacrifice il m'a
« fallu faire de ne pas être à vos instructions pour la
« retraite des enfants de Chaillot ! Il faut que je joigne
« celle d'assister à celle que le pauvre curé d'ici prê-
« che tous les jours de cette semaine pour la première
« communion qui se fera dans huit jours. Quelle bé-
« nédiction dans une paroisse qu'un bon pasteur pieux,
« zélé, instruit ! C'est une chose dont on ne peut as-
« sez rendre grâces à Dieu, en le priant de le com-
« bler de toutes les faveurs et de l'y conserver tant
« qu'il fera du bien ! »

Et plus près de lui, de Chaillot même, une illustre
mère de famille qui avait occupé une brillante fortune,
s'excusait de ne pouvoir donner pour l'église à cause
d'une banqueroute de cent mille francs que son mari
venait d'éprouver. Elle lui envoyait néanmoins du linge
pour ses pauvres, nouvelle preuve que la piété qu'il

inspirait était jointe aux œuvres. Puis elle ajoutait :
« Si nous devons tout à Dieu, nous devons beaucoup
« à vous-même par la grâce. Car votre arrivée dans
« cet endroit a produit la conversion du pécheur et la
« persévérance du juste. Que notre religion est belle !
« Mais qu'elle est magnifique dans la bouche du mi-
« nistre qui en connaît toute l'étendue et en démontre
» si parfaitement toute la grandeur ! Recevez, mon-
» sieur, mes remerciements : vos bons conseils et vos
« exemples si édifiants, vos prières pures que nous
« sollicitons, moi et ma fille, nous rendront heureuses.
« Bénie soit la Providence qui vous a envoyé. Les mal-
« heureux sont secourus. Ils auront désormais un père
« qui distinguera les plus indigents d'avec ceux qui le
« sont moins, les vieux et les jeunes, et qui ne rougira
« pas de pénétrer dans les réduits pour s'assurer de
« la misère réelle. Tous mes instants, monsieur, et
« ceux de ma fille, sont à votre disposition pour le
« linge des pauvres, pour les ouvrages de la première
« communion, et pour ceux de l'adoration perpétuelle
« auprès du Saint-Sacrement ! »

L'abbé Gueyton, un de ses anciens condisciples,
aujourd'hui curé de Bercy, lui marquait de Brioude :
« J'ai été bien aise d'apprendre par une de vos parois-
« siennes, qui est ici, l'accueil qu'on vous a fait dans
« votre paroisse, et l'empressement vraiment extraor-
« dinaire qui s'est manifesté de tous côtés. *Quid mi-*
« *ram.* (Qu'y a-t-il d'étonnant ?) »

Enfin les succès de son ministère étaient si éclatants,
qu'une de ses pénitentes en était comme éblouie, et
craignait pour lui les piéges de l'amour-propre. Elle
lui écrivait :

« Vous l'avouerai-je ? Ma présomption faisant que

« je juge quelquefois des hommes que j'aime d'après
« moi, il me semble que vous avez tant de motifs de
« prendre de l'amour-propre, *le démon doit être si fu-*
« *rieux de tout le bien que vous faites,* tout le monde
« est si empressé de vous louer, moi-même je me re-
« proche de flatter peut-être votre vanité, enfin à votre
« place j'aurais tant de peine à me défendre d'un peu
« d'orgueil, que je demande par dessus tout au bon
« Dieu qu'il vous en préserve, qu'il vous inspire tou-
« jours l'humilité de n'avoir de confiance qu'en son
« aide, de n'attribuer qu'à lui seul l'effet de vos prédi-
« cations, et de ne jamais donner lieu aux reproches
« qu'on adresse maintenant aux jeunes prêtres qui ont
« du talent de se laisser gâter par leurs succès, et de
« prendre de la suffisance. Pardonnez-moi ces prières
« qui sont peut-être inconvenantes de la part d'une
« pauvre brebis indigne, mon bien cher pasteur ; mais
« les plus saints sont quelquefois en butte aux tenta-
« tions, et tout en ayant pourtant beaucoup plus de
« confiance en vous qu'en moi, je prie encore plus
« pour vous que pour moi, en pensant combien plus
« vous êtes exposé, combien plus utile et combien
« plus aimé de Dieu ! »

Quels sentiments ! Et quelle belle âme que celle qui
trouvait en elle-même de telles inspirations !

La rénovation religieuse qui s'opérait à Chaillot attirait l'attention des hommes les plus haut placés, et
excitait leur admiration. Aussi le 14 juillet 1827,
l'abbé Olivier reçut du ministère des affaires ecclésiastiques et de l'instruction publique la lettre suivante :

    « Monsieur,

  « Ce fut avec des regrets mêlés d'humeur que je

« vous vis échapper à mon frère l'évêque de Chartres
« lorsqu'il avait droit de vous regarder comme lui
« appartenant, puisque vous aviez accepté ses lettres
« de grand vicaire ; mais le bien que vous faites en
« qualité de curé de Chaillot est trop grand pour
« qu'on puisse regretter toute autre destination dont
« votre mérite vous rendrait également digne. Notre
« paix est donc faite.

« Si vous trouvez un instant pour lire mes deux
« derniers écrits, vous me défendrez peut-être contre
« mes adversaires qui s'efforcent de faire de moi un
« espèce de monstre.

« L'abbé Clausel de Coussergues. »

VII.

A la même époque l'abbé Caillon, curé de Saint-Denis, l'informait en secret qu'il allait être nommé chanoine de Notre-Dame, et se réjouissait avec lui de ce changement de situation *qui le mettrait à portée,* disait-il, *de voir plus souvent son bon petit vicaire, de l'embrasser et de le serrer plus fortement contre son cœur.* Tant il est vrai que l'abbé Olivier avait été à Saint-Denis, comme à Saint-Etienne, le modèle des vicaires dans leurs rapports avec leurs curés ! Comme c'est chose assez rare que des vicaires rendent leurs curés heureux et réciproquement, je la note en passant.

Quand l'abbé Olivier reçut cette communication du bon curé de Saint-Denis, il était obligé de garder la chambre à cause d'une blessure qu'il s'était faite à la jambe, et qui le forçait de la tenir étendue jusqu'à ce que la plaie fût tout à fait sèche ! La mort préludait déjà au coup funeste qu'elle devait lui porter un jour ! Il reçut à ce sujet ces reproches trop mérités :

« Puisque vous dites qu'une dame de charité est
« une mère de famille, et qu'elle se doit à ses enfants,
« que direz-vous d'un bon pasteur chargé de toute
« une paroisse ? Ne s'y doit-il pas davantage, et n'est-
« il pas reprochable quand son zèle l'emporte au delà
« de ses forces et qu'il détruit sa santé ? »

Une supérieure de Carmélites lui faisait à peu près les mêmes recommandations :

« Je suis fâchée, disait-elle, que vous vous fatiguiez
« comme vous faites. Votre poitrine est faible, et vo-
« tre zèle peut-être trop vif. Il faut vous ménager
« pour les besoins de l'Eglise. »

Mais c'était en vain que l'on donnait à l'abbé Olivier ces bons conseils : il a été toute sa vie incorrigible sur le défaut de ne point ménager assez sa santé. Il avait tant de confiance dans sa robuste constitution et il avait une idée si profondément sentie du bon emploi du temps et de la brièveté de la vie qu'il ne voulait prendre aucun repos. Il avait sans cesse présentes à l'esprit ces paroles du Sauveur : « Marchez tant que « luit la lumière. N'y a-t-il pas douze heures de jour « pendant lesquelles il faut travailler ? La nuit vient « pendant laquelle nul ne peut rien faire ? » La longue vie n'est pas celle qui compte les années les plus nombreuses, mais celle dont les heures sont les mieux remplies.

VIII.

A peine rétabli, l'abbé Olivier vole auprès de sa

mère malade à Bierville. Mais au lieu de se reposer auprès d'elle, il entreprend aussitôt une nouvelle mission dans la Beauce déjà fécondée par les sueurs de son apostolat. Il demande des pouvoirs à Versailles, et il reçoit à Bierville, le 22 août 1827, d'un grand vicaire de Versailles la lettre suivante :

« Monsieur le curé,

« Quel bonheur d'avoir à expédier des pouvoirs à
« un homme tel que vous, et quel bonheur aussi je
« vais procurer à ceux et à celles qui en profiteront !
« Mais voilà donc comme vous passez vos vacances !
« Vous vous reposez du bien fait à Paris par le bien
« fait à Etampes, et vos loisirs sont si bien employés
« qu'il vous faut avoir pour secrétaire une bonne re-
« ligieuse de l'Hôtel-Dieu. Vraiment nous voudrions
« bien que vos vacances fussent de longue durée;
« vous feriez en vous délassant ce que d'autres font à
« peine en travaillant. Venez souvent vous reposer
« sur nos terres, Monsieur le curé, et puisque vous
« ne sauriez le faire sans vous occuper encore du soin
« des âmes, regardez que vous êtes autorisé, par moi
« indigne, à confesser et à convertir tous ceux qui se
« présenteront sous votre main, séculiers ou autres.
« Je voudrais y faire passer quasi tout le diocèse.
« Je recommande bien à tout votre zèle les reli-
« gieuses d'Etampes, soit celles de l'Hôtel-Dieu, soit
« celles de la Congrégation dont je me suis déjà oc-
« cupé, attendu que j'ai sous ma gouverne tous les
« béguins et toutes les cornettes du diocèse.
« Puisque vous voilà en bonnes œuvres, ajoutez-y,
« je vous prie, quelques prières pour moi, j'en ai pas-
« sablement besoin. Je suis, Monsieur le curé, avec

« tout le respect que je vous dois, et toute l'amitié
« que vous me permettez,

« Votre très humble et très obéissant serviteur... »

De qui donc est cette magnifique lettre contenant
un éloge si pompeux de M. Olivier? Elle est signée
Louis-Marie-Edmond BLANQUART DE BAILLEUL, vicaire
général de Versailles, qui depuis....... fut archevêque
de Rouen.

IX.

Le zèle de M. Olivier s'étendait partout où il pouvait faire du bien. Une de ses plus illustres pénitentes
habitait alors un château du diocèse d'Évreux. Il la
pressait vivement d'employer toute son influence
pour établir dans sa paroisse une congrégation de
jeunes filles, afin de leur donner les moyens de se
former à la piété et de donner l'exemple en se mettant
à la tête. Docile à la voix de son pasteur, elle essaya,
mais en vain : les jeunes filles du pays se contentaient
d'assister aux *bâtons* de Sainte-Barbe et de la Sainte-
Vierge, vaines cérémonies où tout était pour la toilette, l'ostentation, les plaisirs, les rubans et les bouquets, et rien pour l'édification de la piété. C'est alors
qu'il entendit parler pour la première fois des *charités*
du diocèse d'Évreux, avec lesquelles il était sans doute
loin de penser qu'il aurait un jour quelque chose à
démêler, quelque chose comme une réforme radicale
et orageuse et la soumission à l'autorité. Il est vraiment curieux de voir quelle première impression il en
reçut.

« Il y a aussi, écrivait l'illustre zélatrice, une con-

« grégation d'hommes qu'on appelle la *Charité*. C'est
« pour les enterrements. Ils sont douze, portent des
« robes noires, avec une écharpe rouge qui leur pend
« sur l'épaule. Ils font dire un salut tous les premiers
« dimanches du mois, et entourent l'autel, à genoux à
« l'élévation et à la bénédiction du Saint-Sacrement
« les jours de grandes fêtes. J'en étais édifiée la pre-
« mière fois que je suis venue ici. Mais malheureuse-
« ment j'ai appris qu'il n'y en avait pas un qui fît ses
« Pâques, malgré même les statuts de leur ordre, qui
« ordonnent de ne pas les admettre à moins de cela.
« Eh bien ! le curé de la paroisse a voulu les casser.
« Il les a supprimés, il y a deux ans, pendant quinze
« jours. Mais quoiqu'il n'ait pu rien obtenir de ces
« gens-là, il a été obligé de les rétablir, comme au-
« paravant, craignant de se mettre tout le pays à dos,
« et de donner lieu à un plus grand scandale, *vu le*
« *mauvais esprit qui y règne.* »

Le curé de Chaillot ne put comprendre ce que
pouvait être une société religieuse, dont les membres
portant un habit religieux, ne faisaient pas même leurs
Pâques !!!

X.

Dans ce même château, la même personne sentait
bien vivement la privation qu'elle éprouvait de ne
plus entendre les prônes de son curé. Son bon Ange
eut pitié de sa douleur, et lui apporta, en sa manière
toute angélique, une belle parole qu'il avait recueillie
des lèvres de M. Olivier : l'ange et le prêtre pensaient
assurément l'un comme l'autre. Pour être étrange, le

fait n'a rien de bien extraordinaire. Quoi de plus naturel qu'un esprit céleste communique une bonne pensée à une âme pieuse qui prie! Voici le fait raconté dans toute sa simplicité :

« L'autre nuit, je rêvais que j'étais à Chaillot, et
« que ma mère, revenant de l'église, me disait : « Je
« viens d'entendre un bien beau sermon de notre
« curé. Il y a surtout un passage qui m'a frappé. »

« Je lui demandai quel il était. Alors elle me dit :
« *C'est que la fréquentation des sacrements nous procu-*
« *rait le ciel sur la terre.*

« Là dessus je me suis réveillée, et j'ai écrit ce
« passage, craignant, en me rendormant, de l'oublier,
« car il me parut bien juste.

« L'avez-vous vraiment cité ?

« Vous direz que ceci est de la superstition. Ce qui
« a amené ce rêve, c'est que je me lamentais juste-
« ment en me couchant de n'avoir pas la plus petite
« instruction pendant toute cette octave de la Fête-
« Dieu. »

Or, vérification faite, cette phrase avait été textuellement prononcée dans la chaire de Chaillot.

Quelques jours après, l'illustre pénitente se plaignait à l'abbé Olivier de ce que, dans ses lettres, il ne lui disait jamais un mot de ses prédications. « Si mon
« bon Ange, disait-elle, n'était pas venu à mon se-
« cours pour me porter une parole de vous, j'en aurais
« été tout à fait sevrée. »

XI.

Rien de plus pur et de plus touchant que les sentiments exprimés par la même personne sur la maladie de sa sœur Henriette :

« Elle avait déjà fait le sacrifice de nous quitter en
« voulant se sacrifier à Dieu comme religieuse. S'il la
« juge digne de la réunir à la bonne Laura, et de
« raccourcir le temps de ses épreuves, ne serait-ce
« pas bien égoïste de chercher par des prières irréflé-
« chies à vouloir prolonger son exil? Si, au contraire,
« il la croit propre à se sanctifier encore davantage
« dans ce monde-ci, il nous la rendra. Je le prie donc
« d'alléger ses souffrances, et que sa volonté se fasse
« en tout et pour tout pour le bien spirituel de cette
« chère sœur, et qu'il donne à ma pauvre mère et à
« nous du courage et de la résignation.

« Quand j'étais petite, je chantais en anglais un
« cantique d'allégresse qu'une tribu d'Indiens a cou-
« tume, dit-on, de chanter à la mort d'un des leurs;
« ses paroles étaient expressives et m'avaient frappé.
« Je pensais qu'ils étaient plus conséquents que nous
« autres chrétiens, qui n'avons que des chants lugu-
« bres, des cérémonies funèbres, des pleurs et des
« regrets pour célébrer le bonheur d'une âme qui va
« retourner à Dieu. »

Où trouver une plus belle expression de la résignation que l'espérance chrétienne inspire? Et qui oserait
blâmer la confiance que cette âme d'élite avait dans
la bonté divine?

« Mon père, demandait-elle à l'abbé Olivier, n'y a-
« t-il pas de l'orgueil dans cette pensée? Je regarde
« le purgatoire d'un air de mépris, et je n'aspire à
« rien moins que d'aller tout droit au ciel. Hier j'ai dû
« faire des actes d'humilité de cette présomption, car
« ma bonne tante (la duchesse de T... P...) me disait

« qu'elle serait bienheureuse si elle était sûre de ne
« faire qu'un petit tour en purgatoire. Et quand je lui
« ai répondu que j'espérais bien qu'elle en serait
« exempte, et qu'elle jouirait de suite de la présence
« de Dieu, elle a fait un cri, en disant qu'elle n'a-
« vait certes pas cette prétention, et elle m'a demandé
« de prier Dieu de la trouver digne du purgatoire, elle
« qui est si pieuse, qui fait tant de bonnes œuvres, qui
« est en union de prières avec toutes les carmélites
« d'Orléans, qui a tant de privations à offrir à Dieu,
« étant devenue aveugle!!! Mon bon père, suis-je
« coupable d'avoir plus de confiance en la miséricorde
« de Dieu que de crainte de sa justice? »

XII.

Tous les matins, la main qui écrivait ces lignes admirables, peignait une tête de Christ couronné d'épines, la sainte face du suaire de la Véronique, qu'elle
destinait à l'abbé Olivier pour être placée devant son
prie-Dieu. Elle demandait sans cesse au Seigneur de
guider son pinceau, afin de bien rendre l'expression de
la figure souffrante et résignée du Christ, afin que ce
petit tableau fût pour lui une source de consolation et
de bonnes inspirations.

Plusieurs personnes qui voyaient ce beau dessin
s'embellir tous les jours d'un nouveau trait sous la
main de l'artiste inspirée, en étaient envieuses, et
l'abbé Olivier, à qui il était promis, n'était pas sans
inquiétude. Mais elle le rassurait en lui disant qu'elle
ne faisait pas légèrement de promesse, parce qu'une
fois donnée, c'était chose sacrée pour elle, et quand

bien même le roi lui demanderait son dessin, elle lui répondrait qu'il ne lui appartient pas. Elle consacrait à cet ouvrage le plus de temps possible, en demandant toujours à Dieu de lui faire tracer tout ce qu'il voulait inspirer à son ministre, et elle ne l'interrompait que pour confectionner des layettes et tricoter des bas pour les pauvres de Chaillot. Cette dernière occupation lui souriait presque autant que la première : revêtir les pauvres, c'était revêtir Jésus lui-même, et cette action était sans doute plus méritoire que de travailler à le peindre.

Mais pourquoi, au lieu de tracer le portrait de Jésus bon pasteur et enseignant les peuples, avait-elle préféré peindre l'homme de douleurs et couronné d'épines cruelles ? Ah ! c'est que l'on a quelquefois de l'avenir de bien singuliers pressentiments ! La noble et pieuse dame jugeait avec raison que l'abbé Olivier faisait trop de bien, que ses succès étaient trop éclatants, son mérite trop rare, sa renommée trop brillante, pour que la supériorité de ses talents et la pureté de son zèle ne lui créassent pas, tôt ou tard, des persécuteurs et des ennemis. Quand il y a un homme de Dieu sur la terre, il ne manque jamais de pharisiens jaloux pour lui tresser une couronne d'épines. L'artiste, véritablement inspirée comme elle le demandait à Dieu, voulut mettre sous les yeux de l'abbé Olivier ce qu'il devait être un jour. Le 15 septembre 1827, le curé de Chaillot trouva sur son prie-Dieu cette belle et admirable tête de Christ d'une extrême délicatesse de pinceau, fini dans tous ses détails, où la douceur, la force, une énergie divine se mêlent à la majesté d'une douleur résignée. Ce portrait ne quitta plus l'abbé Olivier ; il l'eut jusqu'à la mort devant ses yeux. Sa vue, selon la pensée de celle qui en avait esquissé le mâle caractère, ne lui inspira que de bonnes pensées dans toutes les traverses de sa vie. Au milieu des déchirements des passions haineuses, et quand le fer de la calomnie labourait son noble cœur, il regardait ce Christ couronné d'épines, il priait devant cette sainte image, et se relevait calme, plein de force, n'ayant sur les lèvres comme dans son cœur qu'une parole de pardon. Le vœu de la sainte était exaucé.

Cette tête de Christ, par disposition testamentaire, est passée entre les mains de M. l'abbé Hucher, chanoine honoraire d'Evreux, aumônier des Ursulines d'Evreux, et dernier confesseur de Mgr Olivier. On lit au bas cette inscription :

> « Vous qui souffrez et qui êtes affligé,
> « Venez à moi, vous serez soulagé.
>
> « L. de C.....

« Fait à Breuilpont, 1827. »

XIII.

M. Olivier, cependant, vivait heureux au milieu de son troupeau chéri. Cette paroisse, si décriée naguère, offrait maintenant un spectacle tout à fait édifiant, c'était une paroisse modèle. Les bonnes œuvres s'y étaient établies, les cérémonies des cultes étaient plus augustes, le chant plus digne, les offices fréquentés par la noblesse et le peuple, les prédications suivies, les pauvres assistés, la fréquentation des sacrements en honneur, Jésus-Christ connu et adoré. Que de familles consolées ! Que de haines apaisées ! Que de jeu-

nes gens et de jeunes filles arrachés à la séduction !
Que d'aumônes secrètes versées dans le sein des pauvres ! Que de vertus chancelantes soutenues sur le
bord de l'abîme !

Et ceci n'est pas une vaine phrase. Vingt faits viennent à l'appui. Du fond de l'Alsace, cette lettre était
jetée à la poste à l'adresse de M. Olivier, curé de
Chaillot :

« .... Oui, j'ai voulu la séduire. Mais heureuse-
« ment ! très heureusement, vous avez été le soutien
« de la vertu. Sous votre direction, elle ne pouvait
« chanceler ; vous m'avez barré le chemin et elle a
« triomphé !... »

XIV.

Un jour, aux abords du bois de Boulogne, qui est,
comme l'on sait, dans le voisinage de Chaillot, M. Olivier est frappé de l'expression de muette douleur qui
est peinte sur le visage d'une pauvre femme. Il s'approche d'elle, et lui demande avec bonté si elle ne
désire point quelque chose.—Oui, mon bon monsieur,
dit-elle, je voudrais bien m'en retourner à Marseille.
—A Marseille, ma bonne mère ? Qui vous a donc
poussé à venir à Paris de si loin ? — Je suis venue à
pied de Marseille, et même que j'en ai usé une paire
de sabots tout neufs ! J'ai voulu voir par moi-même si
mon enfant s'y conduisait bien, dans ce gueux de
Paris ! Mais mon enfant en est mort à l'hôpital, de ce
gueux de Paris ! Et maintenant je voudrais être bien
chez nous, bien que je n'y aurai comme ici que mes
deux yeux pour pleurer.— Ma bonne mère, avez-vous

sur vous quelque papier qui vous fasse reconnaître pour ce que vous êtes véritablement ! — Oui, *monsignour le pastour* de Chaillot ; j'ai même une lettre de M. de la R... qui s'adresse à vous.

L'abbé Olivier prend la lettre, et la lit rapidement. — Et pourquoi donc ne mé l'avoir pas présentée plutôt, cette lettre ! — Ah ! *bon Djésou et la soua san Madré*, je vous voyais donner tant d'argent aux autres, qu'en bonne conscience je n'osais rien demander pour moi !... Et l'abbé Olivier vida toute sa bourse dans le tablier de la brave Provençale, puis se déroba aux témoignages de sa reconnaissance.

XV.

C'est là, comme bientôt à Saint-Etienne-du-Mont, que la mission évangélique de M. Olivier nous paraît avoir brillé dans toute sa pureté et dans toute sa grandeur. C'est aussi l'époque la plus heureuse et la plus calme de sa vie. Il avait fait en dix moix, à Chaillot, ce que l'on aurait cru à peine réalisable en dix ans. Il aimait sa paroisse, et il en était adoré. Et plus tard, quand il parlait de son passage à Chaillot, il l'appelait : *Son séjour dans le paradis terrestre.* L'abbé Orsini, connu depuis par quelques ouvrages estimés, travailla quelque temps sous ses ordres. Il fut aussi admirablement secondé par M. l'abbé Leblanc, son second vicaire, qui le suivit à Saint-Etienne-du-Mont, aujourd'hui second vicaire de la Madelaine, et par M. David, aujourd'hui curé de Fontenay-aux-Roses...

A Chaillot, renfermé dans une sphère modeste, dépouillé du prestige des honneurs, M. Olivier se consacre uniquement à la pratique des vertus chrétiennes, concentre toutes ses affections sur le troupeau qui lui est confié, et lui donne chaque jour de nouveaux témoignages de son ardente charité et de son infatigable dévouement. Dans ce temps d'indifférence et de sophisme, époque tourmentée par les derniers efforts de l'impiété voltairienne, il fallait à un pasteur un tact et une habileté singulières, une patience et une douceur admirables pour être à la hauteur de sa mission. C'est en alliant la science à la bonté, la profondeur du savoir à l'aménité des formes, qu'il put conquérir les sympathies, gagner la confiance et diriger puissamment les âmes dans la voie du salut. M. Olivier prouva qu'il possédait à un haut degré les qualités diverses qui sont nécessaires à un bon pasteur. Son passage à la cure de Chaillot et bientôt à celle de Saint-Étienne-du-Mont, est sans contredit un des plus beaux monuments de sa carrière ecclésiastique : son administration à Saint-Roch est tout à fait hors ligne, et ne se compare à rien de ce qui s'est fait. A l'époque où nous sommes, on aime à voir un esprit aussi distingué acceptant avec bonheur cette position modeste, cette vie obscure, et remplissant les devoirs de son ministère avec tout le dévouement, toute l'abnégation qu'une foi vive peut inspirer.

XVI.

On commença, à Chaillot, à savoir qu'il s'appelait Nicolas, c'est-à-dire *Vainqueur du peuple*, dont il captivait l'amour à force de bienfaisance. On y était plus heureux que les deux évêques qui lui expédiaient

des lettres de grand-vicaire sans savoir ses prénoms.
Donc, le jour saint Nicolas, en 1827, une longue file
de voitures armoriées stationnait devant le n° 93 de
la grande rue de Chaillot; les pauvres ne se faisaient
non plus faute de s'y rendre avec empressement.
C'étaient les bons paroissiens de Chaillot qui souhai-
taient la fête à leur bon curé. Parmi les innombrables
bouquets qui couvraient sa cheminée, sa table et remplissaient ses vases, l'abbé Olivier trouva un petit
billet conçu en ces termes et qui rendait bien la pensée de tous :

> C'est au pasteur le plus aimable
> Que je veux offrir ce bouquet ;
> Au pasteur bienfaisant, affable,
> Au ministre sage et discret,
> A celui dont le caractère
> Est à propos sévère et doux,
> A celui que chacun révère :
> Vous voyez bien qu'il est pour vous.

Ce n'est pas là de la poésie, je le sais bien ; mais
c'est du cœur.

XVII.

Cependant les bons paroissiens de Chaillot étaient
inquiets des succès mêmes de leur bien aimé curé; ils
en jouissaient ; mais ils auraient voulu que ce fût à
l'insu des autres.

« Je ne vous donnerai pas de nouvelles de votre
« paroisse, lui écrivait une dame de charité, pendant
« qu'il était à Bierville, sinon que de toutes parts on y
« demande des vôtres, en ajoutant : que Dieu le con-

« serve longtemps ! Un dimanche sans vous est un
« événement.

« — Ah ! si Dieu exauçait les habitants de Chaillot,
« s'écriait une autre, nous serions bien sûrs de ne
« jamais vous perdre ! Mon bien cher pasteur, prenez
« nos intérêts, demandez aussi à Dieu qu'il vous laisse
« toujours au milieu de nous. L'enthousiasme, l'atta-
« chement, le respect que vous avez inspirés, l'obéis-
« sance que vous avez obtenue, les impressions que
« vous avez produites dans tous les cœurs, doivent
« vous démontrer clairement que nous sommes le vé-
« ritable troupeau que le père de famille vous a confié.
« Si vous le quittez pour un autre, peut-être Dieu se
« retirera-t-il de vous ! Et vos brebis, que devien-
« dront-elles ? Ah ! l'épreuve ne serait-elle pas trop
« forte ! Fasse le ciel que je ne sois jamais appelée à
« un sacrifice pareil, et que je puisse mourir en rece-
« vant votre bénédiction ! »

Ces craintes n'étaient que trop fondées. Madame de
Chabannes, en effet, témoignant à Mgr de Quélen
toute sa reconnaissance de lui avoir donné M. Olivier
pour curé, reçut cette réponse de l'illustre prélat :
« Ne vous réjouissez pas tant; je l'ai mis à Chaillot
« en attendant que la cure de Saint-Roch soit va-
« cante. » Mais l'abbé Charpentier, curé de Saint-
Etienne-du-Mont, venait de mourir, et tous les regards
s'étaient comme instinctivement tournés vers Chaillot.

CHAPITRE II.

M. Olivier, curé de Saint-Etienne-du-Mont.

I.

Le 11 janvier 1828, M. l'abbé Philippe Desjardins, vicaire général de Mgr de Quélen, archevêque de Paris, notifia à M. Olivier, curé de Chaillot, sa nomination à la cure de Saint-Etienne-du-Mont.

« Je remplis, lui dit-il, un agréable message, en
« vous annonçant de la part de Mgr l'archevêque de
« Paris, qu'après avoir mûrement, et devant Dieu,
« délibéré sur le meilleur choix à faire pour la cure de
« Saint-Etienne-du-Mont, il a pris le parti de vous la
« confier.

. « En conséquence, je vous informe avec un extrême
« plaisir que vous êtes curé de cette paroisse que déjà
« vous connaissez, où vous vous êtes fait connaître et
« aimer, et qui s'estimera heureuse d'être gouvernée
« par vous. Monseigneur vous saura gré de la promp-
« titude que vous voudrez bien mettre à votre prise
« de possession et à votre déménagement de Chail-
« lot. Vous savez que pour consoler cette paroisse
« du malheur qu'elle éprouve de vous perdre si
« promptement, il y place M. l'abbé Marie, deuxième
« vicaire de Saint-Sulpice, dont les services et les
« bonnes qualités vous sont connus. »

Le respectable abbé Marie n'accepta pas sa nomination : il devint plus tard curé de Saint-Germain-des-Prés, où sa douceur, sa bonté, son amour pour les pauvres et ses vertus lui attirèrent le respect de tous. Ce fut M. l'abbé Levée, un excellent prêtre, qui succéda à M. Olivier dans la cure de Chaillot. Il disait plus tard : Mes dix ans de cure ne valent pas encore les dix mois de M. Olivier.

Mgr de Quélen violait encore cette fois les règlements du diocèse de Paris en faveur de l'abbé Olivier, car ces règlements établissent qu'aucun prêtre ne sera nommé curé de la paroisse où il a exercé les fonctions de vicaire. Mais le mérite du curé de Chaillot était si éminent, il avait laissé de si bons souvenirs à Saint-Etienne, il y était appelé par tant de vœux, il y était si nécessaire à cause de la jeunesse des écoles qui ne voulait entendre que lui, que cette exception en sa faveur parut toute naturelle.

II.

L'élévation de l'abbé Olivier à l'une des plus importantes cures de la capitale blessait bien des amours propres humiliés, enflammait des jalousies et attérait des médiocrités haineuses auxquelles son talent et sa vertu faisaient ombrage.

Qui le croirait? Au milieu des joies de la paroisse qui voyait arriver au milieu d'elle comme pasteur le bien aimé vicaire dont elle avait apprécié les mérites, au milieu des applaudissements de la jeunesse qui saluait avec enthousiasme le retour de son éloquent apôtre, c'est du sein même du clergé de Saint-Etienne que s'élevait contre lui une violente opposition, des bouches sacrées murmuraient contre l'autorité de leur archevêque, et s'ouvraient aux blâmes et aux dénigrements. Le nouveau curé allait tout bouleverser : il ferait pire encore, il allait tout organiser, établir l'ordre et la régularité la plus ponctuelle dans le service paroissial, assigner à chacun ses fonctions, exiger le travail et le zèle, et soumettre des prêtres à une discipline exacte pour le service des autels. Il les éclipserait tous par l'éclat de sa parole.

III.

Cette opposition d'une partie du clergé paroissial de Saint-Etienne, d'une partie minime heureusement, comme on le verra par la suite, se fit jour dans le public, et livra ses honteuses récriminations aux éclats scandaleux de la presse.

« M. l'abbé Olivier, écrivait le *Courrier Français* le
« 15 janvier 1828, tout récemment curé à Chaillot, près
« Paris, vient d'être promu à la cure de Saint-Etienne-
« du-Mont, vacante par la mort de M. l'abbé Charpen-
« tier, généralement regretté dans sa paroisse. Serait-il
« vrai que M. Olivier, son successeur, aurait proclamé
« hautement, il y a peu de temps, devant plusieurs
« témoins, que parmi les membres de l'Université,
« telle qu'elle est constituée aujourd'hui, *il n'y avait*
« *pas un seul individu qui eût la foi.* Sans s'arrêter à
« ce qu'il y a d'inconsidéré et d'injurieux dans ce pro-
« pos, on est frappé tout d'abord de la conformité de
« vues qu'il décèle avec la doctrine de Montrouge et du
« parti-prêtre sur la nécessité de remettre l'éducation

« publique entre les mains du clergé. Le nouveau curé,
« à peine âgé de trente ans, serait-il un apôtre de cette
« doctrine ? Dans ce cas, il faudrait penser que la re-
« ligion de M. l'archevêque de Paris a été trompée.
« Serait-il possible, en effet, que ce prélat, qui a
« montré dans plusieurs de ses nominations du tact et
« de la mesure, eut pu choisir sciemment, pour une
« cure aussi importante, placée au centre des établis-
« sements d'instruction publique de la capitale, et con-
« sidérée avec raison comme la paroisse de l'Univer-
« sité, un homme dont l'âge et les services très ré-
« cents dans le ministère ecclésiastique ne peuvent
« donner une garantie bien grande de son expé-
« rience, de sa modération, de sa tolérance surtout ;
« un homme enfin qui, par un anathème lancé en
« masse contre tout le corps enseignant, aurait acquis
« si peu de titres à la confiance et à ces rapports de
« bonne intelligence qu'un bon pasteur doit tenir
« avant tout à établir entre lui et son troupeau.
« Si le fait que nous signalons est exact, et nous
« avons peine à ne pas y croire sur la foi de personnes
« qui l'attestent, il importe à M. Olivier de le démentir
« par ses actes et de détruire ainsi les fâcheuses pré-
« ventions et les alarmes que fait naître de toutes parts
« sa nomination parmi ses nouveaux paroissiens. En
« pareil cas, les faits répondent mieux que les pa-
« roles. »

On sent toute la perfidie et tout le venin distillés
dans ces lignes. L'envie est toujours habile à découvrir le vrai mérite de ceux qui l'offusquent ; elle a
visé juste en frappant l'abbé Olivier dans ses succès
mêmes, et dans l'ascendant que son nom seul exerçait
sur l'ardente jeunesse des écoles. Mais aussi qu'elle

est maladroite ! Elle croyait lui infliger une humiliation, lui créer des embarras, et elle lui préparait un éclatant triomphe. Car enfin qui va se charger de détruire ces injustes préventions ? Qui va le venger de ces attaques ? Mgr de Quélen lui-même, et en quels termes !

« *A M. le rédacteur du* Courrier français.

« Paris, le 17 janvier 1828.

« Les prêtres de mon diocèse sont pour moi des
« amis et des frères. Si mon affection pour eux n'est
« pas assez aveugle pour laisser passer sans avertisse-
« ment et sans réprimande les imprudences et les
« fautes qu'ils auraient le malheur de commettre, je
« regarde aussi comme un devoir de défendre contre
« d'injustes accusations leurs paroles et leurs person-
« nes. *Les toucher, c'est me toucher la prunelle de*
« *l'œil.*

« Un anonyme m'a envoyé hier votre numéro du
« mardi 15 janvier, où se trouve indiqué, par un dou-
« ble trait à la plume, un article peu favorable à
« M. l'abbé Olivier, que je viens de nommer à la cure
« de Saint-Etienne-du-Mont. Il est rapporté un propos
« injurieux à l'Université tout entière. Après avoir
« pris sur ce fait les informations les plus positives,
« j'ai ordonné à M. l'archidiacre, chargé d'installer
« aujourd'hui M. Olivier, de démentir publiquement
« et en chaire ce propos, qui serait plus qu'inconsi-
« déré, et dont M. Olivier assure lui-même n'avoir
« donné lieu ni de loin, ni de près, d'être accusé. Tout
« au contraire, engagé dans des relations fréquentes
« avec la jeunesse des colléges et des pensions, il s'est
« toujours exprimé de la manière la plus honorable

« sur le compte des chefs, des instituteurs et des maî-
« tres.

« J'ajoute qu'ayant suivi avec beaucoup d'attention
« la conduite de M. Olivier, je n'ai pu être trompé à
« son égard que par mon propre jugement ; j'affir-
« me que je le regarde comme un des ecclésiastiques
« les plus estimables du diocèse, et que j'ai dû faire
« une chose agréable à messieurs les curés de Paris en
« le leur donnant, malgré sa jeunesse, pour associé et
« pour confrère dans les fonctions du ministère pas-
« toral.

« Je vous autorise à faire usage de cette lettre et à
« publier ce témoignage dans un de vos prochains
« numéros ; je pourrais vous le demander comme jus-
« tice, je me borne à la prière.

« J'ai l'honneur, etc.

« † HYACINTHE, archevêque de Paris. »

Malgré cette lettre si honorable et émanant d'une
autorité si haute, le détracteur du *Courrier français*
ne se tint pas pour battu, et fit suivre la réclamation
de Mgr l'archevêque de Paris des réflexions suivantes :

« Le propos attribué à M. Olivier était un bruit
« public dans la paroisse (qui l'avait donc répandu ?)
« dont il vient d'être nommé pasteur. Nous lui avons
« rendu service en lui fournissant l'occasion de le faire
« désavouer en chaire ; car cette prévention eût été
« défavorable à ses relations avec les nombreuses
« institutions qui existent dans ce quartier. Au mo-
« ment où M. l'archevêque de Paris se rend garant
« des sentiments de M. l'abbé Olivier, nous ne parle-
« rons pas des lettres qui nous sont parvenues, et
« dans lesquelles on nous témoigne la crainte que le
« curé actuel de Saint-Etienne-du-Mont n'ait pas hé-

« rité de la tolérance et de la modération du respec-
« table abbé Charpentier. Nous aimons mieux croire
« qu'averti des inquiétudes qui ont accueilli sa nomi-
« nation, guidé par les sages conseils et par les exem-
« ples de M. l'archevêque, il s'efforcera de justifier la
« bienveillance de ce prélat en marchant dans les
« voies que lui a tracées son prédécesseur. »

M. Olivier n'avait besoin de marcher dans les voies
de personne : on le verra bien.

IV.

Mais ce n'était pas seulement dans les journaux que
le nouveau curé de Saint-Etienne était attaqué : une
main inconnue glissait sous les portes des libelles dif-
famatoires contre lui. Il est vrai qu'ils étaient reçus
avec le plus souverain mépris, et l'honorable M. Au-
vray, proviseur du collége Henri IV, écrivait à M. l'abbé
Olivier, le matin même de son installation, 17 janvier 1828 :

« Je ne sais si c'est par un privilége spécial, et je
« ne le crois pas, ou bien si c'est par suite d'un sys-
« tème général de diffamation, que j'ai reçu le pa-
« quet ci-joint. Quoiqu'il en soit, voilà le cas que j'en
« fais, et je vous prie, monsieur le curé, de croire au
« souverain mépris que m'inspire de telles manœu-
« vres, comme au profond respect avec lequel j'ai
« l'honneur d'être, etc. »

V.

Ces quelques prêtres opposants du clergé de Saint-

Etienne avaient peur apparemment que la vie ne fût dure avec l'abbé Olivier ; qu'ils le connaissaient peu ! Nous apprenons d'un irrécusable témoin comment il savait déjà traiter et rendre heureux les prêtres qui travaillaient sous ses ordres à la gloire de Dieu et au salut des âmes. L'abbé Leblanc, second vicaire de Chaillot, lui écrivait, le 18 janvier, une lettre chaleureuse et pressante. Cette lettre était datée du *désert de Chaillot*. Il peignait sous des couleurs très vives la tristesse générale qui régnait dans cette pauvre paroisse, si désolée de son départ, inconsolable de sa perte. Puis il ajoutait :

« Les vicaires de Saint-Etienne ont perdu tous leurs
« droits antérieurs par leur opposition violente contre
« vous. Combien vos amis ont été affligés de vous
« voir arriver au milieu d'un clergé nombreux et où
« vous auriez vainement cherché un ami. Oui, je le
« répète, en appelant auprès de vous l'un de vos pre-
« miers collaborateurs, vous dissiperez sans retour
« ces absurdes accusations que la malveillance et la
« jalousie ont cherché à accréditer. On a dit et répété
« qu'on n'est pas heureux en vivant avec vous et en
« travaillant sous vos ordres : eh bien ! je demande de
« me remettre encore, et pour toujours, s'il est pos-
« sible, sous ce joug si dur à porter, et que je trouve,
« moi, si léger..! »

VI.

Il y avait deux évêques en France qui connaissaient bien M. Olivier et qui virent avec une grande joie son élévation à la cure de Saint-Etienne.

Le premier lui écrivait : « Je suis touché au dernier
« point de votre bon souvenir, et je vous assure que
« l'attachement que vous voulez bien me témoigner
« trouve chez moi un retour bien sincère. Vous me
« marquez la même affection que si vous me deviez
« quelque reconnaissance. Il est cependant bien cer-
« tain que j'ai perdu plus que vous au dérangement
« de cette affaire que nous avions concertée, vous et
« moi. La Providence en a empêché la conclusion ;
« mais je m'applaudirai cependant toute ma vie de
« l'avoir tentée, puisque cet essai m'a valu vos bons
« sentiments qui me sont très chers et très précieux.

« Je sais le très grand bien que vous avez fait à
« Chaillot. Vous voilà sur un théâtre encore plus im-
« portant. Votre zèle, vos talents vous y suivront, et
« vous y travaillerez avec succès pour la gloire de
« Dieu. J'adresse mes félicitations à la paroisse de
« Saint-Etienne-du-Mont, et à vous, monsieur le curé,
« l'assurance, etc.

« † CLAUDE-HYPPOLITE, évêque de Chartres.

« Chartres, 17 janvier 1828. »

Et le second :

« Grenoble, 21 janvier 1828.

« J'ai prié le Seigneur pour qu'il daignât donner un
« pasteur, selon son cœur, à une paroisse importante
« et qui ne cessera de m'être chère. Mes vœux sont
« accomplis : grâces en soient rendues à l'auteur de
« tout don parfait. Je prie au moins deux fois par jour
« pour Saint-Etienne : il n'y a pas à craindre que le
« chef du troupeau soit oublié,

« L'expérience vous a déjà fait acquérir l'exercice
« des fonctions pastorales, et la connaissance que vous

« avez déjà des hommes et des choses sur le territoire
« où vous rentrez, vous rendent assez inutiles les avis
« dont vous croyez avoir besoin. Cependant comptez
« sur moi, si le cas vient à échoir. Je n'ai rien à re-
« fuser à un ancien vicaire chéri, devenu, selon mes
« désirs, mon très digne successeur.

« Quelques membres de votre clergé n'imiteront
« pas le sage abbé Mantion. Vous vous passerez de
« leur amitié, si vous ne pouvez la conquérir par vos
« égards. Quelques paroissiens vous trouveront trop
« jeune : ils ne le diront pas longtemps. Votre zèle et
« votre activité vous feront faire, sinon des miracles,
« du moins des merveilles. Vous rapporterez à Dieu
« toute la gloire, et vous serez d'autant plus petit à
« vos propres yeux, que vous deviendrez plus grand à
« ceux des hommes. »

Quelle dignité de langage, et comme la foi se ré-
jouit de rencontrer de bons prêtres selon le cœur de
Jésus-Christ qui les a formés et selon l'esprit véritable de l'Église, qui est un esprit de paix et de franchise ! Oserons-nous prier ceux qui sont revêtus de la
charge pastorale et qui sont nos maîtres et nos guides
de méditer ce portrait du bon et vrai curé que trace
ensuite la main du pieux et digne prélat :

« Un chef de paroisse, surtout de celle de Saint-
« Étienne, qui se bornerait à peu près au saint tribu-
« nal et à la chaire sacrée, pourrait être un bon prêtre,
« mais ne serait pas un vrai curé. Personnel et maté-
« riel de votre église, fonctions qui s'y exercent,
« catéchismes, confréries, écoles, établissements, tant
« religieux que littéraires, clergé, fabrique, malades,
« pauvres, etc., que d'objets confiés à votre sollici-
« tude, et qui l'occuperont tout entière, je n'en doute

« pas ! Mais évitez l'excès du travail ; n'abrégez pas
« votre sommeil, hors les cas extraordinaires, qui doi-
« vent être rares ; en un mot, ne vous usez pas avant
« le temps, et pour en avoir trop fait, ne vous exposez
« pas à ne pouvoir plus en faire assez.

« Si je croyais que le titre modeste de chanoine *ad*
« *honores* de l'humble cathédrale de Grenoble pût être
« agréable à un curé de Paris, et surtout à celui du
« prince des martyrs et de l'illustre vierge de Nan-
« terre, j'éprouverais un sensible plaisir à lui en faire
« l'offrande. On a toujours été ici très avare de la
« communication de ce titre, et c'est ce qui en re-
« hausse peut-être le prix.

« † PHILIBERT, évêque de Grenoble. »

En effet, l'évêque de Grenoble, le 26 février suivant,
expédia au nouveau curé de Saint-Etienne ses provisions de chanoine honoraire avec une invitation très
pressante de venir lui-même prendre possession de son
titre.

VII.

Aux témoignages de ces deux illustres évêques vint
se joindre celui d'un futur cardinal, de l'abbé Mathieu,
que Mgr de Salmon du Châtellier avait appelé à
Evreux pour renouveler et réformer son grand séminaire. L'abbé Mathieu s'acquittait de cette difficile
mission d'une manière admirable, et qui a laissé dans
le diocèse d'Evreux d'impérissables souvenirs : la régularité, le travail et l'amour des études ecclésiastiques, la ferveur, la piété, florissaient sous son habile
et ferme administration. Malgré ses vertus et ses suc-

cès, il n'échappait pas cependant aux sourdes persécutions d'un homme qui ne pardonnait pas au mérite et qui, à défaut d'un Mathieu, sut bien retrouver plus tard un Olivier. De la solitude du séminaire d'Evreux, paisible au dedans, tourmentée au dehors, l'abbé Mathieu écrivit au nouveau curé de Saint-Etienne :

« Evreux, le 25 janvier 1828.

« † Jésus, Marie, Joseph.

« Monsieur et bien bon ami,

« Je ne puis me dispenser de vous déranger encore
« pour prévenir M. Poussielgue qui ne se taira pas, et
« vous dire que j'ai fait une apparition à Paris sans
« aller vous embrasser ; il aura raison, et je ne sais
« que trop que je parais mériter le triste sort de votre
« saint patron, mais il n'ajoutera pas que je suis venu
« uniquement pour moi me jeter en retraite, à bas
« bruit, et me retirer de même. Des affaires de mi-
« nistère et courses urgentes m'ont sans cesse éloigné
« de mon cher Saint-Etienne.

« Vous êtes bien bon de songer à prendre mes avis :
« je me doute des difficultés de votre position, mais je
« n'ai pas assez d'expérience ni de connaissance des
« lieux pour vous donner des avis.

« Tout ce que je puis vous dire, c'est de vous tenir
« au courant de tout, et de *dissimuler* presque autant
« de choses que vous en savez. Ayez soin aussi sans
« faire de coups violents, à moins d'une grande néces-
« sité, de vous entourer *peu à peu* d'ecclésiastiques
« pieux, honnêtement instruits, et qui vous soient *dé-*
« *voués* par estime et par amitié. Toutes les peines
« s'adoucissent, tous les maux se réparent et tous les
« biens se font avec une telle compagnie. Je crois

« avoir toujours *la plus forte épine de votre couronne* :
« portons-la, puisque le Seigneur l'y a mise ; *mais*
« *qu'elle est lourde!* Je vous embrasse affectueusement
« en notre Seigneur. Votre dévoué serviteur et ami.

    « Mathieu, supérieur du séminaire d'Evreux. »

Qu'est-ce donc que ceci? Quoi à Evreux aussi, dès cette époque, il y avait des couronnes d'épines pour le zèle et la piété, des croix lourdes à porter pour un saint réformateur! Il y avait des hommes pour en déchirer la tête, pour en charger les épaules d'un bon prêtre comme M. Mathieu! Pourquoi aussi était-il vicaire général et archidiacre? Tout archidiacre d'Evreux doit se souvenir de M. Boudon! Il souffrait d'ailleurs en bonne compagnie, avec M. de la Brunière, depuis évêque et l'éloquent abbé Piau. Hélas! nos pères s'étaient contentés de flageller saint Taurin, notre premier apôtre!

VIII.

Le deuil de la paroisse de Chaillot, tout le bien qu'il y avait fait, précédaient l'arrivée de M. Olivier à Saint-Etienne, où son installation fut faite avec pompe par M. l'abbé Desjardins, archidiacre de Notre-Dame de Paris. Le lendemain de son installation, Mme la marquise de la R... lui parlait des larmes qui coulaient encore à Chaillot, des regrets si vifs et si universels qui avaient éclaté à son départ, et de la profonde sensibilité que son mari avait fait éclater à cette occasion. « Il est rentré, disait-elle, les yeux pleins de
« larmes après vous avoir quitté, et en me disant :
« c'est le premier homme dont la séparation m'a fait

« pleurer, mais aussi il est si excellent! » Le doyen de la Faculté théologique de Sorbonne, le prêtre le plus instruit de France, l'abbé Guillon s'excusait de n'avoir pu assister à la prise de possession, et se félicitait des nouveaux rapports de bon voisinage. Ainsi la science et la vertu, la noblesse et l'épiscopat accompagnaient de tous leurs vœux M. Olivier à Saint-Etienne.

IX.

M. l'archevêque de Paris jugea nécessaires quelques changements dans le personnel du clergé de Saint-Etienne. M. Langlumé resta premier vicaire, en attendant l'expectative de chapelain de l'hôpital des Capucins; M. Mantion, fut nommé second vicaire, et M. Leblanc, selon ses vœux, fut troisième vicaire de Saint-Etienne. M. Olivier eut ensuite pour dignes collaborateurs, MM. Lecourtier, aujourd'hui archiprêtre de Notre-Dame de Paris, de Rollau, aujourd'hui curé de Notre-Dame-de-Lorette, Berganion, aujourd'hui premier vicaire de Saint-Gervais et Protais; Augenend, aujourd'hui premier vicaire du Gros-Caillou, etc., etc. Après quelques semaines, tout le clergé de la paroisse entra dans les vues de M. Olivier, et unit ses efforts à ceux de son zèle. Leur régularité, leur assiduité au chœur, leur recueillement et leur gravité dans les cérémonies, le bon accord et la confiance mutuelle qui régnaient entre eux, étaient l'édification de toute la paroisse. Tous ces bons prêtres voyaient dans leur curé un ami et l'aimaient comme un père. Il les réunissait au moins une fois par

semaine à sa table, et tous les soirs son salon leur était
ouvert. Sa gaîté, son abandon avec eux, les saillies de
sa conversation, les délices de sa société faisaient le
charme de ces réunions. Son autorité ne se faisait sentir qu'à l'église pour l'ordre et la décence des cérémonies ; c'est au milieu d'eux qu'il aimait à s'approcher
de l'autel, et s'il exigeait de tous la ponctualité dans
l'assistance à tous les offices, il en donnait lui-même
l'exemple. Les devoirs qu'il imposait aux autres il se
les imposait à lui-même. Par respect pour la parole
de Dieu, quand un prêtre de la paroisse montait en
chaire, il ne manquait jamais d'assister en personne à
son instruction, l'écoutait avec recueillement et exigeait de tous les autres la même attention. C'est à ce
spectacle édifiant du clergé paroissial, *tribu aimable
du Seigneur,* comme il l'appelait, que M. Olivier attachait avec raison et avant tout le salut et la rénovation de sa paroisse, le succès de tout son ministère. Il
eut le bonheur d'être compris et secondé par les bons
ecclésiastiques dont il s'environna; et ceux qui ont
cultivé la vigne sainte sous ses ordres à Saint-Etienne
comme depuis à Chaillot, qui se sont formés sous lui
au ministère pastoral, sont comptés aujourd'hui parmi
les prêtres les plus distingués du clergé de Paris. L'a-
mitié tendre qu'ils ont toujours conservé pour lui,
leur reconnaissance, leur vénération et leur profonde
estime l'ont soutenu dans toutes les épreuves de sa
vie, et la douleur que leur causa, dans la suite sa fin
prématurée, sont son plus bel éloge. Ceux d'entre eux
qui liront ces lignes ne nous feront qu'un reproche,
c'est d'être demeuré beaucoup au dessous de la vérité.

X.

Quand on entre dans l'Eglise de Saint-Etienne, dont un extérieur peu agréable cache les magnificences, on est saisi d'une sorte de vertige à la vue de sa grâce, de son élégance, de sa grandeur et de sa majesté. C'est bien là le temple du vrai Dieu ; mais on le dirait bâti plutôt pour des anges que pour des hommes. Son jubé est, dans son genre, un véritable chef-d'œuvre de l'art. Deux grands magiciens semblent avoir passé par là, l'architecte et le décorateur. Nous ignorons le nom du premier, le second est M. Olivier. Il y prodigua les dorures, le marbre, les tapis, les dentelles et les ciselures ; il lui rendit sa blancheur primitive. Outre les sommes considérables qu'il obtint de la ville de Paris, du gouvernement, de la fabrique et de la munificence des fidèles, vingt mille francs de son patrimoine y furent généreusement sacrifiés. Il ne se borna pas aux embellissements et aux décorations, il voulait aussi qu'elle fût commode pour les fidèles. Le soir il y répandit avec profusion l'éclairage, et pour l'hiver il étendit sous les pieds des fidèles de chauds paillassons pour les garantir contre la froideur glaciale du marbre et de la pierre. On en plaisanta un peu d'abord, mais cependant l'amélioration fut trouvée bonne, et de l'église de Saint-Etienne elle s'étendit à peu près dans toutes les églises de Paris.

Au plus fort des railleries qu'attiraient à l'abbé Olivier l'innovation de l'éclairage et des paillassons, le capitaine François de Gain de Montagnac lui adressa , pour l'en venger, les vers suivants, dont l'intention est à coup sûr meilleure que la poésie :

> Docte abbé, ta douceur ainsi que ta bonté,
> Veut de tes paroissiens conserver la santé.
> A peine de l'hiver la saison rigoureuse
> A-t-elle fait sentir son humeur vaporeuse,
> Que pour nous préserver de sa rigidité,
> Par tes soins bienveillants et ta sollicitude,
> On ne peut que marcher à la béatitude.
> En effet, en priant, et malgré la ferveur,
> Le froid peut bien souvent ralentir mon ardeur.
> Mais, grâces à tes soins, ta piété souveraine
> Ne laisse aucun prétexte à la faiblesse humaine.
> Ainsi donc en tout temps priant dans le saint lieu,
> Nous bénirons ta voix qui nous fait aimer Dieu.
> Ton zèle prévoyant a placé des lumières
> Qui nous aident le soir à chanter nos prières.
> Reçois, digne pasteur, par un élan nouveau,
> Tous les remerciements d'un fidèle troupeau,
> Qui pour toi plein d'amour et de reconnaissance,
> Priera Dieu de bénir ton utile existence.
>
> 10 décembre 1828.

Les louanges de Dieu sont une partie essentielle du culte qui lui est dû. L'Eglise de la terre n'élève pas seulement ses ardentes supplications vers le ciel, elle mêle aussi sa voix à celle des anges qui lui répètent sans fin l'éternel cantique de Sa Majesté trois fois sainte. Pénétré de cette idée, le curé de Saint-Etienne ne croyait pouvoir donner trop de beauté au plain-champ, trop de perfection aux concerts spirituels, et demandait à la musique religieuse d'épuiser toutes ses ressources et toutes ses harmonies. Il aurait voulu qu'elle fût une image et un écho de celle du ciel. Aussi l'une de ses gloires est d'avoir été le rénovateur du chant ecclésiastique, et d'avoir donné à la musique religieuse une première et extraordinaire impulsion. On lui doit l'orgue d'accompagnement pour le chœur, qui de Saint-Etienne, de Saint-Roch et des églises de Paris, s'est propagé dans presque toute la France, et qui commence à pénétrer jusque dans les plus simples villages.

XI.

M. Olivier n'était pas cependant un artiste, ni même ce qu'on appelle un amateur. Mais il était de ces hommes qui, sans avoir fait des arts une étude plus ou moins approfondie, et sans les avoir cultivés par eux-mêmes, n'en exercent pas moins une salutaire influence qui le fait aimer, influence utile à la culture et au progrès des connaissances humaines dans leur branche la plus agréable et la plus séduisante. Le goût des arts était chez lui un don de la nature, un instinct puissant, et ce n'est assurément pas dans son éducation cléricale qu'il fut à même de le puiser. Car on sait que généralement en France, tout ce qui a le moindre rapport aux beaux arts est exclu d'une manière absolue des études ecclésiastiques, et n'est pas même admis comme moyen de récréation. Les élèves du sanctuaire qui s'en occuperaient seraient sévèrement blâmés et quelquefois même arrêtés dans leur carrière.

M. Olivier avait commencé à faire exécuter quelque peu de musique sous les tristes voûtes de la pauvre église de Saint-Pierre-de-Chaillot, qui avaient retenti jusqu'alors du plus affreux plain-chant chanté par les plus horribles voix. A Saint-Etienne, en même temps qu'au moyen d'efforts extraordinaires, il parvenait à introduire une foule d'améliorations en tout genre, le chant attirait par-dessus tout son attention et ses soins. Il appela à la direction du chœur un artiste d'un beau talent, M. Adrien de la Fage, avec le titre nouveau de maître de chapelle, dans le but de créer aux compositeurs de musique sacrée une position dans les églises de Paris. Ce titre, qui n'existait pas alors, a été depuis usurpé par tout le monde ; je dis usurpé, car un véritable maître de chapelle doit être en même temps compositeur, au moins en grande partie, de la musique qu'il fait exécuter, et professeur de son art. Aussitôt, à l'abominable et barbare serpent, de bruyante mémoire, jusqu'à cette époque unique accompagnement des voix dans les églises, fut substitué un orgue de petite dimension qui mariait aux voix des accords plus harmonieux et plus doux. M. Olivier était en ce temps le seul ecclésiastique français capable de concevoir l'importance d'une telle innovation.

Cet orgue, pour lequel la fabrique de Saint-Etienne-du-Mont n'eut jamais consenti à débourser un sou, fut payé en totalité des deniers de M. Olivier, et, chose assez singulière, et qui montre en même temps combien il était tolérant, impartial et ami du progrès, il fut construit dans un système nouveau par un facteur alors inconnu, célèbre depuis, M. John Abbey, Anglais et protestant.

Si l'on se reporte à l'époque à laquelle eut lieu cette innovation de l'accompagnement du cœur par l'orgue, en 1829, on comprendra tout ce qu'il lui fallut de résolution et de fermeté pour en agir de la sorte. Il y eut dans le clergé de Paris une véritable levée de boucliers. On cria à l'absurde, au scandale, presque au sacrilége; c'était de la part des serpents, détrônés à Saint-Etienne, menacés partout ailleurs, un concert d'horribles sifflements. Les plus modérés se contentaient de gémir sur ce qu'ils appelaient une folie de jeune homme, un accès d'excentricité, une envie démesurée de faire parler de soi. Mais rien n'arrêta la fermeté de M. Olivier. L'archevêque de Paris l'aimait. Confiant dans les résultats qui ne pouvaient le tromper, son protégé se justifia parfaitement de tous les torts qu'on lui imputait. Mgr de Quélen avait heureusement l'âme assez élevée pour comprendre que tout ce qui augmente la solénnité du culte contribue à le faire aimer, qu'il ne peut recevoir une plus vivifiante splendeur que dans la musique, qui semble en être une partie indispensable. Pour donner, en effet, une idée des joies de l'autre vie, on ne sait mieux les représenter que par un concert de louanges perpétuellement exécuté en présence de l'Eternel par les anges et les bienheureux. Pourquoi les sanctuaires de la nouvelle loi envieraient-ils au temple de Salomon la variété des instruments sur lesquels l'immortel psalmiste nous invite à chanter les louanges du Seigneur?

On criera d'abord, disait M. Olivier en jetant sur l'avenir un regard assuré, mais on finira par m'imiter. Et cet avenir, qu'il invoquait, lui a répondu par un concert de mélodies et de chants sacrés, modulés sur tous les tons dans toutes les églises.

Assuré du côté de l'archevêché qu'il ne rencontrerait pas d'obstacles, le curé de Saint-Etienne fonda une école pour les enfants, augmenta le nombre des employés de chœur et leurs émoluments; il voulait, disait-il, en arriver à ce point, que chacune des places donnât de quoi vivre à ceux qui les occupaient. Il introduisait toutes ces augmentations sans faire d'abord à la fabrique aucune demande, prenant toujours tout à ses frais. Quand ensuite la fabrique accroissait le budget du chœur, le chœur était augmenté de nouveau, en sorte que le curé restait toujours chargé d'une forte somme dans les frais de la musique. Il y eut donc enfin à Paris une église dans laquelle la musique fut d'un usage habituel, et aucune église de la capitale ne put rivaliser avec Saint-Etienne pour la splendeur du culte, la beauté du chant et la pompe des cérémonies. Comme l'œil méchant, cet œil si bien stigmatisé par les imprécations du Christ, sait toujours trouver un mauvais côté dans les meilleures choses, on commençait à dire de M. Olivier qu'il faisait l'évêque dans Saint-Etienne, que toute cette pompe n'était que le faste dont il revêtait son orgueil. Mais ceux qui le voyait s'anéantir devant la divine Eucharistie comprenaient bien qu'il rapportait toute sa gloire à Jésus-Christ, que ces chants sacrés, ces parfums, ces fleurs, ces broderies étincelantes des ornements, cette profusion du feu des bougies sur l'autel n'avaient d'autre but, d'autre intention que de révéler aux fidèles, que de leur faire honorer davantage l'éclat invisible de la majesté qui se voile par amour pour les hommes. On avait beau souffler des vapeurs impures sur le diamant de sa foi, sur l'or de sa charité : le diamant et l'or ne se ternissent pas.

XII.

Ces pompes extérieures du culte, si parfaites qu'elles soient, ne seraient rien sans l'esprit intérieur qui les vivifie : il leur faut une âme, une inspiration, ce *mens divinior in illis* dont les infidèles mêmes de la gentilité avaient un vague soupçon. Dans nos sanctuaires catholiques où l'on adore Dieu en esprit et en vérité, les sens ne sont frappés par les choses visibles que pour élever les esprits à la contemplation des choses invisibles. Or, M. Olivier, en chaire, était cette âme, ce souffle et cette inspiration ; il expliquait le sens et la signification de toutes les cérémonies du culte, et la liturgie lui fournissait la matière de ses prônes les plus écoutés et de ses homélies les plus ravissantes. On lui a reproché de matérialiser le culte : il le spiritualisait au contraire !

La puissance de M. Olivier pour opérer le bien et renouveler sa paroisse était toujours sa parole, instrument de toutes les merveilles de sa vie. Son talent oratoire s'élevait en proportion de ses succès toujours croissants. Il se prodiguait et ne s'épuisait jamais. Méditations du matin, prônes, conférences, sermons, homélies, instructions familières avec catéchismes, retraites, exhortations spéciales tous les jeudis pour les sacristains et autres officiers de l'église, coulaient de la plénitude de son éloquence qui ne tarissait pas, parce que la source venait d'en haut. Il variait sa parole sur tous les tons, et l'accommodait à la portée de son auditeur ; il charmait, parce qu'il savait toujours s'inspirer des circonstances, et ne disait que ce qu'il fallait dire.

Ce n'était pas seulement à Saint-Etienne que M. Olivier était suivi et écouté, mais on se le disputait dans les autres églises de Paris, et la foule ne faisait jamais défaut dans celles où il devait prêcher. A cette époque, il n'est guère de couvents dans Paris qui n'aient entendu la voix du jeune curé de Saint-Etienne, peu de chaires qui n'aient été illustrées par sa parole.

Dans sa paroisse, son zèle s'enflammait de jour en jour, et il imaginait mille moyens pour attirer les fidèles aux offices. Toutes les vertus et toutes les qualités d'un bon curé qui a à cœur le salut des âmes brillaient dans tout leur éclat.

XIII.

Que l'on recherche la première origine des retraites pascales, des solennités du mois de Marie, des octaves de la Fête-Dieu, des saluts des grandes antiennes de l'Avent ou des O des Noël, c'est à Saint-Etienne qu'on en trouvera le berceau, c'est **M.** Olivier qui les a institués dans tout leur éclat, qui a contribué, plus qu'aucun autre, à les populariser. C'est de Saint-Etienne, c'est de Saint-Roch ensuite que ces grandes solennités, où tant d'âmes ont trouvé leur conversion et leur salut, se sont répandues dans les autres églises. Cette rénovation du culte, les magnificences inouïes dont il le revêtit, ont eu pour premier moteur **M.** Olivier; sous ce rapport, on peut dire qu'il était un grand artiste, en même temps qu'il était un grand ouvrier de conversion. C'est au milieu même de la résurrection du voltairianisme et dans la plus grande effervescence de l'impiété qu'il faisait succéder au sarcasme le respect, au ridicule la vénération, à tel point que ceux qui ne voulaient apercevoir rien de divin dans le culte y trouvaient néanmoins une poésie qui imprégnait d'attendrissement leurs âmes rêveuses. Si la religion n'était pas pratiquée, elle était du moins admirée, et il commençait à devenir de bon ton de la respecter.

Les retraites pascales et la solennité des premières communions furent le triomphe du ministère de M. Olivier à Saint-Etienne. C'était un spectacle émouvant et fait pour entraîner ceux qui hésitaient encore, que ces milliers de fidèles recueillis et attentifs à la parole de Dieu, se levant tous ensemble pour approcher de la sainte table dans un ordre admirable, un spectacle qui rappelait la ferveur des chrétiens de la première église.

Les succès de la prédication de M. Olivier étaient bien moins dans son éloquence naturelle que dans la doctrine même qu'il professait. Personne n'était plus éloigné que lui de ce sentimentalisme vague et vaporeux, de ces pieuses sensibleries, de ces antithèses et brillantes exagérations qui avaient envahi la chaire depuis Châteaubriant qui était mis en lambeaux dans les tribunes sacrées, comme il le raconte lui-même dans ses *Mémoires d'outre-tombe* : toutes ses instructions concluaient à la pratique de la foi religieuse, et avaient toute la solidité de la forte et saine théologie dont il était nourri.

Mais la même nourriture spirituelle ne convenait pas à tous. Il avait donc institué, les dimanches, une première grand'messe et des instructions particulières pour les classes pauvres de sa paroisse ; il ne manquait jamais d'y assister lui-même.

Tous ses paroissiens pouvaient communiquer librement avec lui. Tous les jours jusqu'à midi il recevait dans la sacristie toutes les personnes qui avaient besoin de le consulter, et l'après-midi dans son presbytère. Dans ces communications, intimes et familières, il achevait souvent d'un mot la conversion qu'il avait préparée en chaire.

XIV.

L'œuvre principale de son ministère à Saint-Etienne, si toutefois on peut dire qu'il eut jamais une œuvre principale, car il se donnait tout entier à chacune de ses œuvres, celle sur laquelle il dirigeait particulièrement son attention, était la nombreuse jeunesse des colléges et des pensions fixés sur sa paroisse. Les jeunes gens et lui se connaissaient déjà. Il reprit donc avec une nouvelle ardeur les conférences qu'il avait si heureusement inaugurées quand il n'était que vicaire. Si quelques professeurs de la Sorbonne et du Collége de France ne cessaient point d'amonceler leurs nuages et leurs doutes philosophiques autour de la foi catholique, il ne se lassait point non plus de les dissiper. Au scepticisme que l'on enseignait publiquement à la jeunesse comme leur seule vraie sagesse, il opposait la certitude de la religion, aux désespoirs du doute les consolations de la foi. Mais c'eût été peu de chose encore que d'éclairer ces jeunes gens et de soutenir leur foi chancelante, il fallait les entraîner à la pratique et les soutenir dans le bien. Dans ce but, le curé de Saint-Etienne établit spécialement pour eux, chaque dimanche, à huit heures, une grand'messe qu'il disait souvent lui-même, à laquelle il assistait toujours. C'était lui, lui seul, qui montait en chaire et expliquait à son jeune auditoire les vérités sublimes de la religion.

Il y avait bien encore, parmi eux, quelques esprits

forts. Mais tous, du moins, avaient le désir de connaître la vérité, et l'un d'eux lui écrivait :

« L'ouverture de vos conférences a été pour nous
« une nouvelle preuve de votre talent et de votre pé-
« nétration. Vous connaissez les besoins de la jeunesse,
« Monsieur ; c'est au nom de la vérité que vous nous
« avez parlé ; vous avez été entendu. Car, quoiqu'on
« en dise, notre génération s'avance grave et sérieuse,
« et amie du vrai. Si nous lisons Voltaire et Rousseau,
« nous plaçons à côté les Bossuet, les Pascal, les Fé-
« nélon, les Guénée, les Duvoisin. Pourtant, nous
« vous l'avouerons avec franchise, notre conviction
« n'est pas en tout pleine et entière. Entre la légèreté
« qui répond par des sarcasmes, et la foi vive qui
« pourrait à la rigueur se passer de preuves, il est
« une place qui examine et rencontre des doutes. Les
« attaques virulentes, les reproches amers rendraient
« la résistance plus opiniâtre : l'ami, le frère, nous
« verra toujours disposés à l'entendre et à lui ouvrir
« nos cœurs. » Puis le jeune étudiant lui proposait
une objection très subtile sur le mystère de la Trinité.

M. Olivier était un homme sans préjugés. Les superstitions, les abus, le faux zèle, la fausse piété, les pratiques mal entendues, le fanatisme religieux, n'avaient point de plus grand adversaire. Aussi sa doctrine, autant au moins que son éloquence, charmait et enthousiasmait la jeunesse. Il savait admirablement lui parler le langage qu'elle aimait à entendre. Nous n'en voulons point d'autre preuve que cette appréciation poétique de l'un de ses jeunes auditeurs :

Ministre du vrai Dieu, docte et zélé vicaire,
Qu'en plus d'un temple auguste on craint et l'on révère,

Et qui par tes discours, orateur lumineux,
Répands dans tous les cœurs les vérités des cieux,
Et cette piété charitable et chrétienne
Que saint Paul enseignait à la secte payenne,
Emule de Bossuet et du grand Fénelon,
A leur gloire immortelle associant ton nom,
Ce qui dans tes discours nous ravit et nous touche,
C'est que la vérité seule parle en ta bouche.
A tes doctes sermons de bonheur j'applaudis,
Surtout quand d'une ardeur éloquente et chrétienne,
Dans sa marche harcelant la secte ultramontaine
De sa maxime affreuse et de son noir poison
Tu venges la morale et la saine raison.
Défends les droits du trône et ceux de la patrie
Contre leur implacable et mortelle ennemie.
Un bon prêtre, aussi bien qu'un valeureux soldat,
S'honore en combattant pour défendre l'Etat.
Flétris l'ignoble main dont l'hypocrite hommage
Brûle sur les autels un encens qui l'outrage.
Dans les cœurs égarés fais descendre aujourd'hui
La voix d'un Dieu clément qui les appelle à lui.
Attaque le faux zèle et le semblant impie
Qui veut nous imposer par la forfanterie.
La piété sincère agit de bonne foi,
Et confondre la fausse est bien digne de toi.

Outre les prônes du dimanche, M. Olivier faisait
des conférences, qui, à certains jours de la semaine,
étaient exclusivement réservées aux colléges, aux
pensions, et auxquelles venaient se presser un grand
nombre d'élèves en droit et en médecine, qui l'écoutaient avec une attention profonde. Il y régnait un
ordre parfait. Après chacune de ces conférences, ceux
qui avaient des observations à lui faire, des difficultés
à lui soumettre, des avis ou des consultations à lui
demander, recevaient toujours du curé de Saint-

Etienne l'accueil le plus gracieux, le plus encourageant, le plus paternel. C'était au presbytère adossé à l'église, et le plus souvent au milieu d'un joli jardin qu'il recevait ses jeunes ouailles, qui le quittaient toujours ou consolées ou éclairées. Il avait même un billard au service des jeunes amateurs.

« Or, dit *le Solitaire*, c'est par manière de récréa
« tion et dans les calmes agitations du jeu, qu'insen
« siblement il s'emparait de son homme et lui insi
« nuait l'amour du bien. Touchante supercherie, qui
« fut pour plusieurs une cause puissante de bonheur
« et de salut, et qui a fait, selon toute apparence,
« d'un pauvre petit avocat (Lacordaire), bien athée
« alors, l'un des plus admirables prêtres du dix-neu
« vième siècle. »

« — Nous aussi, écrit le biographe de la *Chaire*
« *catholique*, tome I, page 354, nous avons suivi avec
« bonheur, pendant deux ans, les instructions pater
« nelles du curé de Saint-Etienne-du-Mont, et c'était
« toujours avec joie, et surtout avec impatience, que
« nous attendions chaque dimanche. »

Mais l'abbé Olivier ne se contentait pas de ces instructions religieuses. Il établit encore chez lui une espèce de réunion académique pour les jeunes gens de l'école de droit et de médecine ; on s'y occupait de questions religieuses, de philosophie, de thèses de droit et de médecine. Plus de quarante y étaient assidus, et la plupart occupent aujourd'hui les principales chaires des facultés, les siéges de la magistrature, ou de hautes positions sociales.

Pendant près de six années consécutives, M. Olivier continua à remplir avec le dévouement le plus complet cette mission si grave et si pénible de l'instruction des étudiants, dont nous avons déjà apprécié plus haut les immenses résultats. Son zèle infatigable lui avait acquis un tel ascendant sur l'esprit de cette jeunesse, dont le cœur s'émeut si vite et dont la tête s'exalte si facilement, qu'il était devenu pour elle une sorte de génie bienfaisant et protecteur. Ce n'était pas de la reconnaissance, c'était plus que de l'amitié, du respect et de la confiance, c'était un enthousiasme du cœur qui leur faisait considérer la parole de M. Olivier comme devant infailliblement porter bonheur à ceux qui la recueillaient, même pour les études, comme jadis la fameuse prière de saint Thomas. « Je sais un « de mes confrères, dit le *Solitaire*, qui, à la veille « d'un examen, n'eut pas manqué pour beaucoup « d'aller s'approvisionner de courage et de force chez « l'aimable conférencier. »

XV.

Au dehors, M. Olivier entretenait de belles relations. Ses fréquentations les plus habituelles, bien que rares dans une vie si occupée, étaient à l'archevêché, où M. de Quélen, qui l'avait pris en affection extraordinaire, lui faisait le plus paternel accueil, et se plaignait toujours de ne pas le voir assez. Il était recherché par tout ce que le faubourg Saint-Germain comptait de plus considérable ; il avait du crédit à la cour, par M. l'évêque d'Hermopolis, le célèbre conférencier de Saint-Sulpice, qu'il invitait sans façon à dîner chez lui au presbytère de Saint-Etienne ; par M. le duc de Rivière, précepteur du duc de Bordeaux ; par M. Castelbajac et par le prince de Croï, grand aumônier, qui avait l'excellente bonhomie, en homme de goût qu'il était, de ne pas trop se souvenir des funérailles de Louis XVIII à Saint-Denis. Des lettres nombreuses attestent que ses recommandations pour ses amis, pour toutes les personnes qui sollicitaient par son canal ou un emploi ou de l'avancement, étaient couronnées de succès. Ne demandant jamais rien pour lui, il sollicitait volontiers pour les autres, et ne se refusait jamais à rendre un service.

Mgr de Beauregard, évêque d'Orléans, qui n'avait pu l'obtenir pour grand vicaire, voulait cette fois, avec force instance de prières, l'avoir pour coadjuteur, et le bon et saint vieillard ne se consolait pas d'échouer encore devant sa modestie, et quoiqu'on en dise, puisque le fait est là, devant son absence absolue d'ambition. En toute chose, il n'envisageait que le bien à faire, et il se croyait plus utile à Saint-Etienne qu'à la tête du diocèse d'Orléans.

Le petit duc de Bordeaux, accompagné de son gouverneur, M. le duc de Damas, visitait les principales églises de Paris. A Saint-Etienne, le 19 novembre 1828, il fut reçu par M. Olivier à la tête de tout son clergé. Une foule immense encombrait la vaste église. Dans le chœur, l'aimable enfant avisa un petit bouton jaune qui paraissait fixer son attention. M. le curé dit au prince : « Monseigneur, vous pouvez tirer le bou- « ton. » L'enfant le tira, et aussitôt l'orgue chanta, avec ses mille voix, l'air bourbonnien : *Vive Henri IV.* Et le prince parut en éprouver une surprise et une joie très vives. Bientôt le royal enfant se perdit dans la foule, et jusqu'à ce qu'on eut pu le retrouver, ce furent quelques instants d'une bien cruelle anxiété. Après la visite de l'église de Saint-Etienne et de la basilique de Sainte-Geneviève, le duc de Bordeaux accepta, au presbytère de Saint-Étienne, une collation, pendant laquelle il fut très gai et adressa mille questions à l'abbé Olivier.

XVI.

Le terrain de la politique était alors bien brûlant : M. Olivier se tenait en dehors des partis. Une de ses pénitentes, qui fréquentait les Tuileries, lui écrivait :

« .... Il est bien permis, dans un gouvernement re-
« présentatif, de séparer les actes du ministère de la
« personne du roi. Et comment aimer pour premier
« ministre un homme qui a paralysé l'amour du peu-
« ple pour le roi, et qui fait tant de tort à la religion?
« *Dieu le permet, il faut se soumettre.* Aussi ne suis-je
« frondeuse que sur la surface de mon cœur. Mais les
« injustices m'ont toujours révoltée, et les opprimés
« sont sûrs d'avoir tout mon intérêt... »

Monseigneur de Clausel de Montals lui écrivait aussi de Chartres :

« Je ne puis assez vous dire combien les marques
« de votre souvenir et de votre attachement me tou-
« chent et me sont précieuses. J'y suis d'autant plus
« sensible, que je n'ai rien fait pour les mériter. Vous
« ne me devez aucun gré pour avoir cherché l'utilité
« de mon diocèse, l'agrément et l'appui de votre coo-
« pération. Je suis, dans tous les cas, bien flatté de
« l'expression de vos sentiments, soit que je n'y aie
« aucun titre, soit qu'il faille y voir une dette bien
« légère.

« Il est vrai qu'on est heureux de combattre les

« combats du Seigneur, et de se dévouer pour la
« vérité ; vous auriez eu ici, à cet égard, matière à
« votre zèle. Je sais que votre ministère a aussi ses
« épines ; mais il n'en est pas de comparables à celles
« qui croissent en ce moment sous les pas d'un évê-
» que. Priez donc pour moi, et, à la place des secours
« extérieurs que vous m'auriez donnés, obtenez-moi
« par vos sollicitations secrètes la protection qui m'est
« si nécessaire.

» Jamais la religion ne fut plus menacée. La cham-
« bre lui portera-t-elle le coup mortel ? Toutes les
« apparences humaines sont pour cette opinion. Mais
« les projets de l'impiété sont si horribles, que je ne
« puis m'empêcher de croire que Dieu les fera échouer.
« Comment ? Ah ! je défie les plus habiles d'entrevoir
« quelque chose dans cette obscurité. Il suffit de sa-
« voir que les miracles ne coûtent rien à celui qui
« peut tout. Partagez, si vous pouvez, mes espérances.
« Je vois les mille raisonnements par lesquels on peut
« les combattre. Mais je ne veux point m'y arrêter.
« Recevez, etc.

« † CLAUDE HIPPOLYTE, évêque de Chartres.
« Chartres, 4 janvier 1829. »

« Je prie deux fois par jour, lui écrivait l'évêque
« de Grenoble, pour mon cher Saint-Etienne et pour
« son digne pasteur... Je suis très tourmenté par
« rapport à mes deux petits séminaires, quoiqu'ils
« soient autorisés. Que deviendront-ils? Que devien-
« drons-nous ?...

« PHILIBERT, évêque de Grenoble.
« Grenoble, le 15 janvier 1829. »

XVII.

C'est au milieu de toutes ces angoisses, au milieu des travaux et des succès de son ministère, que M. Olivier fut appelé à Bierville pour fermer les yeux de sa mère mourante. Il l'aimait tendrement : aussi sa douleur fut profonde. Mais elle expirait dans les sentiments d'une foi si vive ; elle avait toujours mené une vie si sainte, que les larmes de son cœur coulaient dans les joies de l'espérance chrétienne. Les mourants ont souvent une vue prophétique sur l'avenir. La pieuse mère dit à son fils :

« Mon enfant, les succès qui te suivent partout et
« qui couronnent les efforts de ton zèle, sont pour ta
« mère attentive une preuve que de grandes persécu-
« tions te sont réservées dans l'avenir. Le démon est
« ennemi de tout bien; plus tu gagneras des âmes à
« Dieu, plus tu ressentiras les effets de sa rage. Mais
« aie confiance ; Dieu est avec ceux qui l'aiment. Je
« sais que tu aimes Jésus-Christ. Réjouis-toi, quand
« un jour tu seras traité comme lui. Il faudra que tu
« portes sa croix avec lui jusqu'au sommet du Cal-
« vaire. Il ne faut pas que cela t'effrayes : tu m'as dit
« toi-même que la montagne des Oliviers, d'où Jésus
« monta au ciel, était de l'autre côté de Jérusalem, en
« face du Calvaire. Je m'en vais donc te quitter et
« mourir, c'est-à-dire, avec la miséricorde de Dieu en
« qui j'ai confiance, aller au ciel. C'est là que j'irai
« t'attendre : seras-tu bien longtemps à venir m'y
« rejoindre ? Il faut que tu travailles encore à deux
« vignes du Seigneur; mais, après tout, ce ne peut
« jamais être bien long. »

Que pouvait répondre l'abbé Olivier à de si belles et si touchantes paroles? Il n'y répondit rien, mais il inondait de ses pleurs la main mourante que sa mère lui avait tendue.

Madame Olivier était de ces nobles âmes que chantait le poète :

> Ell'era di quelle
> Serafiche menti,
> Vissute nel mondo
> Sublimi, innocenti,
> Amando, pregando,
> Chiamando a virtù.

« Elle était de ces âmes séraphiques qui ont vécu « dans le monde, sublimes, innocentes, aimant, « priant, appelant les autres à la vertu. » (Silvio Pellico.)

M. Olivier érigea sur sa fosse, dans le cimetière de Boissy-la-Rivière, une tombe avec cette modeste inscription qu'il composa lui-même :

> *Cy repose le corps*
> *de Madame Olivier,*
> *décédée le 16 janvier 1829.*
> *Elle fut la plus douce épouse,*
> *la meilleure des mères.*
> *Sa vie fut une longue souffrance;*
> *La piété en elle étouffait la plainte :*
> *Son seul murmure fut la résignation.*

Ses obsèques eurent lieu le lundi 19 janvier 1829. Elle était âgée de soixante-huit ans huit mois.

M. Olivier avait toujours eu le projet de construire sur son tombeau une petite chapelle où il aurait pu célébrer la messe, et dont il avait fait faire un modèle. Mais l'argent qu'il destinait à cette dépense lui fut toujours ravi par ses pauvres. Pouvait-il mieux, au reste, honorer la mémoire de sa mère qu'en continuant sa bienfaisance? Le souvenir qu'il gardait d'elle était une espèce de culte. Il disait toujours en parlant d'elle : « *Ma mère, qui était une sainte...* » Le modèle du monument funéraire qu'il voulait lui consacrer, il l'avait placé dans son oratoire particulier, et y avait ménagé un petit tiroir où étaient renfermées quelques-unes de ses dents, une mèche de ses cheveux, qui étaient blonds, soyeux, et d'une finesse extrême, et dont pas un seul n'avait blanchi. Dans les grandes traverses de sa vie, au milieu de persécutions et de détractions inouïes, c'est devant ces chères et précieuses reliques qu'il venait se recueillir et puiser la force dans la prière, la consolation dans les souvenirs de temps plus heureux, et l'espérance en repassant dans sa mémoire ses dernières paroles prophétiques. Dans les derniers temps de sa vie, il a tracé au crayon quelques paroles latines qui nous ont révélé les tristesses de son âme. Il avait ajouté : *Quando? Quand?* C'est au pied de ce sanctuaire de la piété filiale qu'il nous a fallu chercher l'énigme cachée sous ce mot; nous la traduisons ainsi : « Quand aurai-je fini de « monter au Calvaire, pour passer de là à la monta- « gne des Oliviers et aller rejoindre ma mère dans le « repos de la joie, selon la prophétie que mourante « elle m'a faite. » L'abbé Dominique Olivier garde ce petit monument avec les paroles auxquelles nous faisons allusion et les reliques comme un des plus précieux souvenirs qui lui restent de son illustre parent.

XVIII.

Au milieu de ses occupations si diverses, quoiqu'il parut entièrement absorbé par la chaire et le confessionnal, M. Olivier trouvait encore dans les heures de la nuit le temps de rédiger des traités de théologie. Il révisait la théologie de Bailly, pour l'accommoder au texte de nos Codes. Mais il fut un auteur infortuné. Quand il présenta à M. Poussielgue le fruit de ses laborieuses véilles, celui-ci lui montra exactement le même travail tout fraîchement imprimé à Lyon.

XIX.

La charité de M. Olivier était active comme son zèle. Il aimait Jésus-Christ dans la personne des pauvres, et n'éprouvait point de plus grand bonheur qu'à pourvoir à leurs besoins. Il était leur économe. Afin que sa charité fût plus efficace, et qu'un plus grand nombre de nécessiteux fussent secourus, il apportait une méthode et un ordre admirable dans la distribution des aumônes qui émanaient de lui. Tous les mois une réunion des dames de charité avait lieu au presbytère : toutes les semaines des réunions partielles s'occupaient de leurs besoins pressants, et chaque jour des dames pieuses venaient tour à tour lui exposer la misère des indigents afin de les secourir. Tous les jours, à huit heures du matin, les affaires des pauvres, qu'il ne remettait jamais au lendemain, parce que la faim ne peut attendre, étaient réglées par lui avant qu'il se rendit à l'église. Le sacrifice de la bienfaisance précédait ainsi toujours le sacrifice d'amour : quel prêtre monta jamais à l'autel et s'approcha de son Dieu avec une préparation meilleure ?

Pour augmenter les ressources de sa bienfaisance, il ne manquait jamais d'inviter aux sermons de charité les prédicateurs les plus distingués, les personnages les plus illustres de la cour et de la capitale. Plusieurs fois la fille du roi-martyr, Mme la dauphine, duchesse d'Angoulême, honora de sa présence ses prédications et ses assemblées de charité.

XX.

Au canon des Invalides, qui tonnait en l'honneur de la conquête d'Alger, succéda bientôt le canon et les mitraillements des émeutes de juillet 1830. Les Français d'alors prétendaient qu'ils ne pouvaient vivre heureux sans la liberté de la presse, et ils en paraissaient si convaincus que, pour avoir touché à cette arche-sainte des libertés, Charles X était obligé d'interrompre une partie de chasse pour prendre la route de Cherbourg et d'un éternel exil. Il s'y rendait, mais en roi, mais entouré de ses fidèles gardes, mais en donnant toujours ses ordres, marchant à ses heures et prescrivant l'étiquette autour de sa personne auguste et sacrée, et les Français, qui respectent la dignité dans le malheur, le laissaient paisiblement et royalement arriver jusqu'au vaisseau de douleur.

Pendant ce que la révolution triomphante a appelé depuis les *trois glorieuses journées*, M. Olivier prenait à Saint-Germain-en-Laye quelques jours de repos. Au premier bruit du canon, il accourut à son poste, mais les barricades lui fermèrent le chemin. Il alla à Bierville partager la douleur de son père, car il était royaliste et aimait sincèrement la famille des Bourbons. L'émeute grondait encore quand il put rentrer dans son église et continuer, malgré les menaces, les fonctions de son ministère. Un de ses biographes le fait alors fraterniser avec les héros des trois jours et cueillir les plus belles roses de son jardin pour en décorer, dans un corps-de-garde, le buste du lieutenant-général du royaume. Le fait n'a été imaginé que par ceux qui s'acharnaient à le dénigrer. Il est absolument faux.

XXI.

Pendant l'orageuse année de 1831, où l'émeute et les sociétés secrètes déchaînées hurlaient perpétuellement dans les rues, sombre époque de vandalisme et de fureurs impies, M. Olivier est désigné aux perturbateurs comme l'homme de l'archevêque, comme l'ami intime de Mgr de Quélen. Son presbytère est cerné et des vociférations de mort se font entendre. M. Olivier voulait tenir tête à l'orage, se présenter à cette foule frémissante qui demandait sa vie, payer d'audace à l'exemple de l'abbé Maury, et la haranguer. Pour le sauver, il fallut que ses amis l'arrachassent de force du presbytère et le missent en sûreté dans la maison d'un magistrat de l'arrondissement. Le sacrilége était à l'ordre du jour, et la belle église de Saint-Etienne, ornée avec tant d'amour et après tant d'efforts, allait subir le sort de l'archevêché et de Saint-Germain-l'Auxerrois. De jeunes égarés, ce n'était certainement pas la jeunesse des écoles, c'étaient quelques misérables qui en usurpaient le nom, voulaient abattre la croix qui surmontait la cîme du clocher de Saint-Etienne-du-Mont. M. Olivier se rend au milieu d'eux : « Mes amis, leur dit-il, il est par- « faitement inutile de commettre un acte d'impiété « qui n'est pas dans votre cœur ; demain matin, on « descendra cette croix pour la placer dans l'inté- « rieur de l'église, où elle sera environnée des hom- « mages et des respects de ceux qui ont foi en elle. « Vous êtes vainqueurs mais non profanateurs. » L'é-meute se retira devant ce calme et devant cette promesse. Par cette démarche, qui fut critiquée par quelques-uns, et qui fournit à d'autres le texte de déclamations furibondes, le curé de Saint-Etienne sauva son église du pillage, et personne, dans la paroisse, ne se plaignit de la prudence qui lui épargnait le sort de Saint-Germain-l'Auxerrois.

XXII.

L'année suivante, un terrible fléau, le choléra répondit à l'appel que lui faisait l'impiété, et s'abattit sur la capitale. La paroisse Saint-Etienne fut celle qui lui fournit le plus de victimes. Le dévouement de M. Olivier fut admirable. Il rassembla tout le clergé de sa paroisse, et déclara aux prêtres que lui seul était obligé de donner sa vie pour ses brebis, qu'à la rigueur ils n'étaient pas obligés de rester au milieu des pestiférés, que cependant il les engageait à donner l'exemple du dévouement et à voler à leurs secours. Il abandonne le jour à leur zèle, mais pour lui il se réserve les fonctions les plus pénibles pendant la nuit, les plus périlleuses, les galetas et les basses caves les plus infectées. Tant que dure le fléau, il ne se donne aucun repos; il pénètre partout, il ne quitte point le chevet des malades. Il répand partout les paroles consolantes et les aumônes à pleines mains, il va jusqu'à ensevelir lui-même les morts abandonnés. L'église est envahie par une foule qui crie à Dieu, au pied du tombeau de la vierge de Nanterre, de la sainte patronne de Paris, pitié et merci. Au milieu du désespoir et des larmes, il relève les cœurs abattus :

« Nous sommes frappés, disait-il, mais non maudits !
« C'est la main de Dieu qui nous frappe, mais Dieu
« est père; le châtiment qu'il envoie renferme le par-
« don; sa main paternelle n'est armée que pour se
« laisser désarmer. Courons auprès des malades et
« des agonisants, ne laissons pas le pauvre sans se-
« cours, donnons du pain et des vêtements aux or-
« phelins qui pleurent, et le spectacle de notre cha-
« rité fléchira la colère de Dieu. Ne voyons dans le
« fléau qui nous ravage qu'une occasion de sublimes
« dévouements et de vertus héroïques. »

Ce que l'abbé Olivier conseillait aux autres, il le faisait. Il fut le soutien des veuves et un père véritable pour les orphelins du choléra. Ses sollicitations étaient si puissantes en leur faveur que les riches ne pouvaient lui rien refuser.

XXIII.

C'est au milieu de ces actes de charité, de zèle et de dévouement, que vint le surprendre, en 1833, sa

nomination à la magnifique cure de Saint-Roch, alors
la plus importante de Paris, où la voix des fidèles de
la capitale et, depuis longtemps, le vœu secret du
premier pasteur l'avaient appelé d'avance. Mais comment l'arracher à tant d'infortunés dont il était le
père, à tant de bonnes œuvres dont il était l'âme ? Il
refusa positivement l'élévation qui lui était offerte.
Où était donc son ambition qu'une presse hostile et
envenimée lui a tant reprochée ? Il refusait une mître
d'évêque à Orléans ; il pouvait bien refuser Saint-
Roch. Il mit dans ses refus une telle obstination,
qu'il fallut les ordres plusieurs fois réitérés de
Mgr l'archevêque de Paris pour la vaincre, et ceux qui
venaient le féliciter d'une si haute faveur le trouvaient
en larmes et plongé dans la douleur. Aussi, son départ fut un deuil public pour toute la paroisse de
Saint-Étienne. Nous retrouvons le sentiment de cette
douleur universelle dans les vers suivants qui lui furent adressés à son départ :

> Sage dispensateur des dons de l'opulence,
> Économe du pauvre, ami de l'indigence,
> Il consacre sa vie à soulager leurs maux,
> Et reçoit aujourd'hui le prix de ses travaux.
> Pour de nouveaux enfants il laisse sa famille ;
> Il faut que par plus d'éclat sa charité brille.
> Vous qu'il a si souvent comblés de ses bienfaits,
> Pauvres de Saint-Étienne, il vous quitte à jamais ! ! !

LIVRE IV.

—

SAINT-ROCH.

—

CHAPITRE PREMIER.

Œuvres de M. Olivier, à Saint-Roch.

I.

Notre récit nous amène à l'époque la plus brillante peut-être de l'existence de M. Olivier, époque où l'un de ses biographes a pu dire avec vérité *qu'il était le prêtre le plus connu de France.*

La vie de M. Olivier continue de s'écouler dans l'exercice des sublimes fonctions dévolues aux curés, ces hommes que l'on peut appeler les clefs de voûte de l'édifice religieux, ces hommes vénérables dont le zèle soutient encore, au sein de la capitale, les doctrines évangéliques, dont la voix console les pauvres et les malheureux, dont la main bienfaisante répand un baume réparateur sur les plaies, sans cesse renaissantes, de la société.

C'est en 1833 que M. Olivier fut appelé, par Mgr de Quélen, à la cure de Saint-Roch : il n'avait encore que trente-cinq ans, et succédait à M. l'abbé Marduel, un vénérable et saint pasteur, dont la mémoire et les vertus sont restées en bénédiction dans la paroisse Saint-Roch, mais dont les forces avaient depuis longtemps trahi le zèle.

II.

Quelques préventions accueillirent d'abord M. Olivier dans sa nouvelle paroisse.

Une fois à la tête du clergé de Saint-Roch, il comprit qu'il était appelé à satisfaire d'autres besoins, à réprimer d'autres abus, à introduire d'autres améliorations. Sa mission, sans être plus importante, s'étendait sur une plus vaste échelle. Placé plus haut, ses actions étaient plus en relief. Ses ennemis, car tout homme qui réussit a des ennemis, s'attendaient, avec une joie maligne, à le voir plier sous le fardeau, et, tout en lui accordant traîtreusement un esprit capable de petites choses, de petits détails, se plaisaient à répéter qu'il était au-dessous de cette position que la faveur lui avait faite, mais qu'il ne saurait conserver.

A peine entré en fonctions, il donna le plus éclatant démenti à tous ses détracteurs.

Comme on lui connaissait un grand zèle, un grand

amour pour la discipline et un esprit de réforme, esprit qui suscite nécessairement les colères et les rancunes de la routine contrariée dans le pacifique sillon
de son ornière, on lui fit d'abord opposition. Mais cette
opposition dura peu : tous les préjugés tombèrent
comme par enchantement devant les premiers efforts
de son zèle et sous le charme de ses premières paroles, de ses manières polies et prévenantes. Trois semaines sont à peine écoulées que le clergé, les fabri-
ciens, les fidèles viennent lui témoigner leurs vifs regrets de n'avoir pas su apprécier, dès les premiers
jours, le jeune et zélé pasteur.

Une autre prévention, implacable de sa nature, la
passion politique s'attacha à M. Olivier, curé de Saint-
Roch, paroisse devenue de fait, depuis le sac de Saint-
Germain-l'Auxerrois, la paroisse royale. Sa nouvelle
position le mit en relation nécessaire avec la cour des
Tuileries. Il y entra et il y fut parfaitement accueilli
du Roi, de la Reine, de Madame, des princes et des
princesses, qui le prirent bientôt en grande affection.
Les grandes qualités de Marie-Amélie jointes à une
piété éminente, les vertus privées du roi comme époux
et comme bon père de famille, vertus que les partis
mêmes ont respectées, le spectacle d'une cour la mieux
réglée peut-être de l'Europe touchèrent le cœur de
M. Olivier. Franc et courageux dans ses nouvelles convictions, auxquelles il a été fidèle jusqu'à sa mort, il
ne craignit pas, en dépit de toutes les clameurs, de se
déclarer et de se montrer publiquement l'ami dévoué
de Louis-Philippe.

Était-ce sa faute, après tout, si la tempête des révolutions avait emporté les Bourbons de la branche
aînée sur la terre d'exil ? Ce sceptre, échappé à des

mains trop faibles pour le retenir, ne fallait-il pas bénir la Providence de l'avoir remis dans une main plus ferme, la seule peut-être qui fut assez forte pour régir et maîtriser une révolution toute frémissante encore? Accoutumé, avec Bossuet, au spectacle des peuples qui passent, des puissances qui s'abîment, des trônes qui s'écroulent et se relèvent, il voyait dans les révolutions des empires le doigt de Dieu, qui tire des ruines mêmes un nouvel ordre de choses, l'action de sa providence qui gouverne le monde et le mène à ses fins par des voies qui nous sont inconnues. Et qui sommes-nous pour résister à Dieu ! Que peut le pied d'un homme sur le cratère d'un volcan qui fait explosion?

M. Olivier ne croyait pas que le sort de la religion fût attaché au sort d'une famille : quand un trône s'abîme, l'autel subsiste encore. Les intérêts de la religion en général, et ceux de sa paroisse en particulier, lui persuadèrent donc que de bonnes relations, entretenues avec le chef de l'Etat, valaient mieux qu'une hostilité sans résultat ou des bouderies affectées. Sa foi de bon prêtre planait au-dessus de la politique. Les partis ne pouvaient goûter ces raisons d'un ordre supérieur. Ils ne virent dans cette conduite sage et mesurée que le rôle d'un ambitieux, et les ultra-légitimistes, dont les exagérations avaient hâté la chute de Charles X, ne manquèrent pas de l'accuser de félonie. M. Olivier, cependant, n'était point un homme de parti, toute la suite de sa vie l'a bien fait voir : il était simplement un bon curé, qui entendait mieux les intérêts de sa paroisse que ses détracteurs. Il voyait plus juste et plus haut, et l'édification religieuse que la famille royale d'Orléans donnait à la France entière a suf-

fisamment prouvé que ses vues étaient pures et éclairées. A cette hauteur où il s'était placé, les traits en-
venimés que la presse légitimiste et la presse radicale
lui décochaient chaque jour ne l'atteignaient même
pas et mouraient à ses pieds.

Il est vrai que Mgr de Quélen suivait une autre ligne
de conduite; mais si le prélat avait ses raisons, le curé
avait les siennes. Mgr l'archevêque de Paris le comprenait si bien, que jamais il n'adressa à M. Olivier
aucune représentation sur ses fréquentations aux Tuileries, et qu'il ne cessa pas un seul jour de le tenir
en grande faveur auprès de lui. Qui ne sait, au surplus, que l'opposition que l'Archevêché faisait à la cour
de Louis-Philippe, opposition plus bruyante que ne l'eut
voulu Mgr de Quélen, opposition qui s'emparait de son
nom comme d'un drapeau, empêcha la duchesse d'Orléans de se faire catholique? « Vous voyez bien, disait-
« elle, que la passion de ces hommes est plus forte
« que leur religion, qu'ils sont plus politiques que
« religieux. » Tout était préparé cependant pour le
retour de la duchesse à la foi de saint Louis : une démarche de l'archevêque emportait ses dernières hésitations. Cette démarche, Mgr de Quélen ne voulut pas
ou n'osa pas la faire, et M. Olivier s'en plaignit vivement à Mgr de Quélen lui-même. « Que voulez-vous,
« lui dit le prélat, qui levait les yeux au ciel et
« gémissait, je suis circonvenu. Si je mettais une seule
« fois le pied à la cour, ils jetteraient des cris par-
« dessus les toits. »

Les dogmes politiques sont tout humains et par
conséquent variables et fragiles, tandis que le principe divin de l'obéissance et de la soumission aux pouvoirs établis est incontestablement un dogme de la

foi, et nul ne le savait mieux que M. Olivier. Mais il eut beau faire, il eut beau n'être que curé et bon curé, on en fit, malgré lui, un homme de parti, et les partis le traitèrent avec une fureur que les faveurs royales enflammèrent davantage.

III.

Quand M. Olivier arriva à Saint-Roch, les murailles nues de cette église n'offraient aux regards affligés que l'aspect d'un vaste bazar.

Il n'y avait d'abord à Saint-Roch que deux petites chapelles sous l'invocation de *Sainte-Suzanne* et des *Cinq plaies de Notre-Seigneur*. A la place de ces chapelles fut construite, en 1587, une succursale de Saint-Germain-l'Auxerrois, affranchie de toute annexité le 30 juin 1633. La mère de Louis XIV, Anne d'Autriche, la fit reconstruire, et en posa la première pierre le 28 mars 1653. Puis l'église fut achevée en 1720, avec cent mille livres données par le fameux banquier Law, et resta sans embellissement ni décoration jusqu'à la nomination de M. Olivier.

Ceux qui avaient vu Saint-Roch, en 1790, sous le premier M. Marduel, qui faisait l'admiration de Franklin; ceux qui l'ont vu, en 1832, sous son neveu, homme aussi admirable, s'expliquent à peine qu'avec les forces d'un seul homme, et en si peu de temps, de si grandes restaurations aient été faites. Ce vieil *hôtel Gaillon*, du faubourg Saint-Honoré, s'étonnait lui-même des prodigieuses transformations qu'il subissait chaque jour, comme sous la baguette d'un enchanteur. Et dès 1833, J.-B. Chedeau a pu écrire, sur la transformation de Saint-Roch, ces vers remarquables :

Saint-Roch met au rebut ses vêtements poudreux
Pour se parer à neuf d'une blanche tunique ;
Sa voûte retentit de chants harmonieux
Mêlés aux sons de l'orgue, énivrante musique,
A la place où naguère un gothique serpent
Faisait tout l'ornement du psaume et de l'antienne,
Sous d'inhabiles doigts déchirant le tympan
Pour disposer au ciel l'âme juste et chrétienne.
La nef était déserte, et le prêtre aux autels
Y cherchait vainement un chœur qui lui réponde :
Quelques croyants épars dans les jours solennels
Adoraient isolés le rédempteur du monde.
Et voilà qu'aujourd'hui la foule, à flots pressés,
Comme aux temps des ferveurs, inonde le portique.
De revenir à Dieu on se montre empressé ;
On aime à réciter la prière publique.
Les œuvres languissaient : d'où leur vient cet éclat,
Ces vivantes clartés dont Saint-Roch étincelle ?
Qui peut le demander ? Un auguste prélat
A dans ce corps vieilli mis une âme nouvelle.

L'abbé Olivier ne négligea rien pour faire de son église un temple digne du Dieu trois fois saint. On eût cru volontiers que c'était là sa pensée dominante, si chaque branche de son administration n'avait pas été aussi heureusement transformée, s'il n'avait pas donné le même essor à toutes les parties du ministère pastoral. Saint-Roch lui dut incontestablement toutes ses splendeurs, et nul église ne put désormais rivaliser avec lui. Pour établir la sainte pratique de l'adoration perpétuelle, il répara et orna cette chapelle si belle qui est derrière le sanctuaire, si majestueuse et si recueillie, où la prière peut librement déployer ses ailes. L'église s'enrichit de plusieurs peintures très remarquables, et notamment d'un magnifique chemin de croix, le plus beau qui existe peut-être.

L'abbé Olivier se plaisait aux magnificences du culte, et, si l'on a bien lu et médité ce que Moïse prescrit au nom du Seigneur pour le tabernacle du désert, ce que Salomon a fait pour le temple de Dieu, si l'on veut bien pénétrer quelle était la pensée du Christ quand il a choisi pour l'institution de la cène une salle magnifique et ornée de riches tapisseries, on comprendra que le sentiment qui l'animait, quand il donnait aux solennités du culte une splendeur inouïe, était un sentiment profond d'adoration devant la suprême majesté de Dieu. Il disait et répétait que Jésus-Christ, glorieux et ressuscité, pour être invisible sous les voiles eucharistiques, n'en avait pas moins droit à tous nos hommages, que les pompes du tabernacle sont les manifestations de notre foi, que Jésus-Christ ne doit pas avoir une cour moins brillante que celle des rois et des empereurs, que l'Eglise de la terre, par ses parfums, par ses splendeurs, par ses chants sacrés, doit être une image de celle du ciel.

Il disait encore : « on ne saurait trop faire pour le « service de Dieu ; c'est la seule chose où l'exagération « n'est pas possible. » Et plus tard, à ses curés d'Evreux : « La décoration du tabernacle doit ruiner un « bon curé. » Il demandait aux riches dames comment elles osaient se présenter, des pierreries sur la tête et avec de fines dentelles, devant le tabernacle de leur Dieu, dépouillé d'ornements. Il prêchait d'exemple quand il disait aux autres : « Donnez pour Dieu ; avez- « vous peur de mal placer vos fonds et qu'il ne vous « rende pas? » Car il dépensait tout son patrimoine aux décorations de son église et aux embellissements des autels...

IV.

Aussi qui n'a entendu parler de l'éclat et de la grandeur qui brillaient dans les offices de Saint-Roch ? On s'en entretenait dans la France entière, et on faisait une sorte de reproche dans le Midi aux voyageurs qui revenaient de Paris sans avoir assisté aux offices de Saint-Roch. Interrogez non-seulement tous ceux que la ferveur, ou même un seul motif de curiosité, ont attiré à Saint-Roch le jour d'une grande solennité religieuse, tous vous rappelleront cette foule qui se pressait sous le portique et inondait de bonne heure la nef et ses bas-côtés. Le 9 mai 1839, qui était le second dimanche de la Fête-Dieu, j'assistais à l'office de Saint-Roch avec un prêtre du diocèse d'Evreux. Nous étions placés à l'entrée de la grille gauche du chœur. Le temple était radieux et splendide, les voix graves des choristes faisaient retentir les voûtes de leurs accents harmonieux ; mille bougies étincelaient dans leurs flambeaux dorés, de riches vases en porcelaine étaient chargés de fleurs, qui venaient joindre leur suave parfum à celui de l'encens, les symphonies de la musique roulaient au loin sous les voûtes émues. L'autel enflammé, les lampes dorées, les grands candélabres, frappés par la réverbération des bougies, jetaient des éclairs éblouissants. Le pasteur, tout pénétré de la majesté de Dieu, donnait l'exemple de cette gravité sainte qui se répandait comme un parfum d'adoration, et gagnait jusqu'aux âmes indifférentes. Tout le clergé, animé du même zèle, et comme façonné à une pieuse discipline, marchait de concert, et, par l'unité de ses mouvements, aussi bien que de l'esprit qui l'animait, donnait une saisissante et magnifique harmonie aux cérémonies sacrées. Le recueillement de la prière brillait sur tous les visages ; les fidèles, dans la nef, la tête inclinée sur leurs livres, rangés tous dans un ordre admirable, s'abîmaient dans un sentiment profond d'adoration. Comme les anges de la vision de Jacob, les lévites, en aubes de fin lin, les prêtres de la paroisse, revêtus de leurs surplis blancs, s'échelonnaient sur les degrés du sanctuaire, des thuriféraires et des fleuristes balançaient leurs encensoirs d'où s'échappaient des nuages d'encens que venaient émailler les fleurs, les nombreux enfants de chœur, associés à la milice sainte, imposaient silence à la légèreté habituelle de leur âge. et, debout sur l'autel, couvert de sa chasuble rayonnante d'or et d'argent, le front humblement incliné devant la divine eucharistie, éclairé d'en haut des rayons de la foi, le célébrant apparaissait aux yeux de la foule émerveillée et attendrie, et l'ensemble magnifique de cette pompe divine remplissait l'âme d'une ferveur inépuisable.

C'était beau, c'était grand, c'était sublime, c'était l'une des plus belles pages du *Génie du Christianisme* mise en action. Tout élevait le chœur et l'intelligence vers Dieu dans cette enceinte enivrante et presque céleste.

Or, le célébrant était M. Olivier lui-même. Qui pouvait mieux tenir sa place ? Qui officiait mieux, et avec plus de grandeur ? Qui était plus beau à l'autel que M. Olivier ?

Puis la procession fendit la foule compacte qui s'ouvrait à grande peine pour lui ouvrir passage, et se déroula autour de la nef. Quand elle passa près de nous, nous entendîmes M. Olivier qui portait le Saint-Sacrement, adresser une apostrophe assez vive aux officiers qui marchaient devant lui, et s'écrier : à genoux !... Nous étions étrangers, et, son œil flamboyant avait aperçu en nous plutôt des curieux que des adorateurs. Sans nous en douter, notre attitude contrastait avec le recueillement général, et ce contraste l'avait choqué.

V.

Quelques critiques chagrins, et surtout les voix passionnées d'une presse hostile et haineuse, ont blâmé M. Olivier de son goût pour les arts et sa magnificence appliqués aux choses du culte. Mais n'est-ce pas de Dieu que nous viennent nos facultés, n'est-ce pas à lui que nous sommes redevables des nobles inspirations du génie, aussi bien que des découvertes des arts? Si donc c'est Dieu qui est le principe et la source de ces biens, n'est-il pas naturel, n'est-il pas même du devoir des hommes de lui en consacrer les prémices, et d'ajouter par ce tribut à la solennité des actions de grâces qu'ils lui rendent?

Et, d'ailleurs, dans un siècle d'indifférence et de scepticisme, Dieu peut-il désavouer les moyens employés par son ministre, je dirais presque les stratagèmes ingénieux de sa charité, pour attirer l'incrédule dans un temple dont il ne doit peut-être sortir qu'ébranlé et converti? Cet apparat mondain que l'on a tant reproché à M. Olivier n'était qu'une preuve nouvelle de sa haute sagacité, de son jugement si sûr. Il avait apprécié son époque à sa juste valeur ; il l'avait vue frivole et distraite, se passionnant, au détriment de la religion, dont les formes sont sévères, pour tout ce qui éblouit les yeux ou électrise les sens. Eh bien, pour appeler la foule indifférente dans le sanctuaire déserté, il ne craignit pas de le parer de toutes les séductions, sauf ensuite à renvoyer, avec les sentiments du chrétien humble et repentant, celui qui n'était venu là que grâce à l'appât d'un plaisir et d'une fête.

On a reproché aussi à **M.** Olivier de n'avoir pas toujours été guidé par le bon goût tant en musique que dans ce qui a été fait pour l'embellissement des églises placées sous son administration. Il aimait, dit-on, le bruit autant que l'harmonie, il souffrait des compositions musicales qui n'avaient de religieux que l'enceinte où elles étaient chantées ; le badigeonnage et le regrattage le ravissaient autant qu'ils désolaient les admirateurs du moyen âge réduits à pleurer leur poussière antique, leur couleur et leur cachet des siècles impitoyablement effacés ; il confondait les époques et les styles d'architecture, et n'était nullement choqué de parer un autel avec un ornement de boudoir. Tout cela pouvait être vrai à quelques égards et tenir au manque de connaissances premières et d'expérience dans la matière. Mais on doit ajouter que s'il n'a pas toujours été heureux en ce sens, c'est pour avoir été souvent mal conseillé ; car, malgré la décision de son caractère, nul homme n'était plus disposé à écouter les avis et les objections des vrais connaisseurs et à en tenir compte. Et puis ce qu'il voulait, il le voulait de suite et trop vite ; il faisait ce qu'on fait partout aujourd'hui, il travaillait pour le moment, pour le besoin du jour, s'arrangeant de dorures sur carton de pierre à la place de statues de bronze ou de marbre et de bois sculptés. Un motif plus touchant qui l'excuse, c'étaient sa bienfaisance, le désir d'occuper utilement des artistes peu favorisés de la fortune qui lui faisaient commander et accepter des travaux assez peu estimables.

VI.

Tous les embellissements que M. Olivier faisait à son église, les pompes extérieures dont il environnait le culte, commençaient à lui attirer presque chaque jour de violentes et haineuses sorties de la part du *Corsaire*, journal légitimiste. M. Olivier n'était, pour cette feuille, qu'un homme d'orgueil, d'apparat, de vanité, un homme avide qui demandait toujours de l'argent. Et cependant il n'oubliait pas les pauvres de Jésus-Christ pour prodiguer les ornements à de froides murailles. Par ses soins la charité paroissiale était merveilleusement organisée : de pieuses dames de charité, dont il éclairait et dirigeait le zèle, avaient accepté la mission de soulager la misère qui implore les secours, comme de découvrir celle qui se cache. Comme à Saint-Etienne, tous les matins avant huit heures, avant de mettre le pied dans son église, il recevait la vénérable supérieure des filles de Saint-Vincent-de-Paul, et réglait avec elle les affaires des pauvres pour la journée ; c'était sa préparation quotidienne à la sainte messe. Un prêtre qui a vécu avec lui pendant presque tout le temps qu'il fut curé de Saint-Roch, nous a affirmé qu'il n'a pas manqué un seul jour à cette préparation, si profitable à la misère et aux souffrances.

Les pauvres honteux étaient toujours l'objet de sa sollicitude particulière, et c'était les seulés aumônes qu'il faisait directement lui-même. Toutes les autres s'écoulaient par le canal dès œuvres qu'il avait instituées. Personne n'avait le secret de ces aumônes particulières, excepté un seul prêtre, l'abbé Dominique Olivier, son cousin germain.

« Que de fois, m'écrit celui-ci, j'ai porté des se-
« cours de sa part à ces infortunés ! Que de malheu-
« reux pères de famille il a arrachés au désespoir et
« au suicide ! Que de pauvres mères, dont le lait
« même était tari, il a sauvés de la mort par un se-
« cours apporté à temps elles et leurs petits enfants !
« Que de jeunes filles, que la faim vouait à la prosti-
« tution, il a retenues dans le sentier de la vertu ! Que
« de fois j'aurais pu dire à ceux qui le déchiraient : si
« vous saviez d'où je viens, qui m'envoie, et pourquoi
« j'ai été envoyé ! Mais non, il fallait se taire, et ca-
« cher ses bonnes œuvres, comme si elles eussent été
« de mauvaises actions. Il se contentait de bien faire,
« et laissait à Dieu le soin de sa réputation. »

Qui ne sent que ces belles et simples paroles, où respire une bonne foi évidente, disent la vérité ? Et qui ne comprend maintenant dans quel sens le *Solitaire* a écrit ces paroles, qui m'ont toujours frappé à tel point que je n'ai pas eu de repos, dans mes patientes recherches, que je n'eusse soulevé le voile de l'énigme qu'elles cachent :

« Quel est M. Olivier? L'homme de France dont on
« parle le plus, et le moins connu ; le moins connu et
« le plus méconnu. Sur lui les choses en sont à ce
« point-ci : presque tout ce qu'on a dit est faux, pres-
« que tout ce qu'on n'a pas dit est vrai. »

Ce faux que l'on a dit, j'en fais et j'en ferai justice, jusqu'à la fin de cette histoire. Le vrai qui n'a pas été dit, j'ai été assez heureux pour le trouver, et je le raconte.

L'abbé Dominique Olivier reçut un jour cette réponse effrayante d'un pauvre honteux auquel il venait apporter un secours abondant : « C'est le bon Dieu « qui vous envoie; une heure plus tard, et j'allais « me jeter à la Seine. » L'infortuné que la faim dévorait voulut à tout prix savoir le nom de son bienfaiteur, et surtout comment ce bienfaiteur inconnu était parvenu à pénétrer le secret d'une misère qu'il croyait ignorée de tous. « —Il ne m'est pas possible de répondre « à vos questions. La main qui vous donne doit rester « inconnue. Elle continuera ses secours jusqu'au jour « où vous pourrez gagner votre vie. » Le famélique répondit à l'abbé Dominique Olivier : « Dites toujours « bien à la charitable personne qu'elle a fait deux « grandes œuvres en une seule : elle m'a sauvé la « vie, et m'épargne un grand crime. »

Le curé de Saint-Roch croyait, et non sans raison, qu'il avait reçu de Dieu un don tout particulier pour découvrir l'extrême misère qui se dérobe à tous les regards. Il lui venait souvent à ce sujet des inspirations subites qu'il écoutait comme la voix de la divine Providence elle-même. Un jour, entr'autres, pour citer un trait entre mille du même genre, il dit à l'abbé Dominique : « prends ces vingt-cinq francs, et « va voir ce que devient ce vieux capitaine que je ne « vois plus depuis quelque temps. »

Il était question d'un brave qui avait servi honorablement sa patrie sous l'Empereur, et avait même reçu la croix d'honneur sur le champ de bataille. Il avait marché plus d'une fois, dans sa vie militaire, contre le canon ; mais pour rien au monde, il n'eut osé faire un pas pour révéler sa détresse, et implorer une assistance. Quand l'abbé Dominique vint frapper à sa porte, il entendit le bruit d'un pas léger ; une main qui tremblait tira le verrou, puis une voix faible dit : attendez un instant ! Et quelques instants après : entrez maintenant ! Le malheureux s'était blotti entre ses draps déchirés. Il était nu pour recevoir son bienfaisant visiteur, et il lui avoua qu'il n'avait pas mangé depuis trois jours, et qu'il avait résolu de se laisser mourir de faim, ne voulant pas attenter à ses jours par sentiment religieux.

Quand l'abondante distribution des aumônes était venue en tarir la source, c'était à la voix du pasteur, seul trésor de l'église, de renouveler les moyens épuisés de la charité. On l'entendait souvent rappeler du haut de la chaire à ses paroissiens toutes les œuvres qu'il avait à soutenir, toutes les infortunes qu'il devait soulager et qui réclamaient leur assistance : il pressait, il priait, il suppliait, il se risquait à importuner ; et l'étranger qui passait par là par hasard, était tenté de blâmer ces insistances réitérées d'une éloquence mendiante.

C'est que l'étranger ignorait que l'abbé Olivier ne savait pas recourir à la charité particulière : seul à seul, il ne demandait jamais rien ; son extrême délicatesse se serait effarouchée de tout ce qui aurait pu offrir l'apparence d'un tribut surpris à la complaisance ou à des égards de société. Ce n'est que dans les assemblées publiques qu'il provoquait les dons d'une bienfaisance toute secrète et volontaire.

L'abbé Olivier était alors l'idole de la Chaussée-d'Antin, de la société la plus riche et la plus distinguée de la capitale. Il était chéri à la cour royale de Louis-Philippe ; il entretenait les plus belles relations avec les personnages qui occupaient les premières charges dans l'Etat, directeurs des ministères, aides de camp du roi, généraux, députés, pairs de France, ministres. La confiance dont l'avaient honoré les grandes familles de France montrait bien aux détracteurs de son mérite et de ses vertus qu'elles en avaient su apprécier la pureté et la rare distinction.

M. Olivier ne se servait de son crédit que pour faire des heureux : il était l'avocat des pauvres auprès des riches et des grands. Saint-Roch était devenu le rendez-vous de la charité, de la bienfaisance et des bonnes œuvres. Si l'on prêchait un sermon de charité pour une œuvre générale, Saint-Roch était encore le rendez-vous qu'on désignait.

VII.

A la voix du pasteur plaidant la cause des pauvres, des asiles s'ouvrirent pour l'enfance pauvre : l'un sous le nom d'*Ouvroir de Saint-Roch*, a été créé en faveur de quarante jeunes filles, de celles que l'indigence expose trop souvent à de tristes égarements : l'autre, sous le nom de *Communauté ou maîtrise des enfants de chœur de Saint-Roch*, reçut quatorze enfants et vingt-cinq jeunes garçons qui se destinaient au sacerdoce. Ces jeunes clercs grandissaient ainsi à l'ombre de la maison de Dieu, loin de la contagion des mauvais exemples, et on les y préparait à être admis dans les séminaires. Leur présence dans le sanctuaire de Saint-Roch, sous le costume d'enfants de chœur et de lévites assistant à l'autel, ajoutait à la majesté des cérémonies. Leur voix se faisait entendre dans les concerts sacrés. Il leur fit comprendre combien est grande la mission d'appeler les miséricordes divines sur les hommes et de porter avec leurs chants l'hommage de la piété publique au pied du trône de l'Eternel. Il ouvrit enfin une maison pour des religieuses chargées de porter des secours à domicile aux pauvres et aux femmes en couches. Tous les ans, aux approches de l'hiver, il habillait à ses frais un nombre considérable de petits malheureux, et c'était pour lui une grande joie de revêtir Jésus dans la personne des petits enfants que le Dieu sauveur bénit tant de fois sur la terre.

Il respectait les vieux prêtres comme ses pères. Plusieurs de ces vénérables débris du sacerdoce n'avaient aucunes ressources pour vivre. Emu de leur misère et à l'aspect de leurs cheveux blancs, M. Olivier vint à leurs secours et les entretint secrètement à ses frais.

Jamais il n'a refusé un service qu'il pouvait rendre, ni sa bourse à ceux qui avaient besoin d'y puiser. Il a prêté des sommes considérables qui ne lui ont jamais été rendues, et qu'il n'a jamais non plus redemandées.

Une famille était au désespoir parce qu'un fils unique, l'appui de son père et de sa mère, était appelé sous les drapeaux. M. Olivier achète un remplaçant pour le jeune soldat, et rend à ses pauvres parents un appui nécessaire.

Pour augmenter les ressources de la charité publique, M. Olivier imagina, le premier de tous, les loteries de bienfaisance. Et la presse ennemie aussitôt de crier à l'excentricité, à l'absurde. M. Olivier laissa dire : les méchantes saillies, les injures, les déclamations du *Corsaire* s'adressaient à plus fort qu'elles. Après avoir critiqué M. le curé de Saint-Roch, on l'imita, et les loteries charitables sont maintenant populaires et universelles dans toute la France. On en abuse même ; il en pleut des averses.

Les revenus de la paroisse Saint-Roch, qu'on a beaucoup exagérés, ne s'élevaient, année commune, qu'à vingt mille francs : une seule année ils ont atteint le chiffre de vingt-cinq mille francs. Mais quand ils eussent été de cent mille francs, qu'aurait-on pu en conclure, puisqu'en les recevant il les eut donnés, puisqu'il absorbait, dans ses charités, une rente patrimoniale de quatre mille francs ; puisqu'il ne gardait jamais d'argent dans sa bourse, puisqu'en sortant de cette si riche cure, il n'emporta à Evreux que cinq francs pour s'établir dans son évêché. La magnificence inouïe qu'il donnait aux solennités du culte le ruinait, au contraire, plutôt que de l'enrichir.

VIII.

Parmi les personnes qui avaient donné toute leur confiance à M. Olivier, était une vieille demoiselle passablement riche, et qui faisait profession de piété. Elle était si enchantée des prédications de son curé, qu'elle se privait de faire des voyages d'agrément dans la crainte de perdre un seul de ses prônes.

La riche dame élevait chez elle deux jeunes nièces, à peu près du même âge, ses uniques héritières. Ses filles adoptives lui devaient tout : elle s'imaginait tout pouvoir sur elles. Elles avaient été si parfaitement élevées, toujours si soumises et si reconnaissantes, qu'elle croyait n'avoir pas même besoin de les consulter pour l'événement le plus important de leur vie. La tante disait souvent à ses nièces : Mes filles, vous n'avez pas besoin de vous occuper de votre établissement ; j'y pense. Et les nièces de répondre : Mais c'est très-bien, bonne tante, nous nous en rapportons parfaitement à vous. Vous avez toujours été si bonne pour nous, que nous sommes sans inquiétudes.

Mais ce mot d'établissement était un mot perfide et gros d'orages. Les jeunes filles entendaient par là une dot, et la tante un époux. Elles croyaient naïvement que c'était à elles à se décider sur le choix de l'homme qu'elles devaient aimer, et, comme il fallait se tenir prêtes à recevoir l'établissement que leur annonçait leur tante, elles s'étaient déjà pourvues à tout événement.

Or, un jour, elles trouvèrent dans le salon de leur tante deux vénérables personnages qui fréquentaient depuis quelque temps la maison et qu'elles ne connaissaient pas autrement que pour avoir échangé avec eux des prévenances de politesse. Quelques mots barbares de la langue des affaires, qui étaient parvenus jusqu'à leurs oreilles, leur avaient fait supposer que ce pouvait bien être deux notaires, mais elles n'avaient pas même eu la curiosité de savoir au juste ce qu'ils étaient.

— Eh bien ! mes nièces, leur dit à brûle-pourpoint la tante, je vous parle depuis quelque temps d'établissement. Je songe enfin à vous établir convenablement.

— Oh! ma tante, vous êtes toujours bonne et excellente. Que nous vous devons de reconnaissance! Vous nous prévenez et nous venions précisément vous en parler!

— Vous y avez donc songé?

— Un peu.

Et en disant cela, leurs joues se colorèrent d'une teinte d'incarnat si prononcée, que le *peu* qu'elles avouaient signifiait *beaucoup*.

— Comment trouvez-vous ces messieurs?

— Mais fort aimables, ma tante.

— J'en suis enchantée, ce sont mes amis; je les connais depuis longtemps et ce sont des hommes estimables, d'une probité antique, de mœurs irréprochables et posés convenablement dans le monde par leur nom et leur famille.

— Notre sécurité est entière du moment qu'il s'agit d'hommes qui ont toute votre confiance.

Les deux personnages se levèrent comme pour s'incliner devant un compliment trop flatteur, et les deux nièces répondirent par un air de tête respectueux qui n'était pas sans grâce.

Tous les visages étaient radieux : les jeunes filles, parce qu'elles allaient recevoir leur dot; la tante, parce qu'elle trouvait ses nièces dociles, et les deux messieurs parce qu'ils étaient acceptés.

— Voici donc, reprit la tante au comble de la joie et de l'orgueil satisfait, l'établissement dont je vous parlais depuis quelque temps.

— Oh! ma tante, il n'est pas nécessaire que nous en entendions la lecture aujourd'hui. Nous pouvons épargner à ces messieurs cette peine. Il sera toujours bien temps de s'occuper de notre établissement au moment de la signature du contrat. Il faut que vous connaissiez avant tout vos futurs neveux, et nous venions vous demander la permission de vous les présenter.

Tant de naïveté éclata sur la tête de la pauvre tante comme un coup de foudre, et elle se laissa tomber comme anéantie sur son fauteuil. Quand elle fut revenue à elle :

— Ah! mes nièces, s'écria-t-elle, quel coup vous me portez! C'est avec ces messieurs que je veux vous établir, et je vous les ai choisis pour époux!

— Pour époux! Mais ils peuvent être nos pères.

On devine la suite de ce dialogue. La tante s'obstina à vouloir faire épouser à ses nièces deux gentilshommes sans fortune, mais qui leur donneraient un nom dans le monde : elle se chargeait de réparer le défaut de bien. Mais les nièces déclaraient que rien ne pouvait réparer à leurs yeux la disproportion d'âge, et qu'elles ne consentiraient jamais à donner leurs mains à des hommes qu'elles ne pouvaient aimer.

— Ni moi non plus à donner une dot, répliquait sèchement la tante.

— Eh bien ! ma tante, il faudra bien nous résigner à nous en passer.

Et la rupture fut complète entre les nièces et la tante. Elles se marièrent, selon leur goût, à deux jeunes gens, honnêtes, laborieux, et vivant dans le commerce. La tante refusa de recevoir ses nièces et ne vit jamais ses neveux.

Or, M. le curé de Saint-Roch visitait cette dame trois ou quatre fois par an, et le recevoir était pour elle une grande joie, et une diversion à ses chagrins domestiques.

— Je pratique ma religion dans toute son étendue, lui disait-elle ; je n'omets aucun devoir, je ne manque aucun office, et cependant je n'ai pas la conscience en repos. Car vous nous dites que le pardon est nécessaire au salut, et je sens bien qu'au fond du cœur, quoique ma bouche dise le contraire, je n'ai pas encore pardonné à mes nièces.

— En quoi donc vous ont-elles offensée ? Je les connais, elles sont bonnes chrétiennes, font bon ménage avec leurs maris. Elles sont dignes de toute votre amitié.

— Ah ! mon Dieu, vous manquez toujours de mémoire chez moi. Vous oubliez toujours l'injure qu'elles m'ont faite en se mariant contre ma volonté et sans mon consentement. Si les petites sottes m'avaient écoutée, l'une serait baronne, l'autre serait marquise ?

— Eh ! qu'importent les titres où le contentement du cœur manque ? Vous n'êtes ni baronne, ni marquise : en êtes-vous moins bonne ? Elles seraient entrées dans la noblesse qui n'accepte jamais bien que les siens, et qui aurait cherché sans cesse à les couvrir de confusion en leur rappelant sans cesse le nom de leur tante. Vos nièces n'ont point voulu rougir un jour de leur tante ; elles ont prétendu toujours vous aimer et vous respecter. Oh ! les grandes coupables, en effet !

— Mais, monsieur le curé, moi qui les avais fait élever dans les pensions, moi qui leur passais toute ma fortune, et se marier sans mon consentement, contre ma volonté !

— Une femme, pour faire son salut, doit aimer son mari. Le tort est de votre côté : que ne leur présentiez-vous des maris aimables ? Elles ont agi en bonnes et en vertueuses chrétiennes, en donnant leur foi à des époux qu'elles se sentaient capables d'aimer. Et leur choix a été bon, puisqu'elles savent les rendre heureux, et que leurs ménages sont deux ménages modèles. A la place de jeunes gens honnêtes, vous leur présentez un beau matin deux hommes dont l'âge ne se comptait plus. Oh! les grandes criminelles de n'avoir pas épousé leurs grands-pères!

— Alors, il fallait renoncer au mariage.

— Cela vous est bien facile à dire à l'âge où vous faites cette belle morale.

Toutes les raisons de l'abbé Olivier étaient bonnes, mais la dame ne les goûtait pas. Elle se plaignait un peu que l'abbé Olivier aimait à la taquiner au sujet de ses nièces, mais elle ne l'en estimait pas moins d'agir en bon curé qui cherche à réconcilier les familles.

Un jour, l'abbé Olivier est mandé chez un notaire de Paris. La dame était morte, et l'avait institué son légataire universel. Les actes de bienfaisance acquittés, il lui restait une somme ronde de trois cent mille francs à toucher. Pendant la lecture du testament, il entend la voix des nièces déshéritées dans le salon voisin. Il prie le notaire de lui confier le testament pour quelques instants.

— Vous ici, mesdames! leur dit-il. Vous ignorez donc le malheur qui vous frappe? Votre tante vous a déshéritées.

— Nous nous en doutions bien, et nous n'avions jamais compté sur sa succession. Nous sommes heureuses avec nos maris, et nous n'avons aucunement à nous repentir de ce que nous avons fait. Nous serons un peu moins riches, voilà tout.

— Et vous ne connaissez pas l'infâme ravisseur d'une fortune qui vous appartenait ? C'est moi, et moi seul qui suis légataire universel.

— Tant mieux, monsieur le curé. La fortune de notre tante ne pouvait pas être placée dans de meilleures mains que les vôtres : les pauvres s'en ressentiront.

Et l'abbé Olivier s'approche du foyer et livre le testament aux flammes. Puis se tournant vers les deux dames :

— Il n'y a plus de testament ; vous êtes les uniques héritières. Comme je n'ai plus besoin ici, trouvez bon que je me retire et que je vaque à mes devoirs.

Voilà l'homme sur la tête duquel on a fait passer des flots d'injures parce qu'il était un homme d'argent.

CHAPITRE II.

Edification de la paroisse Saint-Roch. — Appréciations. — Anecdotes.

I.

La paroisse la plus populeuse, mais aussi celle qui avait eu le plus besoin de réformes, avait pris, sous M. Olivier, l'aspect le plus digne : elle était devenue la plus fervente, la plus suivie pour les offices. Il avait fait véritablement renaître, dans son troupeau, les beaux jours de l'Eglise primitive. Il n'était pas rare de voir tous les fidèles assistant à la messe y communier, et avec un recueillement et un ordre qu'on eut vainement cherchés ailleurs. Les solennités du mois de Marie, qui commencèrent à revêtir à Saint-Roch toute leur pompe, et qui de là sont devenues si populaires, les octaves de la Fête-Dieu, de l'Adoration perpétuelle, les saluts des grandes Antiennes de l'Avent, mais surtout les retraites pascales et les premières communions jouissaient d'une renommée toute particulière. Elles étaient suivies de conversions éclatantes. Au spectacle d'une ferveur si édifiante, beaucoup d'hommes s'en allaient ébranlés, le cœur plein de remords de ne pas oser pratiquer des devoirs qui rendaient si heureuses les familles, et d'autres déterminés à se convertir et à fouler aux pieds tout respect humain.

II.

Nulle église ne pouvait désormais rivaliser avec Saint-Roch, ni pour la splendeur et la dignité du culte, ni pour la pompe et la beauté des cérémonies, ni pour la piété et le recueillement des fidèles, ni pour le nombre et l'éclat des bonnes œuvres, ni pour l'affluence incessante des auditeurs avides au pied de cette chaire, du haut de laquelle tombaient, avec une grâce infinie et une éloquence intarissable, les plus solides comme les plus suaves instructions chrétiennes que la capitale ait peut-être jamais entendues. Un témoin oculaire, très digne appréciateur, M. Trognon, le principal rédacteur de la biographie de M. Olivier dans les *Esquisses des orateurs sacrés*, nous édifiera bientôt à ce sujet. Aussi, un jour que l'on vantait avec juste raison, devant Mgr de Quélen, l'éloquence naissante de l'un des plus remarquables vicaires de M. Olivier, M. Dupanloup, depuis évêque d'Orléans, le prélat disait :

« Mais au moins vous conviendrez, monsieur, qu'il
« ne prêche ni mieux ni plus éloquemment que M. Oli-
« vier; car, qui prêche mieux et plus éloquemment
« que M. Olivier? »

Un seul homme animait cette vaste église et cette grande paroisse, un seul homme était l'âme de cette piété et de ce zèle, de ces bonnes œuvres, de cette régularité admirable qui distinguaient le clergé et les fidèles de la paroisse de Saint-Roch, et cet homme était celui dont Mgr de Quélen disait encore ce mot devenu célèbre :

« M. l'abbé Olivier n'est pas seulement le premier

« curé de Paris, il est le premier curé de France, et
« peut-être de la catholicité toute entière! »

Mgr de Quélen qui lui rendait ce glorieux témoignage, se plaisait à répéter qu'il n'avait vu, ni dans
l'Italie, ni à Rome, une pompe comparable à celle des
offices de Saint-Roch, une musique plus religieuse,
un chant plus convenable, une piété plus édifiante.
Les paroles de blâme que Mgr de Quélen a laissé tomber sur certaines solennités musicales, et que cite
l'abbé Orsini, ne s'appliquaient donc pas, dans sa pensée, à Saint-Roch, et le *Solitaire* s'est repenti de l'a-
voir attaqué à ce propos.

Ce n'était pas aux jours de grandes fêtes, quand
l'église était envahie par une foule d'étrangers et de
curieux avides, qu'il fallait juger de la piété et de la
ferveur de Saint-Roch, mais dans l'Avent, dans le
Carême, et dans les simples dimanches. Les jours de
fête, les fidèles venaient de grand matin faire leurs
dévotions et laissaient la place aux curieux. Certains
critiques ont trop confondu ces amateurs de spectacle
avec les vrais fidèles de Saint-Roch.

Las d'entendre la jalousie déverser ses blâmes sur
ce qui se passait à Saint-Roch, Mgr de Quélen vint
dans cette église le jour de la clôture d'une retraite
pascale. Il vit tous les fidèles dans le recueillement le
plus profond, rangés avec ordre et symétrie, et dont pas
un ne détourna la tête à son passage. Au moment de
la communion, l'assemblée entière se leva, et près de
six mille personnes reçurent la divine Eucharistie des
mains du prélat. Tous approchaient de l'autel avec
ordre et regagnaient leur place sans confusion, sans
rompre la régularité des lignes. Partout le silence,
l'adoration, la prière, la soumission à une discipline

et l'habitude du recueillement. Le bon et saint archevêque en pleurait de joie et d'attendrissement. En descendant les degrés de Saint-Roch, il se retourna vers l'église, et s'écria :

« Les lâches calomniateurs !!! Je viens de recevoir « ici la plus grande consolation de mon épiscopat. « Quelle église de Paris m'eût offert ce spectacle ? La « primitive église elle-même a-t-elle jamais rien vu « de pareil, rien de plus beau et de plus édifiant ! « Voilà les fruits du zèle de M. Olivier ! Par les fruits, « je juge l'arbre. »

En témoignage public de son estime et de son admiration pour le curé de Saint-Roch, Mgr de Quélen le fit chanoine honoraire de la métropole.

III.

La dernière parole de Mgr l'archevêque de Paris me rappelle une discussion très intéressante sur M. Olivier, dont je fus le témoin chez M. Picot, ce juste, ce sage, cet homme admirable, qui rédigeait encore, à cette époque, l'*Ami de la Religion*.

Il y avait là un ecclésiastique de Paris, très influent alors, qui redoutait en l'abbé Olivier plus qu'un rival, mais un maître, car il était question du curé de Saint-Roch pour coadjuteur de Paris. Cet abbé soutenait charitablement que tout le bien que l'on vantait à Saint-Roch n'était qu'une apparence, que tout était pour la pompe, pour la vanité, pour l'éclat et le bruit. Les médiocrités jalouses en sont réduites à interpréter le bien même en mal : quel aveu naïf d'impuissance ! Mais M. Picot, qui avait toujours son franc parler,

trancha la question dans le vif avec sa manière inci-
sive :

« Je croyais, disait-il, qu'un prêtre jugeait toujours
« un autre prêtre d'après les maximes de l'Evangile,
« et que pour savoir si un arbre était bon, il regardait
« les fruits qu'il porte. Avant M. Olivier, la paroisse de
« Saint-Roch était la pire paroisse de Paris : elle est
« maintenant la plus célèbre. Il y avait, cette année,
« six mille communiants à Pâques. Vous ne me ferez
« jamais croire que tous étaient des sacrilèges ; on ne
« communie plus aujourd'hui par hypocrisie ; il y
« avait autrefois l'hypocrisie du vice et de l'impiété ;
« il y a aujourd'hui l'hypocrisie de la vertu et de la
« religion qui n'osent se montrer. Je dis donc qu'il y
« a dans Saint-Roch une piété réelle, et autre chose
« que de vains dehors : des chrétiens qui communient
« sont des chrétiens sincères. Avant M. Olivier, cette
« paroisse comptait à peine douze cents communiants :
« mettons deux mille. Voilà donc quatre mille conver-
« sions, sans compter celles du dehors. Quand je vois
« de tels fruits, je suis bien sûr que l'arbre qui les
« porte est bon. Allons, un peu de franchise, et con-
« venons que l'on reproche à M. Olivier les succès de
« son zèle. Il ne faut pas être un grand philosophe
« pour s'apercevoir qu'au fond de tout cela il y a un
« peu, et peut-être beaucoup de jalousie. »

Après de telles paroles, la conversation changea
immédiatement d'objet, et elles me parurent si remarquables, que je les consignai le soir même dans
mes souvenirs.

Quelques jours auparavant, comme j'avais déjà entendu beaucoup parler de M. Olivier, j'avais demandé
à M. Picot ce que c'était donc que ce curé de Saint-

Roch, dont je trouvais le nom dans toutes les bouches.
Il me répondit : « C'est un homme qui a de tout, un
« peu de trop : trop d'esprit, trop d'éloquence, trop
« de zèle, trop d'amabilité, trop de générosité, trop
« de bonté. Il pense tout haut, et, par conséquent, il
« a trop de franchise ; il ne doute de rien, et, par con-
« séquent, il entreprend trop vite ; il juge les autres
« d'après lui-même, et il est par conséquent trop con-
« fiant. Il passe à travers tout, et réussit. En chaire,
« comme c'est un grand théologien, il est parfait et
« modéré. En dehors de sa paroisse, vous en entendrez
« dire du mal ; mais à Saint-Roch, on l'aime, on l'a-
« dore, et quiconque l'y blâmerait, serait mal venu. »

IV.

M. Olivier avait donc dès lors des détracteurs qui
déchiraient en lambeaux sa réputation, des ennemis
auxquels sa gloire ne donnait aucun repos, et disons
avec Mgr de Quélen, *ses lâches calomniateurs.* Faut-il
s'en étonner ? Il avait des succès, et il allait grandir
encore. Pauvre humanité !

Dans les mains d'une Providence miséricordieuse,
les croix, les tribulations étaient peut-être nécessaires
à l'abbé Olivier. Elle lui témoignait son amour en
ne les lui ménageant pas. Qui sait si, sans elles, il
n'eut pas été ébloui par sa gloire ? Vanté par son archevêque, recherché à la cour, aimé des grands, environné d'hommages par tout ce que Paris avait de plus
illustre, admiré de la foule qui se pressait sur ses pas,
qui se suspendait à ses lèvres, adoré dans sa paroisse,
chéri de tous les prêtres heureux de travailler sous

ses ordres, qui sait si, sans ses détracteurs, il n'eut pas succombé aux fumées de l'amour-propre ? On lui a souvent entendu dire à lui-même : « Dieu a toujours « pris soin de me maintenir dans l'humilité en m'en- « voyant des ennemis et en me faisant ressentir les « effets de leur haine après chaque succès. Qu'il en « soit à jamais béni ! »

Aussi certains journaux, qui payaient leur pain de chaque jour avec du dénigrement et du scandale, l'attaquaient à peu près tous les matins, s'attachaient à lui de préférence, parce qu'ils lui savaient un sang plus riche à sucer, et aussi parce que étant plus haut, plus en vue, plus dédaigneux de se défendre, il donnait plus de prise. Mais l'excès même de leurs efforts, comme nous l'avons vu plus tard à Évreux, en faisait l'impuissance, et son impassibilité mettait mieux en relief la trempe de sa vertu et l'énergie de son caractère. Les peintres, dans leurs tableaux, placent presque toujours des démons à côté des anges : ils aiment ce contraste, qui est un des plus puissants effets de leur art. Quand Rome conduisait ses triomphateurs au Capitole, pour rehausser leur gloire, elle faisait chanter des vers satiriques derrière leur char. C'était aussi l'avis du poète Chedeau, qui, à l'occasion de la fête de M. Olivier, faisait retentir de mâles accents sur sa lyre :

. . . .
. . . , ...

Peut-être à quelques-uns paraîtrai-je peu sage?
Mais je suis fier encore d'un tout autre suffrage :
Si j'aime à tes côtés une escorte d'amis,
J'aime aussi sur tes pas un essaim d'ennemis.
C'est la condition de notre humaine vie,

Qu'aux grands talents toujours doit s'attacher l'envie,
Mégère à l'œil oblique, à la langue de feu.
Tant qu'un homme est obscur, de lui qu'on parle peu,
Elle amollit, s'il faut, le duvet de sa couche.
Mais son nom surgit-il, volant de bouche en bouche ;
La guerre est déclarée, et guerre sans repos ;
Elle aiguise ses traits sur les moindres propos,
Et, cachant de son fiel le subtil artifice,
Distille le venin de sa noire malice.
Qu'importent la vertu, des sentiments humains,
L'aumône à l'indigent versée à pleines mains,
De beaux enseignements, éloquente parole
Du salut éternel annonçant le symbole,
La foule environnant l'autel jadis désert,
Aux élans généreux un cœur toujours ouvert ;
L'envie étend surtout son insolent domaine,
Même la charité soulève encore sa haine,
La douce charité, cet ange des douleurs,
Qui descendait du ciel pour adoucir les pleurs !
Mais inspiré d'en haut un illustre courage
Ne s'intimide pas à quelque vil outrage,
Et sans compter jamais les heureux qu'il a faits
A l'injure répond par de nouveaux bienfaits.

V.

Quant à lui, les succès des autres le rendaient heureux, et il aimait à faire valoir leurs talents. Il appelait dans la chaire de Saint-Roch les prédicateurs les plus célèbres, MM. Dufêtre, Cœur, Dupanloup, Certes, Coquereau, dont les quatre premiers sont évêques et l'autre pas encore ; MM. Comballot, Duguerry, Marcellin. Les révérends pères Lacordaire et de Ravignan, deux aigles dont le vol planait si haut, donnèrent aussi à Saint-Roch plusieurs sermons, et tant d'autres.

A quelqu'un qui lui demandait son avis sur le genre d'éloquence de M. Cœur, il répondit : « Je ne puis le « juger, car je l'admire toujours. Son dernier sermon « me paraît toujours le plus beau, et nulle part je n'ai « rencontré une plus grande élévation d'idées, une « métaphysique chrétienne plus sublime. Je suis « ébloui : il m'emporte dans son vol. » Il aimait la sagesse et l'égalité de M. Dufêtre : « Voilà un pré- « dicateur comme il nous en faut, disait-il; il édifie, « il convertit, il intéresse toujours. » Les fougues de M. Comballot l'effrayaient un peu; l'enthousiasme du hardi improvisateur nuisait à la précision du théolo- gien, mais il rendait pleine justice à sa foi, à son cœur brûlant d'apôtre, à la sève abondante et à la chaleur de ses discours. Quant au révérend père La- cordaire, il aurait voulu une autre direction à son incontestable talent. Un langage si nouveau dans la langue théologique, ses excentricités l'étonnaient beaucoup, et il déplorait, dans le genre d'éloquence qu'il intronisait, la ruine de la véritable éloquence évangélique. Il plaçait, dans son estime, M. de Ravi- gnan bien au-dessus de M. Lacordaire.

M. l'abbé Coquereau était pour M. Olivier un fils de prédilection qu'il aimait à produire et à faire con- naître. « Il y avait dans sa parole, dit un des bio- « graphes, un accent imposant et solennel, des idées « hautes, heureusement rendues et soutenues par un « débit verbeux et chaud; il se livrait parfois à une « éloquence abrupte, coupée de soubresauts, indisci- « plinée et emportée jusqu'à l'exaltation fébrile, mais « sillonnée de lueurs et d'éclairs, au point que le

« nombre de ses auditeurs, parmi lesquels il comptait
« des hommes d'élite venus exprès pour l'entendre,
« grossissait à chaque sermon, frémissait et tressail-
« lait par instants. » M. Olivier lui fit prêcher un carême à Saint-Roch. La reine des Français était assidue à ses prédications, et elle lui dit un jour lorsqu'il
descendait de chaire : « Monsieur l'abbé, vous avez
« parlé comme un apôtre. — Madame, répondit aus-
« sitôt M. Coquereau, la vie d'une reine comme vous
« est bien plus éloquente que mes paroles. » M. Coquereau quitta la chaire de Saint-Roch pour aller
évangéliser dans le diocèse de Carcassonne, et M.
Olivier eut bientôt une merveilleuse occasion de lui
prouver que l'ami absent était toujours présent à sa
pensée.

VI.

Depuis longtemps déjà Louis-Philippe avait apprécié le rare mérite du curé de Saint-Roch, et trois ans
après sa nomination à cette cure, il l'avait fait chevalier de l'ordre royal de la Légion-d'Honneur. Il l'avait
aussi appelé dans le conseil d'examen des écoles pri-
maires. Il est faux que dans ces humbles fonctions
d'examinateur, M. Olivier se plût à effrayer les pauvres aspirants au brevet de capacité, et qu'il prît *un
plaisir sans égal à leur dire : vous êtes refusé.* Il prenait, au contraire, plaisir à les voir bien répondre ; il
les aidait par la clarté et la netteté des questions
qu'il leur posait, et les félicitait du soin qu'ils avaient
apporté à bien savoir leur religion. Il était encore
membre de plusieurs autres commissions.

Louis-Philippe avait beaucoup de goût pour lui. Il n'admettait pas un seul évêque à l'honneur de sa table que le curé de Saint-Roch ne fût aussi invité, tant il se plaisait à honorer en lui le curé modèle. Il avait une grande confiance en ses lumières, et prenait ses avis sur toutes les affaires épineuses du clergé.

Son crédit à la cour était tellement connu que c'était par centaines qu'on lui envoyait des pétitions pour être apostillées et présentées par lui au roi, à la reine, aux princes et aux princesses, et l'on se tenait assuré du succès quand on était appuyé par lui. Fréquemment des évêques eurent recours à son obligeance qui ne faisait défaut à personne. Madame Adelaïde l'aimait beaucoup, et le duc et la duchesse d'Orléans avaient en lui une confiance toute particulière, à tel point que le prince royal, effrayé des dettes que le roi contractait, eut recours à lui pour engager Sa Majesté à modérer ses dépenses et ses libéralités. « Mes frères « et mes sœurs, lui disait le prince à cette occasion, « comptent naturellement à la mort du roi sur une « riche succession, sur de beaux apanages, et je vois « le déficit du domaine privé s'accumuler au point que, « si cela continue, ils n'auront un jour que des char- « ges à partager. Si je dois être roi, Sa Majesté me « crée là un embarras inextricable au commencement « de mon règne. »

C'est une croyance générale que M. Olivier était le confesseur de la reine. Il n'en est rien cependant. Elle avait une si grande confiance en ses lumières, elle goûtait tellement ses instructions qu'elle a pu, qu'elle a dû même le consulter souvent sur des affaires de conscience : son confesseur était un simple vicaire de Saint-Philippe-du-Roule.

VII.

Or, tandis que M. l'abbé Coquereau prêchait tranquillement à Narbonne et sans se douter le moins du monde que son nom pût être prononcé à la cour, Louis-Philippe confiait à M. Olivier, chez la reine, le secret de l'expédition qui allait être faite à Sainte-Hélène, sous le commandement du prince de Joinville, pour en rapporter le corps de l'Empereur. Un prêtre devait nécessairement en faire partie. Mais qui choisir pour une mission si délicate? Il fallait un ecclésiastique capable de se faire aimer et respecter des officiers et des marins. Là était l'embarras du roi. « Je connais, dit « M. Olivier, un bon prêtre, jeune, plein de talent et « de force, éloquent prédicateur, de manières distin- « guées, très franc, cœur chaud et ouvert, qui réunit « toutes les qualités que Votre Majesté désire rencon- « trer en un seul homme. » Et il nomma l'abbé Co- quereau. La reine, qui n'avait pas oublié les prédica- tions de Saint-Roch, joignit son suffrage à celui de M. Olivier, et appuya fortement auprès du roi. Le nom de l'abbé Coquereau rappela dans la mémoire de Louis-Philippe un souvenir. « Mais c'est à merveille, reprit- « il, il est déjà avantageusement connu dans la ma- « rine. Ce doit être ce même prédicateur de Brest « auquel les officiers du *Diadème* ont offert un ban- « quet à bord de leur navire. — Lui-même, répondit « M. Olivier. — Alors c'est une affaire décidée, ajouta « le roi; écrivez-lui de ma part de se rendre immé- « diatement à Paris : je le nomme aumônier de l'ex- « pédition. »

En effet, en 1837, M. l'abbé Coquereau prêchait la station du carême à Brest, ville maritime et bruyante, et les officiers en rade, les soldats de la garnison, les autorités locales accouraient avides de l'entendre, et se confondaient parmi les flots de la foule. Lorsque le carême fut achevé, les officiers du *Diadême* pour le remercier à leur façon, lui offrirent à bord un banquet où le bon goût s'allia à la cordialité la plus franche. Quand il adressa ses adieux à l'auditoire entassé autour de lui, des larmes coulèrent de tous les yeux.

Le 19 mai 1840, M. Coquereau reçut à Narbonne une lettre *pressée*, timbrée à Paris du 15 mai, avec un cachet en cire rouge sur lequel se voyait une croix entourée de cette légende : *paroisse Saint-Roch*. Il l'ouvrit et lut :

« Très cher abbé, je suppose que je vais recevoir la
« réponse à ma seconde lettre, je la suppose telle que
« je la veux. Maintenant, entre nous, le roi vous a
« désigné pour accompagner Son Altesse Royale le
« prince de Joinville à Sainte-Hélène, et y prendre et
« en rapporter les cendres de l'Empereur.

« Cette mission vous plaît-elle ? Elle durera quatre
« mois à peu près.

« Il faut l'habit ecclésiastique toujours, la gravité
« douce du prêtre, l'exemple constant d'une piété
« vraie et sincère, de l'instruction.

« J'ai répondu pour vous. Etre toujours à la table de
« l'état-major avec des hommes qui s'oublieront peut-
« être quelquefois, et faire toujours respecter la reli-
« gion et son ministre, voilà le devoir. Me répondre
« de suite courrier par courrier, c'est l'ordre que je
« reçois. Une lettre à montrer qui accepte ou qui re-

« fuse, une lettre pour moi seul qui cause à cœur ou-
« vert. Il faut dire *oui*, selon moi. Tout à vous.

    « 14 mai.

« OLIVIER. »

La France sait comment l'abbé Coquereau s'acquitta de cette belle et glorieuse mission, et comment
au retour il fut décoré en pleine revue par le roi, et
nommé chanoine du chapitre royal de Saint-Denis.
Mogador et Tanger le virent ensuite impassible sous
une pluie de bombes et de boulets, et la croix d'officier de la Légion-d'Honneur a brillé sur sa poitrine.
Ces deux missions ont préparé et inauguré une œuvre
vivement désirée par tous les cœurs vraiment chrétiens : l'aumônerie de la marine, avec M. Coquereau
pour chef, a été créée, et le pavillon français ne va
plus affronter les périls de la mer et des combats
sans un prêtre qui attire sur lui la protection du ciel.

Cette institution prélude sans doute à l'aumônerie
de la guerre, et c'est encore dans la piété de la reine
Marie-Amélie, toujours si assidue et si attentive à
toutes les prédications de l'abbé Olivier, qu'il faudra
aller en chercher l'heureuse et féconde initiative. Le
3 juin 1841, elle écrivait de Neuilly à Mgr l'évêque
d'Alger :

« Je vous remercie de l'assurance que vous me don-
« nez que mon vœu le plus ardent est accompli, et
« que dorénavant il y aura toujours un prêtre qui
« accompagnera notre brave armée dans ses diverses
« expéditions militaires. C'est une grande tranquillité
« pour mon cœur, car vous savez bien que le salut des
« âmes que j'aime est le premier de tous mes vœux,
« et il était bien triste, en perdant nos braves, d'avoir

« la douleur de les voir périr sans les secours et les
« consolations de notre sainte religion. »

La même pensée religieuse a inspiré Napoléon III
quand il a fait suivre l'armée d'Orient par des aumô-
niers de guerre.

VIII.

Les ministres consultaient aussi fréquemment M. le
curé de Saint-Roch dans les affaires délicates concer-
nant la religion, la morale et l'instruction publique.
En 1840, M. Martin (du Nord) l'avait prié de lui dire
son avis sur un livre, l'*Evangile du Peuple*, qui causait un grand scandale, et M. Olivier lui adressa le
rapport suivant :

« J'ai l'honneur de renvoyer à Votre Excellence le
« livre qui a pour titre l'*Evangile du Peuple*, et que
« j'ai lu par son ordre.

« J'ai marqué au crayon les passages les plus ré-
« préhensibles ; ils sont innombrables. Je ne crains pas
« d'assurer à M. le garde des sceaux que jamais livre
« n'a plus mérité la vindicte des lois. Sa circulation
« en France ou à l'étranger serait plus funeste au
« peuple que la circulation de poisons inconnus. *Le*
« *style* est celui qui convient aux passions ; il est em-
« preint d'un certain caractère d'imitation biblique
« qui rappelle le livre d'un *Croyant*.

« Phrases coupées, mots à effet, trivialité et enflure
« de langage ; point de transition, nulle suite, aucun
« rapport dans les idées.

« *La marche ou le plan de l'auteur* se dessine ainsi :
« Des textes tronqués. Tous les antécédents ou tous

« les conséquents supprimés, une altération perpé-
« tuelle du sens par une traduction frauduleuse, le
« silence le plus profond sur tous les passages capa-
« bles de donner un démenti formel aux principes sub-
« versifs qu'on veut faire admettre, une négation dé-
« tournée des miracles comparés à la magie, à l'élec-
« tricité, au magnétisme, etc., tous les dogmes ruinés
« par un système de symboles figuratifs, la person-
« nalité du Sauveur renversée par la substitution du
« genre humain dont Jésus-Christ n'est qu'un sym-
« bole, le mépris le plus insultant jeté à la vertu, la
« plus basse indulgence prodiguée sans mélange de
« blâme aux inclinations vicieuses ou criminelles.

« *Le moyen de l'auteur*, c'est l'Evangile, regardé
« par tous les chrétiens comme un livre divin et ren-
« fermant d'office toutes les doctrines qui doivent
« renverser l'édifice de la société actuelle.

« *La pensée unique de l'auteur* est celle-ci : il faut
« détruire tout ce qui existe.

« *L'impression que doit produire ce livre* n'est pas
« douteuse : c'est l'indifférence absolue pour toute
« pratique religieuse, la haine des rois, le partage de
« tous les biens, le fer, le feu, la flamme sur tout ce
« qui s'élève au-dessus du niveau du peuple.

« Pour l'homme sage, modéré, mais ignorant, l'*E-*
« *vangile* sera le plus infâme des livres ; pour l'homme
« déjà agité par les passions tumultueuses qui frémis-
« sent autour de lui, ce livre imposera silence à tous
« ses remords, le poussera aux derniers désordres et
« fera le fanatique le plus fougueux. »

IX.

M. Olivier entretenait des relations de bon voisinage et vivait en parfaite intelligence avec les autres curés des grandes paroisses de Paris, qui l'aimaient comme un ami sûr, et comme un excellent collègue. Tous les premiers vendredis du mois, il les réunissait à sa table qui n'était jamais magnifique ni recherchée, mais qui était toujours assaisonnée par l'esprit, la grâce, la gaieté et la plus franche cordialité.

Dans une de ces réunions, les curés de Paris prièrent M. Olivier de s'interposer auprès de Mgr l'archevêque pour le supplier en leur nom d'aviser au moyen de mettre fin à un scandale qui affligeait l'Eglise de Paris. Il s'agissait du schisme qui avait éclaté à l'Assomption, paroisse de la Madeleine, entre les vicaires et le curé. M. Beuzelin s'appuyait sur son droit de gouverner sa paroisse comme il l'entendait. MM. Dupanloup et Pététot, ses vicaires, suivaient une autre marche, et se couvraient de l'approbation de leur archevêque. Mgr de Quélen, en effet, avait pris feu pour leur cause, et, afin de contraindre M. le curé de la Madeleine à donner raison à ses vicaires, il l'avait un bon jour privé de tout son clergé, de sorte que l'administration de sa vaste paroisse lui était devenue à peu près impossible. Toutes les œuvres languissaient; les enfants restaient sans-instruction; les malades mouraient sans sacrements.

Il y avait près d'un an que durait ce triste état de choses, au grand détriment de la religion. « Il faut ab-« solument arranger cette affaire, dirent les curés de « Paris à M. Olivier, et nous vous avons choisi pour

« intermédiaire. Nul ne peut mieux réussir que vous.
« M. de Quélen vous aime et vous écoute volontiers.
« Personne n'a plus de crédit que vous sur son es-
« prit.

« — Je vous cède, Messieurs, leur dit M. Olivier,
« parce que je vois la gloire de Dieu et le salut de
« nos frères intéressés dans cette question. Mais sou-
« venez-vous bien qu'à partir de ce jour je perds toute
« faveur auprès de Mgr l'archevêque. J'espère réussir,
« parce qu'il est bon et que ses vues sont droites.
« Mais Celui que vous savez profitera de cette occa-
« sion pour tâcher de me perdre dans son esprit, et
« finira par lui persuader que j'ai pris parti contre
« lui dans cette affaire. »

M. Olivier se rendit donc auprès de M. de Quélen
pour lui porter les vœux du clergé de Paris. « —Com-
« ment sortir de cet embarras, lui dit le prélat.
« Est-ce à l'évêque de céder ? — Oui, Monseigneur,
« quelquefois, parce qu'il est père. Mais je ne viens
« pas vous proposer de manquer à la dignité épisco-
« pale qui doit toujours être sauvegardée. Au prix
« d'un grand sacrifice, je pense vous offrir un moyen
« de tout concilier et de ne mécontenter personne. —
« Ce moyen je ne demande pas mieux que de le pren-
« dre s'il est praticable, car mon cœur ne désire que
« la paix. Quel sacrifice doit-il me coûter ? — Aucun
« pour vous, Monseigneur ; il retombe tout entier sur
« moi. Je recevrai pour collaborateurs les prêtres de
« l'Assomption, et les prêtres de ma paroisse iront à
« l'Assomption. » Ainsi la paix fut faite, le clergé de
Paris consolé, les fidèles édifiés, et M. de Quélen
délivré d'une épine qui le blessait cruellement.

M. de Quélen chargea en même temps M. Olivier

d'une autre négociation non moins difficile : il s'agissait de ramener un malheureux prêtre dans le giron de l'Eglise. Si M. Olivier a échoué dans cette mission, c'est qu'il est des esprits opiniâtres et des mauvais cœurs qui veulent persévérer dans la voie de Caïn, et ne savent pas profiter du regard qui a relevé saint Pierre de sa chute.

X.

Comme homme privé, M. Olivier était chéri de tous ceux qui avaient le bonheur de l'approcher. Interrogez les prêtres qui ont vécu avec lui et qui sont encore nombreux, ils ne le haïssaient pas, mais ils l'aimaient à l'adoration. Ils sont demeurés tous fidèles à l'amitié, à l'estime qu'ils lui ont vouées ; ils le proclament hautement leur bienfaiteur et leur père.

« Son clergé l'aimait avec âme, m'a écrit l'un d'eux, « et comment en aurait-il été autrement ? Il était leur « père bien plus que leur maître ? »

Sur le modèle des conférences que plusieurs évêques avaient établies dans leurs diocèses, M. Olivier réunissait au presbytère, où il avait dépensé près de vingt mille francs pour le rendre habitable, les ecclésiastiques vicaires et prêtres administrateurs attachés à son église. Parmi eux nous comptons MM. Lecourtier, de Rolleau, Dupanloup, Gallard, Pététot, Angenend, Leblanc, Legrand, Roquette, Fraisse, Dupré, Guyton, Dominique Olivier, Chartrain, Grellet, Legonidec, Berganion, et tant d'autres encore pour lesquels leur passage à Saint-Roch, sous M. Olivier, a été une véritable illustration. Ces conférences avaient lieu le premier mardi de chaque mois. C'était une espèce de petit synode dont il était l'âme. Le curé y expliquait lui-même l'Ecriture Sainte, et un point de discipline ecclésiastique, puis il y avait une conférence de théologie où tous prenaient part. On y traitait des matières les plus difficiles et les plus délicates du dogme et de la morale. Chacun soutenait à son tour une thèse imposée que discutaient ensuite les autres.

Les séances se terminaient par un dîner simple, mais bien agréable, parce que le pasteur l'animait par sa gaîté. Tous les jeudis et les dimanches, et même tous les jours, si cela leur était agréable, M. Olivier recevait le soir à son salon tous les prêtres attachés à sa paroisse. Il mettait à leur disposition sa bibliothèque, son foyer et un excellent billard. Mais toutefois la récréation au billard n'avait lieu que les jeudi et dimanche. Si quelqu'un d'entre eux était quelques jours de suite sans se montrer, M Olivier montait chez lui pour s'informer s'il n'avait point quelque peine sur le cœur. Ainsi, dans ce clergé modèle, il n'y avait point de disputes, point de rancunes, point de rivalités, point de jalousies, mais une union franche, qui faisait l'édification des fidèles, et la plus parfaite cordialité. Sans doute il voulait l'ordre, la régularité, la ponctualité, et maintenait vigoureusement la discipline intérieure de l'église. Mais on le savait bon, et personne ne se formalisait des vivacités de son zèle. S'il adressait quelquefois des reproches aux négligents, il finissait toujours par des pensées d'encouragement.

Aussi pendant les neuf ans qu'il a gouverné la paroisse de Saint-Roch, est-il un prêtre qui ait eu à se plaindre de lui, dont il n'ait mis les talents et le mérite en relief, dont il n'ait favorisé l'avancement, dont

14

il n'ait assuré la tranquillité, le calme, le repos après un travail consciencieux? Ceux qui ont été dans le besoin n'ont jamais eu en vain recours à sa générosité. Il ne se contentait pas de leur abandonner son presbytère, de leur consacrer ses soirées, il menait encore une partie de ses prêtres à la campagne pour leur donner plus de marques d'une véritable affection. Aussi que de pleurs ont été versés quand il dut quitter Saint-Roch! que de regrets et de gémissements! Nous perdons *un bon père*, disaient les vieux prêtres de la paroisse, les humbles administrateurs! *Qui prendra soin de nous?* disaient les pauvres. *On nous chassera du paradis après son départ!*

XI.

M. Olivier, étant curé de Saint-Roch, recevait beaucoup de visites, la haute noblesse, les plus illustres personnages, les notabilités de la finance, les riches et les pauvres, mais il en rendait peu. Accessible à tous, tous les jours les fidèles pouvaient communiquer avec lui à l'église, et trois fois la semaine le public qui avait à lui parler chez lui. Une partie de ses nuits était consacrée à une correspondance écrasante!

On ne se lassait pas de l'entendre parler. Chacun voulait jouir de sa conversation. Rien de plus aimable, de plus gai. Jamais une parole inconvenante; jamais une médisance, jamais une parole amère pour ses ennemis!

Sans être ami du monde plus que de raison, dans ses rares moments libres, à l'heure des réceptions de l'après-midi et des soirées, M. Olivier le fréquentait, parce qu'il le fallait, et il semait partout l'esprit à pleines mains, avec la gaîté et les ris. Si, en chaire, la plénitude et la sonorité manquaient à sa voix, dans la vie privée, la vie intime, elle devenait un délicieux instrument de causerie vive, soudaine, pleine de grâce et de naturel. Il narrait d'une manière admirable, et sa mémoire lui fournissait une foule de traits historiques qu'il rajeunissait et rendait intéressants par sa manière de les dire. Sa conversation étincelait d'une foule de mots heureux qui eussent suffi à la réputation de plusieurs hommes d'esprit. Les grâces de son langage, la vivacité de son esprit étaient telles, qu'il comptait dans les salons de Paris presque autant d'admirateurs qu'il avait d'auditeurs empressés lorsque, du haut de la chaire de vérité, il faisait entendre la parole divine.

La Chaussée-d'Antin l'idolâtrait sans réserve, le faubourg Saint-Germain le recherchait, l'estimait et l'honorait, tout en cherchant à le contredire, non par opposition, mais pour le plaisir de lui voir mettre en œuvre les ressources prodigieuses d'une dialectique mordante, railleuse.

C'est après une de ces soirées où M. Olivier avait prodigué les charmes d'une conversation étincelante de verve et d'esprit, qu'un des convives de madame la comtesse de D.,.., dont la table était toujours excellente, se plaignait, en quittant l'hôtel, d'avoir mal dîné. Son interlocuteur paraissant étonné : « Le curé « de Saint-Roch était là, ajouta-t-il, et, en l'écoutant, « j'ai oublié de manger. »

La pomme de discorde, on le pense bien, était la politique : l'ami de Louis-Philippe n'en avait jamais peur et ne reculait pas. La lutte engagée, il était ra-

vissant de raison et de sophisme, de colère et d'amabilité, de suffisance et de bonhommie. Si on lui rappelait la bienveillance de l'ancienne cour pour lui, et ses
chaudes sympathies pour celui que l'on appelait l'Enfant
du miracle, il les avouait, et n'avait que des paroles
du plus profond respect pour d'aussi grandes infortunes ; mais enfin, ce n'était pas lui qui avait fait la
révolution ; c'était encore le sang de saint Louis et
de Henri IV qui coulait dans les veines des maîtres de
la France, et ne fallait-il pas bénir la Providence
d'avoir affermi un trône sur un sol tourmenté par les
volcans. Il était, avec M. Guizot, le partisan de la
fameuse conjonction *parce que*, opposée au *quoique* de
M. Dupin.

Mais s'il s'agissait d'une question théologique ou
d'une controverse quelconque étrangère à la politique
du moment, il se surpassait lui-même n'ayant pas à
ménager des susceptibilités vénérables, et se maintenant toujours dans le domaine de la conversation
familière où il sentait très bien qu'était sa puissance.

Il eut un jour un assaut à soutenir, non contre un
des plus célèbres professeurs de l'Allemagne, comme
on l'a dit, mais bien contre Mgr Garibaldi, internonce du Saint-Siége près la cour de France, diplomate
et théologien, dialecticien subtil et périlleux s'il en fut
jamais, intrépide champion, en sa qualité de romain,
de l'infaillibilité du pape. De part et d'autre la chaleur
fut grande ; il y eut des éclats de foudre, des alterna-
tives dramatiques, et réellement des prodiges de valeur. M. Olivier était trop fort sur la question pour
mordre à la fin la poussière ; mais un sentiment exquis
de politesse et de convenance le porta à laisser croire
à son puissant adversaire qu'il était le vainqueur, et

le prélat s'écria, en lui serrant la main et en regardant l'assistance : *Quel prince d'argumentation!*

M. de Genoude tenta aussi d'entrer en lice avec lui, mais M. de Genoude, brillant écrivain, publiciste ardent, n'était pas théologien.

XII.

C'est à la présence d'esprit de M. Olivier dans la conversation qu'il faut rapporter un trait que je tiens de lui-même, que j'ai consigné le soir même dans mes souvenirs, ce que je remarque une dernière fois pour toutes. Je vais le raconter avec tous les ménagements possibles.

Etant curé de Saint-Etienne-du-Mont, M. Olivier avait connu un ecclésiastique doué d'un véritable mérite. Celui-ci avait du savoir, de l'esprit, de la finesse. La révolution de 1830 l'avait rejeté dans ses montagnes natales où il occupait un emploi très minime, et il avait sans cesse les yeux tournés vers Paris où l'attendaient des destinées plus heureuses...... Vers 1833 il revint dans la capitale, bien chétif, et sans ressource. M. Olivier venait d'être nommé curé de Saint-Roch, et jouissait d'une grande faveur auprès de son archevêque. Cet ecclésiastique s'adressa donc à M. Olivier, et lui rappela qu'à Saint-Etienne il avait été l'un de ses plus chaleureux admirateurs. « Mon Dieu, lui dit M. « Olivier, je suis vraiment désolé de ne pouvoir en ce « moment vous offrir dans mon église une place convenable. Mais comment mettre un homme de votre « mérite à la queue de mon clergé? Je pourrais ce-

« pendant vous créer une position à part en vous met-
« tant à la tête de... Et il lui désigna l'emploi. — Oh!
« Monsieur le curé, ce serait me rendre le plus grand
« des services pour lequel je serais reconnaissant
« toute ma vie. »

L'emploi lui fut donc confié, et il s'en acquitta à
merveille. Il se confondait en attentions auprès de son
bienfaiteur.

Or, dans la multitude des charges importantes du
diocèse de Paris, il y en avait une qui était fort mal
remplie au gré de Mgr de Quélen, et le prélat s'en
plaignait amèrement à M. Olivier. « N'est-il pas dou-
« loureux, disait-il, de ne pouvoir trouver dans tout
« mon clergé un seul ecclésiastique qui réunisse tou-
« tes les qualités nécessaires à un poste auquel j'atta-
« che une si juste importance! » Et M. Olivier de répondre qu'il avait dans son clergé cet homme introu-
vable. « — Et qui donc? — M. l'abbé X... — Ne me
« parlez pas de cet abbé là, je ne puis le souffrir. »
Un autre jour, comme Mgr l'archevêque continuait de
se plaindre, M. Olivier lui dit encore : « Monseigneur,
« si Votre Grandeur me faisait l'honneur de m'écou-
« ter, j'ai certainement l'homme qu'il vous faut, M.
« l'abbé X... Je réponds de ses succès. » Mgr de Quélen répartit vivement : « Encore cet abbé là ! Je vous
« avoue que sa vue seule me fait mal. Il a l'air si
« bourgeois, il est si bassement patelin, que je ne
« puis surmonter mon antipathie pour lui. Voyons,
« vous qui êtes franc, dites-moi une bonne fois si Tar-
« tufe avait un autre visage? Ne m'en parlez plus. »
M. Olivier qui ne se décourageait jamais et qui
mettait presque toujours une sorte d'obstination à
suivre une pensée qu'il avait conçue, revint cependant

une troisième fois à la charge. « Monseigneur, lui dit-
« il, daignez au moins vous mettre une seule fois en
« relation avec M. l'abbé X..., causez-lui, et faites-le
« causer. Voyez par vous-même ce qu'il y a au fond de
« cet homme. J'ai la confiance que vous en serez con-
« tent. » Mgr de Quélen céda. Il consentit à voir M.
l'abbé X... qui ne lui déplut pas autant qu'il l'avait
cru. Les préventions qui couvrent un homme de mérite lui sont presque toujours avantageuses. La valeur
qu'on avait d'abord méconnue n'en paraît que plus
précieuse à celui qui la découvre, surtout s'il a l'âme
assez honnête pour convenir de son erreur. « Je me
« serai donc trompé, » se dit le noble prélat. Et croyant
avoir une injustice à réparer, il n'hésite plus à confier
à M. l'abbé X.... l'emploi important qui lui causait
tant de souci. Celui-ci, dans sa nouvelle charge, dé-
passa toutes les espérances que M. Olivier avait fait
concevoir de lui. Mgr de Quélen s'était enfin habitué
à son visage, et M. l'abbé X... s'insinua de plus en
plus dans sa faveur. Il eut le talent de se rendre nécessaire .   .   .   .
.   .   .   .

Il faut vraiment que la reconnaissance soit bien
lourde à porter. Du moment où M. l'abbé X... fut au
comble de ses désirs, il ne remit plus les pieds sur le
seuil hospitalier du presbytère de Saint-Roch. S'il
n'eût eu encore que l'ingratitude de l'oubli ! Mais il y
joignit bientôt celle du mal fait contre le bien. Il se
rangea dans la cohue jalouse qui déblatérait contre
l'immortel curé de Saint-Roch; il n'omit rien pour
le perdre dans l'esprit de Mgr de Quélen, et sa perfidie était d'autant plus enflammée qu'il ne pouvait y
réussir.

Or, Mgr de Quélen était à Conflans, et là se trouvait aussi le curé de la paroisse, intime ami de M. Olivier. La conversation tombe bientôt sur les merveilles opérées à Saint-Roch, et voilà l'abbé X... qui se prend à déchirer M. Olivier. Comme il était dans toute la verve du dénigrement, le domestique annonça tout à coup : *M. le curé de Saint-Roch!* Et l'abbé X... aussitôt de l'air le plus ouvert, le plus affable, le plus souriant, s'empresse d'aller au devant de M. Olivier. M. le curé de Conflans, appuyé sur le coin de la cheminée, derrière Mgr l'archevêque, lève les mains et hausse les épaules en fixant M. Olivier qui entrait et qui, du premier coup-d'œil, avait tout compris.

M. Olivier dit à l'abbé X... qui lui tendait la main, et en lui refusant la sienne : « J'ai l'honneur d'offrir « mes respectueux hommages à M. le...., car je ne « puis le saluer à un autre titre. » Puis il lui tourne les talons et va droit à Mgr l'archevêque. Et bientôt après : « Monseigneur, lui dit-il, dans la haute posi- « tion que vous occupez, étant en rapport avec des « hommes de tous les visages et de tous les caractè- « res, que vous devez être souvent témoin de singu- « lières palinodies! Malgré votre indulgence qui ex- « cuse tout, que vous devez avoir une triste idée de « notre pauvre humanité! Ne devez-vous pas vous « rencontrer souvent avec des personnes terribles en « l'absence de certaines gens, mais radouciés et aima- « bles quand par hasard elles se trouvent en leur pré- « sence! » Et M. Olivier glose sur ce chapitre pendant une bonne demi-heure avec une verve abondante en traits et en saillies, avec une grâce et une aisance qui ravissaient l'archevêque. Le pauvre abbé X... était sur des charbons brûlants, et le bon prélat se pinçait les lèvres pour ne pas éclater devant lui.

M. Olivier satisfait abrége sa visite, et laisse l'abbé X... dans une confusion inexprimable. C'est la seule petite vengeance que je connaisse de lui dans toute l'histoire de sa vie : il se la fut épargnée à lui-même s'il n'avait pas été pris à l'improviste, et s'il avait eu un instant pour réfléchir. Il s'était fait un ennemi irréconciliable. Et pour combler la mesure, à peine fut-il sorti que M. le curé de Conflans ne peut se contenir : « Vous « avez entendu, Monseigneur, M. l'abbé X.,. se dé- « chaîner contre M. le curé de Saint-Roch, et vous « avez vu en même temps quel accueil il se disposait « à lui faire ! Il a reçu ce qu'il mérite, et il ne saurait « nier que M. Olivier est au moins un sorcier qui a « infiniment d'esprit, et qui parle toujours à propos. »

CHAPITRE III.

M. Olivier, orateur.

I.

A Saint-Roch, M. Olivier prit rang parmi les premiers orateurs sacrés, et c'est sous ce point de vue que nous avons maintenant à le représenter. A notre place, nous laisserons parler ceux qui ont eu le bonheur de l'entendre.

« Cet homme formidable, dit le *Solitaire*, se pose avec le calme de Bourdaloue, immobile, la tête haute et sévère. Sa voix, faible d'abord, s'affermit peu à peu, et sa mémoire, qui hésite au début, s'agrandit proportionnellement. Sous la forme la plus austère et la plus précise se dessine d'elle-même une pensée visible à tous. Nous ne savons pas de style plus pur, de méthode aussi parfaite, un art aussi prodigieux d'exprimer, sans qu'il y paraisse, ce que renferme la métaphysique de plus ardu, et l'érudition de plus sec. Quand il prêche, l'église est pleine; qu'il ait préparé son discours, ou qu'il improvise, son abondance est la même; sa facilité, son élégance, sa mémoire, sa force, ne varient pas; l'esprit le plus exercé s'y tromperait. Un simple entretien de lui est un événement dans la capitale; et sans les immenses travaux d'administration qui l'absorbent, à la réputation que lui ont faite ses prônes, il eût joint infailliblement celle de l'un des prédicateurs les plus distingués de l'époque présente. Quelques personnes ont pensé qu'en chargeant M. de Ravignan du panégyrique de Mgr de Quélen, le chapitre de Paris avait fait un passe-droit à M. Olivier. » (*Biographie du clergé contemporain*, tome I, p. 55.)

« Mais écoutez, reprend le biographe S. P. R. de la *Chaire catholique* (tome I, p. 355), le curé de Saint-Roch est monté en chaire. Le voilà calme, immobile, le front rayonnant d'inspiration, comme les orateurs sacrés du grand siècle, comme les Bossuet, comme les Bourdaloue. Sa voix prend de la puissance et de l'éclat ; elle s'élève à la hauteur des vérités qu'elle proclame et qu'elle commente. Sa pensée, nette et claire, s'empare de l'esprit de ses auditeurs, qu'elle attache et qu'elle transporte. Tout ce que la métaphysique a de plus subtil, l'érudition de plus aride, est présenté par lui sous une forme gracieuse, avec un art et un talent prestigieux. Qu'il prêche d'abondance ou qu'il ait préparé son discours, il est toujours le même, aussi riche, aussi abondant, aussi fleuri, aussi élégant, aussi pur. »

II.

L'auteur des *Esquisses sur les orateurs sacrés contemporains* (Paris, 1840, chez Vaton) est, de tous les critiques, celui qui a le mieux apprécié le talent oratoire de M. Olivier à Saint-Roch. Un homme illustre, dont le beau caractère égale le talent, dont le noble dévouement est resté fidèle à de royales infortunes, M. Trognon, ancien secrétaire des commandements du prince de Joinville, a donné l'élégance de sa plume et joint l'autorité de ses jugements aux belles considérations suivantes, que nous citons en entier, sans craindre de causer le moindre ennui à nos lecteurs :

« Sept ans se sont écoulés depuis que l'abbé Olivier est curé de Saint-Roch ; mais il ne lui a pas fallu ce temps pour opérer les améliorations, disons mieux, la transformation complète de cette église, où tout était à refaire. Dès les premières années, l'état moral, aussi bien que les apparences extérieures de la paroisse, avaient complétement changé. Quels moyens a-t-il donc employés pour arriver si promptement à des résultats auxquels sont loin d'atteindre tant d'autres, qui y consument leur vie ? Comment s'est-il soumis tant de volontés toujours si divergentes et quelquefois si rebelles ? Ce secret, qui est le trait caractéristique de l'abbé Olivier, n'est autre que la puissance merveilleuse de parole que Dieu lui a accordée.

« Pour retracer mieux et plus justement que nous ne pourrions le faire le caractère particulier d'autorité qui fait de l'éloquence de l'abbé Olivier un genre tout à fait à part, et lui donne une si prodigieuse influence pour la conduite des âmes, nous nous permettons de citer ici quelques lignes d'une lettre d'un homme accoutumé à porter, dans l'appréciation de la parole sacrée, toutes les susceptibilités du goût littéraire :

III.

« S'il y a une chose qui, à mon sens, caractérise le
« talent oratoire de l'abbé Olivier, c'est que la parole
« est son grand moyen de gouvernement. Du jour où,

« pour mon compte, j'ai commencé à suivre réguliè-
« rementses prédications, c'est là l'impression domi-
« nante qu'elles ont produites sur moi ; j'étais gou-
« verné, je subissais le joug d'une irrésistible auto-
« rité : l'orateur réalisait pour moi ce que dit l'Evan-
« gile de notre divin Maître : il parlait, *sicut potesta-
« tem habens* (comme ayant le pouvoir). J'avais en-
« tendu alors ou j'ai entendu depuis l'abbé Lacordaire
« entraînant son auditoire dans le vol hardi de sa
« brillante imagination ; l'abbé Cœur élevant les vé-
« rités élémentaires de la foi à la hauteur d'une su-
« blime métaphysique ; l'abbé de Ravignan pénétrant
« les intelligences de sa forte parole, et quelquefois
« inondant les âmes des plus pures effusions de l'a-
« mour divin. Tout cela était beau, rien de tout cela
« ne produisait l'effet de l'éloquence de M. Olivier. En
« ce temps où les âmes sont fatiguées d'anarchie, et
« où, comme le troupeau sans guide, elles cherchent
« qui les conduise, ç'a été pour moi un ravissement
« sans pareil de sentir l'autorité descendre de la
« chaire, de voir là s'accomplir ce gouvernement par
« la parole, rêve mensonger de notre tribune politi-
« que. Je me souviendrai toute ma vie de la retraite
« de 1838, celle où notre excellent curé a le plus
« prodigué les efforts de son zèle et de son éloquence.
« Je ne lui avais pas dit un seul mot alors, je con-
« naissais à peine son visage ; mais quelle merveille
« pour moi de voir cette grande assemblée penser,
« agir, se mouvoir, respirer, pour ainsi dire, en vertu
« des commandements qui lui étaient dictés du haut
« de la chaire ; d'entendre ces toutes puissantes som-
« mations, qui, chaque soir, appelaient au confes-
« sionnal je ne sais combien d'âmes rebelles ; d'assis-

« ter à ce profond et silencieux recueillement , avec
« lequel tout le monde emportait chez soi, pour la
« nuit, les redoutables ou consolantes vérités qu'il
« avait laissées pour entretien à l'âme jusqu'au len-
« demain ! Depuis lors, il m'a emporté dans sa sphère
« ou plutôt dans celle de l'éternelle vérité, dont il est
« l'organe ; depuis lors, sa voix exerce sur moi la
« souveraine autorité de la raison, et il ne peut me
« venir à l'esprit de désobéir volontairement à aucune
« des injonctions qu'il fait entendre avec un zèle si
« persévérant à ses paroissiens. Me trompé-je, et cet
« effet qu'il a produit sur moi ne l'a-t-il pas produit
« sur les autres ? Les faits parlent, ils témoignent de
« la vérité de mon assertion ; ils attestent que bien
« peu de souverains sont de nos jours aussi irrésisti-
« blement obéis dans leur royaume, que le curé de
« Saint-Roch l'est dans sa paroisse ; et tout cela parce
« qu'il parle *sicut potestatem habens.* » (P. 71 et suiv.)

IV.

Ajoutons à ce témoignage cet autre jugement non
moins remarquable d'un autre auditeur, M. Gaillié,
qui écrivait à M. Olivier lui-même, le soir du 1er avril
1836 :

« Je suis un de vos plus fidèles habitués. Je ne sau-
« rais me passer de vous entendre ; vous êtes devenu
« mon pain quotidien. Je vous suis pas à pas ; rien ne
« m'échappe. Je m'identifie avec vous, je remarque
« même les plus légères nuances dans le sens comme
« dans l'expression, et je crois même reconnaître
« quelquefois l'influence de la fatigue ou de la préoc-

« cupation : *Summus es, homo tamen!* (Vous êtes sou-
« verain maître dans l'art, mais homme cependant!)

« J'ai continué ma propagande en vous recrutant
« le plus possible des auditeurs dignes de vous. J'ai
« la satisfaction de vous apprendre que, parmi eux, le
« plus remarquable est un saint-simonien fameux qui,
« avec Chevalier et Chenavard, était le plus ardent
« soutien de cette bizarre doctrine. Vous l'avez ra-
« mené complétement à Dieu, et c'est un triomphe
« véritable que je n'ai pas voulu vous laisser ignorer.
« Cette conversion, qui est le résultat d'une profonde
« conviction, fera, je l'espère, un bien immense.

« Il était demeuré froid devant tous ceux qu'on est
« convenu d'appeler de grands prédicateurs, tandis
« que vos instructions paternelles et touchantes ont
« ouvert son cœur à la grâce. Aussi, combien je se-
« rais heureux si je pouvais voir réunis autour de vo-
« tre chaire ceux que la curiosité ou l'étrangeté des
« discours attire ailleurs.

« J'ai voulu les entendre avant de les juger, ces
« prédicateurs nouveaux qui sacrifient tout à une vé-
« ritable popularité. Quel jargon ! quel imbroglio ! et
« quelle nullité! Ils veulent être profonds, ils sont
« obscurs. Est-ce ainsi qu'on doit traiter d'aussi gra-
« ves matières ? Ces messieurs prennent le galimatias
« pour de la métaphysique, et nous ramènent, sans
« s'en douter, au temps de ces sermonaires si ridicules
« du dix-septième siècle qu'on ne peut plus lire.

« J'en ai entendu un, la semaine dernière, prêchant
« sur l'ambition, parler du *progrès*, de la *positivité des*
« *idées*, de la Chambre des députés, des *masses*, du
« *pays*, et terminer cette pétarade en citant un vers
« très connu d'Horace : *Auri sacra fames* (l'exécrable

« faim de l'or). C'est une véritable amplification d'é-
« colier.

« Un autre, dissertant avec des gestes d'énergumène
« sur l'éternité des peines de l'enfer, citait l'un après
« l'autre, d'un ton emphatique, tous les poètes latins
« depuis Ovide jusqu'à Martial, expliquait presque
« tout le VI⁰ livre de Virgile, comparait la théologie
« des païens avec la théologie sacrée des chrétiens,
« et tirait des inductions qui auraient presque prouvé
« le contraire de ce qu'il voulait dire. Or, je vous le
« demande, quel fruit ont pu retirer les auditeurs de
« tout ce fatras scientifique de paroles oiseuses, ou
« tout au moins inconvenantes et déplacées. Si le
« journalisme et le barreau envahissent la chaire
« chrétienne, c'en est fait de l'éloquence sacrée.

« Je conçois la sainte colère de Bossuet, lorsqu'il
« stigmatisait, par ces foudroyantes paroles, les im-
« prudents novateurs de son temps, à propos du *Traité*
« *de la Grâce*, de Mallebranche : *Tam nova, tam falsa,*
« *tam insana, tam exitiosa...* (des doctrines si inouïes,
« si fausses, si insensées, si pernicieuses!)

« Ils s'étayent de la parole de saint Paul : *Dùm*
« *Christus annuntietur* (pourvu que le Christ soit an-
« noncé). Cela pouvait être vrai au temps de saint
« Paul et des apôtres, qui étaient inspirés de Dieu,
« lequel avait voulu, dans son impénétrable sagesse,
« se servir d'hommes grossiers en apparence et tota-
« lement illettrés, pour prouver d'autant plus la vérité
« de ses paroles. Mais aujourd'hui que tout le monde
« est raisonneur, aujourd'hui que l'indifférence a tout
« gâté, tout glacé, qu'on ne s'entend plus, que tout
« est mis, à chaque instant, en question, qu'il n'y a
« presque plus de religion pratique, quoiqu'on ait

« jamais autant parlé, même sur les théâtres, de la
« *pensée religieuse*, du *sentiment intime*, de la *religio-*
« *sité*, et autres amphigouris néologiques, il faudrait
« autre chose que des mots vides de sens, ou inintel-
« ligibles, au-dessus de la portée des auditeurs...

« Vous devez avoir besoin de repos ; conservez une
« santé et des jours dont vous faites, pour la gloire de
« Dieu et notre édification, un si digne usage. »

V.

Mais rendons la parole à l'éloquent auteur des *Ora-*
teurs sacrés :

« Cet empire qu'exerce la parole de M. Olivier n'est
pas le fruit de discours élaborés à loisir dans l'ombre
d'un cabinet, après de longues méditations. C'est l'effet
instantané d'un esprit toujours prêt, toujours ouvert.
Sa puissance d'improvisation est véritablement inépuisable ; elle sait prendre tous les tons, toutes les
formes, se plier aux besoins de chaque auditoire. Il
monte en chaire, sans avoir eu souvent le temps de se
livrer à aucune préparation, et jamais la doctrine ni
le langage ne lui ont fait défaut ; sa parole, quand
même elle est prise au dépourvu, n'est jamais stérile,
parce qu'elle puise au riche trésor d'une érudition ecclésiastique très étendue, confiée à la garde d'une
mémoire toujours présente.

« Il y a entre un orateur qui improvise et ses auditeurs des rapports secrets que ne saurait établir un
discours fait d'avance. L'improvisation est le langage
de l'âme à l'âme ; elle naît toute palpitante des besoins
et des impressions de la foule, et ne peut guère man-

quer d'y répondre. C'est un médecin habile qui traite son malade, en examinant ses plaies, en les sondant de l'œil et de la main. Le discours préparé est une thèse qui peut être belle, savante, digne à tous égards d'admiration, mais qui risque de tomber complétement à faux. Jamais M. l'abbé Olivier ne court ce fâcheux hasard. Quelquefois, au début d'un discours, il semble ne s'avancer qu'avec précaution. Il attend, si l'on peut parler de la sorte, que l'esprit le saisisse ; ou bien, il veut prendre le temps de reconnaître et d'étudier son auditoire. On le voit planer sur cette foule qu'il ne possède pas encore, et lire sur ces fronts ou distraits ou attentifs ; s'il n'a pas touché la corde vibrante, il en cherche une autre, et il ne tarde pas à la rencontrer, car sa main est sûre et habile. Alors le vent d'en haut enfle ses voiles, il vogue majestueusement, et il vous entraîne à sa suite. Il vous parle de vous-même : si vous n'êtes touché, vous êtes au moins surpris de vous sentir ainsi captivé, et cette parole qui s'élance au but, comme une flèche lancée par un bras vigoureux, cette parole n'est pas seulement forte et vraie, elle est encore revêtue de grâce et d'harmonie. Parfois incorrecte et négligée, comme c'est le tort inévitable de l'improvisation, elle ne manque jamais de se relever par le mouvement de la pensée ou par le bonheur soudain de quelque expression aussi belle qu'inattendue.

« L'abbé Olivier, animé d'un zèle infatigable, veut que tous ses paroissiens, sans exception, puissent venir prendre leur part du pain de la parole divine. C'est pourquoi il a choisi des heures différentes pour le leur distribuer, et des genres d'instruction divers pour que chaque esprit y trouvât ce qui lui convient. Pendant le carême, il fait tour à tour des homélies, des méditations, des sermons et des conférences ; dans le cours de l'année, des prônes, des sermons et des exhortations fréquentes. » (Pages 76-78.)

VI.

Comme on le voit, son activité pour distribuer la parole de Dieu était prodigieuse. Il faisait très souvent le prône, le dimanche, à la première grand'messe, et le faisait toujours à la deuxième plus solennelle pendant laquelle il expliquait la liturgie en présence d'une foule de fidèles appartenant aux autres paroisses de Paris et de familles protestantes qui aimaient à s'instruire.

Il a prêché quatre carêmes de suite, et il remplaçait souvent les prédicateurs indisposés, malades. Chaque jour de carême, il faisait la méditation aux fidèles dans la chapelle du Calvaire. Il confessait tous les matins, et toute la journée la veille des fêtes et les samedis. Il ne rentrait ces jours là de l'église qu'à onze heures du soir et quelquefois minuit. Il y avait souvent une telle foule, qu'il réunissait dans la chapelle de son confessionnal autant de pénitents qu'elle en pouvait contenir ; il leur faisait alors à tous une courte exhortation et réciter les prières préparatoires. Il entendait ensuite les confessions, et, après quelques mots d'encouragement, il donnait une absolution commune. Le temps était ainsi considérablement abrégé. Puis la chapelle se remplissait d'une foule nouvelle. A minuit, quand il rentrait au presbytère, des hommes l'attendaient à leur tour, et plusieurs ne s'en retournaient qu'à deux heures du matin.

Les travaux de M. Olivier au tribunal sacré et le bien qu'il y opérait auraient suffi à eux seuls pour occuper et sanctifier la vie d'un prêtre. Que de longues heures, que de longues journées, dans une vie déjà si remplie, il a passées à exercer ce ministère auguste qui était à la fois dans ses mains une austère magistrature et une bienveillante paternité ! Aussi les pécheurs, qui ne s'étaient approchés qu'en tremblant, sentaient leur terreur se dissiper devant sa mansuétude. C'est un consolateur qu'ils avaient trouvé ; leurs fautes étaient des malheurs qu'il déplorait avec eux. Il ne leur disait pas : vous êtes bien coupable ; mais, vous avez été bien malheureux, vous avez beaucoup souffert. Aussi, que de personnes qui se contentaient d'observer les strictes observances de l'Eglise, et qui, entraînées par la sagesse et l'autorité de ses conseils à une réforme de vie complète, s'astreignirent bientôt sans effort à la confession et à la communion fréquente, dont il ne cessait de recommander la pratique avec les instances les plus persuasives. Si les pécheurs goûtaient cette direction, qui était sans exagération comme sans faiblesse, les justes la réclamaient avec encore plus d'empressement ; il savait soutenir leur ferveur, dissiper leurs vains scrupules, leur montrer la véritable voie qui conduit à la vie. Ses décisions, toujours fermes et sages, son expérience, sa science profonde, assuraient tous ceux qui se confiaient à lui qu'ils ne sauraient s'égarer sur les pas d'un aussi bon guide ; justes et pécheurs, les uns comme les autres, trouvaient en lui une charité qui jamais ne se lassait, et qui ici encore se faisait tout à tous, suivant l'exemple et le langage du grand apôtre.

Ce n'étaient pas seulement ses paroissiens dont il dirigeait la conscience ; une foule de personnes des autres paroisses venaient encore à lui, sans compter ses pénitents de Saint-Denis, de Chaillot et de Saint-Etienne, qui continuaient, en grand nombre, de s'adresser à lui. Sa correspondance spirituelle, pour la direction des âmes, augmentait chaque jour ; il n'y pouvait suffire qu'en y consacrant une partie de la nuit : il y avait là de quoi épuiser les forces de l'homme le plus robuste, et M. Olivier ne succombait pas à la tâche. Il se donnait tout entier à chaque partie de son laborieux ministère.

VII.

Les prônes si célèbres de M. Olivier, ses homélies, ses admirables explications des psaumes de la liturgie sont à peu près perdues. Il ne les écrivait pas : il parlait sur des notes. Quand il tenait la plume, sa verve, si abondante dans la chaire, n'était plus la même. Il était orateur et non écrivain : il avait l'éloquence de la parole et non celle de la plume.

En 1839, il prêcha sur la pénitence le mercredi des Cendres, 13 février. Dans ses cartons, on a trouvé trois sermons sur les illusions dans le service de Dieu, et pendant le carême de 1839, il continua ce sujet le dimanche 17 février, les dimanches 24 février, 3, 10, 17, 24 et 31 mars. Les vendredi 22 février, 1, 8, 15, 22 mars, les dimanches 14 et 21 avril, 5 mai 1839, il prononça ses magnifiques homélies sur le discours de Jésus-Christ après la Cène. Le dimanche de la Quinquagésime de la même année, les jeudis et les mardis 14, 19, 21, 26, 28 février, 5, 7, 19, 21, 26 mars, et le lundi 1er avril, il donna ses explications sur les psaumes. Il prêcha la passion le vendredi 29 mars. Ces chiffres sont éloquents et disent assez son inépuisable fécondité.

La même année, il prêcha un sermon sur la dédicace des églises, et pendant l'Avent il monta en chaire, le 2, 10, 17, 24 novembre, 15, 18, 22, 25, 29 décembre 1839, et le 5 janvier 1840.

Pendant le carême de 1840, les vendredis et mercredis 3, 11, 15, 18, 20, 25, 27 mars, 8, 10, et lundi 13 avril, il reprit la suite de ses homélies sur le XVe chapitre de l'Evangile saint Jean ; les jeudis et mardis 5, 10, 12 et 17 mars, il fit des conférences sur les fondements de la religion, et la Semaine sainte fut le sujet de la conférence du lundi 13 avril 1840.

Le 1er novembe 1840, il fit le sermon de la Toussaint, le lendemain, celui des trépassés et celui du 15 novembre. Il prêcha les quatre dimanches de l'Avent, la fête de Noël, le dimanche dans l'Octave, le dimanche 3 janvier, et l'Epiphanie le 10 janvier 1841.

En 1841, il prit la parole le mercredi des Cendres, et continua ses homélies sur le 26e chapitre de saint Jean, les vendredis et mercredis 5, 11, 16, 19 et 31 mars, vendredi 2 avril, et les termina le lundi de Pâques 12 avril. Les 25 et 26 mars, il prêcha sur la retraite pascale ; les 5, 6 et 9 avril, sur la Passion ; le 18 avril, sur la clôture des Pâques ; le 20 avril, sur une œuvre de charité ; le 25 avril, sur la fuite des fautes légères ; le 26 avril, sur la béatification de la bienheureuse Marie de l'incarnation, et les 13, 14, 15, 16, 17, 18, 19 et 20 juin 1841, jours de l'octave de la Fête-Dieu, sur l'eucharistie, et ensuite sur la retraite, le salut, le péché, les fins dernières, la bonne et la mauvaise communion, la confession et la contrition, l'amour de Jésus dans le sacrement de l'autel pendant une retraite de première communion.

Si nous ajoutons à cela neuf discours sur les antiennes de Noël, un panégyrique de sainte Thérèse, de saint Louis, un panégyrique de M. l'abbé Philippe Desjardins, imprimé en 1834, les sermons pour la fête du Sacré-Cœur, sur le respect humain, sur la foi pratique pour le jour de la Pentecôte, sur l'abri des grâces, sur la nativité de Notre-Seigneur-Jésus-Christ, pour les prisonniers, pour le petit séminaire, pour l'œuvre de sainte Anne en deux discours, sur la sainteté prêché devant la dauphine, un éloge historique de S. E. le cardinal Maury, trois projets de prône sur le premier dimanche après la Pentecôte, sur le troisième dimanche de l'Avent, sur la préparation à l'Ascension, sur le cinquième dimanche après Pâques, sur le cinquième dimanche après l'Epiphanie, un prône pour la fête de la Dédicace, huit exhortations pour les stations du Calvaire, un sermon sur l'Ascension, un prône pour le troisième dimanche de l'Avent, plusieurs discours sur la célébration du saint sacrifice, sur la sagesse, sur une réception à une académie, sur ces paroles de M. de Bonald : *le néant convient au scélérat*, sur les journées de juillet, sur le mariage, quatre exhortations à de nouveaux époux, des conférences sur le sacerdoce, sur l'immortalité de l'âme, sur l'Annonciation, nous aurons la liste complète de ses œuvres oratoires, manuscrites ou sténographiées, qui se composent de cent soixante et un discours, dont nous appelons de tous nos vœux la publication. Ces discours ont été prononcés pour la plupart dans l'espace de trois années.

IX.

Quel était le genre particulier de ces prédications si variées ? Un de ses plus assidus auditeurs va nous le dire.

« Les méditations du matin, dit l'auteur des *Ora-*
« *teurs sacrés*, étaient une sorte d'oraison mentale
« faite à haute voix. Ici le pasteur, comme un maître
« expérimenté, accoutumait ses ouailles à l'une des
« plus saintes et des plus difficiles pratiques de la vie
« spirituelle. Entouré seulement de la plus saine par-
« tie du troupeau, il se faisait l'interprète de la prière
« de chacun, et portait la parole au nom de tous dans
« cet entretien de l'âme avec Dieu. Le ton seul de sa
« voix suffisait pour appeler au recueillement ; il ne
« prêchait pas alors, comme il avait soin de le dire
« lui-même ; il ne développait pas à grands traits les
« hautes vérités du dogme et de la morale catholique.
« S'adressant à des esprits convaincus, à des âmes
« pour la plupart engagées dans la droite voie, ce
« qu'il leur révèle alors dans le secret de la médita-
« tion, ce sont ces faiblesses et ces imperfections sans
« nombre qui s'attachent comme la rouille aux plus
« pures vertus de notre misérable humanité ; ce qu'il
« leur enseigne, ce sont les pratiques salutaires que
« Dieu et la sainte Eglise ont ménagé comme autant
« de remèdes à ces plaies cachées que les justes eux-
« mêmes portent au fond de leur cœur en témoignage
« de leur dégradation originelle. Mais en dévoilant à
« ses auditeurs ces mystères de leur corruption, il ne
« le fait pas de manière à les pénétrer d'effroi ou de
« désespoir ; son but est de leur donner de la perfec-

« tion chrétienne une idée plus haute, de leur inspirer
« un plus ferme courage pour y atteindre ; il veut
« qu'ils deviennent bons, doux, aimables à tous, qu'ils
« reproduisent dans leur vie tous les traits du divin
« modèle, et que chaque jour, mieux instruits à se
« recueillir dans l'étude de leur propre cœur, chaque
« jour emportés plus haut sur les ailes de la médita-
« tion, ils détachent leur pensée de la terre et pren-
« nent un nouvel essort vers la patrie céleste. Les
« observations fines et profondes, les nuances habile-
« ment saisies, tous les détails de la science du cœur
« humain, abondent dans ce genre d'instruction,
« comme aussi la science de la prière s'y répand avec
« l'onction la plus douce et la plus pénétrante. »

X.

« S'il était possible de choisir entre des choses diverses, mais également excellentes, nous dirions que nous
préférons les homélies de l'abbé Olivier à ses autres
prédications. C'est là cette parole vraiment évangélique, à la fois simple et forte, grave et persuasive, telle
que la distribuaient aux peuples les Chrysostôme, les
Ambroise, les Augustin, telle que tout esprit chrétien
et élevé la demande aux interprètes des saints livres.
Il en fait ressortir les leçons applicables à tous les détails de la vie. Mais ne venez pas l'entendre avec la
vague pensée de ne pas lui ouvrir vos oreilles et non
pas votre cœur. Prenez garde : il ne se contente pas
d'une adhésion spéculative, il vous indique immédiatement l'acte qui doit ressortir de la croyance. Ce qu'il
dit découle si naturellement du texte sacré, que, tout

en admirant la finesse de ses aperçus, vous vous étonnez de n'en avoir rien saisi lorsque vous avez lu ces pages. Vous reconnaissez ce que l'orateur voit, ce que vous ne sauriez découvrir sans son secours; c'est là un premier hommage que vous lui rendez : vous êtes à demi gagné; un pas encore, et vous suivrez sans résistance l'impulsion qu'il lui plaira de vous donner.

« L'auditoire de ces homélies, qui se font au milieu du jour, n'est pas entièrement le même que celui des méditations : le troupeau si pieux du matin s'accroît d'un grand nombre de personnes plus ou moins fidèles à la pratique de la religion, mais ayant presque toutes l'esprit cultivé. La parfaite convenance du langage, l'élégance des formes qu'emploie l'orateur, le rendent agréable à cette portion de son auditoire. Il est nécessaire que ceux qui le composent soient favorablement disposés pour lui, car il ne ménagera pas leurs autres susceptibilités; et si le goût le plus difficile est pleinement satisfait par les rares qualités de sa diction, l'esprit mondain devra accepter plus d'une assertion bien lourde à son orgueil, et dira tout bas avec les Juifs scandalisés : *durus est hic sermo* (cette parole est dure). L'abbé Olivier n'évitera pas les développements d'une vérité terrible, dans la crainte de rebuter ceux qu'il appelle les demi-chrétiens; sa voix est libre et courageuse; elle est pure de toute dangereuse complaisance. Il n'ira pas, sans doute, d'une main rude, irriter la blessure au lieu de la guérir; il prendra de sages précautions, mais il ne taira rien. Il montrera à ces âmes prévenues que la vérité qu'elles rejettent s'appuie sur celle qui leur est chère. C'est en de telles occurrences que la clarté et la précision de l'orateur lui deviennent de précieux auxiliaires : il sait résumer

incidemment les preuves du dogme qui effraye certaines intelligences sans que l'intérêt principal de son
discours en soit suspendu, sans que la liaison des
idées cesse de s'apercevoir.

« Durant le carême de 1839, M. l'abbé Olivier a
pris les psaumes pour sujet de ses homélies. Le langage figuré du prophète, obscur en bien des endroits,
surtout pour les fidèles qui ne les connaissent que par
les traductions de la langue vulgaire, ouvrait une
nouvelle source d'intérêt à ses auditeurs, qui, guidés
par lui dans une région presque inconnue, marchaient
d'admiration en admiration dans ces trésors qu'ils
avaient possédés sans en connaître la valeur. Les textes les moins clairs devenaient lumineux dans les in-
terprétations de l'habile docteur. Chaque mot prenait
le sens d'une magnifique promesse ou d'un utile précepte. Nous rappellerons entre autres l'explication
qu'il donna pendant le carême de 1839, de ce verset
du psaume 50ᵉ : *Et in spiritu principali confirma me*
(et appuyez-moi de l'Esprit principal). L'impression
doit en être restée dans tous ceux qui l'ont entendue.

« Ce dernier carême 1840, M. l'abbé Olivier avait
choisi le discours de Notre-Seigneur après la Cène, et
ce discours a encore été le texte des homélies du carême de l'année 1841 : c'était un texte incomparable
pour parler de la charité de Jésus-Christ. C'est bien
ici que nous désespérons de pouvoir rendre l'effet de
cette éloquence vraiment inspirée qui plonge au foyer
de l'amour divin et le fait rayonner dans les âmes. Un
homme froid ne saurait parler ainsi, quelques brillantes facultés que vous lui supposiez d'ailleurs. Tous
les artifices de son beau langage ne serviraient qu'à
glacer son auditoire. Mais un cœur qui aime comprend

les secrets que l'intelligence ne peut expliquer; il nous les dévoile, il nous en échauffe, il en brûle nos âmes. Vous tous qui croyez en Jésus-Christ, allez à Saint-Roch entendre parler de la divine charité, vous y recueillerez ce que la religion a de plus suave et de plus sublime. Dieu n'habite pas seulement les splendeurs célestes : le nouveau docteur de l'amour divin vous le montre comme un frère, comme un ami qui sait aimer avec toute la générosité, toute la recherche, toute la délicatesse que vous avez en vain demandées aux hommes, si insuffisants à rendre ce qu'ils exigent. Il vous le fera voir donnant toujours au-delà de ce que vous désirez, vous soutenant, vous environnant, vous inondant de cette charité dont les eaux vives jaillissent jusqu'à la vie éternelle. La langue de saint François de Sales est ici retrouvée, ou plutôt on dirait que comme le disciple bien-aimé dont il est l'interprète, l'orateur a puisé ses paroles au foyer même de l'amour, au cœur même de notre divin Sauveur, tant il y a dans sa voix de ce charme qui subjugue, de cette chaleur qui pénètre, de cette tendresse qui va remuer les plus intimes profondeurs de l'âme. Et sur ce texte plus que sur tout autre, sa fécondité tient du prodige : quelques lignes du saint livre lui fournissent les plus riches développements ; et l'on voit qu'il ne dit pas encore tout ce qu'il sent : son éloquence paraît aussi inépuisable que le sujet qu'il traite. »

XII.

La reine Marie-Amélie, les princes et les princesses de la famille royale donnaient l'exemple public

de l'accomplissement des devoirs religieux, de la plus
fervente piété. Pas un sermon où elles ne fussent,
pas un office où elles n'assistassent. La princesse Clé-
mentine d'Orléans, aujourd'hui duchesse de Saxe-Co-
bourg-Gotha, tenait chaque jour un journal de ses
impressions. Ce journal tomba, après la révolution de
Février, entre les mains des insurgés qui s'en parta-
gèrent les lambeaux. Quelques-unes de ces feuilles
détachées ont passé sous nos yeux, et nous y avons vu
l'analyse des instructions de Saint-Roch et l'expression naïve de l'admiration que lui causait l'éloquence
de l'abbé Olivier. Quand elle allait, dans la belle saison, passer quelques jours au château royal de Lae-
ken, en Belgique, elle tournait les yeux vers Saint-
Roch, et se prenait à regretter profondément les belles
instructions perdues pour elle que des auditeurs plus
heureux recueillaient au pied de la chaire de l'abbé
Olivier.

L'auguste reine Marie-Amélie, une femme forte
dont l'âme chrétienne est élevée au-dessus de la perte
d'un trône, s'est souvenue sur la terre de l'exil des
homélies de Saint-Roch. Des calomniateurs répétaient
à Evreux que Monseigneur Olivier était déchu dans
son estime. Mais au mois de mars de cette année 1855,
elle a rendu le plus touchant hommage à sa mémoire.
Le 9 mars, l'abbé Dominique Olivier a reçu de sa munificence vraiment royale le *Livre des Evangiles* illustré par Furne, magnifiquement relié, avec des fer-
moirs d'argent massif, et sur la tranche aux couleurs
de la branche des Bourbons d'Italie parsemé de fleurs
de lys sans nombre. Sur la première page, Marie-
Amélie y a tracé d'une main ferme, d'une forte et très
bonne écriture ces belles paroles :

Recevez ce saint livre qui a fourni le texte de tant de belles homélies et de touchantes méditations a celui que nous regrettons ensemble. C'est en mémoire de lui que je me plais a vous l'offrir.

MARIE-AMÉLIE.

XIII.

Ce qui distinguait donc M. Olivier parmi tous les autres prédicateurs, c'était la simplicité, la précision, l'élégance. Chez lui, nul effort, nulle affection, et cependant ses discours abondaient en tours neufs et originaux. C'était une diction aisée et naturelle qui plaisait aux hommes du monde, aux esprits cultivés, et qui, en même temps, rendait les vérités du christianisme accessibles aux esprits vulgaires. C'est ce qui explique pourquoi l'abbé Olivier était écouté avec le même intérêt par le peuple et par les personnages les plus illustres.

Un fait qui donnait un cachet à part à son éloquence, c'était l'habitude qui lui était familière de citer Bossuet dans ses discours, et toujours avec un bonheur et un à propos admirables. On eût dit qu'il s'était identifié avec le prince de la chaire catholique de notre église gallicane, qu'il s'était assimilé ses hautes pensées, ses sublimes inspirations, et qu'il le possédait tout entier de mémoire. Les grands traits de l'aigle de Meaux, reproduits dans ses sermons, excitaient toujours une émotion profonde.

« Dans les grandes solennités de l'année chrétienne, continue le biographe des *Orateurs sacrés*, alors qu'une foule immense, composée des éléments les plus

divers, se presse sous les voûtes du temple M. le curé
de Saint-Roch, toutes les fois qu'il le peut, laisse humblement la parole à des prédicateurs étrangers. Mais
leur assistance lui manque souvent, et pendant des
stations entières, pris à l'improviste, il lui a fallu ajouter à ses homélies des sermons. Nous avons vu, aux
dimanches de l'Avent ou du Carême, aux fêtes solennelles de Noël ou de Pâques, affluer autour de la
chaire de Saint-Roch ce flot d'auditeurs accoutumés
à porter dans les églises moins de dévotion que de curiosité mondaine, et pour qui la parole de Dieu a
besoin d'être parée des fleurs du beau langage, les
offices accompagnés des enchantements de la mélodie.
En face d'une pareille assemblée, le ton de l'éloquence
chrétienne doit nécessairement se relever, et le sermon prendre ses formes graves, ses divisions métho-
diques, et la haute gravité de ses enseignements.
Quoique s'abandonnant toujours au hasard de l'improvisation, M. l'abbé Olivier n'est jamais resté au-
dessous de sa tâche ainsi agrandie. L'élégance habituelle de sa diction allait frapper le goût superbe du
puriste littéraire ; la vivacité pressante de son argumentation ébranlait les doutes du sceptique ; les élans
passionnés de son ardente piété remuaient les indifférents ; les âmes fidèles jouissaient du bonheur de sentir leur foi affermie, leur ferveur ranimée ; tous convenaient que dans la bouche du pasteur la religion
avait parlé avec un grand caractère de force, de dignité, d'autorité.

« C'est dans les sermons de ce genre que M. l'abbé
Olivier aime quelquefois à sortir des limites de l'enseignement pratique, où d'ordinaire se renferme ses
prédications. Mieux qu'un autre, il pourrait s'élever

aux spéculations de la métaphysique chrétienne, et faire monter avec lui son auditoire sur les hauteurs de la science théologique. S'il ne le fait point, c'est par choix, non par impuissance. Il ne croit pas que ce genre d'instruction soit dévolu au ministère pastoral. Mais quand son sujet l'y appelle, quand il lui faut se faire l'interprète d'un des grands dogmes qui sont les fondements de notre sainte religion, et raconter les mystère du Dieu de la crèche, ou ceux du Dieu crucifié et ressuscité, ni le savoir, ni la pensée ne lui manquent, et c'est une merveille de l'entendre déroulant d'abord avec une abondance et une sûreté de doctrine également rares tout l'ensemble de la tradition; résumant ensuite et généralisant en quelque haute formule, qui n'est autre qu'un des articles de notre symbole, les vérités dont il vient de faire l'histoire, et allant enfin en rechercher la raison dernière, soit dans les secrets de l'essence divine, soit dans ceux de notre nature déchue; les ignorants restent surpris qu'il leur soit donné de toucher du doigt ces sublimes questions qu'ils avaient crues placées dans une sphère inaccessible à leur intelligence; et les doctes apprécient à sa haute valeur cet art multiple qui sait s'élever à tout, comme il sait descendre à tout en ne se confiant jamais qu'à l'inspiration du moment. Talent prodigieux, si sûr de lui-même, qu'il aborde sans crainte les matières les plus ardues, les traite, comme en se jouant, les replie, les retourne à sa fantaisie, et puis, comme empressé de se dérober à la renommée, s'en revient à l'administration de son cher troupeau, et pour le guider plus sûrement, ne quitte guère la houlette du pasteur.

« Aux conférences du soir, où viennent ceux qu'un

labeur quotidien enchaîne pendant le jour, l'infatigable distributeur de la parole divine prend le plus simple langage ; il évite, avec un soin extrême, les expressions qui ne seraient pas à la portée de ce qu'il y a de plus ignorant dans son auditoire ; et s'il lui en échappe une, il s'empresse aussitôt de la traduire. Il présente avec une grande clarté les raisons les plus propres à frapper ces intelligences incultes, les motifs les plus faits pour émouvoir leurs cœurs ; il prévoit des objections auxquels nul que lui et ceux qui les font n'auraient songé, et sur ce point où sa haute raison , si elle fût restée dans sa sphère naturelle, eût complétement échoué, son heureuse condescendance opère des miracles. Il se fait ainsi, selon l'expression de saint Paul : « *Tout à tous pour gagner tous les hommes à Jésus-Christ.* »

XIV.

« Les prônes de M. l'abbé Olivier mériteraient un jugement et une admiration à part. Nous nous tairons sur ceux qu'il fait à la grand'messe solennelle, simples et substantielles exhortations, dont il y a toujours à remporter quelques vérités salutaires, mais qui n'ont point un caractère particulier. Nous avons hâte de parler du prône de la première grand'messe , dont il se charge le premier dimanche de chaque mois, et qui ramène l'auditoire d'élite des méditations du Carême. Aussi, quel abandon plein de charme dans la manière du pasteur s'adressant à cette famille chrétienne qu'il a formée ! L'orateur et ceux qui l'écoutent se connaissent dès longtemps ! Lui sait lire dans ces âmes dont il a fait l'éducation religieuse ; eux savent aussi l'apprécier, car il a dû se révéler tout entier dans ces entretiens si multipliés où il leur parle de l'abondance du cœur. Il peut les reporter sans cesse à ce qu'ils ont dit *ensemble :* mot qui nous est permis, tant est grande l'adhésion qu'il obtient de son troupeau. Il ne se place pas, d'ailleurs, dans une région supérieure à celle qu'occupent ses auditeurs ; toujours il se fait sa part dans ce qu'il dit, et se les attache bien plus par cette sorte de fraternelle condescendance, qu'il ne le ferait en leur dictant d'en haut les oracles d'une fière sagesse. Ajoutons, pour mêler un mot de blâme à tant d'éloges, que, dans cette pieuse causerie du premier prône, M. l'abbé Olivier se laisse parfois aller à un abandon trop familier avec son auditoire. Nous avons entendu des personnes graves, quoique peut-être trop pressées de juger sur les apparences, s'affliger d'avoir vu le rire suivre quelques-unes des paroles du pasteur. » *(Orateurs sacrés,* pages 86-93.)

On répandit sur les prônes de M. Nicolas Olivier ce quatrain charmant :

> De tous nos docteurs de l'école,
> Mes amis, je suis un peu las,
> Et je donnerais tout Nicole
> Pour un prône de Nicolas.

XV.

Ce que l'abbé Olivier cherchait avant tout dans ses prédications, c'était le salut des âmes dont la soif le dévorait comme son divin Maître. Ainsi, il descendait

de sa gloire d'orateur, prêchant devant l'auditoire le
plus distingué de la capitale, pour évangéliser une
fois le mois, et un jour chaque semaine pendant les
carêmes, les officiers de son église, sacristains, suisses, bedeaux et donneurs d'eau bénite. Dans les serviteurs de l'église, il voulait former en même temps de
fervents serviteurs de Dieu, et relever en même
temps leurs fonctions qui les approchent si souvent
de l'autel avec lequel il est si dangereux de se fami-
liariser. Il savait à combien d'âmes faibles les irrévérences des sacristains et leur familiarité avec les choses saintes avaient, sinon ôté, du moins affaibli la foi.
En même temps qu'il travaillait au bien spirituel des
âmes qui lui étaient confiées, il procurait aussi l'édification de sa paroisse et celle des étrangers qui visitaient l'église, et trouvaient partout un ordre parfait
jusque dans les plus menus détails. Ce trait nous paraît
caractéristique dans la vie pastorale de M. Olivier. Où
est ici le faste, la vanité? Qui n'y voit, au contraire,
l'expression pure de son zèle et de sa foi? Le biographe qui nous l'a représenté *bousculant ses bedeaux
éperdus, se retournant furieux, de l'autel même, vers
le pupitre pour gourmander un chantre qui fausse,* a
écrit sous l'empire d'une préoccupation évidente.

XVI.

Le 21 octobre 1833, le diocèse de Paris avait perdu,
dans la personne de Philippe-Jean-Louis Desjardins,
archidiacre de Sainte-Geneviève, un de ses plus admirables prêtres, et Mgr de Quélen un ami bien cher.
L'abbé Desjardins avait encouragé M. Olivier dans ses

débuts, l'avait soutenu dans tous les travaux de son ministère, lui avait voué l'amitié la plus tendre, la plus dévouée, et l'amitié d'un tel homme honore infiniment celui qui en était l'objet. Quand vint l'anniversaire de sa mort, Mgr de Quélen chargea le curé de Saint-Roch de prononcer son oraison funèbre, en sa présence, dans l'église du monastère de Saint-Michel, où le vénérable prêtre avait reçu la sépulture. Tout le clergé de Paris, qui vénérait la mémoire du pieux archidiacre comme celle d'un saint, se rendit à la cérémonie. C'est devant cet auditoire d'élite que l'abbé Olivier prononça son panégyrique, qui fit pleurer l'archevêque en présence de tous ses prêtres. Cette œuvre, d'un art fini, imprimée à la demande de l'archevêque et de tout le clergé parisien (Paris 1834, chez Ed. Guérin) échappe à toute analyse : « C'est, « dit le *Solitaire*, un chef-d'œuvre, un véritable mo-« nument historique. Les trois doigts qui l'ont écrite « ne s'abaisseront pas jusqu'à écraser les guêpes, con-« vulsionnaires ou non, qui bourdonnent à ses oreilles. « (page 58.)—Celui qui l'a écrite, dit à peu près dans « les mêmes termes le biographe de la *Chaire catho-« lique* (tome Ier, p. 253), est trop au-dessus des ca-« lomnies qui bourdonnent incessamment autour de « toute sa gloire pour s'abaisser jusqu'à y répondre.»

XVII.

En 1839, un épouvantable tremblement de terre jeta l'une de nos colonies dans la plus affreuse consternation. Lorsque la nouvelle du désastre de la Martinique parvint à Paris, M. l'abbé Olivier comprit

que la religion seule, par ses toutes puissantes sollicitations, aurait la vertu d'égaler, s'il était possible,
la charité à l'immense ruine. La souscription de la paroisse Saint-Roch avait devancé celle de toutes les
églises de France ; deux mille francs furent en outre
versés, par les mains de son curé, dans la quête générale ordonnée par Mgr l'archevêque de Paris. La
cour, sous les augustes auspices de la reine Marie-
Amélie, voulut aussi avoir sa réunion de charité, et
Saint-Roch fut encore choisie pour rendez-vous à la
bienfaisance et à la pitié, et M. Olivier chargé de porter la parole. Une immense assemblée se réunit au
pied de la chaire de Saint-Roch. A la vue d'un pareil
auditoire, où brillaient toutes les splendeurs mondaines de la richesse et de l'intelligence , des généraux
confondus avec des académiciens, des ministres avec
les princes de la finance, les amis de M. Olivier n'é-
taient pas sans quelque inquiétude. Peut-être sa parole, peu accoutumée aux discours d'apparat, offen-
serait-elle par sa simplicité de superbes oreilles ; peut-
être les émotions qu'elle produirait seraient-elles bien
faibles à côté de la grandeur de la catastrophe ! Lui,
cependant, s'était préparé à ce sermon, comme à ses
prédications ordinaires, par quelques instants d'une
méditation recueillie et féconde ; rien d'écrit, pas
même ses divisions. A deux heures, il cherchait encore son texte. A trois heures, il était en chaire et
cueillait la palme de l'un de ses plus beaux succès
oratoires. Voici un écho affaibli de cette parole si
puissante :

*A voce ruinæ eorum commota est terra, clamor in
mari auditus est vocis ejus, pupilli absque patre, et ma-
tres quasi viduæ.*

16

« Au bruit de leur malheur, l'univers entier a été ef-
« frayé ; les profondeurs de l'abîme ont été l'écho de leurs
« cris désespérants ; c'étaient des enfants qui n'avaient plus
« de pères ; c'étaient des mères qui n'avaient plus d'é-
« poux. » (JÉRÉMIE.)

« Je ne connais, mes frères, depuis l'origine des
« siècles, qu'une seule voix qui ait su égaler les la-
« mentations aux malheurs ; c'est celle de Jérémie,
« ou plutôt c'est celle de Dieu même, qui avait donné à
« son prophète de comprendre assez l'immensité des
« douleurs pour les redire, aussi visibles que si elles
« étaient encore ressenties ; et voici comment cet
« homme de Dieu, à la vue des malheurs de Sion,
« faisait connaître aux peuples de la terre l'infortune
« de cette nation si longtemps éprouvée. *A voce
« ruinæ*, etc.

« Je n'ai pas, mes frères, la prétention de rempla-
« cer au milieu de vous le saint prophète. Si les mal-
« heurs que j'ai à redire sont semblables à ceux de
« Jérusalem, je n'ai pas une voix prophétique ; je n'ai
« pas les accents de Dieu pour toucher votre cœur.
« Oh ! non, vous ne l'attendez pas de moi ; ce ne sont
« pas des larmes que je viens chercher ici à vous faire
« répandre ; ce n'est pas votre imagination que je veux
« exciter au souvenir de cette épouvantable catas-
« trophe : je viens vous demander humblement l'au-
« mône ; et ce sont vos intérêts aussi bien que ceux
« des malheureux dont je suis ici l'avocat, qu'il faut
« que je consulte.....
« A Dieu ne plaise que je cherche vainement la
« pompe des paroles ! Les devoirs du ministère sacré
« dont je suis chargé, la sainteté des occupations du
« Carême, et peut-être plus que tout cela, ma propre

« insuffisance, m'empêcheraient de remplir votre at-
« tente. Je n'y ai pas pensé ; j'ai voulu seulement ex-
« citer votre compassion en faveur de tant de mal-
« heureux, et j'ai voulu, avec le prophète, vous rap-
« peler ce souvenir. Il y a quelques jours, la terre
« fut épouvantée au bruit de leur ruine ; les abîmes
« de la terre ont redit l'écho de leurs plaintes déses-
« pérées. Vous le savez, ce sont des enfants qui n'ont
« plus de pères, ce sont des mères qui ont perdu leurs
« enfants.

« C'est là, mes frères, le sujet de votre compas-
« sion. Je viens aujourd'hui la réclamer pour eux, en
« vous disant les titres qu'ils ont à vos largesses......

« Je prie la Mère des affligés, la Reine de la terre,
« de m'inspirer des paroles qui vous touchent et vous
« pénètrent. *Ave Maria*, etc.

Après cet exorde, qui excita au plus haut point
l'attention de l'auditoire, l'abbé Olivier entra ainsi
dans son discours :

« C'était à la suite de l'une des plus belles journées
« de l'été des Antilles ; c'était à la suite d'une nuit qui
« avait été douce par ses espérances : on attendait
« d'heureuses nouvelles de France. Le repos avait été
« plus calme, la température n'ayant jamais été plus
« délicieuse ; il était six heures du matin, et dans l'in-
« tervalle que met le balancier des horloges à par-
« courir son court trajet, une ville de huit mille âmes
« était détruite et renversée ; ses maisons n'étaient
« plus qu'un monceau de ruines ; les pères et les en-
« fants, les vieillards, les pauvres, les riches, les es-
« claves et les affranchis, les morts et les vivants,
« tous étaient pêle-mêle dans cette épouvantable ca-
« tastrophe.

« Pendant quatre jours, on cherche les victimes ;
« aux uns, il fallait des sépultures ; aux autres, les
« soins de l'artisan pour guérir d'horribles blessures ;
« les mères appelaient en gémissant les enfants qui
« ne répondaient plus à leurs cris ; les enfants appe-
« laient leurs mères : partout le silence de la mort, la
« désolation la plus affreuse.

« Voilà, mes frères, la peinture la plus raccourcie
« de cette horrible catastrophe dont Port-Royal a été
« la victime, capable d'effrayer les siècles les plus
« éloignés ; voilà le malheur qui a pesé sur cette ville.
« Je ne vous parle pas de ces maux, car ce ne sont
« pas ceux-là que vous devez chercher à réparer : je
« vous parle des maux présents, de cette multitude
« d'êtres qui n'ont point de vêtements, qui n'ont plus
« de demeures, plus de temples, plus de pain, et nous
« pouvons ajouter plus d'eau pour étancher leur soif ;
« car, dans la colère divine, des feux épouvantables
« ont traversé la terre, et toutes les sources ont été à
« la fois taries. Ce n'est pas là le travail de mon ima-
« gination, et je sais que ces détails qui vous sont
« parvenus , plus circonstanciés , mais tout aussi
« fidèles, doivent jeter en vous plus d'épouvante en-
« core que mes faibles paroles.

« Il n'en est pas moins vrai que telle est la situa-
« tion d'une ville entière ; et cette ville est pauvre, et
« cette ville vous appartient ; car c'est une ville des
« colonies.

« C'est au nom de votre dignité d'hommes, de chré-
« tiens, de catholiques, que je vous demande de porter
« à tant de malheureux le secours qu'ils attendent
« avec une anxiété déplorable. C'est à votre charité
« que j'en appelle, afin que vous ne laissiez pas, par

« votre faute, plus longtemps des enfants, des pères,
« des mères, sans soulagement, une société entière
« dans le découragement et dans le désespoir... »

Ces supplications furent entendues, et l'or, abondamment versé dans la bourse des quêteuses, les parures, les bracelets, les chaînes détachées du cou qui les portaient pour aller grossir les largesses de la charité, trente-sept mille francs recueillis dans cette assemblée pour les victimes de l'épouvantable catastrophe, témoignèrent suffisamment de la profonde émotion causée par l'orateur.

XVIII.

Au mois de décembre 1839, M. Olivier était malade ; une fièvre brûlante le tenait cloué sur son lit de douleur, lorsqu'il apprit que Mgr l'archevêque de Paris l'avait choisi pour prêcher à Notre-Dame en faveur des orphelins du choléra. N'écoutant ni les menaces de son médecin, ni les prières de ses amis, M. Olivier court à Notre-Dame. Il n'a rien préparé ; qu'importe ! il improvisera, et, comme toujours, il sera éloquent, car il s'agit d'appeler la piété publique sur de pauvres orphelins ; il s'agit de faire une bonne action, et dès lors la faiblesse du corps est soutenue par les élans du cœur et la joie de l'âme.

Pourtant les amis de M. Olivier n'étaient pas rasrurés ; ils craignaient que cette gloire si belle se compromît par excès de zèle. M. Olivier monte en chaire, pouvant à peine se soutenir ; c'est d'un air abattu qu'il fait le signe de la croix. Ses amis tremblent plus que

jamais. L'orateur prononce son texte d'une voix alté-
rée, presque éteinte :

Parvuli patiérunt panem, et non erat qui frangeret eis.

« Les petits enfants demandaient du pain, et personne
« n'était là pour leur en donner. »

« Mes frères, est-ce sur les bords d'un tombeau
« entr'ouvert, ou bien auprès d'un autel couronné de
« fleurs par la main de la reconnaissance, que nous
« venons aujourd'hui vous parler de l'intérêt de ces
« chers enfants de votre adoption? Est-ce pour que
« l'aumône conjure un grand malheur? Est-ce pour
« que l'aumône remercie Dieu d'un grand avantage,
« que nous venons aujourd'hui faire parler la voix de
« ceux qui ne font entendre peut-être que des prières?
« Ah! Dieu seul, dans ses secrets éternels, sait ce
« que nous avons à espérer ou ce que nous avons à
« craindre.

« Mais vous, vous savez que l'aumône, comme la
« prière, pénètre les cieux et fait descendre la misé-
« ricorde... Nous venons vous le dire d'une voix éteinte,
« car il semble aujourd'hui que tout doive conspirer
« contre eux, afin que votre charité soit plus noble,
« parce qu'elle sera plus spontanée; nous venons vous
« dire que les petits enfants ont demandé leur pain,
« et qu'en l'absence de celui qui devait le préparer,
« nous espérons que vous ne manquerez pas à leurs
« vœux... Nous venons vous dire : ne laissez pas de
« petits enfants demander leur pain sans recevoir le
« pain qu'ils sollicitent...

« Il ne faut pas, mes frères, que vous laissiez à
« d'autres cœurs le droit de continuer l'œuvre qui doit
« être la vôtre; il faut que les efforts de cette année

« soient tels, qu'il soit, pour ainsi dire, inutile de les
« réclamer l'année suivante, et que cet appel fait à
« votre charité soit tellement efficace, qu'il puisse
« être le dernier, afin que la gloire de l'aumône aille
« pour vous jusqu'au pied du trône de Dieu, et en
« fasse descendre sur l'auteur de cette œuvre si bien-
« faisante, de cette charité si catholique, et sur chacun
« de vous, toutes les bénédictions que Dieu réserve
« aux hommes qui sont doux aux malheurs des pau-
« vres et favorables aux besoins des orphelins... »

Quelle force, et à la fois quelle douceur de langage !
comme toutes ces paroles sont empreintes ·de charité ! Ce fut un des plus grands succès de l'abbé Olivier, noble succès, qu'il obtint bien plus avec son cœur
qu'avec son esprit.

XIX.

« Jusqu'ici, dit en terminant sa belle notice l'auteur
des *Orateurs sacrés*, nous n'avons examiné que la partie morale du talent de M. Olivier ; mais les écrivains
qui ont traité de l'éloquence de la chaire semblent
attacher trop d'importance aux accessoires de la parole, pour que, voulant peindre un prédicateur, nous
nous abstenions de parler de son action oratoire.

« M. l'abbé Olivier est petit de taille ; mais il grandit singulièrement quand il prêche ; nous dirions presque qu'en chaire c'est un géant, tant est fort le prestige de sa parole. Cela est si vrai, que bien des gens
qui ne l'avaient vu que sur le piédestal que lui fait son
talent, ont été tout étonnés, en le rencontrant dans la
vie ordinaire, que sa taille ne fût pas plus haute.

Son geste est prompt, convenable et toujours naturel ; sa voix est faible relativement à la grande église dans laquelle il parle. Quelques personnes la trouvent grêle, et lui reprochent de fausses intonations ; mais ce n'est jamais là que l'effet d'une première impression ; avec un peu d'habitude, on en vient à se plaire à ce que son organe a de net et de fortement accentué, même dans sa faiblesse ; on en vient à subir le charme de ses modulations, qui savent être si douces, si insinuantes, si persuasives, si bien assorties ; en un mot, au genre particulier de son éloquence.

Le *Solitaire* trace à peu près le même portrait de M. Olivier :

« Il a, dit-il, de la dignité dans son extérieur ; il en a beaucoup quand il s'observe. Sa taille n'est ni au-dessus ni au-dessous de l'ordinaire ; il a un peu d'embonpoint, mais pas assez pour rien perdre de l'agilité de ses mouvements, Son front large et découvert s'encadre dans une blanche couronne de cheveux soigneusement crépés et poudrés ; il y a dans ses yeux tout son esprit et tout son cœur, ce qui veut dire qu'ils sont d'une expression admirable. Ses lèvres minces, proéminentes et légèrement arquées trahissent un peu son penchant à la satire. Toutefois il est juste de dire qu'une qualité manque à M. l'abbé Olivier pour les grandes prédications proprement dites, à savoir l'organe. Cette voix grêle, flûtée et glapissante, moyennant qu'il la tempère et la dirige, se modifiera selon les exigences d'une instruction pastorale ; il l'assouplira même à ce point qu'elle exprimera des harmonies suaves, quand il chante seul ou en chaire l'*Adoremus*, qui est son triomphe en ce genre ; mais l'étendue et la plénitude lui manquent ; elle est bien plutôt un instrument délicieux de causerie, plus à l'aise avec de l'esprit qu'avec du génie, toute de grâce légère et de soudaineté, nullement d'élaboration pénible et de combinaison. »

L'auteur des *Orateurs sacrés* fait, sur cette voix bien aimée qui a dit tant de belles choses, une dernière réflexion d'une grande justesse :

« On a dit souvent d'une voix qu'elle était pleine de larmes ; la sienne est pleine de prière ; quand il lève ses mains au ciel, soit à l'autel, soit en chaire, ses accents, en les séparant même du sens des paroles, sont une invocation. Cette voix qui convertit, cette voix qui instruit et console, M. l'abbé Olivier a été menacé plusieurs fois de la perdre. Les médecins lui avaient interdit la prédication ; mais, emporté par sa vocation et par son zèle, il n'a pas paru moins souvent dans la chaire chrétienne. « *Qu'importe que je sois brisé,* « *disait-il, si je suis un vase inutile.* » Dieu s'est plu à lui conserver un organe qui sème avec tant de fruit sa sainte parole, et il en a fait l'instrument de sa miséricorde sur une foule d'âmes qui en béniront à jamais son nom.

« La Bruyère, critiquant la plupart des orateurs sacrés ses contemporains, appelait de tous ses vœux un homme qui, avec un style nourri des Saintes écritures, expliquât au peuple la morale évangélique simplement, fortement, chrétiennement. Ou nous nous trompons, ou l'abbé Olivier réalise parfaitement de nos jours ce type idéal de La Bruyère. Il est par excellence l'orateur pratique, l'orateur qui ne songe jamais à lui, mais toujours à son auditoire, l'orateur qu'on n'écoute point pour l'admirer, mais pour se perfectionner ou se convertir.

« Nous terminerons, par un mot d'une parfaite exactitude, que nous avons recueilli de la bouche de l'un des auditeurs les plus assidus et les plus éclairés de M. le curé de Saint-Roch : *Ce n'est point un talent qu'a ce prédicateur, c'est un don.* Oui, M. l'abbé Olivier a plus que de l'esprit, mieux que le génie, il a un don ; et plût à Dieu qu'il lui fut donné de transmettre cette merveilleuse émanation de l'Esprit-Saint par l'imposition des mains, ainsi que le faisaient les Apôtres aux premiers jours du christianisme ! »

CHAPITRE IV.

Nomination de M. Olivier à l'évêché d'Evreux.

I.

La voix publique désignait depuis longtemps le curé de Saint-Roch à un siége épiscopal ; chaque fois que la mort venait frapper un de nos vénérables prélats de l'église gallicane, les fidèles paroissiens de Saint-Roch, attristés, se croyaient à la veille de perdre celui dont la charité immense nourrissait ses pauvres, dont l'éloquence persuasive remplissait si souvent le temple du Seigneur, dont la sage administration avait fait de Saint-Roch la paroisse modèle de toutes les paroisses de la capitale.

On objectera peut-être que le *Solitaire* a dit dans la première édition de sa biographie : « Si M. Olivier « a refusé plusieurs fois l'épiscopat, il a bien fait, et « fera bien de le refuser toujours. » Mais on ignore peut-être que dès la deuxième édition, il a singulièrement modifié ses opinions, que dans les sept ou huit volumes de ses études biographiques il revient constamment avec admiration sur M. Olivier, et qu'il lui a consacré un article spécial dans la *Biographie de ses biographies*. A la phrase que nous avons citée, il ajoute dans sa seconde édition, p. 70 :

« Voilà du moins ce que j'écrivais lors de la pre-
« mière édition de cette notice. Avec de nouveaux
« jours sont venus de nouvelles informations. Comme
« d'autres, j'avais jugé M. Olivier, non pas seulement
« sur des renseignements exacts, *mais un peu sur les*
« *apparences. Les apparences sont trompeuses*; voici
« une lettre qui le prouve bien. Si jamais la permis-
« sion nous est donnée de publier la signature, je la
« promets à mes lecteurs :

« Vous avez dit, Monsieur, dans une biographie
« pleines d'appréciations justes sur M. le curé de
« Saint-Roch, une chose qui m'étonne. Il s'agit de sa
« nomination possible à un évêché. Je prends la li-
« berté de vous soumettre quelques observations à ce
« propos.

« Pourquoi M. Olivier ferait-il bien de refuser l'é-
« piscopat? Est-ce à cause de ses opinions politiques?
« Serait-ce que vous jugez sa vivacité de caractère
« incompatible avec une dignité si haute? Doutez-vous
« de l'étendue de ses talents, bien que leur accordant
« une grande importance? A ces trois hypothèses la
« réponse est facile.

« M. Olivier n'est point un homme politique, mais
« un prêtre. S'il était un homme politique, il agirait
« comme ceux qui lui reprochent de l'être. Il ne voit
« ni au-dessus de lui, ni à son niveau les révolutions;
« elles sont à ses pieds. Quelle que soit leur issue, il
« a une marche tracée qu'il suit imperturbablement ;
« peu lui importe qu'elles se trouvent ou non en
« opposition avec ses principes. Pour lui, les ques-
« tions de personnes ne sont rien, les principes sont
« tout. Il n'est pas de ceux qui trouvent absurde, faute
« de la comprendre, cette parole admirable : *périssent*

« *les colonies* (et l'univers même, s'il était possible),
« plutôt qu'un principe. Veuillez, Monsieur, vous re-
« cueillir, peser les choses, et me dire si un homme
« pareil mérite aussi bien l'épiscopat que certaines
« imaginations boudeuses et ridicules que je vous
« nommerais bien.

« J'insiste peu sur la question de vivacité. Chaque
« position a ses exigences ; la cure de Saint-Roch
« n'est pas un évêché de province, et même un ar-
« chevêché de Paris. Je connais assez M. Olivier pour
« pouvoir affirmer que, s'il se porte à certains excès
« apparents, c'est avec connaissance de cause, et sur-
« tout avec réflexion ; il l'a montré en mille circons-
« tances. Mon Dieu ! Monsieur, que je voudrais vous
« connaître pour vous initier dans l'intimité de cet
« homme admirable, et vous le faire admirer.

« Quant à ses talents, soyez sûr qu'un homme qui
« peut administrer la paroisse Saint-Roch, telle
« qu'elle a été et telle qu'elle est encore, n'aura pas
« de peine à diriger un diocèse. Je me contente de ces
« derniers mots. »

II.

L'évêché de Saint-Flour fut offert à M. le curé de
St-Roch par M. le garde des sceaux. Mais il répondit
au ministre : « Je suis né à Paris et habitué à son cli-
« mat ; je ne sais si ma santé pourrait supporter le
« froid des montagnes et des neiges. Et puis je ne sais
« pas parler patois. Il n'y a pas de grandes villes. Je
« m'y trouverais par conséquent frappé d'impuissance.
« Cependant si le roi ordonne, j'obéirai. »

A la mort de M. de Beauregard, évêque d'Orléans, qui l'avait déjà demandé pour coadjuteur, le curé de Montargis et un grand nombre de prêtres de ce diocèse lui écrivirent pour le prier d'accepter sa nomination au siége d'Orléans. M. Olivier ne fit aucune réponse, puisqu'il n'était pas nommé. La députation du Loiret le força cependant de parler, car elle vint tout entière le trouver pour le même sujet. Il lui répondit en souriant : « Je ne puis me permettre d'accepter ce « qui ne m'est pas offert. » Lorsque M. Morlot fut élevé au siége d'Orléans, les ennemis de M. Olivier répandirent dans le public qu'il avait échoué parce que les députés du Loiret étaient allés faire des représentations à Louis-Philippe pour protester contre sa nomination.

A la vacance du siége de Lyon, les députés du Rhône firent auprès du curé de Saint-Roch la même démarche que ceux du Loiret, et reçurent la même réponse. Le choix du gouvernement s'arrêta sur M. de Bonald, et les ennemis de dire encore que c'étaient les députés de Lyon qui avaient agi auprès de Sa Majesté le roi des Français pour empêcher sa nomination. Ces bruits trompèrent le chapitre d'Evreux.

Au sujet de Versailles, M. l'abbé X.....y, alors curé de ***, son ami public, son ennemi secret, vint trouver M. Olivier au presbytère de Saint-Roch, et lui dit :

« — Allons, je vous prie de ne point faire de la « diplomatie avec moi. Vous êtes nommé évêque de « Versailles ? M. Olivier fit une réponse négative.

« — Ah ! vous jouez le diplomate. Ce n'est pas bien « avec un ami.

« — Non, je dis toujours vrai.

L'indiscret visiteur pensait à cet évêché pour lui-même, et il étudiait les obstacles. Il ajouta donc discrètement, et comme un homme qui cherche à rendre service : « Si on vous propose cet évêché, je vous le « dis dans votre intérêt, n'acceptez pas. Vous auriez « la confiance de la cour, mais vous mettriez Mgr « l'archevêque de Paris dans le plus grand embarras « et dans la position la plus fausse. L'épiscopat tout « entier se tournerait contre vous : il ne verrait en « vous que le favori de la cour.

« — Soyez tranquille, répondit M. Olivier, si le « roi me fait proposer l'évêché de Versailles, je suis « bien résolu à ne pas l'accepter.

« — Alors, veuillez m'écrire une lettre où vous me « parlerez de votre refus dans le cas où l'on vous pro- « poserait l'évêché de Versailles. »

Oh ! alors, M. Olivier comprit tout ce que voulait l'homme astucieux dont la parole s'amollissait de plus en plus, et il résolut de le prendre dans ses propres filets.

« Je ne signerai jamais une pareille lettre, lui dit- « il aussitôt. D'ailleurs à quoi bon ? Non, ce n'est pas « moi qui suis nommé à Versailles, mais ce sera l'é- « vêque de Maroc.

« — Oh ! alors, acceptez, acceptez !!! »

En 1837, M. Affre, qui était alors chanoine titulaire de la métropole depuis qu'il avait quitté Amiens, fit de grands efforts auprès de M. Olivier pour lui faire accepter la coadjutorerie de Strasbourg. Mgr Tharin l'appelait auprès de lui avec instance. Son vicaire général, M. Biryz, avait écrit le 12 juin 1837 de Marlenhiem, à M. l'abbé Lecointre, vicaire général de Paris :

« Un petit échauffement à un œil qui exige du re-
« pos, un petit mal de dents, moins douloureux qu'in-
« commode prive Mgr l'évêque de Strasbourg du
« plaisir de vous écrire, et me procure à moi l'hon-
« neur de répondre à votre lettre du 28 de ce mois.

» C'est une découverte fort heureuse que celle de
« M. Olivier. Le portrait que vous en faites, et les
« dispositions que vous avez remarquées en lui de ré-
« pondre au désir de Monseigneur, *comble sa Grandeur*
« *de plaisir et d'espérance*.

« M. le curé de Saint-Roch s'exagère beaucoup
« trop l'obstacle qu'il croit voir dans la langue vul-
« gaire de cette province ; Mgr Tharin n'en savait pas
« un mot non plus, et Monseigneur qui la parle n'en
« a jamais besoin dans ses rapports obligés, ni même
« dans ceux de convenance, la langue française s'est
« beaucoup répandue ici depuis quarante ans ; il est
« peu de communes rurales où elle ne soit aujour-
« d'hui enseignée. Ce n'est donc pas de ce côté qu'il
« faut entrevoir des difficultés... »

Mgr l'évêque de Strasbourg écrivit lui-même de sa
propre main à M. le curé de Saint-Roch pour le prier,
de la manière la plus touchante, d'avoir pitié de ses
infirmités et de venir à son secours en consentant à
recevoir une charge dont il le savait si digne.

« Acceptez, lui disait M. Affre, vous aurez le pied
« à l'étrier. Nous vous demanderons ensuite pour ar-
« chevêque de Paris, et nous vous obtiendrons. »

Quelle tentation pour Olivier, s'il eût été vraiment
ambitieux ! Mais il considérait dans l'épiscopat, charge
redoutable à ses yeux, non la gloire qu'elle procure,
mais le devoir qu'elle impose et l'utilité de l'Eglise.
Or, ses plus intimes amis lui disaient : « A quoi pense-

» t-on de vous envoyer à Strasbourg. On parle alle-
« mand dans tout le diocèse. Toute votre puissance,
« qui est dans la parole, se trouvera par le fait an-
« nihilée. »

Cette considération frappa tellement l'esprit de M.
Olivier qu'il répondit par un refus absolu, et ce fut
M. Affre lui-même qui fut plus tard nommé coadjuteur
de Strasbourg et mit ainsi le pied à l'étrier pour devenir archevêque de Paris.

III.

M. Olivier refusait la coadjutorerie de Strasbourg,
et Mgr de Quélen pensait souvent à lui pour celle de
Paris même. L'auguste prélat lui dit un jour : « Je
« sens que mes forces s'affaiblissent. Le fardeau de
« l'épiscopat, dans un évêché comme celui de Paris,
« m'écrase. Ah ! si je pouvais obtenir du Gouverne-
« ment de vous avoir pour coadjuteur ! »

Mais ce mot fut recueilli avec un certain effroi par
le protégé que M. le curé de Saint-Roch avait jadis
fait entrer en grâce auprès de Mgr de Quélen, et le
digne homme, pour lui témoigner sans doute sa reconnaissance, travailla dès lors à le perdre dans l'esprit
de son archevêque. A force d'insinuations perfides, cal-
culées et répétées chaque jour, il répandit des ombra-
ges dans l'esprit de Mgr de Quélen. On lui fit entendre
que s'il demandait au roi un coadjuteur, il ne pourrait
alors se dispenser de se présenter à la cour de Louis-
Philippe, et sa gloire était intéressée à n'y pas paraître une seule fois. S'il allait à la cour, que dirait la

noblesse ? Que penseraient les légitimistes en voyant s'évanouir leur héros ?

Dès lors on tenta de rendre M. Olivier odieux à M. de Quélen, en lui persuadant qu'il aspirait à l'archevêché de Paris après sa mort. Mais le prélat avait eu tant de preuves du désintéressement et de la modestie de M. le curé de Saint-Roch, qu'il résista à toutes les suggestions. Il pouvait bien, comme toutes les belles âmes, laisser surprendre quelque temps sa confiance ; mais il revenait bientôt à son bon naturel et à la droiture de son cœur.

Pendant la maladie de M. de Quélen, M. le curé de Saint-Roch le visitait presque tous les jours. Mais voyez la faiblesse de caractère dans un homme si fort et capable, à l'occasion, d'une résistance héroïque : le pauvre archevêque se cachait de M. l'abbé X..., qui avait fini par le dominer, pour recevoir en secret M. Olivier, qui seul le consolait. M. le curé de Saint-Roch entrait quand les visiteurs ordinaires étaient sortis : le domestique avait ordre de lui ouvrir. M. Olivier, sans que personne le sût, conversait ainsi plus d'une heure et demie, quelquefois deux heures, avec son archevêque mourant. Qui pouvait plus dignement que lui entretenir cette grande âme des joies de l'éternité dans laquelle elle allait entrer ?

Quelle différence entre ce récit et la prétendue anecdote racontée par M. B.... dans la *Biographie de M. Olivier*, par un *Solitaire !* Celui-ci ne l'a citée que pour en faire ressortir et l'invraisemblance et la fausseté, comme il a eu soin de l'insinuer dans une note.

« J'étais à l'archevêché, dit M. B..., au pied du lit
« de M. de Quélen, au pied du lit sur lequel il devait

« mourir, ce saint prélat ! il m'entretenait des affaires
« relatives à son diocèse et de ce que nous deviendrions
« lorsqu'il ne serait plus. Le valet de chambre an-
« nonce une personne : *M. Olivier, curé de Saint-*
« *Roch.*

« Je vis sur le visage de M. de Quélen l'expression,
« la moins douteuse possible, de répugnance. « *Faites*
« *entrer* », dit le vénérable prélat. Par discrétion, je
« voulus me retirer. « *Non pas*, dit M. de Quélen,
« *restez là.* » Je fus me placer dans un coin de la
« chambre. Alors une conversation s'engagea entre
« M. l'archevêque et M. Olivier ; sur quel sujet, je
« l'ignore ; mais M. de Quélen, à plusieurs reprises,
« se dressa sur son oreiller ; et, par dessus la tête de
« M. Olivier, *qui ne l'observait pas* (quelle invraisem-
« blance !), me fit des signes d'impatience qui signi-
« fiaient beaucoup ; car il haussait les épaules. »

J'ai voulu répandre sur ce point toute la lumière
possible, et je me suis adressé au digne et fidèle domestique de M. de Quélen pour m'assurer davantage
de la vérité que je connaissais déjà. Le 26 février dernier, j'en ai reçu la réponse suivante, qui confirme
pleinement l'exactitude et la fidélité de mes récits :

« Monsieur le curé,

« Il m'est impossible de me rappeler quelles per-
« sonnes étaient auprès de Mgr l'archevêque le 30
« décembre 1839, veille de sa mort, au moment où je
« reçus l'ordre de faire entrer M. le curé de Saint-
« Roch, *qui avait toujours ses entrées...* Il me souvient
« seulement que M. le curé de Saint-Roch obtint de
« M. l'archevêque un prédicateur que M. l'abbé X...
« avait refusé. Il me dit pourquoi il venait, et en sor-

« tant qu'il avait réussi. *Monseigneur aimait M. Oli-*
« *vier,* ET LE RECEVAIT TOUJOURS AVEC PLAISIR. *Il y avait*
« *pourtant des personnes qui le desservaient* PAR TOUS
« LES MOYENS POSSIBLES... »

Or, voici maintenant quel était le sujet de la conversation dont M. B... dit avoir été le témoin, qu'il avoue avoir ignoré, et sur laquelle il s'est si étrangement et si odieusement mépris. Ce qu'il a pris pour des signes d'impatience, étaient les mouvements de l'honnête indignation du saint prélat mourant : *il haussait les épaules,* parce que, sans la noble démarche de M. Olivier, le dernier acte de son épiscopat, accompli sous son nom vénéré, eût été une révoltante injustice et une tache à sa gloire si pure.

Croirait-on que la perte de l'un de nos plus célèbres prédicateurs, qui est plus qu'un orateur, qui est un homme de génie, et aujourd'hui évêque, avait été résolue ! Il avait été décidé en conseil que les chaires de la capitale lui seraient interdites ! Seulement la sentence n'avait pas encore été mise à exécution, et M. Olivier, qui l'avait invité à prêcher le carême de l'année suivante, se rendait auprès de Mgr de Quélen pour lui dévoiler l'intrigue et l'injustice qui l'avaient fait rendre. L'archevêque, comme tous les mourants, se faisait encore des illusions en présence de la mort même. Il dit d'abord à M. le curé de Saint-Roch : « Je
« me sens mieux aujourd'hui, et je commence à croire
« à mon rétablissement. Je vous promets de prêcher
« moi-même le carême à Saint-Roch, quand j'aurai
« repris mes forces. »

« — Monseigneur, répondit M. Olivier, je sens toute
« la faveur dont vous me comblez : elle me glorifie
« aux yeux de tout Paris et de toute la France. Mais

« je ne puis l'accepter au prix du sacrifice d'un ami. « Non, pas vous-même, monseigneur, mais bien « M. l'abbé Cœur. » Et il plaida chaleureusement sa cause; le noble prélat, qui était bon, doux et juste, ouvrit les yeux, gémit sur le sort des grandeurs exposées à commettre de grandes injustices, d'énormes abus de pouvoir avec de bonnes intentions, et haussa les épaules de pitié et de mépris pour les perfides calomniateurs qui s'insinuent auprès d'elles. L'abbé Cœur était sauvé, et M. de Quélen partait dans l'autre monde en lui continuant son estime et son admiration.

Le lendemain, 31 décembre, jour d'une trop juste douleur, M. Olivier était au pied du lit de M. de Quélen expirant. C'est lui qui lui parla le dernier; c'est lui aussi qui reçut sa dernière bénédiction pour le clergé et le diocèse de Paris. Ainsi, M. de Quélen a aimé M. Olivier jusqu'au dernier jour, et jusqu'au dernier jour M. Olivier a été près de lui et pour lui un ami fidèle, un fils tendre et reconnaissant. Aux funérailles du saint archevêque, tout le monde fut frappé de la douleur toute filiale de M. le curé de Saint-Roch.

M. de Quélen mort, tous les regards se tournèrent vers le curé de Saint-Roch : l'opinion publique lui destinait ce grand siége, qu'il était si capable de bien remplir. Quelques-uns seulement paraissaient redouter son activité, son zèle, son amour de la régularité, de l'ordre et son esprit réformateur; mais ces appréhensions intéressées se perdaient dans les vœux à peu près universels que le diocèse de Paris faisait en sa faveur. On dit que la politique trembla à l'idée d'un archevêque puissant en œuvres et en parole, et soutenu par une immense popularité.

« Il fut aussi question, dit M. Adrien de la Fage,
« dans la *Revue et Gazette musicale de Paris*, 29 octo-
« bre 1854, de nommer archevêque de Paris M. de
« Latour d'Auvergne, archevêque d'Arras, déjà fort
« âgé; on lui eut donné pour coadjuteur M. Olivier.
« Quel malheur pour les églises et pour le clergé de
« Paris, et, par dessus tout, pour la musique reli-
« gieuse, que, par suite du refus du vieux prélat, ce
« projet ne se soit pas réalisé! L'église métropolitaine
« de Paris aurait été bientôt la première de l'Europe
« dans toutes les fonctions du culte; elle aurait pos-
« sédé une musique et une maîtresse école pour les-
« quelles M. Olivier n'aurait pas hésité à dépenser
« cinquante mille francs, et toutes les autres églises
« eussent, à l'envi, organisé des chœurs de musique,
« se faisant l'un à l'autre une heureuse concurrence,
« encouragés comme ils l'auraient été par l'appui et
« l'exemple de l'autorité ecclésiastique, à la voix de
« laquelle l'enseignement de la musique eût aussi
« pénétré dans les séminaires; tandis qu'aujourd'hui
« l'on n'y apprend pas même le plain-chant, et que la
« cathédrale est devenue, sous le rapport musical, la
« risée des provinciaux et des étrangers, qui obser-
« vent que la musique y a moins d'importance qu'on
« ne lui en donne dans la plus petite et la plus pauvre
« des succursales. »

Que faisait cependant M. Olivier, l'objet de tant de
vœux ! Il usait de toute son influence et de tout son
crédit à la cour pour faire élever au siége de Paris
M. Affre, déjà nommé coadjuteur de Strasbourg, et répondait à toutes les objections élevées contre le
caractère inflexible de son ancien maître et de son
ami, et parvenait à le faire asseoir dans la chaire de

Saint-Denis, d'où il ne devait descendre que martyr.

« Platon remerciait le ciel, dit à ce sujet le *Soli-*
« *taire*, de ce qu'il l'avait fait naître au temps de
« Socrate. M. Affre aurait de quoi remercier le ciel de
« ce qu'il l'a fait naître au temps de M. Olivier. »

Voilà la vérité. Voici maintenant la fable :

« Est-il vrai, disait une dame à M. Olivier, que
« l'archevêché de Paris a été offert à M. le curé de
« Saint-Roch ? Non, madame, puisque M. le curé de
« Saint-Roch n'est point archevêque. » (*Le Solitaire*).
— « Jamais je n'ai prononcé le mot que l'on me prête
« sur l'archevêché de Paris, a dit plus tard M. Oli-
« vier (le mercredi 9 août 1843); il est absurde et par
« trop ridicule. »

IV.

Cependant, un noble vieillard, un saint et auguste
pontife, Mgr Charles-Louis de Salmon Du Châtellier,
évêque d'Evreux, gisait sur un lit de souffrance par
suite d'une légère blessure qu'il s'était faite à la
jambe en visitant sa famille et ses amis, et que l'on
avait crue d'abord sans gravité. Sa fin était imminente,
et le mercredi des Cendres, 24 février 1841, il reçut
les derniers sacrements avec les sentiments de la foi
la plus vive et de la piété la plus sincère, en présence
du chapitre, du clergé de la cathédrale et des élèves
du séminaire. Il jouissait encore de toute la plénitude
de ses facultés. Quand la cérémonie fut achevée, apercevant les jeunes abbés, il leur dit d'une voix émue :
« Approchez, mes enfants, que je vous bénisse; vous
« êtes l'espérance du diocèse et de l'Eglise ; c'est à

« vous de faire tout le bien qui était dans mon cœur,
« et que vos forces vous permettront d'accomplir. »

Le lendemain, l'*Ami de la religion* racontait cette scène touchante, et la *Gazette de France*, mal informée, annonçait la mort du vénérable prélat, en ajoutant que M. Olivier, curé de Saint-Roch, était déjà désigné par Louis-Philippe pour remplir le siége vacant.

Pourquoi cette annonce hâtive ? Qui avait informé M. l'abbé de Genoude de la résolution du roi qui ne pouvait encore avoir reçu la nouvelle officielle du décès de l'évêque d'Evreux ? Cette précipitation dénotait une perfidie et une intention hostile en donnant l'éveil.

A cette annonce, les gens de bien espérèrent, et les envieux pâlirent. Si M. Olivier, simple curé, avait arraché tant de victimes à l'enfer, réconcilié à la religion tant d'esprits prévenus et égarés, renouvelé d'une manière si merveilleuse la paroisse de Saint-Roch, que sera-ce donc lorsqu'il sera élevé sur un plus grand théâtre, lorsque la plénitude du sacerdoce et de l'Esprit-Saint reposeront sur lui ? Ses ennemis, dès lors, nouèrent des intrigues pour faire échouer cette nomination présupposée, et commencèrent par faire pleuvoir des lettres anonymes entre les mains de Mgr Affre, archevêque de Paris. On attaquait dans l'ombre, et par des voies souterraines, un homme dont toutes les actions étaient publiques, et la maison de verre. Il faut dire aussi que c'était la faute du trop brillant curé de Saint-Roch s'il avait des ennemis si acharnés. Il n'avait pas assez médité ce mot profond de Buffon , cité dans l'ouvrage récent de M. Flourens (*De la Longévité humaine*. Paris, 1855, *p.* 62) : « Il est

« souvent très dangereux de remplir sa carrière avec
» éclat. »

Il est des hommes, à l'esprit étroit, aux vues bor-
nées, d'un caractère bilieux, qui n'ont pas l'ambition
des grandes choses, mais des petites, qui nourrissent
leur pauvre intelligence de plus de préjugés que de
lumières, et leur cœur, ennemi de toute dilatation, de
plus de fanatisme, de faux zèle que de religion et de
vraie piété. Ils ont une certaine modestie et savent
borner leurs désirs ; ils n'aspirent même pas aux postes éclatants, mais ils ont cependant, dans une position secondaire, l'amour de la domination. Ils aiment
le pouvoir pour le pouvoir lui-même ; c'est pour eux
une fureur, une espèce de délire d'exercer l'autorité,
peu leur importe sous quel titre. Joignez à cela la pe-
titesse de l'esprit, la médiocrité du talent ou sa nullité même, une crasse ignorance, un orgueil colossal,
un prodigieux entêtement, des prétentions démesu-
rées, six choses qui vont toujours ensemble, et vous
aurez encore à peine une idée de la trempe du caractère des hommes qui portent, dans les oppositions,
une inflexibilité de haine vraiment merveilleuse, et
qui, petits en eux-mêmes, avec de faibles moyens,
mais persévérants, soulèvent cependant de grandes
passions, excitent de longs troubles, et parviennent
quelquefois à rendre inutiles l'action bienfaisante et
l'initiative des hommes de bien et d'intelligence. Une
fois engagés, ils ne reculent devant rien. Que les
grands talents ne soient donc pas si fiers, ni surtout
si confiants dans la puissance de leur génie ! Pendant
qu'ils marchent sur les hauteurs et sans défiance, les
imprudents ! ces sortes d'hommes regardent à leurs

pieds et leur barrent le chemin d'un obstacle souvent insurmontable.

Il n'entre pas dans notre plan de raconter ici comment se noua l'intrigue qui s'ourdit dès lors dans le but d'éloigner un homme qui ferait tout à lui seul, qui voudrait tout voir de ses yeux, tout entendre de ses propres oreilles, tout organiser, et qui était bien connu pour son extrême activité. Qu'il nous suffise de constater qu'on lui faisait opposition sans le connaître!

Le domaine de l'histoire est la vie publique des hommes : cette fille du ciel aime la lumière et dédaigne de marcher dans les voies ténébreuses où se cachent les mauvaises passions pour agir. Nous tenons tous les fils de cette intrigue, mais nous ne pensons pas qu'il soit opportun de la démasquer. Nous le pourrions, mais nous ne le voulons pas. Et d'ailleurs, à quoi bon? Quel intérêt nos lecteurs auraient-ils à connaître des hommes obscurs et frappés d'impuissance? Pourquoi charger notre pinceau des plus sombres ou des plus gaies couleurs pour peindre la méchanceté la plus noire unie à l'aveuglement le plus déplorable, de grandes agitations et de minces résultats, pour décrire des tempêtes dans un verre d'eau? C'est déjà pour nous une nécessité trop pénible de raconter des scandales publics, parce qu'ils ont été publics, sans aller ajouter à des scandales connus des scandales ignorés. Les ridicules des hommes peuvent appartenir à la polémique : ils sont au dessous de la dignité de l'histoire.

V.

Que faisait cependant M. Olivier? Il poursuivait paisiblement à Saint-Roch les travaux du Carême : il était admirablement secondé par M. l'abbé Coquereau, qui attirait une foule considérable au pied de sa chaire, et par son éloquence, et aussi par le reflet de gloire populaire qui lui venait de Sainte-Hélène.

« L'éloquence de M. l'abbé Coquereau, dit le bio-
« graphe des *Prédicateurs contemporains* (Paris, 1843,
« p. 28 et 29) a été portée à son sommet lors des der-
« nières conférences du Carême de 1841 qu'il prêcha
« à Saint-Roch avec M. Olivier, ce prêtre d'une si
« grande distinction d'esprit et de savoir. Le concur-
« rent était redoutable : M. Coquereau ne lui fut pas
« inférieur. Les sujets dogmatiques les plus élevés et
« les plus ardus furent traités et creusés à fond par
« les deux orateurs. Après les preuves irrécusables
« de l'histoire traditionnelle, réunies en faisceaux et
« accablantes clartés pour l'incrédulité moderne, on
« les vit s'élancer dans les régions de la métaphysique,
« et, faisant la part la plus large aux sophismes, aux
« restrictions et aux divagations de la philosophie, ils
« attaquèrent franchement le boulevard derrière le-
« quel elle se retranche et le prirent d'assaut ; ils l'en-
« lacèrent dans les orbes concentriques de leur argu-
« mentation, et la laissèrent sur le sol mourante et
« épuisée d'objections sérieuses. Les bornes que nous
« nous sommes tracées nous empêchent par malheur
« d'en détailler les analyses. Au surplus, qu'il nous
« suffise de dire que la reine et les princesses, des
« personnages recommandables, des ministres, l'élite
« de la société parisienne, se pressaient à Saint-Roch
« pour entendre ces remarquables conférences. »

Au sujet de ce même Carême de 1841, nous lisons dans une note insérée dans la brochure intitulée : *Dix années de M. Olivier* (Paris, 1841, p. 22) :

« Nous ne croyions guère que le talent oratoire et
« le zèle apostolique de M. l'abbé Olivier pussent al-
« ler au delà de ce que nous avions vu. C'est pourtant
« ce qui est arrivé pendant le Carême qui vient de fi-
« nir. Dieu seul sait quelles merveilles a opérées cette
« voix sans cesse brisée par la fatigue, et sans cesse
« ranimée par une inspiration vraiment surnaturelle.
« Nous en appelons aux souvenirs du nombreux audi-
« toire qui s'est pressé autour de la chaire de Saint-
« Roch durant ces semaines si riches en bénédictions.
« Non, personne, après l'avoir entendu, n'oubliera ja-
« mais, ni le sens sublime prêté par l'orateur à la
« mystérieuse agonie du jardin des Olives, ni le com-
« mentaire si pathétique des dernières paroles que
« notre Dieu mourant a laissé tomber du haut de sa
« croix, ni la lumière si merveilleusement répandue
« sur cette promesse de la paix en Jésus-Christ, lais-
« sée comme un adieu par le Sauveur à ses disciples
« devenus ses amis. La vraie manière de louer cette
« éloquence chrétienne serait de raconter le bien
« qu'elle a fait, et de convier nos lecteurs au tribunal
« de la pénitence pour leur faire compter les âmes
« pécheresses qui sont venues s'y convertir, ou au
« banquet eucharistique pour leur offrir, dans les
« milliers de fidèles qui s'y sont rassemblés, un spec-
« tacle semblable à ceux que donnait la primitive
« Eglise. »

VI.

Le Jeudi-Saint, 8 avril 1841, à quatre heures du
matin, Mgr Du Châtellier interrompait ses ferventes

prières pour rendre son âme sainte à Dieu. Il doit être compté parmi les bons et saints évêques d'E-vreux, et sa mémoire restera toujours en bénédiction dans le diocèse. Toutes les peines qu'eurent à endurer les pauvres curés de campagne pendant la durée de son épiscopat ne remontent pas jusqu'à lui, et ils n'ont pas oublié d'où partaient les averses de lettres comminatoires, fulminantes, de suspenses, d'interdits, de changements si multipliés que les presbytères devinrent des espèces d'hôtelleries que l'on occupait pour un temps. Mgr Du Châtellier était personnellement doux et bon, *franc et sans dol* comme le portait sa noble devise.

S'il eut vu les affaires de son diocèse avec un esprit libre et dégagé de toute influence, avec les fortes études de sa jeunesse, avec ses talents, avec le zèle et le dévouement dont il fit preuve dans les jours d'exil, avec sa prudence consommée, sa haute sagesse, nul doute qu'il ne fût enfin parvenu à régénérer un vaste et beau diocèse ; mais malheureusement il abandonna presque toujours à d'autres mains que les siennes, qui eussent été si habiles, la conduite ordinaire de son troupeau. Pendant les premières années de son épiscopat, il fut la plus grande partie de l'année absent de sa ville épiscopale : il était grand seigneur, ses relations l'appelaient à la cour, et il était retenu à Paris par sa dignité de pair de France. Quand la révolution de 1830 le rendit à son diocèse, il l'eut fait jouir sans aucun doute d'une administration éclairée, bienfaisante et paternelle. Mais, malheureusement, il était presque totalement privé de l'usage de la vue, ne pouvait lire, et reconnaissait à peine les personnes qui le visitaient. M. Delanoë, dans une lettre imprimée à Evreux chez Canu, 1845, p. 2, parle d'un *simple affaiblissement de la vue*, mais il oublie que dans son *Eloge historique de Mgr Du Châtellier*, Evreux, 1842, p. 26, il le comparait à saint Aquilin II, et disait que, *comme lui*, *il était* PRIVÉ DE LA VUE, *du moins en grande partie*. Outre les glaces de l'âge qui commençaient à se faire sentir dans un septuagénaire, le prélat se trouvait dans la fâcheuse nécessité de voir par les yeux d'autrui, et de ne pouvoir directement agir par lui-même. Sans doute il avait appelé autour de lui des hommes recommandables : MM. Delacroix, Pinchon, Leduc, Mathieu, Pieau, Guibert et Seugé étaient des hommes recommandables et dont l'action bienfaisante adoucit bien des peines. Mais, qui ne sait aussi que l'autorité était absorbée par un seul homme, que cet homme faisait bonne garde pour ne pas laisser approcher de Sa Grandeur, et qu'il lui faisait violence quand cette Grandeur voulait être juste et bonne : témoin ce vieillard de Léry, qui tomba à ses genoux, en disant : *Rendez-nous notre père !* Mgr Du Châtellier était ému à cette vue et allait céder ; mais on le tira par la soutane et on lui dit : « Votre Grandeur ne peut pas revenir sur ce qu'elle a décidé ! C'est fini ! c'est jugé ! c'est une affaire réglée ! » M. Fumières, maire de Léry, peut se rappeler cette scène ; mais qui pourrait compter celles qui lui ressemblent ?

Les routes du diocèse étaient donc sillonnées en tout sens par les voitures de déménagement de pauvres curés de campagne disgraciés, arrachés à leurs habitudes les plus douces, contraints de traîner sous un autre soleil, sur une terre inhospitalière peut-être, leurs meubles avariés et leurs vieux parents. Comment, indignes d'exercer le saint ministère dans une paroisse, ou inhabiles, étaient-ils plus dignes et plus habiles dans une autre ! Mais comment se débattre ? Comment se défendre ! L'obéissance, muette dans la douleur même, n'est-elle pas la vertu obligée du curé de campagne amovible ? Ces actes se commettaient toujours au nom de monseigneur l'évêque ! C'est monseigneur qui avait voulu ! C'est monseigneur qui avait commandé !

Mais un beau jour le bon Mgr Du Châtellier déclara à un pauvre curé qu'il n'avait ni rien voulu, ni rien commandé, et qu'il n'entendait pas chagriner un bon prêtre qui habitait en paix son presbytère depuis trente ans. « Retournez dans votre paroisse, mon bon curé, « lui dit-il ; c'est moi qui vous le dis. Si vous avez des « difficultés, elles s'arrangeront ; si vous avez commis « une faute, elle est pardonnée ; vous ferez pénitence, « et serez tenu à une plus grande édification vis-à-vis « de vos paroissiens. Allez ! allez ! et revenez me voir, « j'ai trop de plaisir à recevoir mes curés. »

Bonne parole ! L'heureux curé la raconta à ses confrères. MM. Guibert et Seugé, vicaires généraux, surent dire aussi au clergé que c'était Mgr Du Châtellier qui était l'évêque et qu'il ne fallait pas craindre de s'adresser à lui. Combien ceux qui purent parvenir jusqu'au noble et bon prélat s'en félicitèrent ! De quelle indulgence, de quelle paternité ils firent la douce épreuve ! Rebutés ailleurs, qu'ils furent bien accueillis par le bon maître ! Les affaires que l'on avait sèchement déclarées impossibles, s'arrangeaient avec lui de la manière la plus facile. C'est pourquoi l'on avait compris qu'il était essentiel de ne jamais laisser M. Du Châtellier seul avec les curés qui le visitaient.

Ne disait-on pas alors que le prélat commençait *à ra-doter et à perdre la boule !* Mais pas du tout, il ne rado-tait pas, quand il était bon et juste ; *il ne perdait pas la boule,* quand cette boule ne roulait que pour faire des heureux ! il jouissait de toute la plénitude de toutes ses facultés, et ceux qui étaient assez audacieux pour forcer le passage, trouvaient que son esprit, ses lu-mières et son jugement avaient toute la lucidité de la jeunesse. Alors en vain on s'obstinait à s'interposer entre les curés et Sa Grandeur ; les curés déclaraient poliment qu'ils avaient besoin de rester seuls avec leur évêque, et ils s'en trouvaient bien.

Mais malheureusement ces choses ne furent bien connues que dans les dernières années du prélat. Que de peines, cependant, que de douleurs lui furent alors révélées ! Que de larmes solitaires retombèrent sur son cœur ! Combien de fois aussi sa noble franchise fut-elle indignée ! Mais quand elle voulut se débattre, la noble victime était liée !

Aussi, à la mort du vieillard, les regrets universels du clergé éclatèrent, parce qu'il avait été connu enfin tel qu'il était, mais bien malheureusement trop tard, puisque la tombe l'enlevait à la vénération comme à l'amour de ses prêtres.

D'autres, en silence, et quand la foule se fut écoulée le 15 avril, jour des funérailles, pleurèrent aussi, et leurs larmes tombèrent sur des souffrances dont le funèbre caveau de la mère de Dieu enferme encore le secret.

On a loué la forte et pieuse résignation de Mgr Du Châtellier, et ça été justice. Elle fut admirable dans l'exil, admirable quand la foudre qui brise les trônes l'atteignit de ses éclats ; mais elle fut plus admirable encore aux derniers jours de sa vie, car elle avait pour objet des souffrances intimes et personnelles. Il sentit enfin la solitude qu'on avait faite autour de lui si profonde, si impénétrable, si lourde et si désolée : il vivait dans les ténèbres et mangeait dans les larmes le pain de sa vieillesse.

Madame Antoine Passy, cette femme admirable qui a laissé un nom si justement populaire à Evreux, aimait beaucoup M. Du Châtellier, qui était naturellement gai, et même très gai et ouvert, autant qu'elle était édifiée de ses vertus. Elle lui disait un jour : « Monseigneur, avec votre belle vieillesse, chef d'un « beau diocèse, honoré de tous, que vous devez être « heureux !

« — Heureux, moi, madame ! se récria le bon pré-« lat. Heureux ! comment puis-je être heureux vivant « tout le long des jours avec deux hommes dont l'un « gronde toujours, crie toujours, critique tous mes « actes, et dont l'autre boude toujours ! Il n'y a que « l'abbé Guibert qui ne me fasse jamais de peine ! »

C'est donc avec raison que le mandement des vicaires généraux capitulaires, après l'éloge de ses vertus et les justes hommages rendus à sa mémoire, ajoutait, page 3..., que : « Humble dans l'élévation et « les grandeurs, il n'oublia jamais, sous les insignes « de la dignité pastorale et les titres les plus honora-« bles, *ni la couronne d'épines de son maître, ni le* « *roseau qui lui fut donné pour sceptre.* »

La lutte qu'il eut à soutenir à l'encontre des charités, dont il commença à réprimer les désordres et les abus, l'office canonical remis en honneur, l'unité de la liturgie établie dans tout le diocèse, l'édition du bréviaire et du rituel (je ne parle pas du gros graduel noté qui fait encore le désespoir de tous les lutrins), de généreux encouragements donnés à l'éducation chrétienne des deux sexes, sa vive et constante sollicitude pour ses séminaires, les constructions des deux bâtiments latéraux du grand séminaire, la fondation du petit séminaire Saint-Aquilin, ses libéralités et ses aumônes, ses remarquables mandements lui assurent une belle place dans la liste des évêques d'Evreux. Le plus beau jour de son épiscopat fut celui où il dotait son petit séminaire d'une chapelle si longtemps désirée, et où il honorait en même temps la mémoire de l'un de ses plus saints prédécesseurs, en restaurant le pieux édifice qui le couvre.

« Loin de nous, dirons-nous avec les vicaires géné- « raux capitulaires, la pensée d'enlever à un autre sa « gloire ! » Mais nous dirons aussi de Mgr Du Châtellier, ce qu'ils ont dit de Mgr Bourlier, cet auguste pontife qui, le premier parmi nous, s'efforça de réunir les pierres dispersées du sanctuaire et de relever les ruines du temple : « S'il fit beaucoup avec ses dignes « coopérateurs, durant les longues années de son épis- « copat, il laissa encore beaucoup à faire. »

VII.

Les journaux parisiens, en annonçant la mort de M. l'évêque d'Evreux, désignèrent en même temps M. Olivier pour son successeur. Je reçus en même temps à Evreux une lettre d'un homme dont l'autorité est grande en matière ecclésiastique, et les jugements autant d'oracles. M. Picot, qui mettait alors la dernière main à ses *Mémoires pour servir à l'Histoire ecclésiastique du XVIII⁰ siècle*, m'écrivait en ces termes :

« Monsieur et ami,

« On s'accorde à dire que c'est M. le curé de Saint-
« Roch qui est désigné pour Evreux... Cela m'est venu
« de tant de côtés, que je n'en doute pas. Vous aurez
« un homme de beaucoup d'esprit, d'une extrême
« activité, d'un talent rare pour la parole. De plus,
« on dit qu'il est très bon, très aisé à vivre. Puisqu'il
« vous est destiné, il faut voir les beaux côtés, et
« surtout ne pas crier. Cela ne servirait qu'à aigrir de
« part et d'autre : *Honora me coram plebe* (honorez-
« moi devant le peuple). Ceci est pour vous, mon cher
« ami ; je ne me permettrais pas de donner des avis à
« votre clergé, composé d'hommes sages. Je suis tou-
« jours absorbé par mon travail ; priez Dieu que je
« puisse le terminer, et que je n'aie d'autre vue que le
« bien de l'Eglise. Adieu ; vous savez que je vous suis
« dévoué.

« PICOT.

« Paris, 12 avril. »

Les ennemis de M. Olivier remuaient cependant ciel
et terre pour faire échouer sa nomination au siége
d'Evreux, et faisaient grand bruit de prétendues pièces
accusatrices qui étaient entre les mains de Mgr l'archevêque de Paris. D'où le savaient-ils ? Quoi ! vous
le demandez ! Ils les connaissaient parfaitement bien,
puisque c'étaient eux-mêmes qui les avaient fabri-
quées. Toujours est-il que Louis-Philippe, qui apportait la plus grande circonspection à la nomination des
évêques, et qui a eu le bonheur de doter la France de
prélats dignes des plus beaux siècles de l'Eglise, manda

Mgr Affre pour savoir de lui ce que signifiaient ces pièces qu'on disait entre ses mains, et lui en demanda communication.

« Il n'en existe aucune, répondit Mgr l'archevêque « de Paris, que je puisse mettre sous les yeux de « Votre Majesté. Ce sont toutes lettres anonymes « qu'elle couvrirait comme moi du plus souverain « mépris. Je tiens M. Olivier, qui fut mon élève et que « je connais mieux que personne, pour un des plus « zélés et des plus admirables prêtres de France. »

Deux jours après cette conversation entre le chef de l'Etat et le chef du diocèse de Paris, le dimanche de la Quasimodo, 18 avril 1841, une ordonnance royale nomma M. Olivier évêque d'Evreux.

CHAPITRE V.

M. Olivier, évêque nommé d'Evreux.

I.

Le jour même de la nomination de M. Olivier à l'évêché d'Evreux, M. Martin (du Nord), garde des sceaux, ministre des cultes, vint féliciter le nouveau prélat. Dans la soirée, celui-ci se rendit aux Tuileries pour remercier le roi qui lui dit avec beaucoup de grâce :

« Il y a longtemps que je désirais vous voir entrer
« dans l'épiscopat. Si vous n'avez pas été nommé plus
« tôt, c'est que je savais qu'il serait fort difficile de
« vous remplacer. »

Des Tuileries, M. Olivier passa à la chancellerie et au ministère des affaires étrangères. Il n'est donc pas vrai que sa première visite fut pour M. Guizot : le *Journal de l'Eure*, qui recevait ses inspirations d'une main ennemie et cachée, en fit la remarque parce que M. Guizot était protestant. On voit déjà comme on épiait toutes les démarches du nouvel évêque, même les plus innocentes, les plus simples et les plus naturelles, pour leur donner une couleur odieuse. C'était un parti pris de tout voir et de tout prendre en mal, et ce parti a été suivi avec une ténacité incroyable, avec une implacabilité de haine qui survécut à sa mort même. Quand

on sonde la profondeur de cette inimitié, elle épouvante ; elle se portera même à des excès d'une incompréhensible noirceur.

II.

Le lendemain, M. Olivier descendit à l'église et dit
la messe au maître-autel, assisté de ses vicaires et
entouré de ses prêtres. La nouvelle de sa nomination
avait parcouru rapidement sa paroisse. Aussi les fidèles étaient accourus en grand nombre. Il n'y avait
qu'un mot dans toutes les bouches : quelle perte fait
Saint-Roch !

Après la messe, le clergé rentre dans la sacristie,
où se passe une scène touchante. M. l'évêque nommé
d'Evreux adresse à ses prêtres réunis autour de lui
une allocution pathétique qu'il puise dans son cœur,
leur faisant entendre combien il lui coûtait de se séparer de ses fidèles coopérateurs, de son troupeau
chéri et de ses pauvres. Puis parlant avec beaucoup
de modestie de ce qu'il avait fait pour le bien de sa
paroisse, il exprime la ferme confiance que la piété et
la prudence de son successeur soutiendront et complé-
teront son œuvre. C'est par leur émotion plutôt que
par leurs paroles que les ecclésiastiques dont il est
entouré répondent à cette affectueuse allocution. Les
marguilliers de la paroisse, les dames de charité, les
innombrables amis du pasteur vénéré et béni s'asso-
cient à tous les sentiments du clergé. Ce sont des
larmes qui coulent, des paroles entrecoupées par les
sanglots, des adieux déchirants ! «Faut-il l'avoir connu
« et le perdre, » disait-on en se retirant.

M. Olivier présente le même jour pour témoins de ses informations M. l'abbé Eglée, son intime ami, chanoine de la métropole et secrétaire de l'archevêché, et M. l'abbé Jardin, curé de Sainte-Elisabeth.

III.

Le 23 avril, M. Olivier écrivit à Son Eminence le cardinal prince de Croï, archevêque de Rouen :

« Monseigneur,

« Nommé par le roi à l'évêché d'Evreux, l'un de
« mes premiers devoirs est d'en informer votre Altesse
« Eminentissime, et de réclamer avec confiance le se-
« cours de ses prières, Je lui demande de vouloir bien
« me permettre de compter sur sa haute bienveillance
« comme elle peut compter sur les sentiments pro-
« fonds de vénération et de dévouement de son nou-
« veau suffragant. »

Le cardinal répondit : « Votre nomination me comble
« de joie et d'espérance ; il fallait à Evreux un hom-
« me de votre trempe et de votre talent, un homme
« animé de votre zèle qui m'est bien connu. *Mon in-
« térêt pour l'évêché d'Evreux est d'autant plus vif
« qu'il est peut-être le plus souffrant de ma province
« ecclésiastique.* »

IV.

Pendant que le métropolitain écrivait cette lettre, le chapitre de la cathédrale d'Evreux délibérait, et signait une protestation adressée à Son Excellence le ministre des cultes dans laquelle on lui déclarait que l'on ne supposait pas à M. le curé de Saint-Roch les vertus nécessaires pour faire un bon évêque! Acte inqualifiable destiné dans la pensée de celui qui le conçut à faire du scandale, puisqu'il fut communiqué aux journaux hostiles qui le livrèrent à tous les échos de la publicité avec d'odieux commentaires, et d'autant plus coupable que pour le faire aboutir il fallut nécessairement tromper la religion, la piété et la bonne foi des autres. Qui trahit le secret où devait être enseveli cette protestation? N'est-ce point celui qui rédigeait des notes pour M. Selme, rédacteur du *Journal de l'Eure*, feuille chaque jour remplie d'injures contre M. Olivier? Celui qui prononça ce mot cruel : « Si nous ne réussissons pas à empêcher M. « Olivier de venir à Evreux, eh bien! notre protesta- « tion servira du moins à fausser sa position, à le faire « partir plus tard! » Celui qui en lisant les diatribes frénétiques de la feuille radicale s'écriait encore : « C'est bon! ça chauffe! »

Un seul chanoine ne signa pas la protestation du chapitre de la cathédrale : ce fut M. l'abbé Moisson, depuis chapelain de la chapelle royale de Dreux.

Quand cette pièce fut déposée entre les mains du roi, on dit que sa sereine Majesté fut un peu déridée. Car il la remit en souriant entre les mains de M. Olivier : « Voyez, lui dit-il, les Normands vous cherchent « déjà chicane. »

Les chanoines pétitionnaires, à la nouvelle de la nomination de M. Olivier qui se croisa, dit-on, avec leur lettre dont j'ignore la date, furent consternés. M. l'abbé Moisson, qui n'avait pas signé, jubila. M. l'abbé Seugé avoua ingénument et loyalement, sans restriction et sans arrière pensée, qu'il avait fait là une grande faute. MM. Lambert et Cocquelin, n'écoutant plus que leur foi et la droiture de leurs intentions, voulurent absolument se raviser et avouèrent, les larmes aux yeux, qu'on les avait trompés. Ces deux vieillards étaient si saints et si respectables qu'il était impossible de douter de la bonne foi et de la sincérité de leur repentir. On vénérait en eux la vertu même. Quelque temps après, M. l'abbé Cocquelin, répondant à une lettre affectueuse de M. Olivier, l'en remerciait en disant qu'il avait rendu *la sérénité à sa conscience, et la joie à son âme.* C'est peut-être là le seul nuage qui passa un instant sur le front de ce bon vieillard dont les mœurs étaient si douces, et l'humeur si égale.

V.

L'immense majorité du clergé ébroïcien apprit avec joie la nomination de M. le curé de Saint-Roch. Il respirait enfin ! Tous les curés se réjouissaient à l'idée d'avoir un évêque qui gouvernerait par lui-même ; toutes les bouches répétaient ce proverbe populaire qui renferme un si grand sens : *il vaut mieux avoir à faire au bon Dieu qu'à ses saints.*

Ce qui enchantait surtout du nouvel évêque, c'est qu'il était curé ; par conséquent, il connaissait le saint ministère ; il serait un guide sûr ; il avait l'expérience des tribulations inséparables de l'administration paroissiale. Après le récit des adieux et des larmes versées dans la sacristie de Saint-Roch par les vicaires de M. Olivier, ils lurent dans l'*Ami de la Religion* répété par la presse entière, numéro du 20 avril :

« En notifiant la mort de M. Du Châtellier, les vi-
« caires capitulaires avaient dit : *Ah! qu'il revive du*
« *moins dans son successeur, et que dès maintenant son*
« *esprit repose sur lui!* Cet esprit de piété et de cha-
« rité continuera de vivifier le diocèse d'Evreux. Nous
« ne considérons ici que le prêtre, et les actes de M.
« le curé de Saint-Roch permettent d'apprécier ce
« que sera l'évêque.

« Un talent rare comme orateur chrétien, un zèle
« vif et infatigable, une générosité compâtissante pour
« les malheureux, voilà les qualités que le clergé et
« les fidèles du diocèse d'Evreux trouveront dans leur
« premier pasteur. »

On se disait donc dans le diocèse d'Evreux : Si les
prêtres qui ont vécu avec M. Olivier, à Saint-Roch,
l'ont tant aimé, pourquoi ne l'aimerions-nous pas à
notre tour? S'ils pleurent son départ si amèrement,
pourquoi ne pas nous réjouir de son arrivée?

Puis ses biographies que l'on se passait de main en
main, les témoignages d'une multitude de lettres
écrites de Paris racontaient de lui des choses ravissantes : la supériorité de ses talents, son zèle, son esprit, sa haute et inépuisable éloquence, sa bonté, sa
franchise, la loyauté de son caractère. On notait bien
en lui aussi quelques défauts qui n'ont pas échappé à
ses biographes : de la légèreté dans le caractère, trop
de laisser-aller, trop d'abandon qui lui faisait perdre
quelque chose de la gravité et de la dignité du prêtre,
excepté quand il était à l'autel, un esprit réformateur,
l'amour de l'ordre poussé jusqu'à la minutie, jusqu'à
une espèce de fureur, et, à de rares intervalles, les contradictions de son caractère, fort et faible tour à tour,
populaire et aimant à fréquenter les grands, exigeant

de ses prêtres la régularité avec une sévérité parfois outrée et d'autres fois aussi trop mou et trop indulgent. Peut-être bien aussi que l'on n'était pas fâché de le savoir homme par quelque endroit. Ses défauts mêmes prouvaient sa franchise, et ils étaient plus apparents que réels. L'absence de la dignité et de la gravité du prêtre qui lui faisaient parfois défaut jusqu'au point de choquer grandement ceux qui ne le connaissaient pas, tenait surtout à la fatigue d'un esprit toujours tendu qui se débandait. « Mais, disait le *Solitaire*, p. 68 de sa biographie, il n'est pas jusqu'aux qualités de cet homme qui n'aient parfois des allures indéfinissables de faiblesse, et il y a dans ses imperfections les plus clairement dessinées un inexprimable parfum de vertu. Impossible donc, si on le juge exclusivement sur le dire populaire et sur certaines apparences, de formuler une opinion raisonnable. »

Mais ce qui faisait surtout concevoir au clergé d'Evreux les plus belles espérances pour l'avenir, c'étaient les bénédictions que Dieu avait répandues sur son ministère à Saint-Denis, dans ses missions, à Chaillot, à Saint-Etienne-du-Mont, et surtout à Saint-Roch. Beaucoup firent immédiatement le voyage de Paris pour voir leur nouvel évêque et revinrent émerveillés. Ils enthousiasmèrent les autres. Un des chanoines *protestants*, comme on les appelait, le visita, et il en fut parfaitement et admirablement accueilli. De tous les points du diocèse, des lettres d'acclamation volèrent entre ses mains : la plupart s'élevaient jusqu'au lyrisme.

« Monseigneur, écrivait, le 22 avril, M. l'abbé Alexandre-Narcisse-Aimé Douin, archiprêtre de

« Notre-Dame d'Evreux, curé de la cathédrale, quelles
« actions de grâces n'avons-nous pas à rendre à la
« divine Providence qui n'a pas voulu nous laisser
« longtemps orphelins! A peine sommes-nous sortis
« des jours de deuil et de juste douleur où nous a
« plongés la mort de notre vénérable évêque, et
« déjà nous apprenons, avec l'émotion de la recon-
« naissance, qu'un nouveau pasteur nous est donné,
« et quel pasteur!!! Dans peu, sans doute, il nous
« sera donné de contempler les traits chéris de ce
« nouveau père en Dieu, et de le saluer des accla-
« mations de la joie et de l'allégresse. Mais, en atten-
« dant ce jour de fête, souffrez, Monseigneur, que le
« curé de votre église cathédrale vienne d'avance
« vous offrir ses humbles félicitations, et l'expression
« de la vive satisfaction qu'il éprouve de voir ce dio-
« cèse pourvu d'un prélat si puissant en œuvres, et
« si riche en talents et en vertus. Heureux si, le pre-
« mier, il venait déposer aux pieds de votre Grandeur
« ses protestations d'obéissance filiale! »

Le 2 mai, M. le curé de la cathédrale protestait
avec chaleur « contre les bruits qui s'étaient répan-
« dus (*et qui donc les répandait?*) que l'arrivée de
« Mgr Olivier ne serait pas agréable aux habitants
« d'Evreux. « Nous sommes unanimes, disait-il, dans
« les vœux que nous adressons au ciel pour votre
« plus prochaine arrivée. »

M. l'abbé François-Ambroise Préaux, chanoine
honoraire de la cathédrale, curé de Saint-Taurin,
avait été un des premiers à courir à Saint-Roch, et
après une première lettre du 27 avril, il écrivait encore le 7 mai :

..... « Tous les curés que j'ai vus vous désirent ou

« sont sans prévention. Lundi prochain j'aurai à dîner
« tous les curés de mon canton, à l'occasion de la
« distribution des saintes huiles. Je vous rendrai
« compte de ce qui aura été dit. »

Il ne fut dit que de bonnes choses à ce dîner diplomatique, comme le prouve cette lettre collective du
10 mai :

« Nous bénissons la Providence qui vous a choisi
« pour notre chef et notre pasteur. Nous savons déjà
« que vous joignez la sagesse du conseil à la promp-
« titude de l'action, qu'en vous l'autorité qui com-
« mande est toujours tempérée par un mot gracieux
« qui rend l'obéissance aimable et facile, que vous
« avez le rare talent de faire de vos inférieurs des
« amis. Tel est le portrait, Monseigneur, qui nous a
« été fait de vous. Il y manque bien quelques traits
« pour compléter la ressemblance; mais comment,
« sans blesser votre modestie, oser vous parler ici de
« votre zèle, de votre piété, de votre parole facile, per-
« suasive, entraînante? Nous croyons vous être plus
« agréable en gardant le silence à cet égard. Mais si
« nous pouvons commander à notre langue, nous ne
« pouvons faire taire notre cœur, nous ne pouvons
« comprimer notre admiration, nous ne pouvons pas
« tarder plus longtemps à vous donner l'assurance
« d'une soumission entière, d'une coopération franche
« et constante pour le bien que vous voudrez faire
« pour nous et par nous, et du profond respect, etc.

 « PREAUX, doyen de Saint-Taurin; PIERRE-
  MARTIN, MANOURY, vicaires de Saint-Taurin;
  PIERRE-JACQUES DE BOUCLON, curé de Bros-
  ville; JEAN-BAPTISTE CHRÉTIEN, LEMOINE,
  BEAUCOUSIN, LEFEBVRE, GUINOISEAU, MON-
  GUILLON, desservants dans le canton de Saint-
  Taurin. »

En envoyant cette lettre, M. l'abbé Préaux joignit une lettre particulière qui se terminait par cette exclamation : « Que ne suis-je curé de tout le diocèse! « Tous les cœurs seraient bientôt à vous! Je crois « qu'il y en a bien peu maintenant qui ne soient pour « vous! »

Le même écrivait encore le 1er juin : « Je vous ai « envoyé un grand nombre de personnes depuis quel- « que temps. Je suis fâché de ne pas avoir eu cette « pensée là plus tôt. Les personnes qui vous voient, « qui s'entretiennent avec vous, reviennent enchan- « tées. Elles le disent et tout le monde se prend à « vous aimer et à désirer votre arrivée parmi nous. « J'avais à peu près obtenu de la supérieure de la « Providence qu'elle vous écrirait... M. de Tonnerre « est enchanté. Je l'ai fait parler devant quelques « personnes, et cela a produit un bon effet. »

Le 3 mai, le nouveau prélat répondait à M. le curé de la cathédrale : « Mon cher ami, un bon cœur est « tout ce que j'aime. Votre lettre d'aujourd'hui me « donne l'assurance que vous en êtes doué. Tranquil- « lisez ceux qui se troublent. Je ne sais pas si l'on « travaille contre moi. CE QUE JE SAIS, C'EST QUE J'AIME « MES ENNEMIS, mais j'aime encore mieux mes amis. « Vous êtes de ce nombre, je ne puis en douter. »

Parmi les réponses de M. Olivier aux lettres qu'il recevait de toutes parts, deux nous découvrent en- core les sentiments dont il était animé. Il écrivait à M. l'abbé Dolet, archiprêtre de Pont-Audemer :

« J'ai reçu, avec une grande consolation, l'affec- « tueuse lettre que vous m'avez écrite. J'espère que « Dieu me donnera de remplir vos intentions. Dites « avec confiance, à Messieurs vos confrères, que le

« roi leur a nommé un homme de bonne volonté. »

A M. l'abbé Hamel, supérieur du petit séminaire de Pont-Audemer :

« J'éprouve le besoin de vous témoigner ma recon-
« naissance pour toutes les marques de sympathie
« que vous m'avez déjà données. Je n'en perdrai pas
« le souvenir, je vous prie d'en être assuré. Je ne
« viens pas pour perdre, mais pour conserver. J'ac-
« cepterai tout le bien qui est fait avec joie, et c'est
« à la prudence, aux conseils et au temps que je de-
« manderai les moyens de consolider, d'améliorer et
« d'accroître. »

VI.

C'est au milieu de l'enthousiasme et de la joie causée par la nomination de M. Olivier que le clergé d'Evreux apprit par les journaux ce qu'ils appelaient la protestation du chapitre : il en fut pénétré de dou-leur. Cependant le chapitre, débordé par l'élan de tout le diocèse, était revenu bientôt à une plus juste appréciation des qualités et des vertus de son futur évêque. Le 29 avril 1841, tous les membres du chapi-tre signèrent, avec les vicaires-généraux capitulaires, la lettre suivante :

« Monseigneur,

« Instruits qu'ils attendraient en vain plus long-
« temps du Gouvernement la notification officielle
« (il n'en fait jamais) de votre nomination au siége
« épiscopal d'Evreux, les vicaires-généraux adminis-
« trateurs du diocèse et le chapitre de la cathédrale

« s'empressent de déposer à vos pieds leurs homma-
« ges respectueux.

« L'accueil gracieux et plein de bonté que l'un de
« nos collègues a reçu de vous, Monseigneur , les
« choses touchantes qu'il nous a dites du profond res-
« pect que vous professez pour la mémoire du véné-
« rable prélat que nous pleurons, du zèle qui vous
« anime pour la gloire de Dieu et le bien du diocèse
« qui va être confié à votre sollicitude, nous donnent
« les plus belles espérances, et nous inspire la con-
« fiance que notre Eglise sera consolée de la perte
« immense qu'elle vient de faire.

« Comptez, Monseigneur, sur la soumission filiale
« de votre clergé, sur son loyal concours et son dé-
« vouement sans bornes pour vous aider à accomplir
« tout le bien que vous méditez.

« Votre chapitre, Monseigneur, ne croit pas man-
« quer au respect à une allocution récente du Saint-
« Père en vous priant d'agréer des lettres de grand
« vicaire.

« Au reste, Monseigneur, nous n'oublions pas la
« sage maxime d'une administration provisoire, *nihil*
« *innovetur* (que rien ne soit innové), et nous vous
« donnons l'assurance qu'aucune mesure, tant soit
« peu importante, ne sera prise sans votre agrément.

« Daignez, etc... »

Lettres de vicaire-général.

« *Capitulum Ebroïcense universis præsentes litteras ins-*
« *pecturis, salutem in Domino.*
« *Nos deprobitate, scientiâ, prudentiâque venerabilis viri*
« *D. D. Nicolai-Theodori Olivier, cathedralis Ebroïcensis*
« *episcopi nominati, pluvimùm in Domino sperantes con-*

« *fidentesque, illum vicarium nostrum generatem et spe-*
« *cialem in Diœcesi facimus et constituimus per præsen-*
« *tes..., etc.*

« *Datum Ebroïcis, 28 avril 1841, sib sigillo capituli....*

« Le chapitre d'Evreux à tous ceux qui les pré-
« sentes lettres verront, salut.

« Nous, pleins d'espérance et de confiance en notre
« Seigneur, dans la probité, la science et la prudence
« de vénérable homme, Monseigneur Nicolas-Théodore
« Olivier, évêque nommé du siége d'Evreux, le faisons
« et constituons par les présentes lettres notre vicaire
« général et spécial dans le diocèse, etc. (Suivent
dans l'original les pouvoirs les plus étendus et les plus
détaillés, renfermant toutes les prérogatives épiscopa-
pales, jusqu'à faire des réglements, ordonner des diacres et des prêtres, administrer le sacrement de confirmation, suspendre, interdire et porter des censures.)

« Donné à Evreux sous le sceau du chapitre, le 28
« avril 1841.

« Signé :

« Pour le chapitre,

« LAMBERT.

« MOISSON, secrétaire du chapitre. »

Que serait-il arrivé si M. Olivier eût accepté ces
lettres de grand vicaire? Rome eût jugé très sévèrement cet acte, et c'eût été pour elle un motif bien
suffisant de lui refuser ses bulles. Que deviendrait, en
effet, l'autorité du souverain pontife, en cas de conflit
avec les gouvernements catholiques, si les chapitres
pouvaient conférer des pouvoirs de grand vicaire aux
évêques nommés, qui administreraient de fait les dio-

cèses en se passant de la confirmation canonique du Saint Siége ?

Le 2 mai, M. Olivier répondit :

« Messieurs,

« Je vous remercie d'avoir devancé, par votre lettre
« du 29 avril, les communications qui doivent bientôt
« s'établir entre vous et moi. J'attendais l'occasion de
« vous ouvrir mon cœur et de vous dire à tous la pa-
« role de saint Paul : *Os nostrum patet ad vos; cor*
« *nostrum dilatatum est.* (Notre bouche s'ouvre par
« l'affection que je vous porte ; notre cœur s'est di-
« laté, II, Cor. chap. VI, v. 11.)

« Je sais, messieurs, les regrets dont vous avez ac-
« compagné la mort de mon prédécesseur, et je sais
« aussi la consolation et l'appui que vous avez donnés
« à son épiscopat. Je sais votre piété et votre zèle,
« votre amour pour l'Eglise et pour les pontifes, et
« une sincère et profonde estime m'unissaient à vous
« avant que j'eusse à ressentir en moi le besoin de
« vous aimer et de vous appartenir.

« J'accepte, messieurs, avec sincérité votre loyal
« concours ; je le réclame pour le bonheur du diocèse.
« Nous continuerons le bien déjà commencé, je l'es-
« père, de la bonté divine, et vous m'aiderez à met-
« tre le couronnement à l'édifice que vos mains ont
« élevé.

« Vous savez les raisons qui m'empêchent d'ac-
« cepter les lettres de vicaire général que vous avez
« bien voulu m'envoyer. (*Ces raisons étaient tout*
« *simplement les règles de l'Eglise.*) Je sens tout le
« prix de ce témoignage de confiance, et je vous prie
« d'en recevoir mes remercîments.

« A dater de ce jour, messieurs, regardez-moi
« comme étant tout à vous, et soyez convaincus que
« plus nos rapports seront fréquents et plus ils me
« seront agréables.

« Recevez tous, messieurs, l'assurance, etc. »

Cette communication du prélat causa une véritable
joie au chapitre, comme le témoigne la lettre suivante
de M. l'abbé Guillaume Lefebvre, supérieur du grand
séminaire, vicaire général capitulaire, 5 mai 1841 :

« Monseigneur,

« C'est avec un respect mêlé d'attendrissement que
« l'administration diocésaine a pris communication de
« la réponse dont vous avez bien voulu l'honorer.
« Cette lettre où vous nous ouvrez votre cœur ne
« nous laisse à tous qu'un sentiment : *Ad multos annos*
« (Restez avec nous de longues années !)

« Vous le savez, monseigneur, c'est le privilége
« d'un bien petit nombre de gagner à être vus de
« près, et, si je ne parlais qu'en mon nom, je ne serais
« pas sans inquiétude sur l'opinion si charitable que
« vous exprimez à notre égard. Ce qui me rassure,
« c'est que vous trouverez abondamment dans mes
« collégues ce qu'il y aura de moins en moi; mais ce
« ne sera jamais, j'ose le dire, du côté de la piété
« filiale; car il y a longtemps que j'ai appris, avec
« eux, à aimer et à vénérer mon évêque comme le
« père de mon âme. »

Ainsi la paix était faite, et le mot spirituel de
M. Olivier, quand il avait appris que le chapitre protestait contre sa nomination, réalisé : « Ces messieurs ne veulent pas du curé de Saint-Roch; ils

« viendront avec empressement au devant de l'évê-
« que d'Evreux. »

VII.

L'inimitié acharnée et implacable avec laquelle on se déchaînait contre le nouvel évêque, s'était réfugiée dans le *Journal de l'Eure*. Cette feuille (n° du 8 mai 1841) invoquait *la violente et énergique* protestation du chapitre, pour faire circuler les bruits les plus sinistres, sonner le tocsin d'alarme dans tout le diocèse, et lancer à la face de M. Olivier les plus hideuses injures. Mais le remède était dans l'excès même du mal. Si le chapitre restait muet devant les provocations du journal, qui s'appuyait de son autorité, et osait affirmer (n° du 24 mai) que deux d'entre eux *désertaient le palais épiscopal* COMME UN LIEU MAUDIT, M. le curé de Saint-Taurin s'en émut. Je vois dans une lettre du 7 mai, une démarche officieuse de sa part auprès du rédacteur, et il ne voulait abonner M. Olivier au journal qu'autant qu'il prendrait l'engagement de ne rien dire contre lui. « Celui à qui je
« parlais, dit-il, réfléchit pendant quelques instants, puis
« il m'a dit : *Si j'étais encore chargé de la rédaction,*
« *je n'hésiterais pas ; mais je ne suis plus chargé que de*
« *l'administration.* La rédaction appartient à un
« M. Davenay, qu'on a fait venir de Paris, qui est
« d'une opinion très avancée, et qui a de grandes
« préventions contre messieurs les ecclésiastiques.
« Il paraît même que ce M. Davenay s'est mis en
« relation avec M. X...., fameux légitimiste.... On
« est persuadé que vous venez afin de rattacher,

« avant tout, le clergé à la famille royale, etc. J'ai
« combattu toutes ces idées. J'ai répondu que vous
« seriez évêque et point homme politique, ni de
« parti. »

Ah ! nous y voilà ! la passion politique, voilà donc
l'un des puissants mobiles des persécutions que M. Olivier aura à subir pendant la durée de son épiscopat.
On lisait, en effet, dans le *Journal de l'Eure* :

« ... La cour envoie M. Olivier dans le département
« de l'Eure pour gagner à la couronne l'affection des
« prêtres d'abord, et par suite celle des populations.
« C'est fâcheux pour M. Olivier, mais il va se trouver
« compris dans le très petit nombre des évêques po-
« litiques, et c'est peut-être à cette position spéciale,
« que l'opinion publique lui a faite, qu'il faut attri-
« buer l'opposition violente qu'a soulevée sa nomina-
« tion dans le chapitre d'Evreux (nº du 7 mai.) »

Dans le numéro suivant, le journaliste pousse le
délire jusqu'à comparer au plus vile et au plus manifeste des imposteurs, l'abbé Châtel, jusqu'à représenter
comme singe et imitateur de l'abbé Châtel, celui qui,
pendant quinze ans, avait fait les délices de la capitale
la plus polie du monde. Indigné de ces indignes attaques, M. Dolet, curé de Pont-Audemer, y voyait l'in-
tervention de l'enfer. Il écrivait, le 3 juin : « Je pense
« bien que vous ne vous étonnerez ni ne vous afflige-
« rez, monseigneur, des efforts que tente l'Ange de
« ténèbres pour égarer les esprits. C'est une preuve
« qu'il voit tout le bien que vous ferez dans le dio-
« cèse ! »

Au sujet de l'abonnement aux journaux d'Evreux,
M. Olivier avait déjà écrit, le 3 mai, à M. Préaux, curé
de Saint-Taurin :

« J'attendrai encore pour les journaux. J'aurai
« l'honneur de vous écrire : je ne veux pas mendier
« de suffrages. Ma maxime, mon cher curé, est celle-
« ci : Je sais que je suis devant Dieu un pécheur, mais
« non un évêque. Je ne veux pas d'autres louanges que
« celles dont parle un prophète : *Laudent cum opera*
« *ejus* (que ses œuvres le louent). »

Il écrivait à M. l'abbé Havage, ancien doyen de
Saint-André-de-la-Marche, le 25 mai : « J'ai reçu
« avec reconnaissance l'expression de votre dévoue-
« ment à la personne de votre futur évêque, et sur-
« tout de votre témoignage pour la gloire de l'Église,
« et en particulier du diocèse d'Evreux.

« Non, monsieur le curé, ne craignez pas que les
« persécutions, si je dois en rencontrer, fassent jamais
« impression sur mon âme. Surtout ne craignez pas
« que la voix de tous les journaux puissent me trou-
« bler jamais. *Je suis accoutumé à leurs attaques comme*
« *le vieux soldat est façonné à la fusillade;* on assure
« qu'il l'entend à peine.

« N'étant et ne voulant être l'homme d'aucune co-
« terie, je ne puis compter que sur des dévouements
« d'hommes de cœur et de personnes sans prévention.
« Je vous arrive avec un grand désir de répondre aux
« vœux des bons prêtres et des fidèles vraiment ca-
« tholiques... »

Et sur le même sujet, le 7 juin, à M. l'abbé Préaux
en réponse à ses communications :

« Quand vous me connaîtrez un peu plus, mon cher
« curé, vous verrez que les oppositions ne m'effraient
« pas. Tout ce que je puis faire à leur égard, c'est de
« tâcher de ne pas les désirer. Ma vie a été une vie de
« combats, et, quoique j'apporte la paix, je ne re-

« doute pas la guerre injuste, mesquine et couverte
« d'hypocrisie. Je me suis toujours bien trouvé de la
« calomnie, surtout quand elle est bien atroce. »

M. Préaux avait écrit le 6 juin :

« Je ne sais si le chapitre pense à vous faire relier
« un bréviaire pour vous en faire hommage à votre
« arrivée. Lequel aimez-vous le mieux, monseigneur,
« ou que j'y fasse penser, ou que je vous en fasse re-
« lier un... Tout va bien. Venez ! Venez !... »

M. Olivier, dans cette même lettre, remercia M. le
curé de Saint-Taurin de tant d'obligeance, et ajouta :
« En tout état de cause, vous laisserez faire le cha-
« pitre comme il l'entendra ; je ne veux pas de votre
« proposition. »

Le 30 juin, il écrivait aussi à M. l'abbé Lereffait,
curé de Chambord, qui s'était ému des attaques de la
presse : « ...... Je ne répondrai jamais aux journaux ;
    leur langage est celui de la passion et de la haine,
« et la passion et la haine n'entendent point les véri-
« tés qui les blessent. Ces articles font d'ailleurs un
« grand bien. »

En résumé, quant à ce qui concerne l'opposition
d'Evreux comparée à l'enthousiasme général du diocèse, elle était de nul effet, jugée, condamnée. C'é-
tait aussi l'avis de M. le curé de Saint-Taurin, qui
écrivait le 1er juin :

« La lettre du chapitre vous fait du bien ici, mais
« lui fait à lui-même beaucoup de tort. Tout le monde
« en rit. Ils ont, dit-on, agi comme des enfants : c'est
« aussi l'expression de M. Fayet, que j'ai vu à Rouen.
« — Le *Journal de l'Eure* n'a pas tenu parole. Ce qu'il
« dit est tellement absurde, que cela vous fait plutôt
« du bien que du mal. Ceux qui n'ont pas toujours

« été bien disposés en rougissent presque mainte-
« nant.

VIII.

Au séminaire, M. Lefebvre, notre supérieur, nous communiqua une lettre du nouveau prélat, qui fut accueillie avec joie, et M. Préaux avait bien raison d'écrire, le 10 mai, à M. Olivier, *qu'elle faisait fureur parmi les élèves.* La voici :

« Monsieur le supérieur,

« Je vous remercie de tous les détails que renferme
« votre lettre, et surtout de l'assurance que vous me
« donnez des dispositions avec lesquelles l'adminis-
« tration diocésaine tout entière a reçu mes premiè-
« res communications. L'habitude de vivre ensemble
« rendra indissolubles les liens d'attachement mutuel
« qui doivent nous unir *tous* dans la charité de Jésus-
« Christ.

« Vous me faites un grand plaisir de me parler du
« séminaire ; j'y compte y chercher la joie, le repos
« des fatigues et les consolations de mon épiscopat.
« Dites aux jeunes lévites confiés à votre garde que
« je veux partager réellement avec leur supérieur la
« conduite et la direction de leurs études, suivre leur
« progrès dans la vertu et dans la piété.

« Veuillez leur adresser ces paroles de saint Au-
« gustin de la part de leur futur évêque : *Vos, filii,*
« *vos, novella germina matris Ecclesiæ, obsecro vos ut*
« *attendatis ad eum qui vocavit vos, qui vos dilexit;*
« *verbum Dei diligenter audiatis, memoria retineatis*
« *factis implentes.* (Vous, mes fils, vous, jeunes plan-

« tes de l'Eglise, notre mère, je vous supplie de tour-
« ner attentivement vos regards vers celui qui vous a
« appelés, qui vous a aimés, d'écouter avec soin la
« parole de Dieu, de la graver dans votre mémoire,
« de l'accomplir dans vos œuvres.) »

IX.

Mais, ce n'était pas seulement de tous les points du diocèse d'Evreux que M. Olivier recevait des félicitations ; les premières et les plus nobles familles du département, MM. de Clermont-Tonnerre, Hippolyte et Antoine Passy, le duc et la duchesse de Broglie, le duc de Rauzan, la marquise de Dreux-Brézé, vinrent gracieusement le complimenter au presbytère de Saint-Roch. Il avait dans les mains les lettres de dix-sept archevêques ou évêques du royaume, et même de Mgr l'évêque de Curium, en Hollande, auquel il répondit : « Que l'un des plus grands honneurs de sa « vie serait certainement la réception de la lettre « qu'il avait daigné lui écrire à la nouvelle de sa no- « mination. »

X.

Au commencement de juin, M. Pichot, professeur de théologie dogmatique au grand séminaire, et M. Haranger, chapelain des Sœurs de la Providence, firent aussi le voyage de Paris. Mais M. Olivier était absent, et ils allèrent le rejoindre à une campagne. Il les accueillit parfaitement et les promena sur la lisière d'un bois voisin. Puis il leur dit tout à coup : « Sans doute, messieurs, que vous avez l'habitude de faire votre lecture spirituelle. Si nous la faisions ensemble? » Puis il tira un petit livre de sa poche, et se mit à lire en tournant les feuillets quand la page était à peu près finie. C'était quelque chose de ravissant sur la vie intérieure, sur le bonheur d'une âme sincèrement unie à Dieu par l'espérance et l'amour. La lecture terminée, ces messieurs voulurent savoir le titre d'un livre qui renfermait de si délicieuses maximes de la vie spirituelle. M. Olivier leur passa le livre : c'était un Horace latin ! Trois semaines après, M. l'abbé Pichot écrivait d'Evreux, le 1er juillet, à M. l'abbé Bidault, alors curé de Bourg-Achard :

« ...... Tous nos *protestants* ont bientôt vérifié la
« prophétie de notre futur évêque : *ils ne veulent pas*
« *du curé de Saint-Roch, mais ils viendront au devant*
« *de l'évêque d'Evreux.* Moi-même, sans être *protes-*
« *tant*, j'ai fait le voyage que l'on appelle ici senti-
« mental, accompagné du vénérable M. Haranger.
« Nous avons trouvé un homme fort aimable, spiri-
« tuel, sans prétentions, enfin l'homme de sa biogra-
« phie (celle du *Solitaire*), sauf les restrictions qu'il
« faut faire. Nous avons passé une journée entière
« avec lui à sa campagne, et c'est là que nous avons
« pu apprécier ses excellentes qualités. Nous sommes
« revenus, comme tout le monde, une branche d'oli-
« vier sur le front. Je crois qu'on ne se trompe pas
« quand on dit qu'il nous ravivra. Il est homme à
« cela, et, s'il n'en vient pas à bout, il faut désespé-
« rer des Normands. »

A ces messieurs succéda M. Cauchie, chanoine. Il s'était fait précéder d'une lettre où il déclarait qu'il serait jaloux de la gloire de son futur évêque, et promettait à sa personne un dévouement franc et loyal. « Vous verrez, disait-il (8 juin), un individu de bien « chétive apparence. Sans avoir jamais la mine bien « relevée, j'ai passé par tant de secousses et d'an- « goisses qu'elle est encore plus appauvrie que de « coutume. »

M. le chanoine d'Evreux arriva à Saint-Roch pendant les solennités de l'octave de la Fête-Dieu. Il dut être émerveillé, car nous lisons dans la plupart des journaux de cette époque la note suivante : « Le jour « de la Fête-Dieu, les églises de Paris ont été toute « la journée remplies de fidèles. Celle de Saint-Roch « était vraiment resplendissante : outre les décora- « tions des grands jours, plus de cinq cents caisses « d'orangers, de grenadiers et autres arbustes rares « et odoriférants avaient été placés autour du chœur « et dans les chapelles. Sa Majesté la reine et les « princesses occupaient leur tribune. Après la proces- « sion, qui a eu lieu dans l'église, une messe en mu- « sique a été chantée avec accompagnement d'orgue « et d'orchestre. » La même pompe s'était renouvelée tous les soirs de l'octave, et M. Olivier monta chaque jour en chaire avant les saluts.

XI.

Un curé de campagne, qui s'ennuyait probablement dans son presbytère, crut, dans les circonstances, faire merveille en allant saluer l'évêque nommé d'Evreux. C'était un chasseur en renom qui allait flairer là s'il n'y avait point quelque bonne pièce de gibier

pour lui. Petit il était parti, grand il croyait revenir. Son plan de campagne dressé, il aborde M. Olivier, affiche son zèle et son dévouement pour lui, tombe sur le chapitre, les séminaires, les vicaires-généraux , et imagine lui dire une chose très agréable en lui assurant que les vénérables chanoines lui feraient mauvais visage à Evreux. Mais quelle ne fut pas sa surprise ! « Je suis dans les meilleurs ter-
« mes avec le chapitre d'Evreux, lui dit le prélat, et
« je suis enchanté de tous les membres qui le compo-
« sent. Avez-vous demandé à vos supérieurs une per-
« mission pour quitter votre paroisse ! »

Et il le tança d'importance. On ne sut pas précisément, outre les paroles que nous avons rapportées et qui sont textuelles, ce que M. Olivier put lui dire encore de mortifiant pour s'être fait l'accusateur des chanoines. Mais on le conjectura facilement sur cette simple observation : il était parti prônant M. Olivier, évêque nommé d'Evreux, et à son retour il déblatérait, avec autant de verve, moins l'esprit, que le *Journal de l'Eure*, contre M. Olivier, curé de Saint-Roch. Il ignorait qu'à Paris surtout les gens de la pire espèce, les plus méprisables et les plus méprisés, sont ceux qui, en courbant la tête devant les nouvelles grandeurs, cherchent à s'élever sur les ruines des autres. Un autre vint se plaindre : il le renvoya à ses supérieurs.

XII.

M. Olivier éprouva cependant, du côté d'Evreux, une petite contradiction. M. Lefebvre lui avait écrit à la fin de sa lettre du 5 mai : « Comme nous espérons

« que les bulles apostoliques ne se feront pas long-
« temps attendre (*en effet, le* 10 *août,* **M. Olivier était**
« **à Evreux**), nous n'userons nullement du pouvoir
« que l'administration a cru devoir solliciter re-
« lativement à l'ordination. » On se rappelle que la
lettre collective des vicaires-généraux et du chapitre
lui avait déjà donné l'assurance qu'aucune mesure
tant soit peu importante ne serait prise sans son agrément. Toutefois, il fut résolu qu'une ordination de
prêtres aurait lieu à la Trinité. M. Olivier s'en plaignit à M. l'abbé Guibert, 28 mai 1841 : « Je ne suis
« pas content de la détermination du chapitre, je veux
« dire du conseil, par rapport à l'ordination. Je ne
« voyais pas de péril dans la demeure. Mais je n'ai
« pas le droit de le trouver mauvais. J'aurais voulu
« voir ces prêtres avant qu'ils fussent envoyés. La
« volonté de Dieu soit faite ! »

Le même jour il laisse voir sa pensée à M. le supérieur du grand séminaire :

« Vous savez, dit-il, que je n'ai absolument aucune
« prétention sur la direction des affaires pendant la
« vacance : ce que vous déciderez donc, je l'approu-
« verai. Mais comme *conseil,* si le moment de la re-
« traite n'eût pas été *aussi proche,* j'eusse préféré, à
« votre place, attendre un mois ou deux. Le conseil
« en a jugé autrement ; *il est trop tard* pour changer
« d'avis. Les jeunes diacres seraient trop affligés. En-
« core une fois, c'est bien.

« Je suis fort triste de votre état sanitaire. (*Deux*
« *élèves du petit séminaire étaient morts de la mil-*
« *liaire, et les élèves avaient été renvoyés chez leurs*
« *parents.*) Il prouve du reste la sagesse de la déter-
« mination que vous avez prise. Espérons que la mort

« va s'arrêter et prions pour ces pauvres petits en-
« fants.

« J'ai été fort heureux des communications que j'ai
« eues avec M. l'abbé Guibert. J'ai la confiance que
« lorsque l'occasion nous sera donnée d'avoir ensem-
« ble ces rapports de vive voix, ils ne seront pas
« moins consolants. *Vous ne trouverez jamais en moi*
« *la parole qui cache la pensée*, etc. »

Ces jeunes diacres, ordonnés prêtres pendant la vacance du siége, furent MM. Cauchard, Durosay, De-
larue, Ferrand, Hérouard, Leroux, Martin. Le 7 juin,
M. Olivier leur adressa cette lettre par les mains de
leur supérieur :

« Monsieur le supérieur,

« Je ne puis désormais être indifférent à tout ce qui
« concerne les prêtres du diocèse d'Evreux. Ils sont
« mes frères, ils seront bientôt mes enfants et mes
« amis. Je vous prie de lire ces lignes aux nouveaux
« prêtres qui viennent de monter au saint autel, et
« de leur dire de ma part de n'oublier jamais la grâce
« de leur vocation. Qu'ils soient *sel* et *lumière*; qu'ils
« prennent garde à cette parole du Maître : *eatis et*
« *fructum afferatis, et fructus maneat* (allez, portez de
« bon fruit, et que ce fruit demeure). Je désire savoir
« leurs noms, leur destination; je veux dès aujour-
« d'hui les suivre. Aussitôt après mon arrivée à
« Evreux, vous voudrez bien me les présenter. J'ai
« pour eux une affection particulière, et j'avais besoin
« de vous le dire. »

XIII.

Quelques jours après cette ordination, le petit séminaire Saint-Aquilin fit sa rentrée, et la brillante santé des élèves dissipa les cruelles inquiétudes que M. Olivier avait partagées. De cette colline littéraire où se trouvent aussi le collége, le musée et la bibliothèque, s'exhala un parfum de poésie ; c'était tout naturel.

« ..... Enfin, écrivait M. l'abbé Coquerel, 11 juin, « les agneaux sont rentrés au bercail. Ils sont tran- « quilles et joyeux. Ils auront rencontré toute leur « ancienne gaieté, quand nous aurons le bonheur de « vous posséder, Monseigneur ! Votre présence nous « rendra un tendre père.

> *Expectate, veni, præsens solabere natos :*
> *Pastorem agniculi corde flagrante vocant.*
> *Ardent ecce tui cantu celebrare parentem ;*
> *Ecce parat modulos parvula musa pios.*
> *Optatos liceat tandem decerpere fructus :*
> *Nectareos succos dulcis oliva parit.*

« Objet de tant de vœux, venez, par votre présence, « consoler vos enfants : vos petits agneaux d'un cœur « brûlant appellent leur pasteur. Voilà que vos enfants « brûlent de célébrer leur père dans leurs chants ; voilà « qu'une jeune muse prépare de pieux concerts. Qu'il nous « soit enfin permis de cueillir les fruits si désirés : du « doux olivier coule un nectar. »

« Et quoi ! me voilà poète ! moi aussi ! Et faut-il « s'étonner, Monseigneur, que notre petit Parnasse « s'ébranle, et que je ressente moi-même quelques « étincelles du feu sacré de la poésie, lorsque le bon

« pasteur après lequel nous soupirons est lui-même
« l'Apollon qui nous inspire? »

M. l'abbé Coquerel joignit à cette lettre deux pièces
de poésie latine de ses élèves, fort élégantes, et des vers
de M. Alphonse-Désiré Courtonnel, un de ses professeurs les plus distingués :

« Bon pasteur, nos agneaux, hélas! meurent d'ennui !
« Nous ne les voyons plus bondir dans la prairie,
« Et pour eux et pour nous le bonheur s'est enfui :
« Bon pasteur, ah! viens donc, viens nous rendre la vie.

« Quand les verrai-je enfin du sommet des coteaux,
« Courir avec transport vers notre tendre père,
« Oubliant la fraîcheur et le murmure des eaux,
« Plus jaloux de baiser ta main, ta main si chère.

« Et toi qui les retiens, cède, cède à mes vœux :
« Dis moi combien de temps, ô belle, ô douce aurore,
« Il me faudra souffrir avant que d'être heureux,
« Dis moi combien de jours, combien d'heures encore? »

« — Je bénis Dieu avec vous, répondit M. Olivier, 15
« juin, de la rentrée de vos enfants, je le bénis d'avoir
« épargné ce troupeau chéri, et de n'avoir frappé que
« deux agneaux ; ils joueront, je l'espère, pendant
« l'éternité, avec leurs palmes et leurs couronnes, et
« ils prieront pour leurs jeunes frères. Remerciez M.
« Courtonnel de ses jolis vers, et vos deux élèves de
« leur composition. Il me tarde plus qu'à vous, plus
« qu'à eux surtout, de les voir, de les exciter au tra-
« vail, de les encourager à la science et à la vertu de
« leur âge. La promesse que j'ai faite au grand sémi-
« naire, je la fais aussi au petit séminaire. J'irai bien
« souvent applaudir à vos efforts, et me réjouir de vos
« succès. Je sais quel est votre mérite. Comptez sur
« ma reconnaissance. »

En pensant à ses séminaires, M. Olivier n'oubliait point les communautés religieuses du diocèse, dont les supérieures s'étaient mises en rapport avec lui.

Il écrivait à l'une : « Dites à vos sœurs de porter « avec courage le joug du Seigneur. Soyez toutes « la gloire de l'Eglise par vos vertus, la couronne de « votre évêque par votre obéissance. »

A une autre : « Les bonnes religieuses ne sont pas « seulement l'ornement de l'Eglise, elles sont encore « la force et la consolation des pasteurs. »

A une troisième : « Je sais le bien que fait votre « institut, je sais la vigilance attentive de votre ad- « ministration. »

Un ouragan avait dévasté les environs de Pont-Audemer. Il s'émeut à la pensée que les pauvres paysans souffrent, et il écrit à M. l'abbé Beaucousin, curé de Saint-Germain : « Les journaux m'ont effrayé par la « narration des sinistres qui ont ravagé une partie de « votre paroisse. Les pauvres ont-ils eu beaucoup à « souffrir? Faites-le moi savoir. »

XIV.

Je ne me lasse point de ces citations que je pourrais multiplier; mais celles-ci suffisent pour nous faire lire jusqu'au fond du cœur du nouveau prélat, et le font mieux connaître que tous les discours. Mais veut-on savoir comment il entendait la pratique de la religion pour les personnes qui vivent dans le monde, et comment il conciliait la piété avec la paix du foyer domestique? qu'on lise avec attention et recueillement ces leçons données à une pénitente (25 juin) :

« Ma très chère fille et très noble enfant,

    « Votre lettre m'a fait un grand plaisir en raison de
« ses détails et du peu de bien que j'entrevois dans
« votre âme. Mais vous êtes encore bien éloignée du
« calme et de l'obéissance que je vous voudrais. Tant
« que vous ne comprendrez pas que l'exaltation de
« vos idées est une fausse route pour arriver à Dieu,
« tant que vous ne vous laisserez pas diriger par cette
« règle d'obéissance que je vous ai tracée, vous vous
« éloignerez du but au lieu de vous en approcher ; au
« lieu d'être utile à votre mari, au lieu d'être la règle
« de vos filles, vous serez sans influence, et si vous
« en avez une, ce sera la plus malheureuse. Votre
« part est si belle, ma très chère enfant, Dieu vous
« en a tant donné avec tant de profusion, vous pouvez
« être si admirablement chrétienne ! Ne répudiez pas
« de si grandes espérances. Soyez la femme la plus
« aimable pour votre époux, la mère la plus gaie pour
« vos enfants, l'enfant de l'Eglise la plus confiante.
« Point de larmes, de scrupules, de retraites, de silence
« forcé ; point de romantisme avec Dieu. Une grande
« liberté d'esprit, et tout sera bien. Surtout point de
« désir de la mort. Plus de crainte pour les plaisirs
« qui vous sont permis. »

XV.

M. Olivier faillit faire une apparition dans le diocèse d'Evreux avant le grand jour de son arrivée
solennelle. La vallée d'Eure, à la Croix-Saint-Leufroy,
possédait, depuis 1830, un trésor qui fait la gloire de
Paris parmi les églises de la catholicité, et pour la

conquête duquel coula le sang de nos pères. Ecoutons le récit d'un homme bien informé. Je le trouve dans une lettre de M. Préaux, doyen de Saint-Taurin, écrite le 16 juin 1841 :

« Monseigneur,

« M. P..., qui est un homme considérable à Evreux,
« est revenu enchanté de vous. Vous verrez que si je
« ne suis pas fils de prophète, je serai prophète moi-
« même, car je crois que vous serez adoré avant
« d'avoir paru. Que sera-ce donc plus tard ?...

« Je dois maintenant, monseigneur, vous parler
« d'une affaire très importante et pour laquelle je
« vous demande le secret, excepté pour monseigneur
« de Paris, si vous croyez devoir vous en entretenir
« avec lui.

« Grand nombre de reliques de la métropole, la
« sainte couronne d'épines, la vraie croix, ont été, il
« y a douze ans, mise en dépôt à la Croix-Saint-Leu-
« froy, chez Mme de Chantemesle, par Mgr de Quélen.
« Mgr Affre a réclamé, il y a quinze jours, la remise
« ce dépôt. Les clefs nécessaires pour ouvrir les cais-
« ses, l'état des reliques confiées étaient entre les
« mains de feu madame d'Armaillé, fille de madame
« de Chantemesle. Celle-ci ne les avait pas reçues de
« son gendre. Elle devait, du reste, s'absenter pour
« deux mois. Elle a demandé un délai avant de se des-
« saisir. Elle désire que nous soyons présents VOUS ET
« MOI (*on m'a nié ce fait, il est vrai cependant*) à la
« remise de ces reliques. Ne serez-vous pas flatté d'y
« être ? Ne sera-ce pas pour vous une occasion d'ob-
« tenir quelques parcelles pour votre cathédrale ?
« Voudrez-vous passer alors trois ou quatre jours au

« château de la Croix ? Pendant le séjour que nous y
« ferons, madame de Chantemesle inviterait à y venir
« dîner les habitants de trois ou quatre châteaux des
« environs. Nous pourrions aussi de là aller les visiter.
« Dites-moi, je vous prie, bien franchement, ce que
« vous désirez à cet égard, parce que madame de
« Chantemesle fera tout ce que je voudrai. Vous serez
« assuré vous-même d'obtenir une bonne place dans
« son cœur en lui disant beaucoup de bien de Mgr de
« Quélen et pas trop de mal du curé de Saint-Taurin.
« Là, vous occuperez la magnifique chambre de Mgr de
« Quélen, d'où je consentirai à déguerpir. Vous voyez,
« monseigneur, que je fais le bon apôtre. Permettez,
« je vous prie, que ce ne soit pas la dernière fois. »

Cette officieuse invitation était trop engageante et
trop aimable pour qu'elle ne fût pas, du moins en
partie, agréée par M. Olivier. Il répondit, le 2 juillet :

« .... Je serai tout disposé à la cérémonie des reli-
« ques, tout disposé à en prendre pour nous le plus
« qu'il sera possible, tout disposé à présenter à ma-
« dame de Chantemesle mes hommages. Tout dépen-
« dra pour le temps à y passer de l'époque du sacre
« et de l'espace qui nous resterait entre le sacre
« et la retraite. Adieu, mon cher curé, faites prier
« pour moi, afin que mon sacerdoce auprès de vous ne
« soit pas sans ardeur et sans fruit. »

Il paraît que l'invitation n'eut pas d'autre suite.
Mais le séjour des saintes reliques de la croix et de la
passion dans le diocèse d'Evreux était un fait trop remarquable pour ne pas le constater en passant.

CHAPITRE VI.

M. Olivier, évêque élu d'Evreux.

I.

Le 12 juillet 1841 fut tenu à Rome un consistoire dans lequel le souverain pontife Grégoire XVI préconisa M. Nicolas-Théodore Olivier, curé de Saint-Roch, évêque d'Evreux. A Rome, on choisit toujours une fête du rit double pour tenir les consistoires où sont confirmés la nomination des évêques. Ce jour là l'Eglise célébrait la mémoire de saint Jean Gualbert, abbé et fondateur de l'ordre de Vallombreuse, célèbre par le pardon magnanime d'une injure.

Vers le milieu du XIe siècle, Hugues Gualbert issu d'une riche et noble famille de Florence, fut tué par un gentilhomme. Animé par les discours de son propre père, Jean brûlait de tirer de la mort de son frère une vengeance éclatante. Revenant de la campagne à Florence un jour de Vendredi-Saint, il rencontra le meurtrier dans un passage si étroit qu'ils ne pouvaient se détourner ni l'un ni l'autre. La vue de son ennemi rallume son courroux : l'épée à la main, il fond sur son ennemi. L'autre se jette à ses pieds, et, les bras étendus en croix, il le conjure par le souvenir de la Passion de lui faire grâce de la vie. Frappé à cette vue, attendri jusqu'aux larmes, Jean Gualbert tend la main

au suppliant et lui dit avec douceur : « Jésus-Christ
« en ce jour a prié pour ses bourreaux, il est juste
« que je vous pardonne. Je vous accorde non-seule-
« ment la vie, mais même mon amitié. » Et, à la suite
de cette action, il continua sa route et s'enferma immédiatement dans l'abbaye de Saint-Miniat. Tel était
le saint protecteur, auquel en souvenir de sa préconi-
sation, M. Olivier demandait les inspirations de la vertu
sublime qu'il sut mettre constamment en pratique.

II.

Louis-Philippe, à cette époque, choisit M. l'évêque
élu d'Evreux pour présider une auguste cérémonie. Il
s'agissait du transport de Saint-Roch à Dreux du cœur
de Philippe de France, duc d'Orléans, régent du
royaume pendant la minorité de Louis XV, mort en
1723, ainsi que celui de Mlle de Montpensier, fille du
roi, morte à Neuilly en 1828. En demandant à Mgr
l'évêque de Chartres les autorisations et permissions
nécessaires, M. Olivier ajouta : « Je vous prie, Mon-
« seigneur, de me permettre de profiter de cette oc-
« casion pour assurer Votre Grandeur du bonheur
« que j'éprouve d'être si près d'elle. J'espère que je
« saurai profiter des lumières et des exemples du sa-
« vant et pieux pontife que j'ai toujours aimé et vé-
« néré comme un père de l'Eglise, et que l'Eglise
« d'Evreux se ressentira du voisinage de Chartres. »
Le 14 juillet, à huit heures du matin, deux voitures
aux armes royales, l'une à six chevaux, l'autre à quatre, vinrent prendre au bas des degrés de Saint-Roch,
Mgr l'évêque élu d'Evreux, assisté de deux membres

de son clergé, et dans l'après-midi, les pieuses reliques de famille furent déposées dans les caveaux funéraires de la chapelle royale de Dreux. M. le lieutenant général baron Gourgaud, aide-de-camp, et un officier d'ordonnance du duc d'Orléans, représentaient la famille royale.

III.

Il s'en fallut peu, à cette époque, que M. Olivier, qui était attendu à Evreux avec tant d'impatience et appelé par tant de vœux, ne fût enlevé au diocèse. Mgr de Belmas venait de mourir à Cambrai, dont le siége épiscopal allait être, à cause de la mémoire de Fenélon, érigé en archevêché. Le duc d'Orléans, qui aimait beaucoup M. Olivier, lui proposa ce siége devenu vacant; mais celui-ci lui répondit que la Providence l'ayant appelé à Evreux, il voulait être fidèle à sa vocation. Mais une vive inquiétude et des alarmes se répandirent aussitôt dans le diocèse d'Evreux, et M. Olivier se vit contraint d'écrire plusieurs lettres pour rassurer complétement ses amis.

IV.

L'administration capitulaire avait alors sur les bras une affaire épineuse et qui la contrariait beaucoup. De prétendus Dominicains qui étaient parvenus à capter la bienveillance d'une noble et riche dame, cherchaient à former un établissement dans le canton de Rugles. Mais cette tentative échoua devant la fermeté de MM. les vicaires généraux capitulaires.

V.

M. Olivier était vivement préoccupé du jour, le plus rapproché possible, où il pourrait fixer son sacre qui devait être fait dans l'église de Saint-Roch par Mgr l'archevêque de Paris, assisté des évêques de Versailles et de Séez. Dans le mois de juillet il n'y avait qu'une seule fête d'apôtre, celle de saint Jacques, et encore tombait-elle le dimanche, et les curés de Paris qui désiraient assister à cette cérémonie, étaient retenus ce jour là dans leurs paroisses par leurs devoirs respectifs de pasteurs. Il ne restait plus que la fête de saint Barthélemy, le 24 août, et celle de saints Simon et Jude, le 28 octobre. Mais Mgr Affre, dont la santé et les fatigues exigeaient le repos, attendait la fin de la cérémonie pour aller respirer l'air natal de ses montagnes. Ce prélat parcourait alors le nord de la France et la Belgique. C'est dans ce voyage que deux commis-voyageurs qui se trouvaient avec lui dans le même coupé osèrent lui demander, croyant faire de l'esprit, quelle ressemblance il y avait entre un évêque et un mulet? — Je vous promets, dit l'archevêque, de répondre à votre question, si vous voulez répondre à la mienne : quelle différence y a-t-il entre des commis-voyageurs et des ânes? Nos gens de chercher et de fouiller en tout sens leur pauvre cervelle. A la fin ils dirent : Nous n'en voyons aucune. — Ni moi non plus, répliqua M. Affre.

Il se présentait un beau jour pour la consécration de M. Olivier : c'était le 6 août, fête de la Transfiguration, premier anniversaire du sacre de Mgr Affre. Mais il fallait une permission du souverain pontife.

Dès le 8 juin, M. Olivier l'avait sollicitée par la lettre
suivante :

« Beatissime Pater,

« Ad episcopatum Ebroïcensem Vestræ Benignitati
« à Rege Francorum designatus summum honorem
« duxi facultatem mihi datam summo Pontifici meam
« fidem, humilitatem et obedientiam profitendi. Et si
« minimus merito attamem pietate erga sanctissimam
« sedem præcipuus Vestræque Paternitati addictissi-
« mus, efflagito facultatem extra dies statutos reci-
« piendi consecrationem episcopalem ab illustrissimo
« Archiepiscopo Parisiensi , assistentibus DD. Ver-
« saliensi et Sagiensi episcopis. Magni momenti causas
« tantæ facultatis velit perpendere optimus Pontifex :

« 1º Omnes confratres meos in cura pastorali con-
« vocare teneor ; sed ipsis non liceret, diebus domi-
« nicis.

« 2º Diebus dominicis, debitor sum Parochus sancti
« Rochi missæ audiendæ erga innumeros chris-
« tianos quibus perimpossibilis esset auditio missæ,
« posità consecratione, propter concursum cleri, pro-
« cerum et plebis.

« 5º Nulla occurit festivitas natalitium Apostoli
« ante festum sancti Bartholomæi , et tunc absens
« esse, sanitatis causâ, DD. Archiepiscopus Pari-
« siensis exoptat. Ad pedes Vestræ sanctitatis pervo-
« lutus largam benedictionem expecto fidens,

« Beatissime Pater,

« Vester humillimus et devotissimus servus et fi-
« lius.

« Olivier, Parochus Sancti-Rochi,

« Ebroïcensis episcopus nominatus. »

20

« Très heureux Père,

« Désigné par le roi des Français à votre bénignité
« pour le siége épiscopal d'Evreux, je regarde comme
« le plus grand honneur l'occasion qui m'est offerte
« d'assurer au souverain pontife ma foi, mon humi-
« lité et mon obéissance. Bien que le plus petit de
« tous par le mérite, mais cependant l'un des pre-
« miers par mon amour envers le très saint Siége, par
« mon éternel et inviolable attachement à Votre Pa-
« ternité, je la supplie de m'accorder la faculté de
« recevoir, en dehors des temps fixés par les sta-
« tuts, la consécration épiscopale des mains du très
« illustre archevêque de Paris, assisté de nos sei-
« gneurs les évêques de Versailles et de Séez. Que le
« très excellent pontife daigne peser les graves mo-
« tifs d'une aussi grande faveur :

« 1º Je suis tenu de convoquer tous mes confrères
« revêtus de la charge pastorale ; mais leur assis-
« tance serait empêchée, un jour de dimanche ;

« 2º Le dimanche, comme curé de Saint-Roch, je
« suis dans l'obligation de procurer l'audition de la
« messe à d'innombrables chrétiens, auxquels cette
« assistance serait impossible, le jour de la consécra-
« tion, à cause du concours du clergé, des grands et
« du peuple ;

« 3º Il ne se rencontre aucune fête d'apôtre avant
« la saint Barthélemy, et, à cette époque, Mgr l'ar-
« chevêque de Paris désire s'absenter pour cause de
« santé. Prosterné aux pieds de Votre Sainteté, j'at-
« tends d'elle avec confiance une abondante bénédic-
« tion.

« Je suis,

« Très heureux Père,

« Votre très humble et très dévoué serviteur et
« fils,

        « OLIVIER, curé de Saint-Roch, évêque
         « nommé d'Evreux. »

VI.

Le jour fixé pour le sacre approchait, et M. Olivier,
l'esprit libre, voulait se recueillir profondément seul à
seul avec Dieu. Comme les préparatifs de la cérémonie l'auraient nécessairement troublé dans ses communications avec le ciel, il avança le jour de sa retraite, et le jeudi 22 juillet, il entra dans cette maison
vénérée de Saint-Sulpice, qui avait été le berceau de
sa jeunesse cléricale.

Le même jour, il écrivit au chapitre d'Evreux et
aux vicaires généraux capitulaires :

« ...,. Vous prendrez, messieurs, les dispositions
« que vous jugerez convenables pour appeler sur vo-
« tre nouvel évêque l'abondance des bénédictions cé-
« lestes. J'entre en retraite, ce soir, au séminaire.....
« *Je vous offre*, messieurs, *mon cœur et ma vie.* »

M. Olivier avait toujours envisagé l'épiscopat avec
une sorte de terreur. Une nouvelle carrière s'ouvrait
devant lui ; comment allait-il la parcourir ? Devant les
charges redoutables de l'apostolat, troublé jusqu'au
fond de son âme, comme il l'a avoué depuis, par un
noir pressentiment de l'avenir, il se sentit comme
abattu. On ne rêvait pour lui que la joie et l'eni-
vrement des grandeurs, et lui, loin de ressentir
aucune joie dans son cœur, éprouvait, au contraire,
les secrets et formidables frémissements de Jésus-

Christ au jardin de l'agonie, en présence de l'ange attristé qui lui présentait le calice d'amertume. Il s'humiliait devant Dieu, de qui seul il pouvait attendre le secours : prosterné sur le pavé de sa cellule solitaire, il le mouillait de ses larmes. De cet anéantissement profond de lui-même, il invoquait cet esprit de force qu'il devait bientôt communiquer aux autres. Il se préparait aux luttes et aux travaux de l'épiscopat, comme les premiers évêques se préparaient au martyre.

Derrière lui, le chemin qu'il avait jusqu'alors parcouru lui semblait parsemé de fleurs ; dans la carrière qui s'ouvrait devant lui, il ne voyait que des ronces, des épines, le tranchant acéré d'un glaive. Curé de Chaillot, de Saint-Etienne et de Saint-Roch, il avait semé dans une terre bien préparée, dans des cœurs qui voulaient être instruits et éclairés. D'innombrables conversions avaient signalé son ministère de simple prêtre. Evêque, l'infatigable semeur ne va-t-il point répandre la semence divine dans un terrain sec, aride, rocailleux, rencontrer des esprits prévenus, entêtés, orgueilleux, des cœurs glacés ? Peut-il espérer, a-t-il le droit d'attendre un sort plus heureux que celui du divin semeur de l'Evangile, qui vit une partie du bon grain foulé sous les pieds des passants, étouffé par les épines, et l'autre périr parce qu'il ne fut pas arrosé et que des méchants l'enlevèrent du cœur des hommes ? Une bonne partie fructifiera au centuple. Il l'espère, car la contradiction est le signe ordinaire du bien qui doit s'accomplir, et pourquoi l'enfer aurait-il ces fureurs si le ciel ne devait pas être ouvert à une infinité d'âmes ? Au prix de combien de larmes, de sueurs, de peines, de tribulations ! M. Olivier ne voit dans l'épiscopat que le sacrifice perpétuel de sa vie. Mais, ce qui le soutient au milieu de toutes ces angoisses, ce qui le rassure contre ses terreurs, ce qui le relève de son abattement, ce n'est pas même un ange, c'est Marie en qui il a toujours eu une si tendre confiance. Il se souvient qu'elle priait dans le cénacle avec les apôtres, dont il va être le successeur; c'est auprès d'elle qu'il va chercher la force et un appui. Cette considération remplit son âme d'une joie ineffable, d'une paix que le monde ne peut pas comprendre parce qu'il ne peut pas la donner. A côté de la Sainte Mère de Dieu, qui peut douter un instant de la miséricorde divine? Pierre, qui inonda ses joues de tant de larmes, ne pleurait pas son reniement quand Marie était dans la compagnie des apôtres, et leur ferveur et leur allégresse à Jérusalem avaient sans doute sa douce présence au milieu d'eux pour principe. M. Olivier la conjurait de ne pas l'abandonner un seul jour pendant tout le cours de son apostolat, et nous pensons que c'est au souvenir de l'assistance toute maternelle qu'il croyait avoir reçu d'elle dans sa retraite qu'il devait la fidélité avec laquelle il récitait son chapelet tous les jours. On se souvient que, mourant, il roulait encore dans ses doigts les grains de son rosaire, en même temps que de grosses larmes descendaient sur ses joues. J'ai toujours pensé que ces larmes ne révélaient aucune douleur, mais qu'elles attestaient, au contraire, une joie intérieure, une expansion de reconnaissance; car, lorsque l'âme d'un chrétien est unie à celle de Marie, il n'y a plus ni amertume, ni chagrin, ni douleur.

C'est pendant les jours de ferveur de cette retraite, le 24 juillet, que M. Olivier écrivit à M. Lefebvre :

« ..... Vous m'avez promis, vous et M. Guibert, un
« concours plein de dévouement, et moi je vous pro-
« mets un cœur plein d'attachement et de dévotion.
« Ma retraite me rend heureux. Dieu m'y console par
« une grande paix et me soutient par une grande con-
« fiance en sa miséricorde divine. »

VII.

Il est bien évident que ce qui se passait à Evreux
était étranger à M. Olivier. M. de Monicault, préfet
de l'Eure, M. Bourguignon, architecte, pressaient
avec un louable zèle les réparations et le renouvelle-
ment du mobilier de l'évêché, auquel on n'avait pas
travaillé depuis vingt ans. Ils étaient pleins de bonne
volonté, mais ils avaient rencontré des obstacles et des
difficultés tracassières du côté où l'on aurait dû le
moins les attendre. Il y avait eu d'incroyables sorties
sur le luxe et les folles dépenses de M. Olivier.
M. Selme Davenay, toujours bien renseigné, faisait
pleuvoir sur ce chapitre des torrents d'injures. Ce
n'est pas là ce qui l'inquiétait. Le plus simple bourgeois, quand il déménage, fait rafraîchir les appartements qu'il doit occuper. Le département de l'Eure
tenait à honneur de préparer une demeure convenable
à l'évêque d'Evreux. M. Olivier s'était franchement
ouvert à M. le préfet sur cet article :

« Votre nouvel évêque vous arrive sans fortune, lui
« écrivait-il. Il a dépensé la part qui lui revenait de
« sa mère dans les deux églises qu'il a dirigées à Pa-
« ris. Son père, âgé de quatre-vingt-trois ans, se
« porte bien, et il ne veut point ôter à l'aisance qui

« lui est nécessaire dans un âge avancé. D'un autre
« côté, j'ai l'intention d'être digne à Evreux, sans
« luxe, mais avec une maison convenable. »

Màis les ouvriers avaient eu beau se hâter, c'est le
temps qui manquait, et un dimanche, ils avaient cru
que la nécessité et l'urgence étaient une excuse pour
continuer leurs travaux. Selme Davenay, qui ne passait pas pour dévot, cria au scandale; il s'indignait toujours après coup. Il y avait eu d'autres colères et
d'autres menaces avant les siennes. On était même
parvenu à faire prendre feu au vénérable M. Lambert,
chanoine très saint et très vénérable. Le bon vieillard
écrivit à M. Olivier le 25 juillet :

« Monseigneur, souffrez que je vienne un instant
« interrompre vos saintes communications avec Dieu ;
« mais ce sont les intérêts mêmes de Dieu qui provo-
« quent cette démarche. Faut-il qu'à la joie que nous
« cause votre prochaine installation et le terme de
« notre veuvage vienne se mêler un sentiment bien
« pénible, celui de voir votre palais épiscopal rempli
« d'ouvriers les jours de dimanche ! Hélas! que pouvons-
« nous dire désormais aux nombreux profanateurs de
« ce saint jour, après le scandale qui leur est donné
« dans la résidence même du premier pasteur, et dont
« ils se plairont peut-être à le faire complice. Vous
« avoir signalé le désordre, c'est, nous l'espérous, en
« avoir assuré la cessation. »

M. Olivier félicita M. l'abbé Lambert du zèle qui
l'enflammait pour la gloire de Dieu, et lui promit
d'envoyer des ordres pour faire cesser aussitôt le désordre dont sa piété s'était affligée.

VIII.

Le 29 juillet, M. Olivier écrivit à M. l'Hôpital, maire d'Evreux, pour lui annoncer officiellement le jour de son arrivée à Evreux, et l'inviter à la cérémonie de son sacre. Il lui envoyait en même temps mille francs pour être distribués aux pauvres de la ville la veille de son entrée, et il ajoutait : « Je suis heureux que les premiers rapports qui s'établissent entre nous soient des rapports de charité. » Le chapitre recevait en même temps huit cents francs pour indemniser la fabrique de la cathédrale des frais que son intallation allait lui occasionner. C'était déjà une preuve que ces pompes ruineuses, dont on parlait si fort, ne ruinaient, en définitive, que M. Olivier lui-même.

IX.

Le dimanche, 1er août, M. Olivier était dans la chaire de Saint-Roch, et donnait à ses bien aimés paroissiens, avant de se séparer d'eux, un dernier témoignage de son affection pastorale. Après un court préambule aussi touchant que pieux, il expliqua les motifs qui l'empêchaient de formuler des adieux ; il craignait de détourner leur attention du saint sacrifice et de provoquer une scène de sensibilité qui, dans l'église, aurait pu être regardée comme une offense à la majesté du Dieu trois fois saint. Il commenta ensuite cette prière de Salomon : *Et nunc, sancte sanctorum, conserva in œternum impollutam domum istam.*

« Et maintenant, saint des saints, conservez à jamais ce
« temple exempt de toute souillure. »

« Ce sont, dit-il, les paroles que nous venons de
lire au saint autel, et que vous avez lues avec nous ;
ce sont les paroles par lesquelles la grande bonté de
Dieu vous invite à conserver le cœur de ces enfants
toujours purs, sa demeure toujours sainte et vénérée.
C'est aussi la pensée que nous venons méditer avec
vous, afin qu'entrant dans toutes vos pensées, nous
puissions, pour ainsi dire, dans une seule parole, résumer tout ce que nous vous avions dit de la part de
Dieu pendant plusieurs années, et que dans cette
prière fervente, vous trouviez la mesure de tout ce
que Dieu a droit d'attendre de vous.

« Le chrétien a des devoirs à remplir envers Dieu,
il a des devoirs envers l'Eglise, il a des devoirs envers
lui-même. C'est dans l'observance de cette triple série
de devoirs que se trouvent la certitude du salut, et ce
dépôt sacré dont parle l'apôtre saint Paul, dépôt qui
vous a été confié, mais que l'équitable juge doit nous
garder pour être notre récompense dans l'éternité.

« Mes frères, si vous voulez accomplir vos devoirs
envers Jésus, Dieu, votre sauveur ; si vous voulez toujours marcher dans la voie qui nous conduit à lui ; si
vous voulez pouvoir dire sans rougir : Oui, Jésus est
ma vie, Jésus est pour moi la vérité, Jésus est pour
moi la voie qui conduit au salut, *via, veritas et vita*,
conservez comme le moyen le plus efficace la sainte
dévotion, l'adoration profonde envers Jésus-Christ au
sacrement de l'autel. Si vous aimez Jésus-Christ au
sacrement de l'autel, vous ne serez jamais déshérités
dans son cœur : il n'abandonnera jamais les enfants
qui auront honoré sa présence divine dans les taber-

nacles de la terre ; il ne repoussera jamais des tabernacles éternels ceux qui l'auront adoré sous les voûtes
du temple dans le témoignage le plus éclatant de sa
tendresse et de son amour. Aimez donc la sainte Eucharistie. Conservez pour elle, accroissez sans cesse
en vous le respect qui lui est dû. Ayez soin de vivre
de telle sorte, que votre unique douleur soit d'être
privés de la nourriture céleste qui est distribuée à
l'autel.

« Voulez-vous savoir la mesure et la règle du progrès de Dieu dans les âmes ? Vous les trouverez toujours dans cette sainte ardeur, dans cette soif divine,
dans cette incessante faim de l'Eucharistie. Voulez-
vous voir les premiers symptômes d'une affreuse détresse, les premiers signes d'une décadence, les premiers mouvements d'un cœur qui va périr ? Cherchez-
les dans l'éloignement pour la sainte table, dans la
froideur auprès des saints mystères, dans l'absence du
chagrin et de la peine d'en être séparé, dans la sécheresse et le dégoût volontaires. Ainsi, mes frères, si
vous voulez avoir la règle de votre ferveur, avoir la
mesure de ce que Dieu a droit d'attendre de vous,
ayez soin de cultiver toujours l'amour de Notre-Seigneur dans le saint sacrement de l'autel. Oh ! vous qui
m'entendez, comprenez-vous ce respect, même intérieur, qui doit préserver dans votre cœur le respect
intérieur de l'âme ; ce respect, cette adoration qui fait
tant de mal à l'impie, qui fait tant de peine à son
cœur, parce que votre foi est bien plus puissante
contre lui que vos paroles, parce que le recueillement
d'une assemblée entière est plus éloquent que la foudre et plus puissant que le tonnerre ? Conservez bien
ce respect profond de la divine Eucharistie : quand

Notre-Seigneur passe, que cette assemblée soit toujours prosternée à terre et non plus à genoux sur des siéges. Oh ! je vous en prie, que je vous laisse ce saint culte de la majesté divine ! que toujours on vous reconnaisse, et, dans tous les temples de Dieu, qu'on retrouve en vous le caractère sacré d'un catholique qui adore réellement Jésus-Christ dans l'Eucharistie. Dieu le veut : qu'aucune considération humaine, excepté celle de la santé, qu'aucun respect humain ne vous empêchent de payer extérieurement à Jésus-Christ le tribut de vos adorations. Ayez soin d'être toujours fidèles à cette communion générale de la messe du dimanche ; c'est encore là un acte d'adoration à la majesté divine. Fuyez, autant que vous le pourrez, ces communions particulières, ces actes de dévotion individuels, qui sont bons pour vous, mais qui ne sont pas pour la gloire de Dieu.

« Fuyez surtout les maximes de ceux qui recommandent ces dévotions isolées. Souvenez-vous que le premier témoignage d'un cœur catholique, c'est la gloire de Dieu. Tant que la gloire de Dieu vit dans un cœur et le fait vibrer, ce cœur a la vie ; mais du jour où ce cœur est devenu égoïste, même pieusement, où il ne s'occupe que de lui, c'est un cœur qui dépérit et qui tombe. C'est l'avant-coureur d'une ruine funeste. Oui, le sentiment de l'amour de la gloire de Dieu, c'est l'avant-muraille qui défend toute la place. Il y a là quelque chose qui empêche de jamais outrager celui dont on aime le nom. On ne veut pas l'outrager en soi, parce qu'on ne veut pas qu'il soit outragé dans les autres ; on veut l'adorer en soi, parce qu'on veut que les autres l'adorent aussi.

« Tout aussi bien, fidèles, ayez soin de témoigner à

votre Seigneur votre amour par la charité; tout ce que nous ferons sera inutile tant que la charité ne sera pas en nous. C'est la charité qui est la règle et la mesure, non pas seulement de cette vocation dont nous parlions tout à l'heure, mais de notre dévouement à Dieu. Nous ne pourrons être sûrs que nous aimons Dieu que quand nous aurons de la charité pour nos frères. Toutes les autres règles sont fautives; celle-là ne trompe pas.

« Je ne parle pas ici d'un sentiment de philanthropie, d'un sentiment d'humanité, d'un sentiment de compassion pour les autres : cela est impérissable dans le cœur de l'homme. On peut avoir tout cela, et même on a tout cela en dehors du christianisme. Mais je parle de cette charité, c'est-à-dire de cet amour du prochain pour Notre-Seigneur, pour la gloire de Notre-Seigneur. Par conséquent, je vous recommande les œuvres paroissiales, les œuvres catholiques. Fuyez les œuvres individuelles. Un secours donné à un pauvre est une œuvre bien méritoire en soi; mais donné par vous, il perd pour vous de sa valeur. La vanité, l'amour-propre, le sentiment de contentement qu'on éprouve, c'est une récompense qui nous attend. Mais la charité, passant par les mains de votre pasteur, donnée par lui au nom de Notre-Seigneur, la charité pastorale, c'est la charité de Notre-Seigneur. C'est Notre-Seigneur qui donne, c'est lui qui vous a envoyé le pauvre, et vous lui donnez à lui pour qu'il donne par votre main. Comprenez-le bien, et vous aiderez avec zèle votre pasteur dans les aumônes. Regardez cela comme un devoir sacré. Il n'y a pas de mains plus pures que les mains des pasteurs; car ce n'est pas leur main, c'est la main de Jésus-Christ qui donne.

« Il s'offre à votre charité, deux œuvres d'une immense importance : l'œuvre des pauvres honteux et l'œuvre si intéressante de l'Ouvroir, de ces quarante jeunes filles qui croissent au milieu de vous, sous vos ailes, et qui deviennent et deviendront dès femmes essentiellement religieuses et chrétiennes dans le monde. Cette œuvre, je vous la recommande comme l'œuvre essentielle, comme le caractère divin de la charité de Notre-Seigneur. Il a dit : *Laissez les petits enfants venir à moi*. Remarquez-le : c'est du jour où cette œuvre a été établie dans cette paroisse que toutes les bonnes œuvres s'y sont multipliées ; que nous avons été accablés quelquefois non seulement des dons de Dieu pour les répandre, mais encore de toutes les œuvres générales de la France, pour ainsi dire, accumulées. Pendant un carême, des sommes considérables ont été versées pour toutes les œuvres. Nous sommes même sortis de France : nous sommes allés à la Martinique, où nous avons porté trente-sept mille francs pour notre part ; nous sommes allés plus loin encore, car nous sommes allés, pour la propagation de la foi, jusqu'aux extrémités du monde . . . . . .

« Maintenant, pour vous, que vous dirai-je ? Aimez-vous les uns les autres par les élans sacrés de la charité. Ayez dans le clergé que je vous laisse toute la confiance qu'il mérite, c'est-à-dire, une confiance sans bornes Ayez pour le nouveau pasteur que je vous présenterai bientôt, au nom de Mgr l'archevêque, ce respect que vous avez eu pour notre personne, cet attachement que vous nous avez montré ; et que Dieu vous bénisse de toutes ses bénédictions, dans le temps et dans l'éternité. »

X.

Le jeudi 5 août, veille du sacre, à l'*Angelus* de midi et à l'*Angelus* du soir, les cloches de la paroisse, lancées à toutes volées, annoncèrent la solennité du lendemain. Le matin du 6 août, fête de la transfiguration de Notre-Seigneur sur le Thabor, les cloches préludèrent encore, à grandes volées, à la solennité du jour.

L'église se présentait décorée avec beaucoup de pompe. Par ordre de la reine, les décorateurs pour les cérémonies royales avaient été chargés du soin d'orner le temple, et les Menus-Plaisirs avaient fourni toutes les riches tapisseries et tous les meubles. Au-dessus de l'autel principal, au fond du sanctuaire, s'élevaient de magnifiques draperies rouges bordées de franges dorées et couronnées par des écussons aux armes de l'archevêque consécrateur, Mgr Affre, et de l'évêque à sacrer.

M. Olivier portait d'azur avec une colombe d'argent descendant en barre, les ailes également d'argent éployées en bande, et tenant à la base de droite un rameau d'olivier d'or et d'azur. Il avait pour devise : *Fero pacem*, j'apporte la paix. Ces armoiries n'offraient rien de nouveau aux yeux des paroissiens de Saint-Roch et des amis de M. Olivier. Ils connaissaient depuis longtemps son cachet particulier qui portait une colombe avec son rameau d'olivier, et cette devise en français : *J'apporte la paix*. Seulement le vol de la colombe symbolique était horizontal sur le cachet. Ainsi ceux qui ont supposé que M. Olivier s'était mis en frais d'imagination pour trouver ses armes se sont cruellement trompés. Rien n'était plus simple et plus naturel en même temps.

A l'intérieur de l'église, tous les piliers de la nef étaient enveloppés, dans toute leur longueur, d'une très belle draperie. Au-dessous, à la hauteur des lustres, on voyait des écussons aux chiffres de la paroisse Saint-Roch et de l'église d'Evreux ; au pied de chaque draperie était un autre écusson aux armes de l'archevêque de Paris et de l'évêque d'Evreux.

Au devant du chœur, au milieu de la croix, s'élevait un grand autel à la romaine, richement orné pour la cérémonie. Cet autel était garni d'une croix au milieu et de six chandeliers avec six grands cierges, où étaient attachées les armoiries des deux prélats.

Le chœur aussi avait été richement décoré tout à l'entour dans le goût des décorations de la nef. Sur tous ces ornements venaient se refléter la lumière d'un grand nombre de lustres, établis sur deux rangs, depuis la porte principale d'entrée jusqu'au maître-autel. Le tout présentait un coup d'œil féerique.

Dès sept heures du matin, une foule immense se pressait dans la rue Saint-Honoré et dans les rues voisines, pour entrer dans l'église Saint-Roch. Toute la paroisse avait pris un aspect de fête, et les équipages refluaient jusqu'à la place Vendôme.

A huit heures, la nef, le chœur, les tribunes, les bas-côtés de la nef étaient remplis par les fidèles. MM. les curés de Paris étaient à droite de l'autel, près du trône de Mgr l'archevêque ; ils avaient à leur tête leur vénérable doyen, M. le curé de Saint-Nicolas-des-Champs, auquel M. Olivier avait écrit quelques jours auparavant : « Je ne perdrai jamais le souvenir

« des vertus, de la science et du zèle de celui qui
« marche à la tête du corps pastoral de Paris, plus
« encore en raison de ses travaux et de ses mérites,
« qu'en vertu des années. » Le clergé du diocèse de
Paris s'était donné rendez-vous au sacre de l'un de
ses principaux membres, qui faisait rejaillir sur lui
tant d'éclat, et remplissait le chœur. Celui de la paroisse occupait une place honorable dans cette imposante cérémonie. Les différentes communautés de la
paroisse assistaient aussi à la consécration du prélat
qui, pendant dix ans, avait été leur pasteur. Les ecclésiastiques de la province occupaient dans le chœur
les places qui leur avaient été réservées.

Sont successivement arrivés, et ont été conduits à
leur place, les MINISTRES DU ROI, M. le maréchal Soult,
président du conseil des ministres; M. Martin (du
Nord), garde des sceaux et ministre des cultes; M. Du-
châtel, ministre de l'intérieur; M. Humann, ministre
des finances; M. Villemain, ministre de l'instruction
publique; M. Dessauret, directeur des cultes; les ambassadeurs de la Grande-Bretagne, de l'Autriche, de
la Prusse, de l'Espagne, du Piémont, de Naples, de
Belgique, et plusieurs autres membres du corps diplomatique; le préfet de la Seine; les maires du 1er et
du 2e arrondissement; le colonel de la deuxième lé-
gion de la garde nationale; le juge de paix; Mgr Lemercier, ancien évêque de Beauvais; Mgr Garibaldi,
internonce apostolique; les chanoines de la métropole; MM. les vicaires-généraux et les chanoines, représentant le clergé d'Evreux; les curés de Paris. Le
banc de S. M. la reine était occupé par les dames de
sa cour : le roi et la reine se trouvaient en ce moment
au château d'Eu. Les dames de charité étaient au banc

d'œuvre. M. le baron de Bray, président du conseil de fabrique, M. de Tourville, trésorier, M. Labbé, secrétaire, M. Lerat de Magnitot, M. le comte de Breteuil, M. le baron de Fréville, M. Piet, marguilliers de la paroisse, occupaient leurs places accoutumées.

A dix heures, la cérémonie commença : M. l'abbé Caron, maître des cérémonies à Saint-Sulpice, présidait à tous les détails du sacre avec cette intelligence ponctuelle qui le distinguait.

La consécration du nouvel évêque se fit au milieu de l'attention générale et du plus profond recueillement, selon les cérémonies prescrites par le pontifical romain.

La mitre que l'archevêque consécrateur posa sur la tête de M. Olivier était un don de Marie-Amélie, reine des Français ; elle était enrichie de diamants d'un grand prix; elle brilla aux regards des assistants émerveillés de tous les feux des lustres qui se réflétaient sur l'or et les diamants.

Après la pose de la mitre sur la tête, on intronisa le nouvel évêque : l'archevêque consécrateur et le premier évêque assistant, le prenant chacun par la main, le firent asseoir sur le siége épiscopal que le célébrant occupait auparavant. Puis l'archevêque consécrateur entonna le *Te Deum*, qui annonçait que tout était terminé.

Il s'est rencontré des gens, à l'esprit étroit, qui reprochaient à M. Olivier de n'être pas noble, et ce sont des roturiers pour la plupart qui lui adressaient ce singulier reproche. Eh bien! l'inspiration de son cœur lui donna l'heureuse idée d'honorer son origine plébéienne au jour le plus solennel et le plus glorieux de sa vie. En présence de toutes les grandeurs et de toutes les illustrations de son pays, devant les ministres du roi, sous les yeux des représentants des puissances étrangères et de cette immense et brillante assemblée, la première pensée du fils du peuple fut pour son père ; son premier acte d'évêque fut d'aller, mitre en tête et la crosse à la main, droit à son père, courbé sous le poids de sa quatre-vingt-quatrième année, et de lui donner sa première bénédiction. Quelle différence entre lui et Jean-Baptiste Rousseau, qui renia son père devant une seule marquise ! L'émotion de M. Olivier était visible, et bien partagée par tous les assistants, en voyant le pieux et vénérable vieillard, Claude Olivier, se courber profondément pour être béni par son fils ! Le nouveau prélat leva en même temps les yeux au ciel : ce regard était pour sa mère !

On avait pu juger, par l'affluence de toutes les illustrations de la capitale et le concours des fidèles, quel vif intérêt avait excité le nouvel évêque ; et comment il avait été accueilli dans toute l'église Saint-Roch avec les marques d'un profond respect. Quoiqu'il y eut un monde considérable, bien que la plupart ne pussent voir aussi bien, il ne s'était pas fait le moindre bruit ; ce que l'on ne saurait attribuer à la présence de quelques officiers de paix dispersés dans la vaste enceinte. L'autorité civile s'était montrée parfaitement intentionnée, et, si elle n'avait pas fait un plus grand déploiement de forces, c'est qu'elle était sûre, ainsi que le clergé de la paroisse, de l'excellent et du pieux esprit de la foule qui se portait dans les grandes solennités à Saint-Roch. Il y avait là l'habitude contractée de l'ordre.

Pendant toute la durée de la cérémonie, tous les regards avaient été constamment tournés vers ce prêtre si admirablement connu, qui recevait en ce moment la plénitude du sacerdoce, et qui, absorbé dans la pensée des grâces et des devoirs de son divin ministère, semblait n'avoir rien vu. Plusieurs versaient d'abondantes larmes, et qui n'eût alors envié le bonheur qui attendait l'église d'Evreux ?

XI.

Le lendemain du sacre, Mgr l'évêque d'Evreux célébra les saints mystères dans la chapelle du Calvaire de la paroisse Saint-Roch, et donna la communion à tous les enfants qui avaient fait cette année leur première communion. L'après-midi, il donna la confirmation à ces mêmes enfants et à un grand nombre d'adultes. L'affluence des fidèles était considérable. Deux fois il monta en chaire, et il émut vivement son auditoire par deux chaleureuses improvisations. Un salut solennel suivit la cérémonie de confirmation.

Le jour suivant, dimanche 8 août, le prélat assista de son trône à l'office paroissial. Dans le courant de la journée, il reçut les adieux d'un grand nombre de personnes notables de la paroisse. Les communautés vinrent aussi recevoir sa bénédiction pour la dernière fois : on remarqua surtout les jeunes filles de l'Ouvroir, qui, au retour, montraient toute la douleur dont les pénétrait le départ du pasteur qui leur avait servi de père. La plupart des personnes qui sortaient du presbytère fondaient en larmes. Les mêmes scènes se renouvelèrent toute la journée du lundi. Dès avant la fin du jour, la foule, qui se pressait aux abords du presbytère Saint-Roch, augmentait toujours jusqu'au moment du départ du prélat, à qui, par des signes non équivoques d'une affectueuse sympathie, elle faisait de derniers et touchants adieux. Le chemin de fer de Rouen n'était pas encore ouvert; vers dix heures du soir, le prélat monta en voiture, et partit pour Évreux. Les nombreux amis qui avaient voulu l'accompagner le suivirent dans une diligence qu'ils avaient louée pour le voyage.

Le même jour, à Evreux, on distribuait, au nom du prélat, à toutes les familles indigentes un pain de quatre kilogrammes et de l'argent pour le pot-au-feu. Pour lui, il ne partait pas riche : une seule pièce de cinq francs avait été oubliée dans sa bourse!!!

LIVRE V.

—

M. Olivier, évêque d'Evreux.

« Il y a trois choses contre lesquelles la rage des pas-
« sions humaines devient impuissante : Dieu, la lumière
« et le génie.

« Quand un esprit supérieur se révèle, quand un flam-
« beau s'allume au foyer de l'intelligence, il est aussi im-
« possible de souffler dessus et de l'éteindre qu'il est impos-
« sible d'empêcher Dieu d'être, et le soleil de rayonner aux
« cieux.

« Créez des entraves, suscitez des obstacles, amassez en
« nuages autour de l'astre les plus noires émanations de
« l'envie et de la haine, le rayon dissipera les ombres, la
« flamme percera toujours.

« Vous tuerez l'homme peut-être, mais l'intelligence aura
« sa manifestation radieuse. L'enveloppe sera brisée, mais
« le génie éclatera.

« Tous vos efforts, toutes vos colères ne réussiront qu'à
« donner à votre victime deux auréoles au lieu d'une : la
« gloire sera doublée du martyre ! ! !

« Eugène de Mirecourt. »

CHAPITRE PREMIER.

Installation de Mgr Olivier à Evreux.

1.

Le mardi 10 août 1841, sur la frontière orientale du département de l'Eure, à cinq heures du matin, prosterné au pied de la première croix qu'il avait rencontrée, Mgr Olivier priait déjà pour son peuple, et prenait possession de son diocèse en baisant la pierre nue qui portait l'image de son maître couronné d'épines et crucifié. A six heures, il était à Pacy-sur-Eure, à vingt-trois kilomètres de distance de la ville épiscopale. Là, il surprend le clergé de la ville auquel se joignaient les curés des paroisses environnantes, qui se disposaient tous ensemble d'aller à sa rencontre pour le recevoir et le complimenter. Le prélat resta deux heures à Pacy, où toutes les classes de la société se pressèrent autour de lui. Son heureuse physionomie, ses paroles pleines de bonté, lui gagnaient tous les cœurs, et le peuple ravi lui faisait une véritable ovation. Monseigneur reçut le clergé de la ville et des environs.

A Evreux, toute la ville était en mouvement et sur

pied. La veille, les cloches de la cathédrale et de Saint-Taurin, les clochettes des communautés, les cloches des paroisses environnantes avaient été mises en branle, et avaient annoncé aux habitants de la ville et de la campagne qu'un nouvel évêque allait leur arriver. Le matin à cinq heures, les mêmes sonneries, à grande volée, avaient répété le signal de la veille. Les habitants de la campagne se pressaient en foule dans les rues de la ville, aux abords de la cathédrale, et sur la route de Paris ; les ouvriers étaient endimanchés, signe certain qu'ils voulaient fêter. Les boutiques se fermaient, les fenêtres se garnissaient de curieux ; on ne voyait aux mansardes des maisons que des têtes parées qui s'étageaient les unes sur les autres ; les toits mêmes étaient garnis de spectateurs, et quelques-uns occupaient une position si périlleuse que cela faisait trembler à voir.

Dès huit heures, une foule innombrable circulait dans les rues, et les flots du peuple, comme une marée montante, venaient déferler aux pieds de la côte de Paris. Là, à cent pas environ des limites de l'octroi, un arc de triomphe, orné de verdure, de draperies rouges et de drapeaux flottants, avait été élevé par l'enthousiasme populaire. Le gros bourdon *Marie* veut sa part de toutes les fêtes de la ville ; elle serait muette sans lui ; il est fier de lui donner une voix majestueuse qui s'entend à plusieurs lieues de distance et réveille tous les échos de la vallée, des collines environnantes et de la forêt. Ce jour-là, les canons de la cité lui lâchent leurs détonations ; mais il n'en a souci : les détonations de l'artillerie meurent, et les siennes durent encore. Il se rit du tonnerre, car *il* parle plus haut que lui. Son camarade *Charles* se balance à côté de lui dans la tour de pierre ; il accepte sa voix fraternelle, et la mêle aux vagues bruyantes de l'harmonie qu'il répand dans un air serein, clair et sonore. Les trois cloches du beffroi se trémoussent dans leur cage bruyante, et demandent leur part du concert aérien : au sommet de la tour, dans sa petite lanterne, la petite cloche du chapitre se décide enfin à joindre au bruit des autres ses notes aiguës et discordantes. La grosse tour de Saint-Taurin nous envoie aussi dans le lointain le carillon de ses cloches.

Le bruit règne dans les airs ; il est aussi dans la rue : les roulements des tambours, les fanfares de la musique marquent et régularisent le pas des détachements de la garde nationale, du train des équipages, du 35e de ligne et des sapeurs-pompiers. Le collége, l'école normale, les pensions, les confréries marchent sur deux lignes ; les longues files des élèves des deux séminaires en aubes et en surplis suivent, et leur pied résiste à peine à prendre la régularité et l'ensemble du pas militaire, qui leur est rigoureusement défendu ; le clergé du diocèse est au grand complet, le chapitre est revêtu de ses plus beaux ornements. Les chanoines, l'aumusse sur le bras, la barette sur la tête, s'avancent d'un pas grave.

A peine le cortége fut-il arrivé au pied de l'arc de triomphe, que l'on vit un éclair et la fumée tournoyer en l'air en montant : un coup de canon signalait, au haut de la colline, une calèche qui descendit rapidement la côte de Paris. Elle était escortée par un détachement des lanciers de la garde nationale, et un autre de la gendarmerie départementale : C'était lui ! Le prélat sort de sa voiture revêtu de ses habits pontificaux ; on lui mit en main une crosse ornée de pierreries, et sur la tête une mitre étincelante. De la diligence qui suivait la calèche descendent une foule de prêtres : MM. Coquereau, chanoine de Saint-Denis; Eglée, Cœur, chanoines de Paris; Roquette, vicaire administrateur de Saint-Roch; Dupré, Legonidec, Ravier, Dominique Olivier, du clergé de Saint-Roch, et beaucoup d'autres : ils viennent tour à tour baiser l'anneau épiscopal, et former cortége autour du prélat. Son vieux père et son petit neveu Théodore étaient restés dans la voiture.

Un soleil magnifique, ce soleil qui ne refusa jamais ses rayons à **M.** Olivier, aux grands jours, resplendissait sur Evreux, et favorisait la solennité de son éclat. Les casques dorés des sapeurs-pompiers reflétaient ses feux; les baïonnettes des soldats, en se mouvant, nous envoyaient des éclairs. Les cloches sonnaient, le canon tonnait, les tambours battaient aux champs, la foule poussait ses acclamations.

Cependant Mgr Olivier s'avance, saluant la foule à droite et à gauche avec une grâce infinie et des yeux expressifs. Grave et recueilli, il s'agenouille sur le coussin d'un prie-Dieu, et baise la vraie croix avec une émotion visible. Le premier vicaire-général capitulaire lui adresse alors un discours, au nom du chapitre, où, dans les termes les plus affectueux, il lui manifeste toute la joie et les douces espérances du diocèse, et le prélat y répond, avec modestie, par quelques paroles pleines de piété et de sentiment.

Le premier aspect du nouveau prélat lui était favorable. Nous entendions dans les groupes l'expression de la satisfaction des classes ouvrières, qui jugent d'abord sur les qualités physiques. L'heureuse physionomie de **M.** Olivier lui gagnait, dès l'abord, la sympathie générale. De la bouche des paysans, qui pensent tout haut, nous recueillîmes ces mots : « Comme « il a l'air fin ! — A coup sûr, il a de l'esprit ! »

Comment redire l'expression de ses yeux, et leur activité? Il voyait tout. Pas un spectateur qui ne se dit : il m'a aperçu; il a fait attention à moi. C'est alors que pour la première fois mes yeux rencontrèrent les siens. Je fus ébloui; ce regard de feu pénétra jusqu'au fond de mon cœur, et il y brûle encore. J'étais gagné et subjugué pour la vie.

Le cortége cependant défilait vers la cathédrale, et déroulait ses anneaux dans les sinuosités des rues. En quittant l'arc-de-triomphe, Mgr Olivier y jeta un coup-d'œil, et dit aux personnes qui paraissaient l'avoir construit et orné : « c'est beaucoup trop pour « moi ! » A quelques pas de là, René, le fidèle valet de chambre de Mgr de Quélen, sortit de la foule, s'agenouilla devant Mgr Olivier, et baisa son anneau : le prélat lui serra affectueusement la main. Le chapitre de la cathédrale, les vicaires généraux capitulaires précédaient Mgr l'évêque qui était sous le dais porté par huit diacres revêtus de dalmatique et de tuniques d'or.

Le dais s'avançait difficilement à travers une foule compacte, mais nous ne pouvions contenir notre prélat sous ce pavillon d'honneur. Il en sortait à chaque instant pour bénir la foule et répondre à ses acclamations en la saluant à droite et à gauche. Les fenêtres et les toits étaient garnis de spectateurs. Il élevait les yeux et avait un regard pour tous. Parmi tous ces milliers de personnes, il n'en est pas une seule qui n'a pu se dire : il m'a vu. Derrière les groupes, son œil découvrait une femme du peuple qui tenait son enfant dans ses bras : il allait à elle, bénissait l'enfant et la mère pleurait de joie. Aussi sur tout le passage c'étaient des exclamations de bonheur et de joie. Que c'était bien là l'homme que m'avait défini un bedeau de Saint-Roch ! — « Parmi tous ces prêtres, comment « reconnaître votre curé ? — C'est celui, me répon- « dit-il, qui a des yeux tout autour de la tête ! »

L'élan, l'enthousiasme d'un peuple immense, les acclamations, les symphonies de la musique, les bourdonnements des belles cloches mêlés au bruit du canon, la richesse des ornements, l'éclat du soleil, les témoignages universels de sympathie que le prélat recueillait partout à mesure que la foule s'ouvrait devant lui, cette foule qui s'inclinait avec un saint respect sous la main du pontife qui les bénissait, tout contribuait à rendre la cérémonie pompeuse et imposante.

Au pied des tours de la cathédrale, et sous le bruit de toutes les cloches, Mgr Olivier revêtit une chappe d'or dont la magnificence nous éblouit. A l'entrée de Notre-Dame d'Evreux, M. L'Hôpital, maire de la ville, en costume de cérémonie, et le conseil municipal attendaient le prélat. Mgr l'évêque reçut l'encens et l'eau bénite, les clefs de l'église sur un plat d'argent. Alors le maire, l'organe de la cité, complimenta Mgr l'évêque dans un discours plein de convenance et de dignité, auquel le prélat répondit avec beaucoup de grâce et d'à-propos, avec une grande noblesse et beaucoup de piété. Plus loin, M. de Monicault, préfet de l'Eure, les fonctionnaires civils et militaires se sont présentés au nouvel évêque. Après les avoir salués, Mgr Olivier fit son entrée dans sa cathédrale au son des cloches et des orgues, des tambours qui battaient aux champs, de la musique de la garde nationale qui exécutait d'harmonieuses fanfares, entre deux haies de soldats et de gardes nationaux qui lui présentaient les armes.

Arrivé au sanctuaire, le prélat se prosterna devant le Saint-Sacrement, ouvrit le tabernacle et adora; puis descendant au bas des degrés de l'autel, il prononça à genoux, la main sur les saints Evangiles, sa profession de foi et la formule du serment. Il se rendit ensuite à son siége épiscopal où il s'assit, et debout, promena un regard assuré dans le chœur, et chacun se dit en le voyant dans cette attitude : c'est bien lui qui gouvernera ! Les éclairs de ses yeux indiquaient aussi la même pensée.

Cependant les autorités et le clergé avaient pris place sur les fauteuils et les chaises qui avaient été préparées au milieu de la nef. M. l'abbé Lefebvre parut quelques instants dans la chaire, mentionna les titres religieux et civils de la nomination à l'évêché de Mgr Olivier, et le proclama évêque d'Evreux.

II.

Alors Mgr Olivier, la crosse à la main, et mitre en tête, revêtu de sa magnifique chappe d'or, ayant à ses côtés ses deux archidiacres, monta en chaire, et salua l'assistance avec une grâce qui ravit tout le monde. Il prit ensuite librement la parole, et fit une allocution qui, prononcée avec toute l'onction et l'abandon du cœur, produisit sur la foule une vive impression, et donna la plus heureuse idée de cette haute et inépuisable éloquence dont cette même chaire allait devenir le théâtre. Il exprima combien son âme était péné-

tréc de joie et d'amour en voyant la cordiale réception que lui faisait la population d'Evreux.

« Ce n'est pas, disait-il, ce n'est pas seulement la
« curiosité qui a poussé ce peuple immense dans cette
« ville et dans cette basilique pour voir l'arrivée du
« nouveau prélat du diocèse ; il y a dans ce fait la
« preuve que le sentiment chrétien existe au fond des
« cœurs, même de ceux qui sont le plus éloignés de
« la pratique des devoirs religieux. » Après avoir énu-
méré les devoirs que lui imposait sa sainte mission, il
promit de consacrer sa vie toute entière au diocèse
dont il prenait possession, en oubliant le passé pour
ne songer qu'aux fidèles. Il décrivit son émotion à la
vue de l'accueil qui lui avait été fait à Pacy et sur
toute sa route dans le département : une cavalcade
de jeunes gens avait escorté sa voiture jusqu'à la rencontre des lanciers de la garde nationale d'Evreux, et
les groupes des populations rurales avaient salué son
passage au débouché de tous les chemins. Il termina
enfin en remerciant MM. les vicaires généraux capitulaires du soin avec lequel ils avaient dirigé les affaires
du diocèse pendant la vacance du siége, MM. les magistrats et les chefs de corps de leur présence, et de
celle de leurs subordonnés.

Comment cette allocution fut-elle accueillie de
l'immense assemblée qui était comme suspendue aux
lèvres de l'éloquent orateur ? Un singulier témoin oculaire, qui s'était réfugié dans les hautes galeries circulaires de la flèche, à plus de cent pieds de hauteur,
va nous le dire.

« Dans mon aire, dit-il, les paroles de **Mgr** Olivier
« n'arrivaient jusqu'à moi qu'incomplètes et comme
« de vagues sons ; je ne jugeais de leur onction que

« par les mouvements de l'orateur ; mais néanmoins,
« je fus vivement impressionné lorsque les mains d'une
« partie des auditeurs se portent simultanément à
« leurs yeux. L'émotion qu'avait éprouvée le prélat à
« son entrée sur son diocèse s'était communiquée à
« la foule. Ses premières paroles étaient un premier
« triomphe. »

Ainsi, il est évident que les habitants d'Evreux
avaient conservé la douceur proverbiale de leur caractère depuis saint Taurin, selon cette belle expression
de la prose du Bienheureux :

Non intractabilibus
Coram doctor civibus...

« Le nouveau *docteur* n'avait point parlé *devant des*
« *citoyens intraitables.* »

Le prélat célébra ensuite une basse messe avec solennité, assisté de ses vicaires-généraux.

III.

Au milieu de l'éclat d'une réception si magnifique
et si cordiale, une scène attendrissante suspendit un
moment tous les esprits. Mgr Olivier s'était rendu à
son trône, et le chapitre s'avançait pour baiser, en
signe de soumission, son anneau pontifical. A la vue
de MM. Lambert et Cocquelin, tous deux chanoines
octogénaires, Mgr Olivier, par un mouvement spontané, quittant vivement son trône, tomba le premier
à genoux devant eux au moment où ils venaient eux-
mêmes se prosterner à ses pieds. Il donnait ainsi un
témoignage public de son respect pour les vertus de
ces deux vénérables prêtres, de sa profonde vénération pour les cheveux blancs des anciens du sacer-

doce. Cet acte d'humilité faisait rejaillir un éclat plus doux sur sa dignité épiscopale.

La cérémonie finit par la bénédiction pontificale, et Monseigneur fut conduit à son palais par son clergé au chant du *Te Deum.* Il marchait sous le dais, saluait et bénissait la foule. Dans la cour de l'évêché , il sortit de dessous le dais, alla droit aux officiers de la ligne et de la garde nationale pour les remercier de leur concours. Ces messieurs parurent enchantés. Arrivé au pied de la tour, il aperçut les sapeurs-pompiers rangés le long de la cathédrale, il revint sur ses pas, traversa la cour, mitre en tête et crosse à la main, les remercia avec grâce et les félicita de leur brillante et magnifique tenue.

Le préfet de l'Eure et les conseillers de préfecture attendaient le prélat dans la grande salle de l'évêché ; et c'est là que M. de Monicault complimenta le prélat qui lui répondit par d'affectueuses paroles. M. l'abbé Lefebvre présenta ensuite les prêtres du diocèse, parmi lesquels se mêla le prélat, en adressant à chacun des paroles de tendresse et de piété.

A trois heures, la première visite du prélat dans sa ville épiscopale fut pour les pauvres, à l'hôpital, de l'état duquel il se montra très satisfait. La population entière était ravie : tous les cœurs appartenaient déjà au nouvel évêque.

Enfin, cette belle journée se termina par une sérénade que, par un élan unanime et spontané, les musiciens de la garde nationale donnèrent le soir sous les fenêtres du prélat.

IV.

Les pompes, les magnificences vraiment extraordinaires de l'entrée de Mgr Olivier à Evreux que nous avons décrites, sont attestées par des témoins dont on ne peut suspecter l'autorité, par le témoignage même de ses ennemis. Ils étaient furieux de voir que leurs déclamations injurieuses dans la presse, non-seulement n'avaient produit aucun effet sur le public, mais même qu'elles avaient exalté au plus haut point l'enthousiasme de la ville et du peuple. Jusqu'alors le mot de Mgr Olivier était vrai : « Je me suis toujours « bien trouvé des attaques de mes ennemis. » Leur cruel désappointement, leurs cuisants dépits percent de la manière la plus curieuse dans l'article hostile du *Journal de l'Eure*, qui parut le 12 août 1841.

« Enfin, dit la voix ennemie, nous avons vu la ville
« d'Evreux sortir de son apathie ordinaire. Avant-
« hier, cette population ébroïcienne, qui sommeillait
« depuis si longtemps dans les choses d'ici-bas, s'est
« tout à coup réveillée radieuse et folle, et, comme
« un seul homme en délire, elle s'est précipitée vers la
« porte de Paris, où se dressait majestueusement
« l'arc de triomphe qui signale, dans une cité, l'arri-
« vée d'un grand homme. Qui donc attendait-on? Le
« roi?... Un de ces hommes si rares qui ont voué leur
« talent, leurs vertus, leur fortune, leur vie toute en-
« tière à la sainte cause du peuple, allait-il donc sé-
« journer parmi nous? Hélas ! Dupont (de l'Eure) ha-
« bite une commune de notre arrondissement (*Rouge-*
« *Perriers est sur l'arrondissement de Bernay*), et,
« quand il passe dans les rues d'Evreux, des hommes,
« dont il fut le premier protecteur, des fonctionnaires
« qu'il a tirés de leur obscurité lorsqu'il était minis-
« tre, ne lui ôtent pas même leur chapeau ! Et Bé-
« ranger, le grand poète du peuple et de la liberté,

« l'une des plus belles célébrités de l'époque, Béran-
« ger, que l'amitié du vertueux Dupont appelait à
« Rouge-Perriers, Béranger traversait la ville l'autre
« jour sans que personne songeât à le reconnaître ! ! !
« Non, ce n'était ni un grand roi, ni un grand ci-
« toyen, ni un poète, gloire de la France, que la ville
« d'Evreux attendait : c'était un évêque ! ! !... Pour-
« quoi donc tant de bruit, tant d'apparat hier à
« Evreux? Pourquoi le préfet et tous les fonctionnai-
« res civils et militaires, les membres du conseil mu-
« nicipal, les juges du tribunal civil, ceux du tribunal
« de commerce, les membres du parquet, les officiers
« ministériels, le corps médical, la garde nationale,
« les pompiers, sont-ils venus, en costume de céré-
« monie, entendre la messe et recevoir l'évêque à la
« porte de l'église? Pourquoi cet arc de triomphe, ces
« tambours, cette musique? Si tout le monde se sen-
« tait pris subitement d'un accès de dévotion, assez
« rare à Evreux par le temps qui court, ne pouvait-
« on faire au nouvel évêque toute espèce d'ovation
« sans déployer ce luxe officiel, sans outrepasser ainsi
« l'ordonnance? »

Le *Constitutionnel* prétendait aussi que la présence
des ministres, au sacre de Mgr Olivier, et toutes ces
démonstrations officielles à Evreux constituaient un
acte politique, et cela fournissait à ses vieux rédacteurs, encore infatués de la ridicule peur des jésuites,
une de ces diatribes qui lui étaient jadis si familières
contre un prétendu parti-prêtre. Mais un acte politique n'a de valeur que par l'importance des faits qu'on
attend de son influence. Or, si le ministère eût espéré
que Mgr Olivier *mit au service de la politique son crédit sur les consciences*, il l'eût nommé dans une de ces

villes turbulentes où les partis ont le plus d'influence, et où l'ordre public est à chaque instant menacé, il l'eût envoyé à Lyon, lorsque les députés du Rhône le lui demandaient pour évêque. Mais quelle cité plus tranquille qu'Evreux? Quel département plus intelligent et plus calme que le département de l'Eure? Chez nous, aucun désordre à craindre : nous avons trop de bon sens. Quand l'anarchie rouge menaça la société en 1848, le drapeau de la garde nationale d'Evreux se déployait glorieusement aux Tuileries et marchait avec l'illustre général Cavaignac contre l'émeute en délire. Et d'ailleurs, quelle inconvenance à supposer qu'un haut dignitaire de l'Eglise, qu'un homme aussi éclairé sur sa religion que M. Olivier, allait oublier les devoirs de sa mission divine pour se mêler aux passions de la politique humaine?

Le jour même de son entrée à Evreux, Mgr Olivier avait fait afficher aux portes de sa cathédrale, et aux endroits les plus apparents de la ville, sa lettre pastorale à l'occasion de sa prise de possession. Le prélat y faisait, en termes magnifiques, le plus juste éloge de son prédécesseur : c'est une œuvre remarquable qu'il faut lire dans le recueil de ses mandements. On y verra avec quelle effusion de charité il savait parler à ses diocésains. Point de banalités, point de calcul, point de sécheresse surtout.

En même temps, une ordonnance épiscopale, donnée à Evreux le 11 août 1841, nommait MM. Lefebvre et Guibert, vicaires généraux titulaires, archidiacres du diocèse, M. l'abbé Seugé, vicaire général et membre du conseil.

CHAPITRE II.

Visite générale du diocèse.

I.

Le lendemain de son installation, Mgr Olivier visite le tombeau de Saint-Taurin, apôtre et premier évêque d'Evreux : c'était précisément le jour de la fête du bienheureux. Il y avait une foule considérable, qui recueillit avec avidité une admirable allocution sur le respect qui est dû aux églises. Monseigneur officiait pontificalement. Il avait sous les yeux, dans de magnifiques verrières, toute la légende de son saint prédécesseur. Un instant il fixa avec attention celui des vitraux qui représente la flagellation ; un profond soupir souleva sa poitrine. Etait-ce compassion pour les souffrances du glorieux confesseur ? Etait-ce pressentiment ? Il reporta ses regards sur la merveilleuse châsse, chef-d'œuvre d'art, où reposent les saintes reliques, ses yeux s'animèrent, et nous crûmes deviner qu'il pensait en lui-même : les hommes de Dieu sont persécutés pour le bien même qu'ils font, mais les souffrances mènent à la gloire, mais la postérité les venge des tortures qu'ils ont enduré pendant leur vie.

Les deux jours suivants furent employés par Monseigneur aux visites officielles et aux visites des communautés de la ville; il parcourait la ville en compagnie de M. l'abbé Coquereau, dont la figure ouverte et le riche costume de chanoine de Saint-Denis attiraient l'attention du peuple, qui le prenait tout simplement pour l'archevêque de Paris. Le samedi 14, le prélat assista à la distribution des prix du collége, où, malgré ses résistances et pour complaire à M. le préfet de l'Eure qui le pressait, il dut prendre la parole ! En s'excusant d'être étranger depuis longtemps, par son ministère, aux études classiques, il rappela Ovide, Phèdre, Virgile et Horace avec une telle fraîcheur de mémoire qu'il réussit à ne persuader personne. Il se montra si aimable qu'il se fonda parmi la gent écolière, si revêche, comme l'on sait, à accorder ses sympathies, une popularité que la génération présente transmit aux générations suivantes, et qui lui survit encore. De ce jour, Monseigneur ne cessa de témoigner au collége d'Evreux le plus vif intérêt : il visitait souvent les classes, faisait lui-même les premières communions, et venait adresser aux jeunes gens de fréquentes exhortations. Les deux honorables proviseurs du collége, MM. Guindey et Lecaudey, peuvent redire, bien mieux que nous, quelle allégresse se répandait parmi les turbulents hôtes du couvent des Capucins, lorsque le bruit bien connu des roues de sa calèche faisait bondir chacun sur son banc, et qu'un même mot sortait de toutes les bouches : « Oh ! « c'est lui ! c'est Monseigneur ! »

Le 15 août, qui était un dimanche, les campagnes affluèrent dans notre cathédrale trop étroite; les offices furent d'une magnificence inouïe.

Avant vêpres, à deux heures, M. l'abbé Coquereau

parut en chaire, revêtu des insignes de chanoine d'E-
vreux, et donna un très beau discours sur la fête.
Monseigneur constata le succès qu'il avait obtenu en
lui disant : « Ne soyez pas trop orgueilleux. »

- Le mardi 17, le prélat présida à la touchante cérémonie d'une prise d'habit au couvent de la Providence
et aux professions des nouvelles religieuses. Il prit
trois fois la parole et nous émut jusqu'aux larmes en
nous parlant de la sainteté de la vie religieuse et du
mérite de ces saintes filles, qui se dévouent à l'éducation de la jeunesse et au soin des malades. Cette communauté, dont la ferveur a toujours été admirable, est
la plus nombreuse et la plus importante du diocèse :
elle est aussi la seule qui soit née chez nous; elle
nous appartient en propre. Leur nom primitif n'est pas
sans gloire : les *Filles de Caër*, berceau de la communauté, furent d'abord connues sous le nom de *Sœurs
de la Doctrine chrétienne*. L'abbé Duvivier, leur fondateur, leur donna leurs premières règles l'année
même où mourut Bossuet, et qui vit s'éteindre en
odeur de sainteté le vénérable archidiacre Boudon : la
sœur de M. Duvivier fut leur première supérieure.

II.

De la ville sainte et savante, Monseigneur passa le
lendemain dans la cité réine de l'industrie dans le
département de l'Eure, et qui est assez peu normande
pour être enthousiaste. Tout Louviers était sur pied
pour fêter la bienvenue de son nouvel évêque. Le
clergé de l'arrondissement s'était réuni à son archiprêtre et s'avançait sur deux rangs, revêtu de surplis

blancs et de riches étoles. Les autorités civiles, le parquet, le tribunal civil et le tribunal de commerce marchaient de concert. Rien n'avait été négligé pour que la réception fût brillante. Les innombrables cheminées des usines ne vomissaient aucune fumée dans les airs, et le bruit de leurs puissantes machines était rentré dans le silence : leurs chefs, par un élan généreux, payaient aux ouvriers libres leur journée de salaire comme s'ils eussent travaillé. Une foule considérable s'était portée au bas de la côte Saint-Hilaire, et le détachement des grenadiers de la garde nationale *pouvait à peine la contenir.* Vous pouvez croire à la vérité de notre récit, c'est le *Journal de l'Eure* qui l'affirme (nᵒ 101, 1841.)

Comment Monseigneur n'aurait-il pas été touché d'un pareil accueil ? Il s'avança au milieu de ce bon peuple, bien plus en père et en ami qu'en évêque ; il le regarda avec des yeux qui voulaient dire : Je vous aime tous. Et le peuple, qui juge avec ses sens et avec ses bons instincts, comprit ce muet langage, et depuis lors il appartint cœur et âme à son nouvel évêque, et de toutes les villes du diocèse, la ville de Louviers tint la première place dans le cœur du prélat. Il ne l'appelait jamais autrement que *sa bonne ville*, sans lui donner d'autre nom. Elle était assez désignée pour tous ceux qui connaissaient son affection pour elle. La marche fut longue et pénible jusqu'à Notre-Dame : il y avait tant de bénédictions à donner à la foule agenouillée sur le passage du prélat, tant de petits enfants, auxquels il touchait le front avec un signe de croix, dans les bras de leurs mères, tant d'ouvriers qu'il appelait en passant ses enfants et ses amis, tant de vieillards aux cheveux blancs sur la tête desquels il hésitait à lever la main en les nommant ses pères !!! Cette profusion de soi-même au milieu du peuple, cela n'est peut-être pas de la dignité comme l'entend une certaine morgue aristocratique ; mais cela vaut beaucoup mieux, c'est de la paternité, c'est de la charité évangélique, c'est ainsi que Jésus marchait au milieu des siens, sous l'œil des Pharisiens, qui lui reprochaient de *séduire le peuple*. En chaire, la bouche du prélat exprima à la multitude tout ce que sa physionomie, son air et ses gestes lui avaient déjà fait comprendre. Le *Journal de l'Eure* dit de cette première allocution *qu'elle fut moins remarquable par la pensée que par une* ADRESSE INFINIE *à caresser toutes les influences*. Est-ce que M. Olivier se préoccupait jamais dans la chaire chrétienne d'être orateur ? Son auditoire était le livre où il lisait tous ses discours. Il voyait ce qu'il fallait dire, et il le disait. Plus élevé ou plus profond, il eût échappé aux esprits qui l'écoutaient, et par dessus tout, avant tout, il voulait être compris. Il ne cherchait pas bien loin la matière de son discours : son auditoire pensait pour lui, et il ne prenait d'autre peine que d'exprimer la pensée de tous. Selon la hardie expression du poète, s'il eût parlé à des forêts, il n'eût pas parlé à des sourds, elles auraient répondu à sa pensée :

Non loquimur surdis; respondent omnia sylvæ.

Voilà le secret de son art, ou, si vous voulez, de *cette adresse infinie* qui suspendait à ses lèvres, dès le premier jour, toute la population de Louviers. Aussi la foule ne voulait plus le quitter ; elle l'avait accompagné à l'église, elle le suivit à l'hospice et au presbytère, tant elle était avide de le voir, de l'entendre surtout. Monseigneur lui avait parlé à l'église, au presbytère en la congédiant ; il lui parla encore à l'hospice, dont elle avait envahi la chapelle. L'après midi, il se sépara d'elle à grand peine pour s'entretenir seul à seul avec ses prêtres.

C'est alors surtout que sa parole devint plus éloquente et plus solennelle ; il leur ouvrit tout son cœur afin qu'ils le connussent bien, afin qu'ils fussent bien assurés qu'ils y occupaient une bien grande place, ou plutôt qu'il était à eux tout entier. Devant tout le clergé de l'arrondissement de Louviers, il laissa tomber une parole bien grave, qui révélait un grand projet, qui engageait son avenir, qui excitera des regrets éternels lorsque l'on saura que les obstacles seuls l'ont empêché de la réaliser : il dit aux pauvres desservants de campagne, ces ouvriers de la première heure qui supportent le poids de la chaleur et du jour, qu'il les considérait comme curés, qu'il les autoriserait à en reprendre le titre, et qu'à ses yeux ils seraient *inamovibles*. Quelques jours après, il répéta ce même engagement devant tout le clergé de l'arrondissement de Bernay, devant plus de cent prêtres. Cette parole a très certainement été dite ; elle appartient à l'histoire. Avec quelle joie, avec quelle espérance elle fut accueillie ! Si vous demandez pourquoi il ne l'a pas suivie, je demanderai à mon tour pourquoi l'on fit de l'inamovibilité une arme contre lui ? Il voyait l'exécution de sa promesse possible, puisqu'il la faisait : qui a créé l'impossibilité ? S'il ne pouvait pas ou s'il ne devait pas exécuter cette promesse, il ne devait pas la faire. Sans aucun doute. Mais ce n'est pas sa sincérité qui doit ici être mise en discussion : c'est sa prévoyance qui est en défaut. Recueillons toutefois précieusement cette parole : Aujourd'hui à Louviers, comme quelques jours plus tard à Bernay, elle a jailli d'un élan généreux de son cœur.

III.

Les fatigues de cette journée si bien remplie à Louviers, n'empêchèrent pas Monseigneur de se rendre à Notre-Dame-du-Vaudreuil sur les sept heures du soir : il était accompagné de M. Tallon, archiprêtre de Louviers, de M. l'abbé Guibert, son archidiacre, et de M. l'abbé Coquereau. Il adressa aux fidèles une courte mais touchante allocution, dans laquelle il se plut à donner quelques éloges bien mérités au curé de la paroisse, M. l'abbé Concedieu.

L'illustre fille du maréchal Sébastiani, Mme la duchesse de Choiseul-Praslin, entourée de sa nombreuse famille, était au pied de sa chaire. Noble femme qui paraissait dans le monde avec toutes les qualités et les grâces qui font l'ornement des cours, le charme des sociétés, et dont la vie chrétienne était encore plus précieuse devant Dieu ! Elle avait l'esprit trop élevé pour ne pas s'attacher à la véritable gloire qui ne se trouve que dans la vertu. Du haut de la chaire, Monseigneur lui rendit un touchant hommage en la proposant comme modèle à toutes les mères de famille. Que notre bon évêque fut bien inspiré, dans cette soirée, de verser la joie et le baume de ses paroles dans un cœur qui souffrait en silence d'inénarrables douleurs ! Vous rêviez tous pour elle, pauvres qui la bénissiez, bons habitants du Vaudreuil, des joies, des fêtes, des honneurs et des triomphes, mais

les anges qui veillaient sur elle frémissaient en apercevant, dans un avenir trop rapproché, une nuit sombre
et terrible! En ornant sa tête de leurs vertus célestes, ils ne faisaient, hélas! que parer une victime
pour un sanglant sacrifice! Ce sont eux sans doute
qui, par une compensation anticipée, mettaient de
dignes louanges dans la bouche de l'orateur sacré qui
ne parlait jamais que d'inspiration.

Au commencement de la nuit, Monseigneur était de
retour à Louviers. Si, pour se reposer d'un si rude labeur, il oubliait quelque peu, le soir, sa dignité épiscopale pour redevenir tout simplement un homme très
gai, très expansif et très aimable, si les mots trop
spirituels volaient sur ses lèvres, il fallait avoir un peu
d'indulgence, et n'en pas faire un si grand criminel
parce qu'il lui suffisait de s'abandonner à son naturel
pour devenir le charme des salons. Amers critiques,
vous ne voulez pas admettre qu'un saint soit aimant
et aimable! Quelle sorte de sainteté est donc la vôtre?
Décochez donc aussi vos traits, si vous osez, contre le
Maître qui a dit : *Ne soyez pas tristes!* Le Sage disait
que chaque chose avait son temps, qu'il y avait un
temps pour pleurer et un temps pour rire. La lyre la
plus harmonieuse ne résonne pas toujours, et un maître habile sait en détendre les cordes pour s'en servir
encore le lendemain. Au temps des fables, lorque le
sage dieu des vents soufflait en Eolie, il retenait quelquefois son haleine pour jouir chaque jour de l'harmonie de ses harpes qu'il réveillait avec les brises du
matin.

IV.

Les habitants de Louviers se réveillaient à peine le

matin, tout pleins encore des émotions de la veille, que déjà la voiture de Monseigneur franchissait la longue côte de la route qui conduit aux Andelys, à travers les plaines de l'antique Madrie. Ce fut dans cette ville la même affluence et le même enthousiasme. A Gisors, où Monseigneur se rendit ensuite, le prélat paraissait heureux de se trouver au milieu de ses diocésains, qu'il aimait comme un père aime ses enfants. Souvent il parut ému jusqu'à répandre des larmes.

Le 24 août, nous le retrouvons à l'école des Frères au milieu des enfants de la ville d'Evreux auxquels il décernait de beaux prix, et disait encore de meilleures paroles.

Le jour suivant, les postillons, qu'il payait largement, fouettaient pour Verneuil. Ce n'était pas cependant la ville que Monseigneur allait visiter, c'étaient les religieuses Bénédictines de l'abbaye. Il devait célébrer la messe à la Madeleine, administrer le sacrement de Confirmation aux élèves du pensionnat, et leur distribuer ensuite des couronnes.

Verneuil, néanmoins, voulait imiter ses sœurs de Louviers, des Andelys et de Gisors et faisait de tous côtés des préparatifs de fête. Les sonneurs étaient au guet au sommet de la grande tour, et, plongeant au loin sur la route de Breteuil un regard avide, ils attendaient avec impatience l'apparition de sa calèche pour mettre toutes les cloches en branle et appeler toute la population sur son passage.

Vers deux heures et demie, un nuage de poussière s'élève sur la route, et les roues d'une voiture rapide laissent échapper des éclairs à travers le nuage. Plus de doute : c'est Monseigneur! Les cloches, à grande volée, mettent aussitôt la population en émoi. Les en-

fants ont des pieds agiles pour courir au devant de
toutes les fêtes; ils précèdent la voiture signalée en
criant de tous leurs poumons : Le voilà! le voilà! La
foule se prosterne pour recevoir la bénédiction. Mais
l'équipage, au lieu de prendre la direction de l'église,
tourne dans la cour de l'*hôtel Saint-Martin*. Mais, ô
stupéfaction! les portières s'ouvrent, et laissent apparaître un personnage qui avait de fortes moustaches
et savourait un cigarre. Aux génuflexions de la foule,
il comprend que c'est lui qui est l'évêque,

> « Et de ses doigts saintement allongés
> « Bénit tous les passants en deux files rangés.

C'était le marquis de Dauvet, cet impitoyable destruc-
teur du château et des merveilles de Navarre! En bon
prince, après avoir bien ri de l'aventure, il appelle les
sonneurs, emplit leurs poches d'argent en les remerciant de l'honneur qu'ils lui avaient attiré. L'église
cependant était encombrée, et les loueuses de chaises,
profitant de l'aubaine, doublaient leur prix. Monseigneur n'arriva que trois quarts d'heure après cette
méprise.

Le 30, il recevait, dans la ville de Bernay, le plus
brillant accueil, visitait le collége, les écoles, les
Ursulines et l'hospice, et il évangélisait une foule innombrable dans l'église de Sainte-Croix. Dans l'après-
midi, il animait une partie des prêtres de l'arrondissement qu'il avait fait convoquer de tout le feu de son
zèle et de toute l'ardeur de sa charité. Il consolait les
pauvres desservants de leurs chagrins et de leurs terreurs passés en leur donnant l'assurance qu'ils pouvaient remplir en paix, au milieu de leur troupeau,
la mission divine, faire le bien sans rien craindre des
persécutions que le zèle attire; qu'ils n'avaient pas à

redouter d'être violemment arrachés à leurs ouailles ; que s'ils n'étaient pas encore inamovibles de droit, ils le seraient de fait sous son gouvernement paternel. Cette promesse fut accueillie, comme à Louviers, avec une satisfaction universelle.

V.

Le mercredi 1er septembre, la ville de Brionne faisait à Mgr Olivier un accueil non moins brillant que celui de Bernay. Les prêtres de quatre cantons, les autorités civiles et la garde nationale allèrent le recevoir, sous le dais, au bas de la côte du Bois-David. En chaire, il adressa aux fidèles une allocution sur le respect dû à la maison de Dieu. Après la cérémonie, il parcourut la ville, et porta l'aménité jusqu'à entrer dans plusieurs maisons pour en saluer et en bénir les heureux habitants. « Il partit à cinq heures du soir, écrit un témoin oculaire (*Courrier de l'Eure*, n° 85 1841), « en se dirigeant vers Pont-Audemer, avec le « regret de tous les habitants de ne pouvoir le con- « server plus longtemps. Tout est édifiant chez lui : « sa charité et son humilité ont rempli de joie tous « les cœurs. »

A sept heures du soir, Monseigneur traversait la ville de Pont-Audemer, et les cloches de Saint-Ouen et de Saint-Germain signalèrent son passage par leurs joyeux carillons. Il se rendait à Tourville, charmant village situé entre de fraîches collines et arrosé par cinq petits cours d'eau et distant seulement du chef-lieu de trois kilomètres. M. Letendre de Tourville avait offert au prélat une gracieuse hospitalité.

Le lendemain, 2 septembre, à onze heures, Monseigneur fit son entrée solennelle dans la ville, et fut reçu à l'entrée de la rue Saint-Germain par le clergé des deux paroisses et plus de quatre-vingts curés de l'arrondissement. M. le sous-préfet le complimenta à l'entrée de Saint-Ouen. Là s'étaient aussi rendus le parquet, le tribunal, l'ordre des avocats et le conseil municipal. Avant de célébrer la messe, Monseigneur parut en chaire, et, selon sa constante habitude de l'ordre, il attendit que le bruit de la foule, qui cherchait à se placer, eût cessé. Il commença d'une voix un peu faible et fatiguée, et il exprima toute la joie qu'il éprouvait de se voir entouré de ceux au bonheur desquels il venait consacrer tous ses efforts, sa vie entière. Sa voix peu à peu prit de l'éclat, et lui fournit à la fin de puissants accents pour peindre le bonheur que l'on trouve dans la pratique de la religion et dans l'exercice de la charité. A quatre heures du soir, il visita l'église Saint-Germain, où depuis plusieurs années M. l'abbé Beaucousin signalait son zèle par plusieurs établissements que son ingénieuse charité était parvenue à créer, non sans quelques difficultés comme toujours. Tel, mu par un sentiment inexplicable ou plutôt trop évident, déclamait contre toutes ses bonnes œuvres, et principalement contre sa maison d'orphelines, jusqu'à indigner les honnêtes gens, et prenait pour une injure personnelle tout ce qui était fait en faveur des établissements du bon curé. Or, Mgr Olivier, en soutenant M. l'abbé Beaucousin dans les efforts de son zèle, en le comblant de louanges bien méritées, allait, sans s'en douter, d'un ami très chaud, se créer, dans l'avenir, un ennemi très violent.

Ce jour là il eut la joie, car c'était pour lui une grande joie de voir de ses yeux le bien qui était fait, de bénir la maison que M. l'abbé Beaucousin venait de faire construire pour l'établissement d'une école dirigée par les Frères de Saint-Joseph. En répondant au discours de M. le curé de Saint-Germain, il traça le tableau des bienfaits que produit l'instruction primaire par les connaissances utiles et morales qu'elle répand dans toute la société, il combla le digne pasteur de remerciements pour les sacrifices immenses qu'il avait faits pour cette école, et pour les autres bonnes œuvres de sa paroisse, et en particulier celle des orphelines. Plus tard il le fit chanoine honoraire de la cathédrale.

Puis le prélat se rendit dans l'église Saint-Germain, où par des paroles pleines d'une grande bonté de cœur, d'un grand amour pour la religion, il rappela le respect dû au saint lieu et le silence qui doit y régner. Il visita ensuite l'établissement des sœurs de la Providence, que M. le curé de Saint-Germain avait aussi fondé.

De là, Monseigneur se rendit au couvent des dames Carmélites. Mais la porte refusa de s'ouvrir. La Supérieure prétendait que n'ayant pas été prévenue de cette visite, elle ne pouvait recevoir le prélat. Elle n'avait donc pas entendu les cloches sonner, ou se croyait-elle encore au temps où l'abus des exemptions de la juridiction épiscopale existait encore ? Toujours est-il que le prélat dut attendre plus de dix minutes en présence de la foule ébahie. Enfin, la porte s'ouvrit, mais si étroite, que Monseigneur et M. l'abbé Guibert purent à peine passer, et que plusieurs personnes qui les accompagnaient furent repoussées, puis elle se referma si vite, que le chapelain lui-même faillit être pris dans ses ais. M. l'abbé Thorel rit de sa mésaventure aux éclats et la foule fit de même.

Monseigneur fut bon prélat, et ne réclama point le privilége de sa première visite, qui fait exception à la loi de clôture. Il aimait le Carmel, et il avait écrit à la Supérieure, le 11 juin précédent, que le *Carmel avait été le berceau de son éducation cléricale.*

Monseigneur ne quitta que le soir la ville pour retourner à Tourville, où il dit la messe le lendemain. Il admira les sites de cette délicieuse petite vallée et ses cinq ruisseaux. Au bas du Mont-Désert, il visita l'ancien château des seigneurs de Tourville ; mais il ne vit plus que quelques restes de murailles, quelques vestiges de motte et un tertre destiné à défendre le fort du côté de la colline. Le vieux manoir avec ses fossés, ses ponts-levis et ses meurtrières, ses tours crénelées avait disparu depuis longtemps. Ne pleurons pas sur ces ruines qui n'ont tombé que devant l'affranchissement des peuples.

Le prélat quitta ses hôtes le même jour, et descendit à dix heures et demie du soir au palais de l'archevêché de Rouen, où il venait rendre ses hommages à son métropolitain. Il en repartit le lendemain à midi pour Evreux.

VI.

Le jeudi 9 septembre, Monseigneur, accompagné de M. l'abbé Jouen et de plusieurs autres ecclésiastiques, descendit, à une heure après-midi, la côte de Fleury-sur-Andelle, au pied de laquelle l'attendait M. Lecerf, maire, le juge de paix, les autorités et la garde nationale. Ce chef-lieu de canton, qui avait une justice de paix et une gendarmerie et une population de quinze cents habitants, n'avait pas d'église et dépendait encore de la paroisse de Radepont. Un intérêt puissant attirait donc Monseigneur à Fleury-sur-Andelle. Il fut reçu par les habitants avec enthousiasme, et il se rendit à pied, suivi de la population entière, sur l'emplacement projeté d'une église paroissiale. Là, le prélat, étant monté sur un siége qui lui avait été préparé, harangua, en plein vent, les fidèles innombrables qui l'environnaient, en les remerciant d'abord de l'accueil gracieux qu'il venait d'en recevoir. Il dit ensuite qu'il verrait avec la plus grande joie un nouveau temple s'élever au Seigneur dans cette belle et riche vallée de l'Andelle, où l'admiration se partageait entre les merveilles que la nature y étalait avec tant de profusion, et les merveilles de l'industrie; qu'il se proposait de venir à leur secours par une souscription personnelle, qu'il tenait à honneur de poser lui-même la première pierre de l'édifice sacré, et qu'il compterait parmi les plus beaux jours de son épiscopat celui où il viendrait consacrer la nouvelle église au milieu de la joie des anges et des hommes. « Les « anges, dit-il, vénèrent déjà ce lieu prédestiné à « une si grande sainteté où le Très-Haut viendra fixer « son séjour. » Et il rappela la vision de Jacob, qui voyait les anges du Seigneur monter et descendre sur une échelle d'or dont le pied touchait à la terre et dont le sommet se perdait dans le ciel, descendant de Dieu aux hommes et remontant des hommes à Dieu, venant vers la terre, les mains pleines de ses dons, et retournant au ciel chargés de ses vœux et de ses désirs. Il conclut en disant, que si l'on préparait à Dieu une demeure terrestre, il fallait avant tout commencer par l'attirer en soi par une vie pure et sainte. Ce discours fut couvert des acclamations de la foule ravie. C'est le maire lui-même qui avait commencé par crier : Vive Monseigneur! Mais non, dit le prélat, ce n'est pas ainsi. Disons plutôt : Vive le roi! Et chacun de crier : Vive le roi! M. Lecerf avait eu l'attention délicate de faire préparer à la mairie des rafraîchissements qui furent acceptés. De là, Monseigneur se rendit à la magnifique résidence des châtelains de Radepont, dont il fut accueilli avec joie et qu'il laissa enchantés de sa visite.

Le lendemain 10 septembre, sur les bords de la Seine, la petite ville de Vernon, qui est si fière de se mirer dans les eaux du grand fleuve, et si favorisée de la nature dans son admirable site, était, elle aussi à son tour, pleine de mouvement et de bruit. Que si vous demandez, comme le *Journal de l'Eure :* Est-ce le roi qu'elle attendait? Je répondrai qu'elle est habituée à le voir. *Est-ce un grand homme?* Elle se soucie bien des grands hommes, elle qui a des princes pour hôtes. *Est-ce un poète?* Elle a Casimir Delavigne à ses portes, Casimir Delavigne né au Havre mais conçu à Vernon, sachez-le bien, ingrats contemporains que vous êtes, et qui allez laisser vendre à votre poète sa fraîche résidence de la Madeleine qu'il pleure déjà en secret! *Est-ce Béranger, est-ce Dupont de l'Eure?* Elle n'aime pas les ennemis de son roi et n'a rien à gagner aux révolutions. Il fallait un spectacle nouveau pour que cette petite ville coquette, mais capricieuse, consentit à se revêtir de ses habits de fête et à verser son peuple léger et frivole dans ses rues naguère si désertes. Elle s'était parée, elle qui n'a jamais rien à faire pour être belle! Elle a un arc de triomphe à l'ex-

trémité de son pont, aux arches douteuses, vraiment!
Que vient faire là, au sein d'un magnifique paysage,
entre cette forêt, ces collines majestueuses et ces belles roches, un arc de triomphe? Vernon, en sa qualité
de muse printanière, comme l'indique le nom qui lui
fut donné alors qu'on parlait un peu de français nouveau et beaucoup de vieux latin, est une ville de goût
et qui sait les convenances de l'art : il fallait bien opposer un arc de triomphe aux charmantes tourelles de
la rive opposée. Cet arc de triomphe, pavoisé des
couleurs nationales, est destiné à recevoir Mgr Olivier
qu'elle attend du côté de Vernonnet; car elle sait qu'il
est en tournée pastorale dans le Vexin. Le clergé de
la ville, des paroisses environnantes, les curés du canton, la garde nationale et le train des équipages s'é-
chelonnent sur deux lignes parallèles au pont, et Monseigneur, qui ne fait jamais faute d'arriver ponctuel-
lement à l'heure indiquée, prend place sous un riche
dais, salue les autorités civiles et l'état-major du
train qui sont venus à sa rencontre, et se dirige vers
l'église de Notre-Dame en traversant une foule compacte et serrée qui reçoit ses bénédictions avec le plus
profond respect. Arrivé à l'église, Monseigneur prononce une allocution qui est écoutée avec le plus religieux silence, et célèbre ensuite la sainte messe au
milieu des symphonies de la musique de la garde nationale. L'ordre le plus parfait, le saint recueillement
qui règnent pendant toute la cérémonie, montrent
aux yeux satisfaits du prélat, que le spectacle de l'ordre ravissait toujours, qu'il y a là un bon curé qui
sait être pasteur et qui exerce un grand ascendant sur
ses ouailles. Monseigneur est ensuite reconduit au
presbytère au chant du *Te Deum*, et la cérémonie

terminée, il remercie les autorités, la garde nationale et la population de Vernon toute entière de l'accueil qui lui a été fait. L'après-midi, le prélat visite le collége, les écoles et les hospices de la ville et quitte Vernon à six heures du soir.

VII.

Un mois juste s'est écoulé depuis que Mgr Olivier a pris possession de son siége, et il a déjà parcouru en tous sens son vaste diocèse. Toutes les principales villes l'ont entendu ; il s'est mis en relation avec tous ses curés, et les principaux habitants. De tous côtés, il s'est trouvé une telle affluence de populations sur son passage qu'il est peu d'habitants de l'Eure qui ne le connaissent déjà de figure, et qui n'aient été ravis de l'entendre. Aux champs et dans les villes, sous la chaumière comme dans les salons, il n'est question que de lui : le nom de M. Olivier est dans toutes les bouches, tant il a su s'emparer fortement de l'attention. Les cœurs étaient à lui; les difficultés sont venues depuis, les oppositions ont dressé leurs résistances, les injures, les calomnies, les diatribes ont coulé à flots; rien n'y a fait : cette première impression n'a jamais été effacée, et les cœurs lui sont demeurés fidèles! Témoin de cet enthousiasme universel, le *Journal de l'Eure* en était réduit à se lamenter, et, dans l'amertume de son dépit, il écrivait ces étonnantes paroles : « La ville s'est rendue à lui!!! Le dépar- « tement de l'Eure lui est donné!!! (n° 97).

Mgr Olivier avait fait un coup de maître en se montrant immédiatement partout, et payant de sa personne au milieu des attaques furibondes dont il était l'objet. Il n'avait eu qu'à paraître pour faire tomber les préjugés et les préventions. Heureux s'il ne prend pas trop de confiance dans sa force ! Seigneur lion ne doit mépriser aucun ennemi si petit qu'il soit à ses yeux, pas même le plus vil moucheron dont la persévérante colère peut mettre à bout son fier courage.

Mgr Olivier était rentré dans son palais épiscopal rempli de l'enthousiasme de son beau diocèse. La saison où il le visitait le lui avait montré dans sa plus riche parure de moissons dorées, de luxuriante verdure, de prairies émaillées de fleurs et de collines boisées. Quand il avait remonté l'Andelle, il s'était écrié que c'était la plus belle de toutes les vallées du département ; mais en parcourant la Carentonne, il ne trouvait rien de plus frais qu'elle, rien de plus charmant non plus que le cours de la Rille qu'il appelait un fleuve en arrivant à Pont-Audemer, rien de plus gracieux que certains aspects de l'Iton et de l'Eure. La description des délices de la vallée de Tempé lui semblait froide, après ce qu'il avait vu de ravissant dans la multitude de nos cours d'eau. Il avait été frappé des mouvements du terrain, dont les ondulations ressemblent aux vagues tranquilles que la pleine mer épand en liberté dans l'Océan. Et que dire des majestueuses forêts de Conches, de Breteuil et de Beaumont, des riches cultures du Vexin, des campagnes du Neubourg et de Saint-André, du pays d'Ouche, du Roumois et du Lieuvin ? Les vastes plaines ne s'étaient présentées à lui que couvertes de troupeaux et d'infatigables travailleurs ; les usines, en pleine activité, que peuplées d'intelligents travailleurs. En traversant le dimanche un village, le peuple accourut autour de sa voiture. En

voyant ces fraîches toilettes de nos fermières, ces rubans, ces dentelles qui paraient toutes les têtes, ce
drap qui remplaçait la blouse, partout la propreté et
un air d'aisance, le prélat s'était écrié : « Et où sont
« donc les paysans? Je croyais trouver des paysans
« dans la campagne? »

Aussi quand il regardait le département de l'Eure
sur la carte, frappé de sa forme un peu rétrécie vers
le milieu, épanouie aux deux côtés, il l'appelait son
beau papillon aux ailes diaprées d'or, d'émeraude et
d'azur.

CHAPITRE III.

Retraite pastorale. — Deux lettres. — Le Séminaire.

I.

De retour à Evreux, Mgr Olivier appela immédiatement la moitié des prêtres de son diocèse auprès de lui pour se retremper dans la ferveur et se pénétrer de son esprit de zèle dans deux retraites pastorales successives, dont l'une allait commencer le dimanche 19 septembre, et la seconde le 3 octobre.

Le dimanche de l'ouverture de la première retraite, une foule inaccoutumée remplissait la cathédrale. Cette fois, ce n'était plus la curiosité, la nouveauté qui l'attirait au pied de sa chaire, c'était une sainte et pieuse ardeur de recueillir la bénédiction de sa parole. Le soir, Monseigneur s'enfermait dans le séminaire avec ses prêtres. Nous connaissions déjà le grand orateur ; mais nous ne soupçonnions pas encore toutes les ressources de son prodigieux talent, tous les trésors de piété et de dévotion tendre que renfermait son cœur. Le père Goudelin, jésuite, donnait les prédications ordinaires de la retraite ; mais, tous les matins, le prélat faisait lui-même la prière du matin et du soir et la méditation. En récitant les formules ordinaires, il les abandonnait quelquefois pour y substituer les plus ardentes et les

plus brûlantes supplications à Dieu; il le faisait sur-
le-champ, naturellement et sans changer le ton de sa
voix. Ses méditations nous montraient combien les
maximes de la piété lui étaient familières. Non, M. Olivier n'était pas connu. On se faisait un Olivier de
fantaisie; on s'arrêtait aux dehors et aux apparences.
Ce qu'il était valait infiniment mieux que ce qu'il paraissait être, malgré l'éclat de ses qualités extérieures.
S'il était l'homme de la parole, il était aussi l'homme
de la prière. A l'entendre, quand il ouvrait son âme
dans le calme de la méditation, il était évident que
ses communications avec Dieu lui étaient habituelles.
On ne médite pas comme il méditait, sans avoir médité beaucoup, prié beaucoup, médité et prié toujours. La plupart des prêtres en l'écoutant se surpre-
naient à verser des larmes. Avant le dîner, il faisait
lui-même l'examen de conscience à haute voix, en y
joignant les remarques de son expérience. A deux
heures, il faisait une conférence sur les principes et
les règles qui doivent présider à l'exercice du ministère pastoral. Dans ces communications intimes de
l'après-midi, il parlait avec toute la liberté d'un évêque, et, sans considérer, s'il ne blessait point quelques
susceptibilités, s'il ne heurtait point quelques préjugés, il tonnait contre la paresse, contre la somno-
lence, contre l'incurie, contre l'avarice, contre la
mercantilité, contre un certain genre de piété nouvelle, sentimentale, égoïste, aveugle, méticuleuse,
intolérante, entêtée, minutieuse, qui se noie dans les
pratiques arbitraires, sans se soucier d'acquérir et de
posséder les vertus avec lesquelles seules on édifie
véritablement, la patience, la douceur, l'amour du
travail, l'indulgence, l'humilité, la charité active;

contre l'orgueil, contre la routine, contre la substitution, en matière d'absolution, de règles particulières aux grandes règles de la théologie, contre le désordre et le bruit dans les églises et les irrévérences devant le Saint-Sacrement, contre le prêtre qui se fait idole dans son temple et rapporte tout à lui, qui regarde comme une injure personnelle les louanges données à un confrère, et n'a de repos que lorsqu'il est parvenu à détruire la mémoire de son prédécesseur. « Quelle honte dans l'Eglise qu'un tel sentiment, « s'écriait-il! De combien d'âmes n'entraîne-t-il pas « la ruine! De combien de scandales, de médisances, « de détractions, de calomnies n'est-il pas la source « empoisonnée! Un prêtre jaloux est un fléau dans « l'église! » Dans les rapports avec l'autorité, il voulait que les prêtres se distinguassent par dessus tout par leur soumission aux lois et pour leur respect pour les magistrats. Il insistait surtout sur ce point que, dans les mauvaises paroisses, il ne fallait jamais désespérer du salut des âmes. Ces travers, ces défauts, ces vices mêmes, il n'en supposait aucun dans ses vénérables auditeurs; il ne leur reconnaissait que des lumières, des vertus sincères et des qualités; il les signalait, de loin, comme des écueils, comme des obstacles dont l'ennemi des hommes barre le chemin du ciel. Il ne parlait à son clergé que dans les termes de la plus affectueuse charité; il le remerciait avec chaleur de l'édification que lui donnait le spectacle de sa foi, de sa régularité, et de son amour pour la discipline. « Que je voudrais, disait-il, que le diocèse entier, « pour apprendre à vous respecter encore davantage, « fût témoin de l'édification que vous donnez à votre « évêque dans ces jours de ferveur! Vous êtes près de

« deux cents, et l'étranger qui visiterait le séminaire
« pendant nos exercices croirait qu'il est véritable-
« ment désert ! »

De temps en temps un trait vif, une anecdote inattendue égayait la grave assemblée. D'autres fois il
entrait dans les plus petits détails de la vie, surpre-
nait par la finesse de ses aperçus, et ne craignait pas
d'adresser à ses prêtres le langage de la plus douce et
de la plus intime familiarité.

Danton avait enfanté des victoires avec son mot fameux : de l'audace, encore de l'audace, toujours de
l'audace ! Mgr Olivier voulait aussi enfanter des victoires, des prodiges dans les combats du Seigneur en
résumant toutes ses exhortations dans un seul mot :
du zèle, encore du zèle, toujours du zèle !!!

La veille de la clôture de l'une des deux retraites,
après le chant du *Salve regina*, le soir, Mgr Olivier an-
ticipa ses adieux aux prêtres qui allaient le quitter,
et leur adressa une vive allocution qu'il commença en
français et qu'il termina en se servant de la langue de
l'Eglise. Il parla le latin avec une facilité et une élégance qui prouvaient qu'il eût été en état de répliquer
sur le champ aux harangues de Cicéron.

Pendant les récréations, il se mêlait à ses prêtres ;
il les recevait en particulier dans les temps libres, et
il s'était identifié avec eux avec une telle promptitude, il avait tellement voulu les connaître tous pour
les aimer tous, qu'avant la fin des retraites il aurait
pu nommer chacun des prêtres par son propre nom.
Ces jours de retraite s'écoulèrent trop vite au gré des
curés qui les fréquentèrent, et dans les deux remerciements qui lui furent adressés, ils ne parlèrent que

de leur joie, de leur bonheur et du regret qu'ils avaient à se séparer de lui.

La clôture de la première retraite se fit à la cathédrale avec une grande solennité, et la seconde dans la chapelle du séminaire le 9 octobre.

II.

Le cratère qui s'est ouvert en 1848 avait failli, on s'en souvient, éclater en 1840. Il grondait encore en 1841. Tout était bon pour remuer le pays et soulever les passions; Mgr Olivier ne se méprenait pas à ces symptômes d'une révolution menaçante. L'agitation, à propos de la question de l'enseignement, commençait à s'étendre; elle était d'autant plus dangereuse qu'elle affectait de s'attaquer aux consciences, d'autant plus redoutable qu'en passant par la bouche vénérée des évêques du royaume elle acquérait une importance extrême. En nouant des coalitions sous prétexte de bien, les agitateurs voyaient parfaitement un but qu'ils finiraient par atteindre; sous le nom de liberté, ils marchaient aux envahissements, à la conquête du pouvoir, si toutefois un pouvoir subsisterait encore quand ils se seraient élevés sur des ruines. C'est à ces préoccupations de la politique du temps que se rapportent deux lettres de Monseigneur écrites pendant la première retraite pastorale. Elles manifestent sa véritable pensée sur les questions agitées, qui n'était pas une pensée d'indifférence, mais de prudence, de modération, de convenance et de paix. La seconde lettre est aussi un témoignage du contentement qu'il éprouvait à Evreux.

« A Monseigneur l'archevêque de Rouen,

« J'étais en visite quand la lettre de votre Altesse
« Eminentissime m'est parvenue. Je m'empresse à
« mon retour, et pendant notre retraite qui me laisse
« ce matin un petit moment de liberté, d'y répondre
« avec franchise.

« 1º Je pense que dans le moment actuel nos ré-
« clamations viendraient malencontreusement com-
« pliquer les difficultés qu'éprouve le gouvernement.

« 2º La publicité à laquelle sont exposées mainte-
« nant ces sortes de réclamations rend nécessairement
« les évêques plus circonspects.

« 3º Je préférerais que l'un des évêques de la pro-
« vince en parlât avec le ministre compétent : écrire,
« et surtout collectivement, me paraît chose inutile,
« et surtout funeste.

« 4º Il me semble, quant au fond de la question,
« que pour réclamer honorablement la faculté qui
« nous occupe, il faudrait que nos séminaires ne se
« composassent que des enfants qui ont montré quel-
« que signe de vocation ecclésiastique.

« Telle est mon opinion, Monseigneur, je la sou-
« mets au jugement de votre Altesse Eminentissime,
« et je la prie d'agréer, etc.

« † NICOLAS, évêque d'Evreux.

« Evreux, le 25 septembre 1841. »

« A Monsieur le Garde des sceaux,

« Me permettrez-vous de vous distraire un moment,
« et de conjurer Votre Excellence d'agréer mes féli-
« citations sincères pour les deux circulaires que je
« viens de lire et qui attestent avec tant d'évidence

« et la fermeté de votre caractère, et la loyauté de
« votre dévouement à la France et au roi.

« Il est encore temps de *sauver votre pays;* il a
« encore des instincts nobles et généreux, et s'il voit
« un pouvoir fort et prudent, il fera échouer les pro-
« jets des assassins et dissipera les rêves sanguinaires
« de tous les partis.

« Vous savez, Monsieur le ministre, quelle est la
« sincérité de celui qui vous écrit. Il vous doit déjà
« bien des jours de bonheur. Le bien se continue; on
« goûte ma parole que je porte partout selon votre
« conseil. Notre ville même semble s'émouvoir : di-
« manche on était étonné du nombreux auditoire qui
« s'était presque improvisé.

« Mes visites ont continué à être un grand sujet de
« consolation. Vernon m'a donné le spectacle de l'é-
« glise des anciens temps plus encore que les villes
« que j'avais parcourues. »

III.

Le grand séminaire était entré en retraite, et pendant que les élèves écoutaient avec recueillement les
prédications du père Luiset, jésuite, ils reçurent avec
joie deux fois la visite de leur évêque. Au sujet de la
piété, il dit aux directeurs une parole d'un sens profond : « Faites-moi d'abord de vos séminaristes des
« hommes de probité, d'honneur, de loyauté, de sin-
« cérité et de franchise, inspirez leur l'amour des ver-
« tus chrétiennes et du travail, et je me charge en-
« suite d'en faire de bons prêtres. »

Il dit dans une autre circonstance : « Il me faut des
« prêtres instruits et éclairés; les prêtres ignorants

« deviennent fanatiques, et le fanatisme n'est propre
« qu'à perdre ce qui reste de religion en France. »

Monseigneur regardait la surveillance de son séminaire comme l'une des charges les plus importantes de
son épiscopat. Il rendit publics à l'évêché les examens
des ordinants, les interrogeait lui-même ou les faisait
interroger en sa présence. Il refusait rigoureusement
ceux dont les réponses n'étaient pas suffisantes. Cet
examen durait ordinairement deux jours.

Il fonda l'exercice des *sabbatines* qu'il présidait lui-
même ou faisait présider par ses vicaires-généraux.
Mais le plus souvent il les présida lui-même. Cet
exercice consistait à interroger les élèves sur toutes
les matières enseignées pendant la semaine. On faisait à l'élève des objections auxquelles il était tenu
de répondre. Monseigneur qui se rappelait son temps
de séminaire aimait beaucoup cet exercice. Les élèves
ne tremblaient pas trop devant lui parce qu'il savait
les mettre parfaitement à leur aise, et il posait les
questions d'une manière si claire, qu'ils aimaient mieux
être interrogés par lui que par tout autre ; car lorsqu'un interrogateur ne sait pas parfaitement lui-même
ce qu'il vous demande, il devient fort difficile de lui
répondre. Lorsqu'un élève répondait avec facilité,
qu'il s'animait contre les objections qui lui étaient
proposées et que le feu des arguments se croisait, le
prélat était enchanté, et l'encourageait du regard, de
la voix et du geste.

Monseigneur fit plus encore pour son séminaire.
Il se fit lui-même professeur, et ouvrit un cours de
droit canon. Il faisait ce cours une fois par semaine,
et il le continua jusqu'à l'arrivée des Lazaristes. Plusieurs prêtres de la ville, quelques curés des paroisses

environnantes, les professeurs du petit séminaire,
assistaient à ce cours. Dans ses leçons, il suivait le
traité de Fleury et le commentait d'une manière fort
intéressante. Seulement la leçon scientifique tournait
quelquefois à la glose, et Monseigneur, sans trop s'en
apercevoir, finissait la leçon par une homélie.

En se faisant professeur, il prétendait ne pas déro-
ger à sa dignité d'évêque. « Les anciens évêques,
« disait-il, étaient tous des docteurs, et la maison des
« évêques était l'école ecclésiastique d'où sortaient
« les prêtres. L'éducation et l'instruction des jeunes
« clercs est la première et la plus importante des
« fonctions épiscopales. » Aussi il nous appelait ses
enfants, ses amis, les fils de l'évêque, et nous demandait de l'aimer et de le considérer comme un père.
« Les élèves du sanctuaire, avec les pauvres, disait-il
« encore, sont la famille de l'évêque. »

Jamais docteur peut-être ne fut mieux pénétré de
l'esprit des temps primitifs de l'Eglise ; il se modelait
sur les pontifes de l'âge apostolique. Il n'avait point
de préjugés ; il ne pouvait souffrir que l'on mît l'esprit
des hommes à la place de l'esprit de Dieu, et que l'on
fît épouser à l'Eglise immaculée de Jésus-Christ les
passions et les fureurs des hommes. « Ne cherchez
« jamais, enseignait-il un jour, à justifier ce qui est
« injustifiable ; ayez horreur de faire l'apologie des
« bûchers, de la Saint-Barthélemy, de la révocation de
« l'Edit de Nantes. L'arme de l'Eglise est la douceur
« et la persuasion ; son véritable esprit est étranger à
« toutes les violences. Elle n'opprime pas les con-
« sciences ; elle cherche à les éclairer. Inflexible dans
« ses dogmes, parce que la vérité est toujours la vé-
« rité, elle est tolérante et charitable vis-à-vis des

« hommes. Au gré des cabales, des conspirations et
« des partis, on ne peut pas ôter à l'Evangile son
« caractère divin de douceur. Jésus-Christ disait :
« *Arrière! fuyez loin de moi!* aux disciples qui lui
« demandaient de faire tomber le feu du ciel sur une
« ville qui avait refusé de recevoir sa parole. Procéder
« par la contrainte et la violence, c'est donc encourir
« cet anathême et aller directement contre le vérita-
« ble esprit de Jésus-Christ ! »

Il voulait aussi former ses séminaristes à l'exercice de la parole, si nécessaire dans le ministère sacerdotal. Outre les instructions écrites et soigneusement apprises par cœur, il donnait des sujets d'instructions familières qu'il fallait uniquement méditer, préparer sans le secours d'aucun auteur, et débiter devant lui, tant bien que mal, sans avoir écrit une seule ligne, sans autre ressource que le talent et les facultés naturelles. Il désirait que ses prêtres, à son exemple, fussent toujours prêts à prendre la parole en chaire, et nous suppliait de ne pas faire ressembler la prédication évangélique à un concours pour le prix de mémoire. « De cette manière, dit-il, vous vous épargne-
« rez beaucoup de fatigue à vous-même et beaucoup
« d'ennui à vos auditeurs. En leur parlant naturelle-
« ment et de l'inspiration du cœur, vous êtes toujours
« sûrs de plaire. Vous pouvez être fort éloquents dans
« votre cabinet, la plume à la main, et devenir in-
« supportables en chaire. Si vous voulez qu'une assem-
« blée vous écoute, il faut lui parler, et non réciter
« devant elle. »

Monseigneur répétait souvent que son vœu le plus ardent était que son séminaire devînt l'un des premiers séminaires de France par la force des études. Il citait à l'émulation des élèves l'ancienne école de Chartres, qui fournit jadis à l'Eglise tant d'illustres docteurs. C'est pour atteindre ce but qu'il institua deux années de philosophie au lieu d'une, et ordonna que le cours de théologie fût de trois années complètes ; car auparavant, l'ordination des prêtres ayant lieu à la Trinité, le cours de théologie se réduisait de fait à deux années et demi.

En 1844, Mgr Olivier promulgua une des plus belles et des plus utiles institutions de son épiscopat, en prescrivant aux prêtres nouvellement ordonnés un examen obligatoire pendant les cinq premières années de leur sacerdoce. Ils doivent présenter, à cet examen, deux traités de théologie qui sont désignés chaque année, et un discours, prône ou sermon, composé par eux. Afin que sous aucun prétexte ils ne puissent faire défaut à cet examen, tous les pouvoirs, même celui de dire la messe, leur sont retirés le lendemain du jour indiqué pour l'examen, lorsque, sans excuse légitime et approuvée par l'évêque, ils auront manqué de se rendre le jour prescrit au palais épiscopal. Cette institution n'a d'autre but que de maintenir dans le clergé l'habitude du travail et l'amour des fortes études : elle produit des effets admirables.

CHAPITRE IV.

Organisation du diocèse. — Statuts.

I.

M. Olivier comme administrateur semblait avoir deux imperfections, qui lui venaient de ses qualités mêmes : trop de confiance en soi-même, qui fait qu'il ne doute de rien et méprise un ennemi : trop de confiance dans les autres, qui fait qu'il se livre d'abord à quiconque l'aborde, sauf à s'en repentir plus tard. Ajoutons une ardeur extrême qui était dans son tempérament. Ce qu'il veut, il le voudra de suite ; il n'aura jamais la patience d'attendre du temps ce qu'il pense obtenir de l'action. Il est trop franc aussi pour garder jamais le secret d'une résolution prise, par conséquent toutes ses résolutions rencontreront d'abord un obstacle. Chez les autres concevoir, vouloir, exécuter, sont trois opérations qui demandent un certain temps et supposent un certain intervalle ; chez M. Olivier, concevoir, vouloir, exécuter, sont une seule et même opération. Il marchera donc par bonds et par saillies. Ceux dont il devra nécessairement se servir le trouveront avec des résolutions qu'il leur faut mettre en œuvre et dont ils n'auront pas même été prévenus. « Il est, comme il « dira lui-même, un homme de spontanéité. » Et si vous lui dites qu'agir avec une précipitation si extrême a ses inconvénients, il en conviendra avec une si adorable bonhommie, que vous n'aurez plus le courage d'insister. Son jugement, qui était très sûr, ne l'a jamais trompé ; les lumières, encore moins l'ardeur, ne lui ont pas fait défaut; ce qui lui a manqué, c'est la patience pour agir en temps utile.

Il nous était nécessaire de nous ouvrir ce jour sur le caractère de Mgr Olivier pour comprendre comment, dès les premiers temps de son épiscopat, il arrive avec une organisation toute faite, fonde immédiatement ses œuvres, jette tous ses plans, décrète des statuts, remue ses séminaires, métamorphose sa cathédrale et donne des éblouissements à des Normands qui ne marchent qu'avec mesure, lenteur et précaution; comment aussi les difficultés et les oppositions se rencontrent sous ses pas.

Un motif noble et généreux avait déterminé le choix qu'il avait fait de son personnel. N'avait-on pas jeté à tous les échos le bruit que M. Olivier venait avec l'intention d'amoindrir la réputation de son prédécesseur, et qu'il manquerait au respect dû à ses vertus !

Une telle pensée était bien loin de la foi et du cœur de M. Olivier. Il savait parfaitement bien que l'Eglise n'est pas un théâtre où l'on vient parader devant le public pour ravir ses suffrages, une arène où l'on se dispute des choses aussi vaines que les palmes olympiques : la gloire et la réputation. On n'entre dans le ministère public et divin de l'Eglise que pour sauver des âmes ! L'homme s'efface dans la majesté du Dieu qu'il sert. Mgr Olivier, tout au contraire, était ravi d'apprendre la juste vénération dont était environnée la mémoire de Mgr Du Châtellier. Il disait avec grâce : « C'est une perle de plus qui orne le trône épiscopal « où je dois m'asseoir. » Mais il y avait des gens qui, par la force de l'habitude, voulaient s'identifier avec l'illustrissime et révérendissime évêque. Mgr de Salmon-Du Châtellier, *franc et sans dol*, saint évêque et homme éclairé, sans petites passions, sans préjugés, était lui et non pas d'autres. Aussi, Mgr Olivier ne comprenait rien à cette calomnie versée sur lui, à cette opposition violente, acharnée, qui lui était déjà faite sous prétexte de la mémoire de Mgr Du Châtellier. Il écrivait à M. l'abbé Guibert : « Si l'on peut persuader « à ces gens-là que je viens détruire la mémoire de « leur bienfaiteur, franchement ils sont fous en me « croyant aussi fou qu'ils le supposent. »

Pour faire tomber du premier coup tous ces bruits, et pour honorer en même temps la mémoire de son prédécesseur, Mgr Olivier n'hésita plus à reprendre à peu près toute entière l'administration qu'il avait laissée.

Cette affaire est traitée tout au long dans une assez volumineuse correspondance entre Mgr Olivier et M. Guibert, que j'ai sous les yeux. Elle fait le plus grand honneur à celui auquel il avait déjà donné toute sa confiance et qu'il avait choisi pour être un de ses archidiacres.

Dans cette correspondance, M. l'abbé Guibert juge admirablement les hommes et les choses, sans passion, avec justice et vérité. Il prend la défense de celui-ci et de celui-là. Car certains personnages qui s'unirent ensuite contre Mgr Olivier vinrent tout d'abord s'accuser les uns les autres auprès de lui. M. l'abbé Guibert rassure le prélat contre l'impression que lui avait faite la lecture d'une lettre. Au style, Mgr Olivier avait jugé l'homme ; il l'avait vu jusqu'au fond des entrailles. Il avait mesuré l'étendue de ses vûes,

et il les trouvait étroites, et il ajoutait : « Il a peut-
« être manqué d'air, mais *j'ai peur* d'un petit esprit ! »
Rien de plus noble que la réponse de son futur archidiacre. Dans les lettres de M. l'abbé Guibert, tout est
honorable pour lui. Il loue avec bonheur M. Lefebvre,
son collègue, il loue M. Cauchie, il loue M. Pichot, il
loue M. Coquerel, il loue M. Brochu, etc.

Les deux anciens vicaires-généraux de Mgr Du
Châtellier furent aussi les vicaires-généraux de
Mgr Olivier, comme nous l'avons déjà dit, et M. Cauchie, chanoine, fut nommé secrétaire général de l'é-
vêché. MM. les abbés Lambert, Cocquelin, Seugé, furent maintenus, eux aussi, dans leurs titres de vicaires-généraux honoraires, auxquels Mgr Olivier adjoi-
gnit M. Cœur, M. Mourdin, M. Coquereau, M. Eglée,
M. de Moligny, résidant hors du diocèse. Le conseil
épiscopal se composa de MM. les vicaires-généraux et
de M. le Supérieur du grand séminaire, et de MM. Tallon, curé de Louviers, Préaux, curé de Saint-Taurin,
Dutheil, curé du Neubourg.

Le nouvel évêque avait promis de couvrir d'un généreux oubli la démarche du chapitre, et il avait,
comme l'on voit, tenu parole. Quand MM. les abbés
Lambert, Cocquelin et Seugé le connurent tel qu'il
était, ils se donnèrent à lui, et depuis, Mgr Olivier
n'a point trouvé d'amis plus fidèles ni plus dévoués.
Quand le cœur est bien placé, quand l'âme est bien
née, quand la vertu est solide, la bonne foi peut être
un instant surprise, un instant, mais pas toujours.

II.

Une modification profonde et très importante fut

faite dans la division du diocèse. Jusque-là, il avait été partagé, comme le département, en cinq arrondissements, et distribué entre cinq vicaires-généraux. Mgr Olivier voyait dans ce partage un défaut d'unité, et l'inconvénient de mettre les grands vicaires honoraires sur le même pied que les vicaires-généraux titulaires. Il partagea donc tout le diocèse en deux archidiaconés : celui d'Evreux et celui de Pont-Audemer.

L'archidiacre d'Evreux, selon l'usage ancien, et pour honorer la mémoire du vénérable serviteur de Dieu, Boudon, prit le titre de grand archidiacre, et son archidiaconé comprit l'arrondissement d'Evreux, qui est doublé de l'ancien district de Verneuil, et l'arrondissement de Bernay. L'archidiaconé de Pont-Audemer se forma des trois arrondissements de Pont-Audemer, de Louviers, des Andelys. Ce partage du diocèse se trouvait, à peu de chose près, égal en deux parts : l'une toute au nord, l'autre au midi. Les deux vicaires-généraux titulaires, MM. Lefebvre et Guibert furent nommés, le premier grand archidiacre d'Evreux, le second archidiacre de Pont-Audemer. Nous n'avons rien à dire de leurs attributions puisqu'elles ne diffèrent en rien de celle de l'évêque, dont les archidiacres sont les représentants et les ministres. A la cathédrale, ils occupent les premières stalles avant tous les chanoines et président le chœur en l'absence de l'évêque.

III.

En résumant toutes les plaintes que les prêtres du diocèse avaient déposées dans son sein, Mgr Olivier avait vu qu'elles se réduisaient à deux points : une surveillance occulte qui procédait par les délations, l'abus de l'amovibilité des desservants qui les laissait sans défense contre les actes arbitraires.

Cette brûlante question de l'amovibilité des desservants, qui sommeille aujourd'hui mais que le fameux livre des frères Allignol, les discussions de la presse, et les pétitions à la Chambre des députés, avaient alors mis à l'ordre du jour, Mgr Olivier osa l'envisager dans toute sa gravité et sous toutes ses faces.

En principe, elle avait une origine purement civile; elle était contraire aux anciens canons et à la discipline générale de l'Eglise. Le pasteur qui a charge d'âmes a contracté une espèce d'alliance spirituelle avec son troupeau; cette alliance implique une idée d'indissolubilité. Aussi cette nouveauté dans l'Eglise ne venait-elle pas de la puissance spirituelle; elle est écrite uniquement dans les *Articles organiques* publiés par le premier consul de la République française à la suite du concordat de 1802, mais sans la participation du pouvoir spirituel qui seul cependant a le droit de prendre des dispositions relatives à l'exercice intérieur du culte. Les *Articles organiques* étaient une usurpation manifeste du pouvoir temporel sur le pouvoir spirituel. Aussi le pape Pie VII, à qui ces articles n'avaient pas même été communiqués, s'en plaignit hautement, énergiquement, à la face de l'Eglise, et annonça dans une allocution aux cardinaux en consistoire, le 24 mai 1803, qu'il en avait demandé le changement ou la modification, comme ayant été rédigés sans sa participation, *et étant opposés à la discipline de l'Eglise*. (MÉMOIRES POUR SERVIR A L'HISTOIRE ECCLÉSIASTIQUE, *par M. Picot, tome III, p.* 420, *Paris* 1815.)

L'usage seul a pu leur donner par la suite l'autorité qui manquait à leur origine.

Le sort fait aux desservants des succursales par les décrets dictatoriaux du premier consul tenait d'ailleurs aux circonstances du temps, et ne pouvait être considéré, comme il le fut réellement par les évêques nommés à la suite du concordat, que comme une mesure transitoire. Dans l'ancien droit canon, qu'est-ce qu'un desservant? C'est le titre que l'on donnait à un prêtre qui administrait une paroisse pendant sa vacance; M. Olivier lui-même avait eu le titre de desservant de Saint-Etienne-du-Mont lorsque M. Philibert avait été appelé au siége de Grenoble. Les succursales sont de véritables paroisses dont le territoire est déterminé : pouvait-on raisonnablement supposer que le veuvage de ces paroisses serait éternel, ou qu'elles n'auraient jamais de véritables pasteurs ? Nul n'oserait soutenir que les curés, établis par les *Articles organiques* au chef-lieu de canton, sont les pasteurs des succursales. S'il en était ainsi, ils pourraient y administrer les sacrements et célébrer des mariages; or, pour administrer les sacrements, il leur manque précisément ce qui constitue le vrai et propre pasteur : la juridiction.

En rédigeant les *Articles organiques*, que voulait le glorieux chef qui commandait à la France? Restaurer le culte catholique et anéantir du même coup le schisme de l'Eglise constitutionnelle qui aurait pu durer des siècles. Pour parvenir à ce double but, son génie lui avait révélé une mesure hardie, peu comprise d'abord, et que le succès a justifiée : il faisait entrer dans le giron de l'Eglise catholique, en les réconciliant avec elle, les schismatiques eux-mêmes. Les laisser en dehors, c'eût été les éterniser. En même temps que douze évêques constitutionnels qui s'étaient attachés avec une opiniâtre persévérance, depuis dix ans, à propager le schisme en France, étaient appelés à remplir les nouveaux siéges épiscopaux, un nombre considérable de prêtres qui avaient prêté serment à la constitution civile du clergé, allaient être revêtus des fonctions du ministère pastoral, et réintégrés ou maintenus dans les presbytères. Mais comment allaient se conduire vis à vis de l'Eglise catholique ces ecclésiastiques qui l'avaient affligée par leur apostasie? S'ils venaient à la scandaliser par de nouveaux écarts, il fallait bien remettre aux mains des évêques une arme pour les maintenir dans l'ordre; à côté du mal qui pouvait surgir d'une mesure aussi dangereuse, il fallait bien placer le remède efficace en accordant aux évêques la faculté de retirer leurs fonctions à ceux qui ne se montreraient plus dignes de les continuer. C'était une sage précaution, qui heureusement n'était pas nécessaire.

On ne saurait trop donner d'éloges à la vertu de ces ecclésiastiques qui ont restauré le culte parmi nous. Après avoir supporté la persécution, ils surent mettre en oubli leurs intérêts sacrifiés, et sans aucun regret de l'ancien état de splendeur dont ils avaient été les témoins, sans aigreur ni récrimination, ils se prêtèrent avec une résignation vraiment évangélique aux circonstances, et leur conduite fut si exemplaire, leur soumission à l'Eglise si parfaite, que les évêques n'eurent pas besoin de leur appliquer cette terrible mesure de la révocabilité de leurs fonctions.

Il y aurait eu d'ailleurs contradiction à réclamer d'un côté avec le souverain pontife contre les *Articles organiques,* qui n'ont jamais été exécutés dans toute leur étendue, et de l'autre à en presser l'exécution précisément dans l'un des points les plus opposés aux canons et à la discipline générale de l'Eglise. Aussi les évêques du concordat considéraient-ils les prêtres préposés au desservice des succursales comme de véritables curés, et les traitaient-ils comme tels.

Ce n'est guère que vers 1820, c'est-à-dire à une époque où la mesure préventive n'était plus nécessaire ni applicable, que la locomotion des curés-desservants d'une paroisse à une autre, commença à devenir d'un fréquent usage.

En 1841, l'abus des changements était parvenu à un tel excès qu'il excitait des réclamations universelles, et Mgr Olivier, en ce qui concerne le diocèse d'Evreux, en fut véritablement assailli. Il ne chercha pas ailleurs la cause du découragement des pasteurs, et peut-être du refroidissement de leur zèle. Parmi les avantages que la société entend retirer de la présence des curés au milieu des populations, elle compte sur leur autorité et sur leur influence morale. Mais qu'est-ce qu'une autorité que le moindre souffle renverse, qui n'a aucune racine dans le lieu où elle s'exerce? L'influence du prêtre pour opérer le bien ne lui vient certainement pas de priviléges qui n'existent point : elle est tout entière dans l'affection mutuelle qui se forme entre le pasteur et le troupeau, entre le père et ses enfants. Mais comment le pasteur s'attachera-t-il à son troupeau au milieu duquel il ne fait que passer, et le troupeau donnera-t-il à un pasteur des affections qui seront tôt ou tard brisées? Peut-on se dire le père d'une famille où l'on n'a pas même de demeure fixe? Celui qui est dans sa propre maison y reste : le curé-desservant est donc un étranger dans sa paroisse et dans son propre presbytère. De là absence d'autorité. Et comment sans autorité exercer d'une manière utile et fructueuse la charge de pasteur? Comment avoir du zèle, comment réprimer les abus, s'élever contre les désordres sans exciter des réclamations, des hostilités qui aboutissent, pour le pasteur, à une infaillible disgrâce? Avec quelle liberté évangélique pourra-t-il parler à des hommes qui se disent tout bas : nous le ferons partir quand nous voudrons. Ils connaissent parfaitement la marche à suivre. On fait du trouble soi-même, puis l'on va soi-même ou par d'autres dire à l'autorité : il y a du trouble. Et le tour est joué. Le pasteur s'entend dire qu'il ne peut rester au milieu d'une population qui ne peut le souffrir. Par amour de la paix il est sacrifié à ceux qui ne veulent pas de paix jusqu'à ce que son successeur subisse le même sort.

Au fond, cette absence d'autorité dans les mains du pasteur est la ruine de l'autorité épiscopale elle-même, qui s'exerce par le ministère du prêtre. C'est l'évêque qui fait des ordonnances et des règlements; mais c'est le curé dans sa paroisse qui les met à exécution. Si donc celui-ci n'a pas une autorité suffisante pour les mettre en vigueur, que devient le pouvoir épiscopal?

Les vocations ecclésiastiques sont rares et il n'y a plus guère que les pauvres qui frappent aux portes du sanctuaire. Pourquoi? Témoin des tribulations des pauvres curés, le sage père de famille répond qu'il ne veut pas donner à son fils une position qui n'offre aucune sécurité.

Opposée dans son origine à la discipline et à l'esprit de l'Eglise, contraire à l'union spirituelle du pasteur et de ses brebis, œuvre d'un despotisme qui réglait tout militairement, née d'une usurpation du pouvoir temporel sur le pouvoir spirituel, frappée de déconsidération par les protestations solennelles du souverain pontife, négligée comme une lettre morte et laissée dans le sépulcre du bulletin des lois alors qu'elle pouvait être utile, appliquée alors seulement qu'elle cessait d'être nécessaire, funeste dans ses conséquences, odieuse aux populations chrétiennes et à la partie militante du clergé, telle se présentait à l'esprit du nouvel évêque d'Evreux l'amovibilité des curés-desservants. Les plaintes de ses curés, qu'il aimait déjà comme ses enfants, dont il voulait être aimé, roulaient toutes sur cette matière. Dans cette succession rapide de pasteurs qui ne faisaient que passer dans une paroisse, l'un détruisant ce que l'autre avait commencé, blâmant ce qu'il avait approuvé, les habitudes religieuses des paroisses rurales se trouvaient interrompues, et les fidèles découragés eux-mêmes, chancelant dans leur foi, dans un pays ennemi des changements, tombaient dans un état voisin de l'indifférence. » A quoi nous sert, disaient-ils, de nous attacher à un « pasteur qui va nous être enlevé au moment où nous « allons commencer à l'aimer, à nous attacher à lui « et à le suivre? Un autre viendra que nous ne con« naîtrons pas et il faudra recommencer de nouvelles « habitudes. C'est ainsi qu'on nous perd notre reli« gion. »

Nous ne voulons pas exprimer ici aucune opinion particulière sur une question dont la solution appartient aux pouvoirs supérieurs, mais cette exposition historique des faits relatifs à l'amovibilité des desservants était nécessaire pour comprendre comment

Mgr Olivier fut amené à prendre la résolution d'opérer une réforme hardie, digne de son cœur, à la hauteur de son courage, et dont l'exécution aurait assuré à son nom les bénédictions universelles du clergé dans le diocèse d'Evreux d'abord, et dans tous les diocèses de France ensuite. La seule annonce qu'il en avait faite dans les chaires de Louviers et de Bernay avait déjà rempli les curés de joie et d'enthousiasme.

L'organisation nouvelle qu'il donnait au diocèse était faite en vue de cette promesse. Que dis-je, nouvelle? Elle était un retour à l'ancienne, et Mgr Olivier embrassait toujours avec ardeur la rénovation des anciens usages de l'Eglise.

En accordant aux pauvres curés de campagne, avec l'inamovibilité tant désirée, la paix et la sécurité de leur ministère, il fallait cependant ne pas affaiblir l'autorité épiscopale et rendre son exercice possible. Il ne pouvait donc pas être ici question de cette sorte d'inamovibilité absolue, dont jouissent les curés de canton, derrière laquelle on a vu quelquefois se cacher l'insubordination, les cabales et l'impunité triomphante. La déclaration officielle de l'inamovibilité des desservants eût été accompagnée de la création d'un tribunal ecclésiastique devant lequel auraient été portées les causes, et nul, sur cette terre française, n'aurait été frappé sans jugement; l'accusé aurait pu connaître ses accusateurs, opposer les témoignages aux témoignages, et confondre la calomnie : l'innocent n'aurait pas succombé dans l'ombre sous d'invisibles poignards. Ce tribunal eût été celui de l'officialité rendue à ses anciennes attributions. Le *Solitaire (tome* II, IV *et* V *de sa Biographie du clergé contemporain)* adresse à ce sujet, à Mgr Olivier, les plus vives félicitations. Le prélat avait même sous la main un homme ferme, tenace, peu flexible aux complaisances, aux ménagements et à l'indulgence, dur, redoutable et à redouter : un mot de sa part, une politesse, une simple assurance de concours et de bonne volonté, et le prélat le créait official.

IV.

Le 14 novembre 1841, anniversaire de la dédicace de toutes les églises de France, Mgr Olivier, en promulguant ses statuts sous la forme d'une lettre pastorale, jetait les fondements de l'édifice spirituel du diocèse d'Evreux. Il n'écrivit point dans ces statuts l'inamovibilité des curés desservants : elle restait à l'état de promesse et d'engagement verbal. Avant de se lier par une mesure irrévocable, il voulait étudier les esprits et s'assurer que la réforme, ou plutôt la restauration, était possible. Il voulait affermir la base de l'édifice par une forte et puissante hiérarchie avant de la couronner au sommet par cette inamovibilité avec laquelle l'Eglise de France avait vécu des siècles de gloire. Il se dépouillerait, il est vrai, de l'autocratie d'une puissance sans limites, mais nul n'était plus persuadé que lui que la modération du pouvoir en fait la force. En revêtant les archiprêtres et les doyens d'une autorité réelle, en leur imposant l'obligation d'une surveillance effective, il parait à tous les dangers ; l'autorité épiscopale était plutôt fortifiée qu'affaiblie ; l'œil et la main de l'évêque étaient partout.

Dans tous les actes publics *ecclésiastiques*, les curés

d'arrondissement prirent le titre d'archiprêtre, les curés de canton celui de doyen, et les desservants furent autorisés à reprendre celui de curé, que les populations, du reste, n'avaient jamais cessé de leur donner. (Art. 20.)

Dans cette organisation, les archiprêtres ont la surveillance de tout leur arrondissement, et ils doivent visiter, au moins une fois dans l'année, les doyens de leur archiprêtré, leurs églises et leurs presbytères; ils rendent compte à l'évêque de cette visite, envoient ses instructions dans leur archiprêtré, et font les informations qui leur sont adressées par l'évêque ou par ses vicaires-généraux. Leurs prérogatives sont l'absolution des cas réservés et des censures; l'installation des curés et des doyens lorsque l'évêque ne désigne personne en particulier; la célébration et présidence des obsèques des pasteurs, lorsque l'archidiacre ne s'y rend pas; la faculté d'accorder le binage, lorsque le recours à l'archevêché n'est pas possible, la dispense d'un ou de deux bans dans le même cas; les bénédictions réservées à l'évêque, même celles des cloches et des calvaires, mais en s'assurant d'avance que l'archidiacre ne désire pas présider à ces cérémonies; la permission d'ondoiement; la présidence de *l'œuvre diocésaine* dans l'absence de l'évêque et de l'archidiacre; le droit de porter la mozette de chanoine dans tout le diocèse.

Les doyens sont obligés de faire la visite annuelle des succursales de leurs doyennés, des presbytères, des différentes églises, chapelles particulières ou domestiques qui s'y trouvent, et de rendre compte à l'évêque de leurs visites. Ils sont aussi chargés de l'envoi des instructions de l'évêque aux curés, de procéder aux informations qui leur sont demandées , du soin de faire parvenir tous les ans, au secrétariat, les registres de catholicité de tout leur canton, de pourvoir toutes les succursales des feuilles de budget, et de percevoir les droits du secrétariat. Leurs prérogatives sont la présidence du doyenné, l'absolution des cas réservés, la faculté d'accorder le binage quand le recours à l'évêque ou même à l'archiprêtre n'est pas possible; la permission de donner dispense d'un ou de deux bans dans le même cas ; la faculté de la bénédiction des ornements et des linges sacrés; enfin , quand ils sont chanoines, le droit de porter la mozette dans tout le diocèse. (Art. 21.)

Les archiprêtres et les doyens sont libres de fixer l'époque qui leur conviendra le mieux pour leurs visites; ils doivent en informer, quinze jours à l'avance, le pasteur qu'ils se proposent de visiter, afin que, sous aucun prétexte, l'absence du pasteur à visiter ne vienne empêcher l'effet de la visite. Comme cette visite avait pour objet un acte de surveillance, et non l'exercice des fonctions du ministère pastoral, Mgr Olivier ajouta plus tard un paragraphe qui interdisait aux archiprêtres et aux doyens de faire leur visite les jours de fêtes ou de dimanches. Ils doivent aussi informer l'évêque, quinze jours à l'avance, de leurs visites, et dans les huit jours qui auront suivi chaque visite, lui en envoyer le procès-verbal. (Art. 23.) Si une maladie ou des infirmités les empêchent de remplir cet office, ils doivent en donner avis à l'évêque , qui désigne dans ce cas un des curés du canton pour remplacer le doyen empêché. (Lettre du 24 décembre 1841.)

Par une ordonnance épiscopale donnée la veille de

Noël 1841, les doyens sont tenus d'instruire l'évêque tous les mois de tout ce qui, dans leur canton, parvient à leur connaissance, relativement aux églises, aux confréries et à la personne des curés. « La rareté « des rapports avec l'autorité épiscopale, disait-il, fait « perdre l'esprit d'unité, l'amour de la discipline, « rend comme étrangères les églises particulières à « l'église principale, les prêtres à leurs supérieurs « *posés par l'Esprit-Saint pour régir et gouverner l'E-* « *glise de Dieu.* »

Ainsi, le diocèse se trouvait organisé par la sagesse épiscopale, le clergé discipliné et rangé sous ses chefs. La surveillance occulte était abolie et remplacée par la surveillance publique, ouverte, officielle et légale qui était canoniquement attribuée au doyen de chaque canton. Cependant, la force de l'habitude faisait pleuvoir encore, chaque jour, des délations entre les mains du prélat indigné; elles durèrent même jusqu'à la fin de son épiscopat. Il en était obsédé. Quelques mois avant sa mort, une personne le vit jeter avec dégoût, sur son bureau, une lettre qu'il venait d'ouvrir. « Encore une délation! dit-il. — Sans doute, « Monseigneur, lui dit la noble personne, que de pa- « reilles lettres sont rares? — Au contraire; j'en re- « çois presque tous les jours. Il y en a qui se trou- « vent vraies; mais il y en a tant qui sont fausses! « Que puis-je faire de pièces de cette nature, et « comment démêler la vérité? » Souvent il renvoyait ces lettres à ceux-là mêmes qui étaient accusés : quand elles étaient signées, l'inculpé connaissait du moins ses dénonciateurs.

Les statuts diocésains réglaient ensuite plusieurs points de la discipline intérieure et du culte. Le concile de Rouen leur décerna, en 1852, le plus grand honneur qu'ils pussent recevoir, en faisant d'un grand nombre des articles de ces statuts le texte même de plusieurs de ses décrets. Pour s'en convaincre, il suffit de comparer les décrets I, n° 2, avec l'article 40 de nos statuts ; V, n° 1, avec l'art. 38 ; X, nos 1 et 2, avec les art. 20 et 21 ; XI, nos 1 et 2, avec l'art. 19 ; le n° 6 avec l'art. 17 ; le n° 13 avec l'art. 18 ; le n° 18 avec l'art. 16 ; XIII, n° 1, avec l'art. 26 ; le n° 2 avec l'art. 27 ; le n° 7 avec l'art. 34 ; XV, n° 2, avec l'art. 10 ; XVI, n° 10, avec l'art. 3 ; XVII, n° 4, avec l'art. 11.

V.

Dès les premiers jours de son épiscopat, le 7 novembre 1841, M. Olivier fonda l'*OEuvre diocésaine*, à laquelle il attachait la plus grande importance.

« Assurer au sacerdoce sa perpétuité, procurer au
« clergé une instruction solide et variée, le mettre en
« rapport avec les besoins de la société, chercher à le
« placer à la hauteur de sa mission divine, lui rendre
« sa douce et bénigne influence pour le bonheur des
« familles et la sécurité des particuliers, travailler à
« lui procurer cet esprit, ce cœur noble et généreux
« qui sait comprendre, pardonner, encourager et
« aimer ; procurer aux vieillards du sanctuaire, que
« l'âge et les infirmités appellent à la retraite, les
« moyens d'attendre sans trop souffrir la récompense
« promise à leurs utiles travaux ; ménager les res-
« sources nécessaires pour répandre l'instruction, la
« foi et la charité dans les campagnes par de bonnes
« et solides instructions, par des auxiliaires habiles

« pris parmi les travailleurs les plus zélés et les plus
« prudents du diocèse, qui iront recueillir les mois-
« sons abondantes ou fertiliser les terres encore in-
« cultes ou depuis longtemps stériles ; orner les tem-
« ples avec décence, et rendre, au milieu du hameau,
« la maison de Dieu le palais des pauvres, la joie et
« l'orgueil des chaumières ; enfin courir quelquefois
« au secours des grandes infortunes, lorsque le feu du
« ciel, ou d'horribles incendies, ou des inondations
« désastreuses sollicitent tous les cœurs à la charité
« et dépassent toutes les prévisions et tous les efforts
« des magistrats. » Tel était le but de l'association que
le prélat proposait au diocèse, et pour laquelle il
réclamait la munificence du riche et même le denier
du pauvre.

En conséquence, il établit, dans chaque chef-lieu
d'arrondissement, ainsi qu'à Vernon, Verneuil et Gisors, une réunion ayant pour but l'*Œuvre diocésaine* :
chaque réunion était composée d'une présidente, d'une
dame trésorière générale, d'une dame secrétaire, et
au moins de douze dames trésorières. A cette œuvre,
il unissait l'œuvre *fondée*, disait-il, *par son prédécesseur de douce et sainte mémoire*, sous le titre de *Caisse
de secours pour les prêtres infirmes ou âgés*, dont il serait rendu un compte particulier.

Cette œuvre avait été proposée et discutée dans le
conseil épiscopal. Avant même d'être publiée, le jour
même de sa date, elle était déjà violemment attaquée
dans le *Journal de l'Eure :* « Si nous sommes bien ins-
« truits, disait-il, Mgr Olivier fait imprimer en ce
« moment, à un très grand nombre d'exemplaires, un
« mandement par lequel il réclame l'aumône du riche
« et du pauvre, pour concourir à payer les dépenses

« extraordinaires qu'il a faites dans l'église cathé-
« drale, depuis son avénement au siége d'Evreux
« (n° du jeudi, 11 novembre 1841). » Qui donc instrui-
sait si exactement la feuille ennemie ?

Au milieu des injures, des railleries et des insinuations les plus révoltantes du folliculaire, Mgr Olivier
visita une seconde fois Bernay, Louviers, Andelys,
Pont-Audemer, Gisors, Vernon et Verneuil, et réussit
à organiser son *OEuvre diocésaine*. Le département
lui votait en même temps un supplément de traitement de *cinq mille francs*, et l'homme ennemi demandait, dans le *Journal de l'Eure*, si ses diocésains étaient
obligés d'entretenir son luxe personnel, ses dépenses
ruineuses, et le traitait de *mendiant en carosse*. Pour
se donner la triste satisfaction de faire insulter l'évêque d'Evreux, il ne reculait pas devant la pensée de
faire attaquer la religion elle-même ; un bon mot
contre le prélat le consolait d'un blasphême. « La reli-
« gion tourne à la Vierge, criait le *Journal de l'Eure*;
« on n'entend plus parler que de confréries de vierges ;
« le sacré cœur de Marie a remplacé le sacré cœur de
« Jésus. Tout pour les femmes et par les femmes, de-
« puis le royal chemin de la Croix jusqu'à l'*OEuvre*
« *diocésaine*,.... Pourtant il a peu de succès, parce que
« les femmes ne peuvent donner qu'avec la permission
« de leurs maris, qui tiennent les cordons de la
« bourse, et se souviennent de ce vieux refrain : *Tu*
« *ne l'auras pas, Nicolas*. Le temps est passé où l'on
« forçait les caisses avec un *Monseigneur*. » (*Journal
de l'Eure*, nᵒˢ 145 et 146, 1841.)

Le même journal affirmait, le 21 décembre 1841,
que M. Olivier n'avait d'autre but, en venant à Evreux,
que de tirer le plus d'argent possible à ses ouailles,

qu'il n'avait d'autre préoccupation que celle d'attirer à lui l'argent des fidèles.

VI.

La même malveillance s'attaqua ensuite au prélat sur les revenus du secrétariat, sur le produit de la liturgie, comme si la subvention départementale et les bonnes œuvres du diocèse payaient les postillons qui conduisaient sa calèche. La fureur des dénigrements est allée jusque là. Ils injuriaient la bienfaisance même en action.

Malheureux ! que n'interrogiez-vous les pauvres ! que n'interrogiez-vous ce bon vieillard, autour duquel on s'attroupait un jour sur la place de la cathédrale ? Vous auriez peut-être connu l'homme contre lequel vous aiguisiez vos flèches empoisonnées. Avez-vous jamais su, au milieu de vos fureurs, quel était ce vieillard ?

C'était le pauvre Schaffer ! Il était jadis tailleur d'habits et habitait une petite mansarde dans l'une des rues voisines de Saint-Roch. Chargé de famille, il allait succomber à la maladie et à la misère, lorsqu'un soir entre chez lui un prêtre à l'apparence simple et modeste. Pendant plusieurs semaines, tous les secours lui ont été apportés par ce même prêtre, secours en argent, secours en nature, consolations et encouragements religieux.

Cependant à la suite de sa maladie et de l'excès du travail, le pauvre homme reste presque aveugle : il voit encore pour se conduire, il distingue de loin, mais de près sa vue est éteinte : comment alors exercer son état ? Il se désolait. Le bon prêtre lui dit : « La Pro-

« vidence m'a amené près de vous ; elle me guide
» encore ; comptez sur elle. Votre première visite ap-
« partient à Dieu qui m'envoie. Venez à Saint-Roch :
« vous m'y trouverez à l'heure de la messe parois-
« siale. »

Schaffer y vint. Mais c'était un jour de grande fête
solennelle. Comment approcher du chœur? La difficulté était d'autant plus grande, que Sa Majesté la
Reine devait assister à la messe. Mais la reconnaissance a des ailes, le vieillard parvient jusqu'à la première marche de l'une des grilles du chœur. Mais
peut-il en croire ses yeux malades? Son ange gardien,
le modeste prêtre qui l'assiste depuis si longtemps,
quoi! c'est M. Olivier lui-même, c'est le curé de Saint-
Roch, environné des pompes et des magnificences par
lesquelles il honore le culte de Dieu qu'il sert! Quoi !
pendant qu'il est assis devant le chant de l'*alleluia* et
de la prose, il est insensible à toutes les grandeurs qui
l'environnent, il fixe ses regards sur ce pauvre vieillard de chétive apparence. Leurs yeux se rencontrent.
Schaffer n'en pouvait croire à ce qu'il voyait. Descendu
de sa mansarde, il pensait assister à une vision céleste.
Mais quand il eut rencontré ses yeux, il se dit : « C'est
pourtant bien lui! Il n'y a que lui qui a ce regard ! »
Et la vue du vieillard s'obscurcit encore plus ; mais
cette fois c'est par les larmes qui y abondent.

L'office terminé, quelques instants après, entre
dans sa mansarde M. Olivier lui-même : « Mon ami,
« lui dit-il, aujourd'hui c'est au nom de la Reine que
« je viens à vous. Elle aussi est une providence pour
« les malheureux. Je vous apporte une lettre de cabi-
« net des commandements de Sa Majesté, qui vous
« donne asyle, pour le reste de vos jours, dans une

« institution de vieillards qu'elle protège. Remerciez
« Dieu et ne m'oubliez pas. Soyez tranquille sur le
« sort de votre famille ; je m'en charge. »

En effet, M. Olivier attacha successivement à son
église ses petits enfants en les nommant tous trois
enfants de chœur. Les enfants de chœur à Saint-Roch
étaient salariés.

Quant au bon vieillard, s'il fut reconnaissant envers
Dieu, il ne fut, hélas ! aussi que trop fidèle à ne pas
oublier son sauveur, M. Olivier. Il avait bientôt appris
la nomination de son protecteur à l'évêché d'Evreux.
Ne le voyant plus, son humeur devient taciturne. Il
n'a plus qu'une idée fixe : c'est de venir le rejoindre à
Evreux. Il y arrive, en effet, dénué de tout, ayant
fait le chemin à pied : ses quatre-vingt-deux ans
n'avaient pas été un obstacle pour lui ! Il descend
chez une dame qu'il croyait connaître à Evreux, et
de laquelle nous tenons ce récit : « Madame, lui dit-
« il, je me suis sauvé de la maison où la Reine m'avait
« placé ; pouvais-je y rester ? Nos bonnes Sœurs qui
« me soignaient m'avaient jeté un sort. Je voyais
« M. Olivier où il n'était pas : j'ai préféré le voir où
« il était. »

Que répondre à ce terrible logicien ? Que faire de
lui ? Le bien accueillir, comme fit la dame charitable.

Mais sur la place de la cathédrale, Schaffer ne répondait qu'une seule chose à ceux qui l'interrogeaient :
« Les sœurs m'ont jeté un sort, et je veux m'en déli-
« vrer en voyant Mgr l'évêque d'Evreux. On m'a dit
« qu'il demeurait auprès de sa cathédrale : je vois
« bien la cathédrale, mais où est l'évêché ? »

Peu de temps après, Schaffer succombait en bénis-
sant le nom de son bienfaiteur.

Mgr Olivier couronna l'œuvre de l'organisation du diocèse par l'établissement des conférences ecclésiastiques, qui sera l'une des gloires de son épiscopat. La lettre pastorale publiée à cette occasion, le 28 février 1845, est l'une des plus belles et des plus éloquentes qu'il ait écrite. Elle échappe à toute analyse, et doit être lue tout entière. Nous y renvoyons nos lecteurs avec confiance.

VII.

Le 11 novembre 1841, Mgr Olivier écrivait à M. le maire d'Evreux :

..... « J'ai été vivement ému en voyant l'état com-
« plet d'ignorance et d'éloignement des devoirs reli-
« gieux dans lequel se trouvent les habitants du ha-
« meau de Saint-Germain-de-Navarre. J'ai appris,
« par la construction des usines qui s'opère en ce mo-
« ment autour du hameau, que la population allait
« atteindre le nombre de quatre cents à cinq cents
« habitants.

« Les bonnes gens qui demeurent dans cette vallée
« se plaignent de la distance où ils sont de la pa-
« roisse, et de la difficulté, surtout en hiver, d'y en-
« voyer leurs enfants. J'ai pris la résolution d'y bâtir
« une chapelle modeste, mais suffisante. Je ne de-
« mande rien au conseil pour cette dépense ; je lui
« demande seulement de me concéder la place inutile
« et vacante qui se trouve au milieu du hameau. Ce
« serait un grand sujet de joie pour la population,
« une grande consolation pour moi. Veuillez, mon-
« sieur le maire, si vous approuvez mon projet, en
« entretenir le conseil municipal.

Agréez, etc.

Cette lettre ne produisit aucun effet. Mais le prélat ne cessa pas cependant de continuer de s'occuper, avec un zèle tout particulier, des intérêts religieux d'une fraction de son troupeau qui lui était chère. Il écrivait encore, pour le même objet, le 18 octobre 1842 :

« Monsieur le maire,

« J'ai été frappé de l'état d'abandon où se trouve
« le hameau de Saint-Germain, sous le rapport de la
« morale et de la religion. Je ne puis, dans une lettre,
« vous rendre mon *impression réfléchie*. La population
« de ce hameau augmente, et la Providence a permis
« qu'une église restât debout ! Je vous conjure d'arrê-
« ter la vente qui doit en avoir lieu. Je désire en entre-
« tenir le conseil municipal à sa première réunion ;
« j'en solliciterai la facilité de son président.

« Veuillez agréez, etc.

Lorsqu'on se rappelle que le conseil municipal d'alors était composé, en grande majorité, des membres de l'opposition, dont le chef chargeait de ses élucubrations le *Journal de l'Eure*, si hostile, on se demande s'il n'y avait pas de la part du prélat un courage et un dévouement plus qu'ordinaire de solliciter la faveur de discuter devant eux l'opportunité de la conservation d'une vieille église qu'il voulait restaurer, à ses frais, et consacrer ensuite à l'instruction religieuse et à la moralisation générale des nombreux ouvriers, anglais et français, qui peuplaient alors ce hameau ! M. L'Hôpital, maire d'Evreux, l'eût secondé de tous ses nobles et généreux efforts : toute bonne œuvre à faire est de vieille tradition dans sa famille. Mais que pouvait-il contre une opposition systématique? Si Monseigneur ne put obtenir ce qu'il demandait, il n'en reste pas moins acquis à sa mémoire et à la reconnaissance des habitants de Saint-Germain-de-Navarre, qu'il fit tout ce qui était humainement possible pour les doter d'une église. Au reste, la bonne idée d'un si beau projet est déposée par lui dans leur terre : elle germera en temps utile.

VIII.

Si Monseigneur ne pouvait rendre au vieux *Saint-Germain-lès-Evreux*, comme on disait autrefois, son culte antique, il métamorphosait sa cathédrale, et commençait par les choses utiles et profitables, n'en déplaise aux critiques, au bien-être des fidèles. Le pavé de la nef était glacé, humide, intolérable en hiver : il étendait sous leurs pieds de chauds paillassons ; il fermait d'un tambour cette porte du nord par où pénétrait un air glacial ; il dorait l'élégant clocheton pour l'exposition du Saint-Sacrement ; il étendait aussi des couches d'or sur les grilles du chœur, suspendait des oriflammes aux pilliers du sanctuaire, couvrait l'autel du feu des bougies, lorsque le Saint-Sacrement était exposé. L'orgue du chœur détrônait l'ophycléide et le serpent.

Cet orgue d'accompagnement pour le chœur est le plus beau et le plus complet qui soit en France. Il a été construit, avec tous les perfectionnements apportés à cet art, par M. John Abbey, dont on se rappelle que Mgr Olivier avait commencé la réputation à Saint-Etienne-du-Mont. Il est placé à gauche du cœur entre deux colonnes. Le buffet de l'orgue et les charmantes sculptures sur bois sont dus à l'habile ciseau de M. Boudin, de Gisors, le même artiste qui nous avait déjà fait admirer son talent dans la clôture de la Mère de Dieu, et qui a laissé son chef-d'œuvre dans la magnifique chaire de Vernon.

Le clavier se trouve dans la ligne des secondes stalles, et les stalles du premier rang n'ont point été dérangées de leur place; les fouloirs des pédales sont au niveau du plancher. Ce mécanisme donna lieu à une scène vraiment réjouissante, n'eût été la sainteté du lieu. Un prêtre âgé, qui venait de quitter sa cure pour venir habiter Evreux comme prêtre habitué, se dirigeait vers les hautes stalles sans soupçonner l'existence des enfants d'Eole logés dans cette grande pièce de menuiserie dont il ignorait l'usage. Il prétend passer sans encombre entre le buffet et le clavier, mais il met le pied sur les pédales, et voilà le monstre qui mugit. Il fait un bond, et son pied retombe sur une autre pièce du mécanisme qui se plaint avec un effroyable sifflement. Il chancelle, et ses doigts se posent sur le clavier : ce sont de nouvelles clameurs. Plus il piétine, plus le monstre crie. Qu'il avance ou qu'il recule, il provoque les mêmes gémissements. Dans son naïf effroi, il ne s'en prend ni au ciel ni à la terre pour avoir l'explication du mystère, il s'adresse directement à l'Eternel lui-même, en s'écriant · « Mon Dieu ! mon Dieu ! Qu'est-ce que c'est que ça ? »

CHAPITRE V.

Prédications. — Carême de 1842.

I.

Le nom de Mgr Olivier était dans toutes les bouches. Les étrangers qui traversaient le département de l'Eure étaient singulièrement frappés de ce fait, que partout il n'était question que de lui. Les uns le louaient, les autres le blâmaient, critiquaient ses actes, approuvaient ceci, réformaient cela. Il avait des amis, des ennemis ; mais des indifférents nulle part. C'était là précisément le cachet d'un homme supérieur d'attirer toute l'attention à soi. Ces étrangers ne revenaient pas de leur étonnement, et ceux qui parcouraient la France affirmaient que ce fait était unique dans son genre.

A la fête de l'Assomption 1841, il fallait faire la part de la curiosité, mais à la Toussaint, c'était bien pour voir et pour entendre l'orateur qu'une foule immense, comme dans toutes les autres solennités, s'était portée à la cathédrale. Il parla à la manière des grands orateurs, et tira le lendemain des larmes de tous les yeux, en nous faisant entendre les vœux et les supplications des âmes du Purgatoire, qui n'ont d'adoucissement à leurs peines que par les suffrages de la terre.

Le jour de la Dédicace, M. l'abbé Lelyon, chanoine, expliquait en chaire le mystère de la solennité du jour. Même après Monseigneur il se faisait écouter avec intérêt. Mais voilà tout à coup qu'il pâlit et qu'il se perd dans ses périodes. Certes, le prédicateur, qui comptait déjà tant de beaux succès dans la chaire, était au-dessus d'un échec. Mais en homme habile, et qui est sûr de lui-même, il avoue son trouble, et dit à Monseigneur que c'est sa présence qui cause son émotion. Le prélat lui répond sur-le-champ : Accor-« dez-vous, je vous en supplie, un instant de repos ; « votre évêque est le plus bienveillant de vos audi-« teurs ; je ne dis pas le plus indulgent, car les ma-« gnifiques développements dans lesquels vous êtes « entré n'excitent que notre admiration. Les fi-« dèles et moi serions bien privés d'en perdre la suite. « Je ne veux pas que vous descendiez de chaire. » Puis il lui indique le point où il s'était arrêté, et la proposition qu'il allait expliquer. L'orateur reprend aussitôt son vol, il retrouve toute sa verve et achève très heureusement son discours. Nous étions doublement ravis, et des paroles du prélat, et du beau sermon de M. l'abbé Lelyon.

Le dimanche 21 novembre, fête de la Présentation de la Sainte-Vierge, Monseigneur présida la rénovation des promesses des religieuses de la Providence, et prit la parole. Le mardi 23 eut lieu, dans la chapelle du Sacré-Cœur du grand séminaire, l'assemblée des dames de charité pour l'*OEuvre diocésaine*. Monseigneur y fit des prodiges d'esprit et d'éloquence. Ce qu'il disait, on le sentait à son style, avait quelque chose de spontané, de soudain, de direct, de pur. Ce style était d'une clarté singulière : cette clarté ve-

nait du génie. Le lendemain, qui était la fête du séminaire, le prélat dîna avec les élèves et partit immédiatement pour Harcourt et pour Bernay. Le dimanche 28, il était de retour à sa cathédrale, faisait le
prône et ouvrait la station de l'Avent ; puis il allait
visiter, les jours suivants, Vernon, Gisors, Andelys,
Pont-Audemer, car il ne s'accordait aucun repos.
Tous les jours de sa vie étaient remplis des œuvres de
son zèle infatigable.

Le troisième dimanche de l'Avent, Monseigneur
prêcha sur le mystère de l'Eucharistie. Au début de
son sermon, il dit que l'Eucharistie était le ciel sur la
terre. Dans le ciel retentit ce cantique des anges autour du trône de Dieu : saint, saint, saint est le Dieu
des armées. Autour de l'autel, le même cantique retentit dans la bouche des hommes. Dans les visions de
l'Apocalypse, un ange étend la main vers un trône
d'or, et s'écrie : Voici l'agneau de Dieu qui efface les
péchés du monde ! Les vieillards se prosternent, les
anges se voilent la face de leurs ailes. Sur la terre,
un prêtre tient dans ses doigts la divine hostie, et dit
les mêmes paroles que l'ange en la montrant au peuple : Voici l'agneau de Dieu qui efface les péchés du
monde. Les hommes adorent et remplissent les mêmes
fonctions que les anges. Après ce brillant exorde, il
démontra ce que Dieu fait pour nous dans cet adorable sacrement, et demanda ensuite ce que nous faisions pour lui.

Les dix jours qui précédèrent Noël, Monseigneur
institua les saluts des Grandes-Antiennes pour servir
de préparation à la fête. Il prêcha tous les soirs. Les
fêtes furent d'une magnificence bien extraordinaire,
surtout pour Évreux, où l'on n'était pas habitué à une

pareille pompe. Quelle différence avec la cohue, le désordre, le bruit, les conversations, la bruyante circulation qui affligeaient auparavant la piété de quelques rares fidèles! Aussi, Monseigneur, qui ne craignait pas de se compromettre quand il s'agissait d'assurer le respect dû au temple, avait pris des mesures énergiques, et n'avait pas dédaigné d'organiser lui-même la police d'ordre de sûreté, pas plus qu'il n'avait craint de manquer à sa dignité épiscopale en faisant faire lui-même l'exercice à ses suisses dans sa cathédrale. Rien ne lui paraissait indifférent, rien ne lui paraissait petit dans le service de Dieu. Il prévoyait à tout, il descendait dans tous les détails, et marquait la place où il fallait allumer une bougie. On trouvera peut-être un peu extraordinaire la lettre que nous allons citer, mais elle concorde parfaitement avec tout ce que nous venons de rapporter :

« Evêché d'Evreux, le 20 décembre 1841.

« Monsieur le maire,

« J'ai été informé que des désordres graves avaient
« eu lieu, les années précédentes, pendant les offices
« de la nuit de Noël; je suis fermement résolu à n'en
« pas permettre le retour. Je viens d'écrire à M. le
« général pour obtenir de la troupe de ligne pour
« protéger le clergé et les fidèles; mais j'aurais be-
« soin de six ou huit gendarmes pour un service de
« confiance; je vous conjure, dans l'intérêt de la re-
« ligion, de m'autoriser à les demander à M. le capi-
« taine de gendarmerie. Je réclamerai aussi la pré-
« sence de l'un de messieurs les officiers pour lui
« transmettre mes instructions, et je désirerais le
« voir à l'avance pour m'entendre avec lui. Le ser-

« vice commencera à huit heures trois quarts et sera
« terminé à deux heures du matin.

« Agréez, etc. »

Comment suivre maintenant dans son action incessante l'infatigable ouvrier évangélique? Prédicateur,
il prêche tous les jours, et jusqu'à quatre fois par
jour; docteur, il fait au séminaire son cours de droit
canon, passe les examens, préside les sabbatines; administrateur habile, il préside des conseils, répond
lui-même à toutes les lettres d'affaire; directeur des
âmes, il entend les confessions, passe une partie des
nuits à sa correspondance spirituelle qui est énorme;
liturgiste, il veille aux plus petits détails de toutes
les cérémonies; évêque et père, il visite les pauvres
malades, il se donne à tous, il reçoit dans son palais
tous ceux qui ont à lui parler, il donne audience à
plus de quarante personnes. Il prend son repos vers
minuit, mais à six heures il est debout, et déjà revêtu
de son rochet et de son camail. Homme de société, le
soir ses salons sont ouverts, l'élite de la société les
remplit; aucun de ceux qui les fréquentent n'échappe
à son attention : il a un mot pour tous, et chacun se
retire content; ses causeries sont si spirituelles et si
délicieuses que personne ne l'épargne pour en jouir.
Tout cela se fait dans un jour, et l'histoire de ce jour
est celle de toutes les journées de sa vie. Il a fondé
une messe paroissiale à huit heures les dimanches,
avant celle du chapitre; il y assiste ordinairement, y
prêche souvent, et jamais, présent à Evreux, il ne
manque d'assister avec régularité à tous les offices de
la cathédrale.

II.

Dans une seule nuit, il compose son mandement pour le carême de 1842. En dépit des sourdes menées, des rumeurs jetées sans relâche dans le public, en dépit des clameurs du *Journal de l'Eure* et de ses railleries, en dépit des oppositions, et peut-être même à cause d'elles, les cœurs sont au nouvel évêque, les pasteurs, la plupart au moins, sont pleins de bonne volonté et de zèle, les beaux jours de la religion vont refleurir. Il a déjà par deux fois sillonné tout le diocèse, et partout l'empressement, la foule, l'enthousiasme, la cordialité. Aussi le cœur du prélat déborde de joie, et son mandement débute par les effusions de son amour pour son troupeau :

« Combien notre cœur, dit-il, avait besoin de cette
« solennelle occasion pour s'épancher dans le vôtre !
« Que de fois nous avons voulu devancer cette époque
« de communication intime entre les fidèles et le pre-
« mier pasteur, pour vous dire toute la reconnais-
« sance dont nous étions pénétré, toute la tendresse
« que vous nous avez inspirée ! Nous étions certaine-
« ment venus à vous, mes très chers frères, avec le
« désir et le besoin de vous aimer, mais comment ce
« lien d'amour et d'affection profonde a-t-il pu se for-
« mer aussi vite ? Comment a-t-il pu nous attirer
« tellement à vous, qu'il nous semble maintenant que
« toujours nous vous avons appartenu ; que votre cli-
« mat a toujours été le nôtre ; vos goûts, nos goûts ;
« vos sympathies, nos sympathies ? *Grâces en soient*
« *rendues* à Dieu ! *C'est le don ineffable de son amour*

« (2 *Cor.* ix, 15); mais aussi, grâces vous en soient
« rendues, à vous qui avez ainsi décidé notre cœur
« par ces réceptions si cordiales, si animées, si fran-
« ches et si douces que vous nous avez préparées, et
« dont la ville épiscopale avait donné le signal à tout
« le diocèse. Quel évêque a jamais goûté des joies
« plus pures que celle que nous goûtâmes à la vue
« de ces populations entières accourant vers nous
« dans un si saint empressement! Comme nous échan-
« gions nos cœurs et nos prières! Je bénissais, au
« nom du ciel, vos vieillards, vos malades et vos pe-
« tits enfants, et vous, vous disiez, avec le sentiment
« d'une foi qui nous a fait répandre de bien douces
« larmes : *Béni soit celui qui vient au nom du Sei-*
« *gneur!*

« On nous avait dit que vos cœurs étaient froids,
« que vous ne laissiez point apparaître vos affections,
« que vous attendiez longtemps avant de donner vo-
« tre confiance : jugez combien vous nous avez rendu
« heureux en nous épargnant ces épreuves et ces dé-
« lais, en nous recevant avec des témoignages d'un
« intérêt si vif et si spontané. Dépositaires de l'auto-
« rité royale, magistrats des cités et des campagnes,
« commandants des corps militaires, milice nationale,
« juges qui descendiez de vos tribunaux pour honorer
« devant le peuple le *Christ de Dieu*; et vous, manu-
« facturiers, qui avez su sacrifier avec tant de no-
« blesse et d'intelligence vos intérêts aux intérêts de
« vos nombreux ouvriers, vous, les véritables nour-
« risseurs des peuples, recevez ici le véritable tribut
« de notre reconnaissance, l'assurance de notre dé-
« vouement à tous et à jamais. Jeunes gens et vieil-
« lards, habitants de la ville, cultivateurs des ha-

« meaux, riches et pauvres, vous êtes confondus dans
« notre cœur comme vous l'avez été dans l'expres-
« sion de votre respect pour le caractère sacré que
« vous avez si dignement honoré dans notre personne,
« dans le ministère de la parole que nous vous ap-
« portions et que vous veniez recevoir de notre bou-
« che avec une si admirable et si touchante avidité.
« Soyez tous bénis dans vos familles, dans vos biens,
« dans les désirs de vos cœurs, dans la fertilité de vos
« terres, dans le succès de vos entreprises; que Dieu
« vous récompense de cette ardeur empressée qui re-
« disait les plus beaux jours de l'église primitive et
« la sainte ferveur des anciens temps! »

Nous ne citerons plus les mandements du carême
de Mgr Olivier; plusieurs, comme celui-ci, sont de
vrais chefs-d'œuvre de l'éloquence onctueuse, et on
les retrouvera d'ailleurs dans le recueil de ses *OEuvres*, qui trouveront, sans doute, un éditeur.

Le dispositif du Carême, et il fut le même pendant
toute la durée de l'épiscopat de Mgr Olivier, accordait
la permission de faire gras à certains jours et prescrivait une aumône en compensation. Ce n'est pas lui
qui, le premier, importait cette innovation dans la
discipline. C'était déjà un fait accompli. Le dernier
mandement de Mgr Du Châtellier avait accordé, pour
la première fois, cette même permission que son successeur, à l'exemple de tant d'autres évêques, ne fit
que continuer.

III.

Monseigneur prêcha lui-même la station du Carême comme il avait prêché celle de l'Avent. Tous les

matins, il faisait la méditation et la prière à la Mère de Dieu; tous les mercredis et vendredis, des conférences sur les vérités fondamentales de la religion; les mardis et les jeudis, à trois heures, des homélies, des prônes, des gloses et des sermons les dimanches.

Les premières conférences eurent pour objet les miracles. Il prouva que les miracles étaient possibles, que l'on en peut donner des preuves claires et évidentes, et que ces preuves sont du domaine de la raison, puisqu'il ne s'agit, après tout, que d'établir des faits historiques et naturels. Un homme est aveugle, je suis témoin de sa cécité complète; c'est là un fait naturel : cet homme recouvre ensuite subitement la vue, je suis témoin de sa clairvoyance : c'est encore un fait naturel. Le fait divin et incompréhensible est la conséquence de ces deux faits naturels. Il tira pour conclusion que les miracles étaient la preuve de la divinité de la religion. Comment son divin auteur pouvait-il mieux prouver qu'il était Dieu qu'en opérant des œuvres qui sont au-dessus de toutes les forces possibles de la nature et des hommes! La parabole de l'enfant prodigue appliquée au pécheur servit de texte à ses sermons, et la résurrection de Lazare à ses homélies.

Pour prouver la divinité de Jésus-Christ, il établit cette disjonctive : il est un imposteur, ou il est Dieu. S'il est imposteur, Dieu même n'existe pas. Il avait remarqué que beaucoup d'hommes sortaient de l'église aussitôt que la conférence était finie et pendant que l'on donnait la bénédiction du Saint-Sacrement. Il termina son admirable démonstration par cette brûlante apostrophe : « Vous dites que votre foi en Jésus-« Christ est toute entière. Vos actions déposent contre

« la conviction que vous prétendez avoir, et dont vous
« vous faites gloire à juste titre. Vous y croyez si peu,
« que tout à l'heure il va paraître sur l'autel, qu'il va
« s'élever dans les mains du prêtre pour vous bénir,
« et que vous ne daignerez pas l'adorer. On y croit si
« peu, qu'il y a des hommes qui, à l'instant même,
« vont se hâter de sortir du temple, comme s'ils avaient
« peur qu'il tombât sur leur tête, et qui ne se met-
« tront pas à genoux ! » Personne ne sortit, et tous
se mirent à genoux pour recevoir la bénédiction du
Saint-Sacrement.

Dans la conférence du vendredi 11 mars, il traita le
sujet de l'infaillibilité de l'Eglise. Il voulait qu'on se
convertît à sa parole, parce que c'est Dieu même qui
parlait par sa bouche. Et il lui échappa ce trait : « Je
« ne veux pas me convertir ce carême, dit-on, parce
« l'évêque croirait que c'est lui qui m'a converti, et
« qu'il se ferait une gloire de ma conversion. Vous
« voyez que je vous connais bien ! »

Pendant cette conférence, j'étais assis à côté d'un
paysan, qui faisait tout haut cette naïve réflexion :
« Mon Dieu ! que cet homme parle bien ! Je comprends
pourtant tout ce qu'il dit. On dirait que ce qu'il prêche est vrai. Mais quand on pense qu'il y a des hommes qui ont assez d'esprit pour lui prouver que ce
qu'il dit est faux ! Ils auraient pourtant du mal à le dé-
monter ; je me l'imagine. » Puis le voyant donner des
ordres en chaire, et discipliner, sans façon, l'assemblée qui l'écoutait : « En vérité, il aurait fait un bon
général. » Un autre jour, un homme du peuple disait :
« C'est une rude tête que celle-là ! Il ne m'ennuie jamais. » Quelle ne fut pas ma surprise de recueillir
cette parole de la bouche d'une pauvre femme : « On

dira tout ce qu'on voudra, il a beau me *tarabusquer*, (importuner), c'est un homme qui a du talent, on ne peut pas lui retirer ça! Il me parle dans le cœur; on dirait qu'il ne parle que pour moi !.» Je me rappelais involontairement ce témoignage que le peuple rendait à la prédication de Jésus : « *C'est que jamais personne ne nous a parlé ainsi.* »

Le dimanche 13 mars, il annonça au prône la retraite pascale, et donna des avis qu'il termina par une allocution très touchante. C'était le vénérable abbé Lambert, chanoine, qui officiait ce jour-là :. « Saint « prêtre, lui dit-il, qui montez à l'autel, dites à Dieu « qu'une seule passion brûle dans mon cœur, le salut « de mes frères ! Dites à Dieu que je crois à la com- « munion des saints, que les prières des fidèles peu- « vent convertir les pécheurs ! Dites à Jésus-Christ, « quand vous le tiendrez dans vos mains vénérables, « qu'il est mort pour le salut de ceux dont je lui de- « mande le retour à la vérité. La prière d'un vieillard « et d'un évêque peuvent sauver le peuple... »

Au sermon de deux heures, le prélat énuméra les qualités d'une conversion sincère, et il les prit dans la parabole du prodigue qu'il avait déjà expliquée.

Le soir même eut lieu l'ouverture de la retraite pascale. Une foule immense remplissait la cathédrale. Un chœur de chanteuse, pris dans la confrérie du Scapulaire, admirablement dirigé par M. l'abbé Chrétien, était placé au pied de la chaire. Monseigneur fit d'abord une glose, avant le chant du *Veni, Creator*, puis il adressa aux fidèles un sermon plein de force, de logique, de verve et d'éloquence sur la nécessité de la retraite et sur les dispositions qu'il faut y apporter, le courage et le recueillement. Il avait pris pour texte

ces paroles de l'Écriture, rappelées dans son mandement du carême, et sur laquelle le *Journal de l'Eure*
avait fait un odieux commentaire : *Ecce tempus accep-
tabile, ecce Dies salutis.* « Voici le temps heureux dont
« il faut profiter, voici les jours de salut. » Il fit de
vigoureuses sorties contre le respect humain, sujet
qu'il a si heureusement traité depuis dans son mandement pour le carême de 1843. Cette phrase nous parut
à l'adresse du *Journal de l'Eure* : « Si l'impiété de
« cette ville, s'écria-t-il, avait su ce que c'était qu'une
« retraite, comme elle l'eut attaquée ! »

L'homélie du mardi 16 mars, à trois heures, était
la suite de ces précédentes homélies de la résurrection
de Lazare. Il faisait remarquer que cet éclatant miracle avait été la cause de la mort de Jésus, que de ce
jour les Pharisiens avaient résolu de le perdre, que la
haine des méchants croit en proportion du zèle qui
leur fait ombrage. « Les Pharisiens d'alors, disait-il,
« voulaient tuer aussi Lazare : les Pharisiens d'au-
« jourd'hui voudront tuer de même tout homme apos-
« tolique. La même chose se passe encore autour de
« nous. Quand il se fait un mouvement de conversion,
« il s'opère en même temps une recrudescence d'im-
« piété. » Puis la suite de ses pensées l'amena à dire
que Jésus était le premier pauvre, que l'on n'avait rien
à envier à Marthe et à Marie, puisque Jésus, au milieu
de nous, dans la nudité du temple, se présentait encore
avec ce même caractère de pauvreté que ces saintes
femmes étaient si heureuses de soulager. « On dira, s'é-
« cria-t-il, que l'évêque demande toujours de l'argent.
« Mais là-dessus, il y a déjà longtemps que j'ai pris mon
« parti. Toutes ces accusations ne m'effraient pas. *On
« peut tuer un évêque, mais le vaincre, jamais !* » Il

termina en recommandant aux fidèles le chant des psaumes et des hymnes, et comme il aimait à descendre dans les plus humbles détails, il se plaignit d'une femme dévote qui troublait les autres en chantant la préface de sa voix de fausset avec le prêtre. Il donna de justes louanges à son habile maître de chapelle et au chœur des chanteuses formé par M. l'abbé Chrétien, et les encouragea en citant l'opinion d'une personne qui trouvait les chants de la cathédrale plus admirables que les plus beaux concerts qu'on puisse donner dans la ville.

Ce n'étaient pas seulement les habitants d'Evreux qui fréquentaient cette retraite : un assez grand nombre de dames de la plus haute distinction étaient venues exprès de Paris pour en suivre tous les exercices, M. Trognon, cet homme d'une si rare érudition et écrivain éloquent, ne manqua pas une seule prédication.

Le soir, j'étais assez henreusement favorisé pour porter avec deux de mes camarades du séminaire les insignes du prélat. Il nous faisait placer derrière lui dans la chaire. Il nous avait annoncé le sujet qu'il se proposait de traiter, analogue à la retraite. Il l'aborde en effet, mais voilà qu'il aperçoit une foule inaccoutumée d'hommes du peuple qui remplissaient la nef latérale. Les paroles qui découlaient de ses lèvres étaient applicables aux personnes assises dans la grande nef. Mais n'allait-il donc rien dire à cette foule d'hommes et d'ouvriers qui venaient très certainement entendre tout autre chose qu'un sermon de retraite ? Cela n'était pas présumable : il changeait souvent de langage pour un seul auditeur nouveau qu'il apercevait dans l'auditoire. En effet, il abandonne insensi-

blement son sujet, et par d'heureuses transitions il arrive à faire une véhémente sortie sur la violation du dimanche. Il mit à ses raisonnements une force, une vigueur incroyables. Ce n'était plus la parole paisible et douce d'un instant qui coulait comme l'eau d'une rivière entre deux rives fleuries : c'était l'impétuosité des torrents dont les flots ne jaillissent que par bonds. C'étaient des traits saillants, des images fortes et colorées, des expressions en rapport avec les idées du peuple. Il citait l'exemple de l'Amérique, de l'Angleterre et de la Suisse, où les magistrats jettent dans les prisons les enfants qui vaquent pendant les offices des dimanches, et disent ensuite en les rendant aux parents : Vous êtes de mauvais pères! « Si l'on vous
« donnait sept mille francs de rente, disait-il, à con-
« dition que vous donneriez mille francs en gardant
« six mille francs pour vous, accepteriez-vous? Je
« vois vos signes d'assentiment : la proposition vous
« plaît. Mais si vous gardiez les sept mille francs pour
« vous, le bienfaiteur ne serait-il pas en droit de re-
« prendre les six mille francs qu'il vous avait géné-
« reusement donnés? Malheureux! Dieu vous donne
« sept jours de vie, six pour vous, un pour lui? Et ce
« jour béni et sacré, vous le refusez à votre créateur.
« Et vous êtes tranquilles! Et vous ne craignez aucun
« châtiment de celui qui est assez fort pour venger
« ses injures, et aux mains duquel vous n'oseriez vous
« vanter d'échapper. Mais nous sommes d'honnêtes
« gens! Mais nous n'avons ni tué ni volé! Grand dom-
« mage! Si vous étiez des assassins et des voleurs,
« vous ne seriez pas ici à m'entendre. Aussi je ne vous
« accuse pas d'avoir tué, ni d'avoir volé. J'honore
« même votre amour du travail, votre dévouement

« pour votre famille, les sacrifices que vous faites
« pour vos enfants, je crois à votre honneur et à vo-
« tre probité. Je vous laisse parfaitement tranquilles
« sur le mal que vous ne faites pas ; mais je vous de-
« mande compte du bien que vous omettez. Je ne vous
« condamne pas à l'enfer : je suis le ministre des mi-
« séricordes de Dieu, et non de ses vengeances. Mais
« comme je vous aime, je dois vous avertir que le
« châtiment que Dieu réserve au vol qui lui est fait
« du dimanche, c'est l'enfer. La pente du chemin qui
« y conduit est rapide ; il n'y a point vers l'enfer de
« descente plus prompte et plus irrésistible que celle
« de la violation du dimanche. Mes bons amis, ne re-
« fusez pas de serrer la main à votre évêque qui vous
« la tend au bord de l'abîme. »

Or, pendant que coup sur coup il lançait ces éclairs
et ces foudres, il disait à l'un de nous : Faites-moi le
plaisir de me dire combien il y a de têtes d'homme
entre tel pilier et tel autre. Nous nous mîmes à compter. Puis il nous demanda : Combien ? — Mais, Monseigneur nous n'avons pas encore fini. Un instant après
se retournant vers nous : Malheureux ! dit-il, ils sont
quatre-vingt-sept ! Nous n'étions, nous, qu'à la moitié
de notre supputation, mais quand elle fut achevée, le
chiffre indiqué par le prélat était exact. Il parlait et
comptait tout à la fois ; il était distrait et ne perdait
rien de sa verve.

Le mercredi matin il expliquait la première demande du *Pater*. Il signala parmi les œuvres propres
à procurer la gloire de Dieu la *Propagation de la Foi*,
son *œuvre diocésaine*. Au sujet de cette œuvre, et faisant allusion aux attaques dont elle était l'objet : « Je
« vous en parle comme à des amis, comme à des

« cœurs bien préparés. Comment se fait-il que de pi-
« toyables impies troublent toutes vos espérances? »
Il cita une paroisse, aux portes de la ville, dont le
curé n'aurait à Pâques à communier qu'une seule personne âgée de quatre-vingt-huit ans. « Cependant s'é-
« cria-t-il, on vole la forêt voisisine. Et je n'ai pas un
« prêtre à donner à cette pauvre paroisse. Je n'ai pas
« d'apôtres qui devraient me précéder d'un mois dans
« l'arrondissement d'Evreux qui est dans un état pi-
« toyable sous le rapport religieux. »

Le soir, à la prière, il recommanda M. l'abbé Fo-
restier, jeune prêtre qui venait de mourir. La mort
des prêtres lui causait toujours une vive douleur, et il
ne manquait jamais d'invoquer pour eux, en termes
touchants, les suffrages des fidèles.

Il établit, le jeudi, que les commandements de l'E-
glise sont d'autorité divine, qu'ils ne sont tous que des
préceptes déterminatifs des commandements de Dieu.
Il prit en pitié les petits impies, les docteurs de journal
qui attaquent avec des boules de neige le majestueux
édifice de l'Eglise.

Ce même jour, dans son cours de droit canon au
séminaire, il nous avait raconté que les premiers chrétiens étaient si parfaits, qu'ils se confessaient rarement
dans les temps primitifs. « Jugez par là, dit-il, l'aveu-
« glement de certains prêtres, qui se font des règles
« de fantaisie, de caprice dans la direction des âmes.
« Ils se font des règles à eux. Ils ne donnent pas l'ab-
« solution si l'on ne va deux ou trois fois à confesse ;
« c'est une exigence qu'ils imposent même avant d'a-
« voir entendu leurs pénitents. Cette conduite n'a pas
« le sens commun. Ils se sont faussé la conscience
« dans de misérables petits livres de piété qui ont été

« composés par des hommes qui ne connaissaient pas
« l'antiquité. »

La clôture de la retraite eut lieu le samedi matin.
Monseigneur fit en chaire une méditation si touchante,
qu'elle tirait les larmes des yeux : il la termina par
un prière ravissante. L'idée fondamentale était que les
vierges consacrées à Dieu, que les lévites, allaient
précéder l'armée d'Israël dans sa marche, que l'arche
du Seigneur allait se lever, que le peuple saint allait
suivre. Les saints patrons étaient invités à se réjouir
dans le ciel, et les anges gardiens à descendre vers la
terre pour accompagner leurs pupilles sur les degrés
du sanctuaire. Un autel, pendant toute cette retraite,
comme dans les années suivantes, avait été dressé
à l'entrée du chœur pour la commodité des fidèles.
Dans le chœur et dans la nef on chanta alternativement pendant toute la cérémonie des psaumes et des
cantiques. Quel moment que celui de la communion
où sept cents personnes, selon le *Courrier de l'Eure*,
se levèrent pour approcher de la Sainte Table ! Avec
quel ordre admirable tous vinrent sur deux rangs et
sans la moindre confusion ! Quel édifiant spectacle ! Il
suffisait seul à convertir les plus endurcis. Que l'évêque paraissait heureux ! Qu'il était patient, calme et
recueilli !

Pour arriver à ce résultat inespéré, il avait peut-
être manqué souvent à la dignité épiscopale, puisque
la dignité épiscopale, pour quelques-uns, consiste à
ne rien voir, à ne rien faire, à ne rien dire et à tout
souffrir ! Il avait publiquement interpellé suisses et
bedeaux, interrompu les chants, gourmandé celui-ci et
celui-là, indiqué une chaise à une personne qui n'en
trouvait pas pour s'asseoir, imprimé un mouvement de

volte face à l'auditeur qui lui tournait le dos, arrêté brusquement celui qui était en retard, et, puisqu'il faut bien appeler les choses par leur nom, comme il avait le tort de les nommer lui-même, fait des affronts aux nez qui se mouchaient trop fort, et aux gorges rebelles qui toussaient hors de propos, et mille autres petites choses encore. S'il avait aperçu l'ombre d'un ennui passer sur quelques fronts, il était descendu de la haute et sévère éloquence à la causerie la plus familière, il avait même égayé l'assemblée par des détails piquants, par quelques expressions hasardées. Tout cela n'était pas de la dignité, de la gravité, je le veux bien ; mais si, en définitive, tout cela conduisait à une discipline et à un ordre admirable, qu'est-ce à dire ? Etait-ce un si grand malheur que l'évêque fut encore curé ?

Un brillant salut du soir termina cette belle journée. Mais où retrouver maintenant l'allocution sur la dévotion à la Sainte-Vierge, qui se termina par une prière où il consacrait son diocèse, sa ville épiscopale, ses enfants chéris, les communiants du matin à cette divine mère ? Je serais tenté de m'écrier ici avec le poète : « Saints Anges, vous avez dû emporter quelques-unes de ces paroles jusqu'au trône de l'Eternel !

« Partem aliquam, venti, Divûm referatis ad aures ! »

IV.

Le dimanche des Rameaux, Monseigneur prouva l'institution divine de la confession par les textes de l'Ecriture, le témoignage de la tradition et l'invincible argument de prescription. Luther et Calvin, ces fiers contempteurs de la confession, s'étaient confessés, et, comme prêtres, avaient reçu des confessions. Le land-grave de Hesse, pour leur trouver des arguments contre ce dogme catholique, envoya des ambassadeurs en Orient auprès des Nestoriens, des Eutychiens, des Schismatiques grecs, mais tous répondirent qu'ils croyaient et admettaient la confession ; ils eussent pu cependant rejeter ce dogme catholique comme les autres. Ils ne l'ont pas reçu de l'Eglise romaine dont ils se sont séparés ; ils l'ont donc trouvé établi dans l'église quand ils étaient dans son sein. Ils sont, par rapport à ce dogme, ce que les Samaritains ont été par rapport au Pentateuque. Puis il en démontra les douceurs et les avantages ; l'innocence recouvrée par elle, Dieu apaisé, la honte du péché commis effacé au jugement dernier. Il représente le confesseur comme un ami, un médecin, un père, un juge dont la sentence est infaillible, alors même qu'il se trompe.

Le Mardi-Saint, à trois heures et demie, il se tint à la cathédrale une assemblée de charité. Monseigneur prit pour texte : *Beatus qui intelligit super pauperem et egenum. Heureux celui qui a l'intelligence du cœur pour le pauvre et l'indigent.* Il dit que l'on était obligé à faire l'aumône à ceux qui souffrent, parce que l'on est homme, pécheur et chrétien. Il termina en disant qu'en entrant dans le diocèse, il avait été frappé de l'état des pauvres dans la ville d'Evreux, et que pour les soulager efficacement, il faisait venir deux Sœurs de charité, qui visiteraient les malades à domicile, les vieillards et les femmes pauvres en couches. Il s'éleva contre les aumônes privées, dont il démontra le danger et l'inutilité : « Il faut concentrer l'aumône, disait-« il, si vous voulez réellement soulager la misère pu-« blique. » Quatre dames de charité firent la quête :

elles recueillirent 1,020 fr. Le produit de cette quête, les années précédentes, ne s'était élevé qu'à 60 ou 80 fr... « Nous n'hésitons pas, dit le *Courrier de l'Eure* « (nº 36, 1842), à attribuer cette différence considé- « rable aux paroles pleines d'onction et de vérité du « prélat, qui a inspiré aux assistants un sentiment « profond de charité. »

Les pompes des solennités des saints jours s'ouvrirent avec une magnificence que la vieille cathédrale n'avait peut-être jamais vue : il y avait bien longtemps aussi que l'on avait été témoin de la bénédiction des saintes huiles et du saint chrême. Selon l'usage ancien, Monseigneur désira que tous les prêtres communiassent de sa propre main pour faire la scène divine avec lui : quelques-uns cependant préférèrent à cette communion touchante la dévotion de leurs messes particulières. Il y eut encore ce jour-là une communion générale très nombreuse, à laquelle prirent part les fidèles qui avaient suivi la retraite. Une jeune fille fit sa première communion ; sa famille, qui tenait un rang illustre dans le monde et occupait un poste à la cour, fondait en larmes aux paroles que le prélat lui adressa.

Le Vendredi-Saint, la cérémonie nouvelle de l'adoration de la croix fut imposante. Deux diacres allèrent chercher la croix au tombeau, qui était érigé dans la Mère de Dieu. Ils firent leur entrée dans le chœur, à pas lents, précédés de deux chappiers en noir et suivis de deux chappiers revêtus de chappes rouges. Pour eux, ils étaient en aube et en étole; les deux bras entrelacés en croix derrière le dos, ils portaient le signe de la Rédemption entre eux deux, et s'avançaient à mesure que les chappiers faisaient des génuflexions aux invocations de l'*Agios et du Sanctus*. Puis l'évêque seul, les bras croisés sur la poitrine, entra à leur suite dans le chœur portant le roseau.

Dans cette auguste cérémonie du Vendredi-Saint, l'Eglise fait des supplications pour le pape, pour l'évêque, pour les rois et les empereurs, pour les fidèles, pour les catéchumènes, pour les schismatiques, pour les hérétiques, pour les païens. A chaque suffrage, le chœur fait une profonde génuflexion en même temps que le célébrant. Les Juifs déicides ne sont pas oubliés, mais ils viennent les derniers; dans sa charité universelle, l'Eglise prie aussi pour eux. Mais sans doute à cause de l'énormité du crime dont ils se rendirent coupables en ce jour, on ne leur fait point de génuflexion, on reste debout saisi d'horreur et de crainte. Or, quand Monseigneur éleva la voix, disant : *Oremus et pro perfidis Judæis*, « Prions aussi pour les « Juifs perfides, » un personnage eut la malencontreuse distraction de faire, lui tout seul, une génuflexion à ces mots. Le prélat s'en aperçut aussitôt, et se retournant vivement vers lui, il lui lança un mot aussi cruel qu'irréfléchi : « Quelle sorte de parenté, « lui dit-il, avez-vous donc avec les Juifs? » Evidemment, il n'y avait ici de sa part aucune préméditation; mais la flèche était partie, et la blessure irrémédiable était faite.

Malgré son penchant naturel à la satire, la conversation réfléchie de Monseigneur était toujours bienveillante et charitable. Mais il n'était pas toujours maître de l'imprévu, et quelques petits mots de ce genre expliquent peut-être de bien grandes hostilités.

Lui qui pardonnait tout aux autres, on ne lui pardonnait rien.

Avant l'office de ce jour, le prélat était monté en
chaire et avait prêché la passion. Il considéra Jésus
comme Dieu, comme pénitent, comme victime. Au
récit pathétique de ses ineffables douleurs, il pleurait
et faisait pleurer.

Le Samedi-Saint, il fit une homélie sur la visite des
saintes femmes de Jérusalem au tombeau du Sauveur.
C'était son sujet de prédilection. Il le traita tous les
ans. C'est ainsi, selon lui, qu'il convient d'approcher
toujours de Jésus, avec la générosité, avec la charité
active, avec le parfum des vertus.

« La solennité de Pâques, dit le *Courrier de l'Eure*,
« (N° 38, 1842) a été célébrée dans la cathédrale
« d'Evreux avec toute la pompe à laquelle M. Olivier
« nous a habitués depuis qu'il est dans ce diocèse.
« L'église n'a pas cessé d'être remplie d'une foule de
« fidèles ; l'ordre et le recueillement ont régné pen-
« dant toute la durée des offices. Nous saisirons cette
« occasion pour féliciter l'habile maître de chapelle
« pour les progrès vraiment merveilleux qu'il a obte-
« nus des chanteurs dont la direction lui est confiée.
« L'ensemble des chœurs, le soin avec lequel les
« nuances sont observées, la précision et la fermeté
« des solistes, toutes ces qualités qui font si vivement
« apprécier la musique d'Haydn et de Mozart, attes-
« tent à la fois le talent et l'intelligence musicale du
« maître. M. Beauvarlet a accompagné avec ce tact,
« ce goût et cette habileté qui lui ont si justement
« acquis la réputation dont il jouit dans nos salons et
« parmi nos amateurs. N'oublions pas de mentionner
« le jeune Fournier, qui a continué, en touchant le

« grand orgue, de nous prouver sa science harmoni-
« que et sa profonde connaissance des ressources de
« son art.

« Il est à propos de rendre justice à tout le monde ;
« tout ce qui sort de la vérité commune des événe-
« ments et des choses, mérite une attention particu-
« lière. Le zèle bien connu de Mgr Olivier s'est pour
« ainsi dire surpassé. Quelle activité pourrait égaler
« son activité incessante ? L'honorable prélat sem-
« blait s'être multiplié : pas une cérémonie, si petite
« qu'elle ait été, à laquelle il n'ait assisté ou présidé.
« Le matin, au milieu du jour, le soir, on le voyait à
« l'église. Il y avait régulièrement deux discours par
« jour, souvent trois, homélies, conférences, sermons
« toujours suivis, et l'auditoire devenant plus nom-
« breux à mesure qu'approchait la fin du Carême. Si
« l'on en excepte trois ou quatre discours prononcés
« par M. l'abbé Moisson, Mgr Olivier suffisait à ce
« rude labeur, et cela pendant six semaines ! »

Le Lundi-Saint, Mgr Olivier était encore en chaire
et prêchait sur la persévérance et les moyens de conserver la ferveur. Il termina par le tableau d'une vie
chrétienne dans le monde, et partit dans la nuit pour
Paris.

Le dimanche de la *Quasimodo*, il était de retour à
sa cathédrale, et il prononça peut-être un des plus
beaux sermons de sa vie. Mais j'oublie qu'on disait la
même chose chaque fois qu'on l'avait entendu. Il le
commença ainsi :

« Il est un mal qui produit des malheurs affreux,
« un mal qui n'a pas même de nom dans notre lan-
« gue, et dont la fable nous donne une idée dans ces
« animaux fabuleux qui attiraient leur victime dans

« leur gueule, dans les sirènes qui, par la douceur de
« leur chant, attiraient les nautonniers sur les ro-
« chers, un mal qui est le plus grand fléau de la re-
« ligion et qui précipite chaque jour, dans l'enfer, un
« nombre considérable d'infortunés, à qui il ne man-
« que, pour entrer dans le ciel, que d'avoir osé se
« montrer tels qu'ils sont dans leur cœur : je veux
« parler de la fascination du respect humain. »

Puis il s'attacha à démontrer que le respect humain
est la plus grande injure qui soit faite à Dieu, car il
renferme mépris, insulte et ingratitude ; le fléau de la
société, puisqu'il est la ruine de toutes les vertus ; la
dernière dégradation, car devant qui tremble-t-on ?

Il cita cet exemple :

« Un vieux militaire, couvert de nobles cicatrices,
« dînait, un jour maigre, chez le patriarche de l'im-
« piété. Il était chrétien, et il n'osa pas refuser des
« aliments gras. Mais une jeune dame, qui se trou-
« vait parmi les convives, refuse. On insiste, elle ré-
« pond qu'elle attendra, pour manger, qu'on serve du
« maigre. Un sourire railleur paraît aussitôt sur tou-
« tes les lèvres. Alors, le vieux militaire lui dit : Ma-
« dame, à mon âge, je ne m'attendais pas à recevoir
« de la part d'une jeune femme une leçon de cou-
« rage. Eh bien ! moi aussi, je suis chrétien. Je me
« suis rendu coupable de lâcheté, car j'ai eu peur du
« mépris de ces hommes.

Monseigneur s'écria : « Foulons tous ensemble aux
« pieds le respect humain. Cet ennemi détruit et mé-
« prisé, il n'y a plus d'obstacle pour le salut. A la
« face du ciel et de la terre, osons proclamer notre
« foi et affirmer notre symbole. Mais je ne veux pas
« de surprise. Que ceux d'entre vous qui ne se sen-

« tent pas le courage de se reconnaître publiquement
« chrétiens, ou dont la foi chancelle, veuillent bien
« sortir du temple. Loin de les blâmer de quitter
« l'assemblée de leurs frères, je les loue et les en es-
« timerai davantage. Il ne faut pas de parjures. Tout
« doit être sincère et vrai dans les actes du chrétien.
« Mais si vous persévérez dans la foi de vos pères, ne
« craignez pas d'obéir à la voix de votre évêque, ce
« sera encore obéir à Dieu lui-même. Il a le droit de
« vous interroger sur votre foi, répondez hardiment à
« ses questions.

Au pied de la chaire, on avait érigé un petit autel
sur lequel étaient une croix, les saintes huiles, l'eau
sainte du baptême, une aube blanche qui représentait
la robe d'innocence, et le Livre des Evangiles ouvert.

A la fin de son discours, Monseigneur s'écrie :

« Debout, toute l'assemblée!

Et la foule immense se lève comme un seul homme.

« Vous appelez ce dimanche le dimanche de la *Qua-*
« *simodo,* à cause du premier mot de l'*introït* de la
« messe. Mais l'église lui donne un autre nom : c'est
« le dimanche où l'on dépose les habits blancs du
« baptême; c'est aussi le jour de la rénovation so-
« lennelle des vœux que vous prononçâtes alors par
« la bouche de vos parrains et de vos marraines,
« noms qui rappellent à chacun de vous de doux et
« touchants souvenirs. Vous les renouvelâtes vous-
« mêmes au plus beau jour de votre vie, le jour de
« votre première communion. Avez-vous été fidèles à
« vos serments? Sont-ils encore dans votre mémoire,
« dans votre cœur et dans votre volonté? Prenez le
« ciel et la terre à témoins que vous persévérez dans

« vos saintes résolutions. Levez la main vers les
« Saints-Evangiles. »

Et toutes les mains se lèvent vers les Saints-Evangiles ; quelques-uns en lèvent deux plutôt qu'une.

« Renoncez-vous au démon ?... »

Et mille voix, avec force : « J'y renonce ! »

« Renoncez-vous aux vanités, et aux pompes du
« monde ? »

Les mille voix : « J'y renonce ! »

« Renoncez-vous aux œuvres du mal ? »

Les mille voix : « J'y renonce ! »

« Croyez-vous en Dieu, Père Tout-Puissant, créa-
« teur du ciel et de la terre ? »

Les mille voix : « Oui, j'y crois ! »

« Croyez-vous en Jésus-Christ, son Fils unique,
« Notre-Seigneur, né de la Vierge-Marie, mort pour
« nous, ressuscité, assis à la droite de Dieu, d'où il
« viendra juger les vivants et les morts ? »

Les mille voix : « Oui, j'y crois ! »

« Croyez-vous au Saint-Esprit, la Sainte-Eglise
« catholique, la communion des Saints, la rémission
« des péchés, la résurrection de la chair et la vie
« éternelle ? »

Les mille voix : « Oui, j'y crois ! »

L'orateur, en quelques mots rapides, relève les magnificences de cette foi triomphante, qui explique
tout, le ciel, la terre, l'homme, le mystère de sa vie
présente, son immortel avenir. A qui doit-on la révélation certaine d'une si vive lumière ? A qui doit-on
de quitter la terre pour le ciel ? Au nom de qui, par
qui, avec qui, à la suite de qui entrerons-nous dans
la patrie des joies éternelles ?... Jésus-Christ !... Oui,
mais à la condition de lui appartenir sur la terre.

« A qui donc voulez-vous désormais appartenir? »

Les mille voix, avec une force toujours croissante :
« A Jésus-Christ! »

« Je vous crois, je crois à votre sincérité. Vous
« faites cette promesse dans la ferveur des saints
« jours qui se sont écoulés. Mais, pour appartenir à
« Jésus-Christ, il faut porter sa croix, il faut subir
« les railleries, les dégoûts, les amertumes. Vous se-
« rez dans les larmes, dans le mépris, et le monde
« vous offrira ses joies. Vous vous lasserez peut-être
« de la longue attente du ciel au milieu des épreuves.
« Vous sentez-vous la force de porter la croix de
« Jésus tous les jours de votre vie, jusqu'au Calvaire!
« Pour combien de temps voulez-vous lui apparte-
« nir? »

Les mille voix : « Pour toujours! »

« Ai-je bien entendu? Est-ce possible? Pour com-
« bien de temps? »

Les mille voix, avec une indicible énergie : « Pour
« toujours!!! »

« Ah! répétez ces paroles qui me comblent de joie,
« qui font de ce jour le plus beau jour de ma vie! Ré-
« pétez-les, afin que les Saints-Anges qui sont dans
« cette assemblée les emportent dans le ciel, et les
« présentent au pied du trône de l'Éternel. Pour com-
« bien de temps? »

Les mille voix émues : « Pour toujours!!! »

Des larmes coulaient des yeux de l'évêque. Des larmes coulaient de tous les yeux. Les plus durs et les
plus insensibles pleurèrent.

Monseigneur descendit de chaire en s'écriant :
« L'impiété est vaincue! Vous êtes sauvés! »

Et, d'une voix forte, il entonna le Symbole. Toutes les

voix continuèrent; les deux orgues parlèrent en même temps de toute la puissance de leurs vastes poumons, avec le bruit des torrents qui tombent des rochers. Les voûtes de notre vieille cathédrale retentissaient des mêmes paroles qui furent entendues à Jérusalem, à Éphèse, à Nicée, à Constantinople. Jésus-Christ avait osé promettre l'éternité à sa doctrine. Deux mille ans s'écoulent, et la terre entière en sait le symbole par cœur. Une ville entière réunit toutes ses voix en une seule pour en redire le symbole dans un sublime concert.

Il y avait un an, à pareil jour, quand nos regards affligés ne rencontraient dans ces mêmes nefs rien que la solitude de l'indifférence, qui aurait pu même imaginer que ce que nous voyions aujourd'hui était possible?

Et l'on niait l'action de cet homme! Ils ne voyaient rien, ils n'entendaient rien de ce que nous racontons. Si la foudre fût tombée à leurs pieds, l'auraient-ils vue? l'auraient-ils entendue? Non, si la foudre eût dit : Il est de ma nature, il est de la parenté de ceux que Jésus appelait *Fils du tonnerre!*

CHAPITRE VI.

Eloge funèbre de Mgr Du Châtellier. — Mort du duc d'Orléans. — Mgr Affre. — Processions. — Cérémonies.

I.

Dans la préface d'un *Eloge historique de Mgr de Salmon Du Châtellier, imprimé à Evreux, chez M. Canu, en 1842*, on lit :

« Une bouche plus éloquente que la nôtre avait été
« chargée de raconter les vertus du prélat dans l'as-
« semblée des fidèles. Ce devoir n'ayant pas été rem-
« pli au service qui fut célébré le trentième jour après
« le décès, nous espérions, du moins, que cette omis-
« sion serait réparée *au service anniversaire. Elle ne
« le fut pas;* nous n'en connaissons pas la cause,
« mais ce silence inaccoutumé, en pareille circons-
« tance, nous inspira la pensée de mettre sur le pa-
« pier ce que nous conservons dans notre cœur. »

Au lieu de cette plainte injuste, l'auteur aurait
dû, au contraire, élever vers Mgr Olivier les
actions de grâces d'un cœur reconnaissant ; car le
vendredi 8 avril 1842, au service anniversaire de
Mgr Du Châtellier, le prélat prit la parole et fit de son
prédécesseur le plus touchant éloge. Je le vois encore

devant l'exposition funèbre, mitre en tête, la crosse à la main, faisant asseoir toute l'assistance, parce qu'il allait parler. Il n'était pas monté en chaire parce que la nef était à peu près déserte et que la foule était dans le chœur. Il prit pour texte de son allocution : « *In memoria æternâ erit justus. La mémoire du juste* « *sera éternelle.* » Il appliqua ces paroles du psalmiste, et quel éloge plus complet ?... à la vie sainte de Mgr Du Châtellier. Il les commenta avec cette grâce et ce bonheur d'expressions, ces aperçus profonds qui ne lui faisaient jamais défaut quand il avait à développer un texte de la sainte écriture. Il fit observer que dans la langue sacrée des prophètes, la justice n'est pas une vertu particulière, mais la réunion de toutes les vertus. Il s'écria qu'il était bien heureux celui qui, après le cours d'une longue vie, avait pu mériter à la fin l'éloge de la vertu parfaite. Il félicita ceux qui avaient pu connaître les traits vénérables de celui qu'on pleurait à pareille époque. Il dit qu'il venait continuer ses œuvres et ajouter par l'activité de son âge ce qui manquait à la vénérabilité du sien. Puis il interpella les prêtres que ses vertus avaient édifiées, les jeunes lévites pour lesquels il avait un amour de prédilection, les magistrats présents. Ce morceau était de la plus douce et de la plus pathétique éloquence. Enfin, les yeux fixés sur ce simulacre de cercueil, sur les insignes de l'épiscopat, voilés de deuil, il dit avec émotion : « Moi aussi, un jour, je serai couché dans cette « bière, heureux si de la mort sainte de mon prédé- « cesseur j'apprends à bien mourir et à m'endormir « comme lui dans la paix du Seigneur. »

Puisque l'auteur de l'*Éloge historique* rappelait le service anniversaire de Mgr Du Châtellier, comment se

fait-il qu'il n'ait pas mentionné cet éloge que rehaussait
encore le caractère auguste dont était revêtu celui qui
le prononçait? Comment a-t-il pu parler de silence,
après avoir entendu avec nous les paroles dont je
donne une fidèle analyse, et telle que e l'ai écrite, le
jour même, sans y changer un mot. Je devais cette
petite rectification à la vérité de l'histoire, et je ne
pouvais raisonnablement laisser planer sur Mgr Olivier le soupçon d'avoir manqué aux égards dûs à la
mémoire de son prédécesseur.

Quand au fond même de la récrimination, en la sup-
posant aussi fondée qu'elle est ici hors de propos, comme
le prouvent les paroles que nous avons rapportées, elle
exprime un sentiment honorable et tout à fait digne
d'un chanoine qui se souvient, cette fois, de la doctrine des Conciles qui déclarent que plus les chanoines
sont élevés en dignité, plus aussi ils doivent se distinguer des autres prêtres par une plus grande révérence
envers la personne de l'évêque. Cette plainte sur le
silence inaccoutumé gardé en présence du catafalque
d'un évêque, auquel on rend des honneurs funèbres,
nous édifie, nous ravit et nous enchante.

II.

Monseigneur répétait souvent qu'une annonce bien
faite en chaire valait un excellent prône, et qu'une
annonce bien faite attirait la foule à l'église, et devait
toujours précéder les grandes solennités. Il donnait
lui-même le précepte et l'exemple.

Dès le dimanche 8 mai 1842, il commença à donner
des avis pour les solennités des processions du Saint-

Sacrement qui approchaient. Il annonça qu'en vertu d'une ordonnance qu'il venait de porter, que la seconde procession serait aussi solennelle que la première et célébrée sur le même rit avec chappes. Il le faisait en faveur des personnes qui élevaient des reposoirs. Puis avec une grâce charmante, il demanda aux dames des bannettes pour les fleuristes. « M. Seugé, dit-il, il y a « trente ans, se servait de celles qui subsistent en- « core. » Cet appel fut entendu, et d'élégantes bannettes, façonnées par les pieuses dames, ornèrent les mains des fleuristes aux processions de la Fête-Dieu. Les dimanches suivants, il donna de nouveaux avis, et ne craignit pas de descendre dans les petits détails. Aux yeux de certaines gens, le prélat manquait encore de dignité : ceux qui lui adressaient ce reproche, ne manquèrent-ils point de foi ? Car, enfin, de quoi s'agissait-il ? Il s'agissait d'honorer le roi des rois sortant de son sanctuaire pour une marche triomphale. Tout ce qui se rapportait à un aussi grand objet, pouvait-il être au-dessous de la dignité d'un évêque ? Un évêque, selon la pensée même du maître, ne domine sur les autres qu'à la condition d'être le serviteur de tous : à plus forte raison est-il le serviteur de Dieu ?

Ce fut un beau jour pour la ville d'Evreux que celui du dimanche 29 mai 1842. Le gros bourdon Marie avec un beau soleil étaient tous les deux de la fête : l'un, à côté de son frère Charles, qui n'était pas moins bruyant que lui, dominait toutes les rumeurs de la cité, l'autre versait ses rayons étincelants sur la plus magnifique procession qu'on eut encore vue sortir de la cathédrale, et sur deux superbes reposoirs, le premier couvert de l'argenterie et de toutes les soieries des magasins de M. Cauët ; le second, élevé aux pieds de la Vierge-Saint-Thomas ! Quelle foule ! quel bel ordre ! quelle régularité dans la marche ! quelle précision dans les cérémonies ! Que d'encens, que de fleurs ! quel brillant cortége autour du Saint-Sacrement ! Que Mgr Olivier, couvert de riches ornements, tout ruisselant d'or, grave, recueilli, tout rayonnant de bonheur, portant son Dieu dans ses mains, était vraiment beau dans cette auguste cérémonie ! De l'autel de chaque reposoir, après la bénédiction, il adressa quelques paroles vives à la foule sur les hommages dus à un Dieu qui se tient si près des hommes ! Que faire ? Comment désirer le ciel sur une terre qui possède son Dieu !

> *Quid facerem ? neque servitio me exire licebat,*
> *Nec tam præsentes alibi cognoscere Divos.*

Deux chœurs chantaient les louanges de Dieu : l'un rapproché du dais, l'autre à l'extrémité de la procession. Lorsqu'après son triomphe, l'arche sainte d'Israël, que dis-je ?... l'auteur même de la loi nouvelle rentra dans le lieu de son repos, qui reconnut notre vieille cathédrale ? Etait-ce bien le même temple où nous avons prié la veille ? Les feux des bougies couvraient l'autel ; des oriflammes pendaient aux piliers ; des orangers, des myrtes, des grenadiers, des arbustes en fleurs, environnaient tout le pourtour du chœur et changeaient le sanctuaire en un délicieux parterre.

Comment tant d'amateurs avaient-ils consenti à se séparer d'arbustes qui exigent des soins ? Et combien de personnes tiennent à la vie délicate d'une fleur chérie comme à celle d'un enfant ! L'évêque, d'un

mot, avait calmé toutes les alarmes. Il avait promis que Dieu ne laisserait pas périr une seule des fleurs qui auraient répandu leurs parfums devant lui. Il les avait demandées pour tous les jours de l'octave; il aurait l'attention de faire renouveler l'air pour leur rendre la fraîcheur dont elles auraient besoin, et de leur faire distribuer par un jardinier l'eau dont elles auraient soif. « J'aimerai, dit-il, vos fleurs plus que
« vous-mêmes, si cela m'est possible; je vous aimerai
« du moins dans vos fleurs. Nous devons à Dieu tout
« ce qu'il y a de plus doux, les parfums; tout ce qu'il
« y a de plus précieux, l'or et les pierreries. Et tout
« cela n'est qu'une image de ce que doit être l'âme
« quand elle se pare de ses vertus pour venir adorer
« Dieu ! »

Le soir, après le salut, Monseigneur prêcha sur le sacrifice de la messe. Il montra la nécessité d'un sacrifice reconnu par tous les peuples. Que peut-on offrir à Dieu qui soit digne de sa grandeur infinie ! Ce que vous lui offrez lui appartient déjà, et vous l'avez reçu de lui-même. Qu'est-ce que l'or pour l'apporter sur son autel? Il l'a caché dans les entrailles des montagnes. Que sont des fleurs pour celui qui a les étoiles sous ses pieds ? Mais un Dieu sur l'autel qui s'immole à Dieu : voilà un sacrifice digne de Dieu. La religion catholique seule le possède, donc elle est la seule religion véritable. En anéantissant la notion divine de l'Eucharistie, quel trait de lumière ! les sectes ne se sont pas aperçu qu'elles faisaient en même temps l'aveu de leur fausseté et de leur mensonge.

Dans une si pieuse journée, il y avait eu cependant un petit scandale. Partout sur son passage la procession n'avait recueilli que des marques d'un profond respect. Toutes les maisons étaient tendues et ornées de fleurs. Une seule avait offert aux regards indignés de la foule la scandaleuse nudité de ses murs. Des ouvriers, en habit de travail, se tenaient sur la porte, gardaient la casquette sur leur tête avec des ricanements moqueurs, alors même que le Saint-Sacrement passait devant eux. La procession ne défilait point cependant devant la porte d'un juif, ni d'un musulman, ni d'un protestant. On lisait au-dessus, en gros caractères : *Imprimerie du Journal de l'Eure.*

Tous les soirs, pendant l'octave, il y eut de beaux saluts accompagnés de la procession dans l'intérieur de l'église, avec prédications, par Monseigneur, sur l'amour de l'Eucharistie, sujet où il se surpassait toujours lui-même. Au sermon du mercredi, en se plaignant de la froideur des catholiques, il prononça ces paroles remarquables : « Les attaques d'une bouche « mensongère et profanée ne sont pas ce qui afflige « le plus votre évêque, c'est votre froideur à honorer « Jésus-Christ dans le sacrement de son amour. Le « soleil, les montagnes, les mers louent Dieu dans « leur langage; le pontife éternel, Jésus-Christ sur « l'autel s'immole à sa gloire : et vous, catholiques, « vous ne priez pas devant cet autel! Le prêtre qui « sacrifie est contraint dans son action par une loi sé- « vère; il ne peut ni ajouter ni retrancher une seule « parole, il ne peut aller ni trop vite ni trop lente- « ment, il ne peut même donner son attention aux « extases qui le saisissent. Et vous, fidèles, vous « êtes distraits! Ah! vous ne comprenez même pas le « bonheur de pouvoir vous abandonner librement aux « épanchements de votre cœur. »

La magnificence de ces saluts avait attiré tous les

soirs une foule considérable : le samedi soir, Monseigneur remercia l'assemblée de son assiduité. « Si vous « voulez me rendre heureux, dit-il, continuez à aimer « et à honorer Jésus-Christ; car c'est de là seulement « que peut me venir le bonheur ! »

L'élan était donné : la ville voulut répondre, le lendemain, par la magnificence de ses reposoirs, aux splendeurs des saluts de la cathédrale. Et ce bon soleil, béni des hommes et de Dieu, ne refusa point ses rayons aux décorations du jour : le matin en se levant, d'un seul de ses regards, il chassa tous ces nuages qui nous avaient inquiétés la veille. La rue Chartraine offrit un riche reposoir, dans le style gothique, tout chargé de vases en porcelaine, de candélabres et de globes renfermant des fleurs; il était double et il fallut y faire deux stations; celui du Pont-Saint-Léger, d'une pastorale simplicité, était élégant et gracieux; celui de la rue Villaine, parfait dans tous ses détails, surpassait tous les autres; il avait ses jets d'eau, qui n'avaient que l'inconvénient de ruisseler sur les tapis. De loin, avec ses arcades ogivales, ses clochetons de verdure, il offrait l'aspect d'un temple. Il était dû aux dessins où M. Vaurabourg déployait un véritable talent d'artiste, presque du génie; ses crayons s'étaient promenés dans tous les caprices de l'architecture gothique et dans toutes les fantaisies de l'ogive. Il était un chef-d'œuvre de patience. Monseigneur fut, à chaque reposoir, d'une grâce charmante. Il prenait la parole pour récompenser la foi des personnes qui avaient passé des nuits, fait des sacrifices pour construire et orner ces édifices éphémères, mais destinés à un plus grand honneur que ceux qui durent des siècles. Il leur adressait des remerciements

et des félicitations au nom de **Notre-Seigneur. Puis** il
appelait les petits enfants : « Faites-les approcher,
« disait-il ; le cœur du divin Maître n'est pas changé ;
« il veut en être environné et les bénir encore comme
« pendant sa vie. Ce sont eux qui l'acclamèrent de
« leur hosanna dans les rues de Jérusalem ; ils doi-
« vent aussi avoir la meilleure part de cette fête. »
Et il posait le Saint-Sacrement sur leurs têtes. Il
commençait par les petits saints Jean-Baptistes, vêtus
comme au désert, et les petites filles qui avaient rempli
leur rôle d'anges : il ne leur manquait que des ailes
pour que l'illusion fût complète.

A l'une des processions des années suivantes, Monseigneur était descendu de l'autel, il avait, comme de
coutume, béni un nombre considérable de petits enfants, et déjà la procession se remettait en marche,
lorsqu'une pauvre femme de la campagne accourt,
hors d'haleine, s'écriant : Monseigneur ! Monseigneur !
Mon pauvre enfant se meurt de maladie ! En effet, la
malheureuse mère portait dans ses bras un enfant
chétif, souffreteux et faisant pitié à voir : le prélat,
aussitôt, s'arrête, retourne sur ses pas, et, élevant
l'ostensoir sur la tête du pauvre petit malade, il
adresse à Dieu une courte prière. Ce spectacle émut
vivement les assistants. L'année suivante, Monseigneur bénissait un enfant frais, les joues roses et po-
telées, et qui de ses petites mains voulait saisir le
Saint-Sacrement. Monseigneur, dit sa mère rayonnante, c'est le petit enfant de l'année dernière ! —
Avez-vous fait vos Pâques cette année, ma chère fille ?
— Je ne puis pourtant mentir : **Non, Monseigneur !**
— Ce sera, mon enfant, un péché de moins à me
dire ; venez demain, à jeun, vous confesser à ma cha-

pelle; le bon Dieu vous pardonnera votre ingratitude, et vous l'adorerez dans votre cœur. — Mais je ne suis pas tant bonne. — Vous deviendrez meilleure.

Au reposoir de l'hospice, cet asile de toutes les douleurs, il fallait monter dix-huit marches pour parvenir à l'autel. Après la bénédiction. et pendant le chant de l'*Adoremus*, il y eut une scène émouvante : Monseigneur parcourut les galeries pour donner aux malades, aux infirmes, aux vieillards et aux invalides la bénédiction du Saint-Sacrement.

Deux ans plus tard, en 1844, dans la même circonstance, Monseigneur voulant encore que ses chers malades fussent bénis au chant de l'*Adoremus*, qui rappelle de si doux souvenirs, fut obligé d'envoyer des ordres réitérés et précis au grand chantre de la cathédrale, qui s'obstinait, sans doute par suite d'un malentendu, à continuer immédiatement la suite de la liturgie. Il fallut bien obéir et laisser répéter l'*Adoremus*; mais, arrivé à la sacristie, ce dignitaire du chapitre déposa l'insigne de sa charge, ce bâton d'argent dont je conte la curieuse origine dans mon *Histoire de la cathédrale d'Evreux*, encore manuscrite.

Que la piété de M. l'abbé Guibert dût être consolée ! Quelle différence avec ce qu'il écrivait à M. Olivier, encore curé de Saint-Roch, le 14 janvier 1841 : « J'ai le cœur navré de notre fête d'hier. Un seul re- « posoir ! Il a fallu en improviser un second. Presque « pas de fidèles à la suite du Saint-Sacrement!!!... »

Chaque année, Evreux revit avec joie ces mêmes saluts des octaves avec leur pompe et leur magnificence, leurs prédications, ces mêmes processions avec leur admirable coup d'œil, avec ces bannières qui déployaient en l'air leurs couleurs, ces frères de charité en grand costume, ces longues files de vierges, d'élèves des séminaires en surplis, de sous-diacres et de diacres en tuniques et en dalmatiques, de prêtres en chasubles, avec cet ordre parfait, cette marche lente et régulière, ces chœurs de musique, ces maisons tendues de blanc, ces rues jonchées de fleurs, ces reposoirs, petits chefs-d'œuvre de patience, d'élégance et de goût, cet évêque si beau et si majestueux quand il officiait, toujours si attentif, si gracieux et si bon. Cérémonies sublimes, dont la religion catholique seule donne le spectacle au monde, où ses pompes, qui n'ont d'autre abri que le dôme bleu du ciel, étalent leurs splendeurs sous les rayons du soleil, où ses chants sacrés élèvent leurs modulations vers les voûtes célestes, où la prière a l'infini devant elle pour déployer librement ses ailes, où Dieu n'a plus d'autre temple que l'univers!

III.

Le samedi 14 juillet 1842, à six heures du matin, une personne rencontrait, dans les salons de l'évêché, M. le secrétaire général de la préfecture : il venait, de la part du préfet, apprendre à Monseigneur une bien triste nouvelle, le trépas du duc d'Orléans. Le visiteur trouva le prélat dans l'accablement d'une profonde douleur. « Cette mort, lui dit-il, aura des « conséquences incalculables : l'avenir me fait peur ; « jusqu'ici les passions des partis ont été retenues par « une main ferme ; je les vois déchaînées contre un « trône qui a perdu son appui. Quelle perte pour « la France! La calomnie avait noirci ce prince ; il

« était comme impossible de le défendre contre ses
« traits empoisonnés ; il était ridicule, pendant un
« temps, de dire qu'il avait de l'esprit, du talent, un
« vrai génie politique. Il avait le rare talent de savoir
« refuser sans désobliger. Les personnes qui l'ont
« approché savent qu'il était supérieur à ses frères,
« qu'il était d'une grande perspicacité, d'une pro-
« fonde sagesse, qu'il voyait de loin, qu'il avait étu-
« dié et connaissait parfaitement la France. Person-
« nellement, je perds en lui un véritable ami et
« un protecteur. Il vint me proposer l'évêché de Cam-
« brai, en me promettant de le faire ériger en arche-
« vêché.

« Le roi l'avait élevé avec un soin tout particulier,
« il l'avait formé à l'art de gouverner ; il fondait sur
« lui tous les projets de sa dynastie ; avec lui s'écrou-
« lent tous ses plans de sagesse. Comme Dieu se rit
« cruellement des hommes ! Que sommes-nous devant
« lui ! Rien. Vanité des vanités ! Les souverains que
« nous croyons nécessaires au monde ne pèsent pas
« une feuille sèche dans sa balance. Comme il mon-
« tre bien qu'il sait se passer des plus sages pour
« gouverner le monde. Adorons ses desseins. »

La consternation était générale dans la ville. Le
même jour, la distribution des prix du petit séminaire
avait lieu. La nouvelle à peine reçue du malheur qui
venait de frapper la France avait enlevé à la cérémonie tout ce qu'il pouvait y avoir de solennité joyeuse,
caractère ordinaire de ces sortes de fêtes. Point de
musique, point de discours d'apparat. Monseigneur
était venu la présider en habits de deuil. Avant la
distribution des prix, il adressa aux élèves une allocution simple et touchante sur le funèbre événement

qui venait briser toutes les joies, en ce même jour où tout ce qu'il y avait d'intelligence en France gardait un silence profond. Monseigneur parla un langage du cœur qui émut tout l'auditoire. Il fut parfaitement compris par tous les jeunes élèves qui vinrent recevoir, en silence, sans faire entendre les applaudissements accoutumés, la récompense de leurs travaux. Puis il adressa au diocèse un mandement (18 juillet 1842), où l'on peut lire l'expression de ses touchants regrets et de sa trop juste douleur.

Monseigneur se rendit à la cour pour consoler le roi et la reine dans une aussi grande et aussi légitime douleur. Il fut reçu, par Leurs Majestés, en audience particulière, le jeudi 21 juillet. La reine lui dit : « Nous « étions bien assurés que vous viendriez nous voir « pour pleurer et prier avec nous. » Le samedi suivant, le prélat dit la messe à la chapelle du château ; le roi, la reine, les princes et les princesses y assistèrent. Le 26, selon son mandement, Monseigneur célébra à la cathédrale d'Evreux un service funèbre qui avait lieu en même temps dans tout le diocèse.

Les obsèques du prince se firent avec une pompe toute royale dans la chapelle de Dreux, le jeudi 4 août 1842. Mgr l'archevêque de Paris, Mgr l'évêque d'Evreux et M. le curé de Neuilly avaient accompagnés le funèbre cortége depuis Paris. Mgr l'évêque de Chartres officia, et les absoutes furent prononcés par Nos Seigneurs les archevêque et évêques de Paris, d'Evreux, de Maroc, de Chartres et par M. le curé de Neuilly.

Ces funérailles étaient pleines de tristesse. La nation pleurait le prince, l'armée pleurait le soldat, l'Institut royal le penseur. Ame haute, calme, sereine, ferme et douce, noble intelligence unie à tous les talents ; fils de Henri IV par le sang, la bravoure, par l'aménité cordiale et charmante de sa personne ; fils de la Révolution par le respect de tous les droits et l'amour de toutes les libertés ; entraîné vers la gloire par l'instinct de sa race ; ramené vers les travaux de la paix par les besoins de son esprit ; capable et avide de grandes choses ; populaire au-dedans, national au-dehors ; fils respectueux et tendre, époux heureux, l'orgueil de sa mère, l'amour de ses frères ; père de deux princes, héritier d'un trône florissant ; sacré par la gloire ; dans toute la force et la maturité de l'âge ; beau de sa personne, superbe à la tête des troupes,

Egregium forma juvenem et fulgentibus armis.

(Virgile)

Rien ne lui avait manqué, rien que le temps. Les destins l'avaient seulement montré à la terre :

Ostendent terris hunc tantum fata. Il renouvelait pour la France la majestueuse douleur décrite par le poète :

Tu Marcellus eris !

IV.

Mgr Olivier ramena à Evreux Mgr Affre, archevêque de Paris. A peine remis des fatigues de ce long et douloureux voyage, il présida une distribution de prix à la Providence, et y prononça une allocution.

Le lendemain, nous célébrions le premier anniversaire du sacre de Mgr Olivier, et, par une heureuse coïncidence, nous possédions dans nos murs son illustre consécrateur. Nous espérions le voir à la messe solennelle qui fut célébrée à la cathédrale ; mais le prélat était retenu dans ses appartements par les fatigues du voyage.

Le dimanche 7 août, Mgr l'archevêque de Paris assista à la messe capitulaire. On lui dressa un trône en face de celui des évêques d'Evreux. Il était d'une taille élevée, un peu gauche dans son maintien, balançant sa tête sur les épaules en marchant, comme si elle eût été trop chargée de projets et d'idées, mais grave, réfléchi, penseur, front large, tête carrée, les yeux pleins d'un feu concentré, impassible, peu communicatif à l'extérieur, toute l'activité renfermée en dedans.

Ce n'était pas l'homme fait pour être montré à la multitude, pour agir de sa personne sur elle : il gardait toutes ses forces pour le cabinet ; là était sa puissance, là il se mesurait avec Rome même pour la défense des prérogatives de l'Eglise de France et des traditions ; à défaut de parole, il avait une plume. Il tenait sa crosse archiépiscopale à la hauteur de la tiare et au-dessus du trône, respecté par le pape et craint de son roi.

Comme l'Apôtre de Paris, il s'appelait Denis. Qui de nous eût soupçonné alors que la couronne du martyre était suspendue sur sa tête ? Il nous apparut avec cette modestie, cette simplicité qui ne l'abandonnèrent pas quand il alla répandre sur les feux de nos discordes civiles, pour les éteindre, un sang généreux. La religion avait en lui un saint pontife ; la patrie un héros.

Au prône de la messe capitulaire, il s'assit au banc

d'œuvre, la tête inclinée sur la poitrine. Mgr Olivier
était en chaire, l'élève en présence du maître. L'orateur, qui s'inspirait toujours des circonstances présentes, ne pouvait manquer de profiter, pour son
exorde, de la présence de l'archevêque de Paris. Il
commença ainsi :

« Quel beau et merveilleux spectacle donne l'église
« catholique dans la succession des évêques ! Quelle
« source pure de la vérité ! Le fleuve majestueux,
« descendu des hautes montagnes, après avoir par-
« couru une immense étendue, rompu tous les obs-
« tacles, renversé toutes les digues qui s'opposaient
« vainement au libre écoulement de son cours irrésis-
« tible, vous apporte, par des flots non interrompus,
« des eaux aussi limpides qu'à son origine. Remontez
« le fleuve et vous connaîtrez la source : il ne verse
« pas dans l'Océan d'autres flots que ceux qu'elle
« épanche dans son sein. Remontez la succession des
« évêques qui vous enseignent, et vous recevrez la
« vérité de la bouche de Jésus-Christ lui-même,
« source du sacerdoce catholique, le pontife éternel,
« consécrateur de Pierre et de ses compagnons. Que
« vous étanchiez votre soif à la source, dans le cours,
« ou à l'embouchure du fleuve, vous boirez toujours
« les mêmes eaux : que vous soyez assis devant une
« chaire épiscopale, ou dans le cénacle avec les apô-
« tres, vous entendrez les mêmes enseignements ; au
« commencement, dans la suite des âges, ou à la fin
« des temps, la vérité est la même ; le fleuve de la
« vérité divine est éternel.

« Par la succession des évêques vous touchez donc
« directement à Jésus-Christ. Je puis nommer tous
« mes prédécesseurs jusqu'à saint Taurin, qui le pre-

« mier planta la foi dans ces contrées ; l'illustre ar-
« chevêque, devant qui j'ai l'honneur de prendre la
« parole, à mon grand regret, car c'est toujours au
« disciple à recevoir les leçons du maître, peut nom-
« mer également tous les glorieux pontifes auxquels
« il succéda avec tant d'éclat jusqu'à saint Denis,
« l'apôtre de la France et de Paris. Mais, voyez ici la
« touchante et douce parenté qui existe entre l'église
« d'Evreux et l'église de Paris : l'une est la fille,
« l'autre est la mère ; saint Denis sacra saint Taurin
« évêque et l'envoya à Evreux.

« Interrogez les sectes qui osent se dire chrétiennes ;
« demandez-leur d'où elles viennent. Chez elles, vous
« ne trouverez rien de semblable , elles n'ont pas de
« succession d'évêques ; elles sont assises sur des
« bords arides ; des abîmes se sont ouverts, le fleuve
« s'y est englouti et ne coule plus.

« Touchant rapprochement ! Les temps ne sont pas
« changés. Après des siècles, la situation est encore la
« même. Votre premier apôtre vous vint de Paris ; je
« suis venu à vous de la même cité et par le même
« chemin. Saint Taurin était le disciple de saint De-
« nis ; saint Denis sacra son élève évêque d'Evreux ;
« un autre Denis est évêque de Paris ; je suis son
« élève ; tout ce que je sais, tout ce que je suis, je le
« tiens de lui ; il y a un an, Denis, archevêque de
« Paris, sacrait l'évêque d'Evreux. L'antique alliance
« des deux églises est rajeunie. Jour mémorable !
« Denis visite Evreux ; c'est la même foi de saint
« Taurin qu'il retrouve dans cette ville. Le père est
« au milieu de ses enfants ; il est ici au milieu des
« siens, environné de leurs respects et de leurs hom-
« mages. »

Puis à la fin de son discours, Mgr Olivier, avec une humilité touchante, demanda pardon des fautes qu'il aurait pu commettre dans le cours de l'année, des scandales, même involontaires, qu'il aurait pu donner. Tous les ans, à l'exemple de Bossuet, il dit qu'il viendrait demander pardon à ses diocésains des torts et des fautes de l'année.

Monseigneur descendit de chaire sans achever le parallèle entre lui et Mgr Affre. Nous pouvons, hélas ! y ajouter les derniers traits. Saint Taurin survécut à saint Denis, Mgr Olivier survécut aussi à Mgr Affre. L'un, comme saint Denis, sortit de la vie par un sanglant martyre ; l'autre, comme saint Taurin, s'éteignit en paix, au milieu des siens, parmi les larmes de son peuple, mais non sans avoir reçu, comme lui, la flagellation des épreuves.

V.

Le samedi 9 octobre 1842, la clôture de la seconde retraite ecclésiastique se fit dans la chapelle du grand séminaire. La première retraite avait été ouverte le dimanche soir 18 septembre et close le samedi suivant avec une grande pompe à la cathédrale. Venus de tous les points du diocèse pour se retremper dans la foi et dans la charité, près de trois cents prêtres avaient suivi avec une grande édification ces deux retraites. Le père Mallet, prédicateur jésuite, avait développé, dans un langage simple et évangélique, la sublimité du sacerdoce, les vertus qu'il exige, les consolations qu'il procure à une âme dévouée et la redoutable responsabilité des devoirs qu'il impose. Assisté de ses archidiacres et des membres de son conseil épiscopal,

Monseigneur en présida tous les exercices. Il fit régulièrement tous les jours les méditations du matin, l'examen de midi et les conférences synodales du soir avec ces épanchements de l'âme, avec cette douce éloquence qui allait au cœur, avec cette haute sagesse de pensée et ce bonheur d'expression qui caractérisaient la foi et le talent du prélat. Les prêtres de la retraite l'environnaient de leurs hommages et de leurs regrets. Ils aimaient le matin, la vive et solide piété qui respirait dans ses méditations; ils admiraient, dans les conférences du soir, sa profonde théologie, ses vues élevées dans l'administration générale du diocèse, la sagesse et la modération de ses maximes pour la direction des âmes. La routine n'y trouvait pas son compte, ses préjugés étaient mal menés, mais la vraie science religieuse applaudissait. Il n'y avait point d'apprêt dans son langage; tout coulait de source, tout partait du cœur; le fond de son âme se déclarait tout entière, et chacun pouvait y lire le zèle pur de la gloire de Dieu, l'amour de l'Eglise et de l'honneur du sacerdoce, l'indulgence et une bonté inépuisable. Il conjurait ses prêtres de ne faire autour d'eux que des heureux, et leur recommandait leurs chantres, leurs enfants de chœur, le vieux sacristain, les pauvres, les malades, et d'honorer les pénibles et si utiles fonctions de leurs maîtres d'école, pour s'en faire autant d'amis. Tous les prêtres retournèrent dans leurs paroisses respectives, heureux de ces jours de paix et de recueillement passés dans le silence de la retraite, à l'ombre du sanctuaire, sous les yeux d'un prélat qui les portait dans son cœur, et avec la douce pensée que le pasteur et le troupeau ne faisaient plus qu'un cœur et qu'une âme.

VI.

Dix jours avant la solennité de Noël 1842, aux saluts du soir, Monseigneur parut en chaire pour paraphraser les Grandes Antiennes. Il rappela de nouveau comment les prophètes avaient annoncé les grandeurs futures du Messie, leurs soupirs, leurs vœux et leurs brûlantes aspirations de la vérité qui devait descendre sur la terre. A mesure que la fête approchait, la pensée du prélat devenait plus vive, sa parole plus retentissante : c'était encore une des matières de prédilection où triomphait son éloquence. Vous le croyiez épuisé la veille, vous le trouviez le lendemain animé de nouvelles pensées ; il entrait avec une lumière plus claire dans la profondeur du mystère que l'Eglise allait célébrer ; il félicitait les fidèles de posséder celui que les nations avaient désiré avec de si vives ardeurs. de voir la beauté des jours qui avaient excité tant d'enthousiasme dans l'esprit des prophètes.

La fête de Noël fut célébrée avec toute la solennité que l'église cathédrale déployait depuis dix-huit mois aux grandes fêtes religieuses. Neuf heures une fois sonnées, afin que tous les prêtres, vicaires, archiprêtres et chanoines fussent à leur poste dans le chœur et que rien ne troublât la piété et le recueillement des fidèles, toutes les confessions étaient interdites ; aucun prêtre n'avait plus le droit de donner l'absolution. Cette mesure si rigoureuse mettait fin à l'abus invétéré des confessions pendant l'office. Les leçons de ténèbres se disaient à la grande grille du chœur, dont une récente dorure rehaussait la beauté : Monseigneur vint chanter lui-même, avec une grande pompe, le dernier évangile. Autant que possible, il rapprochait les cérémonies des yeux des fidèles ; il aurait voulu reconstruire le grand autel devant la grille, selon l'usage romain, s'il n'avait pas craint de rencontrer d'insurmontables difficultés ; car le chœur est tellement disposé par rapport à la nef, et tellement obstrué par les deux grands piliers qui soutiennent le dôme de la flèche, que les fidèles dans la nef ne voient presque rien des pompes du chœur. A la messe du jour, la musique du chœur, merveilleusement dirigée par l'habile maître de chapelle, qui était lui-même un exécutant très distingué, se surpassa encore dans l'exécution d'une messe de Chérubini. Parfaitement secondé par l'organiste du chœur et par les élèves du séminaire, il rendit les idées du grand compositeur avec une précision, une justesse, un ensemble que l'on était loin d'attendre dans une simple cathédrale de province. Chérubini venait de mourir : l'exécution de cette messe était un hommage à sa mémoire et à son génie.

Qui jamais a pu entendre, sans un saisissement nouveau, la magnifique paraphrase que ce roi des compositeurs de la musique religieuse a faite du symbole de notre foi ? C'est toute une épopée en musique. Avec quelle énergie, au début, il affirme la foi des chrétiens par une intonation pleine et forte ! Comme toutes les voix éclatent et s'épanouissent quand il nous représente la toute puissance du Créateur ! Comme son génie s'étonne, comme ses notes tremblent devant la majesté d'un Dieu qui s'abaisse jusqu'à se faire l'un de nous ! Le chœur, qui parlait naguère avec tant de puissance, se confond maintenant dans le silence, l'orgue fait taire ses brillants éclats ;

une seule voix, une voix douce comme celle d'un ange, raconte le mystère de l'enfant né de la Vierge-Marie. Vous entendez dans le lointain le son de la flûte des bergers qui descendent de leurs montagnes, et les accords champêtres de cette flûte deviennent plus sensibles à mesure qu'ils approchent du berceau de Bethléem. Ce passage est ravissant de grâce, de fraîcheur et de naïveté. Mais la scène change ; le grand artiste avait exprimé les joies de la crêche, il chante maintenant les douleurs du Calvaire. L'orgue n'a plus que des sons lamentables, une plainte de plus en plus lugubre qu'il répète sans cesse, les voix qu'un accent déchirant ; puis le silence ; des notes brisées. L'orgue tremble, les pédales ne font entendre que de sourds roulements, comme si le tonnerre grondait dans le sein de la terre. On dirait que la nature entière est épouvantée du crime commis sur son auteur. Puis nous retombons encore une fois dans le silence ; une seule voix raconte la sépulture et la descente aux enfers. Nous sommes dans l'attente de quelque grand événement. Tout-à-coup, toutes les voix du chœur éclatent ensemble ; tous les cris, tous les soupirs, toutes les palpitations, tous les flots d'harmonie de l'orgue jaillissent à la fois jusqu'à la voûte des cieux ; les éclats de triomphe, les tressaillements d'une joie immense remplissent la nature entière : c'est que le Christ est ressuscité, et il remonte triomphant au plus haut des cieux, à la droite de son Père. Entendez-vous maintenant ces tremblements formidables de l'orchestre, ces clairons qui résonnent, ces cris qui menacent, ces tonnerres qui grondent, ces trompettes qui appellent! C'est Jésus qui descend vers la terre dans tout l'éclat de sa gloire et qui va juger les vivants et les morts. Puis des voix graves expriment la majesté de l'église catholique, d'ardentes supplications implorent la rémission des péchés, toutes les voix se réunissent de concert pour conjurer Dieu, dans un retentissant *amen*, d'ouvrir aux élus les portes de la vie éternelle.

Nous avons analysé ce morceau, parce qu'il a fallu tout le génie du Dante incarné dans Chérubini, pour lui inspirer ce chef-d'œuvre, parce que l'exécution en était parfaite, parce que, au sortir de cette messe, chacun répétait, *nous n'avons jamais rien entendu de plus beau*, et qu'il fallait bien en consacrer le souvenir. Les arts pleuraient le trépas récent de Chérubini, dont la gloire est nationale, bien que né sous un autre soleil; la tombe le gardait vainement : il revivait dans ses œuvres. Les grands artistes en mourant ne disparaissent pas tout entiers : ils nous laissent dans les créations de leur génie la plus belle et la plus immortelle partie d'eux-mêmes.

N'oublions pas non plus le magnifique salut qui termina l'année, et qui montre comment Mgr Olivier, aussi profond liturgiste que grand théologien, entendait les cérémonies du culte catholique. Voici de quelles pensées, comme il l'expliqua lui-même en chaire, il s'était inspiré.

Quand une année se ferme sur nous, il y a dans nos cœurs chrétiens des remords qui demandent à éclater, une effusion de reconnaissance pour les bienfaits reçus de Dieu, qui veut se répandre en actions de grâces; il y a aussi des pleurs à verser sur ceux qui manquent à l'appel de nos amis et de nos parents.

L'autel étincelait de feux comme aux grands jours;

l'orgue, animé par le jeu puissant de **M.** Beauvarlet, jetait à toutes les voûtes du temple de suaves harmonies ; un immense concours de peuple encombrait les nefs et le pourtour du chœur ; les deux séminaires remplissaient le chœur, les voix pures des lévites et des prêtres éclataient en chants sacrés ; Mgr Olivier à genoux, grave et recueilli, s'anéantissait dans une adoration profonde de l'Eucharistie. Que se passait-il dans son âme ? Ouvrez les livres sacrés : à quoi pensait le patriarche Job lorsqu'il offrait un sacrifice à l'Eternel de peur que ses fils n'eussent péché, le grand prêtre des Hébreux lorsqu'il imposait les mains sur la tête de la victime expiatoire, Jésus lui-même lorsque son âme se brisait de tristesse au jardin de l'agonie ? Une pensée de douleur avait saisi notre évêque, au souvenir des outrages faits à la majesté divine : comme le Dieu-Homme dont il continuait l'œuvre de Rédemption sur la terre, il se considérait comme chargé de toutes les iniquités de son peuple. Il s'éloigne donc du sanctuaire comme indigne de rester si près de la majesté divine, avec un sentiment de contrition profonde ; il traverse le chœur en silence, portant à la main un flambeau, symbole de l'expiation qu'il a résolue, de l'amende honorable qu'il va faire. Les archidiacres, les vicaires-généraux, l'archiprêtre, les membres du chapitre, les prêtres et les lévites le précèdent, tenant tous aussi un cierge à la main, et s'échelonnent dans la nef jusque sous l'orgue, au milieu des fidèles à genoux. Alors le pontife se prosterne au bas de la dernière marche de l'entrée du chœur, sous la grande voûte du dôme. Là il entonne cette grande et populaire supplication du pécheur à Dieu : *Parce Domine, parce populo tuo ; ne in æternum iras-*

caris nobis : Grâce, Seigneur, grâce pour votre peuple ; que votre colère ne pèse pas éternellement sur nous. Les prêtres et le peuple continuent avec lui le *Miserere*, cet hymne des miséricordes de Dieu. Rien d'émouvant comme cette cérémonie ! C'est bien là l'évêque des premiers temps qui gémit avec son peuple, qui prie avec son peuple et pour son peuple.

Après la douleur des fautes passées, vient la joie et la reconnaissance pour les bienfaits reçus de Dieu. Monseigneur entonne le *Te Deum* et rentre avec allégresse dans le chœur ; les nuages d'encens s'élèvent des encensoirs et ombragent le sanctuaire. Ceux qui ne sont plus ne peuvent être oubliés dans cette revue de l'année. Un *De profondis* solennel est chanté pour eux : ce chant grave et lugubre est l'écho des gémissements que nous avons poussés sur la tombe de ceux qui nous furent chers.

Après le salut, Monseigneur monte en chaire. Ce n'est point une allocution qu'il prononce, c'est une prière touchante et pathétique qu'il adresse à Dieu pour ses prêtres, pour les magistrats, pour les jeunes gens et les vieillards, pour les mères de famille et les jeunes filles, pour les riches et les pauvres, pour la ville et le diocèse. Il rappelle le souvenir de ceux qui ne sont plus, et s'associe à la douleur de toutes les familles. Il paie un tribut de louanges à la mémoire bénie de Mgr de Quélen, archevêque de Paris, son bienfaiteur et son père, et trouve dans son cœur reconnaissant des paroles pour pleurer encore une fois la perte du prince royal que toute la France avait ressentie.

Le lendemain, il reparut encore deux fois en chaire, et bénit de nouveau les prêtres, les lévites et les fidèles.

« C'est dans la chaire, dit-il, c'est dans le temple que
« l'évêque salue son peuple; si les devoirs de sa
« charge, si la dignité épiscopale le retiennent dans
« son palais, les portes en sont ouvertes à tous; il
« recevra avec bonheur et reconnaissance toutes les
« personnes qui se présenteront. »

Le dimanche 15 janvier, à la fin de sa conférence
sur la liturgie, Monseigneur prévint l'assemblée que
ses explications allaient être interrompues un seul dimanche, à cause d'un voyage qu'il allait entreprendre
à Paris, et qui ne serait pas de longue durée. « Je
« souhaite, dit-il, que la paix et la bénédiction du
« Seigneur continuent à se répandre dans la ville. Je
« demande à Dieu que mon retour ne soit pas affligé
« par la nouvelle de quelque fâcheux événement qui
» aurait porté le deuil et la désolation dans une seule
« famille. L'évêque est le père de son peuple, et le
« bon père veut toujours savoir ses enfants heu-
« reux. » Le dimanche 5 février, en effet, il était de
retour, et continuait le cours de ses belles conférences sur la liturgie.

VII.

La station du Carême suivant fut prêchée par
M. l'abbé Coquereau, avec cette éloquence, cet entrain que tout Paris lui connaît, avec cette profondeur
et cette élévation d'idées qui l'ont placé parmi nos
orateurs sacrés du premier ordre.

Mgr Olivier, qui seul, l'année précédente, avait suffi
à toutes les prédications, profita de la présence d'un
aussi bon auxiliaire pour aller annoncer les vérités

évangéliques dans les différentes villes du diocèse. Il alla répandre la bénédiction de sa parole à Bernay, le mercredi 1er mars; à Louviers, le 3 mars et le 11 avril; à Vernon, le 8 et le 29 mars; à Verneuil, le 10 et le 24 mars; à Gisors, le 15 et le 21 mars; à Pont-Audemer, le 18 mars; aux Andelys, le 10 et le 11 avril. Ce qui ne l'empêcha pas d'être de retour à temps à Evreux, dans sa cathédrale, pour y faire, tous les matins, la prière et la méditation dans la chapelle de la Mère de Dieu; il reprit, tous les mardis et tous les jeudis, la suite de ses homélies sur l'Evangile; il fit tous les dimanches les prônes de la messe capitulaire, dans laquelle il donnait sur la vie chrétienne des conseils pleins de tolérance et de charité. Et tout cela avec une activité incessante qui défiait la fatigue et la douleur. Le soir, il était en chaire à douze ou quinze lieues de sa ville épiscopale, et à Paris même, où il donna quelques sermons, et le matin les pieux fidèles de sa cathédrale le retrouvaient faisant lui-même la prière et la méditation. Il avait voyagé toute la nuit; il se reposait d'une fatigue par une autre : c'était sa maxime. Est-ce que le bon pasteur ne donne pas sa santé et sa vie au troupeau qu'il aime ? Est-il une fatigue qu'il s'épargne quand il s'agit de ramener une seule brebis au bercail ? Est-ce que l'église catholique n'est pas habituée à voir ses évêques s'immoler pour leurs peuples? Zèle si plein d'ardeur et de foi, que ce pontife semble avoir été désigné d'avance par cette parole de l'Ecriture, qui se lit sur la douce image, qui rappelle ses traits chéris après sa mort : « *Zelus domûs tuæ* « *comedit me*; le zèle de la gloire de votre maison m'a « consumé ! »

C'est donc avec justice, avec vérité, qu'à la fin de

ce carême, M l'abbé Coquereau s'écriait au milieu d'une immense assemblée :

« Resterez-vous, mes frères, froids et insensibles à
« la double action de la parole et de l'exemple de cet
« homme que je ne veux pas nommer, afin de pouvoir
« le louer à large effusion de cœur et tout à mon aise.
« Tour à tour ne l'avez-vous pas vu, ingénieux comme
« le zèle, ardent comme la charité, bon comme le
« père, simple comme l'enfant, élevé comme le doc-
« teur, profond comme le théologien ? Ne l'avez-vous
« pas vu, soir, matin, toujours au milieu de vous ? Et
« cependant d'autres cités l'entendaient et le voyaient
« aussi. Et quand, au milieu de la nuit, l'homme de
« la chaumière était éveillé par le bruit des roues ra-
« pides, il se rendormait en disant : *Soyons tranquilles!*
« *C'est le père de famille qui veille! C'est l'homme de la*
« *prière et de la bénédiction qui passe !* Et je ne loue
« pas, mes frères, je constate des faits. Ce n'est pas
« ma faute, après tout, à moi, si la vérité ici ressem-
« ble à un magnifique éloge. »

Et qu'on ne dise pas que tous ces efforts ont été vains. Qui se souvient à Evreux d'avoir vu la charité aussi active ? Une quête de douze cents francs l'an passé, une quête de mille francs cette année, une quête de sept cent quarante francs pour la Guade-loupe, faite à la cathédrale, sont des témoignages éclatants. Que s'était-il passé de pareil à Evreux, de mémoire d'homme ? Parlerons-nous de la retraite pas-cale de cette année, où, comme l'année dernière, plusieurs centaines de pieuses personnes sont allées recevoir la communion des mains du prélat, de la foule qui, le Jeudi-Saint, le Samedi-Saint, aux solennités de Pâques et au dimanche de la *Quasimodo*, remplis-

sait la cathédrale et fréquentait les offices la journée
entière ?

VIII.

L'affaire de la liberté d'enseignement et le déchaînement d'une certaine presse religieuse contre les
colléges, avaient alors un grand retentissement dans
le public. Monseigneur, présidant à Bernay (mercredi 8 novembre 1843) la réunion annuelle de l'Œuvre diocésaine, exprima hautement devant la foule
nombreuse qui se pressait pour l'entendre, la satisfaction qu'il éprouvait de voir le collége de cette ville
prendre rang parmi les bons colléges de l'Université.
Les paroles de bienveillance et d'intérêt pour les fonctionnaires du corps enseignant, prononcées dans de
telles circonstances, étaient de la part du prélat un
acte de courage. Il tint le même langage à Evreux, puis
à Gisors (dimanche 26 novembre 1843), et félicita
M. Blangis, principal du collége, sur la bonne tenue
de son établissement, l'observation des devoirs religieux et le bon esprit qui y régnaient. Il visita à la
même époque tous les établissements universitaires et
s'assura de ses propres yeux de leur bonne discipline
et de leur esprit religieux.

Le vendredi 12 décembre, Monseigneur visita de
nouveau la ville de Pacy. L'affluence était immense
(*Courrier de l'Eure*, nº 148); l'église était à peine suffisante pour contenir les assistants, non-seulement de
la ville, mais encore des pays environnants. Le prélat
faisait en même temps la plus grande partie des prédications de l'Avent dans sa cathédrale, et les fêtes de

Noël se signalèrent par la pompe des offices et l'affluence des fidèles.

En se rendant à Rouen (vendredi 12 janvier 1844) pour assister aux funérailles du prince de Croï, Monseigneur, averti par le son de toutes les cloches, descendit de voiture en traversant Pont-de-l'Arche, et se rendit à l'église, où une grande foule s'était réunie. Il monta en chaire et fit l'éloge du métropolitain défunt. Il assista le lendemain aux obsèques du cardinal et revint le même jour à Evreux. Il n'y eut que trois évêques qui assistèrent à ces funérailles, NN. SS. de Bayeux, d'Evreux, et Mgr de Forbin-Janson, ancien évêque de Nancy.

Le bruit se répandit que Mgr Olivier serait élevé à l'archevêché de Rouen ; mais quant à lui, il était dans un état parfait d'indifférence, et il écrivait à cette occasion (6 janvier 1844) : « La Providence fera ce qui « lui paraîtra convenable. Si elle veut que j'aille à « Rouen elle renversera les obstacles de la haine et de « la malveillance. Si elle veut que je reste, elle ne me « demandera pas compte de ce grand diocèse. Ma « ligne est celle de l'abandon, mais bien sincère et « bien pur. »

Le lundi 15 janvier 1844, à la fin de son cours de droit canon, qu'il professait au séminaire, Monseigneur annonça que ses leçons allaient être forcément interrompues, parce qu'il était obligé de séjourner quelque temps à Paris : « Je n'y vais pas, ajoute-t-il « en souriant, chercher un archevêché. » En arrivant à Paris, le Roi consulta Mgr Olivier sur le meilleur choix à faire pour l'archevêché de Rouen. Un des ministres était d'avis qu'il fallait continuer l'incapacité du cardinal. Il n'était donc nullement question de l'évêque d'Evreux. M. Guizot, dans une séance orageuse de la chambre des députés, venait de prononcer cette fameuse phrase : « Vous avez beau amasser contre « moi des montagnes d'injures, vous ne les élèverez « jamais jusqu'à la hauteur de mes dédains ! » Monseigneur, rencontrant dans les salons du Roi le célèbre orateur, s'approcha de lui et lui dit : « Monsieur, « j'étais dans une grande erreur par rapport à Votre « Excellence. Je croyais qu'elle ne pouvait plus grandir ; je me suis trompé. »

La cour donnait en ce moment à Monseigneur la marque de la plus haute confiance et du plus grand honneur qu'il pût recevoir d'elle. Il y avait été appelé pour faire un cours d'instructions religieuses à Son Altesse Royale madame la princesse de Joinville. Ces conférences durèrent pendant un mois ; mais son zèle ne se borna pas à cette bonne œuvre. Il prêcha en même temps dans un grand nombre d'églises de Paris.

De retour à Evreux, Monseigneur se livra tout entier aux travaux ordinaires de son apostolat pendant la station du carême. La cathédrale profita de la reconnaissance de la cour pour les instructions données à la princesse de Joinville : le roi fit présent à Monseigneur l'évêque d'Evreux d'un ornement complet en drap d'or, et Monseigneur en fit un gracieux présent au chapitre et à la fabrique de la cathédrale. « Nous « nous réjouissons, dit le *Courrier de l'Eure* (n° du 6 « avril 1844), de ce nouveau témoignage de la muni- « ficence royale adressée à un prélat dont notre dé- « partement apprécie de plus en plus le zèle évangé- « lique et l'attachement sincère aux vrais principes « constitutionnels et à la dynastie qui règne sur la « France. Les attaques dont Monseigneur a été l'ob-

« jet, n'ont servi, comme nous le prévoyions, qu'à
« mettre en relief ses hautes qualités, et sous ce point
« de vue, nous pouvons remercier ses ennemis. » La
communion générale, après la solennité pascale, fut
encore plus nombreuse que celles des années précédentes. On y remarqua un plus grand nombre d'hommes. Cet accroissement des fidèles, s'acquittant de tous
leurs devoirs religieux, était pour Monseigneur la digne
récompense de ses efforts et de son zèle toujours crois-
sant au milieu des épreuves.

IX.

« Nos églises, observait avec raison le *Courrier de*
« *l'Eure*, comparées à ce qu'elles étaient seulement
« il y a quelques années, ne sont plus reconnaissa-
« bles. »

La vieille cathédrale d'Evreux s'embellissait tous
les jours ; elle était métamorphosée, elle qui, depuis
quarante ans, étalait aux regards affligés sa déplorable nudité. On eut dit qu'un magicien l'avait touchée
de sa baguette. Les grilles du chœur dorées, des tambours aux portes principales mettant les fidèles à
l'abri des intempéries de l'air, et, pendant l'hiver, des
paillassons étendus sur la pierre froide et humide, les
clotures de la nef, le banc d'œuvre, l'accroissement
du nombre des chaises, le banc des sœurs de l'hospice
et celui de la préfecture, l'éclairage, un très beau chemin de croix en carton pierre remplaçant d'insignifiantes gravures et des cadres mesquins, un tableau
d'un grand prix, qui devait avoir son pendant, des chandeliers, les ornements en drap d'or, le plus bel orgue

d'accompagnement qui existait encore en France, les oriflammes, l'habit d'hiver pour les chanoines, l'institution de la messe paroissiale, des prônes capitulaires, des processions du Saint-Sacrement le premier dimanche de chaque mois, la prière tous les soirs, les prédications de l'octave de la Fête-Dieu, des grandes antiennes de Noël, les méditations quotidiennes du carême, le cours de liturgie, les homélies, la retraite pascale, que d'améliorations accomplies en si peu de temps !

Que dire des pompes du culte? Evreux n'avait plus rien à envier aux magnificences si vantées de Saint-Roch : Monseigneur les renouvelait plus belles et plus éclatantes encore. Le culte catholique, sous le souffle de ce puissant organisateur, de ce grand liturgiste, reprenait chaque jour les splendeurs des plus beaux siècles. Ce n'était pas qu'il fût tourmenté de l'envie d'innover, comme affectaient de le dire des esprits malveillants; non, il avait au contraire la nouveauté, toute nouveauté en horreur : ce qu'ils appelaient des innovations étaient tout simplement un retour à l'ancienne discipline, aux cérémonies antiques. Ils ne comprenaient pas, comme lui, tout ce qu'il y avait de beau, de grand, de divin, dans ces pompes du culte catholique; Mgr Olivier en avait fait une étude approfondie, et sa joie était de renouveler ces pompes, de leur rendre leur beauté et leur majesté primitives dont le dépouillaient peu à peu l'incurie, l'oubli et l'ignorance des anciennes règles. C'était la vénérable antiquité qu'il faisait reparaître pleine encore de jeunesse et de vigueur; c'était le moyen âge avec toute sa poésie de chants sacrés, de bruits d'orgue répandus à profusion, de processions de prêtres, de lévites, de vierges voilées de blanc, des cierges flamboyants qui étincelaient sur l'autel ; dans le sanctuaire, dans les nefs, aux mains d'un nombreux clergé et de pieux fidèles ; c'était la foi de nos pères avec tout ce qu'elle a de suave et de doux au cœur, adorable dans sa naïveté, majestueuse dans sa simplicité même ! Les habitants d'Evreux étaient fiers de cette magnificence, et ils invitaient les étrangers, aux jours des grandes fêtes, pour contempler les pompes, pour entendre la musique et les chants sacrés de leur cathédrale ! Et les étrangers répondaient en foule à cet appel enthousiaste.

Puis, c'était l'évêque qui ne se tenait pas relégué dans les profondeurs de son palais, comme un grand seigneur, comme un haut baron de noble lignage ; non, c'était l'évêque du bon vieux temps de nos aïeux, qui se mêlait à son peuple, qui le bénissait, qui venait à lui avec sa mitre étincelante de pierreries, avec sa crosse d'or, qui parcourait ses rangs, qui l'aimait et en était aimé, qui le connaissait et en était connu, qui marquait le front de ses petits enfants où leur posait sur la tête le Saint des saints, qui lui ouvrait la porte de son évêché, qui au premier appel entrait dans les maisons les plus pauvres, qui allait dire un dernier adieu aux agonisants, qui présidait lui-même aux cérémonies du culte faites pour lui, qui célébrait souvent devant lui, au milieu de ses prêtres, les saints mystères, qui répandait lui-même sur son front la cendre des pénitents, qui lui donnait lui-même, aux Pâques-Fleuries, le rameau béni, qui lui parlait dans la chaire un langage compris, qui le communiait lui-même de sa main, qui lui donnait son anneau à baiser, en signe de respect, d'obéissance et d'union.

C'était l'évêque qui voyait tout et faisait attention à tout, auquel rien n'échappait. Ainsi, la dernière fois qu'il monta en chaire, à peine avait-il gravi les premières marches de l'escalier, qu'il redescendit aussitôt, alla droit à un vieillard pauvre appuyé contre le mur, lui présenta une chaise, et lui dit : « Asseyez-« vous; si l'on vous demande de l'argent pour payer « votre chaise, vous direz que c'est moi qui vous l'ai « donnée. » Le peuple est plus reconnaissant qu'on ne l'imagine pour ces sortes d'attentions. « J'étais « *acoté* contre le mur, racontait en pleurant le vieil-« lard, et il m'a fait asseoir : il m'aurait donné un « louis d'or que je n'aurais pas été plus content. »

Aussi, l'évêque d'Evreux était adoré du peuple; il était vraiment le père du peuple, et c'est toujours comme cela, avec ce caractère de bonté, avec cette familiarité douce, que je me suis représenté l'évêque des anciens temps.

Ils n'avaient donc pas l'intelligence du christianisme ceux qui répétaient à satiété que Mgr Olivier se communiquait trop à son peuple et à ses simples prêtres, qu'il affaiblissait la dignité épiscopale par cette bonté accessible à tous, par cette profusion continuelle qu'il faisait de lui-même à ses enfants chéris! Mais lui, que sa mémoire en soit à jamais bénie ! il avait bien d'autres pensées. Il savait qu'un évêque doit communiquer sans cesse avec ses prêtres, avec ses clercs même les plus jeunes, avec son peuple; il savait, lui, que le bon pasteur n'est jamais trop longtemps ni trop souvent avec ses brebis, que le véritable père se plaît avec les enfants qu'il aime, que l'amour ne diminue jamais le respect, que si les yeux s'accoutument à voir, le cœur ne se lasse point d'aimer, que la seule dignité qui convienne à un prince de l'Eglise catholique, est celle que tempère l'effusion de la charité, que l'autorité du bon père qui se donne tous les jours à ses enfants ne s'use jamais dans la famille, qu'un évêque n'administre pas un diocèse comme un préfet gouverne une préfecture. La dignité épiscopale ! la dignité épiscopale ! Et qu'est-ce donc que la dignité épiscopale sinon l'autorité paternelle elle-même élevée à un plus haut degré d'excellence, et non pas une vaine parade que l'on fait, à rares intervalles, devant la foule pour attirer ses regards plus avides et plus empressés, une existence de pagode immobile et assise sur des coussins, mais bien le sacrifice absolu de son repos, de sa santé, l'entière immolation de sa vie à tout un peuple, un dévouement de toutes les heures, une servitude glorieuse de ses frères parce qu'elle a Dieu pour principe et pour auteur. Mgr Olivier aimait à répéter avec le Maître : « Je ne suis pas venu pour dominer, mais « pour servir. » Quand vous lui reprochiez de fréquenter les publicains, de manger avec les pêcheurs, de se communiquer aux plus vils, vous ne vous aperceviez donc pas que vous faisiez son éloge, et que vous écriviez dans l'histoire de sa vie une des pages d'or de l'Evangile !

CHAPITRE VII.

Affaire des Charités.

I.

Lorsque Mgr Olivier se disposait à entreprendre sa première visite pastorale, une partie du diocèse était alors agitée par la question des Charités dont l'insoumission et les révoltes donnèrent, pendant cinq ou six mois, dans quelques communes, le spectacle d'une espèce de jacquerie.

On désigne sous le nom de *Charités*, dans le diocèse d'Evreux, des associations ou confréries religieuses dont le but principal est de rendre aux morts les honneurs de la sépulture chrétienne. Elles ont une origine héroïque. En 1348, la *peste noire* partit de Florence, et étendit ses affreux ravages dans toute l'Europe. Les trois quarts de la population périrent ; il y eut des villages entièrement dépeuplés ; des forêts comme à Beaumont-le-Roger et dans le Roumois, des bois d'une assez grande étendue, comme à Louye et à Illiers-l'Evêque, remplacèrent des campagnes jadis florissantes ; il n'y avait plus de bras pour les cultiver. Le soc de la charrue rencontre assez souvent, au milieu des plaines, des vestiges de villages détruits dont on était loin de soupçonner l'existence. Les populations épouvantées abandonnaient leurs demeures, se réfugiaient dans les forêts, sur les montagnes et cherchaient, contre le redoutable fléau, un abri dans le creux des rochers et jusque dans les cavernes. Les morts restaient sans sépulture, et l'infection des cadavres s'ajoutait aux horreurs de la peste. A la voix de la religion, à l'appel des prêtres, des hommes généreux, dans notre pays, dévouèrent leurs vies à l'ensevelissement et à la sépulture des pestiférés, se réunirent en associations, et s'engagèrent par serment à remplir envers tous, pauvres et riches, ce saint devoir de la piété chrétienne : le dévouement de Tobie avait ses émules. C'est sous les inspirations de la charité que se formaient ces associations de chrétiens héroïques ; elles en prirent aussi le nom, et l'ont conservé jusqu'à nos jours. Les évêques les encouragèrent, les protégèrent et leur donnèrent d'admirables règlements : les souverains pontifes ouvrirent en leur faveur le trésor des indulgences de l'Eglise. La ferveur de ces illustres chrétiens ne se borna pas à la sépulture des morts : ils y joignirent les œuvres de la bienfaisance, les secours et les distributions de pain aux indigents, aux veuves et aux orphelins. Ils s'engagèrent à soutenir ceux d'entre eux qui tombaient dans le besoin.

Les saintes Écritures nous disent que l'aumône couvre la multitude des péchés. Il n'est point non plus de supplication plus puissante auprès de Dieu que la prière jointe à l'aumône. En rendant les derniers devoirs aux trépassés, la plupart des Charités firent en même temps une aumône à leur intention. La belle Charité de Sacquenville a conservé ce saint usage

Pour se maintenir dans la ferveur de l'esprit religieux qui les avait fondées, les Charités établirent certains exercices de piété qui leur étaient propres, fondèrent des messes patronales, des saluts, des processions, honorèrent le Saint-Sacrement d'un culte spécial, rendirent obligatoire l'assistance à la messe les jours de dimanche et de fête. Bientôt elles eurent leurs chapelains, leurs messes particulières dans des chapelles qu'elles érigèrent, leurs réunions dans un édifice qui leur appartint en propre et qu'elles appelèrent leur *chambre.*

Pour les étrangers, une Charité qui officie offre à leurs yeux étonnés un curieux spectacle : c'est le moyen-âge qui rentre en scène avec ses us et coutumes, ses costumes extrêmement pittoresques. Chaque frère, vêtu d'une robe noire, la tête couverte d'une toque galonnée d'or ou d'argent, une chausse ou chaperon rehaussé de broderies étincelantes sur l'épaule, tient à la main une torche bariolée de diverses couleurs, ou de cire jaune façonnée de bizarres dessins, de figurines représentant la Sainte-Vierge et le patron. Les détails de ce costume ne sont pas partout les mêmes : tantôt les frères portent un rabat comme les gens de justice, tantôt ils ont le corps entouré d'une fraise à la Henri IV. Ici, la toque ressemble à celle des avocats; là, à la Bonneville, par exemple, c'est un véritable mortier de président; plus loin, l'usage séculaire a voulu que ce fut un bonnet carré avec sa houpe, ou une barrette comme celle du clergé ; ailleurs, c'est le simple petit bonnet de soie noire. Telle Charité porte des chaperons noirs ou rouges comme la magistrature, telle autre les a bleus et scintillants d'étoiles, de paillettes, de broderies d'or et d'argent chargées d'inscriptions en lettres d'argent, comme celles-ci : *Dieu soit loué, Dieu soit béni, Gloire à Dieu, Paix aux vivants, Repos aux morts;* il y en a de toutes les formes, qui varient selon les localités, ce qui s'explique par la rareté et les difficultés des communications d'autrefois. Il suffit de faire quelques lieues, de traverser une rivière pour rencontrer des costumes différents. On dirait que ce n'est plus le même peuple. En tête du convoi ou des processions, s'avance un personnage qui est toujours magnifiquement vêtu, comme un hérault d'armes, d'un tabar ou tunique d'une grande richesse; il est aux Charités ce que les tambours-majors sont à la garde nationale de Paris. Il porte un nom différent, selon le nom qui est donné aux sonnettes qu'il agite à la main. Ainsi, il s'appelle *crieur*, quand il est chargé d'annoncer, dans les carrefours, l'heure des inhumations; *patenostrier*, quand il invite les passants à réciter un *Pater noster* et un *Ave* à l'intention du défunt; *cliqueteur, cloqueteur, tintenellier, campanellier,* selon que les sonnettes qu'il agite s'appellent *cliquettes, cloquettes, tintenelles* ou *campanelles.*

Les Charités remplissent leurs fonctions avec un zèle et un dévouement vraiment admirables. A toute heure, elles sont prêtes; les distances, les chaleurs, les neiges et les boues ne les effraient pas. Au milieu de la moisson, les ouvriers quittent leurs travaux pour se rendre à l'appel. Il y a des Charités qui desservent plusieurs communes, et le chiffre des convois s'élèvent, dans certaines campagnes, jusqu'à quatre-vingt et cent. Les membres qui les composent vivent pour la plupart de leur travail; ce sont donc trois mois de l'année qui sont généreusement sacrifiés à une œuvre de miséricorde.

Si les Charités ont beaucoup perdu de leur ferveur primitive, elles rappellent du moins la foi de nos pères, et renferment, dans leur institution, tous les éléments du bien et de la rénovation de la piété chrétienne. Ne doit-on pas dire aussi que si les hommes qui les composent aujourd'hui ne les maintiennent pas toujours à la hauteur de leur mission, la faute n'en est pas à eux, mais aux classes élevées qui, croyant forfaire à leur dignité en s'associant à une œuvre noble et chrétienne, pensent avoir fait assez, aux yeux du monde, en payant pour les suppléer un artisan ou un homme du peuple? Nous ne sommes plus au temps où, sans fausse honte, un homme du monde, un riche s'offrait à endosser la robe noire et l'antique chaperon des aïeux : les Charités restent donc livrées à des hommes que peu de convenances retiennent, et qui, sans le vouloir, sans le savoir même, laissent tomber peu à peu la considération que leur association mérite. Ce discrédit qui n'est pas encore venu, mais qui pourrait venir bientôt, qui commence à venir, est-il bien réellement leur faute?

L'institution des Charités est donc fort utile et respectable en elle-même; mais aux meilleures choses du monde se joignent souvent de grands abus, et la plupart des évêques d'Evreux ont eu à démêler avec elles des difficultés interminables. Leur complète subordination à l'autorité a été plusieurs fois tentée, mais jamais conquise. Cette gloire était réservée à Mgr Olivier.

II.

· Des désordres intolérables, malgré les règlements de ses prédécesseurs, furent signalés à Mgr Olivier dès son arrivée dans le diocèse. On nous a affirmé qu'un échevin, en état d'ivresse, avait présenté la croix à adorer à Louis-Philippe jusqu'à trois fois de suite dans un voyage qu'il fit au château de Bizy, pendant la vacance du siége, et que le roi, de retour à Paris, avait dit à M. Olivier, évêque nommé d'Evreux, que sans doute une de ses premières œuvres serait la réforme des Charités.

Cette question s'agita dans les premières réunions du conseil épiscopal, et ceux qui connaissaient l'esprit du pays, virent là, du premier coup d'œil, un échec pour sa popularité, et la source d'une grande agitation. Le *Journal de l'Eure*, qui avait évidemment une oreille ouverte dans le conseil, dès le 12 octobre 1841, commençait l'attaque et donnait d'avance le signal des révoltes par les lignes suivantes :

« Un décret du nouvel évêque d'Evreux vient, dit-
« on, d'interdire aux sociétés, dites de Charité, insti-
« tuées dans le diocèse pour le service des inhuma-
« tions, la pratique de certaines cérémonies religieu-
« ses qu'elles exercent depuis bientôt cent ans, et à
« l'égard desquelles les prélats, qui ont occupé le
« siége d'Evreux, n'avaient jusqu'alors trouvé rien à
« redire. Si le fait est exact, la mesure ferait naître de
« grands mécontentements, et l'évêché recevrait à
« coup sûr de grandes réclamations. »

La première étincelle partit de Bourneville, dont M. l'abbé Brochu était alors curé. La Charité était entrée en lutte avec son pasteur, qui eut la louable fermeté de lui tenir tête, et qui ne craignit pas de provoquer son interdiction pour la soumettre à l'ordre. Monseigneur le soutint contre les pétitionnaires qui demandaient son changement, et cela valut à l'un et à l'autre une nouvelle attaque du journaliste (N° du 9 novembre 1841) : « Il est au moins étrange que « M. l'évêque fasse tant de difficultés pour admettre « les demandes et les plaintes de conseillers munici- « paux, l'élite d'une commune, tandis qu'il est si « prompt à faire d'autres changements que personne « ne réclame. »

Dans le numéro du jeudi 20 janvier 1842, il racontait une visite des gendarmes cherchant, à Bourneville, s'il ne se préparait pas un charivari. « M. le des- « servant, disait-il, s'est fait des ennemis, notam- « ment en destituant tour à tour la confrérie de la « Charité et celle du Sacré-Cœur : c'est lui sans doute « que menaçait le charivari. » Enfin, après le départ de M. l'abbé Brochu, que Mgr Olivier délivrait de ces tracasseries en le nommant doyen de Gaillon, le 1er mars 1842, toujours sous la rubrique de Bourneville, il écrivait : « Ce qu'il importe de signaler, c'est l'op- « position systématique de MM. les desservants con- « tre les Charités... Nous sommes loin de réclamer « l'inviolabilité des charités. » Il y avait donc quelque chose à faire !...

A l'occasion de ce qui s'était passé à Bourneville, l'attention du prélat s'était en effet arrêtée sur les Charités. Il écouta tous les rapports. Il lui fut dit qu'après les inhumations, des repas scandaleux étaient donnés aux Frères de Charité, et qu'ils rentraient chez eux dans un état complet d'ivresse; que la croix des processions était souvent profanée par eux; qu'elle était portée dans les mains d'hommes ivres; qu'il n'était pas rare de rencontrer sur le chemin celui qui portait la croix, ivre-mort d'un côté, et de l'autre l'image auguste du Sauveur jetée dans la boue; que dans les fêtes patronales, les Frères de Charité, en costume religieux, faisaient adorer la croix sur les places publiques, dans les carrefours, et jusqu'au milieu des danses; que l'office était troublé par l'adoration de la croix que les Frères faisaient faire dans l'église en se promenant au milieu de l'assemblée des fidèles; que s'il y avait des églises où cette cérémonie se faisait avec décence, il y en avait d'autres où elle était un véritable scandale, que cette croix était portée par des hommes qui riaient et causaient, et adressaient des quolibets aux personnes qui s'agenouillaient pour l'adorer; que sur une grande route, des Frères avaient voulu faire baiser la croix aux chevaux d'une calèche arrêtée, en disant à ces animaux indociles et peu révérentieux, que *plus bêtes qu'eux* l'avaient bien baisée.

Il lui fut dit que dans les cérémonies appelées, selon les localités, *siéges, redevances, avant-rues, assemblées, échevinages*, les Frères s'installaient sous les tentes ou dans les cabarets, posaient la croix sur la table et menaient joyeuse vie; que ces désordres étaient tellement avérés, que *boire comme un Frère de Charité* était un proverbe compris dans tout le département, à tel point que les fermières disent à leurs veaux, quand ils refusent le laitage : *Pour te faire boire, il faudra donc que je te fasse entrer à la Charité.*

Il lui fut dit que lorsque deux Charités servaient ensemble, il était de règle et de tradition que l'une devait faire festoyer l'autre jusqu'à ce que, ne pouvant plus tenir à table, on se roulât dessous; que l'on avait plusieurs fois chanté en chœur des *De Profundis* sur les ivres-morts, tandis que d'autres apportaient de la paille en faisant le simulacre de vouloir les brûler.

Il lui fut dit que, de temps immémorial, la plupart des Charités étaient en un état permanent d'insurrection contre l'autorité des curés, et que de cette insubordination naissaient des querelles, des divisions et des troubles dans un grand nombre de paroisses du diocèse; que là était la grande plaie de la religion et la croix des pasteurs.

Que ne lui fut-il pas dit?

Il y avait sans doute de l'exagération dans ces accusations portées contre les Charités : de quelques abus particuliers on faisait un désordre général. Un bon nombre de Charités ignoraient ces excès, et les auraient eus en horreur. Les Charités qui environnent Evreux, plus rapprochées de la surveillance de l'autorité, avaient conservé une discipline sévère et une tenue irréprochable.

Ce qui frappa surtout Mgr Olivier, ce furent les abus de l'adoration de la croix. Dans ce fait seul de l'adoration de la croix faite par un laïc, dans l'église même, et jusque pendant la célébration des offices, il vit une grave usurpation des fonctions sacerdotales. Il se demanda d'où pouvait venir une pareille dérogation à toutes les règles, et, chose singulière! il ne put en trouver aucune trace dans les bulles et dans les règlements des Charités. Ce privilége n'existe en effet nulle part : l'usage seul l'a introduit.

A ces récits, le zèle si pur de Mgr Olivier s'enflamma. Tolérer plus longtemps ces abus ou garder le silence, lui aurait paru une prévarication de son ministère. Il n'était pas homme à s'arrêter devant les difficultés : les obstacles mêmes redoublaient son énergie, surtout quand la gloire de Dieu, le respect des choses sacrées et la dignité du culte y étaient intéressés !

On lui observa que ses prédécesseurs avaient tenté la réforme des Charités, et qu'ils n'avaient pu réussir. Serait-il plus heureux? On ajouta que le peuple normand, comme autrefois le peuple juif, était dur de tête et récalcitrant au joug ; qu'il était aveuglément attaché aux usages et coutumes de ses pères; qu'y changer quelque chose était tout perdre à ses yeux; que les Charités en Normandie étaient l'arche sainte d'Israël, à laquelle il ne fallait point toucher; que toute mesure prise à l'encontre desdites Charités ne pourrait être mise à exécution sans susciter aux curés du diocèse mille chagrins et mille tribulations.

D'autres, au contraire, applaudirent et assurèrent même que, si Sa Grandeur pouvait réglementer et soumettre les Charités, ce serait rendre un immense service au diocèse; qu'il était digne de lui d'entreprendre cette réforme.

On répliqua que le prélat allait infailliblement perdre toute sa popularité et compromettre la visite épiscopale qu'il allait bientôt entreprendre ; qu'il valait mieux attendre qu'elle fût faite, et puis lancer ensuite ses ordonnances.

Mgr Olivier répartit qu'un évêque, qui a de la foi, ne se conduit point par ces sortes de conseils ; que la question de popularité était nulle pour lui, qu'il ne voulait pas se faire une popularité aux dépens de sa conscience, qu'en toute chose il consulterait le devoir ; qu'il répugnait d'ailleurs à sa délicatesse d'aller recueillir les hommages des populations pour prendre ensuite des mesures qui leur seraient désagréables ; qu'il était dans son caractère d'agir franchement, ouvertement, de manifester de suite ce qu'il avait dans le cœur.

« En temps de guerre, disait-il, quand les Espagnols entrent dans une ville, ils se montrent d'abord doux et pacifiques ; les populations des villes leur donnent aussitôt leur confiance ; mais la nuit de leur départ, ils mettent tout à feu et à sang, égorgent les femmes, les enfants, les vieillards. Les Français, au contraire, sont d'abord terribles : ils apportent l'épouvante avec eux. Mais une fois vainqueurs, leur colère est désarmée : quand ils quittent les villes prises d'assaut, les populations sortent en larmes après eux pour les retenir. Or, je suis Français et nullement Espagnol. »

Mgr Olivier fit-il bien, fit-il mal de prendre sur les Charités les mesures qu'il mit aussitôt à exécution ? Ces mesures étaient-elles opportunes ? N'aurait-il pas infiniment mieux valu laisser en paix les Charités, dont la régularité était irréprochable, et réprimer les abus partout où ils se montreraient ? C'eut été à recommencer tous les jours, et Monseigneur voulait soumettre les Charités à l'uniformité d'un seul et unique règlement, et s'assurer avant tout de leur subordination : leur faire reconnaître une autorité, ne nous arrêtons pas aux détails, là était le point essentiel, le but élevé à poursuivre et à atteindre.

Ce qu'il y a de certain, c'est qu'on se demanda si ces ordonnances lui furent conseillées par un ami ou un ennemi, si quelque sournoise prévoyance n'en avait point calculé d'avance toutes les conséquences. Quant au peuple, il fait l'histoire comme il sent. Il dit, et on ne lui persuadera jamais le contraire : si on n'avait pas trompé Mgr Olivier, qui nous aimait, que nous avons vu, entendu et compris, il ne nous aurait jamais fait de peine en touchant à nos Charités, en nous ôtant l'adoration de la croix pour la donner aux curés. Quand il les a vues, il les a trouvées très belles et il en était dans l'admiration.

III.

Quoiqu'il en soit, le 14 février 1842, parut une ordonnance épiscopale qui réglait provisoirement l'état des Charités.

« Je n'ai pu encore réunir, écrivait Mgr Olivier, « tous les renseignements qui me sont nécessaires pour « donner un règlement définitif qui concerne toutes « les associations ou confréries de Charité dans le dio-« cèse. Je m'en occupe sérieusement ; mais je ne puis « tolérer plus longtemps les abus qui me sont signa-« lés. Je sais que MM. les curés en gémissent, *et je ne* « *dois pas leur laisser l'odieux de la réforme dont je* « *veux assumer la responsabilité.* »

Son ordonnance faisait, à toute confrérie de Charité, défense absolue de sortir des limites de sa paroisse pour aucune inhumation, à moins d'absence de Charité dans une autre paroisse, et encore sur la demande formelle du curé des défunts et avec la permission du curé de la paroisse à laquelle appartient la confrérie ; de chanter ou de réciter aucun office à la maison mortuaire, sous quelque prétexte que ce soit ; de faire adorer la croix, soit dans les rues ou les chemins, soit dans l'église, cette fonction étant réservée aux prêtres seulement; d'enlever aux fabriques les revenus qui leur appartiennent, comme les prix des chappes, des tentures, à moins que le conseil de fabrique n'y ait donné son formel consentement, et de laisser passer les tarifs approuvés.

Les ordonnances épiscopales du 24 février et du 9 mars 1842 sont relatives à cette question des Charités, et prescrivent la manière dont sera faite l'adoration de la croix, qui n'est pas abolie, mais réservée exclusivement aux pasteurs.

Mgr l'évêque d'Evreux prononça la dissolution de toutes les Charités qui refusèrent de se soumettre, et le 8 avril 1842, afin de continuer à mettre la responsabilité des curés à couvert, il les prévint qu'à dater du 2 mai, tout curé qui aurait supporté, sous quelque prétexte que ce fût, une Charité insoumise, serait interdit *ipso facto ;* qu'il serait inutile de lui présenter des demandes d'exemptions, parce que les rapports qui lui venaient de toutes les parties du diocèse lui prouvaient de plus en plus la nécessité de la réforme des abus qui lui avaient été signalés.

Bientôt toute une partie du diocèse, surtout dans les arrondissements d'Evreux et de Bernay, fut en rumeur. L'homme ennemi prit un ton tout à fait édifiant pour rappeler aux populations euraises tout le respect qui était dû au chaperon vénéré des aïeux. Il souffla la révolte dans les colonnes du *Journal de l'Eure.* Chaque jour les plus atroces injures étaient imprimées contre la personne sacrée de l'évêque : la feuille incendiaire ne le désigna même plus que sous le titre d'*ex-curé de Saint-Roch.* Ses règlements étaient aussi inutiles que ridicules, sa réforme brutale et tracassière ; ses ordonnances n'étaient plus que des ukases, des étourderies ; la colombe pacifique des armoiries épiscopales qu'un pigeon voyageur ; son autorité qu'un despotisme, une aveugle tyrannie insupportable. Il était traité lui-même de pacha mitré. Le journal semblait atteint d'épiscophobie, et cette maladie était chez lui à l'état de mal incurable. Ni les invectives, ni les railleries, ni les suppositions calomnieuses, ni les récits mensongers, ni les lettres anonymes, ni la forme ignoble et bouffonne du style, rien n'était épargné pour attirer sur le prélat la haine de ses diocésains. A force d'injures et d'outrages, on finit par le rendre intéressant ; et l'indignation que cette odieuse polémique excita dans les populations, servit admirablement Mgr Olivier à compléter la réforme.

Le journal, cependant, prit un instant faveur, et vit accroître le nombre de ses abonnés. Plus la recette devenait abondante, plus le journal était en verve de nouvelles invectives ; il battait de la grosse caisse, il sonnait de tous ses clairons ; il enregistrait précieusement tous les actes d'insubordination, les louait outre mesure, prêchait la résistance : il se faisait le crieur, le cliqueteur et le bedeau de toutes les Charités. Le scandale était dans la révolte : mais il rejetait ce scandale sur l'évêque. Les Frères révoltés enlevaient les corps morts, souvent malgré les familles, et les déposaient au cimetière sans les faire entrer à l'église : c'était l'évêque qui était responsable du deuil et de la désolation des familles ; le cercueil des morts servait de trépied aux furies de l'opposition.

Il sortit en même temps des presses du *Journal de l'Eure* un libelle intitulé : *Défense et droits des Charités du département de l'Eure, par un conseiller municipal,*

in-12 *de* 40 *pages*, qui fit un peu de bruit à son apparition, mais qui est au-dessous de toute critique, et
s'anéantit aussitôt dans le mépris. Cette production
indigeste, d'un style ébouriffant, faisait aux chanoines
le triste honneur de s'appuyer sur leur protestation.
A propos des Charités, elle s'occupait des séminaires qui
n'étaient pourtant pas en question. « Nous ne doutons
« pas, disait-elle, qu'au premier jour il ne dote son
« grand et son petit séminaire de professeurs sulpi
« ciens. Gare aux professeurs actuels !... » Elle faisait
ensuite des révélations sur ce qui s'était passé dans le
conseil de l'évêque, et exprimait à la fin l'espoir, tant
de fois déçu, qu'il passerait bientôt à un archevêché.
On y lisait sur M. l'abbé Lefebvre, grand archidiacre
d'Évreux, cette incroyable phrase : « *Cet ecclésiastique,*
« *au style académique,* réclama *contre la nomination*
« *de notre évêque actuel, dit-on.* » Elle appelait les
quelques prêtres isolés qui faisaient de l'opposition à
leur chef, *les ecclésiastiques les plus haut placés dans
l'opinion publique par leurs talents et leurs vertus.* Cette
opinion publique n'était rien autre chose que l'opposition, qui se décernait à elle-même des couronnes de
sainteté et des palmes de vertu. Les paysans lurent
ce pamphlet avec avidité ; ils y cherchèrent du bon
sens, le bon gros sens commun si naturel à notre peuple, et n'en trouvèrent point ; l'absurde, ils ne l'aperçurent pas : ils y virent au moins des mots. Le pamphlet argumente contre la dissolution de toutes les
Charités, comme si Mgr Olivier les avait toutes abolies, et il n'avait interdit que les rebelles. Il suppose
qu'il supprime les prières pour les morts, qu'il ne permet même pas de prononcer un *requiescat in pace,* et
là-dessus des déclamations à perte de vue, à *courses*

de plumes, comme l'auteur l'avoue lui-même, et les ordonnances ne retranchaient pas une seule prière du rituel. Il dénie à l'autorité ses droits les plus clairs et les moins incontestables.

Ce qu'il y a de vraiment curieux dans cette prétendue défense des Charités, c'est qu'elle donne raison presque en tout au réformateur qu'elle s'imagine réfuter; elle signale même contre les Charités des abus où il n'y en avait pas. Ainsi, page 15, l'auteur blâme le chant du *Miserere* au convoi de la famille après la sépulture. Mgr Olivier n'avait pas été jusque-là; il avait, au contraire, approuvé cet usage, et les Charités en étaient reconnaissantes. Il pousse même son admiration pour les réformes opérées par le prélat jusqu'à l'enthousiasme : les abus de l'adoration de la croix dans les carrefours et sur les chemins l'avaient aussi frappé. Il s'exclame, page 19 : « Là nous approu-
« vons cette partie de la défense, et voilà pourquoi
« nous nous écrions : Arrière les adorations de la croix
« dans les rues et dans les chemins, et cela pour le
« vil intérêt de quelques centimes! Arrière cet usage
« qui profane la chose la plus sainte, la croix, berceau
« de notre délivrance, la croix du haut de laquelle le
« Fils du Charpentier livra au monde la liberté! C'é-
« tait donc une louable pensée d'ôter de l'avilissement
« une si noble et si auguste chose !!! » Alors pourquoi tant d'outrages ?

Que fit cependant Mgr Olivier? Il était insensible aux attaques quotidiennes dirigées contre lui. Il n'a jamais lu un seul des articles du *Journal de l'Eure* ni de l'*Echo de la Normandie* : il ne les connaissait que par les rapports qui lui en étaient faits. Il avait positivement déclaré, aux personnes qui l'engageaient à mettre fin aux diatribes dont il était l'objet, qu'il ne pensait pas que la dignité de sa position lui permît d'entamer une polémique qu'il n'avait ni le temps ni la volonté de soutenir, que d'ailleurs la religion ordonne le pardon des injures, et qu'il n'y avait réellement à plaindre que ceux qui font le mensonge et qui y ajoutent foi.

Recula-t-il? Mais, depuis quand l'autorité doit-elle céder devant l'insubordination ? Il persévéra avec fermeté. Il méprisa profondément les atrocités que la presse opposante d'Evreux vomissait contre lui ; il gémit sur les désordres déplorables où s'emportaient des hommes égarés par les mauvaises passions, mais il ne se laissa pas intimider. Il prouva qu'il savait allier la force à la douceur, et continua de prendre sur lui l'odieux des mesures qu'il devait maintenir, bien convaincu que la volonté persévérante finit toujours par triompher. Il se réjouissait même d'être seul en butte aux attaques d'une presse grossièrement hostile : « Je suis heureux, disait-il, qu'on s'attaque à la tête plutôt qu'aux membres. Je suis ainsi la sauvegarde de mes curés. »

M. Zédé, habile administrateur, homme aux vues droites, dont la fermeté égalait l'intelligence, soutint énergiquement l'autorité religieuse. Les Charités rebelles étaient dissoutes : il cassa les maires qui favorisaient leur révolte, et les tribunaux firent justice de quelques scènes de désordre, en appliquant aux coupables la vindicte des lois.

Que firent alors nos bons habitants des campagnes ? Ils s'aperçurent bien vite que la question des Charités n'était qu'un prétexte pour exciter des désordres ; que pour la suppression d'abus manifestes, le changement d'une cérémonie, celle de l'adoration de la croix que l'évêque n'interdisait pas, pourvu qu'elle fût faite par la main d'un prêtre, il était absurde de consentir à l'abolition des Charités, dont eux-mêmes souffriraient les premiers. Le bon sens, la réflexion germent toujours dans le *pays de Sapience.* Les Charités voyant donc que l'autorité restait ferme, que la révolte n'aboutissait qu'à produire d'inutiles scandales, leur opiniâtreté s'ébranla, et les voies de conciliation et de douceur firent le reste. L'agitation dura cinq ou six mois, mais vive, bruyante, féconde en scènes de violence, on en parla pendant quelques mois, et tout fut dit. Les soumissions se firent tous les jours, les dissolutions furent révoquées, et bientôt il ne resta plus que sept ou huit Charités en état d'insurrection.

Au loin, les échos de la presse faisaient croire que tout était bouleversé dans le diocèse d'Evreux, tandis, au contraire, que tout était rentré dans le calme. Elle représentait Mgr Olivier au milieu des scènes de désordre ; il était au sein de ces campagnes agitées, et recevait des ovations. Dès le 3 juillet 1842, le ministre des cultes écrivait au prélat que *l'irritation se calmait de jour en jour, et qu'elle ne se manifestait plus que dans quelques communes.* « *En effet*, ajoutait-il, « cette affaire des Charités, qui d'abord avait fait tant « de bruit, est, après tout, à peu près oubliée... La « mesure que vous avez prise pour remédier à des « abus invétérés s'exécute, et bientôt vous ferez des « Charités ce que vous voudrez. C'est là un grand « succès. »

Des députations des confréries de Charité vinrent en foule à l'évêché. Le prélat leur faisait un accueil si franc, si cordial, il leur parlait avec tant de raison,

son éloquence était si insinuante, que ces braves gens, qui étaient venus avec des préventions peu favorables, s'en retournaient enchantés, ravis, subjugués. Ils convenaient de leurs torts et promettaient, de retour chez eux, de détromper les esprits et de tout pacifier. Ils revenaient, bien persuadés que, loin de vouloir abolir lès Charités, Mgr Olivier en était, au contraire, le protecteur; car n'est-ce pas sauver une institution, bonne en elle-même, que de la purger de ses abus? Il leur annonçait qu'une commission de prêtres avait été créée par lui afin d'examiner leurs réclamations, de recueillir des renseignements, et de préparer des statuts définitifs qui pacifieraient tout.

Enfin, le 31 octobre 1842, parut le *Règlement définitif des confréries de Charité*, qui restera l'un des plus beaux monuments de l'épiscopat de Mgr Olivier. Bientôt toutes les Charités se soumirent à l'ordre : il ne resta plus que quelques regrets et des murmures relativement à l'adoration de la croix.

CHAPITRE VIII.

Visites pastorales.

I.

C'est au milieu de la plus violente opposition, et des clameurs que soulevait l'agitation des Charités, que Mgr Olivier s'était mis en marche pour visiter les paroisses rurales de son diocèse. Il allait au devant des populations irritées, il se mêlait dans les rangs du peuple, il descendait dans les églises de chaque village, passait en revue ces Charités si terribles, ces paysans si courroucés, et partout, à l'exception de deux ou trois paroisses, sa visite pastorale ressemblait à une marche triomphale. Rien ne prouve plus que ce fait l'incroyable ascendant qu'il exerçait sur le peuple; c'est la phase la plus étonnante de sa vie, c'est le plus beau triomphe de son éloquence populaire, c'est le témoignage le plus irrécusable de sa force morale. Si le fait ne s'était pas accompli à la face du soleil, on ne l'aurait pas cru possible avec la froideur naturelle à nos populations, et dans l'état d'irritation des esprits.

En vain, dans leur folle envie de mal faire, les méchants avaient fait appel aux mauvaises passions du peuple : le peuple a ses bons instincts qui ne le trompent pas. Il vit Mgr Olivier; il l'entendit dans l'église du village, et avec son bon sens, avec cet impérissable sentiment de justice et de droiture qui est au fond de son cœur, il jugea digne de ses ovations celui qu'on essayait de lui faire haïr. Les clameurs impuissantes d'une hostilité aveugle ne servirent qu'à précipiter au devant lui avec amour, avec ravissement, les populations entières, qui, au sein des cités, au milieu des campagnes, et jusqu'au fond des bois, lui faisaient un brillant et sympathique accueil dans ses tournées pastorales. Quelques mots tombés de sa bouche suffisaient pour dissiper toutes les préventions de la malveillance, et, comme le peuple sent merveilleusement le beau et le vrai, ses yeux se remplissaient de larmes aux accents de cette voix déjà si puissante sur son cœur.

Mgr Olivier, avait écrit dans son mandement de prise de possession :

« Pauvres habitants des campagnes, autrefois at-
« tachés avec tant de ferveur aux saintes pratiques de
« la foi de vos pères et maintenant qu'ont jetés dans
« les ténèbres tant de livres corrupteurs et d'effroya-
« bles maximes, nous brûlons du désir d'aller vous
« rompre le pain de la parole divine, de vous faire
« rentrer aux solennités de la maison de votre Père,
« de vous détourner de la profanation du jour qui ap-
« partient à Dieu, en vous faisant saisir le véritable
« esprit du christianisme, esprit de mansuétude, de
« consolation, de charité et de joie. »

Ce n'étaient point là de vaines paroles. Pas une seule église de village, si pauvre qu'elle fût, ne fut privée de la consolation de voir et d'entendre son premier pasteur ; il l'a visitée jusqu'à trois et quatre fois dans le cours de son épiscopat. A l'entendre parler aux paysans, on eût dit qu'il avait toujours vécu au milieu d'eux, tant il connaissait leurs besoins, leurs secrètes pensées, leurs préjugés, leur langage, tant il savait se mettre à leur portée. Ceux qui n'ont entendu M. Olivier que dans les chaires des villes, en présence d'un auditoire choisi, ne connaissent pas encore, et n'ont jamais connu toutes les ressources de son talent oratoire. MM. Jouen et Guibert, ses fidèles vicaires-généraux, les compagnons assidus de ses fatigues, ont entendu de sa bouche, dans les églises rurales, des discours qu'ils mettent au-dessus de tout ce qu'il a dit de plus ravissant dans la chaire épiscopale d'Evreux. C'était l'esprit de l'apôtre, du missionnaire, l'inspiration de Brydaine qui soufflait en lui.

Dans les quatre premières années de ses visites pastorales, qui achevèrent le tour du diocèse dans toutes les paroisses, il se fit précéder par des prêtres zélés, qui, sous le nom de prêtres auxiliaires, évangélisaient les peuples avec un grand zèle ; puis l'évêque venait les visiter, achevait par l'autorité et l'action de sa parole ce que les prêtres auxiliaires avaient commencé, et leur distribuait de sa main le pain des anges et la grâce de la confirmation.

La nudité des églises affligeait les regards : les pasteurs, animés par ses exhortations, les décorèrent avec goût, avec richesse et magnificence. Par leurs soins, par leur zèle, par leurs persévérants efforts, l'église du village se métamorphosait et devenait digne de la majesté du Dieu trois fois saint. Un nombre considérable de ces églises, depuis des siècles, n'avaient jamais reçu la visite d'un évêque : elles se montrèrent comme jalouses de paraître aux yeux du prélat qui les visitait dans toute la fraîcheur de leur jeunesse. Les vieilles murailles secouaient leur poussière et leur moisissure séculaires pour se revêtir d'une éclatante fraîcheur ; les hideuses statues descendaient de leurs niches pour faire place à de saintes images de saints plus convenables, les autels se paraient et se couvraient de dorures. Maçons, menuisiers, peintres et décorateurs ne suffisaient plus aux travaux qui leur étaient commandés de toutes parts par les fabriques ; les riches ornements sortaient chaque jour des beaux magasins de MM. Cauët et Le Mettayer ; à aucune époque leur vente ne fut plus active. Les Charités elles-mêmes subissaient le mouvement imprimé : elles ne voulaient se présenter devant le prélat réformateur que dans toute leur splendeur de chaperons galonnés de neuf, de croix fraîchement argentées, de bannières de damas, de velours chargés d'or et d'argent. Comme si elles avaient voulu lui dire : Vous ne nous connaissiez pas, nous voilà ! Telles que nous sommes, est-ce que nous ne sommes pas belles ? Les Frères étaient rayonnants sous leurs riches et pittoresques costumes, assurés que leur vue n'était pas à dédaigner, et que sous leurs brillants chaperons ils étaient vraiment des personnages. L'évêque souriait à une si naïve confiance, s'arrêtait au milieu de leurs rangs, les considérant avec attention, et promenant ses regards sur leurs croix, sur leurs bannières, objets d'un légitime orgueil. Il trouvait le tout magnifique, leur tenue admirable : ils en étaient bien persuadés d'avance, mais ils étaient ravis, enthousiasmés de le lui entendre proclamer tout haut.

L'évêque arrivait presque toujours exactement à l'heure indiquée et précise. Les cloches avaient répandu dans l'air leurs plus joyeux carillons. Tout le village était sur pied et paré comme dans les plus beaux jours de fête. Souvent un arc de triomphe, orné de fleurs et de verdure, était dressé par des mains rustiques à l'entrée du hameau, les rues soigneusement balayées, quelque fois jonchées de fleurs et dépavées. Les jeunes filles, vêtues de blanc, escortaient leurs bannières et leurs bâtons fleuris ; les maires et les adjoints en écharpe précédaient leur conseil municipal ; la garde nationale, presque toujours au complet, était sous les armes, avec des fusils de toutes les dimensions et de tous les calibres ; ceux des miliciens campagnards qui n'en étaient pas pourvus, y suppléaient avec des bâtons blancs, festonnés, au moyen desquels ils s'imaginaient tenir l'arme aux bras. Souvent une cavalcade de jeunes gens se lançait au galop au devant du prélat, et revenait en escortant sa calèche et faisant devant elle, derrière elle, tout autour, peu leur importait, des évolutions qui n'étaient pas régulières comme celles du Champs-de-Mars, mais qui témoignaient au moins de la bonne volonté des cavaliers improvisés. C'étaient de bons et superbes chevaux qu'ils montaient, veuillez bien m'en croire, car nos fils de fermiers n'en élèvent pas d'autres.

Aussitôt que le prélat paraissait, des détonations d'artillerie se faisaient souvent entendre. Lui grave, recueilli, mitre en tête, crosse à la main, s'avançait vers le dais, porté par les Frères de Charité ou par les notables du pays, s'agenouillait sur le prie-Dieu préparé, baisait la croix avec un profond respect, saluait avec grâce le clergé, les magistrats, les assistants, puis les yeux ordinairement fermés, écoutait la harangue du maire, à laquelle il répondait avec un à propos, une présence d'esprit admirables, avec des paroles toujours flatteuses pour celui qui l'avait prononcé.

Quand la procession se mettait en mouvement, le

prélat veillait lui-même à la gravité, à la décence, à l'ordre de la marche, envoyait l'un de ses archidiacres régulariser l'alignement des rangs, répondait à la vénération de la foule par ses bénédictions, sortait souvent de dessous le dais pour donner une marque de respect aux octogénaires appuyés sur leur bâton de vieillesse et qui ne pouvaient plus marcher, ou pour bénir les petits enfants dans les bras et sur le sein de leurs mères.

Soit en marche, soit à l'église, mais le plus souvent au retour, pas un seul petit enfant n'échappait à ses regards ; pas un malade ou un infirme, qui s'était fait transporter à la porte de son logis, ne se dérobait non plus à son attention paternelle. Une porte ouverte aux habitations lui faisait deviner la présence d'un malade ; il fendait alors la foule, entrait dans la chaumière, et le consolait par quelques bonnes paroles.

Arrivé à la porte de l'église, il recevait l'eau bénite et l'encens, puis il écoutait le discours du pasteur, auquel il faisait sur le champ une réponse analogue aux paroles qu'il avait entendues et ordinairement très heureuse. Après avoir adoré quelques instants le Saint-Sacrement, il montait en chaire, adressait à la foule une première allocution, toujours pleine de saillies, d'à propos, et qui saisissait fortement l'attention. Puis, après avoir annoncé l'ordre de la cérémonie, il redescendait dans le chœur pour procéder à l'examen des confirmants. Chaque enfant, chaque jeune homme, chaque jeune fille jusqu'à l'âge de vingt ans, étaient par lui interrogés sur les éléments de la foi, sur les principaux traits de la vie du Sauveur, sur les premiers principes de la morale, sur les vérités et sur les actes nécessaires au chrétien pour le salut. Cet examen était détaillé, rigoureux, redouté et redoutable ; car ceux qui ne répondaient pas d'une manière suffisante, étaient exclus de la cérémonie. Il disait ne pas connaître de plus grand fléau que l'ignorance, et lui faisait la guerre. Il était bon, indulgent dans ces examens ; il ne faisait que des questions simples, claires par dessus tout, et à la portée des enfants. Quand ils répondaient bien, il était heureux, il comblait le pasteur d'éloges et d'encouragements. Mais malheur au pauvre curé, quand l'ignorance de ses enfants était pour le prélat un fait avéré : il lui adressait en public de très vifs reproches. Mais ce dernier cas était heureusement fort rare.

L'examen terminé, il indiquait les chants qui devaient être exécutés, et commençait la messe. Ordinairement les pasteurs présentaient ce jour-là leurs enfants pour la première communion. L'évêque prononçait une allocution, avant et après la première communion, dans les termes de la piété la plus fervente.

A la fin de la messe, il montait en chaire, et c'est alors que l'évêque était apôtre et missionnaire ; c'est alors qu'il prononçait ces belles harangues dont nous parlions tout à l'heure. Les paysans étaient comme suspendus à ses lèvres et dans un ravissement qu'ils n'avaient peut-être jamais éprouvé. Combien de fois je les ai vus pleurer à ces discours, même quand il ne leur disait pas des choses touchantes. Ils pleuraient uniquement parce qu'ils le comprenaient. Il terminait par des félicitations aux autorités, et des remerciements à tous pour l'accueil qui lui avait été fait.

Après le sermon, il donnait le sacrement de la confirmation, puis, après avoir écouté le réquisitoire du promoteur, faisait la visite de l'église dans tous ses détails, réformait les statues des saints qui n'étaient pas convenables, faisait examiner les comptes des fabriques et l'état des ornements par ses vicaires généraux. Il se rendait ensuite processionnellement au cimetière, bénissait les tombes, encensait la croix, et priait pour les morts. Il était ensuite reconduit au presbytère, dont il allait faire la visite dans le même ordre qu'à l'arrivée, remerciait de nouveau les autorités, les gardes nationales, le clergé, les Frères de Charité, et donnait audience à toutes les personnes qui avaient à lui parler. Souvent il allait ensuite visiter les pauvres malades, les consolait, et leur donnait le sacrement de confirmation. Quand l'église était pauvre et sans ressource, il lui faisait ordinairement une riche offrande.

L'après-midi, il recommençait exactement la même cérémonie, les mêmes prédications, dans une autre paroisse : il lui est arrivé de visiter quatre églises dans une seule journée, souvent trois, et régulièrement deux. Durant cinq mois de chaque année, tous les jours, c'étaient les mêmes fatigues, le même zèle, les mêmes travaux apostoliques. Pendant les treize années de son épiscopat, il a ainsi visité trois fois toutes les églises et chapelles de toutes les paroisses, sans en excepter aucune.

II.

Mgr Olivier commença sa première visite dans le canton de Nonancourt. Ecoutons le récit d'un témoin oculaire (*Courrier de l'Eure*, nº du 16 avril 1842) :

« Nous mettons le 16 avril au nombre des beaux

jours de notre ville de Nonancourt. Dès le matin, les cloches annonçaient la venue de notre évêque, et la rigueur du froid n'a pas empêché la presque totalité des habitants de se porter à sa rencontre. D'une exactitude scrupuleuse, **Mgr Olivier**, revêtu de ses habits pontificaux, mettait pied à terre à dix heures, un peu en avant de la ville, où le maire, le conseil municipal, le tribunal de paix l'ont complimenté. Il a été ensuite reçu près des premières maisons par le clergé, qui l'a conduit processionnellement à l'Eglise, qui porte le nom de *Fille aînée de la cathédrale d'Evreux*. Après quelques instants passés au chœur, il est monté en chaire, et c'est avec cette élocution facile, avec cette chaleureuse onction, que tous ceux qui l'ont entendu connaissent, qu'il a donné son premier et gracieux salut à une assistance nombreuse qui encombrait l'église, et que sa parole a charmée autant qu'édifiée. A la suite de la messe pontificale et de la confirmation, qui a paru le satisfaire, il est remonté en chaire et a de nouveau, pendant de trop courts instants au gré de ses auditeurs, fait entendre cette parole qui saisit, attache, émeut, entraîne, et qui pourtant semble si naturelle et si simple. Si nous osons compter notre opinion pour quelque chose, nous dirons que **Mgr Olivier** a eu ici un beau triomphe; il a surpassé la réputation d'éloquence qui l'y avait précédé, et il a justifié celle d'activité et d'intérêt à tout ce qui est recommandable.... Il a voulu voir l'hospice et les écoles, et parcourir presque toute la ville, donnant partout des preuves d'esprit et de bonté.

« A trois heures, il a monté la rude côte de la Madeleine pour donner aussi la confirmation dans l'église de cette commune, à l'entrée de laquelle il a été com-

plimenté par le maire, accompagné du conseil municipal et escorté par la garde nationale. On pense bien
que toute la ville de Nonancourt s'était donné rendez-
vous dans cette église toute pleine, quoique vaste.
C'est là que les critiques, s'il en fût venu, auraient été
bien dépistés. Les mêmes circonstances appelaient
les mêmes idées, les mêmes expressions. Vain espoir!
L'orateur a été neuf comme à son début, et quoique le
sermon comme les précédents a été d'une étendue raisonnable, il a paru bien court. Ce n'est qu'à grande
peine que cette foule avide de le voir et del'entendre
s'est retirée. »

La même affluence se pressa sur ses pas dans tout
le canton, notamment à Illiers-l'Évêque. La jolie
église de Courdemanche, ancien prieuré, est isolée
dans les champs. Monseigneur, revenant de Louye,
se présente pour la visiter et ne trouve personne. Sur
le champ, il ordonne de fermer l'église, et défend d'y
célébrer l'office. Le prélat était trop prompt : c'était
une erreur. Les habitants s'étaient imaginé qu'il ne
s'arrêterait pas dans leur église, et s'étaient portés
dans l'église d'Illiers-l'Évêque, qu'ils avaient l'habitude de fréquenter.

Les œuvres de zèle, de bonté, de charité se multi-
pliaient sous ses pas, à mesure qu'il parcourait les
deux cantons de Verneuil et de Breteuil. Après avoir
visité, malgré la difficulté des chemins, de nombreuses églises, où des foules de peuple l'attendaient et se
pressaient autour de lui comme des enfants auprès
d'un bon père, après les avoir évangélisées, consolées, béni les petits enfants, il arrive dans la commune de Saint-Nicolas-d'Attez. Il admire en passant
le château de Mauny, modèle curieux de l'architec-

ture au XVe siècle, siége autrefois d'une baronnie
avec haute justice, et, à peu de distance de là, la
pierre druidique de la Goure, autrefois arrosée par
de sanglants sacrifices. Près de l'église, un énorme
dépôt de laitier lui témoigne de l'existence d'anciennes forges qui furent abandonnées à l'époque où Guil-
laume-le-Conquérant détourna le cours de l'Iton.
Là, Monseigneur apprend que M. Besnard, maire de
cette commune, vient de mourir en bon chrétien, et
que ce brave homme, pendant sa courte maladie, a
exprimé souvent ses regrets de ne pouvoir se réunir
à son conseil municipal pour offrir ses hommages à
son évêque. Profondément touché de ce récit, le prélat fait arrêter sa voiture devant la maison du maire,
et va, avec toute sa suite, s'agenouiller aux pieds du
lit sur lequel le corps du défunt reposait encore; puis
il récite avec les assistants les prières de l'église, visite la pauvre veuve et ses enfants, qui étaient loin
de penser que leur évêque fût si près d'eux; il les en-
courage, les console par des paroles pleines d'onction
et de piété, et s'il ne peut comprimer entièrement
leurs sanglots, du moins il les console, et sait par sa
présence et sa bonté adoucir l'amertume de leurs larmes et de leurs trop justes regrets.

A Bémécourt, commune du même canton située
sur le ruisseau du Lesme, il existait une contestation
entre la fabrique de l'église et son trésorier : il s'agissait d'une somme de vingt-huit à trente francs. Eh
bien ! le prélat termina le différent et réconcilia les
parties adverses en payant de sa bourse la somme qui
était le sujet du litige. C'était là, sans doute, un sacrifice minime, mais s'il est répété cent fois, il deviendra pénible et à charge même pour un évêque, ou

plutôt, surtout pour un évêque. Combien de fois n'a-t-il pas acheté de ses propres fonds des ornements pour les églises pauvres! Combien de fois n'a-t-il pas encouragé de sa bourse des embellissements et des reconstructions que les fabriques ne pouvaient entreprendre faute de ressources : la reconstruction de la flêche du Noyer, par exemple! Monseigneur visita en passant les forges de la Gueroulde et de Conches, et partout ses pas furent marqués par des actes de charité et de bienfaisance.

La question des Charités avait excité quelques troubles à Emanville, et Monseigneur s'y présentait au milieu de l'irritation des esprits. On n'était pas sans inquiétude sur la réception qui allait lui être faite. Il parle aux habitants avec une adresse infinie, avec force, avec autorité. Malgré les excitations d'une presse qui poussait ouvertement à la révolte, il n'y a point de cris séditieux, point de pierres qui volent sur la calèche épiscopale. L'homme dont parlait Virgile, est trouvé. « Ils l'ont vu, ils se taisent, ils sont tout « oreilles pour écouter; lui, gouverne les esprits par « sa parole, calme les cœurs émus, et ainsi tombe le « fracas de la tempête populaire. »

> *Conspexere, silent, adrectisque auribus adstant;*
> *Iste regit dictis animos, et pectora mulcet :*
> *Sic cunctus pelagi occidit fragor.*

Monseigneur ne laisse à Emanville que des hommes ravis et enchantés.

Il passe la matinée du dimanche 12 juin à Faverolles-la-Campagne. A trois heures, il visite l'église de Portes, où, dans un parc voisin, se voient les débris d'une tour, entourée d'un double fossé, qui avait été démolie en 1200, suivant un traité entre Philippe-

Auguste et Jean-sans-Terre. Là, il trouve une foule nombreuse de fidèles qui l'attendaient, et, dans une allocution pleine d'onction et d'abondance, il touche les assistants jusqu'aux larmes : c'est une nouvelle preuve de l'inutilité des efforts tentés contre lui. Là se trouvaient un grand nombre de Frères de la Charité d'Ormes, l'une des plus belles et des plus riches du diocèse. Il faut qu'il s'arrache aux bons habitants, qui voulaient le retenir, pour se rendre à Ferrières-Haut-Clocher.

La visite du canton de Pacy-sur-Eure offre le même caractère que celle des autres cantons : même enthousiasme, même concours des populations. A Martainville-du-Cormier, par exemple, la paroisse tout entière s'était levée comme un seul homme, maire, conseil municipal, garde nationale, Charité, pour recevoir le prélat sous un arc de triomphe. Le *Journal de l'Eure* osa, à la face du soleil, parler des murmures de la population. Mais les habitants, dans une lettre collective signée de MM. Delauney, maire, Charles Thorel, adjoint, lui envoyèrent un énergique démenti. « L'arme de la calomnie est déloyale, disaient-ils; « elle blesse celui qui s'en sert ! » A Pacy-sur-Eure, la ville entière le suit partout où il porte ses pas : à l'hospice, aux écoles publiques, à la classe des filles. Il apprend qu'un vieillard, retenu au lit par ses infirmités, n'avait pu se joindre aux autres à l'hospice. Il se fait conduire auprès de lui; il l'exhorte avec bonté à la patience et à la résignation, et l'engage à chercher sa force en Dieu.

III.

Dans toutes ses tournées épiscopales, Monseigneur ne fut froidement et mal reçu, à cause de la question des Charités, rien que dans deux communes : il ne fut témoin des scènes de désordre, que se permettaient quelques Charités révoltées, rien que dans une seule paroisse, à Prey. La route d'Evreux à Saint-André-de-la-Marche passe au pied de la grosse tour carrée en pierre de cette église, dédiée en 1514.

Un sieur Grisé était décédé le 27 juin 1842 à six heures du matin; Mgr l'évêque d'Evreux devait se rendre le lendemain à huit heures dans l'église de Prey. Grisé, pendant sa vie, avait dédaigné de servir dans la Charité de Guinchainville; mais celle-ci, qui était en révolte, trouvant là l'occasion de faire du trouble, de complicité avec la famille, décide qu'au lieu de faire l'office à six heures du matin, avant l'arrivée du prélat, ou à dix heures, après son départ, elle procédera à l'inhumation du défunt sous les yeux mêmes de l'évêque au moment de son arrivée, en se revêtant des costumes religieux interdits, en improvisant elle-même, et sans prêtre, des cérémonies et des chants religieux, qu'on lui rendra les mêmes honneurs qu'à un chef de la confrérie. La Charité voulait paraître belle, même dans son désordre, et l'un de ses membres déclara plus tard naïvement à l'audience qu'ils avaient endossé les ornements du *grand chef,* afin que Monseigneur vît *qu'ils étaient bien biaux,* et *d'une belle encolure.* Un autre avait monsieur son fils, jeune homme plus savant que les livres, qui avocassait aux audiences, et déversait le surplus de sa verve fébrile dans les colonnes du *Journal de l'Eure*. Il assurait aux autres que sa chère progéniture saurait bien les défendre. C'était lui qui avait agité, dans la feuille incendiaire, les premiers brandons de la révolte des Charités : il fallait bien se montrer le digne père d'un aussi digne fils.

M. Selme-Davenay, rédacteur en chef de ce journal, m'a raconté à moi-même qu'en arrivant à Evreux, il se disposait à attaquer Mgr Olivier à l'endroit des Charités, et à lui demander comment un prélat civilisé, en plein dix-neuvième siècle, pouvait tolérer les scènes burlesques du moyen-âge, sous des costumes étranges, dont ces sociétés donnaient le spectacle. Il allait transformer en Turlupins, en Turcadets, en Gilles et en Pierrots, dignes de figurer à une descente de la Courtille, pendant les folies du carnaval, ces mêmes Frères de Charité qu'il allait trouver bientôt si admirables et si respectables. Ils ne méritaient ni cet excès d'honneur ni cet excès d'indignité. Qu'allez-vous faire, lui dit l'avocat imberbe? Vous perdez le journal; dans le département de l'Eure, tout le monde à peu près est Frère de Charité. Et que dira mon père, qui est Frère de Charité à Guinchainville, s'il voit les Charités attaquées dans notre journal? Alors le *Journal de l'Eure*, au lieu d'agiter les grelots charivariques, emboucha la trompette et sonna la gloire des Charités.

Aussitôt que Mgr l'évêque d'Evreux fut arrivé dans l'église de Prey, la Charité de Guinchainville entonna dans le cimetière une parodie de l'office des morts. D'autres individus s'élancent dans la tour de l'église, retirent à eux les cordes des cloches, et sonnent à toute volée. Monseigneur fait taire les chantres dans l'intérieur de l'église, et prie M. le maire de Saint-Luc, commune réunie pour le culte à Prey, de faire rétablir l'ordre. Ce magistrat, plein de bonne volonté, fait cesser un instant les cloches ; mais les factieux les mettent de nouveau en branle. En vain M. le maire de Saint-Luc, le brigadier de la gendarmerie et d'autres personnes indignées interviennent, en vain Monseigneur réclame le secours du maire de Prey, le tapage continue, et le maire de Prey n'est pas à son poste : sa dignité municipale a craint de se compromettre en réprimant le désordre. Les factieux se sont barricadés dans la tour ; l'effroyable tapage dure pendant une heure et demie. La Charité de Guinchainville avait choisi le bord d'une fosse pour théâtre de sa lugubre mutinerie, la présence d'un cercueil pour insulter un prince de l'Eglise, le chef du diocèse, qui visitait ses ouailles et apportait aux affligés une parole de paix et de consolation.

Que fait cependant Mgr Olivier. Il tient tête à l'orage et au vacarme ; au pied des marches de l'autel, il adresse à l'assemblée une courte allocution, continue ses saintes cérémonies et sa visite de l'église. Il part ensuite pour visiter une autre paroisse, et le bruit cesse.

Si Mgr Olivier éprouva quelque peine à Prey, elle se dissipa promptement devant l'empressement de toutes les populations, qu'il traversa ensuite comme en triomphe, et au milieu d'un enthousiasme qui était parmi nous sans exemple. Les Frères de Charité eux-mêmes se soumirent bientôt aux réglements de l'autorité épiscopale, et reprirent bravement le chaperon vénéré des aïeux, la torche fleuronnée, et, guidés par leurs bannières flottantes, rayonnants de luxe et de contentement, ils allaient au-devant de Mgr Olivier pour lui faire cortége quand il venait visiter leurs paroisses. Ainsi, à Guinchainville, même après le jugement correctionnel qui réprima les désordres commis à Prey, Monseigneur fut accueilli avec tout le recueillement et tout le respect qu'on devait attendre d'une population ordinairement pieuse et dirigée depuis longtemps par un respectable et digne curé, M. l'abbé Béhue. S'il était resté quelques traces de ressentiment, elles se seraient évanouies devant les paroles pleines de douceur et de modération que le prélat lui fit entendre. Quatre-vingts enfants lui donnèrent l'édification de leur recueillement et de leur bonne tenue religieuse.

La tâche de l'historien ne peut suffire à suivre Monseigneur dans ses visites épiscopales. On peut lire dans le *Courrier de l'Eure*, nos du 2 juillet 1842, du 13 mai 1843, du 11 juillet 1843, la description des magnifiques réceptions qui lui furent faites dans les arrondisssements de Louviers et des Andelys. Il écrivait lui-même (6 juillet 1843), du château de Dangu, à M. l'abbé Dominique Olivier :

« Mon cher petit abbé,

« Je te remercie de tes alarmes sur les discours des
« deux journaux. Ce n'est qu'une compensation, il
« faut l'accepter. Nos deux cantons ont été admira-
« bles. Gisors admirable : six cents communiants,
« quatre cents confirmés, une procession avec la plus
« belle musique, et où toute la ville et tous les envi-
« rons assistaient, un enthousiasme et une piété dignes
« des plus beaux jours de l'Eglise. A Mainneville, des

« arcs de triomphe effaçant presque la porte Saint-
« Denis et l'arc du Carrousel, le soir des illuminations,
« un feu d'artifice, toutes les rues tendues, toutes les
« fleurs des saisons cachant les pavés, et partout
« affluence et recueillement sincère, voilà l'exacte
« vérité. Nous avons horriblement souffert. J'ai eu
« trois nuits sans l'apparence de sommeil, la fièvre
« pendant deux jours et trois nuits, et cependant je
« ne suis pas mort ! »

IV.

En 1844 et 1845, il acheva la visite de tout le diocèse, dans toutes les églises, par les arrondissements
de Bernay et de Pont-Audemer. Il se faisait précéder
par des prêtres auxiliaires, qui donnaient des missions
dans les paroisses qu'il devait visiter. Voici les noms
de la plupart des prêtres zélés qui participèrent à cette
œuvre toute évangélique : MM. Bidault, Brochu,
Bouchard, Baudry, Dominique Olivier, André, David,
Chrétien, Caradant, Crochard, Dingoville, Deneuve,
Duhamel, Guincestre, Juvigny, Jouvenot, Jeannin,
Hamouis, Lahr, Gervais, Lemeilleur, Lemercier, Macé,
Mattard, Maillard, Tesson, Sauvalle. Nous faisions
aussi partie de cette troupe de prédicateurs, et c'est à
cette circonstance que nous devons d'avoir été le témoin oculaire de la plupart des faits relatifs aux visites pastorales.

Dans les paroisses de Folleville et de Saint-Aubin-
de-Scellon, à deux anciens du sanctuaire, deux vénérables confesseurs de la foi, qui lui disaient combien
ils étaient heureux de le recevoir, Monseigneur
répondit, avec une touchante cordialité : « Et moi, je

suis heureux de vous apporter le titre de chanoines de la cathédrale. »

Des travaux incessants, de pénibles fatigues, des pluies continuelles d'abord, des chaleurs excessives ensuite, rien ne put ralentir son ardeur, qui ne connaissait jamais de bornes quand il s'agissait des intérêts de la religion et du salut des âmes. Plus d'une fois on l'a vu à pied, un bâton de bois à la main, coupé dans une haie, au milieu de chemins impraticables, avec les ecclésiastiques qui l'accompagnaient, gravir des côtes ardues et difficiles, descendre des ravins escarpés, pour visiter les plus humbles hameaux, des hameaux inconnus, pour ainsi dire, au reste du diocèse, et porter la consolation de la religion à leurs pauvres habitants ; et quand le soir, après tant de fatigues, ses compagnons de voyage, inquiets pour une santé si précieuse et si chère à l'Eglise, lui disaient : « Monseigneur, vous compromettez votre existence ! — C'est vrai, mes enfants, répondait-il ; mais avouez-le, quelle bonne journée devant Dieu ! Voilà comme je comprends la vie d'un évêque. »

C'est ainsi que le digne émule des premiers évêques d'Evreux, des Taurin, des Gaud, des Laudulphe, des deux Aquilin, des Esterne, des Gilbert, accomplissait son apostolat durant trois mois. Partout il distribuait à ses enfants le pain de la parole de Dieu. Partout il faisait retentir les chaires chrétiennes des oracles éternels. Tantôt plein de douceur et d'onction, il montrait avec une éloquente simplicité, aux bons habitants de la campagne, ce qu'il y avait de bon et d'aimable dans la religion, comme il leur était facile de sanctifier leur labeur de tous les jours et de gagner le ciel en cultivant leurs champs ; tantôt grave et sévère, lorsque l'exigeaient les besoins des âmes auxquelles il s'adressait, il leur montrait leurs destinées immortelles et la fin pour laquelle l'homme avait été placé sur la terre, ou bien il leur faisait admirer la puissance de Dieu et sa bonté pour tous à la vue d'une nature si riante et si belle, des grands arbres de la forêt, des eaux limpides et de la richesse d'une moisson qui promet de payer si largement les sueurs et les larmes du laboureur : par là il excitait dans tous les cœurs l'amour et la reconnaissance. Orateur habile, il profitait d'un orage qui menaçait de fondre sur le village, et, au bruit du tonnerre qui grondait, il réveillait dans les consciences malheureusement endormies des remords salutaires, en même temps qu'il affermissait la paix et la confiance dans le sein des justes.

Un jour, à Saint-Aubin-de-Scellon, il épouvanta tous ses auditeurs à la pensée de la mort : tous les cœurs furent glacés, tous les yeux baignés de larmes. Et quand il avait fait retentir la chaire, jusqu'à cinq ou six fois dans certains jours, de ses éloquentes paroles, quand il s'était dévoué pour tous, il se prodiguait encore à chacun en particulier, dans des audiences toutes paternelles, où la suavité et la sagesse de ses conseils satisfaisaient tous les besoins et consolaient toutes les peines.

V.

Aux examens, quand les petits enfants répondaient bien, il distribuait aux plus instruits des croix, des chapelets et des médailles. Quand il trouvait chez les fidèles l'habitude de l'ordre, du silence, du recueillement et de l'attention, il s'écriait : Un bon pasteur a passé par là. Et il comblait l'heureux curé de ses éloges. Mais aussi, quand les enfants ne répondaient pas aux questions les plus élémentaires de la foi, quand il entendait du bruit, des petits enfants qui criaient, quand il voyait des paroissiens qui montaient sur les chaires et sur les bancs pour mieux voir, ou qui causaient entre eux, oh ! alors, malheur au pauvre curé ; il l'apostrophait publiquement, il lui adressait, devant ses ouailles, de sévères réprimandes. Puis il disait aux paroissiens : Vous êtes comme des étrangers dans la maison de Dieu, votre père ; vous ne savez pas même vous y tenir avec décence ! Ou bien : Vous êtes des ingrats, vous n'avez pas su reconnaître les efforts du zèle de votre curé, et vous êtes la cause de l'humiliation qu'il subit devant son évêque. Rien ne servait de rejeter sur le maître d'école, qui ne faisait pas le catéchisme, ou le faisait avec négligence, l'ignorance des enfants, il disait que le maître d'école ne répondait pas du salut de ces enfants, mais bien le curé, que son obligation de les instruire était rigoureuse. Mais les parents ne les envoient pas à mes instructions. — Ne me les présentez pas non plus à la confirmation. — Mais c'est le jour, la cérémonie, votre présence même qui cause ce trouble et ce désordre inaccoutumé. — Je n'admets pas d'excuses pour les irrévérences commises dans le saint lieu. On avait beau lui faire observer ensuite, car on pouvait tout lui dire, qu'il avait tort d'humilier ainsi un curé devant ses paroissiens, qu'il le frappait ainsi de déconsidération et paralysait son ministère pendant plusieurs années, il répondait : Les évêques des anciens temps en agissaient ainsi ; ou bien : un évêque vient comme juge ; sa visite doit être redoutée ; ou bien encore : je n'ai pas à m'inquiéter des mécontentements que je puis causer, ni des murmures que je puis exciter, car je ne viens apporter ni chercher des compliments, mais bien exercer un acte de surveillance. Que signifie même le mot *évêque?* Celui qui a des yeux pour voir.

On aurait sans doute mieux aimé qu'il fît en secret, au presbytère, les observations quelquefois très pénibles qu'il adressait en public à ses curés. Mais il était ainsi fait : c'était un homme de spontanéité, qui parlait sous l'impression du moment, un homme de franchise qui ne cachait jamais sa pensée, un homme d'ordre que la plus petite apparence de désordre choquait, un homme de travail et de persévérance qui croyait que la continuité des efforts venait à bout de tout. Il avait les défauts de ses qualités. Mais pour quelques curés qui ont reçu des blâmes publics, combien d'autres ont été par lui comblés d'éloges devant leurs paroissiens! Et c'était le cas le plus ordinaire.

Toujours est-il qu'avec cette promptitude de jugement, il s'exposait à commettre des erreurs sur des enfants réellement instruits, mais réellement intimidés, et à contrister de bons pasteurs.

> *Verum, ubi plura nitent... non ego paucis*
> *Offendar maculis, quas.......*
> *....... humana parum cavit natura.*

« Mais, où c'est l'ensemble qui brille, je ne m'offenserai pas de quelques taches que la nature humaine ne peut guère éviter... » (HORACE.)

Quid ergo est? Qu'y a-t-il au fond de tout cela? (HORACE). C'est qu'il ne se trompait pas toujours. C'était comme au sortir des audiences où ce sont les mieux jugés qui crient souvent le plus fort.

Qui pourrait maintenant décrire l'admirable em-

pressement des populations des cantons de Beau-
mont-le-Royer, de Beaumesnil, de Bernay, de Brionne
et de Thiberville, population où la foi est encore si
vivante? En présence d'un zèle aussi pur et aussi désintéressé, elles avaient compris parfaitement l'action
de l'évêque au milieu d'elles. Pour elles, ce n'était pas
la visite d'un homme ordinaire, ou même d'un prince
du monde qui vient admirer des sites, tracer des plans,
ordonner des travaux, mais la visite de l'ambassadeur
du Très-Haut, de l'ange des consolations qui venait au
nom de Dieu demander compte à ses frères du dépôt
de la foi régénératrice du monde, transmise par leurs
pères. Tout, dans leur empressement extérieur, dans
la pompe qu'elles déployaient pour recevoir le pieux
pontife, répondait au sentiment religieux qui les ani-
maient. Ici, c'étaient des couronnes et des guirlandes
qui ornaient les armes épiscopales et la colombe symbolique; là, c'étaient des tentures qui dérobaient à
l'œil la pauvreté des chaumières, des arbustes plantés
çà et là dans les rues, des saules ou des bouleaux ver-
doyants qui faisaient avenue aux arcs de triomphe,
des chemins jonchés de fleurs comme aux jours de la
Fête-Dieu; ailleurs, c'étaient des gardes d'honneur
qui accompagnaient le prélat jusqu'au territoire de la
commune voisine, des gardes nationales, des compagnies de sapeurs pompiers à l'entrée des paroisses,
les détonations des armes à feu qui se mêlaient aux
chants de l'église, de longues processions de jeunes
filles vêtues de blanc, de jeunes hommes portant des
étendards, l'autorité municipale marchant partout de
concert avec l'autorité ecclésiastique, pour rendre au
chef spirituel du diocèse les honneurs dûs au représentant de Jésus-Christ; partout enfin la visite de

Mgr Olivier était la fête de la religion et de celle des familles.

Au milieu de tant d'allégresse et de piété, on entendit un vénérable doyen, M. Mitâtre, curé de Broglie, dire en versant des larmes de reconnaissance : « Monseigneur, je n'ai jamais eu un jour aussi heu- « reux dans ma vie. » On entendit, à Bernay, des vieillards, les yeux mouillés de larmes, répéter dans les rues : « Nous sommes bien vieux. Eh bien ! jamais « nous n'avons vu des fêtes aussi solennelles, des cé- « rémonies aussi touchantes. » On vit des confréries de Frères de la Charité, naguère encore insoumises et soufflant chez leurs voisins le feu de la discorde, tout à coup entraînées par la douceur et l'affabilité du prélat, tomber à ses pieds, lui avouer qu'elles ne l'avaient pas compris, qu'elles avaient été égarées par les hommes de parti, puis lui demander grâce et lui promettre fidélité et obéissance. On vit, dans la plupart des paroisses, de nombreux fidèles se presser à l'envi autour de la table sacrée pour y recevoir de la main de leur évêque la communion eucharistique.

Voilà les fruits de la visite pastorale de l'année 1844, les fruits qui naissaient sous les pas du prélat pendant que l'opposition se préparait en silence à une retentissante explosion ! Et ce que nous disons ici, que nos lecteurs en gardent bonne mémoire, se répétera l'année suivante dans l'arrondissement de Pont-Audemer, se répétera chaque année. Il n'était pas possible d'entendre le prélat chaque jour sans être ému de la vivacité de sa foi, de l'inépuisable fécondité de son éloquence populaire. Non, il n'était pas possible que cette parole vînt d'une chaleur de tête ; elle ne pouvait jaillir que d'une piété sincère, que de l'amour divin qui brûlait au fond de son cœur. Ce qu'il y a d'étonnant, c'est que, se trouvant presque toujours dans les mêmes circonstances, au milieu des mêmes cérémonies, il ne se répétait presque jamais. Il ignorait lui-même la matière qu'il allait traiter en chaire. Il exécutait à la lettre le précepte du divin maître : « Ne vous inquiétez de ce que vous direz, car l'Esprit-« Saint mettra dans votre bouche, à l'heure même, « ce qu'il vous faudra dire. » Il devinait sur le champ, en examinant la composition de son auditoire, les vérités qu'il fallait lui faire entendre. Chacun disait en sortant de l'église : « Comment nous connaît-il si bien ? »

A Gisay-la-Coudre, quand il foula aux pieds la terre arrosée du sang de saint Taurin, son émotion fut grande. Il voulut entrer seul, avec un vicaire général, dans l'enclos sacré où l'apôtre et le premier évêque d'Evreux avait été cruellement frappé de verges. Ayant fait fermer la porte derrière lui, non-seulement il tomba à genoux sur cette terre bénie, mais il resta le visage prosterné contre terre, sous le vénérable coudrier, pendant plus d'une demi-heure. Que se passa-t-il dans son âme ? La suite de sa vie, le courage, la résignation sublime avec laquelle il a supporté des flagellations mille fois plus cruelles que celles qui n'ensanglantent que le corps, les tortures morales que l'on inflige à une âme aimante et délicate, le font assez deviner. Quand il se releva, son visage était inondé de larmes, et quelques jours après, M. Seugé, témoin de cette scène, ne pouvait la raconter sans une vive émotion.

Dans une autre paroisse, après avoir donné la communion aux fidèles, il aperçut dans le tabernacle un

corporal pourri et couvert de fragments considérables
d'hosties consacrées. Le prélat en retira plusieurs pin-
sées : les hosties étaient dans le même état que le
corporal. A cette vue, il tomba à genoux, et pendant
que l'on brûlait sur un réchaud le linge sacré et les
hosties gâtées, car il était impossible de les consommer, il avait la tête appuyée contre l'autel et versait
des larmes. Comme le pauvre curé, qui était âgé et
infirme, cherchait à s'excuser et se plaignait d'avoir
des ennemis : « Personne ne m'a parlé contre vous,
lui dit le prélat; il n'y a que Jésus-Christ ! » Quelques
heures après la cérémonie, quelqu'un dit à Monseigneur qu'il avait été bien touché de son émotion :
« Oui, répondit-il, cette profanation du corps de Jésus-
Christ m'a causé une bien grande douleur. Je n'en ai
ressenti une aussi vive qu'à la mort de ma mère. »

Dans la plupart des communes qu'il visitait, surtout dans ses dernières visites, les libéralités de
Mgr Olivier envers les pauvres étaient telles, que le
grand vicaire chargé de distribuer ses aumônes s'en
effrayait lui-même, et se demandait à quelle énorme
somme s'arrêterait enfin le chiffre des sacrifices à la
fin de chaque visite. Ainsi, à Bourgbeaudouin, la vue
de quelques pauvres, couverts de haillons, émut vivement le cœur de l'évêque, qui remit au curé de la
paroisse, en présence du maire, la somme de cent
francs, puis en plus une somme particulière pour une
pauvre femme qui venait de perdre son mari. Il dit à
cette occasion : « Je ne veux pas que des petits enfants
« de mon diocèse soient si mal vêtus ? Faites habiller
« de neuf ces pauvres petits orphelins ! » C'étaient
plus ordinairement les tambours des gardes nationales
qui profitaient de ses générosités. Il comprenait par-

faitement que ces pauvres gens, en fêtant son arrivée dans une commune, perdaient une journée et n'avaient pu gagner le pain nécessaire à leurs enfants.

VI.

Dans la tournée pastorale du canton de Beaumesnil, le 24 juin 1849, une ovation populaire attendait Mgr Olivier à la Barre. Sept ou huit communes se réunissaient dans ce bourg. Dès sept heures du matin, le tambour battait le rappel, à huit heures la belle compagnie de sapeurs pompiers était sous les armes. Les honorables citoyens qui la composent, comprenant que la religion est la base la plus solide de toute société qui veut grandir, que les fêtes alimentent le commerce, que les solennités religieuses sont, dans les campagnes, les seules occasions de déployer le luxe, élément vital du commerce et de l'industrie, avaient voulu concourir par leur présence à la solennité du jour, qui, d'ailleurs, outre les cérémonies religieuses, était encore une fête de famille. A huit heures et demie, le cortége se mettait en marche. Plusieurs confréries de Charité, dont la variété des costumes, les croix déployées et les bannières flottantes au vent offraient un coup-d'œil pittoresque, de longues files de jeunes garçons et de jeunes filles, vêtues de blanc et voilées, M. l'abbé Lemonne, curé de la Barre, et plusieurs curés, revêtus de leurs étoles, les maires et les adjoints en écharpe, suivis de leurs conseillers municipaux, plus de deux mille fidèles marchant sur deux lignes, se développaient dans une étendue de plus de deux kilomètres, au milieu des champs, embaumés par les parfums qu'exalaient les prairies artificielles

et les pommiers en fleurs. Les chants religieux se mêlaient au cliquetis de fête des campanelles des Frères
de Charité, dont chaque bedeau, revêtu de la dalmatique, variait à qui mieux mieux le joyeux carillon.
Cette innombrable procession défila devant Mgr Olivier, qui était ravi, et reprit le chemin de l'église de
la Barre, où le prélat officia, prêcha, et donna la communion et le sacrement de confirmation à un nombre considérable de jeunes gens, de jeunes filles et de
fidèles.

Après l'office, Mgr Olivier se rendit chez M. Leclerc,
membre du conseil général, qui lui faisait les honneurs
de l'hospitalité avec un grâce parfaite. Il félicita les
diverses autorités sur la douceur et l'aménité des habitants du canton de Beaumesnil ; dans sa conversation vive et animée, il faisait sentir à tous que sans la
religion, la liberté, l'égalité et la fraternité, écrites
en tête de la nouvelle constitution républicaine, ne
seraient que de vains mots. Durant le repas, la musique des sapeurs-pompiers exécutait des symphonies ;
on remarqua surtout un tambour, habile dans son art,
dont les baguettes intelligentes et agiles savaient mo-
duler et varier à l'infini le jeu d'un instrument en général si peu harmonieux.

A deux heures, la même procession du matin, mais
plus nombreuse encore, la musique des sapeurs-pompiers en tête, escortait de nouveau Mgr l'évêque, qui
se rendait à Gisay-la-Coudre, pour poser la première
pierre de la nouvelle église qui allait s'élever sur le
théâtre de la flagellation de son premier prédécesseur
à la place de celle qui avait été incendiée.

Le cortége, composé d'environ quatre mille personnes, suivant ou prenant part active à la procession, se

déroulant au milieu des riches moissons qui couvraient la terre dans cette saison, à travers les villages, dont les bouquets d'arbres offraient l'apparence d'îles au milieu d'une mer de verdure, le nombre infini et la diversité des bannières, des drapeaux de tout genre, de toutes couleurs, de toutes formes, historiées et chargées d'inscriptions en lettres d'or ou d'argent, les nombreuses confréries de charité, du Saint-Sacrement, de la Vierge, de Sainte-Barbe, revêtus de leurs plus riches ornements, avec leurs *bâtons* fleuris, leurs torches festonnées ou leurs piques bigarrées de rubans, produisaient un aspect vraiment féerique et une impression dont le souvenir est encore dans l'esprit des habitants de la contrée, qui ne s'étaient jamais trouvés réunis en aussi grand nombre. Une tente, pouvant contenir six cents personnes, élégamment ornée de fleurs et de guirlandes, et portant sur le fronton le nom glorieux et populaire de saint Taurin, avait été élevée par les soins des habitants pour recevoir le cortége, auquel s'étaient joints M. le sous-préfet de Bernay, le commandant de la garde nationale, les maires des communes environnantes et toutes les notabilités du canton.

Mgr Olivier, dont l'éloquence persuasive grandissait toujours avec la situation, s'inspira des circonstances et du souvenir de l'apôtre d'Evreux, dont le sang avait sanctifié ces lieux, pour adresser à cet immense auditoire une des plus belles et des plus heureuses allocutions qu'il ait prononcées, et dont il ne reste plus maintenant que le souvenir. Pendant plus d'une heure, ses paroles de paix furent écoutées dans le plus profond recueillement. Les bons habitants de la campagne étaient tout étonnés de le comprendre parfaite-

ment : on eût dit qu'il avait passé sa vie au milieu
d'eux pour leur parler ce langage qui allait si bien à
leur cœur. Plusieurs protestaient de leur admiration
et de leur dévouement pour un pasteur dont un malentendu et de mesquines préventions les avait éloignés
quelque temps. Les Frères de Charité se regardaient
les uns les autres, et se disaient naïvement : « S'il ne
« nous avait pas retiré l'Adoration de la Croix, il n'y
« a pas d'évêque que nous aurions aimé comme celui-
« là. Il avait pourtant tout de même raison d'abolir
« des abus qui criaient vengeance. »

VII.

En 1846, Monseigneur recommença sa seconde visite dans toutes les paroisses de l'arrondissement d'E-
vreux qu'il avait déjà évangélisées ; en 1847 il visita
l'arrondissement de Louviers, en 1848 celui des Andelys, en 1849 celui de Bernay, en 1850 celui de
Pont-Audemer. Pour se rendre compte du fruit de
cette seconde visite, il faut lire les observations qu'elle
a suggérées à Monseigneur dans sa lettre circulaire
du 21 novembre 1848, l'une des plus remarquables
qu'il ait écrites sur l'état du diocèse.

En 1851, il commença à visiter pour la troisième
fois toutes les paroisses des six cantons de l'arrondissement d'Evreux. En 1852, à la fin de la visite de
chaque canton, il réunit tous les prêtres du canton
visité. « Dans cette réunion, disait-il dans sa cir-
« culaire du 15 mars 1852, nous écouterons les ob-
« servations, les plaintes et les gémissements du zèle,
« nous encouragerons, nous remercierons ; nous con-
« fondrons nos espérances, nous réunirons nos inten-

« tions et nos forces ; nous établirons une harmonie
« tous les jours plus parfaite, enfin une conformité de
« vues pour procurer le salut des âmes et la gloire de
« notre commun maître. »

En 1852, il visita les cantons nord et sud d'Evreux,
de Conches, de Pacy, de Vernon, de Louviers et du
Neubourg ; en 1853, les cantons de Gaillon, de Pont-
de-l'Arche, d'Amfreville, et tout l'arrondissement des
Andelys ; en 1854, tout l'arrondissement de Bernay.
Ainsi, à l'exception de l'arrondissement de Pont-Audemer par lequel il allait achever la troisième visite
générale de tout le diocèse dans chaque église, toutes
les paroisses l'ont vu trois fois. Il lui eut été sans
doute facile, comme il l'observa lui-même, eu égard
au petit nombre des confirmants des dernières visites,
de les appeler et de les réunir dans quelques églises
désignées ; mais c'étaient leurs parents, leurs pères,
leurs mères, leurs sœurs qu'il voulait visiter, à qui il
voulait adresser les paroles de la vie éternelle. La
tournée de l'évêque était une véritable mission ; c'était
la chaire épiscopale transportée de l'église cathédrale
à toutes les autres églises ; c'était Joseph cherchant
ses frères à Dothaïn ; c'était le successeur de saint
Paul parcourant les églises pour encourager, fortifier,
reprendre, instruire et consoler.

CHAPITRE IX.

Difficultés. — Opposition.

I.

Dès les premiers jours de son épiscopat, M. Olivier fut attaqué au sujet de la liturgie léguée par son prédécesseur au séminaire, avec une violence extrême, et une perfidie dont je pourrais dérouler la trame odieuse. Contentons-nous de faire observer, avant toute chose, que ce legs n'avait de valeur qu'autant que Mgr Olivier voulait bien lui en laisser. La liturgie d'un diocèse appartient à l'évêque : le droit épiscopal est fixé et déterminé par plusieurs arrêts des tribunaux. Personne n'oserait défendre, sous le rapport typographique, les livres liturgiques édités à Dijon en 1828 pour le diocèse d'Evreux ; ils sont pleins d'incohérence, et fourmillent de fautes grossières. Ils font le désespoir de tous les lutrins, et les plus habiles choristes se perdent dans le fatras et le chaos du fameux Antiphonaire et Graduel in-folio. On y trouve assez facilement les offices du diocèse de Paris ; mais, s'écriait jadis le grand chantre de la cathédrale, M. l'abbé Belleau, où donc a-t-on mis ceux d'Evreux ?

Si, aux applaudissements de tout le diocèse, Mgr Olivier, comme c'était son droit, eût fait une nouvelle édition d'une liturgie si décriée, que devenait le legs de Mgr Du Châtellier? Le prélat se fût assuré pour lui-même des bénéfices considérables. Ce n'était donc pas la peine de jeter de si hauts cris, de créer tant d'obstacles, d'avoir recours à une scandaleuse et haineuse publicité. Il fallait bien plutôt remercier Mgr Olivier de laisser à son séminaire les bénéfices du testament de son prédécesseur.

Cette liturgie était estimée à quatre mille francs. En conséquence Mgr Olivier obtient une ordonnance royale qui autorise l'acceptation du legs fixée à ce chiffre de quatre mille francs. Monseigneur dit : « nous ne pouvons pas nous faire marchands : il faut « avoir un libraire à nous. » M. Verney, libraire à Evreux, l'examine et en offre vingt mille francs. Comment faire maintenant? Entre l'ordonnance et cette estimation, il y a un excédant de seize mille francs.

Mais on n'est jamais embarrassé avec des questions de ce genre dans le pays de *Sapience* et de matoiserie. Il y a toujours des expédients. On imagine de proposer un prête-nom qui sera censé donner seize mille francs au séminaire.

Monseigneur réfléchit. « Mais vraiment, dit-il dans « une note qu'il me dicta sur ce sujet, je suis bien sot « et bien absurde ! Je laisserai un mensonge qui du- « rera toujours ! Je laisserai à cet homme, dont on « veut déjà faire un grand homme, la gloire d'avoir « donné seize mille francs tandis qu'il n'aura pas dé- « boursé un sou !... »

On survient pendant que Monseigneur se livrait à ces justes réflexions. Tous les papiers étaient prêts, la donation était faite, et portait justement la signature du **petit grand homme**. Après avoir bien examiné

le tout : « un instant, s'écria Monseigneur, je ne signe
« pas un mensonge. »

Monseigneur écrivit au garde des sceaux et il obtint une nouvelle ordonnance royale pour l'acceptation d'un legs de vingt mille francs.

Quel jour cette révélation ne jette-t-elle pas sur
cette affaire de la liturgie dont on fit si grand bruit à
cette époque ? Il nous est bien inutile maintenant de
suivre la polémique engagée à ce sujet dans le *Journal de l'Eure*, et nous laissons à d'autres le soin de répondre à cette question : Comment M. Selme-Davenay, rédacteur de ce journal, était-il si bien informé
de tous les petits détails de cette question ? Pour nous
et pour nos lecteurs, la loyauté de Mgr Olivier est
surabondamment établie et vengée. Il était aussi bien
généreux de ne pas faire usage d'une signature qu'il
avait entre les mains. Mais il ignorait la vengeance,
même quand elle était juste.

Quand il fut bien impossible au *Journal de l'Eure*,
bien muselé, de revenir sur la question de la liturgie, il s'attaqua aux revenus du secrétariat, dont l'é-
vêque a la libre et entière disposition, et plus tard,
par une fâcheuse coïncidence, M. l'abbé Delanoë, en es-
sayant de réfuter une biographie de M. Olivier, imprimait dans sa *Lettre à Messieurs les rédacteurs de la Revue biographique des hommes du jour, Evreux, chez
Canu, imprimeur, 27 novembre 1845, page 3,* cette
phrase bien singulière :

« Il y avait ALORS un évêque (M. Du Châtellier),
« pauvre, à la vérité, mais les produits de son secré-
« tariat étaient chose sacrée pour lui, et ses séminaires
« seuls y puisaient. »

Lorsque cette lettre s'imprimait et se publiait à

Evreux, il y avait à Evreux un évêque que sa bienfaisance inépuisable avait rendu aussi pauvre que Mgr Du Châtellier, et qui, à l'exemple de son très illustre et très saint prédécesseur, faisait un digne usage des produits de son secrétariat, le plus digne et le plus heureux usage qu'il en pût jamais faire, car il y puisait pour acquitter lui-même, de ses propres fonds, les frais des funérailles de Mgr Du Châtellier! On réclamait alors les frais du funèbre caveau de la mère de Dieu sur du papier bien et dûment timbré. Des citations devant le Tribunal civil d'Evreux, en même temps qu'elles indignaient l'honorable président M. Masse, troublaient le repos du vénérable défunt qui se trouvait dormir son dernier sommeil sur une froide pierre dont un huissier réclamait vainement le prix. Personne n'avait plus mis en œuvre ni les honorables architectes qui présidèrent aux réparations du caveau funèbre, ni le chantier de M. Modeste Leroy qui travaillait sous leurs ordres. Ils avaient remué des pierres dans la cathédrale sans avoir été appelés par personne! Ils avaient imaginé et composé eux-mêmes l'inscription gravée contre le sombre mur? Personne ne la leur avait apportée toute faite! Fallait-il donc, par sommation d'officier public, rouvrir le tombeau, et enlever la pierre sur laquelle reposait Mgr de Salmon Du Châtellier pour la rendre, faute de paiement, à M. Modeste Leroy auquel elle appartenait?

« Non, dit Mgr Nicolas-Théodore Olivier, *alors* évê-
« que d'Evreux, non, je ne souffrirai pas cet outrage
« à la mémoire sacrée de mon prédécesseur! Je ne
« souffrirai pas que son .nom retentisse de nouveau
« aux oreilles scandalisées du Tribunal civil d'Evreux.
« J'acquitterai moi-même une dette aussi sacrée.

« Paix aux morts! Respect à une vénérable mé-
« moire ! »

En effet, la cédule même porte une quittance
de M. Modeste Leroy, qui reconnaît avoir reçu de
Mgr Nicolas-Théodore Olivier, évêque d'Evreux, la
somme de *onze cent quarante francs* pour travaux faits
au caveau des évêques d'Evreux, lors des obsèques de
Mgr Du Châtellier!!!..,

J'espère en avoir fini avec ces questions d'argent,
et que mes lecteurs ne me demanderont pas l'usage
que Mgr Olivier faisait des produits de son secrétariat.
C'était pourtant là le texte des déclamations journa-
lières de l'époque dont je dois le tableau à l'histoire.

Quand il n'y aurait que cette quittance inscrite sur
le monument qui est destiné à consacrer la mémoire
de Mgr Olivier aux âges futurs, la postérité compren-
drait l'enthousiasme de la reconnaissance publique !

D'autres avaient le nom de Mgr Du Châtellier à la
bouche : ce nom si cher, Mgr Olivier le portait dans
son cœur.

II.

L'*Echo de la Normandie* (Nᵒˢ du 5 juillet au 26
août 1843) publiait alors contre Mgr Olivier, sous le
titre de *Mystères de l'Evêché*, des atroces injures qui
soulevaient le dégoût du public. On s'imagine peut-
être que, sous ce lugubre titre, choisi pour frapper l'i-
magination ou la curiosité, il y a des révélations intimes, des scandales, des histoires de chausse-trappes,
d'oubliettes, de souterrains se reliant par des issues
secrètes aux vieux remparts de la ville, aux galeries
ignorées des carrières Bapeaume, dans la forêt d'E-

vreux. Rien de tout cela. Les *Mystères de l'Evéché* commencent et finissent par la disgrâce d'un ecclésiastique auquel Mgr Olivier crut devoir interdire la prédication et la confession. On y lit que le prélat est un bien pauvre évêque, et ce prêtre un bien grand homme; que l'évêque n'est qu'un pacha mitré, et que ce prêtre est environné de l'estime de tous et de la considération publique. Des injures atroces contre l'évêque, les éloges les plus pompeux pour ce prêtre, ce n'est pas plus méchant que cela. Il n'y a pas là le plus petit mystère. Un supérieur inflige une punition à son inférieur : le supérieur avait tort, l'autre avait raison ; celui-ci doit être porté en triomphe jusqu'au Capitole ; et celui-là traîné sur la claie jusqu'à l'égoût fangeux des gémonies. Quoi de plus naturel ?

Six autres articles des *Mystères de l'Evéché* sont consacrés à reprocher à l'abbé Constant une faute expiée et pardonnée, à le traquer dans le paisible asile que la charité de Mgr Olivier lui avait ouvert. On ne le haïssait pas personnellement, puisqu'on ne le connaissait même pas ; on le tue moralement, et ce crime est commis pour se donner la satisfaction de trouver un argument contre l'évêque généreux et bienfaisant. Voilà cette fois le mystère, mais le mystère d'une incompréhensible perversité à côté de l'un des actes les plus sublimes de la vie de Mgr Olivier.

L'abbé Constant avait été élevé dans les séminaires de Paris ; il avait fait ses études ecclésiastiques, et, après avoir passé par toutes les épreuves, il avait été ordonné diacre dans l'illustre maison de Saint-Sulpice. Pour une faute dont il s'est toujours dit innocent, tout en avouant que toutes les apparences étaient contre lui, il avait été renvoyé de cette sainte maison. Rejeté dans la vie séculière, voué à la souffrance, sa tête fermente ; il boit à longs traits les poisons du socialisme, il lance dans le monde, comme une torche incendiaire, un livre fanatique, impie, qui déclare guerre à mort à la société, et il l'intitule la *Bible de la Liberté*. C'était un appel direct à la révolte, au pillage, au crime. La justice s'émeut. Traduit en cours d'assises, l'auteur est condamné et jeté en prison pour huit mois. Là, il ouvre les yeux, reconnaît ses erreurs. En sortant de prison, il est accueilli par un bon prêtre, qui ouvre à l'enfant égaré les bras de sa charité, et l'abbé Constant témoigne sa reconnaissance à son bienfaiteur, en décorant l'église de Choisy-le-Roi d'admirables peintures murales. Car ce jeune homme était doué d'un triple talent : il y avait en lui l'écrivain, l'orateur à la parole facile et abondante, qui avait brillé dans les catéchistes de Saint-Sulpice, le peintre et le dessinateur, dont le pinceau et les crayons ont esquissé des chefs-d'œuvre de l'art. Sa conduite était si régulière à Choisy-le-Roi, sa piété si exemplaire, que la pensée vint d'utiliser, pour l'église, ses remarquables talents. Il n'aurait pas été le premier exemple d'hommes qui, après de grands égarements, ont rendu d'éminents services à la religion, cette mère de miséricorde qui accueille tous les repentirs et qui a si souvent transformé des vases de perdition en vases d'élection. La cause de ce pauvre abbé Constant fut donc portée devant le tribunal de Mgr Affre, archevêque de Paris, un si bon juge ! Mgr Affre le jugea favorablement, et décida qu'il fallait l'accueillir dans le giron de l'Eglise. Il n'était pas possible de l'employer dans le diocèse de Paris, après le scandale du procès et la condamnation de la Cour d'assises. Où donc trouver le bon père, où trouver l'évêque qui oserait accueillir dans ses bras l'enfant prodigue? Qui aurait le caractère assez haut, l'âme assez élevée, le cœur assez indulgent pour tenter cette œuvre de miséricorde et de charitable réhabilitation? Mgr Affre jugea que cet homme, que cet évêque était Mgr Olivier d'Evreux, son élève. Mgr l'archevêque de Paris, dans une lettre écrite de sa propre main, intercéda en faveur de l'abbé Constant auprès de Mgr l'évêque d'Evreux. Ce prélat ne mit qu'une seule condition à l'œuvre d'indulgence, de bonté et de charité, de salut pour une âme, à l'œuvre sainte dont il osait se rendre coupable : c'est que pour éviter tout scandale et écarter de fâcheux souvenirs, l'abbé Constant quitterait son nom pour ne plus porter que celui de sa mère, et non pas un nom d'emprunt, un nom qui lui appartenait par le sang si ce n'était pas son nom devant la loi, et qu'il s'appellerait Beaucourt. Nous le vîmes, sous ce nom, au séminaire, pieux, recueilli, régulier, laborieux, exemplaire. Il y vivait paisible, il y vivait dans la prière. Avant d'élever le pieux diacre au sacerdoce, il fallait bien l'éprouver, il fallait lui procurer l'occasion de bien mériter du diocèse qui allait l'adopter.

C'était l'époque des prédications des prêtres auxiliaires. Monseigneur lui donne rang parmi eux ; il est diacre ; l'ordre sacré dont il est revêtu lui donne le droit de monter en chaire. Il y paraît avec éclat, le malheureux! Il y obtient même des succès, il y révèle son talent admirable, ô le plus imprudent des hommes! Puis il rentre dans le séminaire et vit en paix dans la solitude, dans la prière, dans l'étude des lettres sacrées.

C'est là que la haine, que l'hostilité contre l'évêque

vient le chercher, lui inconnu, inoffensif. On va trouver M. Selme-Davenay, qui me l'a raconté lui-même. — Connaissez-vous, lui dit-on, l'abbé Beaucourt? — Pas le moins du monde. — Nous le croyons bien. Car l'abbé Beaucourt n'est autre que le fameux abbé Constant. — Qu'est-ce que l'abbé Constant? fit Selme-Davenay. On le lui dit. On lui remet des notes et un exemplaire de son procès.

C'est alors que le nom de cet infortuné est jeté en pâture à la curiosité publique. Le pénitent y périra; mais qu'importe? On triomphe, on se donne la joie et la jubilation d'incriminer l'évêque. On cite des phrases épouvantables de la *Bible de la Liberté*. Non, ce n'est pas à lui que la haine s'attaque, les *Mystères de l'Evêché* le déclarent positivement; mais, disent-ils, article VIe, ligne 22 : « il est un autre que lui qui s'est chargé « d'une déplorable solidarité, c'est l'homme qui, deux « ans à peine après cette scandaleuse publication, a « osé appeler son auteur auprès de lui et lui a per- « mis, à sa sortie de prison, de monter dans la chaire « interdite à l'honorable abbé X.... » Ah! voilà.

Cette révélation produisit dans le public un grand scandale, une impression très fâcheuse contre Monseigneur. Le pauvre abbé Constant, que l'on appelait dans les *Mystères de l'Evêché* le *nouveau Lazare*, dut sortir du séminaire. Il est violemment arraché de l'asile où la miséricorde de Monseigneur Affre l'avait conduit, où la miséricorde de Mgr Olivier l'avait accueilli. Ce qu'il était hier, un homme égaré revenu de ses erreurs, un pénitent de l'Eglise réconcilié avec elle, admis à la communion par Mgr Affre, il l'est encore aujourd'hui. Il condamne ses égarements avec plus d'énergie que nous ne pourrions le faire nous-mêmes. Il écrit dans le *Courrier de l'Eure* (N° du 10 août 1843) :

« .. .... Maintenant, c'est aux hommes de paix et
« de religion que je dois parler pour me faire connaî-
« tre tout entier, ou plutôt c'est à la sainte Eglise ca-
« tholique, apostolique et romaine, ma mère, qui m'a
« déjà reçu dans sa miséricorde, et qui, au nom d'un
« Dieu de bonté, m'a pardonné mes fautes. Prosterné
« devant ses autels et le cœur brisé de douleur, je
« voudrais effacer avec mes larmes chacune des li-
« gnes de ce livre insensé, où, au nom d'une loi de
« paix et d'amour, j'ai pu prêcher le désordre et la
« violence. Je rétracte, flétris, condamne de toute
« l'énergie de mon âme et de mon cœur ces déplora-
« bles rêves qui, s'ils n'eussent été des folies, de-
« vraient être appelés des crimes. Quoique jamais
« dans ma pensée je n'ai prétendu provoquer ou jus-
« tifier des forfaits, puisque telle a été l'impression
« qu'ont produite et qu'ont dû produire mes paroles,
« je les rétracte avec horreur, entièrement, sans res-
« triction et de mon propre mouvement, et en pré-
« sence de Dieu et des hommes... Comme chrétien,
« et surtout comme ecclésiastique, j'irais, s'il le fal-
« lait, nu pieds et la corde au cou, brûler mon livre
« devant la croix qui sauva les hommes et l'Evangile
« qui les unit.

« ALPHONSE-LOUIS CONSTANT, diacre. »

Sorti du séminaire, l'abbé Constant, malgré les clameurs, malgré les blâmes exprimés par la bouche
même des amis, n'est pas abandonné par son bienfaiteur. Monseigneur, avec la sainte audace de la charité, lui ménage un asile, pourvoit à sa subsistance et
lui loue une chambre, rue Saint-Louis, n° 19. Il le fait

même sonder sur ses dispositions par rapport à l'ordre du sacerdoce, et l'abbé Constant, ce qui prouve sa sincérité, répond à la personne officiellement chargée de cette mission : « Le sacerdoce est un redoutable « fardeau que je n'ose pas porter encore ; après m'ê- « tre égaré comme j'ai fait, je ne suis pas entière- « ment sûr d'être parfaitement guéri, et, ce qui m'ef- « fraie, c'est que je me suis égaré de bonne foi, et que « par conséquent je pourrais m'égarer encore. Je puis » répondre de mon cœur et non de ma tête. Je de- « mande à rester ce que je suis, trop heureux si je « puis humblement servir l'Eglise comme diacre en « catéchisant les petits enfants et en prêchant. »

Comme l'abbé Constant ne paraissait plus à l'évê- ché par délicatesse, Monseigneur lui fit dire, et je fus chargé de cette généreuse mission (lundi 13 novem- bre 1843), de venir le voir à l'évêché. Le pauvre abbé me raconta, les larmes aux yeux, un affront qu'il ve- nait de recevoir. Il s'était présenté à l'une des cha- pelles de la cathédrade pour assister à la sainte messe. Le célébrant, au pied de l'autel, n'avait point de clerc pour lui répondre. L'abbé Constant se met à genoux à côté de lui, et lui sert pieusement la sainte messe. A la fin, l'autre oubliant le *res sacra, miser!* l'apostrophe en lui disant : Comment avez-vous eu l'audace de me répondre la messe? « J'ai cru vous obliger, répond l'abbé Constant, et j'étais même heureux de remplir mon office de diacre; le bon larron s'entretenait bien avec Jésus qui lui pardonnait sur la croix; c'est à quoi je pensais, et voilà ce qui me donnait confiance. Mais puisque je vous ai fait de la peine, je vous de- mande pardon, et je me retire. » Je compris alors le sentiment qui animait Monseigneur quand il m'avait donné une parole de paix et de douceur à porter à l'affligé, et je vis clairement, une fois de plus, de quel côté, était le véritable esprit de l'Evangile.

Pour créer des ressources au malheureux jeune homme, Monseigneur imagina alors d'utiliser ses talents comme peintre et comme dessinateur. Dans la belle et élégante chapelle du couvent de la Providence d'Evreux, il y avait un assez triste tableau qui suspendait dans les nuages le divin cœur de Jésus couronné d'épines, le cœur glorifié de Marie transpercé d'un glaive, et, chose inouïe, le cœur de saint Joseph traversé d'un lys. L'église honore le divin cœur de Jésus, le cœur sacré de Marie ; mais elle n'a point institué de fête pour le cœur de saint Joseph. La première fois que Monseigneur vit ce tableau, il jugea qu'il devait disparaître. L'abbé Constant prit ses pinceaux, et, de main de maître, il peignit la sainte famille dans la plus ravissante extase de la méditation ; des groupes d'anges en grisaille partagent leur ravissement, et contemplent, avec Dieu le Père, le divin spectacle qu'offre l'atelier de Joseph. L'attitude de l'Enfant-Jésus, la pose et la tête de Joseph sont une œuvre très remarquable. Le tableau n'est pas achevé ; mais qui osera y mettre la dernière main ?

Ce tableau n'était qu'un feuillet détaché des albums de l'abbé Constant. Il comptait consacrer quatre années de son travail aux décorations de la cathédrale. Il aurait commencé par les panneaux de la Mère-Dieu. Il possédait un merveilleux album où chaque invocation des litanies de la Sainte-Vierge était mise en action ; après l'achèvement de son tableau de la Providence, il devait transporter ses admirables dessins sur les murs de la sainte chapelle. Ceux qui se donneront la peine d'examiner la Sainte-Famille de la Providence, et surtout les grisailles de la voûte, ceux qui ont vu les dessins de son album comprendront quelle perte la cathédrale d'Evreux a faite.

Ce qu'il y avait de surprenant dans le talent de l'abbé Constant, comme peintre et dessinateur, c'est qu'il n'avait absolument reçu aucune leçon d'aucun maître : il était né artiste.

L'abbé Constant fit un malheureux voyage à Paris; il y avait porté des manuscrits d'une autre époque. Il se proposait de les revoir et de retrancher des passages qu'il condamnait comme blessant le dogme catholique. Malheureusement, il les confie à un éditeur chargé seulement de les examiner pour juger du parti qu'il en pouvait tirer, et celui-ci, à l'insu de l'abbé Constant, après avoir lu, imprime aussitôt et publie. Tandis que l'abbé Constant travaillait à ses peintures de la Providence, l'*Assomption de la Femme* paraissait à Paris. Dans ce singulier livre, l'éternité des peines de l'enfer est implicitement niée. Après le monde détruit et la sentence du jugement dernier prononcée, au sein même des joies du paradis, Jésus a regardé dans le cœur de sa Mère, et il y a vu une incommensurable tristesse. Ce cœur avait compati aux douleurs de son Fils sur la croix, il compatit maintenant aux tortures des damnés qui troublent sa béatitude dans le ciel. Jésus a sauvé le monde : la compassion de Marie sauve les réprouvés. A sa prière, le Juge des vivants et des morts a révoqué le décret de l'enfer éternel. Monseigneur fut effrayé et profondément affligé de cette publication, et fit défendre à son libraire d'Evreux (jeudi 22 février 1844) de l'exposer en vente.

Il fit prier en même temps l'abbé Constant de quitter Evreux.

L'abbé Constant, car je suis ici historien et non son apologiste, ne se montra pas très reconnaissant des bienfaits du prélat, qui s'était compromis pour lui. Aigri par le malheur, il l'accusa, dans la *Revue de la Vérité*, de matérialiser le culte. Mais c'est le sort ordinaire de la bienfaisance de rencontrer l'ingratitude. Ainsi les *Mystères de l'Evêché*, en voulant accuser l'évêque d'Evreux, révélaient sa miséricorde. Il s'était trouvé coupable du crime du bon père de l'Evangile, qui reçut dans ses bras un fils malheureux, coupable du crime de l'apôtre saint Jean, qui courait chercher dans les montagnes un chef de brigands, et lui disait : « Donne aussi cette main droite que tu caches, donne-« la, mon fils, afin que j'efface, par mes baisers et « mes larmes, les forfaits dont elle s'est souillée ! »

L'abbé Constant se rejeta plus tard dans les folies peu séduisantes et partant peu dangereuses du socialisme phalanstérien : il eût trouvé sa place dans ce pandemonium d'une secte rêveuse ; il en eût été l'Apelles ou l'Orphée. C'est lui qui donnait à la *Démocratie Pacifique* cette étrange couleur biblique qu'on y rencontrait quelque fois. Mais qui vous dit que la bienfaisance de Mgr Olivier n'eût pas guéri cette âme malade ? Qui vous dit que ce ne sont pas les persécutions subies à Evreux qui l'ont rejetée dans cet enfer du socialisme, et que Dieu un jour ne demandera pas compte à ses persécuteurs de la perte de cette âme ?

La justice demande impérieusement que nous fassions ici la part équitable de chacun, et que nous ne laissions pas la mémoire de M. Selme-Davenay chargée d'une responsabilité qu'elle ne doit pas porter toute seule. Le véritable auteur des *Mystères de l'Evê-ché* est multiple : l'hydre du marais fangeux de Lerne n'avait pas pour une seule tête. M. Selme-Davenay ne donnait que la forme aux articles contre Mgr Olivier, qu'il a publiés dans le *Journal de l'Eure* et dans l'*Echo de la Normandie*. D'autres, quand les ombres discrètes de la lune laissaient tomber des ténèbres au pied des murailles, lui apportaient le fond. Ce qui lui appartient, à lui, c'est quelque fois l'éclat du style, l'esprit, la verve, les feux scintillants de l'ironie, la souplesse avec laquelle est maniée l'arme du ridicule : l'atrocité de l'injure, le sacrilége de l'outrage, la perversité de l'intention, la haine, les personnalités, la vengeance, le mensonge et la calomnie étaient forgées ailleurs. Malgré les profits de cette polémique, M. Selme-Davenay en sentait vivement quelque fois les dégoûts. Sa famille, de qui je tiens le fait, l'a vu plus d'une fois jeter au feu les articles qui lui avaient été remis, en s'écriant douloureusement : « C'est « affreux ! C'est dégoûtant ! » Plus tard, quand il ne fut plus obsédé par les suggestions qui l'assiégeaient, il ne parlait plus de Mgr Olivier qu'avec respect ; son éloge était sans cesse à sa bouche. Il le proclamait le plus distingué, le plus intelligent, le plus éloquent des évêques de France. Nul, selon lui, n'avait au même degré l'intelligence des besoins de notre époque. On nous a affirmé que dans sa vie aventureuse, après des malheurs, il s'est souvenu qu'il y avait un évêque en France qui s'appelait M. Olivier, et qu'il a eu la noble confiance de lui exposer ses détresses et ses douleurs. Une telle démarche efface tous les articles condamnables auxquels il a prêté son nom.

Ce qui rend très probable que Mgr Olivier lui vint

en aide, c'est que M. Selme-Davenay, peu de jours avant de mourir, comme me l'a raconté sa famille, s'entretenant avec un ami, fit avec chaleur l'éloge de sa bonté et de sa générosité. Il ajouta : « C'était l'homme de « notre siècle ; il ne lui a manqué que d'être compris; « il ne lui a manqué, pour être heureux, que d'être « un homme médiocre. » Selme-Davenay, apologiste de Mgr Olivier, et Mgr Olivier, bienfaiteur de Selme-Davenay ! Où trouvera-t-on jamais une meilleure réfutation des articles du *Journal de l'Eure* et de l'*Echo de la Normandie*... Lorsque Selme-Davenay ne fut plus, Mgr Olivier n'oublia point sa famille ; il s'informait de sa veuve et de ses enfants avec un intérêt tout paternel ; il saisit avec bonheur une occasion de lui être agréable, et, chose singulière ! huit jours avant de mourir, Mgr Olivier saisissait la plume pour la dernière fois et écrivait sa dernière lettre à un haut personnage pour lui recommander chaleureusement un membre de la famille de M. Selme-Davenay !!!

III.

L'*Echo de la Normandie* avait fait aussi grand bruit d'un testament et des donations de M. l'abbé Chéron, qui, en définitive, ne donna rien du tout. Le testament était fait en faveur du diocèse et non en faveur de la personne de l'évêque. Mgr Olivier était donc personnellement désintéressé dans cette affaire.

Qu'était-ce que l'abbé Chéron ? C'était un vert vieillard, plein de nerf dans le bras, de feu dans les yeux et de vigueur dans le caractère. C'était aussi un vieux rentier, passablement riche ; élève du fameux M. Leclerc de Bauberon, ce théologien de Caen ; il savait parfaitement bien distinguer le prêt usuraire avec le prêt à vie, qui est un marché aléatoire. A la fin de sa vie, qui fut longue, il avait des scrupules, Sa conscience ne lui reprochait aucun acte usuraire, mais seulement de vivre trop longtemps. Il était censé avoir promis à ses créanciers de mourir plus tôt, Quand son coffre était plein et qu'on lui en demandait la clef, il avait des migraines, des tousseries, des gouttes qui l'empêchaient de marcher, des affections de poitrine qui l'empêchaient de se montrer à l'air. Le créancier joyeux emportait son or ; ce n'était pas un emprunt, c'était un héritage prochain. Hélas ! cette joie, cette espérance ne duraient qu'un jour. Le lendemain l'abbé Chéron était capable de dompter les chevaux les plus fougueux, et quatre voleurs bien déterminés n'auraient pas osé lui barrer le chemin, quand bien même ils l'eussent rencontré seul. Toujours est-il qu'il répétait, à l'âge de quatre-vingt-deux ans, à qui voulait l'entendre, que des scrupules de conscience l'engageaient à assurer le salut de son âme par quelque acte de bienfaisance. Il n'était pas non plus fâché qu'on se souvint de lui. Le titre honorifique de chanoine de la cathédrale lui aurait aussi causé une grande satisfaction. Avant l'arrivée de Mgr Olivier, il affirmait qu'on lui avait promis, bien positivement promis, de lui donner la gloire de mourir avec cette qualité, comme il disait, et qu'il serait chanoine aussitôt qu'il aurait donné sa démission de la cure de Saint-Sébastien, et qu'il se serait établi à Evreux.

Il achète donc une maison auprès de la cathédrale, il la décore, il vient l'habiter. Il tient toute prête une somme de vingt-cinq mille francs en faveur des séminaires : il attend pour signer sa nomination qu'il puisse ajouter à son nom un titre, afin que la postérité la plus reculée sache qu'il a été chanoine de la cathédrale d'Evreux. Ce titre lui viendra : il lui est promis. Mais de nomination de chanoine, point. En vain il réclame énergiquement l'exécution de la promesse qui lui a été faite, on l'éconduit plus ou moins poliment, mais on ne lui envoie point ses provisions. Il y comptait cependant : la mosette et l'aumuce étaient achetées depuis longtemps. Il y avait bien aussi un autre malheur, une source quotidienne de dépit, de colère et de chagrin.

Un peintre était passé par là, et le flatteur lui avait persuadé qu'il serait superbe avec le costume de chanoine. L'abbé Chéron était donc peint la mosette brodée de rouge sur les épaules, l'aumuce reluisante sur le bras. Le portrait radieux, exposé dans le salon, contrastait singulièrement avec l'original, lorsque l'abbé Chéron, en simple surplis dans la cathédrale, lançait des regards couroucés sur l'auteur d'une promesse sans effet. Si parfois un visiteur arrêtait sur l'équivoque portraiture un coup-d'œil interrogateur, le vert vieillard prenait feu aussitôt, et défendait son image en s'appuyant sur la fallacieuse promesse. Il prétendait, d'ailleurs, avoir droit à la qualité de chanoine comme ancien secrétaire de Mgr de Narbonne, et même en avoir porté autrefois les insignes. Toujours est-il que si l'on ne signait pas ses provisions de chanoine, il ne signerait pas non plus sa donation de vingt-cinq mille francs.

Un des premiers actes de l'épiscopat de Mgr Olivier, avait été d'honorer la vieillesse et les cheveux blancs des vétérans du sanctuaire. Ainsi, il décora avec bonheur du titre de chanoines honoraires MM. Hue, Varin,

Adam, Franchet, Langlois de Maurey, Vabois, Jouvin, Troussel, Leviels, Plessis, Chaumont, Huvey, Riquier, Legoux, Signol, Leroux, tous octogénaires. On sait assez combien les vieillards sont sensibles aux témoignages de respect dont on honore leurs cheveux blancs. Aussi lorsqu'ils se voyaient, de la part de Mgr Olivier, l'objet d'une distinction honorable, rien n'égalait leur joie que la douce satisfaction du prélat à les rendre heureux. Il disait, avec un sentiment profond : « Hâ- « tons-nous d'honorer l'ancien clergé, car ses derniers « vétérans, qui ont traversé tant d'épreuves, qui ont « été pour la plupart confesseurs de la foi, seront en- « levés bientôt à notre admiration et à notre profonde » vénération. C'est bien le moins pour un évêque de « conduire avec respect leur vieillesse au tombeau. « N'oublions pas qu'ils ont été les restaurateurs du « culte, nos maîtres et nos modèles. Quel évêque « dans l'avenir pourra récompenser de plus grands » services ! » Ce respect de Mgr Olivier pour les vieux prêtres de l'ancien clergé était l'un des traits particuliers de son caractère. Rien donc dans ses sentiments n'était plus naturel que la nomination de M. l'abbé André Chéron, âgé de quatre-vingt-cinq ans, au titre de chanoine honoraire de la cathédrale.

Ne fallait-il pas, après tout, consoler le vieillard des chagrins que lui causait son malencontreux portrait ? Ne fallait-il pas donner une valeur à la promesse que rappelait M. l'abbé Chéron, toujours très courroucé qu'on lui eût manqué de parole. « Est-ce ainsi, disait- « il, que l'on se joue d'un vieillard ? » Un acte si simple devint cependant contre Mgr Olivier le thème d'odieuses calomnies, distillées dans l'*Echo de la Normandie*, et répétées plus tard devant les tribunaux.

L'abbé Chéron fut ravi : son portrait n'était plus un mensonge. En même temps que son front s'épanouissait à la satisfaction d'être enfin chanoine, son cœur s'ouvrait aussi à la générosité. Il commença par s'octroyer à lui-même une chapelle en vermeil et un chasuble d'or, dont il gratifiait, après sa mort, un des vicaires de la cathédrale ; puis il offrit à Mgr Olivier, POUR SON DIOCÈSE, une maison pour des prêtres auxiliaires, que le prélat avait l'intention de fonder, œuvre à laquelle il attachait justement un grand prix. L'abbé Chéron avait d'abord pensé que le legs devait être remis et passé à Monseigneur l'évêque ; mais le ministre de l'intérieur, ayant jugé que, comme chef du diocèse, Monseigneur l'évêque n'était pas légalement apt à recevoir, le legs avait été fait ensuite au nom du séminaire d'Evreux. Si donc Mgr Olivier avait eu la pensée de jouir et de profiter de la générosité de l'abbé Chéron, personnellement pour lui-même, il eût été parfaitement inutile de s'adresser au ministère de l'intérieur. Les ennemis de Mgr Olivier élevèrent la voix, et l'accusèrent tout simplement de fraude et de captation. Voici cependant les faits incontestables tels qu'ils résultent des débats même qui eurent lieu devant les tribunaux en 1848 :

« En 1844, dit le *Courrier de l'Eure* (samedi, 29 janvier 1848), M. Chéron meurt, et, par son testament, il institua M. Ibert, son parent, légataire universel, et il lègue, au séminaire d'Evreux, une maison située à la Ronde, à la condition de la consacrer au logement de jeunes prêtres destinés à la prédication, et à M. l'abbé Chrétien des ornements dont celui-ci n'aura la jouissance que sa vie durant, et qui retourneront en propriété à la cathédrale d'Evreux.

Mais au moment où Mgr d'Evreux réclame, au nom du séminaire, la délivrance du legs, une opposition est formée de la part de quelques héritiers de M. l'abbé Chéron. Ces héritiers, au nombre seulement de trois, tandis qu'il y avait vingt-deux personnes intéressées, font valoir un acte, daté de 1834, par lequel M. Chéron reconnaissait l'obligation de leur payer, à son décès, une somme de 40,000 fr. Ils se fondaient, sur ce qu'en 1834, ils avaient consenti une rente viagère de 6,000 fr., sur un capital de 80,000 fr., dont moitié a été payée comptant, et l'autre moitié par l'obligation dont il s'agit.

« La contestation se fut sans doute terminée à l'amiable par le paiement des 40,000 fr. réclamés après la liquidation de la succession, s'il n'y avait eu suggestion fatale de l'esprit de parti, combinée avec un sentiment de cupidité exagérée et d'amour-propre. L'esprit de parti fut ravi de trouver une occasion de scandale, et il sacrifia tout, jusqu'aux intérêts de ses clients, à cette pensée de persécution contre le chef du diocèse. Et cela est si vrai, que nous trouvons aujourd'hui dans le *Journal de Rouen*, au compte-rendu de cette affaire devant la Cour royale de Rouen, quatre grandes colonnes consacrées à l'attaque de l'avocat des plaignants, et à peine une colonne destinée aux plaidoiries des défendeurs. Peu importe, en effet, aux véritables promoteurs de cette affaire, de traîner leurs clients de tribunaux en tribunaux, d'accroître les frais de justice au-delà peut-être de leur part d'héritage ! Ce qu'ils veulent, c'est le scandale. Et c'eût été pour eux une si belle occasion de convaincre un évêque, un prince de l'Eglise, de captation, d'exhérédation, de spoliation des familles ! Et c'eût été d'autant plus admirable, que ce ministre du Seigneur est un des amis de la famille royale, un homme complétement dévoué aux institutions de 1830, un prélat tolérant, rempli de bienveillance, animé des intentions les plus pures, et maître de cette grande école de nos jours qui veut concilier les idées et les mœurs présentes avec les exigences de la religion. En vérité, c'eût été un coup de maître !

« Et cependant, il suffit de jeter les yeux sur le testament de M. l'abbé Chéron pour qu'il soit possible à l'esprit le plus vulgaire de se convaincre qu'une telle accusation était absurde. En effet, la captation n'est admissible qu'en vue d'un intérêt. Quel est l'intérêt de Mgr l'évêque d'Evreux ? Voici la clause du testament :

Pour le cas où la donation de ma maison dite DE LA RONDE, *située à Evreux, rue de Barrey, que j'ai consentie à Mgr l'évêque d'Evreux, par acte du 21 juin dernier, ne recevrait pas son exécution par un motif quelconque, je donne et lègue au grand séminaire d'Evreux cette même maison de la Ronde, avec ses circonstances et dépendances pour en avoir la propriété et la jouissance à partir de mon décès, à la charge :*

1° Par le grand séminaire, de faire dire à perpétuité, pour le repos de mon âme, et à partir de mon décès, une messe par semaine ;

2° Par Nos Seigneurs les évêques du diocèse d'Evreux, de faire servir cette maison au logement de jeunes prêtres destinés à la prédication et pris parmi les prêtres du diocèse, et, si cette destination n'était pas réalisable, le revenu en sera appliqué à aider de pauvres séminaristes à payer leur pension pendant le cours de leurs études au grand séminaire.

« La condition du legs est claire et inattaquable. Il ne peut y avoir d'intérêt pour le chef du diocèse, que celui qui résulte de son devoir d'être utile à ses administrés. Mais nous sommes bien charitables de vouloir défendre Mgr l'évêque d'Evreux, comme s'il n'était pas suffisamment défendu par sa vie, par ses actes quotidiens, par son inépuisable bienfaisance, et surtout par cette complète abnégation de ses intérêts, qui a rendu un des plus pauvres du clergé l'homme qui a eu certes en main la corne d'abondance.

« Loin, loin de nous la défense comme l'attaque ! A nous aussi, il eut été facile d'opposer scandale à scandale : mais nous n'aimons pas à remuer la boue, et l'on nous connaît assez pour savoir que nous n'acceptons qu'à la dernière extrémité, et comme contraint et forcé, cette triste nécessité de dévoiler les hontes, les turpitudes et même les niaiseries.

« Nous ne voulons même pas emprunter à la plaidoirie de Mᵉ Senard ces raisons spécieuses qui accusent à la fois l'avidité du défunt et la cupidité des réclamants. Nous aimons mieux laisser croire que ces héritiers n'ont pas spéculé sur leur oncle, et qu'ils n'ont intenté le procès qu'*après avoir été égarés par des* SUGGESTIONS *dont il nous serait facile de montrer la source et le cours.* »

Le Tribunal d'Evreux ordonna la délivrance pure et simple du legs, et déclara nulle et vide d'effet l'obligation de 40,000 fr. sous-seing privé du 11 juillet 1834, comme étant un acte de libéralité déguisé sous la forme d'une donation, et annulé par l'effet du testament. Les considérants déclaraient que la plupart des faits allégués contre Mgr Olivier étaient *d'une insignifiance complète, et que tous, fussent-ils prouvés, ils n'établiraient ni le dol, ni la fraude, ni la suggestion, ni la captation ; que l'oncle avait pu donner au neveu, le maître à sa domestique, le prêtre à son séminaire et à sa fabrique, sans qu'on dût s'évertuer à trouver à ces legs une cause mauvaise et honteuse ; que ces faits n'étaient pas seulement non pertinents et inadmissibles, mais que la preuve n'en était pas même sérieusement offerte.*

La Cour royale de Rouen n'eut pas égard, plus que le Tribunal d'Evreux, aux absurdes accusations des plaignants : seulement, reconnaissant la validité de l'obligation de 1834, elle décida que le legs ne serait délivré qu'après le prélèvement de l'obligation sur la succession. Les considérants établissaient également que les faits allégués *ne justifiaient pas les accusations de captation et de suggestion indûment soulevés au procès, et que la fausseté des imputations injurieuses contenue dans une publication, faite sous le titre de* RÉSUMÉ DES PLAIDOIRIES, *était démontrée ; que de telles attaques, d'ailleurs, étaient frappées d'impuissance par le caractère personnel de ceux auxquels elles s'adressaient et par la juste considération qui les entourait.*

IV.

Pendant que Mgr Olivier faisait ses visites pastorales dans l'arrondissement de Bernay, une question grave était agitée devant les Chambres et dans la presse : celle de la liberté d'enseignement. Plusieurs évêques se jetèrent ardemment dans la mêlée, se coalisèrent, et firent ensemble une levée de boucliers.

L'évêque d'Evreux suivit une ligne de conduite pleine de sagesse et de réserve. Pour mieux l'apprécier, qu'on lise attentivement ce passage de la *Vie du cardinal de Cheverus*, placé dans des circonstances analogues, livre III, p. 256. Il est question de la conduite qu'il tint lorsque parurent les ordonnances du 16 juin 1828 :

« ...... Quelques autres prélats, comme l'archevê-
« que de Bordeaux, pensèrent que les réclamations
« de l'épiscopat ne pourraient avoir aucun résultat
« utile... Ce dernier sentiment, dont la sagesse a été
« depuis longtemps justifiée par les faits, fut d'abord
« mal accueilli et ouvertement blâmé par un grand
« nombre : au lieu d'en examiner les motifs si bien
« fondés en raison, dans le regret de ce qu'on allait
« perdre, on n'écouta qu'un amour irréfléchi du bien
« et les commentaires trompeurs de certains journaux;
« et de là on conclut que ceux qui ne voulaient pas
« protester contre les ordonnances, étaient, par cela
« même, convaincus de ne pas aimer les jésuites et de
« sacrifier l'existence de leurs petits séminaires à une
« lâche pusillanimité. L'archevêque de Bordeaux
« souffrit de voir sa conduite si mal interprétée et ses
« vrais sentiments si indignement calomniés. Toute-
« fois, fort du sentiment de sa conscience, il ne se
« laissa point abattre ni ébranler par cette peine; il
« la supporta avec le calme d'un chrétien, la dignité
« d'un évêque et la charité d'un apôtre. »

C'est ainsi que le silence que l'évêque d'Evreux semblait garder, au milieu des réclamations bruyantes du reste de l'épiscopat et des emportements des partis, fut exploité par ceux qui n'avaient cessé de lui faire opposition. Sa conduite était représentée comme une lâche trahison de la foi, comme l'abandon des intérêts de la religion. On opposait à sa conduite la conduite de la majeure partie des évêques de France. A cela, Monseigneur répondait que celui qui savait se tenir à l'écart des coalitions, des cabales, des complots, des passions furieuses et rester dans le calme, pouvait avoir raison seul contre tous. Vis-à-vis de la cour, l'évêque d'Evreux était parfaitement libre de prendre le parti qui lui conviendrait. Car Louis-Philippe avait eu la délicatesse de lui dire : « Il ne faut « pas, par amitié pour ma famille et par dévouement « à mon gouvernement, vous séparer du reste de l'é- « piscopat, et tourner tout votre clergé contre vous. » Monseigneur remercia le roi, mais affirma en même temps, que quand bien même il serait seul contre tous, il ne changerait pas sa ligne de conduite, qu'il agissait par suite d'une conviction profonde, qu'il y aurait de sa part une injustice extrême à signaler les professeurs de l'Université comme les corrupteurs de la jeunesse, puisqu'il n'avait aucune plainte à former contre ceux qui dirigeaient la jeunesse dans son diocèse.

Monseigneur voyait de plus haut et plus loin que ceux qui essayaient de l'entraîner par la violence dans une voie qui lui semblait dangereuse. Il comprenait mieux l'état de la société et les véritables intérêts de la religion. Le 8 avril 1844, le ministre des cultes lui avait écrit :

« Que dites-vous, mon cher seigneur, de tout ce « qui se passe autour de nous? Si j'en crois les ren- « seignements qui me viennent de toutes parts, pres- « que tous les prélats se sont entendus pour résister « à la loi, même après sa promulgation; les projets « les plus terribles seraient formés contre notre dé- « marche et même avoués; en un mot, la plus noire

« ingratitude serait la récompense de tout ce que le
« gouvernement a fait depuis quatorze ans pour la
« religion et pour le clergé : je ne puis encore croire
« à un pareil aveuglement, mais, comme les vrais
« amis de la religion et du clergé, je suis affligé et
« découragé. »

J'ai sous les yeux une assez volumineuse correspondance entre le ministre et l'évêque d'Evreux, correspondance autographe qui prouve que notre prélat,
qui était accusé de ne rien faire, faisait au contraire à
lui seul plus que tous les autres, sauvait l'épiscopat
d'une rupture funeste entre le clergé et le gouvernement, et rendait les plus grands services à la religion.
Il allait même plus loin, en ce qui intéresse directement la foi, qu'aucun autre évêque. Il jouissait pleinement de la belle position que lui avaient créées sa
sagesse et sa prudence. Pour les autres cependant, les
louanges retentissantes de la presse; pour lui le blâme
et les attaques passionnées! Il se félicitait du moins
de ne pas marcher à la remorque des journaux, conservait sa dignité d'évêque en ne soumettant pas ses
actes à la publicité, et se contentait d'être utile et de
bien faire en silence. Il avait pour lui toute la force
de la raison contre la passion, du calme contre le délire,
de la franchise contre la duplicité, de la modération
contre l'exagération : il était évêque, et non pas un
homme de parti et de cabale. Il pouvait librement élever la voix pour persuader ce qui était raisonnable
et salutaire. Beaucoup criaient contre lui qui enviaient
sa position. On l'accusait de faiblesse : il y a plus de
force à résister au torrent qu'à s'y laisser entraîner.
Et puis, disons-le hautement par amour pour l'église,
quelle était donc cette conduite de prêtres jugeant les

actions de leurs évêques, leur montrant impérieusement la ligne dans laquelle ils les invitaient à marcher? Cette prétention a un nom dans l'histoire des hérésies et des schismes : elle s'appelle *presbytérianisme*.

Le 1er mai 1844, Mgr l'évêque d'Evreux écrivit à Son Excellence le ministre des cultes :

..... « J'avais résolu de garder le silence, au milieu
« des passions mises en jeu par l'indiscrétion du zèle,
« les écarts de quelques professeurs, et l'esprit d'op-
« position soulevé par de misérables journaux.

« Je crois aux suites funestes qu'aura ce grand dé-
« bat : la France va se diviser en deux camps, et ces
« deux camps ne voudront jamais la paix.

« Il est trop tard de signaler les causes de cette
« explosion désastreuse. Cependant si Votre Excel-
« lence me le permettait, je dirais que l'espèce de
« protection que l'on a quelque temps accordé à un
« petit journal fanatisé, les folies presque vantées de
« MM. X. et X., les prétentions ultramontaines de
« Y... et de Y, le choix de quelques hommes con-
« nus par leur adhésion aux premières idées de M. de
« Lamennais....., ont préparé le mouvement révolu-
« tionnaire qui doit avoir, selon moi, les suites les
« plus funestes pour la France et pour la religion.

« J'ajouterai que les meilleurs esprits ont dû s'ef-
« frayer de la corruption de l'esprit et du cœur qui
« se montre dans la jeunesse des écoles publiques, et
« qui épouvante les pères de famille les moins reli-
« gieux. »

Le prélat analyse ensuite les divers articles du projet de loi sur l'enseignement. Il préférait le projet de la commission à celui du gouvernement, « et surtout,

« disait-il, j'en préfère l'esprit : on y a sondé la plaie
« véritable qui est l'enseignement de la philosophie. »
Il pensait que dans l'état d'irritation où étaient les esprits, il serait très sage de laisser de côté, cette année, tout ce qui regardait les petits séminaires. Et
sur le fond même du débat, il s'exprimait ainsi :

« J'avoue que je ne comprends pas comment on
« peut exiger autre chose dans les examens que la
« science et la capacité : peu importe l'école dans
« laquelle on a étudié, dès que l'on sait répondre aux
« questions proposées..... Je ne vois aucune raison
« des certificats exigés pour savoir la maison où l'on
« a étudié.

« La religion catholique est la religion de la majo-
« rité des Français. Il est donc faux de dire que l'ins-
« truction publique doit être en dehors des dogmes
« catholiques. Il est donc faux de dire que la charte
« exige l'indifférence dans l'éducation lorsque le maî-
« tre parle à des enfants catholiques. De ce principe
« que je crois incontestable, je tire plusieurs consé-
« quences qui, mises en pratique, remédieraient à
« tout le mal :

« 1º La nécessité d'un ecclésiastique responsable,
« sous la responsabilité du ministre, dans le conseil
« royal de l'instruction publique. Je suppose qu'il
« aurait un pouvoir réel de corriger les abus qui com-
« promettraient la foi ou son enseignement ou sa
« pratique. Tous les catholiques raisonnables seraient
« tranquillisés, et les évêques n'auraient plus de rai-
« son de se plaindre.

« 2º La nécessité indispensable d'un aumônier,
« homme de mérite, conférencier habile, dans l'*École*
« *Normale* qui forme les professeurs. N'est-il pas

« d'une inconvenance extrême que cette école n'ait
« pas un docteur catholique, son culte et sa chapelle?
« L'aumônier d'un simple collége, qui se doit à ses
« enfants, peut-il suffire à une école normale? L'ab-
« sence d'un docteur de religion est-elle explicable
« quand il s'agit de diriger la croyance et la vie de
« jeunes gens désignés pour une sorte de sacerdoce,
« et à l'âge des passions et du doute?

« 3° La nécessité de supprimer l'enseignement d'une
« prétendue philosophie qui n'en a que le nom, et qui
« a pris place de la logique, la seule science qui de-
« vrait être exigée pour le baccalauréat, selon la pen-
« sée de M. le duc de Broglie, et l'opinion des pairs
« les plus modérés et les plus sages.

« 4° La nécessité d'un programme de questions dont
« il serait défendu au professeur de sortir jamais dans
« l'enseignement de la logique. »

Voilà bien le langage de la raison, mais ce n'était
pas celui de la passion, mais ces rapports confidentiels n'étaient pas une hostilité publique contre le
gouvernement, un anathème lancé contre l'Université,
et voilà ce que cherchait la passion. Quant à l'agitation qui eut lieu à cette occasion dans le diocèse d'E-
vreux, et aux chagrins qu'elle suscita à Mgr Olivier,
on peut en voir les détails dans les articles du *Courrier de l'Eure*, et dans la défense des opposants intitulée *Procès pour rire*, Paris, 1er août 1844, chez Schnei-
der et Langrand, rue d'Erfurth, n° 1.

Monseigneur écrivit le 17 juin 1844 à tous les curés
du diocèse :

« Mon cher curé,

« J'ai cru devoir attendre que l'irritation des es-

« prits causée par la discussion de la loi sur la liberté
« d'enseignement fût un peu calmée, pour vous faire
« connaître toute ma satisfaction sur la conduite ad-
« mirable de tous mes dignes collaborateurs, par rap-
« port à cette importante et difficile question.

« L'état si satisfaisant du diocèse ne m'a pas paru
« exiger de votre évêque un acte public, comme ont
« cru devoir le faire le plus grand nombre de mes vé-
« nérables collègues dans l'épiscopat.

» A l'exemple de plusieurs autres prélats, j'ai pré-
« féré des rapports confidentiels avec Son Excellence
« M. le ministre des cultes. J'ai la confiance que le
« *clergé du diocèse d'Evreux* continuera à se montrer
« plein de calme, de réserve et de dignité. C'EST LE
« BUT de ma présente communication.

« Evreux, le 16 juin 1844. »

La lettre de Monseigneur fut comblée en France
d'éloges à peu près unanimes : la protestation des
chanoines qui suivit fut universellement blâmée. Monseigneur reçut les félicitations du roi, de M. Guizot, de Mgr Garibaldi, internonce du pape à Paris, de
tout ce qu'il y avait de plus illustre en France. Le
ministre des cultes lui écrivit la lettre suivante, 29
juin 1844 :

« Certes, mon cher seigneur, j'applaudis à la lettre
« ferme et loyale dont vous m'avez fait l'envoi, et
« peu importent les mécontentements de quelques
« membres de votre chapitre qui, soit par ignorance
« du véritable état de choses, soit par mauvaise foi,
« se sont permis de blâmer votre conduite sage et
« mesurée. Le temps n'est pas éloigné où l'on recon-
« naîtra ceux qui par leurs écarts ont compromis les
« intérêts de la religion et du clergé, et ceux qui les

« ont bien compris. Les opinions émises dans les bu-
« reaux de la Chambre des députés et la composition
« de la commission doivent dissiper bien des illusions
« et détruire bien des erreurs. Si tous les prélats du
« royaume avaient suivi votre exemple, la tâche du
« gouvernement et le succès de la cause qu'il a em-
« brassée seraient aussi faciles que la position est de-
« venue embarrassante et périlleuse... »

Et le 10 août 1844 : « ..... J'ai vu hier deux mem-
« bres du conseil général de l'Eure qui partent très
« heureux de vous dire combien ils ont applaudi à
« votre administration : cette assurance me fait le plus
« grand plaisir. »

Cependant le scandale du *Procès pour rire* fit à Monseigneur le plus grand bien. Les plus aveugles ouvrirent les yeux. A dater de ce jour, sa cause fut ga-
gnée devant son clergé qui résista en masse à toutes
les suggestions : et la preuve, c'est que l'année suivante, quand on chercha à le soulever contre son évêque, sur six cents prêtres qui composent le clergé du
diocèse, on ne put recruter contre le prélat que *vingt-
deux signatures*, qui se réduisirent plus tard *à neuf*.
Au loin on put tromper des esprits ou crédules ou
prévenus : de près, cela n'était plus possible.

V.

L'affaire de la liberté d'enseignement amena forcément quelques changements dans le grand et dans le
petit séminaire.

M. l'abbé Seugé, chanoine, vicaire général honoraire, rompit toutes les habitudes de sa vie, et accepta la direction du grand séminaire. M. l'abbé Chré-

tien, premier vicaire de la cathédrale, gouverna le petit séminaire avec sagesse et fermeté.

Les troubles excités par les Charités étaient apaisés sur tous les points du diocèse, et force était restée à l'autorité épiscopale. Des rapports de confiance s'étaient établis entre les bons curés de campagne et leur évêque ; ils pouvaient tous s'adresser directement à lui ; toutes leurs demande et leurs réclamations étaient favorablement accueillies. A l'évêché, le prélat leur tendait les bras, les invitait sans distinction à sa table lorsqu'ils venaient à Evreux, et ils goûtaient les douceurs d'une réception franche et cordiale. Sur six cents prêtres, quel est celui qui pourrait se plaindre ou de n'avoir pas été reçu, ou d'avoir été mal reçu ? La dignité épiscopale dans la personne de Mgr Olivier était une majesté sereine qui se laissait aborder ; le seul reproche à lui faire, c'était peut-être trop d'abandon avec ses curés. Mais comment lui adresser ce reproche ? Il était pour eux un père, et il les aimait. La prudence diplomatique lui paraissait peu évangélique ; il la laissait de côté, et gouvernait par l'ouverture et la franchise. Il ne cachait point sa pensée au fond du puits, où va se réfugier la dissimulation, et non pas la vérité, comme le croyaient faussement les anciens. Il était une source toujours ouverte, *fons jugis*, et qui coulait à pleins bords. Il était un airain sonore qui rendait un son aussitôt qu'on le touchait. Les contradictions de ses décisions et de ses paroles n'étaient qu'apparentes : elles n'accusaient point sa sincérité, mais la maladresse ou le travers de ceux qui le consultaient.

Etait-ce quelque pauvre curé, coupable d'une faute ignorée, qu'une dénonciation perfide amenait à ses pieds? Il le relevait avec bonté, il ne brisait point ce fragile roseau, il ne posait point un pied impitoyable sur la mèche qui fumait encore. Monseigneur croyait à la sincérité du repentir; dans sa bienveillance inépuisable, dans son expérience de la vie, il jugeait les hommes plus faibles et plus inconséquents encore que coupables ou pervers. On se retirait d'auprès de lui pardonné et béni ; on redescendait cet escalier de la tour si facile à franchir, la paix et le contentement dans le cœur.

Un curé venait-il se plaindre de persécutions et de difficultés. « Êtes-vous heureux dans votre paroisse, lui disait le prélat ! La main sur la conscience, pouvez-vous encore y faire le bien ? » Si la réponse était négative, il donnait sur le champ une nouvelle paroisse au plaignant ; tant mieux pour lui si les cures vacantes étaient bonnes, car il lui choisissait toujours la meilleure. Combien de changements, sur lesquels des clameurs se sont élevées, n'ont pas eu d'autre mystère que celui que je raconte !

Je pourrais ici citer le nom d'un curé qui vint lui demander son changement; il l'obtint, mais non pas la cure qu'il convoitait en secret. Le dimanche suivant, il fit à son prône des adieux pitoyables ; il pleurait, et ses paroissiens confiants pleurèrent avec lui. Le maire aussitôt, à la tête de ses notables, gens de poids et solides sur leurs formidables chaussures, arrivent droit à l'évêché, droit à l'évêque, qui n'était jamais invisible dans ses appartements, et se plaignent à lui de l'enlèvement de leur curé. « Moi, dit le prélat, je ne vous l'enlève pas, c'est lui qui m'a demandé à vous quitter. Gardez-le, puisqu'il vous convient. »

Que si quelqu'un venait déposer entre ses mains une

plainte, une accusation, en lui recommandant le secret, ce secret, il ne le gardait pas. Il avertissait la personne intéressée. A cette manière d'agir il trouvait plusieurs avantages : l'inculpé connaissait son accusateur et pouvait mieux se défendre; l'innocent pouvait se justifier, et quant à lui, il se délivrait de la chose au monde qui lui était la plus odieuse, la délation. De là les plaintes sur son indiscrétion, sur l'impossibilité de rien lui confier avec sûreté. Ce n'est pas ainsi qu'on administre, dira-t-on. C'est possible. Mais c'est ainsi qu'on est honnête homme. Je puis bien donner cette louange à un évêque après ce mot si profond, si naïf et si spirituel de Mme de Sévigné à sa fille, 15 juin 1680 : « M. de Châlons est dans le ciel; « c'était un saint prélat et un honnête homme. »

Les mutations qui avaient été faites dans les deux premières années de l'épiscopat de Mgr Olivier, avaient été dûes aux impérieuses exigences de la question des Charités : les curés, auxquels Monseigneur l'évêque donnait de nouvelles paroisses, avaient été pour la plupart des victimes qu'il arrachait aux persécuteurs, ou des holocaustes qu'il offrait à la paix. Mais désormais le prélat entrevoyait possible l'exécution de la promesse qu'il avait faite, en arrivant, de considérer les desservants comme inamovibles, et de ne les faire changer de cure que pour leur donner de l'avancement ou sur leur demande. Par conséquent la sécurité et la paix pénétraient dans les presbytères, naguère si désolés, et le bon curé de village cultivait avec plus d'amour et de zèle le troupeau avec lequel il devait vivre et mourir. Il était bien étonné quand il entendait mal parler de son évêque : « Pourtant, disait-il, je n'ai toujours eu qu'à me louer de ses procédés ! Il m'a toujours reçu à bras ouverts ; il m'a bien dit qu'un projet que j'avais dans la tête n'avait pas le sens commun, mais j'avais au moins l'avantage de savoir ce qu'il pensait. Je l'ai vu à la dernière retraite, partout, si pieux, si bon, si rempli de zèle et de l'esprit de Dieu ! On ne parle point comme il parle sans aimer sincèrement le bon Dieu. »

Le culte était revêtu de toutes ses splendeurs, et l'éloquence de Mgr Olivier, inépuisable comme la charité de son cœur, animait toutes ces pompes. Les bonnes œuvres se créaient, et quelles œuvres ! Un ouvroir pour de jeunes orphelines était fondé dans la sainte et pieuse maison des Sœurs de la Providence. Les pauvres de la ville, les vieillards et les femmes en couches étaient visités par des filles de Saint-Vincent de Paule. D'autres étaient méditées, et n'attendaient plus qu'un moment favorable pour éclore, comme l'institution d'un Frère des Ecoles Chrétiennes, spécial pour les enfants de chœur de la cathédrale, qu'il fit venir et paya plus tard de sa bourse, et celle des Sœurs de la Miséricorde, gardes-malades, dont il eut la consolation de recevoir les soins dans sa dernière maladie. Il voulait aussi fonder, sous le nom de Prêtres auxiliaires, une maison de missionnaires diocésains, projet qu'il n'a jamais abandonné.

Une marche régulière s'établissait : l'élan était donné.

Les lettres de cette époque témoignent de la sérénité de son âme et de sa confiance. Quoi de plus suave que cette lettre, qu'il écrivait à une mère, noble et sainte femme, pour la consoler de la maladie mortelle de son enfant !

« J'espère, ma chère fille, que Dieu n'aura voulu

« vous montrer que l'amertume du plus affreux des
« calices, et qu'il va déployer en votre faveur toute
« l'étendue de sa douceur paternelle. Votre fils vous
« sera conservé! Hélas! pourquoi ce combat de la
« nature qui veut garder et de la foi qui entr'ouvre
« le ciel et aspire le bonheur des élus? Pourquoi ne
« pas aimer assez pour souhaiter la suprême béati-
« tude aux anges de la terre? Pourquoi nous semble-
« rions-nous à nous-mêmes ne pas aimer réellement,
« si nous appelions pour eux une possession plus
« prompte et plus assurée de l'éternelle patrie? C'est
« que notre nature est inexplicable, c'est que la mort
« est une étrangère que Dieu n'avait pas envoyée
« s'asseoir à côté de nous dans la vie... Je pense que
« vous devez communier souvent pour avoir force,
« courage et calme pour vous, grâce et bénédiction
« pour les autres. »

Et celle-ci :

« Ma très chère fille, vous êtes, pour parler mon
« langage d'amitié, la plus horrible hypocrite du
« monde. Vous vous flattez d'être sage, heureuse,
« bonne, reconnaissante, contente, et pas du tout;
« Madame pleure, — voir ses larmes sur la lettre!
« Madame se plaint,—elle n'a pas de lettres! Madame
« se reproche— d'avoir toujours été l'enfant gâtée de
« la Providence. Madame, — enfin suffit.

« Donc voici la belle fête de Noël (1844). Il faut
« aller à Bethléem, s'arranger pour arriver de bonne
« heure, fendre la foule, si déjà elle est formée. Puis
« accompagnée de sa Sophie, il faut tâcher de péné-
« trer jusqu'à la crèche. Il faudra remuer, s'agiter un
« peu, forcer saint Joseph à vous remarquer toutes
« deux et à vous faire remarquer par sa divine mère.

« Un peu après, il faut devenir téméraires, préten-
« dre à l'honneur de parler à saint Joseph ou à la
« sainte Vierge, et persuader à cette bonne mère
« qu'elle a besoin d'un peu de repos, et qu'il serait
« bien à elle de vous confier entre les bras le grand
« roi qui vient de naître. Elle consentira, et dès que
« vous le porterez, plus encore dans votre cœur que
« dans vos bras, vous lui parlerez de toutes vos pei-
« nes, de vos craintes, de vos espérances. »

Voici maintenant la solidité des principes spirituels
et la douceur de la morale religieuse qu'il conseillait
aux personnes qui avaient le bonheur de vivre sous sa
direction. Ces courtes citations donneront sans doute
l'idée de faire un recueil de ses lettres spirituelles. Il
s'agit ici des pratiques de la religion pour des personnes vivant dans le monde. Il est évident que les
principes ne peuvent être absolus, et que, dans les
communications de ce genre, ils sont relatifs à l'état
des personnes auxquelles il écrivait.

« Ma fille, je vous remercie de votre lettre dans tout
« ce qu'elle a de bon ; je la condamne dans tout ce qui
« est inquiétude et scrupule ; car vos doutes sur votre
« situation vis-à-vis de Dieu ne méritent aucune per-
« plexité. Allez simplement et confidemment. Lisez
« pour lecture de tous les jours, avec votre chère
« enfant, les *Méditations* de Bossuet *sur les Évan-
« giles*, et alternativement les *Mœurs des Chrétiens*,
« par l'abbé Fleury. Allez avec la pureté de votre
» cœur, et ne faites pas passer toutes vos sensations
« à l'alambic. Soyez bien aimable pour votre mari et
« bien gaie, car Dieu vous a accordé tout ce que vous
« pouviez désirer. Je ne vous aime pas au bal, votre
« fille est encore trop jeune pour être présentée. Vous

« ne devez y aller, non plus qu'au spectacle, que par
« l'ordre ou le désir bien formel de votre mari...

« L'*Imitation* a été faite pour les personnes cloîtrées
» et liées par des vœux, et non pour les personnes du
« monde. Trouvez là toute la réponse à vos doutes et
« à vos inquiétudes, et comprenez-moi bien. Je con-
« damne de nouveau tous vos scrupules ; soyez donc
« exacte à tous vos devoirs ; rendez heureux tout ce
« qui vous environne. Allez à la Sainte Table : votre
« âme tiède a besoin de cette divine nourriture, et
« puis soyez en plein repos de cœur. Je ne veux pas
« de tristesse...

« On dit qu'il est d'une belle âme de voir du péché
« où il n'y en a pas. Je veux que vous n'acceptiez pas
« cette maxime. Avec votre ardeur, cette maxime
« vous tourmenterait toujours. Laissez, laissez aller
« votre âme doucement vers sa pente ; elle est toute
« pure, toute noble. Vous ne pouvez pas ne pas être
« un enfant d'Ève, et une perfection telle que vous la
« rêvez vous rendrait toute orgueilleuse, fière pour
« les autres et intolérante. Sainte Thérèse a dit, et
« saint François de Sales a répété, qu'un grain d'hu-
« milité, en confessant notre faiblesse, plaît plus à
» Dieu que nos vertus avec la satisfaction propre et la
« complaisance dans nos forces. »

Il lui écrivait encore :

« J'ai vu votre cher époux, et il m'a fait part de ses
« inquiétudes sur les exaltations religieuses de son
« fils. Je lui ai demandé le nom du directeur de ce
« jeune homme, et j'avoue que je suis tombé de mon
« haut quand il me l'a eu prononcé. A quoi, à qui
» avez-vous donc pensé en faisant un si déplorable
« choix ? Quelle est l'instigation absurde qui vous y a

« poussé? Mais vous ne pouviez plus mal choisir.
« Renvoyez votre fils à un homme *calme* et sage,
« à M. le curé de Saint-Etienne, par exemple.

« Si j'avais eu le temps de vous répondre, je n'eusse
« pas été d'avis de vos soirées de carême, qui ne peu-
« vent être excusées que par l'obéissance nécessaire à
« votre mari.

« Je vous remercie des bonnes nouvelles que vous
« me donnez : tout va bien, le mari, l'âme, le corps,
« la paix, le calme, la confiance. Profitez de ce bon
« moment; prenez acte de votre joie présente, ne la
« dépensez pas de suite. Il faut qu'il vienne encore
« le temps lourd, gris, noir. Si vous avez gardé sou-
« venir de la paix d'aujourd'hui, vous laisserez passer
« le mauvais moment, comptant comme un avare ce
« que vous avez réservé. Que Dieu bénisse vos saintes
« résolutions pour l'avenir, mais ne les exagérez pas! »
Un autre jour, il lui donnait un conseil que tous les
sages pères de famille goûteront :

« Ne quittez pas vos saintes pratiques. Méprisez le
« dégoût, et ne vous croyez pas bonne à cause de l'at-
« trait. Il faut servir Dieu sans consolation, et comme
« dit saint François de Sales par *la fine pointe de l'es-*
« *prit.* Soignez l'âme de votre chère fille, et ne vous
« laissez pas surprendre par sa poésie. *Faites-lui*
« *ravauder les bas de ses petits frères, tricoter leurs*
« *gilets; faites-en une bonne ménagère.* Tenez-la dans
« un état de joie perpétuelle. Continuez à être le bon-
« heur de votre mari. *Vous faites bien de quitter quel-*
« *quefois la messe pour lui.*

« Ne laissez pas la poésie; *mais surtout ne laissez*
« *pas votre ménage et vos filles.* Réglez le temps; tant
« pis pour l'inspiration si elle vient sans qu'on l'ap-

« pelle. Ayez un jour dans la semaine pour vos *illus-*
« *tres.* Donnez le reste à la famille. »

Il donnait ces conseils à une mère sur la danse :

« Dès qu'un divertissement n'est pas mauvais en
« soi, on ne peut, ce me semble, le défendre que par
« la considération des personnes, des circonstances, etc.
« Telle personne doit éviter un amusement très légi-
« time pour telle autre. Je ne défendrais donc pas les
« danses que vous me signalez en elles-mêmes, et je
« ne les conseillerais pas. C'est à la prudence d'une
« mère qui connaît sa fille, à la pureté d'une jeune
« fille qui ne veut pas offenser Dieu que je m'en rap-
« porterais. Il y a quelque chose de plus dangereux
« que ces danses, c'est de les désirer et de les regret-
« ter. *L'ennui est plus nuisible que le plaisir hon-*
« *nête,* telle est ma décision. Donc je ne défendrais
« pas à ma fille ces soirées, mais je lui dirais : jugez
« et décidez. »

Il écrivait à des religieuses : « Rappelez-vous pour-
« quoi vous vous êtes faites religieuses, ce que vous
« avez promis à Dieu en vous faisant religieuses, que
« toute perfection est dans le silence et l'abnégation
« de soi-même, qu'on y arrive par l'oraison, la mor-
« tification et la charité. Avec ces quatre points vous
« serez toutes des saintes.

« Vous direz à vos sœurs que l'obéissance à la rè-
« gle, le silence et la charité sont la cocarde à laquelle
« je reconnais mes filles, que celles qui ne portent
« pas cette cocarde je les renie. Elle doit être trico-
« lore ; le violet de l'obéissance, le blanc du silence,
« l'or ou l'aurore de la charité. »

Pendant le carême de 1845, malgré les nombreuses
prédications faites à Evreux, Monseigneur alla prêcher

la retraite pascale de St-Roch à un nombre prodigieux d'auditeurs. Nous ajouterions que, dans cette retraite, son éloquence se surpassa encore elle-même, si l'on n'avait pas fait toujours la même réflexion à la suite de toutes ses prédications. Il prit la parole trois fois par jour; dans l'intervalle, il confessa, et malgré un grand froid, il voyagea toute la nuit pour aller porter des consolations à son père malade. Les fruits de cette retraite à Saint-Roch furent prodigieux : il avait converti un nombre considérable de personnes, consolé et ranimé le zèle de ses anciens paroissiens.

Aussitôt après les travaux de Pâques dans sa cathédrale, sans se donner aucun repos, il va visiter toutes les paroisses de l'arrondissement de Pont-Audemer. Les populations l'accueillent avec enthousiasme. Partout encore il se fait aimer et bénir, à tel point qu'au conseil général suivant, l'allocation de 5,000 francs fut votée presque à l'unanimité. L'honorable M. Lefebvre-Duruflé, l'un des dissidents des années précédentes, expliqua à ses collègues son changement de vote par la belle conduite de Mgr Olivier dans l'affaire de l'Université, et par ses paternelles prédications dans l'arrondissement de Pont-Audemer, qui lui avaient concilié tous les esprits. Trois membres seulement s'abstinrent de voter, mais en déclarant que leur vote n'avait rien de personnel pour le prélat, qu'ils s'associaient à l'approbation éclatante dont le conseil général voulait entourer l'évêque.

Quel suffrage que celui du conseil général de l'Eure, où siégeaient cinq ministres, les plus grandes illustrations du pays ! Aucun conseil général, dans toute la France, ne pouvait présenter une réunion d'hommes éminents pareille à celle du conseil général de l'Eure.

Quels noms que ceux du duc de Broglie, de Salvandy, Lefebvre de Vatimesnil, Dupont de l'Eure, Suchet, d'Albuféra, Hippolyte et Antoine Passy, de Blosse-ville, de La Grange, Troplong, Lefebvre-Duruflé, etc.!

Huit préfets, MM. de Monicault, Zédé, Bégé, de Bantel, Fleau, Vallou, comte Guyot, marquis de Sainte-Croix, ont gouverné le département de l'Eure pendant son épiscopat. Tous ont été ses amis, tous n'ont eu qu'à se louer de ses bons procédés, tous ont apprécié ses rares qualités. C'est donc ici le suffrage du département de l'Eure lui-même parlant par ses organes les plus élevés.

VI.

Mais cette voix, qui retentissait depuis cinq mois sans relâche et plusieurs fois par jour dans les chaires chrétiennes, devait s'user à la fin. Les médecins s'a-larmèrent et menacèrent Mgr Olivier d'une extinction de voix, s'il n'allait prendre les eaux de Cauterets, dans les Hautes-Pyrénées. Il fallut donc se résigner et partir pour une longue absence, en compagnie de M. l'abbé Coquereau.

Quatorze évêques qu'il visita sur son passage le re-çurent admirablement. Tous voulurent le faire prê-cher, et les peuples se pressèrent en foule dans les églises pour l'entendre. Mgr l'évêque de Tarbes exigea qu'il portât la soutane violette pendant tout le temps qu'il résiderait à Cauterets, et lui donna pleins pouvoirs d'exercer toutes ses fonctions. Il célébra tous les jours la sainte messe, et comme un grand nombre de personnes y assistaient, il ne monta jamais à l'autel sans leur adresser une pieuse exhortation. Il faisait en outre, tous les dimanches, le prône de la paroisse. Tous les soirs, il se rendait à l'église pour y adorer le Saint-Sacrement. Aussi, un journal de la localité disait avec raison « que Mgr l'évêque d'Evreux « faisait les délices et l'édification de la nombreuse « société (près de trois mille personnes) qui s'était « rendue cette année aux eaux de Cauterets. »

J'ai sous les yeux deux de ses lettres autographes datées de Cauterets, l'une le 10 août, l'autre le 18 août 1844 :

« Je suis très médiocrement content des eaux. On « m'assure que l'exagération du mal que je ressens « est un effet ordinaire du commencement du traite- « ment.

« C'est sans doute une très belle chose que ces « énormes montagnes, mais l'imagination va plus loin « que l'œil, et quand on est là, quand on a vu deux « jours ces grands spectacles, on se demande : était- « ce la peine de faire tant de chemin, de perdre tant « de temps et tant d'argent. Rien de plus nuisible que « la vie qu'il faudrait mener : elle ne va ni à un prê- « tre, ni à un évêque. » Puis le prélat raconte le péril que courut M. l'abbé Coquereau, en tombant de che-val dans une promenade sur la montagne : il aurait pu rouler dans les précipices.

« — Ma chère fille, je vous remercie de vos pieuses « préoccupations, de vos prières et de vos vœux. Je « vais bien : j'ai l'âme tranquille ; je m'ennuie de mon « oisiveté ; je l'accepte comme une maladie, mais « l'âme ne se nourrit de rien de ce que je vois.

« Pour s'élever à son auteur, il faudrait monter les « montagnes, et cela ne se peut tous les jours. La « fatigue des ascensions d'ailleurs en ôte un peu le « fruit.

« On ne voit ici que des personnes pour qui la vie
« est un embarras, quand elle n'est pas une décep-
« tion ou un exercice de fureur. L'opéra ressemble
« beaucoup à l'occupation de nos baigneurs ; c'est de
« l'ennui essayé d'une autre façon... Mon voyage aura
« été une bonne retraite : jamais mon âme ne s'est
« plus habituellement élevée vers Dieu. J'y ai beau-
« coup étudié ceux qui marchent à côté de moi dans
« la vie. »

Monseigneur quitta Cauterets le 27 août, et revint
à Evreux par Pau, Bagnerre-de-Lombez, Toulouse,
Agen, Bordeaux, Angoulême, Perrigueux, Poitiers,
Bourges, Blois, Orléans, Paris.

A son retour, Monseigneur trouva son diocèse quelque peu agité par cette opposition qui l'a suivi toute
sa vie. Il ne s'agissait de rien moins que de le forcer de
descendre de son siége épiscopal.

Nos lecteurs n'attendent pas de nous que nous sui-
vions cette opposition dans sa voie nouvelle. Nous ne
voulons pas jeter dans le public des révélations inutiles et qui n'apprendraient rien de nouveau. Mgr Olivier a affirmé lui-même son innocence dans un mé-
morendum entièrement écrit de sa main ; il y réfute
victorieusement, selon nous, les accusations portées
contre lui. Il n'y laisse pas une seule inculpation sans
une réplique péremptoire. Cela doit nous suffire.
Mgr Olivier, affirmant qu'il n'est pas coupable, qu'il a
en horreur les sentiments qu'on lui suppose, doit être
cru, et sa vie toute entière confirme le témoignage
qu'il se rend à lui-même. Il a d'ailleurs généreusement pardonné à ses ennemis. On comprendra donc
ici notre réserve et notre respect pour les dernières
dispositions de son testament. En me faisant son his-

torien, je veux aussi exécuter sa dernière volonté. Nous répéterons ici ce que nous avons déjà dit dans la préface de nos *Larmes* : « Les exemples magna-« nimes qu'il a laissés calment les mouvements trop « impétueux de notre cœur, et la placidité de son « âme est passée dans la nôtre. » Mais que l'on sache bien que si nous couvrons ici les ennemis de Mgr Olivier du voile de son indulgence et de son sublime pardon, nous pourrions retirer ce voile pour l'éternelle confusion de ceux qu'il protége. Le silence que nous gardons ici n'est point un aveu d'impuissance : c'est, au contraire, le repos dans la force. Nous ne jugeons personne. Nous ne désignons personne. Nous aimons par dessus tout la paix et l'édification de nos frères.

Il serait bien injuste de faire retomber l'odieux de cette persécution inouïe sur le clergé du diocèse d'Evreux, soumis à son évêque, respectueux envers son évêque. Neuf ne sont pas six cents. Les six cents prêtres qui composent le diocèse d'Evreux, loin de mériter aucun blâme, méritent plutôt des éloges pour ne s'être pas laissé entraîner, pour avoir résisté à toutes les suggestions. Aussi, quand on parlait à Monseigneur de l'opposition de son clergé, il se récriait qu'elle n'existait pas, qu'il n'avait qu'à se louer de l'obéissance, de la soumission et des bons rapports qu'il avait avec ses curés. « Comment ! disait-« il ; mais c'est une calomnie atroce faite contre mon « clergé, et je dois le défendre ; j'ai les mains pleines « des protestations de son dévouement. Partout j'ai « reçu de lui de magnifiques réceptions : il m'a com-« plimenté à la porte de toutes les églises, et dans des « termes dont ma modestie seule avait à se plaindre. « J'ai vu dans les retraites son recueillement et son

« amour du silence, et j'ai toujours été singulièrement
« frappé de sa régularité. Le clergé d'Evreux est
« peut-être le plus régulier de France, celui que l'on
« peut citer comme modèle pour sa bonne tenue. Nulle
« part mon autorité ne rencontre de résistance. Si les
« prêtres de mon diocèse m'étaient hostiles, après les
« protestations publiques et individuelles qu'ils m'ont
« faites, il faudrait dire qu'ils sont les plus hypo-
« crites et les plus menteurs des hommes : ce qui est
« absurde. »

M. l'abbé Lefebvre, ayant donné sa démission de
vicaire-général, M. l'abbé Guibert fut nommé grand-
archidiacre à sa place : M. l'abbé Seugé se démit de
son canonicat, et fut nommé archidiacre de Pont-
Audemer, vicaire général titulaire. M. l'abbé Jouen
quitta son doyenné d'Ecouis pour venir occuper le
canonicat laissé vacant par M. Seugé, et fut nommé
vicaire général honoraire, et chargé du contentieux.
Deux ans après, M. l'abbé Dubreuil fut nommé
secrétaire général. Leur fidélité et leur dévouement
furent à toute épreuve, et ils ont attaché leur nom à
la glorieuse administration de Mgr Olivier.

On comptait sur l'explosion d'un grand scandale ;
il n'y en eut point. Cette opposition resta sans écho
dans le public : encore une fois, au loin quelque chose ;
de près, rien.

La retraite pastorale de cette année 1845 fut même
pour le prélat le sujet d'une grande consolation. Ses
bons et fidèles curés se serrèrent contre lui et le cou-
vrirent d'un invincible rempart.

A la seconde retraite, il devint encore bien évident
que le clergé en masse l'aimait, appréciait ses vertus,
son zèle et ses travaux. Tous les bons curés de cam-

pagne se montrèrent généralement affligés de la péine que l'on causait à leur bon évêque.

Hélas! après cette agitation, que devenait l'organisation du diocèse créée par la sagesse épiscopale. L'édifice croulait par sa base, et cette inamovibilité, qui devait en être le couronnement, comment devenait-elle possible lorsqu'elle servait de refuge à l'impunité? Il faut dire aussi que l'expérience avait singulièrement modifié les premières idées de Mgr Olivier sur cette question. Au commencement de novembre 1843, il avait reçu la visite de deux prêtres dont le nom s'était naguère signalé dans la défense des droits des desservants à l'inamovibilité. Les frères Allignol avaient été frappés des statuts que le prélat avait donnés à son diocèse ; ils concordaient avec la pensée que Monseigneur avait publiquement annoncée de rendre les curés de campagne inamovibles, et ils venaient étudier de plus près une organisation qui devait amener un si heureux retour à l'ancienne discipline. L'un d'eux lui raconta qu'il avait fait le voyage de Rome, que le pape Grégoire XVI l'avait reçu en audience particulière, et qu'étant tombé sur le passage de leur livre où ils citent les papes qui veulent l'inamovibilité des curés, le souverain pontife s'écria : « *ego quoque,* « moi aussi ! » Les frères Allignol ne purent tirer de lui autre chose, sinon que pour accomplir cette œuvre il fallait surtout être aidé et soutenu par ceux qu'elle concerne.

Pendant cette retraite, Monseigneur ne dit qu'un mot des persécutions dont il était l'objet, pour déclarer qu'il les acceptait avec humilité et avec reconnaissance de la main de Dieu ; qu'il était fort de sa bonne conscience, et qu'il pouvait bien défier ses ennemis. Il commenta ce mot de saint Paul : *patior sed non confundor, scio cui credidi.*

Cette retraite était prêchée comme la première par M. l'abbé Chalendon, vicaire général de Metz, homme d'un talent distingué et d'une grande piété. « Je me « suis hâté, dit Monseigneur, de profiter de sa liberté « pour le bien de mon diocèse, car je ne doute pas que « bientôt son rare mérite l'appellera, dans un poste « éminent, à rendre à l'Eglise de plus grands services.»

Après la clôture des exercices, M. le doyen de Breteuil, au nom de ses collègues, remercia le prélat au sujet des avantages de la retraite. Mais M. l'abbé Boutigny, homme énergique, de cœur et de talent, curé de Veaux-sur-Eure, *en égard aux circonstances,* dit le *Journal des Villes et des Campagnes* (numéro du 6 octobre 1845), crut devoir aussi, au nom de ceux qui l'en avaient prié, adresser à Mgr Olivier les paroles suivantes, qui furent applaudies et firent couler des larmes abondantes :

« *Monseigneur,*

« Il est des circonstances qui permettent que l'on soit téméraire; ainsi l'ont pensé les prêtres dont j'ai l'honneur d'être l'organe particulier auprès de Votre Grandeur. Le besoin pressant de nos cœurs est moins encore de vous témoigner notre reconnaissance et notre admiration, que de déposer à vos pieds le sincère hommage de notre parfait dévouement.

« Du fond de nos campagnes, nous avons entendu le long gémissement de la religion; les pleurs qui ont été versés dans le secret du sanctuaire ne nous ont point échappé; nous avons vu cette majestueuse douleur qui s'épanchait dans le sein de Dieu même; et nos âmes en ont été déchirées, et des larmes amères ont coulé de nos yeux, et nous avons humblement supplié l'esprit consolateur de soutenir, *dans ce déplorable déchaînement des passions*, cet autre Chrysostôme que la tribulation venait visiter.

« Mais les dangers n'abattent pas les fermes courages, et c'est dans les épreuves que la vertu se couvre de gloire. Lève-toi donc, tendre fils d'Helcias, n'arrose plus de tes larmes les débris de Jérusalem, cesse de dire dans ton cœur : *est-il une douleur semblable à ma douleur*. La main du Seigneur te protége ; des amis PLUS SINCÈRES rangeront autour de toi leur phalange fidèle, et dans leur héroïque dévouement, ils sauront partager et les joies et les peines.

« Pontife du Dieu vivant, permettez-nous de découvrir notre pensée toute entière. Rien de plus épiscopal que la clémence ; dans le ciel, c'est le plus glorieux attribut de Dieu ; sur la terre, en entrant dans la lice, vous ne trouverez que des rois. Pardonner est la plus noble jouissance de votre noble cœur ; espérons, monseigneur, espérons qu'un jour vous pourrez suivre votre noble inclination ; espérons qu'un jour nos frères reconnaîtront qu'ils se sont trompés. Ah ! puissions nous voir bientôt arriver cet heureux jour ! Puissions-nous, à l'ombre de vos ailes, oublier enfin nos funestes discordes, nous rallier autour de Votre Grandeur dans un même sentiment, et ne plus former, selon l'expression de l'Ecriture, *qu'un cœur et qu'une âme !* »

Et la bonne ville d'Evreux, la ville fidèle, la ville bien-aimée, restera-t-elle impassible ? Est-il bien vrai que son évêque était discrédité à ses yeux, qu'il ne pouvait plus vivre au milieu d'elle ? Scandalisée, indignée, elle attendait la saint Nicolas pour faire sa grande manifestation. Ce jour là elle se lève comme un seul homme ; elle remplit les salons de l'évêché. Elle est si compacte qu'il n'y a plus de place pour elle, il faut lui ouvrir jusqu'à la chambre d'honneur, jusqu'au cabinet de la bibliothèque particulière de l'évêque. Toute l'élite de la ville est là. Ce fait est-il assez significatif? Ce fait peut-il être nié? Mais lisez donc le *Courrier de l'Eure*, numéro du 6 décembre 1845 :

« Une nombreuse et brillante société était réunie « hier soir dans les salons de Mgr l'évêque d'Evreux, « à l'occasion de la veille de saint Nicolas qui est la « fête patronale du prélat. Cet empressement démon- « tre combien ce prélat est justement apprécié par « toutes les personnes qui sont à portée de le bien « connaître et de le juger sans passion et sans arrière- « pensée. Sa Grandeur paraissait vivement touchée « des témoignages de sympathie et de respect qui lui « étaient prodigués. »

Cette bonne ville d'Evreux, fidèle pendant la vie de Mgr Olivier, lui sera encore fidèle après sa mort. Qui n'a été frappé de l'admirable spectacle qu'offrait un service célébré à sa mémoire le 19 juin 1855 ?

Faut-il attribuer à la perversité seule la persécu- tion dont Mgr Olivier était l'objet? J'admets difficile- ment l'entière dégradation de la nature humaine : généralement les hommes sont encore plus crédules que méchants et pervers. Faut-il repousser la bonne foi? Et comment ne pas l'admettre, lorsque le Maître a dit lui-même : « *Il viendra un temps où ceux qui vous* « *tueront croiront rendre gloire à Dieu.* » Seulement cette sorte de bonne foi a un nom dans la langue phi- losophique ; elle s'appelle fanatisme.

Il y a une autre sorte de bonne foi qui s'allie avec une piété sincère. Elle est à plaindre plutôt qu'à blâ- mer. Elle s'expose à des regrets et à des larmes éter- nelles. Saint Brice pleura toute sa vie les persécu- tions qu'il fit subir à saint Martin. Il fut calomnié lui- même, chassé de son siége, et Dieu lui permit ensuite de ressusciter un mort pour prouver son innocence.

CHAPITRE X.

Faits divers. — Révolution de 1848. — Bienfaisance.

I.

Le 26 avril 1846, Monseigneur vint bénir, avec toutes les pompes de la religion, le pont de Courcelles jeté sur la Seine entre Andelys et Gaillon. Il faut lire, dans le *Courrier de l'Eure*, qui le rapporte tout au long, l'admirable discours qu'il prononça à cette occasion.

Monseigneur avait à l'évêché son vieux père ; sa compagnie était pour lui une grande consolation. C'était bien la plus heureuse et la plus charmante physionomie de vieillard ; ses quatre-vingt-neuf ans surabondaient encore de sève et de verdeur, et ses yeux n'avaient rien perdu de leur vivacité.

Il tomba malade au commencement d'avril 1847. Durant sa maladie, il montra ces sentiments de foi vive qui l'avaient animé pendant toute sa vie. Il reçut les derniers sacrements de la main de son fils, et répétait souvent ces paroles de saint Paul : *La mort est entrée dans le monde par le péché.* « Il faut mourir, ajou-« tait-il ; c'est pénible à la nature, mais c'est une ex-« piation du péché ; il faut obéir au décret du Seigneur.» Il invoquait la Sainte-Vierge Marie pour laquelle il avait

eu une tendre dévotion pendant toute sa vie. Il disait
tous les jours l'office de la Sainte-Vierge ; et quand il
ne pouvait plus lire, il se le faisait réciter. Il reçut sa
dernière absolution de M. Seugé, son confesseur, et
les bénédictions des bons prêtres qui l'assistaient à ses
derniers moments, MM. Lambert et Cocquelin. Le
matin du 15 avril, il dit aux personnes qui l'entouraient : « C'est fini ! c'est ma fin. » Monseigneur le vit
pour la dernière fois en descendant à sa chapelle, et
lui dit : « Bon père, joignez vos prières à celles de vo-
« tre malheureux fils. C'est pour vous que je vais célé-
« brer la sainte messe. » Mais avant de la commencer,
Monseigneur se trouble en annonçant aux fidèles de
sa chapelle que son père touche à sa dernière heure.
Claude Olivier expire, en effet, dans une douce agonie, pendant le sacrifice qui est offert pour lui par son
fils. Toute la ville voulut témoigner de la sympathie
à l'évêque en assistant aux obsèques de son père.
Monseigneur érigea sur sa tombe une modeste pierre,
où il avait fait graver une épitaphe composée par lui-
même, et d'une simplicité antique.

La mort devait visiter souvent ce palais, et, par
des coups redoublés, frappant à ses côtés ses vicaires-
généraux, MM. Seugé, Chossat et de Charraix, qui se
suivirent de si près, l'avertir lui-même de son approche redoutable. Le lundi 14 juillet 1847, à un dîner
donné en l'honneur de Mgr Féron, évêque de Cler-
mont, l'élite de la société d'Evreux se trouvait réunie
à la table de Mgr l'évêque. Parmi les convives se
trouvait M. de Limoges, intendant militaire à Evreux.
Soldat d'une bravoure éprouvée sous l'empire, marqué de glorieuses cicatrices, d'un caractère bon, vif,
franc, généreux, aimant par dessus tout la vie intérieure,

d'un commerce agréable, il était universellement estimé. Elevé, par des parents chrétiens, au milieu des agitations de la guerre et du monde, il avait toujours conservé dans son cœur les croyances de la foi catholique. A la dernière retraite pascale, entraîné par l'éloquence et par les efforts du zèle de Monseigneur, il s'était rendu à ses puissantes exhortations; il avait brisé les dernières entraves qui le tenaient encore éloigné des pratiques religieuses. La tête haute, brave au pied de l'autel comme sur le champ de bataille, il avait naguère rempli publiquement son devoir pascal. Plein de vie, exempt d'inquiétude, il était venu s'asseoir avec joie et bonheur à côté du prélat qu'il aimait. Tout à coup, au commencement du repas, il s'affaisse sur lui-même. Un coup de foudre invisible lui avait épargné les horreurs du trépas, et Dieu sans doute avait reçu ce juste dans son sein. Monseigneur se hâte de porter aussitôt à sa digne et malheureuse compagne ces consolations que la foi chrétienne seule peut donner.

Cette année 1847 fut une triste époque. A un hiver rigoureux succédait une mauvaise récolte, et des cris de réforme vinrent s'ajouter à la détresse de la famine. La charité du prélat fut véritablement inépuisable. Pendant l'hiver, il fit distribuer par les filles de Saint-Vincent-de-Paul, qui portent des secours à domicile, du bois pour chauffer les pauvres; il habilla secrètement de vêtements chauds un nombre considérable de petits malheureux dont la vue l'avait ému de pitié. Il faut encore moins considérer ce qu'il donnait par lui-même que ce qu'il inspirait aux autres de donner : sa voix, pleine de larmes, quand il exposait les misères des classes souffrantes, était véritablement le trésor des pauvres. Dans cette année de détresse, les dames de charité viennent le trouver et lui dire : « Monseigneur, nous n'avons plus rien à distribuer. » Le prélat ouvre son secrétaire. Point d'argent. Il n'en avait presque jamais. Il sonne son secrétaire : Avez-vous quelques fonds à me donner ? — Monseigneur, je pourrai à peine suffire aujourd'hui aux dépenses indispensables de la maison. L'excellent secrétaire, comme on voit, était un homme expérimenté. S'il avait dit *demain,* il était pris. Ne nous inquiétons pas du lendemain, aurait infailliblement répondu le prélat. « Allons, mes- « dames, dit alors Monseigneur, nous ne pouvons « pourtant pas laisser nos pauvres sans pain et sans « bouillon. Il faut bien trouver un moyen. Puisque « mon secrétaire ne veut pas me donner d'argent, je « vais battre monnaie sur son dos. » Aussitôt imaginé, aussitôt fait. Le prélat se met à signer des bons de pain, des bons de viande et des bons de bois chez ses fournisseurs ; il en signe et en signe encore. Combien de fois n'avons-nous pas entendu dire aux hommes de l'opposition avec une joie maligne, et quel est l'habitant d'Evreux qui n'a recueilli ce propos : « L'é- « vêque a des dettes : il doit à son boucher ! il doit à « son boulanger ! il doit à tout le monde. » Hélas, oui ! il devait à tous, mais surtout aux malheureux, la dette sacrée de la charité, et ses créanciers étaient innombrables. Hommes plus parfaits et plus saints que tous les autres, hommes irréprochables et pour qui la sainteté et la vertu étaient un privilége exclusif, et même une arme, en cela du moins vous disiez vrai !

Les premiers jours de l'année 1848 appelèrent l'évêque d'Evreux, à Dreux, à une triste cérémonie, triste surtout par la douleur et l'accablement du Roi, aux obsèques de la princesse Adélaïde, sa sœur. Monseigneur perdait une protectrice qui lui était dévouée, et son cœur reconnaissant dicta cette lettre à une haute dame de la cour :

« Madame la comtesse,

« Je n'ignore pas qu'il n'y a pas de consolation en
« présence d'une douleur aussi grande que celle dans
« laquelle je vous vois plongée. Après le Roi et la
« Reine, qui connaissait mieux que vous tous les tré-
« sors renfermés dans le cœur de votre admirable
« princesse? C'est vous qui me l'avez fait connaître et
« aimer avec tant de dévouement, c'est vous qui l'a-
« vez rendue si prodigieusement bonne pour moi. J'ai
« la confiance que Dieu lui a déjà donné la récom-
« pense promise à sa droiture inflexible, et à ses iné-
« puisables charités. Mais nos prières nous revien-
« dront chargées de ses bénédictions comme une rosée
« bienfaisante pour rafraîchir le cœur brisé du Roi.
« Puis-je oser vous demander, Madame la comtesse,
« d'exprimer au Roi et à la Reine, et de déposer à
« leurs pieds, ma sincère et très profonde douleur... »

Avant de mourir, elle avait connu ses sentiments de reconnaissance pour elle. Il lui avait écrit :

« Madame,

« Les bontés de Votre Altesse Royale ne m'ont pas
« trouvé ingrat, et j'ai toujours vivement désiré qu'il
« me fût accordé de lui donner des preuves de mon
« zèle, de mon dévouement et de ma profonde recon-
« naissance. J'ai appris, Madame, que vous aviez été
« bien souffrante, et j'ai prié Dieu qu'il vous rendît
« promptement une santé si chère au Roi et à votre

« royale famille, si précieuse pour les pauvres et à
« tous ceux qui souffrent... »

II.

Un mois après, Monseigneur était étendu lui-même
sur un lit de douleur. Son état donnait de sérieuses
inquiétudes. Le dimanche de la Septuagésime, 20 février 1848, on désespérait presque de ses jours ; le
docteur Baudry, son médecin, avait seul conservé
quelque espoir. Pendant huit jours il pouvait dire avec
un prophète : « La mort et moi, nous ne sommes plus
« séparés que d'un pas. » Cependant le dimanche un
mieux sensible s'était fait sentir. Le mardi 29 février,
dans la solitude de son palais, Monseigneur distingua
parfaitement un bruit de voix confuses, quelque chose
qui ressemblait à des clameurs et à des cris, à des
chants qui montaient et étaient à chaque instant interrompus par des vivat :

> Mourir pour la patrie
> C'est le sort, le sort le plus beau,
> Le plus digne d'envie.

Monseigneur demanda ce que tout cela signifiait.
On avait beau lui répondre que ce n'était rien, que
c'étaient des ouvriers qui passaient sur le boulevard
en se rendant à leur travail, le prélat disait : « Mais
« je devine bien quelque chose d'extraordinaire. On
« ne demande pas à *mourir pour la patrie* en se ren-
« dant au travail. Est-ce une émeute ? — Monsei-
« gneur, il est vrai que la ville est agitée ; mais au
« fond, elle est tranquille. — Alors, dit-il, c'est une
« révolution qui nous vient de Paris. » On lui avoua
la vérité. Le secrétaire général de la préfecture étant

venu le voir, Monseigneur le pria de communiquer au préfet le désir qu'il avait de recevoir sa visite. Il pouvait y avoir du danger : le docteur Baudry se rendit à la préfecture. Des groupes animés stationnaient à la Crosse. Un domestique en livrée, qui précédait le préfet, le fit reconnaître, et des cris violents éclatèrent sur son passage. Le docteur Baudry fit éloigner aussitôt le malencontreux domestique. Une voix amie s'écria : « Mais vous voyez bien que c'est le docteur Baudry ! » Et les cris s'apaisèrent. M. Petit de Bantel put donc se rendre auprès de l'évêque d'Evreux, et lui apprit la fuite du Roi, le saccagement des Tuileries et l'avènement de la République. Le docteur Baudry ramena le préfet à son hôtel ; celui-ci ne fut pas même reconnu en traversant les groupes ; mais il entendit très distinctement que le peuple, si l'on peut appeler peuple quelques individus, se disposait à prendre possession de son hôtel. Quelques instants après, il crut devoir se retirer.

A l'évêché, plusieurs personnes généreuses faisaient offrir un asile à Monseigneur Olivier, l'une pour le cacher dans sa maison de ville, l'autre pour lui offrir un refuge à la campagne. Comme les têtes s'exaltaient avec la peur, d'autres ouvrirent l'avis héroïque de le porter au beau milieu de sa cathédrale, pour y attendre la mort comme un autre saint Thomas de Cantorbéry. « Et vous, mon cher docteur, que me conseillez-« vous ? — Monseigneur, répondit M. Baudry, je suis « d'avis que vous restiez tout simplement dans votre « lit. Je réponds de votre sûreté. Je ne vous quitterai « pas un instant, et l'on n'arrivera à mon malade qu'en « passant sur le corps de son médecin. — Voilà qui « est bien dit : c'est aussi ma résolution. Je reste à

« mon poste, dans mon évêché. Si le peuple demande
« à me voir, qu'on lui ouvre toutes les portes du pa-
« lais, qu'on le laisse parvenir jusqu'à moi, qu'il me
« voie ! Il ne me fera aucun mal. Il ne peut m'en
« vouloir ; je ne lui ai jamais fait que du bien. »

On mit seulement en sûreté quelques objets précieux, et l'auguste malade s'endormit d'un sommeil
paisible.

Et le peuple ne vint point. Il cria, il chanta comme
il chante toujours dans les commotions populaires ; il
but, comme de juste, à la santé de la République ; il
se promena au bruit du formidable concert du *Chœur
des Girondins.* Il secoua en passant les grilles de la
Préfecture, et on le poussa contre le domicile d'un
honorable citoyen de la ville, où une pierre lancée
blessa à la tête un domestique.

La nuit approchait. Cette violation du domicile d'un
homme libre, cette scène déplorable, ne laissa pas que
d'inquiéter M. Baudry et M. Chilard qui veillaient à
la sûreté de Mgr l'évêque. L'un faisait la garde dans
la cour d'honneur du palais désert, l'autre veillait du
côté du boulevard, où le peuple pouvait si facilement
descendre dans les fossés pour faire invasion dans le
palais. Le peuple chantait toujours. Il s'arrêta deux
ou trois fois devant la grande porte de l'Evêché. Quelques pierres furent lancées, de la main des enfants
sans doute, car la porte solide ne daigna même pas en
gémir. A cet instant, un bon nuage providentiel vint
à passer sur la ville : il ouvrit ses cataractes, refroidit
tous les enthousiasmes, éteignit les cris et les chants.

Le lendemain, Gavelle passait avec sa troupe devant la grille de l'allée des Soupirs. Une voix lui dit :
« Faites donc pour l'Evêché ce que vous avez fait hier

à la Préfecture et à la porte de M. L'Hôpital. — Pas d'infamies, dit Gavelle ; l'évêque est malade. C'est l'ami du peuple! » En passant sous les fenêtres de l'évêché, il se retourna vers les chanteurs, et, montrant le palais : « Baissez la voix, clama-t-il, et ne criez pas si fort. Vous allez troubler son repos. »

Le mieux sensible qui augmenta chaque jour ne trompa point l'espoir de l'habile médecin, dont j'ai été heureux de raconter le beau dévouement. Monseigneur se guérit assez promptement, et le 15 mars, d'une main très faible encore et tremblante, il écrivit à M. l'abbé Dominique Olivier, qui était alors aumônier de la chapelle expiatoire de Louis XVI :

« Mon cher petit abbé, mon testament n'était pas
« fait, et la tombe était creusée pour ton évêque!
« Cependant je ne suis pas mort, et on dit que je n'en
« mourrai pas. Ma convalescence sera très longue,
« dit-on. J'ai voulu te donner le premier mouvement
« de mon cœur, de ma tête et de ma main. Tu me
« liras, si tu peux. Où es-tu? Je t'embrasse, et je
« t'aime,... »

Le 19 mars, il adressa une belle circulaire au clergé pour le féliciter de sa sagesse. L'autographe fait peine à voir, tant les lignes qu'il traçait étaient faibles ; mais la tête avait recouvert toute sa puissance. Il n'attendit même pas le retour de toutes ses forces pour reprendre toute son activité : il reparut en chaire au milieu du carême, et en continua les exercices et les prédications ordinaires.

Le 22 mars 1848, sortit de l'imprimerie de M. Hérissey une *Réponse* de Mgr Olivier, tenue fort secrète, *à la consultation adressée à l'épiscopat par nos seigneurs* les archevêque de Paris et évêques d'Orléans, de

Versailles et de Meaux. Quelques extraits en feront assez ressortir la haute sagesse et la modération. Il ne s'agissait rien moins que d'adresser à la future Assemblée Constituante les *Vœux du Clergé*, et de demander la rupture du concordat de 1802.

« Je crois, en principe, qu'il est fâcheux de prévoir
« les questions délicates, et que la défensive, au mo-
« ment de l'attaque, convient plus à la dignité de
« l'Eglise catholique : c'est du moins la tradition cons-
« tante et la pratique suivie par les grands évêques
« de l'antiquité. Traiter par avance des questions
« qu'on n'agite pas encore, c'est inviter involontaire-
« ment, mais forcément, au combat des opinions...

« Pour ce qui regarde les députés de la future As-
« semblée, n'est-il pas à craindre que l'initiative prise
« par les évêques ne les mécontente, ne leur persuade
« qu'on veut les dominer ?... Le Gouvernement se
« gardera de prendre l'initiative, sans avoir pris con-
« seil, conseil qu'il ne pourra plus accepter quand les
« évêques auront formulé des volontés aussi positives
« que celles qui sont ou doivent être formulées dans
« le projet. Je ne m'expliquerai pas, si vous voulez
« bien me le permettre, sur la prévision du recours au
« droit de pétition. Je ne veux pas croire que l'on
« fera descendre la dignité de nos chaires épiscopales
« jusqu'à ce rôle humiliant et qui sent si fort l'esprit
« de contention et d'intrigue dont saint Paul voulait
« que les simples fidèles sussent se préserver.

« Je me demande avec anxiété jusqu'à quel point,
« sous le prétexte d'assurer une indépendance parfaite
« à l'Eglise catholique en France, il nous est permis
« de provoquer la destruction du concordat de 1802,
« qui a été constitué aussi avec les magistrats d'une

« république. Ne touchons-nous pas ainsi aux droits
« et aux prérogatives du Saint-Siége?.. Il n'y a aucune
« connexité nécessaire entre l'existence d'un concor-
« dat comme celui de 1802 et les servitudes que quel-
« ques articles organiques essayèrent d'établir, ou
« parvinrent même à établir parmi nous...

« J'appellerai difficilement dépendance honteuse,
« servitude humiliante, ces concessions réciproques
« que les canons des Conciles, pendant les plus beaux
« siècles de l'Eglise, ont consacrées comme le gage
« de l'alliance nécessaire entre la puissance séculière
« et l'autorité ecclésiastique... Il me paraît démontré
« que le jour où vos seigneuries auront obtenu la
« liberté dont jouissent les églises d'Amérique, c'en
« sera fait en France de la dotation du clergé,.. C'est
« alors que notre belle église gallicane sera vraiment
« votre Eglise si vantée d'Amérique. Au lieu de nos
« paroisses administrées et sanctifiées par la présence
« d'un pasteur qui leur appartenait, plus rien que de
« loin à loin que la tente des missionnaires qui par-
» courent les temples déserts et réchauffent l'esprit
« religieux qui s'est perdu par l'absence des solen-
« nités sacrées. Il n'y aura plus de culte catholique
« que dans les villes où le clergé peut se passer dès
« aujourd'hui du traitement de l'Etat. Je suis bien
« loin de penser, vénérés seigneurs, qu'il vous soit
« possible de mettre ce point hors de discussion. Quant
« à l'élection des évêques, je ne crains pas d'ajouter
« qu'elle ne se fera pas comme vous l'entendez : l'es-
« prit d'indépendance d'une partie du clergé exigera
« impérieusement les formes électorales de la société
« civile, sous le prétexte de revenir à l'ancienne cons-
« titution de l'Eglise. Ne me condamnez pas, messei-

« gneurs, de vous avoir soumis ces réflexions. Je dé-
« sire de toute l'ardeur de mon âme d'être le jouet de
« vaines terreurs et de chimériques alarmes. »

L'année suivante, le prélat imprima encore, chez
M. Hérissey, une *Réponse à la Lettre d'un croyant de
l'Eglise protestante aux croyants de l'Eglise catholique*,
petit opuscule fort peu connu, digne de l'être, d'une
douceur extrême, mais où la convenance et la charité
exquise du langage ne nuisent en rien à la force des
arguments. On croit vraiment lire une page oubliée
de Bossuet dans son *Exposition de la foi catholique*.

La conduite des commissaires du Gouvernement
provisoire fut tout à fait honorable à l'égard de l'évêque d'Evreux. Ils lui firent dire de bonnes paroles, et
le prièrent de continuer en paix l'exercice de ses fonctions. Immédiatement après Pâques, le prélat se rejeta
dans les fatigues de ses visites pastorales, visitant,
comme par le passé, toutes les églises, prêchant plusieurs fois par jour.

Malgré la saison avancée et les pleurs de la sève, la
France était alors en pleine ferveur de plantation des
arbres de la Liberté. Il n'était pas un révolutionnaire
bien terrible ni bien dangereux, ce peuple qui demandait les bénédictions de la religion pour les symboles
de sa victoire. Elle n'était pas tout à fait maudite de
Dieu cette révolution qui invoquait son nom pour consolider l'ordre au sein de l'anarchie. L'archevêque de
Paris donna le premier l'exemple. A Evreux, un honnête démocrate vint supplier notre prélat d'accorder
aux arbres de Liberté de sa ville épiscopale la faveur
de ses bénédictions. Son attitude et ses paroles furent
convenables et très respectueuses. Il est très vrai qu'il
l'appela *monsieur*. Mais ses intentions étaient bonnes,

sa conscience même n'était pas très rassurée avec ses convictions égalitaires, car il employait ce terme de politesse à une époque où l'on disait : *citoyen ministre, citoyen président.*

Donc, le lundi 2 mai 1848, sous l'escorte de la garde nationale, par un temps magnifique, MM. Davy et Fleau, l'un commissaire départemental, l'autre maire de la ville, revêtus de leurs écharpes, Mgr Olivier procéda à la bénédiction de sept arbres de la Liberté. Mon Dieu! que nous vieillissons vite! que la marche de ce siècle est rapide! en quelques années, il nous emporte à des siècles! Ne croirait-on pas que je décris une scène du moyen âge? Je la copie cependant dans le *Journal de l'Eure*, no du 2 mai 1848 :

« Suivaient ensuite de jeunes filles, couronnées de « fleurs, dont les robes blanches étaient traversées « par des ceintures tricolores. Elles portaient chacune « un petit drapeau, sur lequel était écrit le nom de « *Dupont de l'Eure !* »

A la bénédiction du dernier arbre, un léger sourire effleura les lèvres du prélat ; car il disait : » Depuis « que le monde existe, on a planté bien des arbres. « Le premier de tous fut confié à la terre par la main « de Dieu lui-même dans le paradis terrestre, où nos « grands parents n'eurent pas la sagesse de rester, « où ils s'ennuyèrent d'être heureux. Vous savez tous « le nom de cet arbre. Je souhaite, mes bons amis, « que celui-ci porte de meilleurs fruits. »

III.

Le prélat s'apitoya sur le sort fait aux classes laborieuses de la société. Il envoya douze cents francs pour venir en aide aux ouvriers de Louviers restés sans travail.

En brisant de ses éclats les grandes fortunes, la révolution de 1848 avait aussi fait crouler les petites, avec cette différence cependant que les riches, dans les désastres publics, n'éprouvent que la diminution de leurs revenus, et qu'il ne reste plus aux pauvres petits rentiers, selon une énergique dicton populaire, que les deux yeux pour pleurer.

Une marchande d'Evreux vivait d'un négoce peu important, elle, son mari et ses deux enfants en bas âge. Tant que le commerce subsistait, la recette de chaque jour suffisait, à la rigueur, aux besoins de la famille. Les traites étaient payées à leur échéance. A l'explosion de la République, plus de vente, plus de recette. Le mari meurt de l'excès du travail et du chagrin. Pour comble de malheur, la veuve se trouve en face d'une traite qui n'était pas payée : un enfant dormait sur ses genoux, l'autre pleurait en demandant du pain. Si la traite recevait l'affront d'un protêt, plus de crédit ; il n'y avait plus qu'à fermer la boutique, et à s'en aller à la grâce de Dieu. Dans son désespoir, elle se souvient de Mgr Olivier. Elle avait entendu dire qu'il était bon et généreux, qu'il recevait également tout le monde, les pauvres et les riches. Elle ne l'avait vu qu'à l'église dans les grandes fêtes, mais ne lui avait jamais parlé. Elle avait la certitude de n'être pas connue de lui. Confier sa misère à d'autres, hélas ! elle aime mieux mourir avec ses enfants. Le cœur du peuple a aussi sa noblesse et sa fierté. Que faire ? Avoir recours à des amis ? Hélas ! dans le malheur, il y a des amis qui vous plaignent, mais point ou peu qui délient les cordons de la bourse.

La veuve se rend donc à l'évêché : il n'était pas besoin d'employer d'amis et de protecteurs pour parvenir jusqu'au prélat. Il n'y a point ici de grandeur qui se tienne invisible au fond de son palais. Il n'y a point de consigne qui vous dise : attendez que je voie si Monseigneur veut vous recevoir. On vous disait, au contraire : montez, il est chez lui. La pauvre femme traverse les appartements, étonnée de la facilité avec laquelle on lui laisse fouler ces tapis sur lesquels elle n'ose presque marcher. Devant le prélat, elle veut expliquer sa détresse, mais dès le premier mot elle a été comprise : « Ma chère fille, lui dit-il, vous êtes dou-
« blement malheureuse, votre évêque n'est pas riche,
« mais en famille on partage. » Et il se rend droit à son secrétaire. « —Mais, Monseigneur, attendez donc,
« n'allez pas si vite, vous ne me connaissez pas, et
« vous ne savez pas mon nom ! — Au contraire, je
« vous connais très bien, dit le prélat ; je vous connais
« mieux que vous ne vous connaissez vous-même :
» vous êtes une bonne mère, et vous vous appelez
« souffrance. » Et Mgr Olivier revenait vers elle, ayant puisé à deux mains dans une bourse qui lui restait, et ses deux mains jointes pleines de pièces de cinq francs, il lui disait : « J'en ai pris autant que j'ai pu ! — Mais,
« Monseigneur, que faites-vous ? C'est beaucoup trop !
« L'huissier ne me demande qu'un à-compte : trente
« francs, c'est bien assez ! — Prenez, ma chère en-
« fant, prenez toujours.—Mais je n'ai pas de bourse.—
« Alors tendez un pan de votre robe. » Et Monseigneur y répand tout l'argent, en disant une parole plus belle encore que son action : « MA FILLE, LA CHARITÉ
« QUI COMPTE NE S'APPELLE PLUS LA CHARITÉ. »

Quand il fut mort, voilà ce que racontait la veuve

en pleurant et en disant qu'il n'aurait pas dû mourir.

C'est une heureuse rencontre qui m'a fait connaître ce trait de la vie de M. Olivier. Combien d'autres faits de ce genre sont ignorés ! Mais qui nous le révélera ? Sa main gauche n'a jamais su ce que donnait sa main droite.

Ses ennemis avaient eu bien raison d'écrire, de signer et d'envoyer le tout à l'archevêque et au pape, que les femmes entraient de plein pied à son évêché, et que quelquefois il les recevait sans témoins. Rien n'était plus vrai, et voici encore un fait qui le prouve. Il remonte aux premiers temps de son épiscopat :

Une dame se présente un jour à son palais; vêtue de soie, portant rubans et chapeau de velours, les robes et la toilette qui la couvraient étaient tout ce qui restait de sa prospérité passée. Elle avait occupé un des premiers rangs dans la société, et on lui supposait des ressources. Elle figurait encore dans le monde ; elle avait encore des amies qui lui ouvraient leurs salons, mais pas une ne lui demandait : de quoi vivez-vous? Et d'où vous vient cette maigreur? Elle avoue à Mgr Olivier qu'elle n'avait pas mangé depuis deux jours, faute d'argent et de pain, et que sa dernière pièce d'argenterie était chez l'orfèvre, qu'elle éprouvait une honte insupportable à faire connaître sa position, et que le cœur de son évêque était le seul dans lequel elle osait déposer son fatal secret. Le prélat lui remet immédiatement cinq napoléons dans la main, en disant : « voici un premier secours. »

Outre les actes de bienfaisance et de charité que la main droite de Monseigneur cachait chaque jour à sa gauche, il avait usé de son crédit à la cour et auprès des ministres pour rendre d'innombrables services. Il ne savait pas refuser, et l'on pouvait toujours compter sur son obligeance. Que de personnes lui ont dû des emplois lucratifs ou leur avancement ! Mais il aimait, à l'occasion, *faire coup double*, comme il disait, rendre deux services à la fois.

Un habitant d'Evreux se présente à lui vers cette époque. « Monseigneur, lui dit-il, si vous me faites la » grâce de ne pas me refuser, vous me rendrez un « grand service. Ne me dites pas que vous ne pouvez « pas, je sais qu'un mot de votre main sera tout-« puissant. — Soit, dit Monseigneur; mais faveur « pour faveur : je m'engage à faire tout ce que vous « voudrez, pourvu que vous ne me refusiez pas à vo-« tre tour ce que j'ai à vous demander. Exaucez-moi, « si vous voulez que je vous exauce. — Votre Gran-« deur ne peut exiger de moi rien que de raisonna-« ble; je lui promets de faire tout ce qu'elle daignera « me commander. — Vous avez entre les mains, je le « sais, des lettres qui peuvent perdre une honorable « famille; je sais encore que vous avez oublié un ins-« tant les nobles sentiments qui sont dans votre cœur « pour commencer à en faire usage, ou du moins pour « en faire la menace : retournez chez vous sur-le-« champ, et apportez-moi toutes ces lettres. Je « l'exige. — Monseigneur, je reconnais là votre beau « caractère. Il ne sera pas dit que j'hésite une minute « devant une bonne action que vous m'inspirez. » Un quart d'heure après, le solliciteur rapporte un paquet de lettres; Monseigneur les reçoit de ses mains et les jette au feu. Une famille venait d'être sauvée, «Main-« tenant, dit-il en serrant la main à son visiteur, « vous avez agi en homme de cœur et d'honneur, « vous pouvez compter sur moi. »

Faut-il aussi parler de ce pauvre ouvrier, père de cinq enfants, et qui n'avait que sa journée de travail pour nourrir sa femme et élever sa jeune famille? Évidemment le salaire d'une journée n'y pouvait suffire, et Monseigneur était parvenu à découvrir le secret d'un honnête homme qui cachait sa misère. Il lui fit parvenir régulièrement quinze francs par mois. Cet homme sentit qu'une religion qui a de tels ministres et qui inspire une bienfaisance qui cache ses dons, devait être la vraie, et comme le peuple est bon logicien, de réflexions en réflexions, l'ouvrier conclut que lorsqu'on avait une religion on devait la pratiquer. Bref, il vient trouver un jour Monseigneur à l'approche de Pâques, et demande à se confesser, en lui protestant que c'est une conversion sincère qui l'amène à ses pieds. Monseigneur entend sa confession, et puis quand tout est fini, il serre la main à son nouveau pénitent, et lui dit : « Mon ami, avant d'approcher de l'autel, soyez vous-même votre juge. Examinez bien quels motifs vous déterminent à communier! Aucune considération humaine ne doit entrer dans l'acte le plus auguste et le plus sérieux du chrétien. Que vous accomplissiez vos devoirs religieux ou que vous ne les accomplissiez pas, je serai le même pour vous, absolument le même, et je prends l'engagement comme évêque de vous continuer votre petite pension toute ma vie. Quand je fais le bien, je ne demande pas de quelle religion est le malheureux que j'oblige. Ainsi n'écoutez que votre conscience pour vous déterminer. » L'ouvrier ne répondit que par ses larmes à de si touchantes paroles. Non seulement il communia, mais il persévéra dans ses bons sentiments; il fit même des progrès dans la vie intérieure, et approcha par la suite des sacrements aux principales fêtes de l'année. Toutes les fois qu'il avait à se confesser, Monseigneur se faisait habiller à cinq heures du matin, pour ne pas lui faire perdre sa journée. Depuis qu'il n'est plus, il est impossible de prononcer le nom du prélat devant l'ouvrier sans qu'il fonde aussitôt en larmes. Tous les ans à Pâques, Monseigneur avait à son tribunal une clientèle de ce genre, et il se faisait éveiller à la même heure pour l'entendre; le jour de la communion générale, il payait, à quelques-uns des plus pauvres, le salaire de leur journée. Aussi Mgr Olivier était chéri dans la classe du peuple. Quand sa calèche roulait par la ville, à son passage, pas un seul ouvrier ne gardait sa casquette sur la tête.

Monseigneur Olivier envoyait en même temps jusqu'à des sommes de cinq cents francs à une famille noble de Paris qui était tombée dans la plus affreuse misère, et qui n'avait d'autres ressources pour vivre que sa seule bienfaisance. Il l'a soutenue ainsi pendant plusieurs années.

Il puisait toutes ces abondantes aumônes dans sa cassette particulière, et non dans l'*OEuvre diocésaine*, dont chaque année il était rendu un compte exact.

Peu de temps avant de mourir, un pauvre curé de campagne, à l'approche d'une première communion, lui exposait l'embarras que lui causait un enfant assidu à ses catéchismes, mais qui manquait à la messe le dimanche, faute d'habits. Mgr Olivier ouvrit immédiatement le tiroir de son secrétaire, et remit au curé deux pièces de cinq francs. « Voilà, dit-il, la difficulté « levée; habillez ce pauvre petit. » On pourrait citer une infinité d'autres traits; mais celui-ci nous charme par sa simplicité et par l'élan spontané du cœur.

Parmi les mille anecdotes, dont il fallait être l'heureux témoin pour en apprécier tout le charme, citons encore une toute petite histoire qui nous révèle que la bienfaisance du prélat pénétrait jusque dans les hameaux les plus ignorés. Son caractère de naïveté villageoise ne lui ôte rien de son touchant intérêt.

Un jour Monseigneur, à l'heure qu'il appelait sa récréation, se délassait avec quelques amis des fatigues d'un travail assidu. On vient l'avertir qu'une femme de la campagne, vieille et infirme, demande à lui parler. « Faites entrer, » dit-il aussitôt, et se tournant vers la compagnie choisie avec laquelle il conversait : « vous permettez, n'est-ce pas? Il ne faut « jamais faire attendre les pauvres. » La vieille femme est introduite ; elle fait force révérences qui étaient à la mode dans son jeune temps et dans son village ; elle en voit tant à faire devant la nombreuse et brillante société qui l'éblouit, qu'elle ne sait quand elle aura fini, et balbutie enfin des remerciements. Puis elle essaie d'expliquer à tous le motif de sa visite, elle élève la voix pour proclamer sa reconnaissance. « C'est, dit-elle, un service immense! c'est la « vie pour moi! c'était la vie pour mon pauvre « enfant! » Mais le prélat l'arrête. — « C'est bien, « c'est bien, bonne mère ; ne parlons plus de cela ; « mais soyez toujours bons chrétiens, vous et votre « fils. » Alors la vieille femme s'écrie en ouvrant son large tablier qui renfermait le présent de son cœur reconnaissant, le présent du pauvre : « Cher bon « Monseigneur, j'*voudrissions* bien tout de même ri- « poster à tout le bonheur que vous avez *mins cheux* « nous, mais j'n'avons guère *cheux* nous qu'un grand « noyer qui découvre *not' méson*, et je *n'pouvons* vous

« *triller* que ses plus belles noix, mais des belles !
« tenez, mon bon Monseigneur ! »

« — Comment donc ! reprend l'évêque, en s'empa-
« rant des noix qui étaient dans le tablier ouvert
« comme on s'empare d'un trésor, mais c'est une ex-
« cellente idée ! Justement, j'aime beaucoup les noix,
« et les noix de la beauté de celles-ci, sont fort ra-
« res. » La bonne femme, à ces mots, est transportée.
Elle s'incline heureuse et fière sous la main du premier pasteur, ne sachant plus si c'est à lui ou à elle-
même qu'elle doit tant de bonheur, mais à coup sûr
en faisant monter de son cœur au trône de la miséricorde cette reconnaissance du pauvre si puissante auprès de Dieu.

L'opposition avait imaginé de répandre le bruit que
Monseigneur n'avait ni cœur ni reconnaissance, et elle
donnait pour preuve l'abandon où il laissait sa nourrice qui était dans le diocèse, disait-elle, et qui avait
vainement frappé à la porte de l'évêché. Pour une
seule nourrice dont on citait le village, il s'en trouva
bientôt dix. L'une plus effrontée que les autres osa se
présenter à l'évêché et réclamer les bénéfices de l'honneur qu'elle avait eu d'être la nourrice de l'évêque.
Monseigneur envoya l'abbé Dominique voir ce que c'é-
tait. Elle lui soutint effrontément son premier dire.
« Malheureuse ! lui dit M. Dominique, montrez-moi
combien vous avez de doigts aux mains ! — J'en ai dix
Monsieur ; voyez, il ne m'en manque pas un. — Justement que la nourrice de Monseigneur n'en avait que
neuf. » Un de ses doigts avait été amputé.

Elle était de Champigny-sur-Marne, et le prélat
tous les ans, au mois d'octobre, lui envoyait une petite pension.

Une femme pauvre vint pour lui emprunter quinze francs pour éviter la vente de ses meubles. « J'ai reçu « beaucoup de compliments dans ma vie, lui dit-il; « et l'on a fait de moi d'assez belles comparaisons, « mais on a oublié celle qui est pourtant la plus juste, « c'est que je suis gueux comme un rat d'église. Al- « lons voir néanmoins ce que j'ai. Nous allons parta- « ger en famille. » Il trouve deux cents francs, et fait part égale, puis il ajouta : « je prête à deux condi- « tions, sans intérêt et sans remboursement. »

On disait aussi qu'il ruinait la fabrique de sa cathé- drale par les dépenses qu'entraînait son goût pour la magnificence des cérémonies. Il ne ruinait que lui- même. La fabrique de la cathédrale avait emprunté quatre mille francs à M. Letellier, homme de goût, bon musicien, alors tapissier de l'évêché. C'est Mgr Olivier qui solda de sa bourse la fin du remboursement. Il y avait quelquefois d'assez vifs débats dans le conseil de fabrique sur les frais qu'entraînait le culte tel que l'entendait et le comprenait Mgr Olivier. Mais que ré- pondre à un évêque qui terminait le plus souvent les discussions en disant : je paierai de ma bourse? Et les sommes qu'il donnait étaient de mille à douze cents francs.

Dieu seul a le secret de tous les actes de sa bien- faisance. Il faut lui compter non-seulement ce qu'il donnait, mais encore ce qu'il faisait donner aux au- tres.

Dans cette évaluation, serait-ce bien une exagéra- tion que d'affirmer qu'un seul homme a fait couler des milliers de francs dans le sein des pauvres? Ceux qui vou- dront embrasser l'ensemble de sa carrière ecclésiastique et résumer sa vie de charité nous répondront que non.

En commentant la parabole de l'économe infidèle, il disait que les pauvres ont les clefs du royaume des cieux. Quelle confiance cela nous donne que les innombrables amis qu'il s'est fait avec les richesses d'iniquité l'auront reçu dans les tabernacles éternels. Si les Pharisiens ont encore la parole au dernier jour, pour accuser leurs frères, et reprochent à Jésus-Christ d'avoir admis un pécheur dans son paradis, il les confondra par cette parole des saints livres : « *la charité* « *couvre la multitude des péchés.* »

Bon pour tous, Mgr Olivier était aussi bon pour ses domestiques. Il fallait le servir vivement et promptement, mais il était néanmoins facile à servir. Il considérait ses domestiques comme *étant* de sa famille; il s'inquiétait de leurs besoins, veillait à leur bien-être. Tous les soirs, à moins d'un empêchement extraordinaire, il les réunissait dans sa chapelle, et faisait sa prière du soir avec eux et la terminait par sa bénédiction. Faut-il ajouter que, lorsqu'il était absent du palais, il les laissait dans l'abondance, et ne comptait pas sou par sou la somme strictement nécessaire à leur subsistance ?

CHAPITRE XI.

Dernières années.

I.

Monseigneur assista en 1848 à un Concile secret des évêques de la province de Normandie qui fut tenu à Bayeux. Il y discuta plusieurs points importants de la discipline et sur la conduite à tenir dans ce temps difficile. Au sujet du Concile de Rouen, il fut d'avis, avec l'évêque de Coutances, ou que le Concile ne devait pas avoir lieu, ou que sa tenue devait être publique et solennelle.

Pendant le carême de 1849, Mgr Olivier alla prêcher une retraite pascale à Louviers. Ce fut pour l'orateur un vrai triomphe que cette retraite, et un grand bien pour la religion. Trois fois par jour il annonçait la parole de Dieu, au bon peuple, aux ouvriers de fabrique, aux riches et aux pauvres confondus ensemble dans la belle église de cette ville. Il était écouté avec une attention digne des premiers siècles de l'Eglise. Le soir, le temple était trop petit pour contenir la foule : les ouvriers qui ne trouvaient pas de place dressaient des échelles contre les murs et les piliers pour mieux l'écouter. Beaucoup de conversions s'opérèrent. En s'éloignant de la ville, il n'oublia point les besoins matériels des pauvres ouvriers et laissa une somme considérable à distribuer en secours aux plus nécessiteux. Il s'arrêta devant le portail de l'église et jeta un regard d'admiration sur la merveilleuse restauration qui en a été faite. La balustrade légère qui couronne le portail n'avait même jamais été achevée. Il se récria sur l'incomparable adresse avec laquelle les ouvriers, sous l'habile et intelligente direction de MM. Bourguignon, architectes, avaient déchiqueté ces fines dentelles de pierre, les soins, la patience, avec lesquels ils avaient fouillé ces feuillages légers, ces dais qui surmontent les statuettes, ces pendatifs des clés de voûte, ces grappes de fruits, et tous ces caprices variés à l'infini de l'art gothique. A son avis, ces sculptures surpassaient de beaucoup celles du Palais-de-Justice de Rouen.

Monseigneur continuait toujours à s'absorber, sans laisser une heure vide dans sa vie, dans ces occupations déjà décrites dans cette histoire, visites pastorales, solennités de la Pentecôte, processions et octaves de la Fête-Dieu, examens, ordinations. Vers la fin de sa seconde tournée épiscopale, il éprouva, pour la seconde fois, l'une des plus grandes joies de son épiscopat. Le 8 septembre 1846, il avait consacré, au milieu d'un immense concours de prêtres et de peuple, la nouvelle église de Fleury-sur-Andelle sous la gracieuse invocation de Notre-Dame-de-la-Vallée. Le samedi 20 octobre 1849, il consacra l'église de Saint-Germain-la-Campagne.

Le prélat prit aussi quelque repos. Mais ces voyages qu'il faisait pour se délasser de ses fatigues étaient autant de missions, de courses vraiment apostoliques. Que l'on juge de ses autres voyages, que nous savons avoir été remplis de prédications, par celui-ci dont je trouve heureusement le récit rapide dans une de ses lettres datée d'Arras, le 27 novembre 1849 :

« Oui, c'est d'Arras que je vous écris. C'est à Bou-
« get qu'est venue me trouver votre précieuse lettre
« de Pau... J'arrive à mon histoire... Je venais du
« château d'Acostre, quand vous m'avez vu à Paris.
« J'allais à Louville entre Chartres et Orléans (*non*
« *loin de Bierville*). Je suis allé chez les saints que
« j'allais visiter, et où je retrouvais le culte de mes
« sentiments pour ceux que j'ai perdus. J'ai prêché six
« fois en trois jours dans ce petit village, et suis parti
« en m'arrachant. J'étais le soir du samedi à Tours.
« Je prêchais le soir au dépens du village d'Azé. Ma
« semaine fut toute entière aux visites aux environs.
« Je disais la messe dans le salon du château, et le
« dimanche suivant, j'étais à la colonie de Mettray où
« matin et soir j'évangélisais cinq cents petits voleurs
« qui se tenaient comme des séminaristes. A Bour-
« ges, où je me rendis le 19, je fis cinq prises d'habit,
« cinq professions religieuses, et à Etampes, le 22, je
« terminai les exercices d'une retraite à l'Hôtel-Dieu.
« Je traversai Paris, et à Saint-Léger près d'Arras
« j'annonçai la parole sainte matin et soir à une foule
« très considérable de villageois. Ce matin, en place
« d'un curé empêché, j'ai donné la bénédiction nup-
« tiale à deux pauvres fiancés depuis dix ans et dont
« le cœur est resté fidèle l'un à l'autre. La pauvre
« fille que la famille de son fiancé ne voulait pas ac-
« cepter et qui est admirablement pieuse se conten-
« tait de dire pendant dix printemps et dix hivers :
« *Si l'on ne veut pas que je l'épouse, qu'on m'enterre.*
« Je pars ce soir et vais traverser Paris pour être
« dans la nuit de jeudi à Evreux. J'espère n'en plus

« bouger et y régler ma vie pour y trouver le temps
» du travail. »

Aussitôt que Monseigneur avait appris la fuite du
pape Pie IX de sa ville de Rome, il avait été pénétré
d'une douleur toute filiale qu'il communiqua au diocèse. Se rappelant que lorsque le prince des Apôtres
était captif à Jérusalem, l'église primitive était en
prières, il ordonna un salut solennel dans tout le diocèse, et au son de toutes les cloches, et aux prêtres de
réciter pendant neuf jours des oraisons particulières à
la messe. Cette circulaire était du 27 novembre 1848.
Mais l'exil du Souverain Pontife se prolongeant à
Gaëte, le 6 janvier 1849, il fit une belle lettre pastorale pour ordonner une quête générale. Le 19 avril
1849, cette quête avait produit douze mille francs,
qu'il fut heureux de faire déposer aux pieds du Saint-
Père au nom du diocèse d'Evreux. Le 18 avril 1850,
il publie un mandement pour ordonner un *Te Deum*
d'actions de grâces, pour la rentrée du pape à Rome.

Cette même année, il assista au concile de Rouen,
ouvert le 10 juillet. Pendant la cérémonie d'ouverture, tous les regards du peuple cherchaient parmi
les évêques Mgr Olivier, et ceux qui ne le connaissaient pas se le faisaient montrer. Rouen ne l'avait
jamais entendu parler, mais sa réputation d'éloquence
était si grande que plusieurs avaient pris place au
pied de la chaire dans l'espoir qu'il prendrait la parole. Mais ce fut Mgr l'archevêque qui monta en chaire
et prononça le discours.

Mgr l'évêque d'Evreux, qui était aussi profond théologien que grand orateur, fut l'une des lumières de
ce concile. Nous avons sous les yeux la rédaction préparatoire des actes du concile chargée de ses

notes et de ses observations; nous l'avons comparée avec les actes qui ont été imprimés à Rouen en 1852; la plupart des notes, observations, additions et corrections de Mgr Olivier sont devenues le texte même du concile. Sa modestie, son humilité, sa régularité, son amour du silence, son recueillement dans la prière, furent, pendant toute la durée de la sainte assemblée, l'édification de tous : l'évêque rappelait le fervent et pieux séminariste. L'opposition, même après la révolution de 1848, même après la maladie mortelle que le prélat avait subie, même au sein de la paix dont jouissait le diocèse entier, se montra encore dans ce concile. Je ne suis touché ici que de la douleur que dut en ressentir ce cœur si tendre, si impressionable, cette âme d'une si exquise délicatesse. Dieu le permit, parce qu'il faut des épreuves à ses élus pour ne laisser rien de terrestre et d'humain dans leurs mérites.

Mgr Olivier avait plusieurs traits de ressemblance avec Louis-le-Débonnaire. En effet, il est écrit de ce trop indulgent monarque, dans l'*Histoire de l'Église gallicane*, livre XV : « Que l'on vit des enfants ingrats
« et dénaturés s'armer contre leur père et concerter
« les plus noires intrigues sous le masque trompeur
« du bien public; que l'on tâcha de couvrir ces atten-
« tats du voile sacré de la religion qui les détestait;
« que sa bonté et sa clémence, qui auraient dû le
« faire aimer, firent qu'on le craignit moins, et dès
« qu'on eut cessé de le craindre, on en vint bientôt
« au mépris de son auguste personne; qu'après avoir
« prévenu le peuple, on s'appliqua à gagner les per-
« sonnes en réputation de piété, parce qu'on savait
« que rien ne donne plus d'autorité à un mauvais parti
« que d'y voir entrer des gens de bien; que l'on s'at-

« tacha à persuader qu'il s'agissait du bien public et
« de la gloire de Dieu ; que plusieurs personnages,
« distingués par leur rang et leur sainteté, furent pris
« à ces artifices, et se déclarèrent contre lui, trompés
« par de spécieux prétextes, tocsin ordinaire des re-
« belles. *Tant il est vrai que la piété, qui se laisse par-*
« *fois surprendre, et que la vertu de ceux qui em-*
« *brassent un parti n'est pas une raison de le justifier !*
« (Tome VII, p. 5.) »

On lit aussi ces remarquables paroles dans la préface de la *Vie de M. Boudon, par Collet* : « Ni les pre-
« mières places, ni les meilleures intentions, ne sont
« pas toujours à l'abri de la surprise ; Miphiloset
« peut, même au tribunal de David, échouer sous les
« artifices de Siba ; saint Jérome, se défier trop tard
« des artifices de Rufin ; l'illustre Epiphane, céder
« pour un temps à ses préjugés contre saint Chrisos-
« tôme. Heureux encore et les historiens et ceux pour
« qui ils travaillent, quand ils ne trouvent pas dans
« les supérieurs cette indomptable fierté de jugement
« qui les attachent jusqu'à la fin au parti qu'ils ont
« une fois embrassé, et qui, contre les lois que Rome
« païenne respecta, leur fait toujours regarder comme
« coupables des hommes toujours mal jugés, parce
« qu'ils n'ont jamais été entendus. »

Dans le compte rendu de la cérémonie de clôture
du Concile de Rouen, faite avec une grande pompe à
la métropole, le lundi 22 juillet, on lit dans le *Mémo-
rial de Rouen :* « Un assez grand nombre d'assistants
« ont été trompés dans leur attente. *On espérait,* et
« le bruit en avait couru, que M. Olivier, évêque d'E-
« vreux, dont le langage est si éloquent, prendrait la
« parole. »

II.

Cette année encore, le dimanche soir, 18 août, de tous les points du diocèse, près de deux cents prêtres vinrent spontanément, bien que libres de rester dans leurs presbytères, se recueillir, avec leur évêque, dans le silence et dans la prière. C'était la retraite la plus nombreuse que l'on eut encore vue depuis le temps où Mgr Du Châtellier, de sainte et précieuse mémoire, en restaura les saints exercices. La parole du père Liot, jésuite, prédicateur de la retraite, fut fort goûtée du clergé ébroïcien : parole sainte et évangélique, qui savait se faire éloquente sans recherche, qui touchait plus qu'elle n'éblouissait, qui s'inspirait de la prière et de la méditation plutôt que des artifices de la rhétorique, où l'homme s'effaçait pour ne laisser voir que l'inspiration divine, et qui révélait, sous chaque mot, cette prodigieuse connaissance du cœur humain qu'ont tous les hommes nourris de ses fortes études et trempés dans son école. La ferveur, l'esprit de paix et d'union qui éclataient dans cette retraite, en faisaient espérer au prélat, qui en présidait les pieux exercices, les plus heureux fruits.

A la fin de la retraite, la rénovation des promesses cléricales se fit avec la solennité accoutumée. Un des jeunes prêtres les plus distingués du diocèse, M. l'abbé Leroux, doyen du Neubourg, prit la parole au nom de tous ses confrères ; il eut le bon goût de s'oublier lui-même et de s'inspirer du sentiment qu'il savait régner dans le cœur de tous les prêtres présents à la retraite. Il dit au vénérable prélat, avec effusion de cœur, que ce n'était pas seulement un hommage qu'il venait rendre au premier pasteur du diocèse, qu'il *fallait plus pour consoler un cœur trop longtemps affligé, qu'il venait protester des sentiments de respect et de vénération que le clergé ébroïcien professait pour son évêque, de son inaltérable dévouement, de son entière soumission à son autorité, et de sa confiance absolue dans tous ses actes.* Bonnes et précieuses paroles qui versaient le baume sur la plaie reçue naguère au Concile de Rouen !

Emu jusqu'aux larmes de cette énergique profession de foi, Mgr Olivier dit qu'il serait bien heureux si ces sentiments étaient ceux de tout le clergé ! Tous ceux qui étaient assez près du prélat pour entendre ces dernières paroles, s'écrièrent d'une voix unanime : « Oui, Monseigneur ! oui, Monseigneur ! »

Quelques jours après, le mardi 3 septembre, par une chaleur étouffante, le président de la République faisait son entrée solennelle à Evreux. Des fenêtres des maisons, encombrées de nombreux spectateurs, de nombreux bouquets tombaient dans sa voiture, tandis que les cris de *Vive la République !* retentissaient dans la rue. Il était six heures du soir. M. Guyot, préfet de l'Eure, était allé le recevoir aux limites du département : les membres du conseil général l'avaient reçu à la préfecture. Aussitôt qu'il fut descendu de voiture, les réceptions officielles commencèrent. Mgr l'évêque d'Evreux, à la tête de son clergé et accompagné de MM. Guibert, Seugé, Jouen, Dorey, Chossat, ses vicaires généraux, Dubreuil, secrétaire général ; Aubé, chanoine titulaire, lui adressa la parole en ces termes:

« Monsieur le Président,

« La religion n'a pas seulement pour mission dè
« diriger les hommes vers les biens de l'éternité ; èlle
« doit encore leur apprendre à user des biens du
« temps. Elle applaudit à tout ce qui procure ici-bas
« une vie tranquille et heureuse ; elle appelle sur les
« gouvernements sages de nouvelles grâces et de nou-
« velles lumières ; elle intéresse la conscience du peu-
« ple au succès des grandes entreprises, au maintien
« de l'ordre et de la paix ; elle prêche la modération
« à la puissance, la charité à ceux qui possèdent, le
« travail aux ouvriers, la résignation aux pauvres, la
« concorde dans tous les rangs de la société.

« C'est la gloire de votre gouvernement, Monsei-
« gneur, c'est votre gloire personnelle d'avoir com-
« pris, d'avoir mis en honneur tous ces intérêts. Aussi
« la France reconnaissante, en vous offrant ses hom-
« mages comme au représentant et au gardien de son
« repos, ne fait qu'accomplir un acte de gratitude
« dont je suis heureux d'être l'interprète, au nom du
« clergé et des fidèles catholiques de ce beau dépar-
« tement. »

Le prince Louis Napoléon répondit :

« Je suis profondément touché, Monseigneur, de la
« manière dont vous envisagez ma mission dans ce
« monde, et de votre appréciation dans mes actes et
« de ma conduite depuis que j'ai été appelé à la pré-
« sidence de la République par le suffrage de la na-
« tion.

« Mon but, dans ces voyages, est de faire connais-
« sance avec les populations, de me mettre en com-
« munication directe avec leurs véritables intérêts,

« et aussi de me pénétrer des vœux et des intérêts du
« pays.

« La religion et la famille sont, avec l'autorité et
« l'ordre, les bases de toute société durable. Le but
« constant de mes efforts est d'affermir ces éléments
« essentiels du bonheur, de la prospérité du pays.

« Je suis heureux d'avoir l'assurance du concours
« de tous les hommes éminents du pays, le vôtre en
« particulier, et je vous remercie des bonnes paroles
« que vous m'adressez au nom de votre clergé, dont
« j'apprécie le bon esprit. »

Le Prince-Président devait se rendre le lendemain
matin, à huit heures et demie, à la cathédrale; mais
il s'y rendit à huit heures sans que Monseigneur eût
été prévenu de ce dérangement, de sorte que le prince
fut obligé d'attendre un quart d'heure. Monseigneur
se rendit dans le chœur à l'heure dite, salua le prince
et monta à l'autel pour donner la bénédiction du
Saint-Sacrement, pendant laquelle Alexis Dupont, de
son admirable voix, chanta un délicieux motet. Il était
venu exprès de Paris sur un simple désir exprimé par
Monseigneur : il était heureux de donner à l'ancien
curé de Saint-Roch un témoignage de sa reconnaissance. Nous fûmes frappés tous du religieux maintien
et du profond recueillement de Louis-Napoléon au
pied de l'autel. Il osait être et se montrer religieux :
il était digne alors de commander à la grande nation
catholique. Après la bénédiction, Monseigneur vint
s'excuser auprès du Prince de l'avoir fait attendre,
et lui exprimer le regret qu'il éprouvait de ne s'être
pas trouvé à la porte de l'église pour le recevoir avec
les honneurs dus à son rang. Il lui rappela que l'heure
convenue était huit heures et demie. « Je sais, lui dit

le Prince, que ce n'est pas votre faute. — « Alors,
« Monseigneur, répondit le prélat, je suis honteux de
« n'être pas coupable. » Puis Monseigneur indiqua de
la main au président les belles sculptures des galeries
du chœur, où le ciseau de l'artiste ne cédait en rien
à la légèreté de la main qui brode les plus élégantes
dentelles, où le génie du maître ès-œuvres avait ménagé une si douce distribution de la lumière. Le Prince
les parcourut un instant du regard, et dit : « Ce
« chœur est vraiment magnifique, et d'une rare élé-
« gance! »

Monseigneur rendait pleine justice aux brillantes et
solides qualités de Louis-Napoléon ; il lui reconnaissait
le véritable génie politique ; il admirait en lui ce tact
qui l'a élevé à une si haute fortune, la pénétration
unie à la sagesse, la modération à la force, la douceur
à la fermeté. Il était profondément touché de ses
hommages rendus à la religion. Il le voyait avec bonheur rétablir la paix en dirigeant les orages. Le nom
de Napoléon lui était cher : son enfance avait été ber-
cée au bruit du canon qui annonçait les victoires de
son oncle ; il avait grandi sous les rayons de sa gloire.

L'année précédente, le lundi 13 août 1849, le prélat s'était trouvé sur le passage du Président lorsqu'il
traversa Louviers. Le prince lui avait dit avec beaucoup de grâce : « Monseigneur, on ne vous voit pas
« souvent à Paris ; et le prélat avait répondu : Mes
« occupations incessantes me retiennent dans mon
« diocèse ; mais lorsque Votre Altesse aura doté
« Evreux d'un chemin de fer, alors je m'empresserai
« d'aller lui témoigner la reconnaissance de mes dio-
« césains aux Tuileries. »

Les paroles du Prince couvraient évidemment une

invitation gracieuse. Le prélat dit, à ce sujet, à ses intimes : « Je ne contrarierai jamais la marche du « gouvernement actuel, et Louis-Napoléon trouvera « toujours en moi le concours loyal d'un bon Fran- « çais. Mais les affections sont toujours les affections; « je ne puis pas me montrer à cette nouvelle cour « après avoir été comblé des faveurs de l'ancienne. « Si le respect au malheur, si la reconnaissance, si la « fidélité aux souvenirs doivent encore se trouver « quelque part, c'est dans le cœur d'un évêque. Je « n'ai aucune ambition, ni désir de nouveaux hon- « neurs. »

Lorsque M. le président de la République passa par Evreux, Mgr Olivier portait une grande douleur dans l'âme : Louis-Philippe était mort à Claremont le 26 août 1850, à huit heures du matin, dans les bras de la reine Marie-Amélie. Il n'afficha point cette douleur, mais elle était réelle. Le deuil de la famille exilée s'accrut bientôt de la mort de la reine des Belges. Le lundi 4 novembre 1850, Monseigneur célébra, dans la chapelle de l'Hospice, un service funèbre, qui n'avait rien de politique, en mémoire du roi Louis-Philippe et de la reine des Belges. La chapelle Saint-Louis était complétement tendue en noir; aucun éclat de jour; point d'autre lumière que celle tristement reflétée par les cierges de l'autel, derrière lequel une grande croix blanche se détachait sur le fond noir de la tapisserie. Les chants graves du chœur, dominés de temps en temps par une voix pure de soprano, retentissaient sourdement et chargeaient l'air de cette tristesse qui cause de douloureuses impressions. Mgr l'évêque d'Evreux officiait, assisté de ses grands vicaires. Partout le deuil, le recueillement et la prière.

L'assemblée se composait non seulement des notabilités d'Evreux et des environs, mais encore de personnes appartenant à toutes les classes de la société. Toutes les opinions se confondaient en une seule prière. C'était le tableau lugubre de l'égalité devant la mort, de l'égalité devant Dieu.

Quelques jours après, un des ministres de Louis-Philippe, dans le cœur duquel aucun noble sentiment ne peut faillir, M. le comte de Salvandy, appelait Mgr Olivier à Graveron, pour payer le même tribut d'hommage et de reconnaissance à la mémoire de Louis-Philippe et de Sa Majesté la reine des Belges. Tous les curés des paroisses environnantes s'étaient pressés autour de leur évêque sans avoir été appelés par lui. La plupart des châteaux du voisinage étaient représentés dans l'assistance, où l'on remarquait en particulier M. le marquis de Blosseville, membre du conseil général de l'Eure, et M. Etienne Anisson, ancien sous-préfet de Louviers.

III.

Le vendredi 24 janvier 1851, accompagné de M. l'abbé Seugé, Monseigneur partit d'Evreux pour aller visiter à Rome le tombeau des saints martyrs Pierre et Paul, et le Saint-Père. Nous n'avons pu nous procurer des renseignements assez précis pour faire le récit de ce voyage au milieu de toutes les merveilles de l'Italie. Le Souverain Pontife reçut, sans doute, notre évêque avec cette douceur et cette affabilité qui sont connues de tout l'univers.

Le 10 février, Monseigneur donna à Rome, en dehors de la Porte-Angélique, aucun évêque ne pouvant dater de l'intérieur de Rome une lettre épiscopale, son mandement pour le Jubilé accordé par le Saint-Père, c'était le second, et le Carême de 1851.

« Vous étiez toujours avec nous, disait-il, dans ces
« pieux pélerinages qui ont fait de notre voyage une
« longue et douce prière, depuis la sainte chapelle de
« Fourvières, à Lyon, jusqu'à Notre-Dame-de-la-
« Garde, à Marseille; depuis Saint-Jean-de-Latran,
« la grande métropole de la chrétienté, jusqu'à la ba-
« silique de Saint-Pierre, la grande merveille du
« monde, aux pieds du Père commun, du Vicaire de
« Jésus-Christ, et dans ces cloîtres vénérés où tant
« de religieux ont étonné la terre par les prodiges de
« leur science sacrée et de leur sainteté sans fard et
« sans artifice. Un spectacle bien touchant y frappait
« constamment nos regards et obtiendra tout votre
« intérêt : c'était l'exemple donné par vos enfants et
« vos frères, composant l'armée française d'occupa-
« tion. Leur admirable discipline, leur profond res-
« pect pour la religion et ses ministres, leur nombre
« si considérable dans les temples prouvaient quelle
« bonne éducation ils avaient reçue dans leur fa-
« mille. »

Monseigneur fut reçu deux fois en audience par le pape. La seconde fois, ce fut le 13 février, et dès le lendemain Monseigneur reprit le chemin de la France. Il aurait dû y séjourner encore quelque temps, visiter de nouveau les cardinaux que son esprit ravissait, et ne quitter la ville éternelle qu'après avoir obtenu une audience de congé du Souverain-Pontife. Cette précipitation qu'il mettait dans ses actions pouvait le faire accuser de légèreté chez un peuple aussi grave et pour qui la lenteur est dignité. Mais l'évêque d'Evreux était

Français, Parisien, et non Italien. Il avait hâte de revenir dans son diocèse, à ses ouailles chéries : il pensait au carême et à sa retraite pascale. Il visita à son retour Florence, Venise, Milan, Novarre, Turin. A Rome, il avait pu être fier de sa nation : c'est un soldat français qui lui avait présenté les armes aux portes des palais du pape ! Il foulait à son retour des campagnes illustrées par la gloire de nos armes. Il rentra en France par Chambéry et Lyon. Le samedi soir, 9 mars, il reposait dans son palais.

Dès le lendemain il parut deux fois en chaire pour manifester à ses fidèles diocésains la joie qu'il éprouvait de se retrouver au milieu d'eux, et pour leur donner les bénédictions qu'il avait obtenues pour eux du Saint-Père.

La station du carême était prêchée, cette année, avec un remarquable talent par M. l'abbé Neveu, aumônier du Lycée de Rouen. Monseigneur alla deux fois par semaine, depuis l'ouverture du jubilé, faire des conférences religieuses aux élèves du collége.

Le 15 juin, un dimanche, Monseigneur assista à l'inauguration de la statue de Nicolas Poussin, aux Andelys, et y prononça un très beau discours que l'on trouvera dans le *Courrier de l'Eure*. Le 14 septembre, il bénit solennellement à Louviers la *Croix de Beaulieu*, et rappela aux habitants de la ville à quels glorieux souvenirs se rattachait ce monument religieux. Le lundi 13 octobre, il fit la consécration solennelle de la chapelle de l'hospice de Harcourt, nouvellement restaurée.

Monseigneur n'était pas insensible aux malheurs de la patrie ; ses lettres et ses circulaires au diocèse le témoignent assez. Il fit un mandement pour remercier

Dieu de la paix accordée à la France, lors de la proclamation de l'empire.

Il était tendre envers ses amis. La mort des bons prêtres lui causait une grande douleur. A la mort des vénérables chanoines, MM. Cocquelin et Lambert, deux saints prêtres, il fut inconsolable pendant plusieurs jours. Il prenait part aux afflictions qui portaient le deuil dans les familles. Que de paroles touchantes il dit en chaire à l'occasion de la mort de plusieurs jeunes personnes enlevées subitement, à la fleur de leur âge, à l'affection des leurs, aux joies de la vie, aux espérances de l'avenir.

Mais aucun trépas ne lui causa une plus vive douleur que le trépas de M. l'abbé Seugé, son archidiacre, frappé de mort subite en allant rendre visite à une personne malade, le 13 janvier 1852. On le vit, tête nue, par une pluie battante, suivre tristement la civière qui rapportait à son domicile son infortuné vicaire général. Il fit célébrer ses funérailles avec pompe et y présida lui-même. Au milieu de la cérémonie, il monta en chaire et prononça à la louange de son archidiacre des paroles qui firent couler bien des larmes. L'auditoire s'associait à la douleur du prélat qui perdait dans M. l'abbé Seugé, non-seulement un administrateur éprouvé, mais un ami dont le dévouement ne lui avait jamais fait défaut. Cet excellent ecclésiastique mettait justement au premier rang de ses devoirs le respect traditionnel qui est dû à l'autorité épiscopale; il avait au plus haut degré le sentiment de la hiérarchie, et Monseigneur rendit du haut de la chaire un éclatant hommage à sa fidélité, à son obéissance, à ses vertus sacerdotales. Il ne se contenta pas de cet éloge funèbre : par une faveur peu commune, il conduisit son cortége jusque dans le cimetière. Nous ne saurions dire lequel était le plus honoré ou du prélat qui rendait un pareil hommage ou de celui qui le recevait.

M. Seugé eut pour successeur M. Charles de Moré-de-Charraix, qui ne fit que passer, et qui fut enlevé à l'âge de quarante ans dans une visite qu'il faisait à sa famille, dans le diocèse de Mende dont il était originaire. Il était un des arrière-neveux de saint Roch du côté maternel. A M. de Charraix succéda M. l'abbé Chartier, curé de Mortagne, qui fut le quatrième archidiacre de Pont-Audemer. C'était un homme très érudit, et plein de bonne volonté.

Pendant le carême de 1852, Monseigneur donna des conférences sur les preuves fondamentales de la religion sous forme de controverse. Son interlocuteur fut M. l'abbé Lebeurrier, archiviste, qui, dans ces intéressantes discussions, donna des preuves d'un talent distingué, et le prélat le récompensa en lui conférant le titre de chanoine honoraire de sa cathédrale.

A la fin de la retraite pastorale de cette année, Mgr l'évêque tint un synode pour la promulgation du Concile de Rouen.

Monseigneur présidait tous les ans lui-même la distribution des prix des Ecoles chrétiennes. Cette année il eut l'heureuse idée d'ouvrir son palais épiscopal à cette intéressante famille des enfants pauvres de la ville. En lui tendant les bras, en l'appelant chez lui, il ne pouvait témoigner d'une manière plus éloquente que la famille des pauvres était sa famille aimée d'un amour de prédilection. C'était la famille que lui avait léguée son illustre prédécesseur, Mgr Bourlier, fondateur et bienfaiteur de l'Ecole chrétienne. C'était le legs qu'il avait fait en mourant à sa ville chérie.

En 1845, le Jeudi-Saint, un incendie avait détruit l'église de Gisay-la-Coudre, où saint Taurin avait souffert la flagellation pour le nom de Jésus-Christ. Une très belle église, sous la direction de MM. Bourguignon, architectes, fut construite dans le style gothique pur sur les ruines fumantes de l'ancienne. Ce monument fait le plus grand honneur au goût et au talent de ces deux habiles architectes. On admire surtout les dessins variés des verreries, où se sont promenés tous les charmants caprices de leur crayon. Monseigneur en fit solennellement la dédicace à la fin fin de juillet 1852. Il consacra, peu de temps après, l'église de Flipou.

Le 16 juin 1853, une mort subite enleva le nonce du pape à Paris, Mgr Garibaldi, avec lequel Mgr Olivier était lié d'une amitié étroite. L'évêque d'Evreux paya un tribut solennel de regrets à la mémoire de cet illustre prélat en faisant célébrer un service solennel dans sa cathédrale pour le repos de son âme. Ce pieux hommage remontait jusqu'au saint siége, qu'il honorait dans la personne de son ministre.

Au mois de juillet 1853, Monseigneur alla prendre les eaux à Evian, au pied des Alpes, en compagnie de M. l'abbé Eglée. Le nom de cet intime et fidèle ami de Monseigneur nous rappelle une dernière marque de confiance que lui donna Mgr de Quélen mourant. C'est à lui, et non à ses vicaires généraux, que l'archevêque de Paris remit la nomination de M. l'abbé Eglée à un canonicat de la métropole pour la porter au ministère. En se rendant aux eaux, Monseigneur traversait un village de la Savoye. Une troupe d'enfants déguenillés entourent sa voiture pour lui demander l'aumône.

« Je ne suis pas assez riche, leur dit le prélat, pour
« vous donner à tous. D'ailleurs, je n'aime pas à don-
« ner aux mendiants ; la mendicité est l'école de la
« paresse, du vagabondage et du vol. Mais attendez,
« je vais battre monnaie pour vous. » Il entre dans
l'église du village, fait sonner les cloches. Tous les
habitants accourent. Monseigneur leur adresse une
vive allocution sur les devoirs des parents envers leurs
enfants, sur les dangers de la mendicité, et fait appel
aux riches du village en faveur des enfants pauvres,
joint ses largesses à leurs offrandes, et fonde pour
eux une école et une salle d'asile.

Le 25 juillet, il écrivit d'Evian :

« Je n'ai rien de bien intéressant à vous raconter.
« Je bois de l'eau, c'est vrai ; je me baigne, c'est vrai ;
« je suis dans le calme d'une profonde solitude, c'est
« vrai ; je m'en trouve bien, c'est vrai. Je ne souf-
« fre pas moins, je souffre un peu plus ; mais on dit
« qu'il faut qu'il en soit ainsi. Mes journées sont trop
« courtes. J'aurais beaucoup à faire, et je ne fais
« presque rien. Vous direz tant mieux : non pas, tant
« mieux. Il est des natures ennemies du repos, c'est
« la mienne. Je me reproche une convalescence pro-
« longée, une visite un peu longue, un moment de
« sommeil. Que ce ne soit pas raisonnable, je l'ac-
« corde, c'est ma nature. Le diable, dit-on, ne prend
« que les gens oisifs : je suis bien tranquille de ce
« côté. »

Le 28 juillet, il alla visiter le fort des Allinges, où
se retirait saint François de Sales pour échapper à la
fureur des protestants. Son séjour à Evian fut une
bénédiction pour ses habitants. Il passait ses loisirs à
des actes de bienfaisance, à évangéliser les pauvres et

les baigneurs. Il réunit la brillante société qui était à Evian, et qui était avide de l'entendre dans l'église de cette ville, et leur adressa cette allocution, dont j'ai sous les yeux le texte même :

« Je ne m'excuse pas le dérangement que je vous
« cause ; mais le motif de cette réunion sera mon
« excuse. Je vous promets de ne pas vous faire un
« sermon : c'est une causerie. J'ai cru qu'elle était
« dans l'intérêt de vos âmes, qu'elle répondait aux
« sympathies de vos cœurs; elle est surtout en rap-
« port avec notre situation momentanée.

« N'avez-vous pas été frappés de l'extrême misère
« que nous montre la population qui nous voit avec
« tant de bienveillance? Les hideux haillons dont ces
« enfants sont couverts ne vous inspirent-ils pas un
« profond sentiment de pitié d'abord, puis de répul-
« sion? Ces enfants sur tous les chemins, filles, gar-
« çons, plus jeunes ou plus âgés, à peu près nus, et
« vous tendant la main, vous poursuivent de leurs
« demandes inarticulées. Est-ce le besoin qui les
« presse? Le besoin a un autre langage. Est-ce un
« calcul, un trafic, un métier, une spéculation? C'est
« peut-être tout cela ; mais c'est surtout le fruit de
« la plus honteuse oisiveté. On spécule sur votre com-
« misération, sur l'ennui, la lassitude et le dégoût
« qu'une telle ostension, que de telles poursuites doi-
« vent produire. Vous leur donnez un secours; quel
« secours? Que produit-il? A quelle détresse remé-
« die-t-il? Et après votre séjour, vous aurez beaucoup
» donné, et donné en pure perte. Le petit garçon de
« neuf ans achète un cigare avec votre aumône, la
« petite fille un peu de sucre d'orge. Je ne sais ce
« qu'ils apportent à leur famille ; mais si je suis bien

« informé, le résultat est nul, complètement nul. Re-
« connaissez-vous la vérité de cette situation ? Je sais
« que quelques personnes, ayant épousé une famille,
« l'auront efficacement, noblement secourue ; mais
« c'est le partage de quelques-uns de trouver ainsi de
« véritables pauvres à secourir. J'ai lu dans les psau-
« mes : *Heureux celui qui a l'intelligence pour le pau-
« vre et pour l'indigent.* Il s'agit pour nous de mériter
« cette bénédiction et d'avoir cette intelligence. Voici
« ma proposition :

« Prendre la résolution de ne plus donner aux en-
« fants qui mendient qu'une parole tout à la fois douce
« et sévère qui leur indique l'école comme le bureau
« où se distribueront les secours.

« Prier une dame charitable de se faire notre tré-
« sorière, et, en quittant les eaux, de constituer à sa
« place une autre dame qui fera le même office jus-
« qu'à la fin de la saison, auprès d'un autre dame.

« Remettre, pendant notre séjour, à cette dame, la
« valeur de ce que nous donnerons en détail, et sous
« par sous, à nos petits mendiants et nos petites men-
« diantes. Cette somme, chaque semaine, aurait la
« destination suivante, destination unique : habiller
« par une blouse les petits garçons, par une robe les
« petites filles qui fréquenteraient l'école, et s'y fe-
« raient remarquer par leur bonne conduite comme
« par leur assiduité. L'instituteur, l'institutrice, le
« frère ou la sœur d'école donneraient successivement
« leur liste au pasteur de la paroisse. En peu de temps
« tout ce qui serait digne de secours serait habillé. Je
« suppose deux cents enfants : cent garçons à habil-
« ler, 300 fr.; cent filles, 600 fr. Cinq séries de bai-

« gueurs, cent par série donnant, je suppose, 2 fr. :
« voilà mille francs.

« Mais il y aura des secours plus abondants. Il y
« aura peut-être plus de cent donations par série, et
« la chaussure pour l'hiver, et la chemise sous la
« robe et sous la blouse seront achetées, confection-
« nées et données. Et Dieu le saura! Et nous n'aurons
« pas le plus grand inconvénient de l'aumône à subir :
« la reconnaissance des pauvres. C'est Dieu qui le
« saura, lui qui ne paie pas deux fois.

« Je ne donne pas de motifs à l'appui de ma re-
« quête pour ne pas tomber dans le sermon que j'ai
« promis d'éviter. Mais il m'est impossible de ne pas
« vous faire comprendre combien l'honneur de la re-
« ligion est intéressée dans notre petit projet. Nous
« sommes près de nos frères séparés, les protestants.
« Rien de semblable chez eux. La mendicité, la honte
« des sociétés y est interdite. Parcourez leurs villes;
« les pauvres y sont cachés, vêtus, habillés. Ils nous
« reprochent la saleté, l'incurie, l'oisiveté, la fainéan-
« tise, l'état dégradant de nos pauvres. »

Cet appel fut entendu. Evian changea subitement
d'aspect. On ne vit plus que de petits enfants, proprement habillés, se rendant en ordre aux écoles publiques. Les aumônes surpassèrent toutes les prévisions
du bienfaisant orateur, dont la parole était le trésor
des pauvres. Les vieillards et les infirmes éprouvèrent
que l'homme de la main droite de Dieu était passé par
là. Puisse Evian conserver longtemps l'institution
bienfaisante de notre évêque. Il n'a pas du moins
perdu le souvenir de son passage. Sa mort y a été
pleurée par les pauvres. Témoin cette lettre écrite par
une supérieure de couvent, le 30 octobre 1854 :

« Il me serait difficile de vous dire la profonde dou-
« leur dont notre cœur a été saisi en apprenant la
« perte immense que vient de faire votre diocèse. Elle
« ne peut se comparer qu'à notre profonde vénération
« et à notre reconnaissance. Monseigneur s'était mon-
« tré dans notre ville le père de l'orphelin, l'ami du
« pauvre et la ressource de tous les malheureux. Son
« nom était béni et vénéré. »

IV.

Nous voici donc à la dernière année d'une vie si bien
remplie, et quelle belle année va encore s'ouvrir pour
lui, au milieu des chagrins que lui suscitait l'opposition dont la persistance n'avait d'égale que la fermeté
de l'évêque à la subir en silence sans se plaindre, sans
jamais prononcer une parole contre ses ennemis, ayant
espéré longtemps, mais n'espérant plus qu'ils viendraient enfin se jeter dans ses bras; c'était là son idée
fixe; opposition à laquelle les fidèles étaient complètement étrangers, il faut bien le dire à leur louange, à
laquelle ne participaient point non plus six cents prêtres répandus dans le diocèse et travaillant au salut
des âmes, et que par conséquent il serait d'une souveraine injustice de reprocher au clergé ébroïcien et
au diocèse d'Evreux; opposition qui ne m'intéresse,
d'après le plan particulier de cette histoire et dans
les vues d'édification que je me propose, que dans ce
qu'elle fait ressortir la patience et la vertu de celui
qui la subit avec les sentiments de la foi chrétienne !

Pourrez-vous lire sans larmes cette prière composée
par lui-même et qu'il récitait tous les jours, vous tous
qui êtes dignes de la lire, si vous savez la sentir et la
comprendre !

« *Grand Dieu, Sauveur à jamais adorable, Rédemp-*
« *teur pacifique, ô Jésus, la joie des Anges, daignez*
« *écouter ma plus humble, ma plus fervente prière!*

« *Je vous consacre l'usage de ma vie dans ces fonc-*
« *tions saintes que vous m'avez confiées.*

« *Je ne veux pas de gloire humaine; je veux vous*
« *bénir, vous faire connaître, vous faire aimer.*

« *Je ne mérite pas que vous ayez égard à mes tra-*
« *vaux : je ne suis qu'un serviteur inutile.* »

On lui avait demandé d'où lui venait la force de patience qu'il montrait, la force de résignation au milieu des persécutions, la force de ce silence qui étonnait et dont on n'a jamais pu le faire sortir au sujet
de ses ennemis. Il avoua que cette force lui venait de
cette prière qu'il avait faite à son usage et qu'il récitait tous les jours.

A propos de ses persécutions, il dit à une personne :
« Ne vous tourmentez pas des autres affaires : que la
« volonté de Dieu se fasse en nous et sans nous! »

Il dit encore : « Le règne des intrigants passera si
« Dieu le veut, durera si c'est son bon plaisir. Après
« tout, avant tout et pardessus tout, la volonté de
« Dieu. Je m'y repose aussi doucement que je puis. »

Dans un de ses voyages, il écrivait à une personne :
« Je prie beaucoup et bien facilement; mon âme s'é-
« lève sans cesse vers Dieu et ses bienfaits, c'est ma
« seule distraction. Je me prête à tout, et ne me
« donne à rien. Cette disposition me porterait à la
« mélancolie, si je ne savais vivre de ma méditation. »

Et encore : « ..... Le peu de bien qui s'est fait et se
« fait; l'affection et le respect de tous à côté de la
« haine d'une coterie toute puissante, mais que la
« volonté de Dieu peut tempérer et dompter. Cepen-

« dant croiriez-vous que je ne puis me défendre de le
« bénir de cette sourde persécution? Mon cœur se se-
« rait élevé dans les œuvres où j'aurais réussi ; j'au-
« rais confondu ma gloire vaine et frauduleuse avec
« celle qui doit lui appartenir à lui seul. Je le bénis
« de ces humiliations, je les accepte. »

Voilà les sentiments chrétiens, dans les persécutions, d'une âme qui approchait de son Dieu, où nul
ne peut ravir ceux qui reposent sur son sein, les sentiments de la fin de sa vie.

Ceux qu'il éprouva aux premiers feux de l'attaque
étaient plus vifs, également purs et forts, également
caractéristiques, mais bien moins parfaits et moins
touchants. Tant il est vrai que l'on n'arrive à la perfection que par degrés, et par les progrès insensibles
de la vertu!

Il écrivait le 3 novembre 1842 :

« Ne craignez pas de me dire tout le mal que l'on
« dit de moi. J'aime à le savoir : rien n'exerce plus
« l'âme et ne la rend plus forte. Pour que vous me
« connaissiez bien, il faut que je vous dise que je n'ai
« jamais redouté qu'une chose, c'est la médisance,
« si j'avais le malheur de mal faire. *Pour la calom-*
« *nie, j'y suis tellement habitué, elle m'a tellement tenu*
« *compagnie depuis que j'existe, que je ne la redoute*
« *jamais.* J'ai, sous ce rapport, la meilleure éducation
« constitutionnelle qu'on puisse rencontrer. La presse
« et les langues, c'est bien ce que je méprise le plus au
« monde. Mais savez-vous pourquoi j'ai tant de mépris
« pour les cancans, c'est que je sais des gens que loue
« la renommée, et je sais par quels moyens ils ont la
« joie de ces fanfares. Ils écrivent leur éloge ; ils ont
« des amis qui se chargent de les louer. C'est assez

« pour me persuader que la louange n'est rien, et
« que le blâme ou la calomnie n'est rien non plus. »
  Il m'écrivait à moi-même le 2 mars 1845 :
  « Je prie pour les méchants et les égarés, trompés,
« trompeurs, trompettes. Dieu tirera le bien de l'ex-
« cès de leurs passions furieuses. Ils sont déjà frap-
« pés de stérilité.—Je n'oublie pas la prophétie de saint
« Paul : *laboramus et maledicimur*; nous travaillons,
« et nous sommes maudits. Ma ligne est celle de l'a-
« bandon, mais bien sincère et bien pur. — Le si-
« lence est la réponse d'un évêque. Ils veulent du
« scandale, ils périssent s'il n'y en a pas. »

Il résolut de ne jamais se venger : il en eut de bonnes occasions, et ne voulut jamais les saisir. Il répétait souvent que son autorité était pour le bien et le
service de l'Eglise, et non pour sa défense personnelle,
qu'il devait à tout son diocèse l'exemple de la patience
dans les injures, et montrer comment un évêque sait
souffrir.

Oh ! ne lui parlez pas de punir des coupables ! Le
cœur de Mgr Olivier était comme le cœur du Christ.
Cor Pauli, cor Christi. Il ne connaissait que la mansuétude et le pardon. Il y avait déjà longtemps qu'au
milieu de tous ses prêtres, pendant une retraite pastorale, il avait dit cette parole mémorable, en parlant
de ses ennemis : « Le père pardonne toujours à ses
« enfants ! L'évêque doit ressembler à Dieu, et les
« entrailles de la charité sont toujours ouvertes au
« repentir ! » Redisons à toute l'Eglise ces autres paroles que nous avons entendues sortir de sa bouche,
un jour que dans l'abandon de la confiance, il ouvrait
à des intimes les secrets de son âme : « Ces prêtres
« sont toujours mes enfants ! Malgré leurs torts, je

« suis toujours leur père. Qu'est-ce que c'est qu'un
« évêque? C'est Jésus-Christ, toujours vivant au sein
« de son église. Comme Jésus, donc, l'évêque doit
ɒ toujours être bon, toujours paternel, toujours mi-
« séricordieux, et ne se lasser jamais de pardonner!
« Je connais les prêtres : les frapper, c'est les endur-
« cir, c'est leur fermer la porte du repentir! Je suis
ɑ le pasteur de tout le diocèse, je suis le propre pas-
« teur de ces prêtres, je suis leur curé, et ils n'en ont
ɑ pas d'autre que moi. Est-ce que devant Dieu, je ne
« répondrai pas du salut de leur âme? Qu'ils prennent
« ma longanimité pour de la faiblesse, pour de la
« pusillanimité, est-ce que je dois sortir des maxi-
« mes évangéliques par peur du jugement des hom-
« mes? S'ils sont méchants, est-ce une raison pour
« moi de cesser d'être bon? Attendons! Attendons!
« Dieu lui-même ne s'est pas lassé de nous attendre!
« Comme lui, je dois attendre qu'ils se convertissent,
« afin qu'ils vivent! Ouvrons-leur une porte, pour
« qu'ils puissent revenir à nous, revenir à Dieu. Un
« évêque ne se conduit pas par la politique humaine :
« ses maximes de gouvernement, sa politique, c'est
« l'Evangile. »

Mgr Olivier, de son vivant, lut ces paroles qui ont
été imprimées, et les reconnut pour être siennes.

Monseigneur ne parlait jamais mal de ses ennemis.
Jamais on n'entendait sortir de sa bouche un mot contre les membres du chapitre qui l'avaient contristé.
Au sujet du chapitre, cependant, il lui échappa un
jour une spirituelle boutade, mais elle était tout à fait
imprévue; il l'improvisa, sans cela il n'aurait certainement pas décoché ce trait.

Un des premiers personnages de notre époque et

qui occupe aujourd'hui l'une des positions les plus élevées de l'Empire, arrive pendant les chaleurs de la canicule dans ses appartements, et lui dit en l'abordant : « Monseigneur, l'air est très calme, il fait très
« chaud, et cependant en passant au pied des tours
« de votre cathédrale j'ai senti un vent glacial. Voilà
« déjà plusieurs fois que j'ai remarqué ce fait
« quand j'ai eu l'honneur de venir offrir mes hom-
« mages à votre Grandeur. D'où cela vient-il? Pour-
« riez-vous m'expliquer ce phénomène? — Comment,
« lui dit Monseigneur, vous ne savez pas cela, vous
« qui connaissez tout, vous qui êtes plus savant que
« les livres, qui faites même des livres plus beaux que
« tous ceux que vous lisez! Il n'est pas possible que
« vous ignoriez cette légende. — Quelle légende? —
« Mais la légende qui explique pourquoi toujours et
« en tout temps le vent souffle aux pieds des tours de
« ma cathédrale. — Je vous jure, Monseigneur, que
« j'en entends parler pour la première fois. Veuillez
« me la raconter. — Je n'ose pas trop, car vous con-
« cevez que je dois prendre de grands ménagements
« à l'égard de mon chapitre. — De grâce, Monsei-
« gneur, ne me faites pas languir plus longtemps. —
« Eh bien, dit Monseigneur, il y a de cela des siècles,
« le diable qui revenait du sabbat rencontra le vent
« au pied de ces tours. Range-toi, lui cria le prince
« de l'air! Je ne me rangerai pas, dit le vent. Es-tu
« mon maître? Là-dessus la querelle s'engagea. Le
« diable et le vent se seraient pris aux cheveux s'ils
« en avaient eu. Ils se battirent avec les armes qui
« leur sont propres, le diable avec des éclairs et des
« foudres, le vent avec des tempêtes et des ouragans.
« Plusieurs édifices s'écroulèrent. On crut que la ville

« allait périr. La cathédrale faillit être arrachée de
« dessus ses fondements. Au point du jour, quand la
« cloche appelait les chanoines à matines, le combat
« durait encore à forces égales. Le diable voyant les
« chanoines entrer dans l'église, dit au vent : il va se
« démêler une petite affaire au chapitre ; on n'y peut
« rien sans moi. Si tu veux m'attendre, nous allons
« recommencer la partie. Me le promets-tu ? Je te le
« promets, dit le vent. Le diable entra au chapitre ;
« il n'en est pas encore revenu ; le pauvre vent attend
« toujours et souffle aussi toujours. — Monseigneur,
« s'écria le personnage, que vous êtes un grand im-
« provisateur ! »

Le dernier mandement du carême de 1854 fut
comme les adieux du prélat à son diocèse. C'est un
commentaire de l'épître de saint Paul aux Colosses.
On dirait que ces pages ont été dictées dans la chaire
de Milan ou de Sainte-Sophie par Ambroise ou Chrysostôme ; car ce langage n'est pas de notre siècle : il
rappelle l'âge d'or des Pères de l'Eglise.

Le carême fut encore prêché par lui à Notre-Dame
d'Evreux : instructions, méditations, conférences, sermons, homélies, confessions, retraite pascale, il en-
treprit tout. A la retraite pascale, qui ne se rappelle
la douceur, l'onction et la suavité des instructions de
trois heures dans les conseils qu'il donnait pour la
pratique de la vie chrétienne au milieu du monde ?
Comme il rendait le salut possible, sans rien diminuer
cependant de la sévérité de l'Evangile ! Que de regrets
je vais exciter en révélant qu'il avait résolu d'écrire,
depuis plusieurs années déjà, *un Manuel de piété à
l'usage des gens du monde*. Il avait fait relier et dorer
sur tranche un magnifique volume. Les titres des cha-

pitres étaient seulement écrits; ils auraient traité *de la prière, de la messe, de la méditation, de la communion, de la vigilance, de l'éducation, de la récréation, du repas, des soirées, de la toilette, des spectacles, de la danse, de la maladie, des voyages, de la confession, de la retraite annuelle, des conversations, des lectures, de l'esprit de foi, de l'amour de l'église, de la sanctification du dimanche, de la parole de Dieu, du sacerdoce, des scandales;* toutes matières qui étaient le texte ordinaire des homélies de ses retraites pascales. Je fus tellement frappé du rapport de ces homélies avec le projet de son livre qu'au sortir de la dernière, j'osai lui demander où il en était.

— J'en suis toujours, me dit-il, à ma table des chapitres. Le temps m'a toujours manqué. — Mais, Monseigneur, vous venez de prêcher et de composer en chaire un de vos chapitres; il s'agirait de faire de même pour tous les autres; parlant à des fidèles, du haut de la chaire, vous seriez excessivement pratique, comme vous voulez l'être, et vos maximes exprimées pour être immédiatement pratiquées seraient en effet pratiquables. Le temps vous manquera toujours, et plus que jamais. Vous n'aurez pas à redouter dans la verve qui vous saisit en chaire la froideur du cabinet; l'inspiration de la parole ne vous exposera pas à la sécheresse de la plume. Me permettrez-vous de tailler mes crayons de sténographe? Après une seule retraite pascale, je vous remettrai en main votre *Manuel de piété à l'usage des gens du monde.* Pour les fidèles de la cathédrale, ce sera un souvenir, et une instruction pour les autres. — Mais c'est une excellente idée! s'écria-t-il. Quel malheur que vous ne me l'ayez pas communiquée plus tôt!

Comme si les fatigues de la station du carême d'E-
vreux n'eussent pas suffi à l'activité de son zèle, à la
soif qui le brûlait pour le salut des âmes, il alla encore prêcher le carême à six lieues de la ville épiscopale, à Nonancourt : les deux églises, la mère et la
fille aînée, se partageaient les faveurs du chef des
pasteurs. Jamais affluence ne fut si nombreuse de la
part des hommes à la cathédrale; il enseignait les vérités religieuses d'une manière si claire, si pleine
d'onction que les esprits les plus opiniâtres étaient
ébranlés. Plusieurs conversions furent le fruit de ce
carême, la dernière conquête, hélas! de ce grand ouvrier de conversion.

A Nonancourt, l'église était, à chaque prédication,
insuffisante à contenir la foule; il fallait venir plusieurs heures à l'avance pour trouver une place, à tel
point que l'on fut obligé de remplacer les chaises par
des bancs qui contenaient un plus grand nombre d'auditeurs. « Comme auditoire, a dit Monseigneur, c'était
« admirable, mais comme fruit de conversion, ma sta-
« tion de Nonancourt a été nulle de résultat. J'ai tou-
« jours jeté la semence, et préparé le terrain. »

Mais à Notre-Dame d'Evreux, à ceux qui nous demandaient où étaient les fruits de son zèle, nous mon-
trions cette foule qui suivait, dans le recueillement le
plus profond, les exercices préparatoires à la communion pascale, qui écoutaient sa parole avec l'attention la plus soutenue. Puis nous pleurions de joie au
spectacle attendrissant de cette communion générale
qui nous rappelait les temps heureux où tous ceux
qui assistaient au plus auguste des sacrifices participaient eux-mêmes à l'autel. La grande nef n'était pas
assez vaste pour contenir tous les communiants. Il y

avait là véritablement un troupeau et un pasteur.

Cependant la guerre d'Orient allumait ses incendies. Nos flottes glorieuses portaient nos soldats intrépides sur ces mêmes rivages tant de fois visités par nos aïeux. Dans son cœur français, le 20 avril 1854, Mgr Olivier trouvait des accents patriotiques pour crier de loin à nos armées :

« Allez, enfants de la France, fils et successeurs
« des anciens Croisés, allez où vous appellent l'hon-
« neur et l'obéissance, allez affronter les périls de la
« mer, les hasards des combats, l'influence de ces
« maladies orientales qui ont autrefois décimé plus de
« braves que le fer de l'ennemi... Gardez vos cons-
« ciences pures, afin de ne pas redouter les coups de
« la mort, afin de l'affronter avec le sang-froid du
« brave et l'héroïsme du chrétien. La mort, au champ
« de bataille, est un martyre qui expie toutes les
« fautes et qui attire plus encore les bénédictions du
« ciel que les applaudissements et l'admiration de la
« terre. »

Immédiatement après les solennités pascales, Mgr Olivier visita l'arrondissement de Bernay. Avec quel entraînement il évangélisait nos bons paysans ! Celui qui avait tenu les rois et les reines, les esprits les plus délicats et les plus élevés sous les charmes de son éloquence, savait aussi trouver un langage qui allait à leur cœur.

Le 10 mai 1854, Monseigneur reçut avec bonheur la visite du cardinal Donnet. Son Éminence prononça du haut de la chaire cette phrase remarquable : « Je
« viens, dit-il, acquitter une dette de reconnaissance
« contractée vis-à-vis de votre évêque, dont la parole
« éloquente et pleine de puissance a laissé dans

« la ville de Bordeaux d'impérissables souvenirs. »

Cependant, comme si Monseigneur eût appris, par une révélation divine, que le terme de sa carrière était proche, il redoublait de ferveur, il travaillait sans relâche à la vigne du Seigneur, il agrandissait les travaux de son épiscopat pour rendre tous ses jours pleins devant Dieu, pour gagner sur le temps ce que le temps lui dérobait. Nous le croyions fort. Nous fûmes tous trompés : lui seul ne se trompa pas. La surprise fut pour les autres, mais non pour lui. L'aigle ne prenait son essor avec tant d'ardeur que parce qu'il savait qu'il emportait avec lui, dans la hauteur des cieux, le trait qui devait abattre son vol sublime.

Quand nous le croyions simplement indisposé par un excès de fatigue, il se préparait en silence à la mort, et méditait, avec toute la pureté et la vivacité de sa foi, les jours de l'éternité. Il repassait dans son esprit, sur ce sujet formidable, les grandes pensées de Bossuet, qui lui étaient si familières. Il s'appliquait à lui-même les vérités qu'il avait si souvent prêchées aux autres : il se jugeait lui-même pour éviter les rigueurs du jugement de Dieu. Il s'humiliait devant sa majesté suprême. Il lui offrait, en secret, les peines intérieures qui le rongeaient. Il se réjouissait même de souffrir les atteintes de ce feu des tribulations qui éprouve l'or de la charité et de la vertu, et qui achevait de purifier son âme.

Monseigneur était alors aux eaux de Trouville-sur-Mer, où il avait fallu l'envoyer prendre du repos. Du repos ! Est-ce qu'il en prenait jamais ? Il faisait tous les jours sa correspondance, il passait la matinée à l'église de cette petite ville, il prêchait tous les dimanches jusqu'à deux fois. Suivons la foule nombreuse qui se presse le dimanche pour l'entendre. Recueillons encore une fois les paroles bénies de ce grand cœur catholique, qu'une mémoire et une main reconnaissantes ont conservées par un bonheur providentiel.

« Mes frères bien aimés, vous désirez m'entendre
« développer devant vous les grandes vérités de la
« religion. Eh bien, je cède à vos pressantes sollicita-
« tions et à celles du pasteur de cette paroisse, mais
« à la condition de vous parler des vérités les plus
« sérieuses qu'il vous importe de méditer. Malheur à
« moi si j'allais contribuer à vous perdre et à me per-
« dre moi-même ! En flattant vos oreilles par des
« paroles vagues, qui ne produiraient aucun fruit de
« piété dans vos cœurs, je pourrais peut-être mériter
« les louanges des hommes, mais je résisterais à l'Es-
« prit-Saint, qui me parle intérieurement un autre
« langage ; j'attirerais sur moi sa colère, il me dirait
« de sa voix de tonnerre : Fils de l'homme, prophète
« que je renie, quelles paroles ont retenti dans ta
« bouche? Ce ne sont pas celles que je voulais y met-
« tre ? — Eh bien, Seigneur, parlez vous-même !
« Remuez ma langue ; elle sera un instrument docile.
« Qui suis-je pour résister à Dieu ? — Interroge ce
« peuple en mon nom, me dit la voix. Qu'il te réponde
« par la voix de son cœur, et non par la voix du men-
« songe et des illusions !

« Mes frères, soyez attentifs à la voix de Dieu, qui
« vous interroge par ma bouche. Qu'êtes-vous venu
« faire ici ? Vous livrer aux douceurs d'un repos que
« vous n'avez pas gagné peut-être, parce que vous
« ne vous êtes lassés qu'au milieu des plaisirs du
« monde? Du repos pour les pauvres, du repos pour
« ceux qui ont supporté le poids de la chaleur et du

« jour, à la bonne heure! Mais du repos pour vous,
« riches qui vivez du travail des autres! du repos
» pour vous, illustres dames, dont les éblouissantes
« toilettes ont coûté tant de veilles, tant de larmes
« peut-être à la misère de l'ouvrier! Non, non, le
« repos n'est pas fait pour vous! Le repos n'est pas
« le but que Dieu s'est proposé en vous établissant les
« possesseurs des biens de ce monde, en vous accor-
« dant si libéralement toutes ses jouissances. Heureux
« de la terre, vous avez votre travail quotidien que
« Dieu vous impose comme à tous ses autres enfants,
« et c'est parce que ce travail est le plus noble de
« tous qu'il vous a donné des sentiments si élevés,
« qu'il vous a doués d'une sensibilité si exquise. Votre
« travail, c'est la bienfaisance, et ce n'est que par
« l'exercice de la bienfaisance qu'une âme chrétienne
« peut se consoler d'être née dans les grandeurs et
« dans la richesse.

« Car il est bien triste d'être riche, c'est un bien
« grand malheur de nager au sein des délices et de
« l'abondance quand on ne sait pas comprendre la su-
« blime destination des richesses. Ce bon emploi de
« la fortune, c'est précisément ce que je prends la
« liberté d'examiner avec vous, si vous ne voulez pas
« vous écarter de la vraie voie que vous trace l'Esprit
« de Dieu. »

Après ce formidable exorde, l'orateur parcourt les
anathèmes prononcés par nos livres saints contre les
riches. Les prophètes ont de terribles malédictions
contre les opulents du siècle. La richesse détourne de
la pensée de Dieu; elle fomente et irrite les passions;
elle endurcit le cœur. Jésus-Christ va-t-il contredire
les prophètes et opposer ses bénédictions à leurs ma-

lédictions? Hélas! ses anathèmes sont encore plus précis. On se demande donc avec terreur s'il n'y a aucun
moyen de salut pour les riches, et s'il faut désespérer
de leur éternité? Non, sans doute, car le Sauveur est
mort pour tous, et le ciel peut être le partage des
riches comme celui des pauvres.

   « Comment donc, s'écria l'orateur, pourrez-vous
« gagner le ciel? Ah! voilà avant tout, par dessus
« tout, ce qu'il faut savoir? Par vos bonnes œuvres,
« par votre charité. Il n'y a pas d'autre réponse. Ne
« nous occupons pas d'un lendemain qui ne nous ap-
« partient pas! Il nous faut des vérités immédiatement
« applicables! Ici même que pouvons-nous faire pour
« le salut de nos âmes? O riches, qu'est-ce que Dieu
« demande aujourd'hui de vous. Vous êtes ici au mi-
« lieu de pauvres gens qui peuvent à peine se pro-
« curer par le travail de la pêche le strict néces-
« saire. Retranchez le superflu de vos richesses pour
« leur venir en aide. Comme Dieu vous a été favora-
« ble en vous inspirant de venir fixer quelque temps
« votre séjour sur ces plages désolées! Comme il s'est
« joué du malin esprit, qui s'imaginait que vos calè-
« ches rapides vous conduisaient aux plaisirs de la
« saison, tandis, au contraire, que votre bon ange
« vous amenait sur le théâtre d'une œuvre de misé-
« ricorde. Voyez le triste spectacle qu'il étale sous vos
« yeux! Voyez ici des épouses, des enfants, qui n'ont
« plus de pères, qui n'ont plus d'époux, parce que la
« loi du recrutement militaire, parce que la trompette
« des combats a appelé sur nos vaisseaux de guerre
« les matelots de ce rivage. Devenez leurs époux,
« devenez leurs pères par vos saintes largesses. Ces
« aumônes vous prépareront des grâces de salut; ces

« pauvres, soulagés par vous, intercéderont pour vous
« auprès de Dieu et vous aideront puissamment à
« vous détacher du monde, de vos richesses, de vos
« plaisirs. Car vous devez vous détacher des biens de
« la terre et ne les considérer que comme un bagage
« importun, qui embarrasse votre marche dans le
« voyage, et arrête votre course vers l'éternité! »

Une pluie d'or, répandue dans le sein des pauvres, prouva l'impression profonde qu'avait produite ce discours. Nicolas d'Evreux, comme Jean de Constantinople, pouvait bien ajouter à son nom celui de *Chrysostôme, Bouche d'or.*

Pendant son séjour à Trouville, Monseigneur était recherché par les premières familles de France, qui se trouvaient aux eaux. M. le duc Pasquier, ancien président de la Chambre des Pairs, voulait le posséder tous les jours. Un prince allemand le visitait fréquemment et lui donnait les preuves du plus grand respect. Un spectacle bien doux, qui réjouissait les yeux du prélat, lorsqu'il ramassait quelques coquillages sur les bords de la mer, c'était de voir, tout habillés de neuf, les petits garçons et les petites filles qu'il avait trouvés à son arrivée couverts de haillons. « Eh ! Monseigneur, lui dit une noble dame, que voulez-vous donc faire de ces coquillages dont vos mains sont pleines? — Je prétends, répondit le prélat en souriant, m'en faire un collier pour mon pélerinage.—Et quel pélerinage? — A notre bonne sainte Dame de Grâce. — Et quand Votre Grandeur part-elle ? — Bientôt; mais auparavant l'humilité de votre serviteur a encore quelques sérieuses réflexions à faire sur elle-même. Il se faut laver les pieds avant de monter au saint lieu. »

CHAPITRE XII.

Testament. — Mort et funérailles.

I.

Qui aurait pu soupçonner alors, à voir cette sérénité du visage de Mgr Olivier, que les plus tristes pensées assiégeaient son esprit, que les plus pénibles impressions étreignaient son cœur, jusqu'à ne plus verser dans ses veines qu'un sang qui se décomposait, que les douleurs de la mort l'avaient environné?

La main du Seigneur s'appesantissait sur lui avec une telle rigueur, qu'il comprit que sa dernière heure approchait. La persécution dont il était l'objet lui causait une douleur cuisante, et cette douleur était d'être méconnu de ceux qu'il aimait et dont il voulait être aimé.

Monseigneur avait donc le pressentiment de sa mort, et d'une mort prochaine. Il se préparait en silence à ce redoutable passage de la vie du temps à la vie de l'éternité. Il était alors sur les rivages de l'Atlantique, prêt à s'embarquer lui-même sur un autre océan qui n'a ni fond ni rive. Que ne disaient point à son âme, et à une âme telle que la sienne, la vue de cette immensité des mers qui, aussi bien que le firmament, racontent la gloire et la grandeur infinies de Dieu!

Loin des hommes et de tout bruit, sur les solitudes

de l'océan, élevé par le calme de sa conscience au-
dessus de toutes les passions de la terre, recueilli
dans les saintes pensées de la foi, il scrutait son âme
et sondait les profondeurs de son cœur. Sous l'œil de
Dieu, auquel rien n'échappe, il ne découvrait dans son
âme que des intentions droites, et ce cœur ne renfermait qu'un ardent amour du bien, un fond inépuisable de bonté, de charité, de mansuétude et de
pardon. Alors, de cette main qui nous bénit tant de
fois et qui nous montra si souvent le ciel, il écrivit
son testament, digne d'un grand évêque, qui le peint
mieux que tout ce que nous pourrions dire. Recueil-
lons-nous! Il va nous dire des paroles qui ne nous
seront révélées que lorsqu'il en aura reçu le prix dans
l'éternité. Elles nous viennent d'un autre monde. Il
nous parle encore quand il n'est plus : *Defunctus adhuc
loquitur.*

« *Je meurs, comme j'ai eu le bonheur d'y vivre, dans*
« *la foi catholique, apostolique et romaine; je soumets*
« *tout mon enseignement, tout ce que j'ai écrit ou fait*
« *imprimer, toutes les décisions que j'ai données comme*
« *docteur, tous mes actes d'évêque, au jugement du Saint*
« *Siége apostolique, à qui j'ai toujours appartenu,*
« *comme pasteur et comme brebis, par le fond de mes*
« *entrailles.*

« *Je pardonne à ceux qui se sont faits mes ennemis.*
« *Dieu m'a fait la grâce de n'avoir jamais gardé aucun*
« *sentiment de haine dans mon cœur contre aucun*
« *d'eux.*

« *Je demande pardon à tous ceux que j'aurais pu*
« *scandaliser ou offenser, à tous ceux qui auraient*
« *éprouvé de ma part, par ma faute ou involontaire-*
« *ment, quelque chagrin ou quelque dommage.*

« *Si Dieu me fait miséricorde, je n'oublierai pas*
« *dans le ciel les personnes qui m'ont honoré de leur af-*
« *fection. Je les ai portées tous les jours à l'autel pen-*
« *dant la durée de mon sacerdoce. Je n'oublie aucune*
« *des personnes qui m'ont consolé dans mes peines et qui*
« *m'ont édifié par leurs vertus.*

« *Je voudrais laisser un gage de mon affection à tous*
« *les bons prêtres que j'ai aimés, qui le savent bien, et*
« *qui m'ont témoigné tant de confiance et d'attache-*
« *ment.*

« *Je prie mon bon abbé Olivier de recevoir mes re-*
« *merciements de sa douce et persévérante amitié.*

« *Je recommande à mes deux neveux de se montrer*
« *les dignes neveux d'un évêque, par leur bonne con-*
« *duite et leur religion éclairée. Je ne puis les faire ri-*
« *ches, et cependant je leur recommande la charité en-*
« *vers les bons pauvres, surtout envers les pauvres hon-*
« *teux. Je sais, par la plus douce expérience, que rien*
« *ne rend aussi heureux que l'aumône dont Dieu seul*
« *a le secret.*

« *Je conjure tous les bons prêtres qui m'ont connu*
« *particulièrement de déployer en toute occasion leur*
« *amour pour Notre Seigneur Jésus-Christ au sacre-*
« *ment de l'autel, leur dévotion envers sa sainte Mère,*
« *par la décoration des temples, par l'entretien des*
« *églises et des chapelles, enfin par la majesté et la*
« *pompe des cérémonies de notre sainte religion.*

« *Je désire que mon légataire universel et mon exé-*
« *cuteur testamentaire transmettent mes sentiments de*
« *respect et de reconnaissance à la Famille Royale qui*
« *m'a comblé des preuves de sa confiance.*

« *Je fais deux parts de mes biens : l'une doit revenir*
« *à ma famille, c'est le patrimoine qui vient de mon*

« *père et de ma mère; l'autre, savoir : 1,000 fr. de*
« *rente sur l'Etat, l'argent qui sera trouvé chez moi,*
« *l'argent prêté à des personnes qui se feraient elles-*
« *mêmes connaître (car je ne veux pas que les personnes*
« *à qui j'ai prêté et qui seraient gênées dans leurs af-*
« *faires, se croient obligées à me rembourser), le pro-*
« *duit de mon mobilier, tout cela sera distribué en*
« *bonnes œuvres, selon le tableau qui va suivre. De peur*
« *d'oublier à la fin de ce testament une disposition très*
« *importante, je la pose ici. Au moment de ma mort,*
« *la dette de la fabrique de la cathédrale, telle qu'elle*
« *aura été reconnue par moi au dernier budget, sera*
« *payée intégralement sur mes rentes sur l'Etat, avant*
« *toute autre opération.*

« *Je demande à mes grands vicaires de faire en sorte*
« *que mes obsèques ne coûtent rien à la fabrique de la*
« *cathédrale, et que tout soit acquitté par ma succes-*
« *sion.*

« *Je désire, dans l'examen qui sera fait de mes pa-*
« *piers, que l'on détruise tout ce qui accuserait ou con-*
« *fondrait la malice de ceux qui se sont faits mes enne-*
« *mis.*

« *Fait à Trouville-sur-Mer, le 22 juillet 1854.*

« † NICOLAS, *évêque d'Evreux.* »

Nous retrouvons dans ce testament cette profonde
piété, cet amour du Saint-Siége apostolique, cette
délicatesse exquise, ces beaux et nobles sentiments
qui feront de cette pièce précieuse la confusion des
uns, la consolation des autres, l'édification de tous,
un document de gloire pour notre église d'Evreux et
un éternel honneur à tout l'épiscopat français.

Quand Monseigneur écrivait ce testament, il avait
à côté de lui un ami fidèle, M. l'abbé Chrétien, doyen

d'Ecouis, ancien supérieur du petit séminaire Saint-Aquilin, ancien premier vicaire de la cathédrale. Lui aussi avait été voué à l'anathème ; il était coupable, comme d'autres, du crime irrémissible d'être l'ami de son évêque. Mais qu'il se console. Il a pour l'honneur de toute sa vie ces paroles écrites dans le testament de Mgr Olivier :

« Je veux que ma belle soupière en argent soit remise
« *à M. l'abbé Chrétien, doyen d'Ecouis, que j'ai aimé*
« *comme un fils et qui m'a aimé comme un père.* »

Son testament fait, Monseigneur entreprend son pélerinage à Notre-Dame de Grâce pour lui demander le privilége d'une bonne mort, de le tirer des flots de la mer orageuse de ce monde, elle qui a conduit aux rivages désirés tant de malheureux qui ne l'avaient pas invoquée en vain ! Il gravit à pied la pieuse colline, il s'approche de la sainte chapelle avec la dévotion touchante d'un homme du peuple, il fait allumer un gros cierge devant sa statue, il veut qu'on lui récite l'évangile populaire sur la tête. Il n'est pas seul, car la dame du rivage n'avait pas été discrète. Plusieurs pieuses familles de son diocèse l'ont accompagné, et c'est une grande consolation pour son cœur, un soutien pour sa foi. Il célèbre les saints mystères, mais avec quelle ferveur ! Il donne la communion à ceux de sa famille diocésaine qui l'ont accompagné. Il prie, mais avec quel recueillement ! Il répand devant la bonne Notre-Dame toutes les actions de grâces de son cœur reconnaissant. Quelle prière que celle qui est une préparation à la mort ! Il prévoit sa mort, et il l'accepte. La mort ne sera donc pas chose imprévue pour lui, ni l'une de ces épouvantables surprises qui faisaient, au milieu de la nuit, accourir

Bossuet de Versailles à Saint-Cloud pour faire retentir, comme un coup de tonnerre, le palais de ces lugubres paroles : Madame se meurt ! Madame est morte ! Non, ce n'est point un coup de foudre qui étendra notre prélat sur son lit funèbre ; la main du bon ange qui le prévient inclinera doucement sa tête sur l'oreiller du dernier sommeil.

Au départ de Trouville, Monseigneur apprend que son baigneur est père d'une nombreuse famille et qu'il est pauvre : il glisse avec bonheur, dans sa main, plusieurs pièces d'or.

A la fête de l'Assomption, Mgr Olivier reparut dans sa cathédrale dans toute la pompe des cérémonies, où il figurait avec tant de grâce. C'était en même temps la fête de notre glorieux Empereur, et tous les hauts fonctionnaires de la ville, M. le préfet, M. le maire de la ville, la magistrature et le barreau, en grand costume, remplissaient le chœur de la cathédrale. Une foule compacte et contenue à grand'peine par les suisses, se pressait aux grilles. De son trône, il glorifia le triomphe de la Reine des anges, il remercia les autorités du concours qu'elles prêtaient à la religion, insista sur ses bienfaits et sur sa douce influence sur les mœurs publiques. Il adressa au ciel les vœux les plus touchants pour le bonheur de la patrie et la prospérité de l'empire français. Tous ceux qui recueillirent ce discours plaignaient ceux qui n'avaient pu l'entendre : « Il y avait de quoi, disait-on, « convertir tout le monde. » Jamais sa parole n'avait été plus vive, plus onctueuse, plus pénétrante, plus ardente pour embraser les cœurs de l'amour de Jésus-Christ. Hélas ! on ne l'a plus entendu depuis : c'était le chant harmonieux du cygne avant sa mort.

II.

Cependant Mgr Olivier n'était pas encore bien rétabli des fatigues de sa tournée épiscopale. Il songea à prendre quelque repos, et se mit en voyage pour visiter sa famille et quelques personnes amies. Il célébra la fête de la Nativité de la Sainte-Vierge dans un simple village de la Beauce, à Louville-la-Chénard, et évangélisa, comme toujours, le bon peuple, à l'exemple de son Maître. Le lendemain, qui était un samedi, il fit une chute sur l'un de ces ferrements ronds qui se trouvent à l'entrée extérieure des salons bourgeois, et se releva avec une blessure à la jambe, qui n'offrait en apparence aucune gravité.

Le vendredi 15 septembre, jour de l'octave de la Nativité de la Sainte-Vierge, il rentra dans son palais épiscopal, et, des clous douloureux ayant envenimé la plaie, il se vit obligé de garder la chambre et l'immobilité du lit.

Singulière coïncidence! quand Mgr de Salmon Du Châtellier, de sainte et vénérable mémoire, se mit au lit, dans ce même palais, pour ne plus s'en relever, c'était aussi à la suite d'une blessure qu'il s'était faite à la jambe en visitant ses amis et sa famille. Mgr Olivier en fit lui-même la remarque, et prononça dès lors l'arrêt que les médecins confirmèrent un mois après. « *Ce n'est rien*, disait-il à M. Dominique Olivier, *et cependant j'en mourrai.* » Comme le bon abbé se récriait, il ajouta : « *Il ne faut plus songer à vivre,* « *mais à bien mourir, à mourir en évêque!* »

On guérit bien à peu près les clous de la plaie de la jambe, mais une fièvre opiniâtre ne cessait de tourmenter le malade. Dans cet état, privé de la plus grande consolation de sa vie, le dimanche 1er octobre, il voulut, malgré ses souffrances, qu'on le portât dans sa chapelle pour y célébrer les saints mystères. L'assistance était nombreuse, et fut profondément émue de la ferveur dont elle le voyait animé, du profond respect qui le pénétrait pour Jésus-Christ.

Les paroles que le prélat prononçait à l'autel l'émouvaient lui-même singulièrement. Quelles paroles, en effet, pour lui surtout qui pénétrait d'habitude si profondément les sens cachés de l'Ecriture, et qui en faisait de si heureuses et si vives applications, que celles qu'il lisait en ce jour. Elles le pénétraient comme d'un glaive. Elles roulaient toutes sur la consommation et la perfection de la charité :

« Je vous aimerai, ô mon Dieu ! vous êtes ma force, mon « soutien, mon refuge et mon libérateur.

« Dieu vient à mon aide, et j'espérerai en lui.

« Vous ne cessez jamais, Seigneur, de diriger ceux que « vous affermissez dans la solidité de votre amour...

« Le Seigneur garde ceux qu'il aime, et il confondra « tous les pécheurs.

« Nous savons que tout tourne à bien à ceux qui aiment « Dieu !

« Ceux qui s'attachent au Seigneur pour l'honorer, je « les remplirai de joie dans la maison de la prière ; leurs « holocaustes et leurs sacrifices me seront agréables sur « mon autel.

« Dieu est charité : celui qui demeure dans la charité, « il demeure en Dieu, et Dieu demeure en lui. »

Dans la circonstance présente, quelle prière que celle qu'il récita à la fin de la messe :

« O Dieu, vous qui, pendant que nous sommes encore « posés sur la terre, nous faites déjà goûter, par l'efficacité

« de vos vivifiants remèdes, les choses célestes, tenez le
« gouvernail de cette vie que nous respirons encore, de
« manière à nous faire aborder à la lumière au sein de
« laquelle vous êtes!!! »

La ferveur de la piété du prélat augmentait encore
sa faiblesse. Il fallut le soutenir tout chancelant, et le
ramener, non sans peine, sur sa couche de douleur.
Cette messe du XVIIe dimanche après la Pentecôte
avec mémoire de saint Remi, apôtre de la France,
était la dernière ! Un pontife sur la terre, un pied
dans la tombe, invoquait dans le ciel un autre pontife !

Le dimanche suivant, 8 octobre, le prélat voulut
entendre la sainte messe. On dressa un autel dans le
salon vert, où il était couché et qu'il ne quitta plus.
Il suivit avec la plus grande attention l'office de saint
Nicaise, apôtre du Vexin, et de ses compagnons, martyrs, et reçut la communion avec les sentiments de la
foi la plus vive. C'est le fidèle abbé Dubreuil, son secrétaire général, qui célébra cette messe, la dernière
qu'il ait entendue.

Cependant un furoncle s'était manifesté au cou, et
faisait endurer au patient des douleurs intolérables
avec un redoublement de fièvre. Il souffrait, mais
avec patience, mais avec résignation, mais avec
amour, offrant ses douleurs, ses peines, ses chagrins,
ses tribulations, ses croix, sa vie même à Jésus-Christ
flagellé, outragé, meurtri, couvert d'opprobre, abreuvé
de fiel et de vinaigre, et crucifié par les juifs. Les
épreuves et les souffrances sont le partage des saints
sur la terre, la source de leurs mérites et de leur
gloire, le sceau des élus.

Ces souffrances, ces épreuves de la maladie que

Dieu ménage à ceux qui l'aiment, durèrent tout un mois. La mort approchait, mais lentement. Sans doute les personnes qui l'aimaient, n'écoutant que les désirs de leur cœur, se faisaient illusion. « Est-ce que l'on meurt d'un clou? » disaient-elles. Lui seul ne s'en faisait aucune : la sécurité qu'il montrait à tous n'était rien autre chose que le reflet de sa résignation intérieure, et non l'effet d'espérances trompeuses. La placidité de son âme répandait sur les ombres croissantes de la mort une lumière si douce, qu'elle dérobait à ses amis la connaissance de la vérité.

Ce n'est que huit jours avant la catastrophe que les hommes de l'art prirent l'alarme. Les douleurs étaient vraiment excessives, intolérables. Leur persistance dénotait un profond désordre dans l'économie des forces vitales, et présageait une fin imminente.

Si prévue que soit une mort, son approche certaine a toujours quelque chose de redoutable, et ce n'est point sans quelque frisson qu'un mourant sent reluire sur son visage la première lueur de l'éternité. Que se passa-t-il en lui-même, quand il se vit placé entre les ombres d'une vie qui finit et d'une autre qui commence? Comment lui apparurent et les joies de ce monde, et l'or, et les richesses, et l'éclat des talents, et les gloires de l'éloquence, et les grandeurs qu'il quittait, et les projets séduisants de l'avenir? Se sépare-t-on sans regrets, sans déchirements intérieurs, de ceux qui nous aiment et que l'on aime? Pour les grands caractères, une existence qui est utile aux autres s'évanouit-elle sans amertume? Il est doux d'aller posséder Dieu dans le ciel? Mais a-t-on fait assez pour lui sur la terre? N'y avait-il pas encore des combats à livrer pour sa sainte cause? Au bout de la carrière qui disparaît sous les pas, n'y avait-il pas encore des palmes glorieuses à cueillir? En présence de ces généreuses ardeurs qui tombent avec les forces, en présence du sacrifice de la vie et du bon accueil à faire à la mort, le combat secret de la nature est chose trop naturelle. Plus le combat est douloureux, plus la résignation chrétienne est touchante. Avant les soumissions du Calvaire, il y a les défaillances du Jardin de l'agonie. Toujours est-il qu'il n'approcha pas ses lèvres du calice de la mort sans en ressentir toute l'amertume,

« Monseigneur, lui dit en l'abordant dans la journée du lundi 16 une personne très sainte et très grave, que de vœux nous faisons pour le rétablisse- « ment de votre précieuse santé! avec quelle ferveur « nous demandons à Dieu que vous soyez conservé à « votre diocèse! »

« *Faites plutôt des vœux*, répondit le prélat, *pour* « *que le ciel me soit ouvert, car ma mort est proche et* « *certaine.* » Puis il s'entretint longuement de la mort avec la sainte et grave religieuse, insistant sur le bonheur de la soumission à la volonté divine et de la résignation chrétienne à un pareil moment. Puis il ajouta ces propres paroles : « *Il m'est égal que Dieu* « *me fasse vivre ou qu'il me rappelle à lui. Grâce à* « *Dieu, je suis maintenant parfaitement indifférent.* « *Mais, ô ma fille! que de combats il m'a fallu pour* « *en venir là!!!* » Il la bénit ensuite. Elle fondait en larmes; elle admirait de si belles dispositions, elle était profondément touchée de l'aveu de cette lutte intérieure avec lui-même.

Il dit ce jour là à un prêtre du diocèse de Versailles : « Il est bon que je meure; je me fais vieux; je ne

« pourrai bientôt plus autant travailler. Or, à quoi
« est bon, sinon à mourir, un évêque qui ne fait plus
« rien ? Il viendra à ma place un évêque plus jeune,
« plein d'ardeur; il achèvera tout le bien que je n'ai
« pu faire. » Puis il pensa à une personne qui lui
était chère. « *La pauvre personne! dit-il, elle sera bien*
« *désolée de ma mort; elle me pleurera beaucoup.* Di-
« tes-lui bien que je ne l'ai point oubliée, et que je
« prierai pour elle dans le ciel. »

Dans la nuit du lundi au mardi, M. Cruvelhier
accourut de Paris auprès du prélat, son ami intime.
Après une consultation sérieuse, à laquelle prit part
le docteur Baudry, son médecin ordinaire, il devint
évident que la fièvre, dont la violence augmentait loin
de diminuer, était déterminée par un anthrax, et qu'il
restait peu d'espoir de sauver l'auguste malade. M. Cruvelhier se prononça pour une opération, derrière ressource de l'art. « *Elle est inutile*, dit le prélat ; *mais*
« *pour ne pas me mettre en dehors des voies de la Pro-*
« *vidence, j'y consens.* » Saint Martin, évêque de
Tours, avait dit aussi, à cette heure suprême : « Sei-
« gneur, si je suis encore nécessaire à votre peuple,
« je ne refuse pas le travail; que votre volonté soit
« faite ! » M. Cruveilher ne voulut pas tenter lui-
même l'opération; il craignait que l'émotion n'ôtât
quelque chose à la sûreté ordinaire de sa main. Il repartit immédiatement pour Paris, et se fit remplacer
le lendemain par le célèbre docteur Velpeau.

C'est alors que MM. les vicaires généraux du diocèse adressèrent une circulaire à tous les fidèles, le
mardi soir, 17 octobre 1854, pour leur demander leurs
suffrages et ordonner les prières des Quarante-Heures
avec exposition du très saint Sacrement. C'est sur la

demande de Mgr Olivier lui-même que cette lettre fût écrite et rédigée par M. l'abbé Guibert. Il fixa en même temps lui-même le jour et l'heure où il voulait recevoir les sacrements de l'Eglise : il choisit le vendredi, qui était le dernier jour des Quarante-Heures, et qui lui rappellerait davantage les souffrances du Sauveur, et le déclin de l'après-midi, parce que c'était l'heure où Jésus, sur la croix, avait rendu son âme à Dieu. Il désirait même que l'on annonçât au diocèse et le jour et l'heure, afin que le diocèse s'unît à lui à ce moment même. Mais serait-il encore vivant? aurait-il encore sa présence d'esprit à ce jour et à cette heure? Qui pouvait en répondre? Cette pensée ne permit pas à son grand archidiacre de se conformer à ce dernier désir. La lettre de MM. les vicaires généraux témoigne du profond et douloureux étonnement qu'ils éprouvaient de voir en danger la vie du premier pasteur, danger que personne n'avait soupçonné, excepté pourtant celui qui y était le plus intéressé et qui n'en avait pas douté un seul instant.

« Qui eût pensé, en effet, disent-ils, que celui qui
« semblait braver la fatigue et défier la maladie pût
« devenir victime d'un accident insignifiant en lui-
« même? Et pourtant vous le verriez en ce moment,
« notre vénérable évêque, sur un lit de douleur, acca-
« blé par la souffrance, mais calme et résigné, mettant
« en pratique les vérités de la foi qu'il a tant prê-
« chées, demandant lui-même avec amour les sacre-
« ments de l'Eglise, et ne se plaignant que d'une
« chose, de ne pouvoir, vaincu par le mal, prier au-
« tant que son cœur le désire, ni rouler entre ses
« doigts les grains de son chapelet quotidien. C'est
« pour suppléer à son insuffisance qu'il nous charge

« de remplir un saint et pénible devoir, et de deman-
« der au clergé et aux fidèles du diocèse des prières
« et des supplications ferventes.

« Prions donc avec confiance et avec ferveur, im-
« plorons la clémence de notre Dieu, qui châtie et qui
« sauve, qui conduit jusqu'au tombeau et qui en ra-
« mène : *Quoniam tu flagellas et salvas, deducis ad in-*
« *feros et reducis.* »

Le mercredi 18, au matin, le docteur Velpeau s'approcha du malade avec les appareils de son art, et
commença une opération très douloureuse, malgré la
légèreté si connue de sa main; le bistouri laboura
douze fois les inflammations charbonneuses du cou
sans que la fermeté d'âme invincible du prélat se dé-
mentît un instant. L'opération terminée, Mgr Olivier
oublia complétement les souffrances qu'il endurait
pour ne se souvenir que des devoirs de l'hospitalité.
Comme si rien n'eût été, avec l'exquise amabilité de
son caractère, il ne s'occupa que de M. Velpeau, s'in-
forma de ses habitudes pour lui faire servir un déjeuner selon son goût. Ce fut là son premier mouvement.
Puis il lui dit sur le ton le plus affectueux : « *Je me*
« *vois dans l'impossibilité de reconnaître votre dévoue-*
« *ment. J'ignore si Dieu m'accorde bien des heures et*
« *bien des jours à vivre; mais ce que je sais bien, c'est*
« *ce que je passerai le temps qui me reste à vivre à être*
« *reconnaissant.* » Cependant la nature du sang dé-
composé qui avait jailli avait déconcerté la science, et
elle prononça son arrêt redoutable.

En même temps que cette triste nouvelle circule et
vole de bouche en bouche jusqu'aux extrémités du
diocèse, la stupeur se peint sur tous les visages, la
consternation pénètre dans tous les cœurs. Au son

lugubre des cloches qui appelle les fidèles à la prière, une foule nombreuse se presse dans les églises et implore le secours du ciel. A Evreux, près du palais épiscopal, la population entière remplit la cathédrale, et, grave et recueillie, elle prie avec une ferveur inaccoutumée. Les premiers citoyens de la ville sont confondus avec le peuple. M. le préfet de l'Eure est accouru des premiers. Tous recueillent avec une extrême anxiété chaque bulletin de la situation du prélat. Chaque famille se sent frappée au cœur.

Les prêtres qui veillaient autour de sa couche n'avaient eu à réclamer pour lui aucune des consolations de la religion. Le prélat avait prévenu lui-même leur piété filiale et si tendre. La veille, le mardi soir, de lui-même, de son propre mouvement, il avait déposé dans le sein de son confesseur sa dernière confession.

Le jeudi 19, le matin, M. le grand archidiacre d'Evreux avait une mission bien triste à remplir. Il s'était consulté avec le docteur Baudry, qui voyait et déclarait la fin du prélat imminente. C'était le vendredi, dans l'après-midi, que le prélat se préparait et s'attendait à recevoir les sacrements : il fallait avancer d'un jour le moment fixé et réglé, et procéder à l'auguste cérémonie ce matin même : car M. Baudry redoutait justement une crise d'abattement et de délire pour l'après-midi. M. l'abbé Guibert vint donc l'avertir de se disposer à l'instant même pour recevoir les dernières consolations religieuses après lesquelles il soupirait. « *Mais non,* dit-il, *c'est pour demain, à la fin* « *des Quarante-Heures. Nous sommes convenus que ce* « *serait à quatre heures* — Monseigneur, c'est aujour- « d'hui la fête de saint Aquilin, votre prédécesseur !

« C'est le jour, c'est l'heure où il vous convient de
« vous préparer à prendre votre place, à ses côtés,
« dans le chœur vénérable des pontifes. — *Soit, mais*
« *pas ce matin : c'est à quatre heures.* — Non, ce matin
« même !... » Voyant cette insistance de son archidiacre, Monseigneur arrêta ses regards sur lui, et lut
jusqu'au fond de son âme. Puis il s'écria avec un accent profond : « *C'est donc fini !* »

A l'instant il parut se transfigurer et devenir un
tout autre homme. Il surmontait et sa faiblesse, et les
angoisses de la douleur, et les appréhensions pusilla-
nimes de la mort. Il touchait aux portes de l'éternité.
Il entrevoyait le bonheur des saints et n'aspirait qu'à
rendre son élection et sa vocation certaines. Mais au
moment de recevoir dans l'Eucharistie le Dieu qui donne
la force aux mourants, un scrupule l'arrête un instant :
« *Je ne puis pas tout de suite*, dit-il, *j'ai eu cette nuit*
« *une scène d'intérieur qui a mis le trouble en mon*
« *âme.* » Alors il se reprocha d'avoir eu un mouvement d'impatience contre une des religieuses qui veillaient auprès de lui, et il l'avait fait remplacer par
une autre. C'était là une de ces contrariétés ordinaires
et insignifiantes dans un malade. « *Je lui aurai fait de*
« *la peine*, dit-il ; *j'aurai contristé cette bonne et sainte*
« *fille.* » Il fallut, pour le calmer et le rassurer, envoyer chercher son confesseur. Telle était la délicatesse et la pureté de sa conscience.

Alors il ne songea plus qu'à ouvrir son âme et son
cœur au Dieu dont il attendait la visite. Dans cette
triste circonstance, qui arrachait des larmes à tous
ceux qui l'environnaient, sa foi et sa piété brillaient
d'une manière éclatante.

Selon les habitudes constantes de toute sa vie sacerdotale, il ordonne lui-même les détails de l'auguste cérémonie, et préside, sur son lit de douleur, à la préparation de l'autel, afin de rendre aussi digne que possible la réception de celui dont il attendait le courage et la consolation. Les officiers de la cathédrale et les enfants de chœur se répandent par la ville et convoquent tous les prêtres et les fidèles. Le gros bourdon de la Tour de pierre élève sa grande voix sur la cité. Les communautés religieuses, les élèves des deux séminaires, les prêtres de la ville, les professeurs et les directeurs du séminaire Saint-Aquilin et du grand séminaire, les membres du chapitre, et parmi eux un des curés d'Evreux, M. l'archiprêtre de Notre-Dame, les vicaires généraux, remplissent le palais épiscopal, M. le maire d'Evreux, M. le préfet de l'Eure et Madame de Sainte-Croix, des magistrats, la foule des fidèles, se joignent à la pieuse cérémonie. Heureux moment ! heureux pasteur ! il va recevoir son Dieu, il va mourir au milieu des siens ! Le troupeau chéri est à ses côtés.

Que faisait cependant le vénérable et cher évêque ? Il s'entretenait doucement, avec quelques prêtres restés près de lui, du bonheur qui l'attendait. Quoique dévoré par la fièvre et épuisé par les souffrances, il trouve encore assez d'énergie pour réciter, pendant une heure, les prières les plus ferventes afin de s'approcher dignement de la sainte Eucharistie.

Mais les moments pressent, la foule se serre dans les salons et autour de son lit. Il sent de plus en plus que les forces le trahissent et qu'il faut se presser. Trois fois, en dix minutes, il fait dire à son grand archidiacre, M. l'abbé Guibert, de se hâter.

Comme on l'invitait au repos : « *J'ai besoin*, disait-

« il, *de toute la ferveur des saints pour recevoir le Dieu*
« *qui a fait toute ma force pendant mon épiscopat et*
« *dont la foi m'a soutenu dans mes fatigues.* »

Enfin M. le grand archidiacre, traversant la foule
émue, s'avança près de son lit portant le saint viatique. Aussitôt que Monseigneur aperçut le très saint
sacrement, il se leva presque debout, par un élan
spontané, tête nue, dans le saisissement du plus profond respect. A ce moment auguste et suprême, malgré l'épuisement de ses forces, il possédait encore
toute la lucidité de son esprit et toute la vigueur de
son génie. C'est avec une énergie inexprimable, avec
un accent surhumain, qu'il récita la profession de foi
du Symbole, et, élevant la voix à ces mots : *Ecclesiam
catholicam*, il ajouta :

« *Je crois fermement, non-seulement le Symbole, mais*
« *encore l'interprétation qu'en donne l'Eglise et toutes ses*
« *décisions. J'avais besoin de cette leçon. Je n'avais pas*
« *assez bien compris que toute la vie du chrétien consiste à*
« *apprendre à mourir. J'avais confiance dans mes forces,*
« *et je croyais à mon âge rendre encore des services à l'E-*
« *glise pendant des années. Comme un général, j'avais à livrer*
« *les combats du Seigneur. Je me sentais invulnérable avec*
« *le casque de la foi.* »

Il allait continuer. M. l'abbé Guibert, craignant
qu'il ne fût pris de faiblesse ou de délire, crut devoir
l'interrompre en le priant respectueusement de se
ménager. Le prélat répondit : « *Vous avez raison,*
« *mon excellent archidiacre, j'ai assez parlé dans ma*
« *vie.* »

Il reçut alors le saint viatique avec un recueillement
et une ferveur inexprimables. Pendant que, dans le
silence, il adorait Dieu présent dans son cœur, la foule

dont l'émotion redoublait, partageait avec lui ce recueillement profond. Puis il répondit d'une voix ferme
et assurée aux prières qui accompagnent les cérémonies de l'extrême-onction, offrant lui-même ses membres aux onctions sacrées de l'huile sainte, visible-
ment heureux de se présenter à son souverain Juge
inondé du sang de sa croix, marqué des signes de sa
miséricorde et du salut.

Quand Monseigneur eut répondu *Amen* à la dernière
oraison, M. l'abbé Chartier, archidiacre de Pont-Audemer, s'approcha de lui et lui demanda sa bénédiction pour tous les assistants et pour tout le diocèse.
Il parut se ranimer. Dans un effort suprême, il re-
trouva toute la grâce infinie, toute l'amabilité et toute
l'aisance qu'on lui a connues dans la chaire. Apercevant dans l'assistance M. le préfet de l'Eure et Mme
la marquise de Sainte-Croix son épouse, M. le maire
d'Evreux, des magistrats, plusieurs notabilités de la
ville, il les bénit tous en leur adressant de touchantes
paroles, nommant expressément « l'excellent magis-
« trat qui administre le département, sa digne com-
« pagne et ses enfants, le maire de la ville et sa fa-
« mille, les administrateurs qui le secondent dans son
« amour pour le bien public, les magistrats si distin-
« gués qui rendent la justice, les fonctionnaires pu-
« blics qui s'acquittent avec tant de zèle des devoirs
« de leur charge, toutes les autorités de la ville, les
« notables citoyens qui s'y distinguent non-seulement
« par le rang que la considération publique leur assi-
« gne et la naissance, mais encore par leurs bons
« exemples et par leurs vertus, les grands et les pe-
« tits, les riches et les pauvres, tous ceux qui souf-
« frent, les habitants des autres villes, et les bons

« laboureurs qui fécondent les champs de leurs tra-
« vaux, les chefs d'atelier et les ouvriers dont le la-
« beur est si pénible mais si nécessaire, les bons Frè-
« res des Ecoles chrétiennes, les professeurs du col-
« lége, les religieuses qui se dévouent à l'instruction
« des enfants ou aux soins des malades, les mères et
« les petits enfants, le clergé et les fidèles ; recom-
« mandant à tous de s'aimer et de rester unis par les
« entrailles de la charité. » Sa délicatesse, inspirée
comme aux beaux jours de sa vigueur, n'oublia personne. Il n'oublia pas surtout les jeunes clercs qui
l'environnaient, les conjurant d'être un jour les sou-
tiens des peuples par les bons exemples de leur vie et
leurs lumières, par leur attachement aux saines doctrines, fortifiées en eux par de bonnes et constantes
études. Puis il ajouta :

« Oui, je la donne, ma bénédiction, à tous ceux qui sont
« ici, à leur famille et à leurs petits enfants. Je la donne à
« tout le clergé. Je saisis cette occasion pour ouvrir mon
« cœur à ceux qui m'ont fermé le leur. Qu'ils sachent bien
« qu'ils se sont trompés ! On m'a mal connu, et ceux qui ont
« été contre moi ont été trompés. Je leur pardonne et j'ou-
« blie tout. A l'heure de la mort, à ce moment suprême où
« il ne reste plus rien que la vérité, je vois la vérité.
« Qu'ils se rappellent donc que, dans ces temps de
« violence et d'emportement, la gloire de Dieu et le bien
« de l'église ne se font que par l'amour de Jésus-Christ
« Notre Seigneur. Je les bénis comme les autres, du plus
« profond de mon cœur. Je vous conjure tous d'être tou-
« jours fidèles à la religion, dévoués à l'Eglise, dociles à
« sa voix. Aimez Dieu et honorez-le par Notre Seigneur
« Jésus-Christ, et non par toutes ces nouveautés inconnues
« à la tradition. »

Ces belles paroles (paroles rapportées textuellement), avaient remué profondément tous les assistants, et M. l'abbé Guibert en était ému jusqu'au fond de l'âme quand, avec quelques paroles bien senties, et répondant aux pensées exprimées par le prélat, il le remercia de l'édification qu'il avait donnée au diocèse.

Puis les séminaires et la foule des assistants sont entrés silencieusement, et ont défilé devant Monseigneur, après s'être agenouillés pour baiser son anneau épiscopal. M. le préfet de l'Eure attacha un grand prix à remplir ce pieux devoir, et les larmes qui coulèrent de ses yeux honorent autant la noblesse du caractère de ce magistrat qu'elles honoraient la mémoire de l'évêque qui fut son ami.

Aucune expression ne saurait donner une idée du touchant spectacle que chacun avait sous les yeux. Le digne prélat, entre autres paroles qu'il a dites encore, avait demandé pardon à ceux qu'il aurait pu avoir offensés, en pardonnant lui-même à ceux qui lui avaient causé quelque peine.

Puis l'auguste malade tomba dans l'épuisement et dans un délire qui eut quelques intermittences. Ce délire continua toute la nuit jusqu'au lendemain vendredi. De dix heures à midi, il eut quelques lueurs de connaissance. Il était environné de plusieurs membres de sa famille, de ce bon abbé Dominique Olivier, comme il l'appelait; d'amis dévoués, de MM. l'abbé Dubreuil, chanoine, secrétaire général; Jouen, chanoine, vicaire général.

Cette grande lumière de l'Eglise, avant de s'éteindre, laissait encore percer quelques traits de cet esprit puissant qui, aux prises avec la mort, semblait vouloir lutter contre elle et échapper à ses atteintes. Avant de rentrer dans le silence, cette voix éloquente

faisait encore entendre comme les dernières manifestations d'un cœur resté jusqu'à la fin tel que l'avaient
connu ceux qui avaient été assez heureux pour le
comprendre.

Et alors il était beau et déchirant tout à la fois de
voir sa grande âme, sûre de la mort qui l'attendait,
regarder le ciel avec confiance, unir son sacrifice à
celui de son Maître crucifié, dont il baisait l'image
avec une effusion d'amour.

Quand les religieuses lui présentaient le breuvage,
il l'acceptait par obéissance, mais avec indifférence.
« *C'est inutile pour la vie*, disait-il, *car c'est fini, j'en*
« *suis certain. Mais si cela vous fait plaisir, tout ce*
« *que vous voudrez.* »

Comme la fièvre le dominait : « *Si vous vouliez me*
« *laisser sortir!* » disait-il. — Monseigneur, lui dit à
cette occasion un prêtre, Dieu veut que vous restiez
avec lui sur sa croix; il n'est pas selon sa volonté que
vous sortiez. Il répondit : « *Que sa volonté soit faite!*
« *que son nom soit béni! N'en parlons plus!* »

On lui demande alors sa bénédiction pour une partie de sa famille chérie, pour les vénérables religieuses de Verneuil : « *De bon cœur,* » dit-il, et sa main
défaillante traça le signe de la croix sur les assistants
agenouillés.

Apercevant son confesseur, il déclare que c'est
avec grand plaisir qu'il recevra l'indulgence plénière
de la bonne mort. Alors il prie les prêtres présents
de faire trois fois le signe de la croix sur lui; puis à
son tour, le prélat mourant trace lui-même trois signes de croix sur les assistants fondant en larmes.

Un moment après, il saisit son crucifix, et un éclair
de ce brillant génie qui l'animait autrefois dans la

chaire sacrée brille dans ses yeux. Il élève la croix au-dessus de son lit et s'écrie :

> « *Quand donc le genre humain aura-t-il le sens com-*
> « *mun?....   La grande charte du genre humain, c'est la*
> « *Croix !*
> « *Oui ! oui! oh! oui, répétez partout et toujours : Dieu*
> « *et Jésus-Christ !!! Il y a pourtant des misérables qui*
> « *n'aiment pas Jésus-Christ. Aimez-le bien, vous autres! et*
> « *dites avec moi : Jésus-Christ !!! »*

Dans l'après-midi, Mgr de Séez arriva. Ce digne prélat accourait auprès de notre évêque mourant avec un empressement qui lui fait honneur. Il se rend aussitôt auprès de lui. Mgr Olivier ne parlait plus! M. Guibert lui dit : « C'est Mgr de Séez qui vous vi- « site, votre ami d'autrefois, votre ami inséparable « lorsque vous étiez ensemble à Saint-Sulpice. » Il parut comprendre à peine ce que lui disait son archidiacre. Néanmoins il joignit les mains pour recevoir la bénédiction de Mgr de Séez. Puis il retomba aussitôt dans une espèce de délire.

Cependant la grosse cloche appelait les fidèles aux prières des Quarante-Heures ; elle avait une voix qui vibrait dans les cœurs à la place de celui qui n'en avait plus. La ville d'Evreux savait son évêque à l'agonie; elle se porta tout entière à la cathédrale, comme aux jours des grandes solennités. Tous les rangs, toutes les classes s'y trouvaient confondus : M. le préfet, M. le maire de la ville, toutes les notabilités de la ville. Mgr l'évêque de Séez officiait. Il faut avoir vu le silence, le recueillement, la tristesse de cette grande foule, pour savoir jusqu'à quel point la ville d'Evreux aimait son évêque, comme elle voulait l'aimer longtemps encore, comme elle se faisait peu à l'idée de le perdre. Il remplissait cette ville de son action, de sa présence. Il en était l'âme, et vous eussiez dit que c'était la ville elle-même qui était à l'agonie. Pourquoi était-il donc tant aimé? Il aimait.

Tout espoir était perdu. A cinq heures du soir, le malade s'agitait encore, étendait les mains et poussait quelques gémissements. Nous l'avons vu à cette heure même prendre encore son crucifix et le presser contre son cœur. Cette dernière action termina son dernier mouvement prononcé. Vers dix heures toute agitation avait cessé. Puis on l'entendit dire encore : *Mes pauvres prêtres!!!* Et enfin très distinctement : *In te, Domine, speravi; non confundar in æternum.* « Seigneur, j'ai espéré en vous; je ne serai point éternellement confondu. » Alors ce ne fut plus qu'une douce agonie, paisible comme le sommeil des anges, jusqu'à ce que, sans effort, au milieu de ses prêtres éplorés, MM. Dominique Olivier, Jouen, Dubreuil, des religieuses, de ses fidèles domestiques et de quelques autres assistants agenouillés, et au moment précis où tous répondaient *Amen* à la dernière oraison des prières de l'agonie que récitait M. l'abbé Jouen, à six heures dix minutes du matin, le samedi 21 octobre, jour consacré à la sainte Vierge, pour laquelle il professait une dévotion si tendre, il rendit son âme à Dieu et s'endormit dans le sein du Seigneur.

Il était âgé de 56 ans, cinq mois et vingt-trois jours.

Pendant que Mgr Olivier expirait, M. l'abbé Chartier, archidiacre de Pont-Audemer, était allé prévenir Mgr l'évêque de Séez, qui en arrivant n'eut plus à remplir que le triste devoir de lui fermer les **yeux** d'une main amie et sacrée.

Ainsi s'est éteint le flambeau ardent qui luisait au milieu de nous, l'un des plus grands orateurs qui aient illustré la chaire sacrée, un apôtre dont le zèle n'a connu aucune fatigue.

Mgr Olivier a passé au milieu de nous, comme son Maître, en faisant le bien : *Transiit benefaciendo.*

Pendant plus de treize ans Mgr Olivier, a été, au milieu de nous, notre lumière. Cette vive et permanente lumière a lui constamment dans nos cœurs, elle les a embrasés de l'amour de Jésus-Christ. Elle a laissé en nous des traces ineffaçables. Elle n'est plus, et elle nous éclaire encore. Elle ne périra jamais tant qu'Evreux sera un siége épiscopal. Car tel est le caractère divin de la vérité, que son enseignement transmis d'évêques en évêques, sans interruption, dure et durera jusqu'à la fin des temps. Pour avoir fermé les yeux, saint Taurin, saint Gaud, saint Eterne, saint Laudulphe, saint Aquilin, saint Gervold, les bienheureux Jean, les Gilbert, les Grosparmi, tant d'illustres pontifes qui ont illustré le siége d'Evreux, les Gabrielle-Veneur, les de Sainctes, les du Perron, les Bourlier et les Du Châtellier sont-ils morts parmi nous? Leur mémoire a-t-elle disparu? Qui oserait le dire? La mémoire du juste est éternelle. Mgr Olivier, qui a continué d'une manière si éclatante cette suite glorieuse de nos pontifes, quoiqu'il dorme à côté d'eux le sommeil de son éternité, nous parle encore après qu'il n'est plus. Ses exemples, ses enseignements nous restent. Nous portons en nos âmes la divine semence de sa parole si féconde. Nous la transmettrons à ceux qui viendront après nous. *Defunctus adhuc loquitur.* Ce qui nous reste de lui, sa foi, son ardente charité, son immense amour pour Jésus-Christ, c'est

lui-même tout entier. Voilà notre consolation! Voilà
pourquoi nos larmes sur lui ne coulent pas sans douceur! Voilà ce qui adoucit l'amertume de nos regrets!
Voilà ce qui tempère notre douleur!

Ces larmes, comme elles coulèrent! Cette douleur,
ces regrets, comme ils éclatèrent, quand Evreux, en
se réveillant le matin du 21 octobre, apprit que
Mgr Olivier n'était plus! Quelle famille ne fut pas
dans le deuil, comme si elle avait perdu un de ses
membres les plus chers? Qui n'a vu de ses propres
yeux la douleur de la cité tout entière! L'expression
de cette douleur publique, universelle, était sur tous les
visages; ces larmes dans tous les yeux, l'éloge de la
bonté du prélat, de sa piété, de son grand cœur et de
ses rares qualités dans toutes les bouches. Le coup
qui séparait le pasteur chéri de son troupeau était
d'autant plus douloureux qu'il était moins attendu.

III.

Monseigneur avait expiré dans le salon de l'évêché,
qui se trouve immédiatement après la grande salle à
manger. On le revêtit de ses habits épiscopaux, et il
fut exposé toute la journée sur un lit de parade. Des
amis, des prêtres, des lévites du séminaire, veillaient
à l'entour, et récitaient lentement et gravement l'office des morts. Pendant toute cette journée de samedi, les habitants des campagnes, accourus à Evreux,
vinrent contempler une dernière fois leur évêque sur
son lit de mort.

Le lendemain dimanche, le corps du vénérable prélat fut embaumé et exposé dans sa chapelle particulière, qui fait partie des constructions de la cathédrale,

et qui était tendue de noir. Il était revêtu de ses habits pontificaux, portant au doigt l'anneau épiscopal, et couché sur un lit blanc entouré de cierges, et tenait dans ses mains un crucifix, symbole éternel de cette religion qui lui avait donné le courage et la résignation à l'heure suprême, après l'avoir soutenu pendant sa vie. A côté était placée la crosse, voilée d'un crêpe noir. Deux membres de la société de Saint-Vincent-de-Paule et des élèves du séminaire récitaient les prières des morts, comme la veille.

C'est à peine si la mort avait altéré sa physionomie si noble et si sympathique. Tous ceux qui l'avaient aimé retrouvaient encore ce front intelligent où se développaient les sublimes pensées de l'orateur, et sur ses lèvres entr'ouvertes semblait encore errer ce sourire fin et bienveillant, signe extérieur si populaire et si bien connu d'un puissant esprit et d'une bonté inépuisable.

Nous étions trop près des larmes et d'une tombe encore ouverte pour pouvoir juger l'illustre prélat qu'une mort prématurée enlevait au diocèse d'Evreux. Nous ignorions si, pour la gloire de la religion et pour l'honneur de notre clergé dont il a été le glorieux chef, une oraison funèbre lui paierait le tribut d'hommage, de reconnaissance et de regrets qui lui sont dus ; mais ce que nous savions bien, ce que nous recueillions de toutes les bouches, c'est qu'à défaut d'un orateur, l'opinion publique élevait sa grande voix pour honorer sa mémoire, c'est que personne ne s'abordait à Evreux sans se dire un mot que nous avons entendu répéter mille fois : *La mort de Mgr Olivier est une calamité pour la ville, un malheur pour le diocèse.* Les bénédictions qui remontaient vers lui, les larmes qui se répandaient en sa présence, les regrets publics qui éclataient de toutes parts étaient un fait public que nous étions heureux de constater, et qui est désormais acquis à l'histoire ; elle dira : Il mourut regretté du peuple.

La journée du dimanche fut une journée bien triste à passer. Ce gémissement lugubre qui de minute en minute s'échappait, avec le glas funèbre, des tours de Notre-Dame, semblait la plainte de l'église veuve, et trouvait un écho sympathique dans les cœurs.

Les fidèles se portèrent en foule aux offices de la cathédrale. Ils aimaient tout ce qui leur rappelait et son souvenir et l'ordre et la pompe auguste des cérémonies qu'il avait instituées. Des larmes abondantes coulaient de tous les yeux à la vue de cet autel, où ils l'avaient vu paraître tant de fois dans toutes les splendeurs du culte catholique, et où il ne monterait plus ; à la vue de ce trône voilé de deuil où ils ne le verraient plus, à la vue de ce siége vide du banc d'œuvre où il ne viendrait plus s'asseoir, et surtout de cette chaire où ne retentirait plus le son de sa voix bien aimée, d'où jaillissaient tant de lumières, tant de mots heureux et de ces traits d'éloquence qu'on emportait dans son cœur, de cette chaire d'où il promenait sur l'assemblée ce regard qu'on n'oubliera jamais. L'autel, la chaire, voilà la patrie où il avait vécu.

Le deuil était général, et se manifestait par cet élan spontané des cœurs, qui est la plus belle ovation décernée aux vertus de l'homme, aux vertus du prêtre, aux vertus de l'évêque, aux nobles qualités de son cœur. Puis tous venaient dans cette chapelle épiscopale que le prélat remplissait encore de ses souvenirs, raviver à l'aspect de ses dépouilles mortelles les regrets qu'il laissait après lui. Chacun après, avoir jeté l'eau bénite sur le corps, lui faisait toucher des médailles, des chapelets. Il semblait que ces objets dussent emprunter au contact de ses dépouilles mortelles quelques-unes des vertus qui avaient signalé la noble carrière du prélat.

Nous connaissons un trait trop honorable pour l'un des habitants d'Evreux pour le passer ici sous silence. Le noble baron de Sepmanville vint veiller la nuit et prier auprès du lit funèbre de Mgr Olivier. Il témoignait à l'évêque mort la reconnaissance de son cœur pour l'assistance que le prélat vivant avait donnée à sa mère mourante !

Les trois jours suivants la grosse cloche de la cathédrale sonna le glas funèbre des morts. On apprit en même temps avec reconnaissance que, sur l'invitation du chapitre, Mgr Blanquart de Bailleul, primat de Normandie, archevêque de Rouen, viendrait présider aux obsèques du prélat et rendre, par sa présence, un dernier et éclatant hommage à sa mémoire.

On se préoccupait beaucoup de l'état de l'atmosphère. La tristesse du temps répondait à la nôtre, et pendant toute la journée du mercredi le glas funèbre monta aux nuages à travers une pluie continuelle. Et le bon peuple se chagrinait, dans la crainte que la mémoire de Monseigneur ne fût pas assez honorée, sentiment qui était universel; il voulait l'honorer à sa manière ; il voulait répondre lui-même à ceux qui lui auraient reproché un jour de ne pas l'avoir assez aimé; il voulait que le jour de ses obsèques fût pour lui un vrai jour de triomphe. Evreux priait donc, Evreux demandait au bon Dieu, pour le lendemain, quelques rayons de son beau soleil qu'il ne sait point refuser à ceux qui le lui demandent bien.

La nuit avait été sombre et grise. Mais le jeudi matin, le vent chassant tous ces nuages, nous montra l'azur du ciel, et le soleil se leva radieux et superbe.

A huit heures du matin, un mouvement extraordinaire se remarqua dans la ville. Elle était pleine du bruit de toutes les cloches et du roulement des calèches sur le pavé. Les boutiques se fermaient, la circulation était interrompue dans les rues. La ville d'Evreux tout entière, par un élan spontané, admirable, faisait sa grande manifestation. Les maisons des rues par où le cortége allait défiler, la rue du Pont-Notre-Dame, la rue de la Préfecture, le carrefour de la Cour-d'Assises, la rue Joséphine, la place de la Vierge-Saint-Thomas, la rue aux Febvres, la rue Grande, la rue de l'Horloge, le parvis Notre-Dame, se tendaient de blanc dans toute leur longueur, sans la moindre interruption, se parsemaient d'emblêmes de deuil, de voiles noirs, de larmes funéraires et de crêpes. Chaque habitation se distinguait à sa croix noire. La grille de la Préfecture était magnifiquement tendue, et offrait sur un fond noir les armoiries du prélat dessinées, avec des larmes d'argent.

Avec un empressement inusité parmi nos populations, on se portait en foule aux abords de l'Evêché, dont les salons étaient déjà envahis par toutes les notabilités de la ville et du département, par toute la noblesse des environs et par toutes les personnes conviées à ce funèbre rendez-vous.

Au signal donné par la volée de toutes les cloches, parmi lesquelles domine, comme toujours, la voix royale du gros bourdon, le cortége organisé avec beaucoup d'ordre et d'entente par M. l'abbé Jouen, malade la veille, mais debout et à son poste, se met en marche, précédé par un peloton de gendarmerie. Puis se déroulaient au loin, dans un ordre régulier, la confrérie de Notre-Dame de Liesse, les Écoles des Frères, l'école mutuelle, les élèves des pensions, ceux du collége, les pensions de demoiselles, la confrérie du Scapulaire, bannière en tête ; une brillante escorte de pompiers avec le corps d'officiers ; les élèves du petit séminaire Saint-Aquilin, les abbés du grand séminaire Saint-Taurin, les membres de la société de Saint-Vincent-de-Paul, les vicaires, les curés du diocèse, en nombre considérable ; presque tous les doyens, les chanoines honoraires, les quatre archiprêtres, les deux archidiacres, les membres du chapitre de la cathédrale, les vicaires généraux capitulaires. Sur deux files, de chaque côté, un détachement de la garnison, dont les officiers faisaient partie du cortége, escortait la procession. De temps en temps le sourd roulement des tambours, voilés d'un crêpe, alternait tristement avec le chant des morts. Aux fenêtres de tous les étages, des groupes nombreux ; une foule compacte à tous les débouchés de rue ; partout un silence admirable, un recueillement profond, un indicible sentiment de respect.

Au milieu de cette foule, pénétrée de douleur, s'avançait, la mitre blanche sur la tête et précédé de ses officiers et de sa croix archiépiscopale, Mgr Blanquart de Bailleul, primat de Normandie. Sa présence était d'autant plus remarquée, que depuis des siècles on n'avait jamais vu notre métropolitain officier à Evreux. Il marchait grave et pensif ; il voyait, il jugeait de ses propres yeux la douleur publique, ce profond regret de la population entière pour les restes mortels de l'évêque défunt, les manifestations universelles de regrets et de sympathie. Son émotion était profonde. Quelle différence entre Mgr Olivier tel qu'il le voyait dans le cœur de son peuple et tel qu'on avait pu le lui dépeindre ! Son émotion ne paraissait pas étrangère à cette comparaison vivante et palpitante sous ses yeux.

L'impression qu'il recevait a été telle, en effet, que l'on nous a affirmé, sur le témoignage d'une personne très digne de foi, qu'il a dit depuis : « Le prélat qui « emporte de si profonds regrets, ne pouvait être le « prélat qu'on m'avait dépeint. Je regrette beaucoup « de l'avoir méconnu pendant sa vie. »

Le primat de Normandie précédait le lit funèbre, tendu de blanc, sur lequel reposait, revêtu de ses habits pontificaux, à visage découvert, tenant toujours dans ses mains un crucifix, Mgr Olivier. Des jeunes élèves portaient sa crosse et son flambeau épiscopal, voilés de crêpes, et sur des coussins les insignes de sa dignité, ses croix, sa mitre blanche, son anneau pastoral. Les frères de la Charité d'Evreux et les élèves du séminaire, au nombre de seize, alternés entre eux, portaient, à la hauteur des mains, le lit funèbre posé sur une longue civière. Les cordons étaient tenus par M. le préfet de l'Eure, M. le général commandant le département, M. le maire d'Evreux, M. le président du tribunal de première instance, M. l'abbé Eglée, du chapitre de Notre-Dame de Paris, vicaire général de Mgr Sibour , M. l'abbé Coquereau, du chapitre impérial de Saint-Denis, aumônier en chef de la flotte, tous deux intimes amis du défunt.

M. le général Walsin d'Esterhazy, qui tenait les

cordons, espérait, en venant à Evreux, retrouver celui qui l'avait préparé au premier acte sérieux du chrétien, et tenait personnellement à lui donner un témoignage de reconnaissance'après sa mort; M. Démorson, du chapitre de Notre-Dame de Paris, ancien vicairé de M. Olivier, à Saint-Etienne-du-Mont; M. Cayla, du chapitre de Paris; M. Roquette, curé des missions étrangères, ancien vicaire de M. Olivier, à Saint-Roch; M. de Rolleau, curé de Notre-Dame-de-Lorette, ancien vicaire de M. Olivier, à Saint-Etienne-du-Mont; M. Legrand, curé de la paroisse impériale de Saint-Germain-l'Auxerrois, ancien vicaire de M. Olivier, représentaient dignement le clergé tout entier de Paris, qui avait connu et apprécié M. Olivier si longtemps. Ces membres considérables, et les plus anciens du chapitre et du corps des curés de Paris, étaient venus exprès s'associer à la douleur du clergé d'Evreux, et accomplir un devoir sacré, en conduisant à sa dernière demeure celui qu'ils chérissaient comme ami, qu'ils vénéraient comme évêque.

Derrière le lit de parade suivaient les amis et la famille du prélat : M. Dominique Olivier, théologal de notre cathédrale ; MM. Théodore et Gustave Olivier, ses deux neveux; les sœurs de la Charité, les sœurs de la Providence, les hautes notabilités et les personnes considérables de la ville et du département, l'état-major de la place, le tribunal civil, le parquet, le tribunal de commerce, le conseil de préfecture, l'administration municipale, les chefs de division et des bureaux de la préfecture, et les employés, les directeurs des contributions directes et indirectes à la tête de leurs bureaux, le directeur et les employés de la recette générale, l'ordre des avocats, les deux justices de paix, les compagnies des avoués, des notaires et des huissiers, l'inspecteur de l'académie, le principal et les professeurs du collége, l'école normale, etc. Tous étaient revêtus de leur costume officiel et en deuil, et marchaient dans l'ordre prescrit par le décret de messidor an XII.

Parmi les hautes notabilités qui ont voulu donner à la mémoire du prélat un témoignage public de regrets et de sympathie, et qui répandaient par leur présence un si vif éclat sur la pompe funèbre, on distinguait MM. le duc et le marquis de Clermont-Tonnerre, M. le baron de Sepmanville, M. le duc d'Albuféra, député ; M. le prince Albert de Broglie, M. le comte de Salvandy, portant le grand cordon de la Légion-d'Honneur ; M. Legrand (de Guitry), MM. le comte de Saint-Hilaire, Levacher-d'Urclé, Guillaume Petit, Hochon, le marquis de Blosseville et le général Morin, membres du conseil général de l'Eure ; M. Zédé, ancien préfet de l'Eure ; M. Demante, M. de Courval, M. le comte de Trébons, M. Anisson-Duperron, ancien sous-préfet ; M. le sous-préfet de Louviers, et une foule d'autres personnages de distinction.

Partout la foule se pressait autour du cortége et se montrait avide de contempler une dernière fois les traits vénérés du prélat. La tête de la procession funèbre atteignait la tour de l'Horloge que la suite du cortége était encore engagée dans la rue de la Préfecture. Ainsi aucun œil n'a pu embrasser l'ensemble. Comme spectacle, c'était vraiment superbe.

Qui nous disait donc que la ville d'Evreux était froide, indifférente, que rien ne peut l'émouvoir ? Mais elle est là tout entière, silencieuse, recueillie et digne, belle de ses sympathies et de sa douleur. Elle se savait aimée ! Elle pleurait l'évêque qui l'aimait, elle pleurait un consolateur, un ami et un père ! Quand le peuple veut des pompes et des ovations pour ceux qu'il honore, il s'en charge lui-même, il accourt en foule, il serre ses rangs, et il est le spectacle et le spectateur ! Rien ne peut le suppléer quand il fait défaut ; aucune magnificence ne peut remplir le vide que laisse son absence ; mais aussi rien ne reste plus à désirer quand il se manifeste. Rien n'a donc manqué à la beauté, à la dignité, à l'imposante grandeur et à la solennité de ses funérailles. Elles ont été dignes de lui-même, dignes de la ville épiscopale.

Le cortége ne pénétra dans la cathédrale qu'après dix heures, et les nefs ont été immédiatement envahies par une foule immense. Puis l'office des morts a immédiatement commencé par la grand'messe. Les vigiles avaient été chantées la veille. Toutes les autorités occupaient le chœur : le clergé avait été obligé de se placer dans la nef, toute tendue de noir, ainsi que le chœur. Les armoiries du prélat se détachaient sur le fond noir des tentures. Quant au corps du défunt, il était placé sur un catafalque élevé au milieu du chœur.

A la fin de l'évangile, M. l'archiprêtre des Andelys donna lecture du mandement de MM. les vicaires généraux capitulaires. Cette lecture fut faite à quelque distance de l'évêque mort, en présence de l'évêque mort.

Après les cinq absoutes, le corps du prélat fut porté, au milieu d'une émotion inexprimable, à travers les rangs serrés de la foule, dans la chapelle de la Vierge, où le caveau qui devait le recevoir était ouvert. Là, chacun lui donna un dernier adieu, en répandant à ses pieds l'eau bénite. Puis les grilles de la chapelle ont été voilées. Lorsqu'on eut changé les habits pontificaux qui le couvraient, le corps du vénérable prélat fut revêtu des ornements avec lesquels il célébrait ordinairement la messe, et déposé dans un triple cercueil de bois des îles, de plomb et de chêne. Sur le dernier, une plaque en cuivre porte son nom et ses armoiries. Mgr Olivier repose à côté de Mgr Du Châtellier, son prédécesseur, et occupe ainsi le milieu du caveau. Contre le mur, à la tête du cercueil, sont inscrits son nom, ses armes, les dates de sa naissance, de consécration comme évêque et celle de sa mort. A trois heures un quart tout était terminé, et la pierre a été posée en présence de MM. les médecins, les architectes, des abbés Coquereau et Eglée, de M. l'abbé Dubreuil, et d'autres ecclésiastiques.

Lorsque tout fut terminé, un ouvrier contemplait tristement la pierre qu'il venait de sceller, et dit naïvement : « Il est donc bien mort, le brave homme ! — « Non, mon ami, repartit vivement l'abbé Coquereau, « il n'est pas mort ; il est tué !!! »

Une pluie légère vint alors seulement interrompre le beau temps qui avait duré sans interruption jusqu'à cette heure. C'en était fait pour la terre de cette belle intelligence que Dieu venait de rappeler à lui. Le sacrifice qu'un mourant fait à Dieu de sa vie est regardé, en religion, comme un des actes les plus méritoires. Mgr Olivier est mort après avoir accompli cet acte héroïque. Paix à sa tombe ! Bénédiction à sa mémoire !

IV.

Tout homme, et surtout un homme supérieur, un homme doué de qualités éminentes, est presque toujours mal jugé pendant sa vie; mais la mort le montre tel qu'il est, dans un jour serein, et dégagé des nuages et des poussières de la terre. Le sage avait raison de dire que la mort est utile à quelque chose, et *que son jugement est bon.* Quand un homme n'est plus, les clameurs de l'envie se taisent, les haines aveugles deviennent honteuses et se cachent sous terre, la poussière élevée autour de lui retombe dans la fange où elle est née, les préjugés nuageux se dissipent et ne laissent plus de jour que pour la vérité; tant il est vrai qu'il faut juger un homme, non par ce qu'on en a dit, mais par ce qu'il a fait.

Celui que les scribes et les pharisiens appelaient autrefois un ami de la bonne chère et un buveur de vin, nous donnait lui-même cette règle, en disant qu'il fallait juger de l'arbre aux fruits qu'il porte.

Or, que reste-t-il maintenant de Mgr Olivier ? Ses actes ! ses actes! Quelle vie fut mieux remplie que la sienne de bonnes œuvres! Cette vie d'évêque ne fût pas une vie somnolente, ce fut le sacrifice absolu de son repos, de sa santé, l'entière immolation de sa vie à son peuple, un dévouement de toutes les heures. A mesure que les passions s'éteignent avec le temps qui fuit derrière nous, sa mémoire grandit, et les actes de sa vie apparaissent dans leur vrai jour.

Ce qui se distinguait le plus dans le zèle et la piété profonde du prélat, c'était son immense amour pour Jésus-Christ, dernier nom qu'il a prononcé, et surtout pour Jésus-Christ vivant et présent dans l'eucharistie. De là toutes les pompes dont il environnait le culte, de là son zèle pour la décoration des autels, et l'on sait comment, pendant son épiscopat, toutes les églises du diocèse se sont métamorphosées! Sa foi était aussi vive qu'éclairée, et son gallicanisme, dont on a parlé, ne se traduisait, comme celui de Bossuet, que par le plus grand attachement au Saint-Siége apostolique. Il voyait dans les grandes maximes de l'Eglise gallicane, qui ne sont pas les maximes des parlements, les restes précieux, le cachet divin de la tradition. Une de ces maximes est la plus parfaite soumission au Saint-Siége. Et quelle Eglise au monde en a donné plus de preuve à la chaire de Saint-Pierre? Qui lui fut plus dévoué? Quel bras fit asseoir ses successeurs sur le trône temporel de Rome? Et qui sont ceux qui veillent aujourd'hui à la garde de leur personne sacrée?

La pureté de la doctrine enseignée par Mgr Olivier était égale à sa profonde science de la théologie. Qui n'a connu son ardeur à propager avec la foi les lumières de la civilisation, à dissiper les préjugés! Qui sut rendre, après saint François de Sales et Fénelon, la religion plus douce et plus aimable, et la piété, qu'il faisait consister principalement dans la pratique des vertus domestiques et chrétiennes, plus séduisante et plus accessible à tous! Qui savait mieux que lui marcher avec son siècle! Qui comprenait mieux que lui notre société! Qui jugeait mieux de la convenance et des exigences des diverses positions de la vie sociale? Qui les mettait mieux en harmonie avec l'austérité de l'Evangile? Quel plus grand ennemi des pratiques superstitieuses, fruit de l'ignorance? Qui montra plus de zèle à démasquer la fausse piété, en même temps qu'il encourageait la véritable! Quelle ardeur, et c'est là une des plus grandes œuvres de son épiscopat, n'a-t-il pas inspiré à son clergé tout entier pour les bonnes et fortes études?

Dans ses rapports avec tous, grands ou petits, riches ou pauvres, qui fut plus accessible, plus rempli d'aménité? Sa porte, comme son cœur, était ouverte à tout le monde, sans distinction. Le pauvre curé de campagne se retirait toujours enchanté de la cordialité franche et ouverte avec laquelle il avait été accueilli. Qui fut plus indulgent? Il le fut trop, peut-être! mais qui aurait aujourd'hui le courage de le blâmer de l'immense besoin qu'il éprouvait toujours de pardonner? Il ressemblait au Maître qu'il prêchait. Qui eut jamais plus de longanimité et de mansuétude? Il n'a jamais su ce que c'était que se venger d'une injure : elle ne l'atteignait même pas. Le soleil ne s'est jamais couché sur sa colère, selon le précepte de l'apôtre. Il aimait à rappeler cette sentence de Sénèque : « Le remède aux grandes injures, c'est l'oubli. » *Magnarum injuriarum remedium, oblivio.* Aussi de quelle injure, si cruelle qu'elle fût, s'est-il vengé? On peut dire assurément de lui ce que saint Grégoire de Tours écrivait de saint Martin : « *Injuriarum fuit pa-* « *tientissimus adeo ut impune vel a minimis clericis* « *læderetur.* Il souffrait les injures avec une si grande « patience, que les clers, même les plus infimes, pou- « vaient impunément l'outrager. »

Il était encore dans toute la force de l'âge et dans toute la vigueur de son esprit mûri par l'expérience, plein de force et de santé. Il pouvait encore vivre de longues années parmi nous, nous pouvions jouir encore longtemps de son affabilité, de son amabilité, de sa bonté, des grâces de son esprit, des charmes de sa conversation, des douceurs de sa société, de l'édification de sa vie, des bienfaits de son zèle et de cette éloquence qui était notre joie et notre orgueil. Evreux pleurera longtemps le silence de cette voix! Ne plus l'entendre est la chose à laquelle on se résigne le moins.

Tous les organes de la presse nous sont revenus avec l'éloge de notre prélat. Il est vrai de dire aujourd'hui que la France entière a partagé notre deuil et senti avec nous la perte que nous avons faite. M. le préfet de l'Eure, suivant les belles inspirations de son cœur, écrivit à sa louange, aux sous-préfets et aux maires de l'Eure, une circulaire qui sera son éternel honneur (26 octobre 1854).

« ..... Vous avez tous conservé, messieurs, le sou-
« venir du zèle infatigable avec lequel le digne évê-
« que parcourait vos communes, y travaillait de tous
« ses efforts à la gloire de Dieu, au salut de ses frères, à
« la prospérité du culte, à l'enseignement religieux et
« moral des populations, et y répandait l'exemple de
« la plus ardente charité. »

« Le préfet de l'Eure,

« Mis de SAINTE-CROIX. »

La famille du prélat reçut de toutes parts les plus vifs témoignages de sympathie et de douleur. Voici la lettre de l'un des premiers évêques de l'Eglise de France, par les vertus et par les talents :

« Je prends une vive part au chagrin que vous
« éprouvez, et je déplore amèrement la perte que
« nous venons de faire. C'est votre diocèse, c'est l'E-
« glise de France tout entière qui doit être dans le

« deuil, en voyant disparaître, si jeune encore, celui
« qui était la lumière du clergé, le modèle des évê-
« ques. Pour moi, je n'oublierai jamais sa foi si vive,
« sa piété si tendre, sa science si sûre et si profonde.
« Je perds en lui un de mes plus vieux et de mes plus
« sincères amis...

      « Le 27 octobre 1854... »

Un haut personnage, qui a occupé dans l'Etat les
postes les plus éminents, écrivait à son tour :

    « Au moment même où j'ai reçu votre lettre, j'ap-
« prenais la perte irréparable que nous avons faite.
« J'en suis pénétré de douleur et de regret. Je tiens à
« honneur à le dire après sa mort, comme pendant sa
« trop courte existence. Votre oncle était mon ami,
« un ami cher et dont la mémoire me sera toujours
« sacrée. Nul ne savait mieux que moi ce qu'il était,
« ce qu'il valait ; nul n'a pu mieux apprécier ses rares
« qualités et mépriser plus profondément les noires
« calomnies qui ont peut-être abrégé son existence. Je
« suis bien touché d'apprendre qu'il a pensé à moi
« dans ses derniers moments. J'en étais digne par le
« respect et l'affection que je lui portais, et je rece-
« vrai avec reconnaissance le moindre souvenir de son
« amitié. »

Un personnage de la Restauration écrivait en même
temps ces belles paroles qui résument toutes nos larmes et tous nos regrets :

    « Je n'ai pas assez de paroles pour vous exprimer
« la douleur que je ressens du coup qui vous a frap-
« pés, et nous après vous. Ce sont de ces pertes que
« l'on ressent jusqu'au fond de l'âme, et que rien ne
« peut adoucir que l'espérance offerte par notre

« divine religion. Le vénérable et cher évêque était
« un de ces hommes rares, tels que Jésus-Christ seul
« en sait former pour notre consolation, notre exem-
« ple et aussi pour sa gloire. Sa mémoire, ses élo-
« quentes prédications et son inépuisable charité, si
« douce, si persuasive, lui font encore produire des
« fruits de sainteté après sa mort. »

Le jour de Noël, M, l'abbé Lebeurrier, archiviste du
département, prononça du haut de la chaire de la cathédrale, en présence de tout le chapitre, ces belles
et remarquables paroles :

« Mes Frères. — Avant d'entrer dans l'exposition
du mystère de ce jour, permettez-moi de vous communiquer un souvenir qui s'attache nécessairement à
ma pensée. Il y a trois ans, à pareil jour, je montais
pour la première fois de ma vie dans cette chaire, une
main vénérée se levait pour bénir avec effusion les
prémices de mon ministère au milieu de vous. Aujour-
d'hui, cette main a été glacée par la mort, le père
manque à la famille, la ville d'Evreux a perdu un
pasteur chéri qui faisait sa gloire. Je laisse à d'autres
le soin de louer dignement la beauté de son génie,
l'immensité de son zèle pour la gloire de Dieu,
son éloquence inimitable et ce charme indicible que
la vivacité de l'esprit unie à la bonté du cœur, répandaient sur toutes ses paroles et en toute sa personne.
Pour moi, fidèles, de cette chaire encore toute pleine
de son souvenir, j'éprouve le besoin de dire au milieu
de vous et avec vous que notre bien-aimé père a
quitté ses enfants marqué de deux signes que Dieu
donne à ses élus. Le premier, ce sont les souffrances
saintement supportées, les souffrances qui guérissent

les infirmités de l'âme comme elles en consacrent les grandeurs. Il semblait qu'au milieu des peines et des chagrins de sa vie, la divine providence, en lui donnant un corps d'une vigueur extraordinaire, avait voulu lui épargner au moins les douleurs physiques, et voilà qu'aux derniers jours, Dieu complète la couronne du pieux pontife, en mêlant aux peines et aux angoisses de l'âme, les plus cruelles souffrances du corps, afin que dans les unes comme dans les autres notre bien-aimé père pût donner à tous, pour me servir des paroles d'une bouche vénérée, à ceux qui étaient près, comme à ceux qui étaient loin, l'exemple de la plus chrétienne résignation.

« Le second signe dont la vie de l'illustre prélat a été marquée, c'est la charité. Parmi ses qualités brillantes que tous admiraient, du milieu même des actes de sa vie diversement appréciés, s'élevait, planant au-dessus de tous les jugements humains, une grande et incontestable vertu, la charité. Dès qu'on l'approchait, avant même de le connaître, on se sentait près d'un cœur ouvert, limpide, où il n'y avait ni dissimulation, ni ressentiment, mais des trésors d'indulgence et de douce bonté, d'un cœur où régnait pleinement la charité, la charité qui vient de Dieu, la charité qui couvre tout, la charité qui couronne tout, la charité sans laquelle toutes les autres vertus, selon l'oracle de l'Esprit-Saint, ne servent à rien et ne sont qu'hypocrisie et mensonge ; la charité qui, par un secret dessein de Dieu, a fait resplendir la sainteté de la mort de notre bien aimé Père, du plus pur et du plus noble éclat ; en sorte, fidèles, que si nous devons prier pour lui, nous pouvons aussi porter en nos cœurs le ferme espoir que, sanctifié par les souffrances, marqué du sceau de la Croix et de la charité de Jésus-Christ, il a pris possession au sein de Dieu d'une gloire et d'une couronne éternelle. »

Le 13 janvier 1855, M. de Chalenge, aussi noble de nom que de cœur, avocat éloquent, s'exprima en ces termes sur la tombe du regrettable M. Billard :
« La mort, pendant le cours de ses dernières an-
« nées, a frappé parmi nous des coups tellement
« imprévus et répétés, qu'on se demande, saisi de
« douleur et d'effroi, si la main de Dieu ne s'est point
« appesantie sur notre malheureuse cité, et si la me-
« sure de l'expiation ne sera pas enfin comblée. Na-
« guère, de pauvres enfants, fleurs d'espérance et
« d'amour, que le même matin a vu naître et mourir ;
« hier, un digne prélat, éminent par l'esprit, plus
« éminent par le cœur, d'une active, d'une infatigable
« charité ! Aujourd'hui, un père de famille, soudaine-
« ment arraché à des êtres chéris, qui l'entouraient
« de leur amour, comme un rempart, hélas ! trop im-
« puissant !... »

Enfin, lorsque le nouveau prélat s'est présenté, le 31 mai 1855, à la porte de sa cathédrale pour pren-dre possession de son siége, la ville d'Evreux elle-même a élevé sa voix par l'organe de son premier magistrat, l'honorable M. Deschamps, qui s'est admi-rablement, et aux applaudissements de tous, exprimé en ces termes :

« .... Vous venez, Monseigneur, ajouter votre nom
« et votre œuvre à cette chaîne sacrée de nos prélats
« qui touche au ciel par saint Taurin, notre premier
« évêque, et dont le dernier anneau fut Mgr Olivier.
« L'un est assis à la droite de Dieu. La piété de nos

« aïeux éleva un temple sous son invocation à la place
« où fut son tombeau, et ses saintes reliques sont de-
« puis bien des siècles l'objet de la vénération des
« fidèles. L'autre, arraché si prématurément à nos
« respects et à notre amour, au milieu de sa brillante
» carrière, dans tout l'éclat de sa grandeur et de sa
« force, vit en nous par le souvenir de sa haute cha-
« rité, de son savoir profond, de sa parole éloquente,
« et par dessus tout de son ineffable bonté. Sachant
« rendre la religion aimable, il était l'évêque selon
« notre cœur, et ceux qui ont su le comprendre et
« l'aimer, gardent pieusement sa mémoire et son
« image populaires. »

Est-ce assez de faits et de témoignages?

Sacquenville, 25 juillet 1855.

FIN.

Pour paraître prochainement :

LES DEUX CHATELAINES DES ALPES

ou

LA CONCILIATION DES PARTIS

LÉGENDE DU MOYEN AGE,

avec une lettre autographe et approbative de Monseigneur Olivier.

Par ADOLPHE DE BOUCLON.

TABLE DES MATIÈRES.

Livre II. — M. OLIVIER VICAIRE.

Chapitre I. — *Vicariat de Saint-Denis.*

Chapitre II. — *Vicariat de Saint-Étienne-du-Mont.*

Livre III. — M. OLIVIER CURÉ.

Chapitre I. — *M. Olivier curé de Chaillot.*

LIVRE IV. — SAINT-ROCH.

CHAPITRE I. — *Œuvres de M. Olivier à Saint-Roch.*

CHAPITRE XII. — *Testament; — mort et funérailles.*